私法要论
——从罗马私法到现代私法

SI FA YAO LUN
——CONG LUO MA SI FA DAO XIAN DAI SI FA

费安玲 著

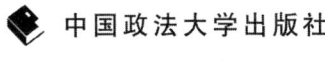
中国政法大学出版社

2019·北京

自序 Author's Preface

我不是一个喜忆旧的人，总觉得对已经走过的路，花上许多时间去追忆是对时间的浪费。忆旧，是年龄相当老、行动极度不便时的典型活动。人生时间有限，据时据势据则对前行的方向和路径做出判断，坚定地前行且不拒绝微调，尽可能完满地实现自己的人生目标与价值，这需要摒弃不必要的负担。前行时的不断回视，从一定角度而言，是阻却前进脚步的障碍。

故而，当自己60岁来临之前，虽然有不少学生和朋友多次建议和催促我出版自己的一本文集以纪念人生六甲的到来，但犹豫心态一直挥之不去，导致迟迟未启动个人文集的编辑出版事宜。2019年春夏之交的一日，在意大利罗马灿烂的阳光下，我与我的意大利教授桑德罗·斯奇巴尼（Sandro Schipani）先生散步于罗马第一大学（亦称罗马智慧大学）恬静的校园里，谈及我是否出个人文集之事，他看着我很认真地说："这是一件非常值得去做的事情，不应当犹豫。"回国后，我着手启动文集出版事宜并渐步入正轨。

我在研究生期间发表了自己第一篇文章。在步入教师生涯后，我按照自己的兴趣进行研究、写作，而且相当随性，不拘一格。现在回头望去，虽说是私法，但所涉领域不仅有民法一般原理，还有著作权法、罗马私法、意大利民法、保险法等领域的研究心得。陆陆续续发表了百余篇作品，我从中挑选了四十余篇汇集成为本书，其中有若干篇是译文，亦有个别篇是我与他人合著之作。

本书中的内容，是对我国有关民法学、知识产权法学（尤著作权法）、罗马私法和意大利民法等法学理论问题进行的相当深入的思考，其中不乏颇具理论争议的问题。本书的问世，旨在将自己的研究心得按照一定体系加以汇集，为对此有了解和研究兴趣的朋友提供一些研究信息，亦是自己研究活动的阶段性结果。

自 2018 年秋我卸下了行政工作的担子后，学习、研究、参加学术交流活动和仲裁等法律实务活动成为自己生活中的纯净内容，甚喜且甚珍惜。本书所载的研究成果，仅属于过去，尚需未来的研究成果与之衔接与持续。继续努力中。

费安玲

2019 年 9 月 19 日于京城静思斋

目录 Contents

第一篇 罗马私法

罗马法研究在中国的态势与展望 / 3

罗马法对中国民法法典化的若干启示 / 12

商事合伙人资格论纲
　　——对罗马法和中国法的观察与思考 / 26

不动产与动产划分之罗马法与近现代法分析 / 36

罗马法对所有权限制之探微 / 46

论欧洲一体化进程中欧洲债法趋同之罗马法基础 / 60

单纯合意即形成债：论罗马债法中的合意主义
　　——从历史的足迹到中国债法之引人注目的演进 / 78

保证人抗辩权及其罗马法溯源 / 90

罗马法律制度中的契约外责任：过错和类型 / 103

罗马法中遗嘱意思表示限制性规则之探究 / 116

论罗马法中的"财产合算"制度及其对后世民法的影响 / 136

第二篇 现代私法

第一章 民商法 / 149

民法典的理性与债法总则 / 149

论我国民法典编纂活动中的四个关系 / 166

《民法通则》概念辨析 / 185

精神障碍患者隐私权探析 / 204
论《物权法》中强制转让物权的法律维度 / 214
论盗赃物善意取得之正当性
　　——以法经济学为分析视角 / 224
对不动产征收的私法思考 / 242
私权理念与城市私房拆迁的立法 / 257
不动产相邻关系与地役权若干问题的思考 / 273
对物权中先取特权一般规则的立法思考 / 283
论应受账款质权之实现 / 304
论保证人抗辩权 / 315
担保人抗辩权之析 / 327
论银行格式保证条款中的保证人权利救济 / 339
论独立担保合同 / 363
论合同法中的随附义务 / 378
保险投资监管法律问题的思考 / 384
论中国环境污染受害人：立法与司法救济之分析视角 / 393
意大利法学研究在中国 / 406
1942年《意大利民法典》之探研 / 412

第二章　知识产权法 / 430

论知识产权与民法典的互动
　　——以立法形式为分析视角 / 430
论防止知识产权滥用的制度理念 / 449
论著作权的权利体系构成的制度理念 / 461
论著作权的正当性
　　——历史的透视与权利要素理论的思考 / 480
论作者在著作权法中的地位 / 499
法人作为著作权原始性利益人的理论思考 / 507
论2001年修改后的《著作权法》对作者权利保护的强化 / 526
建筑所有权与以该建筑为主画面的作品著作权之利益冲突的解决
　　——关于钟格林诉林日耕侵犯著作权纠纷一案的评析 / 534

论著作权法理念与数字图书馆利益的维护 / 544
论编绘性地图作品的法律特征 / 548
论我国立法对信息网络传播权的限制 / 554
论著作权的继承客体 / 561
非物质文化遗产法律保护的基本思考 / 565

第一篇 罗马私法

罗马法研究在中国的态势与展望[*]

一、罗马法的世界性和继受性

在我国，遍览民法学之著述，大有"每谈民法必言罗马法"之感。无论是追溯法律概念、法律制度还是法律思想、法律理念、法律原则之源时，常常溯至罗马法。事实上，这一景观并非中国独有，而是世界性之情景。自《十二表法》始，历经一千余年而形成的相当完备的法律制度（集《十二表法》后的法律为大成的《学说汇纂》等所构成的罗马法）是人类法学史上的一大伟绩，为近现代民法学这棵伟岸之树的发展提供了肥沃之土。"罗马法是纯粹私有制占统治地位的社会的生活条件和冲突的十分典型的法律表现，以致一切后来的法律都不能对它作任何实质性的修改。"[1]

在经历两次布匿战争的拼杀之后，随着罗马帝国以武力而获得的版图的扩大，罗马经济生活的基础——农业经济获得长足的发展，并在罗马和意大利成长起一个人数众多且势力强大的商人阶级。[2] 这一阶级的成员广泛地活动于罗马城、意大利本土及高卢、阿非利加、西班牙等遍布于欧洲、亚洲和非洲的罗马行省，从事商业及工业活动。其结果是推动了罗马帝国的社会经济从自然经济向商品经济转变，为罗马法的出现提供了相当坚实的经济基础。

在饱汲古希腊哲学思想的前提下，罗马法以其纯精、简洁的法学理论，相当完备的法律制度体系，不尚空谈、注重实用的立法内容，讲究逻辑、浑然一体的

---

[*] 本文原载于《比较法研究》1994 年第 2 期，收录于本书时有微调。

[1] 《马克思恩格斯全集》（第 3 卷），人民出版社 1979 年版，第 248 页。

[2] [美] M. 罗斯托夫采夫：《罗马帝国社会经济史》，厉以宁、马雍译，商务印书馆 1985 年版，第 53 页。

立法技巧，在世界法律史上树起了自己的不朽形象。德国著名的学者耶林（Rudolph von Jhring）在其《罗马法精神》一书中对罗马法作出了著名评价："罗马曾三次征服世界、统一了诸民族：第一次是在罗马民族尚强健有力之时，使诸民族有国家之统一；第二次是在罗马民族业已衰败之后，使诸民族有教会之统一；第三次则是由于中世纪对罗马法的继受，使诸民族有法之统一。"[1] 概括之：武力，因罗马帝国的灭亡而消失；宗教，随着民众思想的发散性思维的变化、科学的发展而被削弱了影响；唯有罗马法，其对世界的征服是最为持久的。

被现代人视为大陆法制较具权威性的民法典——《法国民法典》《德国民法典》等欧洲国家的民法典之产生，无一不是被罗马法"统一"后的产物。曾经有许多区域被列入罗马帝国版图（奥古斯都大帝时期）的法国，深受罗马法的影响，以至于在法国发生罗马法与具有日耳曼渊源的习惯法的抗争："在法国北部，法兰克人的侵入以及法兰克国家的创建，都在很大程度上将罗马法驱赶了出去，因为法兰克人带来了他们自己的具有日耳曼渊源的发达的习惯法。"[2] 这种抗争自然也会在民法典中留下其痕迹。然而，尽管如此，《法国民法典》中相当多的法律原则、法律术语及法律制度仍直接源于罗马法，尤其是所有权、债权方面的有关内容。恩格斯在分析罗马法与《法国民法典》的关系时曾写道："人们也可以像在西欧大陆上那样，把商品生产者社会的第一个世界性法律即罗马法以及它对简单商品所有者的一切本质的法律关系（如买主和卖主、债权人和债务人、契约、债务等）所作的无比鲜明的规定作为基础……人们也可以在资产阶级大革命以后，以同一个罗马法为基础，创造像法兰西民法典这样的典型的资产阶级社会的法典。"[3]

德国人对罗马法的吸收则更是直接化兼理性化。中世纪的德国逐渐平息了日耳曼干戈相戮、兵荒马乱的局面，许多人为学习深造，纷纷离开当时尚未有大学的德国（12、13世纪），进入意大利等其他欧洲国家的大学殿堂，其中有些德国

---

[1] Rudolph von Jhering, *Geist des römischen Rechts auf den verschiedenen Stufen seiner Entwicklung*, 1. Teil 5. Aufl. Leipzig, 1891, S. 1. 德文原为：Drei Mal hat Rom der Welt Gesetze dictiert, drei Mal die Völker zur Einheit verbunden, das erste Mal, als das römische Volk noch in der Fülle seiner Kraft stand, zur Einheit des Staats, das zweite Mal, nachdem dasselbe bereits untergegangen, zur Einheit der Kirche, das dritte Mal in Folge der Reception des römischen Rechts im Mittelalter zur Einheit des Rechts.

[2] 参见 Zweigert & vtz, Vol. I. Chap. 5.

[3] 《马克思恩格斯全集》（第21卷），人民出版社1974年，第346~347页。亦可见美国学者莫里斯对罗马法的相似评价。[美] 莫里斯：《法律发达史》，王学文译，商务印书馆1939年版，第86页。

人留学于意大利博洛尼亚大学（Bologna）学习法律。当时博洛尼亚大学著名的罗马法注释法学派创始人伊尔耐里乌斯（Irnerius）和其他学者对罗马法进行专门注释，并通过讲学使之传播甚广。这对就学于该大学的德国人有极大的影响力，并使德国在15世纪中叶至16世纪中叶被罗马法"覆盖"了百余年，而其本国的固有法律功能被削弱了许多。然而，善于思辨的德国人在仔细研究罗马法的法律精神及罗马法对法律概念缺乏抽象概括的弱点，[1] 分析了作为封建活动的日耳曼习惯法的弊端之后，结合社会经济发展需要和民族文化，制定出了更具德国特点的民法典。

至于英美法制，虽然与大陆法制颇具不同之处，但是在其法律中，诸如遗嘱原则、契约原则、信托原则等的法律精神均脱胎于罗马法。美国法学家莫里斯在其著的《法律发达史》一书中着重强调了美国法对罗马法的继受："近125年间在美国所制定的一切法律——大多都是为废除封建时代的规则和陋俗而恢复到罗马法的原则，有时甚至还回到罗马法的字句上面去。换句话说，罗马法和封建主义的《普通法》间的竞争，到今天还继续着。"[2]

由此我们可以清晰地看到：尽管产生罗马法的时代已经离我们远去，但罗马法以其不朽的法律精神和科学的法律制度体系依然在近现代民法典和民法规范中焕发出强大的生命力。同时，我们也应当清楚地看到：欧洲各国对罗马法并不是几个条文、几个法律术语的继受。这是我们在制定自己的民法典时所应借鉴的。

二、罗马法研究在我国的态势

罗马法作为一个外来法，其被引进到我国并被探研的态势可分三类：

（一）介绍性地研究罗马法

我们不应否认一个事实：清朝末年，当封建自闭的中国大门被帝国主义侵略者的坚船利炮击开之时，锁滞不变的中国法学的大门亦被西方法律思想文化之风所吹开，异源之法律文化争相涌入。然而，这恰恰给我国近现代法学，尤其是民法学的发展带来了一个难得的契机。在此之前，中国的法律以刑法、政权等非民事性、商事性的规范为基本要素。古人管子曰："法律政权者，吏民规矩准绳也。"[3] 以"礼"代民法，但远不及民法的真正内涵和外延。即使法律含有民

---

[1] Fritz Schulz, *I Principii del Diritto Romano*, Casa Editrice Sansoni, 1946, p. 38.
[2] [美] 莫里斯：《法律发达史》，王学文译，商务印书馆1939年版，第83页。
[3] 《管子·七臣七主》。

事法律部分的内容，如户役、田宅、婚姻、仓库、钱债等，但都列有科处刑法的条文，其规定的主旨在于役赋、婚姻违制等，与近现代民法尊重权利、尊重人格的宗旨大相径庭。对此，蔡元培先生有过精辟的评价："我国古代，有礼法之制：法者，今之所谓刑法也，而今所谓民法，则颇于礼。礼之起也，本不下庶人，为贵族所专有，其后贵族之礼积渐崩溃，而所遗者，不过揖让进退之小节。"[1]那时的芸芸众生只知作为臣民所应被禁止的行为，却不知作为一个人，应当有着怎样的权利。封建专制下的法律不肯承认作为一个人应当有其法律人格，自然也不会给民法以迅速发展的条件。有学者曾叹道：在漫长的历史进程中，这是我们这样一个泱泱大国、一个拥有中华法制的大国的巨大憾事之一。正如居正先生指出："罗马法独能发皇于后世，以成世界荣仰之罗马法制，而我国礼法（民法）之学不免停滞衰落未成中华法制之精神发扬光大于世者，其因或在乎此。"[2]为此，不少留学于海外的学子在学成之后，痛感将罗马法及其他科学的法典介绍给国内的迫切性和必要性，提出"吾人欲治法律之学，不得不研究罗马法"。[3]据笔者考察，以专著形式介绍罗马法的最早的一本书是启新书局于光绪二十九年（1903年）出版的《罗马法》，尽管它只有46页。

虽然有不少介绍性地研究罗马法的书，但它们所采用的方式颇有不同：

第一种方式：通过著述将罗马法之精华内容，如人法、物法、债法、亲属法、继承法、诉讼等进行相当系统的介绍。此方法的特点是通过作者的介绍，使人读后对罗马法有较系统的了解。采用该方式的著作主要有：黄俊的《罗马法》（1931年），陈允、应时的《罗马法》（1931年），丘汉平的《罗马法》（1933年），周枏的《罗马法提要》（1988年），曲可伸的《罗马法原理》（1988年），等等。

第二种方式：偏重介绍罗马法的形成背景，并根据中国的情况有选择性地介绍罗马法的内容。如樊树勋在其《罗马法》（1905年）一书中，除介绍罗马史略外，着重介绍了人法和物法。北京大学教授黄右昌在其著的《罗马法与现代》（1915年）一书中，介绍了罗马法发展的过程、罗马历史，并将中世纪以后研究罗马法的五大学派的概况展示于读者面前，然后基于中国国情的分析，重点介绍

---

[1] 蔡元培："黄右昌〈罗马法〉序言"，载黄右昌：《罗马法》，北京大学出版部1918年版。
[2] 居正："陈朝壁《罗马法原理》序言"，载陈朝壁：《罗马法原理》，商务印书馆1944年版。
[3] 陈允、应时：《罗马法》，商务印书馆1931年版，第1页。

了罗马法中的人法、物法和诉讼。该方式能使我国读者对在我国法律文化中所缺乏的民法文化有所了解。采用该方式的著作主要有：樊树勋的《罗马法》（1905年）、黄右昌的《罗马法与现代》（1915年）。

从历史的角度分析，以上述两种方式介绍罗马法，在清末民国初期和20世纪70年代至80年代有过两次高潮。但是，在对待外国法律，包括对待罗马法的心态上却有明显的不同：清朝末期，民众之心被帝国主义的侵入之耻辱所击痛，始反省中国的传统文化，始发生洋务运动，这些均源于当时的政治和经济危机。但清朝政府中的洋务派所作出的主动引进的抉择，仅限于为制船造炮等近代工业生产所必需的电光化声等自然科学，尽管同时也不可避免地有某些为了与外国交涉所需要的社会、政治、法律等知识随之引进，但极为缓慢而曲折。谭嗣同曾抨告之："足下所谓洋务，第所见之轮船已耳，火车已耳、枪、炮、水雷及织布、炼铁诸机器已耳。于其法度政令之美备，曾未梦也。……此洋务之枝叶外其根本。"[1] 他将对外国法度政令的介绍和引进视为根本，但至此时，人们的心态仍基本上未超出魏源提出的"师夷长技以制夷"的范围。民国初期至20世纪30年代，这种以偏激的心态对待外国法律、文化、科技的状态逐渐缓和，人们开始冷静地思考和研究西方的社会、文化、法律、技术。

20世纪70年代，我国人仿佛从梦中惊醒，惊讶地发现一个几无法制的国度已被世界经济的发展抛于后面，这种落后不再以概率计算。人们经过冷静地思考，清楚地意识到：必须将关注的重心从政治运动转向发展经济，而经济要发展，必须有法律相佐。尤其是面对缺乏保佐商品经济正常运转的民法这一状态，故而，有目的地、系统地介绍国外的立法，了解民法的基本制度及其始源，理解法的基本精神就成为迫切之举。

第三种方式：将罗马法从其原始文字——拉丁文直接译成中文。为了给学者们和立法、执法的人们提供最准确的资料，在意大利罗马第二大学和意大利罗马法传播研究组的协助下，以中国政法大学青年法学者为主的翻译小组于1988年开始启动了将除《法学阶梯》以外的罗马法原始文献从拉丁文直接译成中文的工作[2]，该项工作正在进行中，目前已有《正义和法》《司法管辖权审判诉讼》

---

[1] 谭嗣同："投贝元征"，载《谭嗣同全集（上册）》，中华书局1981年版，第202页。

[2] 作为罗马法原始文献重要部分之一的《法学阶梯》由张企泰先生自英文译出，1989年在商务印书馆出版。

《债　契约之债》《债　私犯之债　阿奎利亚法》等数本罗马法原始文献《民法大全》选译本问世。此外,《民法大全》中有关人法、物法、家庭、继承等选译本的翻译及《罗马法史》的翻译亦正在进行中。该种将罗马法原始文献直接从拉丁文译为中文的方式,特点是将罗马法以其本来面目忠实地再现于读者面前,它必将为我国对罗马法的研究进一步深化提供极大的帮助。

(二) 比较性地介绍和研究罗马法

这种态势不同于前种态势,它另辟蹊径,不局限于单纯介绍,而是结合近现代各国法学的发展和我国民法学的现状加以比较,使罗马法研究在我国跃上了新的台阶,其典型著作为:陈朝壁著的《罗马法原理》(1944年)、江平和米健著的《罗马法基础》(1987年)。这些作者在著述过程中对每一重要法律制度,如法人、家庭、婚姻、所有权、契约、债、继承、诉讼等,必详细阐述其背景材料、特征、演进及对后世的影响,评价其得失并援引近现代立法例加以评述,读后令人耳目一新。此外,还有谢邦宇主编的《罗马法》(1990年) 等,也都走出单纯介绍罗马法的局限而进入了比较性介绍罗马法并加以研究的新领域。

这种研究罗马法的态势在历史上也出现过两次高潮,均发生在20世纪中后期:第一次是20世纪40年代,第二次是20世纪90年代且方兴未艾。比较性地介绍和研究罗马法,使我们更清楚地看到了近现代民法中每一种法律制度从雏形、稚幼到成熟的发展轨迹,为我们对现代法律制度的研究及立法提供了理论基础。

(三) 深入研究罗马法在我国法制建设中的现实效应

早在1905年我国学者即提出了研究罗马法旨在明其演进历史、究其法律理论、进行比较研究并力求有所借鉴。[1] 在其后的年代里,学者们也确实一代复一代地探讨罗马法对我国的借鉴意义并在立法中有所应用。无论是《大清民律》《中华民国民法典》还是《中华人民共和国民法通则》,虽然不能说都直接承袭于罗马法,但却是在研究《日本民法典》《德国民法典》《苏俄民法典》《法国民法典》并进而溯至罗马法的前提下所形成的法律。罗马法作为近现代民法的渊源,给予并还在继续给予我们以启迪。所以,从清末至今,民法学者们都以著作、文章等方式直接或间接地对罗马法在我国的现实效应加以探讨,此类作品不胜枚举。

---

〔1〕　樊樹勳编:《罗马法》,湖北法政编辑社1905年版,第2页。

三、对罗马法研究在中国的展望

罗马法作为一种古代法,其产生的年代早已逝去,若想使罗马法在现代社会中完全复兴未免过于理想化,换句话说是不现实的,也是不可能的。但如果说根本无需研究罗马法,则是对我国法学研究和法制建设的一种不负责任的说法。我们不应以"阿Q精神"来回避中国民法文化淡若虚无的状况,而应以科学的精神面对现实,吸收其他民族的优秀法律文化来充实中华民族的民法文化,使我们中华民族的法律文化水准得以提高,使之与我们这样一个泱泱大国的形象相适应。事实上,从清末至现今,罗马法研究在我国虽然经历了起伏曲折的过程,但一代又一代的中国法学者们始终未放弃之,并通过对罗马法的研究为现行立法与法制提出了有益的立法建议和观点。尤其是将罗马法从其原始文字——拉丁文直接译成中文的宏大工程,为我国罗马法研究提供了可靠、准确的材料,将会有效地避免在过去几十年研究罗马法时易发生的错漏、讹误现象,使中国的罗马法研究展现出更为令人鼓舞的前景。

在我国,对罗马法的研究方式是多种多样的:或溯史,或比较,或全面研究,或具体问题探究。就今后的罗马法研究而言,笔者认为以下几个方面的问题值得进一步研究:

第一,对罗马法中诸如物权制度、法人制度、债权制度、契约制度等重要的法律制度进行更深入的基本原理的理论研究。因为在罗马法的基本法律制度中蕴藏着极为丰富的法哲学思想。同样,对罗马法中平等原则、对个人基本权益给予应有尊重的原则等加以研究,对我国现行立法研究尤其是有关人身权的研究亦有着十分重要的意义。

第二,作为法典化之始萌经典的罗马法对我国民法法典化的借鉴意义之研究。以制定体系完整、逻辑严谨、制度完备的法典为特点的大陆法制,对我国的影响因历经百年且已同我国古代固有法的立法特点交相融合而根深蒂固,更何况在我国这样幅员辽阔的国土上亦迫切需要一部"放之四海而皆准"的民法典以适应现代商品经济社会对法律的需求。因而,制定一部中国民法典已是迫在眉睫。尽管我国民法典的制定虽经历40年有余而未有最终法典出现,但对其的制定却是法学界、司法界乃至全国人民代表大会和中央政府一致追求达到国家法制化的主要目标之一。但是,在追求民法法典化的同时,我们有必要分析一下:就古代社会而言,曾有过众多的法典,诸如我国公元前5世纪的《法经》、公元前18世纪巴比伦的《汉穆拉比法典》、公元前10世纪雅典的《德拉古法》、公元前

6世纪希伯莱的《摩西法典》、公元前2世纪印度的《摩奴法典》等，但为什么都没有像罗马法那样放出异彩，照耀着古人、现代人的法制之路？其原因究竟在何处？

第三，罗马法的裁判官法对现代法中判例法研究之启示。裁判官法是罗马法最重要的渊源之一。裁判官依公平、正义的原则，结合当时当地的实际情况确定案件的审理，对法律条文作出新解释，引出法律的新原则[1]，并以告示的形式公布。这些告示"因裁判官的权力而具有法律效力",[2]这些告示日积月累而形成"裁判官法"。裁判官法的出现是对立法的一种有效的补漏纠偏途径，这于我们现代立法不无重要启迪。任何法典，无论怎样详尽都不可能囊括纷繁复杂的社会之全部现象。因而需要法官在不违背法的基本精神前提下，依具体案件对法律规定不同之处作出合乎法律、正义、公正的判决及其解释，并使之具有法律效力。在法典化相当完善的欧洲国家，判例法占有越来越重要的地位。因而，在现代社会中，如何建立起适应我国国情的判例法，给法官一定的创制法律的权力是值得深思的一个问题。

第四，法律文化之比较。法律的制定、传播与执行，法律机构的创制，执法之水平，不同阶层的人们对法律的立法、执法等法律现象所表现出的思想观念、价值观、知识与心态，均是一个国家、一个民族的法律文化的反映。对法律文化进行比较研究会使我们开阔视野，有利于理解不同的法的观念的起源，有利于加深对古代的法律制度和规定的透析。对不同的法律文化加以比较研究，能够使我们清晰地看到中华法律文化的优秀之处，也能够使我们滤出需要摒弃的文化废渣，只有如此才会使中华民族之优秀法律遗产得以弘扬。法律的科学性使其当然具有的跨国性文化更是人类共有财产。故而法律文化的发展必然是不同法律文化相互吸收的过程，在现代社会更是如此。

第五，罗马法制与中华法制之比较。罗马法制与中华法制同是源远流长，所不同的是：迄今为止，罗马法制（亦称大陆法制）依然以其统一的整体在世界法学的舞台上唱着主角。而中华法制却在近代开始解体，从"显性"状态进入"隐性"状态，但这并不意味着中华法制的消亡，恰恰相反，处于"隐性"状态

---

[1] "原则一般从裁判官的告示……那里接受立法的确认。"参见［意］彼德罗·彭梵得：《罗马法教科书》，黄风译，中国政法大学出版社1992年版，第18页。

[2] ［意］彼德罗·彭梵得：《罗马法教科书》，黄风译，中国政法大学出版社1992年版，第17页。

的中华法制仍然发挥着它的思想效应和社会效应,其思想观念仍潜移默化地影响着我国及亚洲邻国的立法、司法,影响着人们对各种法律现象的价值取向及所持的心态。因为在中华法制中存在着相当多的优秀法律文化遗产,这一现象已引起外国比较法学和中国法学研究者们的重视并形成热门研究主题。罗马法制的特点是:以法典为其典型外在表现形式,以民法为法学之主要基础,"法的其他部分只是从'民法'的原则出发,较迟并较不完备地发展起来的",[1] 将法理解为正义、公正,且视之为至高无上者。中华法制的特点是:以刑为法的支柱,强调阻碍个人人格的礼的重要作用,重义务、轻权利,贱讼且惧舆论,争端的解决不是以法律为标准,而是以人们认同的符合公正与情理的标准加以调解。从好的一方面分析,其后果是使矛盾得以和平解决,当事人得继续和睦相处。但是若从相反的方面分析,结论并不乐观,因为这恰恰是人们对法律不信任的一种表现。对不同的法制进行比较研究,将会使我们明鉴。

总之,以科学的态度研究罗马法将会对我国移植和研究科学的法律制度产生不容低估的现实意义,因为近现代民法终究是根植于罗马法这块沃土之中的。

---

[1] [法]勒内·达维德:《当代主要法律体系》,漆竹生译,上海译文出版社1984年版,第2页。

罗马法对中国民法法典化的若干启示*

在学习法律的过程中，在读西方的许多名著时，比如《社会契约论》《论法的精神》《罗马盛衰原因论》等，我们都能看到涉及罗马法的内容。作为法律人，我们所需要的知识结构不仅包括中外现代法的内容，还涉及中外近代法的内容。不过我们已经注意到，无论是我国的现代法还是其他国家的现代法，许多法律制度的知识、原理（尤其是制度理念）都可以追溯到罗马法。

在2014年的10月底至11月初，在中信书院和刀锋领导力实践中心的组织下，我国有一个20人左右的企业家高级研究班专门跑到意大利去学习，去寻找"罗马之路"。他们是看到了一位定居在意大利的日本作家盐野七生女士写的一套15册的书——《罗马人的故事》之后，受到很大的启发，希望通过寻找"罗马之路"来获得更多的信息并做出进一步的思考。《罗马人的故事》一书完整地揭示了从罗马城邦建成到罗马帝国衰亡的整个过程，其中相当一部分内容涉及法律制度及其内容的介绍。作为一个对罗马历史有着深入研究的作家，其对法律的了解可能不是很多，但是从史学作家的视角来描述罗马国家的出现、发达、鼎盛与衰落，去讨论法律在这个过程中的作用，还是令我们很受启发。参加这个高级研究班的中国企业家们都是在商事活动领域中的成功人士，他们参加"罗马之路"的活动是期希寻找一个答案：当年罗马国家为什么能发展成为横跨亚欧非的大帝国？乃至于后来的德国人说自己要建设出第二个罗马帝国，其后俄国的彼得大帝也说要建第三罗马帝国，为什么直到现在的美国人，他们想成为世界警察，想如同当年的罗马帝国那样在世界各地做他们想要做的事情？我和著名经济学家

---

* 本文系笔者2017年为首都经贸大学法学院学生举办讲座的讲稿。原载于米新丽编：《聆听民商法——民商法前沿讲座文字实录》，中国法制出版社2017年版，第83~103页。

和经济史学家樊纲先生、著名企业家王石先生共同作为授课者一同参与了这个高级研究班的活动,因为我们也很想研究一下罗马国家兴衰历史能够带给我们怎样的思考。

史学家们在观察分析罗马帝国时,思考的是它的历史演进过程及其原因;企业家们在观察分析罗马帝国时,则更多的是希望探究如何去管理一个"企业帝国",因为管理一个国家和管理一个企业,很多原理是相同的。我们这些搞法律的人,关注的是罗马帝国在其漫长的历史演进期内,在法律方面做了什么?我们的法学先辈们,那些著名的法学家们,比如德国著名的法学家萨维尼先生,就在于其研究罗马法且多有巨著出现,成为极为著名的罗马法学家、私法学家、法制史学家。他的名著《论当代罗马法体系》一书已经被翻译成中文了,很值得一读。他的弟子、著名的法学家耶林先生也和他的老师一样,以研究罗马法而著称,进而在私法领域多有作品,享有盛誉。在德国、法国、意大利,有许多著名的法学家都是研究罗马法的学者,他们对法的精神、理论、制度、规则内容等众多的研究分析展现了他们的才华。

现在法学界最时髦的议题之一就是党的十八届四中全会决议中提到的"编纂民法典"。但在此之前,最近的五年立法计划中,民法典立法计划被搁置了。实际上,在21世纪初,全国人大法律工作委员会曾经启动过民法典草案的制定工作,但是由于时间过短,内容过于粗糙,该草案相当的"目不忍睹"。虽然经过了全国人大常委会的"一读",但我们一直无法通过各种媒体宣传的途径来目睹其全部"芳容"。尽管当时的全国人大相关机构的负责人已经意识到民法典的制定是一个大工程,是法学界的"三峡大坝",但是匆忙立法不会产生理想的立法草案。因为无论是立法理念、立法体系的选择,还是立法技术问题的解决,均有相当数量的问题需要研究。我们在研究民法典的过程中,发现有很多理论问题需要探讨,而且需要探究其法理、法律制度、法律规则之源。这样的探究过程,一方面需要追溯到我国古代民法,另一方面更需要追溯到西学东渐所引进的法学理论与法律制度,所以需要运用比较分析方法去研究日本民法,进而研究对日本民法影响巨大的德国民法、法国民法,并进一步去研究对德国民法、法国民法影响巨大的罗马法,最终,我们通过近现代欧亚大陆法系的民法立法而继续追溯到了罗马法那里。

罗马法给后世带来的很多法律成果,直到现在都让我们受益。作为法律人,了解、认识罗马法很重要。这不意味着一定要用罗马法来解决现实的法律争纷案件，而是通过学习罗马法让我们变得更加睿智。

下面我就如下几点与大家进行一下交流：

一、从法学方面而言，"条条大路通罗马"是什么意思？

虽然罗马法对于现代中国法律人来讲是一个遥远的故事，但根据中国大学法学院学生学习罗马法的过程可以获知，近现代国家的法律尤其是欧陆国家的法律制度与规则许多都可以追溯到罗马法上，可谓"条条大路通罗马"。"条条大路通罗马"源自罗马社会的一个史实：当年罗马国家为了快速抵御外来侵略，也为了满足自己发动军事战争、进行贸易活动等需要，修建了一些较宽的路，比如最古老的"阿比亚大道"，这条大路可以从罗马直达拿波里（也称那不勒斯）。各位有机会到罗马时，一定要去罗马郊区看看阿比亚大道。阿比亚大道现在作为供行人步行的古道，长约12公里，路面全是凹凸不平的石板，路边时常出现造型优雅、可以遮蔽烈日的地中海松。走在那条路上，我们仿佛可以看到当年罗马军团向拿波里进军，并进入地中海与沿岸国家作战的情形。除这条大路外，罗马人还修建向北、向西的诸条大路。但是，"条条大路通罗马"不仅指地理上出现的可供人、车行走的大路，更为重要的是留给我们一种文化现象，很有意思。从法学上说，很多制度尤其是私法制度更是"条条大路通罗马"。因为我们现代法律人所熟知的所有权、他物权、债权、合同、自然人、团体、继承、侵权、对人格利益的保护等私法制度，税收、军队、犯罪、刑罚、公务人员行为等公法制度，以及证据制度等，均可以在罗马法原始文献中找到。有些内容甚至在公元前450年的《十二表法》就已经提到，例如，当有人以歌词的形式去侮辱他人将构成不名誉。当然，这样的行为为什么会构成对别人人格利益的侵害，当时的法学理论研究只是萌芽状态，远没有现代法学理论这么成熟，但诸位不要忘记，这是在公元前450年。上述很多法律制度，我们都耳熟能详。只不过由于终究是"遥远的故事"，确实存在时代的差异、文化的差异。

罗马法对后世的影响，与中世纪后期的罗马法复兴有很大关系。借助着罗马法复兴，欧陆国家在各自的法学理论研究、法典化进程、法律制度设计等方面呈现出"条条大路通罗马"的景象。

意大利的博洛尼亚大学被誉为欧洲的"万校之母"。在20世纪80年代末90年代初，全球400多所大学校长齐聚博洛尼亚大学，签署了《博洛尼亚宪章》，其中不仅涉及高等教育的目的与宗旨，而且共同确认博洛尼亚大学是欧洲第一所大学（实际上就真正意义上的大学而言，博洛尼亚大学也是世界上第一所大学），其诞生于1088年。到现在为止，全球已经有700多所大学校长在该宪章上签字。

在博洛尼亚大学的图书馆里，珍藏着不少13世纪以来的记载罗马法原始文献的不同版本，这些书籍从一定角度上反映出当时研究罗马法的鼎盛状态。

1999年11月，我在博洛尼亚大学访问时，看到图书馆书目中一本1270年的罗马法原始文献版本信息。我以讲授罗马法学的中国教师身份提出阅读申请，得到图书馆馆长的特批，但被要求带上白手套进行翻阅。这本古书上载明了如下信息："DIGESTUM VETUS / JUSTINIAN / MANUSCRIPT ON VELLUM / BOLOGNA, 1270."其拉丁文的意思是"《古学说汇纂》/优士丁尼/羊皮纸手稿/博洛尼亚，1270"。这是一本手写的《罗马法学说汇纂》，在书页的旁边和下面，有许多小注，其字迹已经十分模糊，令人难以识别。仔细看去，在书页上有淡淡的手画的横格，然后用黑色、棕色的墨水书写着不同字体的文字，有拉丁文和希腊文。拉丁文用花体字写成。在不少书页的文字段落中间与书页边空白处，还用红色、蓝色和黑色的墨水画出一些花边或装饰物。

当我在阅览、欣赏这部书的时候，心中有着一种说不出的情感在涌动。通过这本书，仿佛在与13世纪的古人就罗马法的内容进行着对话，实在是一种妙不可言的感受。

我向管理员提出，希望将该书拍上几张照片，目的在于使我、我的学生和我国对此有兴趣的人能够了解这本书的原貌。管理员告诉我，需要请示馆长，我必须第二天再去一趟。峰回路转，副馆长在这关键的时刻居然正好来到阅览室。管理员向她耳语一番，她走到我跟前自我介绍后告诉我：可以不打闪光灯地拍照，而且未经他们同意不得用于发表在自己的书上。虽然我获得了可以不打闪光灯地进行拍照的机会，但可惜的是，恰恰因没有闪光灯，拍照效果相当不理想。好在这本书中一些十分精彩的书页已被出版商用于出版物上，现在大家通过网络搜索就可以找到。

二、近现代历史上学者们对罗马法的评价

对任何事物都会有积极评价和消极评价。不过，对罗马法尤其是其历史价值的评价，学者们的积极评价高度一致。我在《罗马私法学》中摘录了一些著名学者对罗马法的评价。例如，德国著名法学家耶林在其《罗马法精神》一书中有一段广为人知的评价：罗马曾三次征服世界、统一了诸民族：第一次是在罗马民族尚强健有力之时，使诸民族有国家之统一；第二次是在罗马民族业已衰败之

后,使诸民族有教会之统一;第三次则是由于中世纪对罗马法的继受,使诸民族有法之统一。武力因罗马帝国的灭亡而消失,宗教随着民众思想觉悟的提高、科学的发展而减少了影响,唯有法律征服世界是最为持久的征服。再例如,以充满批判精神而著称的伟大学者马克思和恩格斯,对罗马法却称赞有加,他们认为罗马法是以私有制为基础的法律中具有最完备形式的法,凡是中世纪后期的市民阶级还在不自觉地追求的东西,罗马法都已经有了现成的了。在他们看来,罗马法不仅是商品生产者社会的第一个世界性法律,而且后世的法律都无法对它作出任何实质性的修改。

那么,为什么罗马法会有着如此的品质?德国著名法学家萨维尼认为:罗马法之所以是至高无上的法律,这是由其民族精神决定的。英国著名学者梅因对此的解释是:罗马人有一种很值得称道的精神,即当罗马人发现其他民族有优于自己的规则制度时,会虚心去学习,并将其他民族的优秀规则拿来为自己所用,比如,罗马人发现古希腊人的法律有优于自己之处,就派人到雅典学习,认真研究,最终制定出自己的《十二表法》。罗马人善于学习、善于分析、善为己用的睿智值得后人学习和借鉴。英国著名学者孟德斯鸠告诫我们:罗马法是欧洲法治的基础。为此,当我们学习欧洲法律的时候,必须要了解罗马法,罗马法是共同法基础之一,当然还有宗教法,共同构成法治基础。相对于宗教法,罗马法被称为"世俗法"。

三、罗马法原始文献与学习罗马法的关系

我们学习罗马法,一定要从其原始文献入手。有同学喜欢看别人引用的罗马法内容,比如有同学仅读翻译成中文的意大利罗马法学教授彭梵得先生的《罗马法教科书》,但不肯去读罗马法的原始文献,这样的学习方法是不对的。学习罗马法,必须要读其原始文献,否则,就如同一个研究德国民法典的人却从未读过德国民法典条文那样的尴尬。罗马法不同于现代立法方式,罗马法的内容是由具有法律效力的如下内容构成:

1. 《十二表法》(拉丁文名称是 XII Tabularum Leges,产生于公元前451~公元前450年)。现代社会人耳熟能详的一些私法制度规范在《十二表法》中已有具体规定。该法的内容主要包括:传唤、审理、求偿、家父权、继承和监护、所有权和占有、土地和房屋(包括相邻关系)、私犯、公法、宗教法等。

2. 优士丁尼《国法大全》(拉丁文名称是 Corpus Juris Civilis,在我国也将其称为《民法大全》,是自公元528年始到565年期间所编纂的法律之总称)。目前

各国所使用的文本基本都是德国著名学者蒙森整理的文本。《国法大全》由下列内容构成：

（1）《学说汇纂》（拉丁文名称是 Digesta Pandectae，简称"D"）。《学说汇纂》是具有法律效力的学者们的法学理论汇编。历代罗马著名法学家的学说著作和法律解答被分门别类地汇集、整理、摘录，凡被收入的内容，均具有法律效力。全书共50编，除3编外，其他编划分为带标题的章，选入的片断都标明了作者的姓名和作品的出处。《学说汇纂》于530年12月15日开始编纂，533年12月16日公布，同月30日生效。《学说汇纂》的内容大体可分为三部分：第一部分是有关市民法的著作摘录，以萨宾学派的学说为主；第二部分是有关裁判官法的著作摘录，以乌尔比安的学说为主；第三部分是有关各种实用性的法律问题及案件的著作摘录，以帕比尼安的学说为主。《学说汇纂》的内容广泛涉及自然人、婚姻、家庭、财产的享有与转让、遗产继承、贸易、债务处理、私法及其责任、损害赔偿的救济、团体的设立与活动、国家及其能够支配的财产、犯罪行为的认定与惩处等社会生活诸多方面，其中多数规范属于私法规范。

（2）《优士丁尼法学阶梯》（拉丁文名称是 Istitutiones Justiniani，简称"I"）。这是罗马帝国的优士丁尼皇帝为便于青年们学习罗马法的基本法律理念、制度与规则，下令由几位法学家组成专门委员会，以盖尤斯同名著作为蓝本，参照其他法学家的著作改编而成。它是阐述罗马法原理的法律简明教本，也是官方指定的法律教科书且具有法律效力。《优士丁尼法学阶梯》分为4卷，其内容广泛涉及正义与法、人法、婚姻、家庭、监护、保佐、物之分类、用益权、使用权、居住权、取得时效、占有、遗嘱、遗赠、债、债权人和债务人、保证人、合意之债、私犯之债、不法侵害、诉权、四足动物致人损害、诉讼担保、抗辩、令状等内容。此外，《优士丁尼法学阶梯》中不仅有法律规范的内容，而且还有从历史演进的角度介绍的罗马法制度规则在罗马社会早期的情况、在不同时代的变化以及优士丁尼时代进行的修改与理由等背景性知识的信息。《优士丁尼法学阶梯》是在编纂《学说汇纂》的过程中决定编辑的，它于533年11月21日公布，533年12月30日生效。

（3）《优士丁尼法典》（拉丁文名称是 Codex Justinianus，简称"C"）。它是法律和皇帝谕令的汇编，共12编。它于528年2月13日开始编纂，529年4月7日公布，同月16日生效；534年11月16日公布第二版，同年12月29日生效。这是一部罗马历代皇帝的谕令大全。从公元528年开始，法典编纂委员会对历代皇帝谕令和元老院决议进行整理、审订和汇编，删除业已失效或同当时法规相抵触的内容，于次年颁布施行。后因发现一些新谕令尚未列入，又重新进行增补修正，于公元534年再度颁行。法典共12卷，每卷分章节，所载谕令一律按年月日顺序编排，并标出颁布各项谕令的皇帝名字。第1卷：教会法和国家公职人员的权利义务；第2卷至第8卷：私法；第9卷：刑法；第10卷至第12卷：行政法。

（4）《新律》（拉丁文名称是Novellae，简称"N"）。它是将《国法大全》编纂结束后优士丁尼颁布的新的谕令（535年~565年）汇编在一起，主要涉及公法内容，并被认为对前三者的法律原则进行了变通。

在上述原始文献中，最值得关注的是《学说汇纂》。通过学者们阐释法律的理论、法律规则、法律历史演进的一个个片段，向我们后人展示出罗马法极为丰富的内容和令人惊叹的体系思维。罗马法不仅有法律规则，更有法学理念的直接阐释。例如，在《学说汇纂》第一编第一章第一节的第一段落，是罗马社会最著名的法学家之一乌尔比安对如何理解"法"的分析。乌尔比安认为，一位叫杰尔苏的法学家将法定义为"是善良和公正的艺术"，这是一个精妙的解释。的确，法的本质应当是善良和公正。任何法律都应当体现出对人的善，不管是自然人还是法人。善令人感受到爱和关怀，这恰恰是人性的体现。那种将法律等同于冷酷无情的解读，完全是对法律的误解。

我们现在正在进行的废除死刑制度的讨论，实际上就是对法律如何体现对人的关爱的讨论。当一个人的行为导致了他人丧失生命时，我们是不是也同样使该人的生命被强制丧失？这是否具有最原始的"血亲复仇"的性质？我们是否可以通过终身监禁的方式来达到对其加以刑罚的目的？尤其在一个人并不是真正的犯罪人时，如果因被判处死刑剥夺其生命后，发现这完全是一个错案时，人死无法复生，导致无法挽回的结果。例如，被媒体广为评论的内蒙古自治区发生的呼格吉勒图案就是一个典型之例。1996年4月9日，内蒙古自治区呼和浩特市毛纺厂18岁的职工呼格吉勒图被认定为一起奸杀案凶手。法院在案发61天后即判决呼格吉勒图死刑并立即执行。2005年该案的真正凶手自动交代了其罪行。2014年11月，内蒙古自治区高级人民法院通过再审程序宣告呼格吉勒图无罪，但无罪宣告无法令呼格吉勒图复生。

即使某个犯罪人的行为构成死刑，其犯罪行为亦不构成其他人可以肆意对他进行侮辱的理由。我1979年上大学，二年级学习刑法课程时，刑法老师在课堂上讲到当时流行的一种做法，即在刑事案件宣判通告上，在死刑犯名字上特意打上一个醒目的大红色叉子，以示该人被枪毙，罪该万死。老师让我们讨论，这样的做法是否正确？作为法律人，我们需要思考的是，虽然该人是死刑犯，根据法律应当判其死刑。但是，在其名字上打上大红色叉子，按照中国传统文化，这是特意要体现出对其加以蔑视的做法，含有明显的侮辱意思。这样的做法，不仅法律上无依据，而且完全违背了法的精神。法律面前人人平等，没有什么人可以肆意剥夺他人生命，也没有什么人可以某人有犯罪行为为由而肆意侮辱之。如果一个社会允许其公众可以基于一个人有犯罪行为就对其肆意侮辱时，这个社会肯定不是法治社会。

在初识罗马法时有一个很有意思的内容，就是大家很熟悉的关于公法与私法的划分。如果大家阅读20世纪50年代到20世纪80年代的法学书籍时，会看到关于公法和私法的划分是资产阶级革命的成果的说法。但如果我们学过西方法制史的话，仔细想想，关于公法和私法的划分早在资产阶级出现之前就已存在。因为在罗马法的原始文献中，已经提出了公法与私法的划分。乌尔比安就强调过："法的研究对象分为公法和私法。""公法是涉及罗马国家稳定的法，私法是涉及私人利益的法。"但是，私法不一定是仅指个人，它还包括团体、家庭。在公法中主要涉及宗教、国家机构及其设置、军队、税收等内容；而私法内容主要涉及人、婚姻、家庭、财产及财产权、债、合同、侵权等。

通过阅读罗马法原始文献，我们还可以从中了解罗马人对正义的理解。众所周知，"法"的拉丁文是"ius"，这个词渊源于"正义"的拉丁文"iustitia"。罗马法学家将"正义"解释为"给每个人应有权利的稳定和永恒的意志"。正义的要素应当包括：人的意志、人应有的权利、权利人对享有权利可预见。具体解释为：其一，正义与不正义是人的主观判断，正义是人们在社会生活中的一种追求，所以，正义是人们所追求的一种稳定和永恒的意志。其二，人们能够如何行使其权利应当具有可预见性，换言之，当我的权利遭受侵害，我如何可以得到救济是可以预见的。这样，人们才可以有安全感，才不会像我们现在许多人那样总感觉到自己无论做什么都像赶末班车似的。如果一个人不知道未来怎样，没有安全感，那么当在做涉及利益的事情时，总会有抢着上末班车的感觉，生怕错过应当属于自己的机会。这就是不正义的状态。不正义的结果就是使人们丧失安全感。在罗马人看来，正义应该是一种稳定的永恒的状态，一种给人们以安全的永恒状态。那么，法的准则是什么？罗马法学家认为：法的准则就是诚实生活、不害他人、各得其所。诚实信用的法理念在罗马法中已经存在。诚实信用是针对交易行为而言,非交易行为如遗嘱行为等并不适用。

四、罗马法对于现代中国民法立法的影响

我们作为现代人,学习和研究罗马法的很重要的目的之一就是应当考虑对中国民法法典化有何启发。我认为罗马法中的如下内容值得我们关注:

1. 罗马法法典化的思维。罗马法历经一千多年而形成,其重要的成果之一就是法典化。罗马社会早期大多为习惯法,直到公元前六世纪,罗马一些学者开始将习惯法编纂成文字加以保存。这是最早的法律编纂行为。在罗马法发展的过程中,法律不断以法典(拉丁文是 Codex)的形式出现。通过法律编纂,形成体系化的法典,不仅构成具有法科学性的制度架构、规则体系、逻辑严谨的内容,亦便于人们阅读与了解。公元 6 世纪后,优士丁尼皇帝下令设立专门委员会对一千余年形成的大量法律规则进行编纂。由此使得在此之前一些罗马皇帝已经开始的编纂活动得以法典化的形式而完成。法典化可以使立法者意识到法律的内容是否形成体系,是否有冲突。至此,法典化固化为一个专门法律术语。此后,随着法典化对欧陆国家的影响与发展,扩展到拉美国家、亚洲国家、非洲国家,制定法典的国家称为大陆法系国家。不过,法典化也并非完美无瑕:一是法典条款无法完全满足社会对法律的需求,二是法律条款过多时反而不利于人们对法律的理解。故而,在 20 世纪中叶,人们开始怀疑,在复杂的经济形势下,法典能否解决所有的问题? 于是出现了所谓"解法典化"运动。解法典化运动是指在不否定法典重要性的同时,强调法典不可能包罗万象。为此,通过主法典、子法典或单行法等方式共同构建法律体系。曾经有人将这个现象称为"反法典化",这是错误的表述,应该是"解构法典"而非反对法典化,即"解构法典"不是否定法典化而是用另外的形式补充法典化的缺陷。用解构法典的方式将法典充实起来。总而言之,法典化是罗马法为后世留下的一个重要立法思维。按照一定体系、一定内容实施一定的编纂行为。罗马法的法典化思维方法在清末民初时传到中国。在此之前,我国也有成文法传统,但更侧重于刑法的典籍化,而私法的法典化淡若虚无。伴随着罗马法、法国民法典、德国民法典等西方私法学理论与民法典进入中国,私法法典化思维催生了中国民法典。

2. 人法的首要定位。在法典化的过程中,在制定民法典时,什么样的内容放在法典的首要位置? 应当是人! 在罗马法中,我们看到罗马法的规则体系由人法、物法、诉讼法所构成。我们注意到,罗马法将人法放在第一位。为人制定法律的理念就是应把人放在第一位。在不少国家的民法典中，无论有没有民法总则，其共同之处是把人放在首位。为人制定法律的思维很重要。尽管在罗马法发展的很长时间内都处于奴隶制社会，因为奴隶制这种现象是人类社会发展过程中都出现的，但是在法律之中是否可以缩短这一反自然法做法的时间长度则各国情况不同。我们从罗马社会的史料中可以看到这样的信息，在西塞罗为执政官期间，其强调的规则是，一个奴隶在做了6年奴隶后应被解放为自由人。在罗马法原始文献中，强调自然人生而平等，不应有解放奴隶的事情，因为奴隶的出现是违背自然法的。这些罗马法的内容都说明，立法应当以人为本。有了人，有了主体，才会有权利、义务、责任的问题，才会有据此而产生的一系列法律规则。没有了人，法律的制定就丧失了其价值。罗马法及近现代立法对其继受，为我国民法法典化提供了重要可资借鉴的理念与思维。为此，我们还需要进行进一步的探究。

3. 权利与法一体化。在"法"的拉丁语"ius"的含义中，不仅有"法"的意思，还有"权利"的意思。这意味着什么？意味着法与权利不可分，没有以权利的确认和保护为核心的法不是真正意义上的法，没有与法息息相关的权利不是真正的权利。

"法、权利"的拉丁文"ius"是"正义"的拉丁文"iustitia"的词根，它彰示出权利体现着法之正义的理念。这就是我们为什么说"合法权利"的表述是错误的原因，但凡说到"权利"，它一定是合法的，并无"违法权利"之说，因为权利本身应当代表着正义理念、体现着法精神。所以，在欧陆国家的语言中，继受了罗马法的理念，用同一个单词表达法和权利。当我们看到，德国著名法学家耶林所著的同一篇文章被我国学者翻译为中文时，有翻译为"为权利而斗争"的，也有翻译为"为法律而斗争"的，我想各位现在应该能够理解了。

为什么在西方国家法学院中比较强调要学习一些拉丁文？甚至在法学的国际会议上，一些国外的学者为避免对术语产生误解，特意用拉丁文进行表述？因为拉丁文表达的术语有时候更为精准。例如，如果我们用中文论"人"，对受过法学训练的人而言，可以立即想到法律意义上的"人"分为自然人和法人，他会注意判断讲话者是在说"自然人"还是在说"法人"。但对没有学习过法律的人而言，他通常不会去想什么"法人"的事情。在拉丁文中，在说到"人"时，会用两个单词分别表述"人"，一个是"homo"，即自然意义上的人；另一个是"persona"，即法律意义上的人。这样的表述很清晰，不会产生误解。

总而言之，法与权利密切相连，无法截然分开。当人们在讲权利的时候，这个权利一定具有合法性，且一定具有可以被救济的效力。当人们在讲法时，其内核是权利，这个世界上不存在与权利的确认或保护无关的法。即使是刑法，也是以是否侵害其他主体的人格权或财产权为判断前提的。犯罪人的杀人、伤害行为与受害人的生命权、身体权、健康权有关，犯罪人的盗窃、抢劫、贪污行为与其他主体的财产权利有关。这就是罗马人的"法与权利一体化"的思维。该思维对民法的法典化同样重要。

我们还需要注意的是：在罗马社会，法学家们提出，所谓的法律，应当包含两部分内容：一是公共法律，公共法律是指由有立法职责的机构按照一定的程序所制定的法律；二是私的法律，私的法律是指在当事人之间通过约定而产生的对当事人有约束力的法律。

这是源于罗马法的一个规则，即缔约人之间的约定对他们而言就是法律。缔约人之间形成的约定即私的法律，一方面不得违背、变更公共法律，另一方面对缔约人以外的第三人无约束力。也就是说，缔约人之间不得随意为第三人设定义务。但现代社会有所发展，出现了如涉他合同等缔约人之间为第三人设定权利义务内容的合同类型，但这是有法律规定或者行业惯例的，否则依然不得随意为第三人设定义务。

4. 公法与私法的两分体系。私法与公法两分体系使得民法法典化有了更为明确的发展方向。近现代民法典编纂的历史告诉我们，民法典的编纂基础就是私法与公法两分体系。私法理论的不断发展推进了私法规则的体系化。虽然在民法典的私法规则体系中也有一些公法的内容，但这些公法内容的出现旨在强化对私权的救济及防止权利的滥用。所以，私法与公法两分体系对我们探究民法法典化具有很重要的指导意义，它指引我们去思考应当将怎样的规则放置到民法典中。

另外就是法学家的重要作用，这是罗马人很重要的一种思维，正如我们前面讲到罗马法在其法典化的过程中，首先是那些学者，自己来进行编纂活动，后来就是由皇帝来指令或者委托编纂委员会，这个委员会主要由法学家构成，然后由一些懂得法律的官员、法官、律师组成。那么最重要的一点，法典的背后一定是法学家在一个地方起到很重要的作用。谢怀栻老师当年给我们上研究生课的时候，就非常强调，如果纵观欧洲大陆的法典的制定，几乎每一个民法典的后面都存在着几位重要的法学家，也就是说这些法学家们促成了法典的诞生。反之亦然，由于法典的出现也成就了一些法学家。所以，在法典化的过程中，法学家的作用是非常重大的。像罗马法原始文献中的学说汇纂,全部内容都是法学家的作品,每一个片段上面都写着是某个法学家所著,乌尔比安、保罗、帕比尼安、盖尤斯等,其中标注的很多。在《学说汇纂》中,我的教授统计了一下,涉及的法学家有101个,实际上这里面有些是有署名,有些是在作品里面提到的。总而言之,这些作品里面涉及很多法学家,没有法学家就没有《学说汇纂》;没有《学说汇纂》,罗马法原始文献就缺了很大一块,因为这些法学家的解释是具有法律效力的解释,它就是法律,让法官依据这个规则来审理案件,所以法学家通过他们的编纂行为成就了罗马法时期的法典化的活动,也成就了、完成了或者说出现了法典化。

5. 法学家的作用。在法律从稚幼走向成熟的过程中,法学家的作用不可忽视。我们大家研究知道,罗马法原始文献中最重要的内容是《学说汇纂》。其名称已经告诉我们,这是法学家们的作品汇集。学者们通过对社会实践中的法律问题的研究所形成的理论和解决问题的建议,通过皇帝谕令而具有法律效力。所以,罗马法的发展史同时也是法学家的成长史。

罗马社会重视法学家作用的做法,对近现代各国的影响很大。我国已经翻译了二十多个国家的民法典。在各译本的前言部分,我们可以阅读到对该民法典中法学家参与的信息介绍。例如,《法国民法典》是由法学家、资深法官、资深律师组成的专门委员会编纂完成的,其中法学家的作用最为重要。《德国民法典》更是法学家们的作品。被誉为现代立法经典之一的《埃塞俄比亚民法典》,是欧洲著名的比较法学家、法国著名的法学教授达维德起草的,达维德教授最有名的作品之一《当代主要法律体系》在二十多年前被译为了中文。《意大利民法典》在20个世纪末进行了修改,尤其大篇幅增加了公司制度的内容,该工作是法学家们完成的。《荷兰民法典》最初是由一个法学家起草的,在其"壮志未酬身先死"的情况下,由几位法学家组成的小组接过起草的工作继续起草。

我建议各位同学有时间可以读读这些国家民法典的中译本,从中我们可以理解其他国家民法典的体系和内容。现在有不少法学院的同学在大学学习期间基本上只看教材,不读教材之外的法学作品,更甭提阅读其他国家的民法典了。这样的学习方法不值得提倡。

法学家们之所以在民法典的形成过程中起到很重要的作用,一方面是法学家们具有造诣深厚的法学理论修养,另一方面是法学家们并非都把自己"宅在"书房里"两耳不闻窗外事",相反,他们对社会生活中的法律问题十分关注并加以分析，这使得法学家们对法律问题的研究能够始终根植于社会实践中。当然，还有一个很重要的方面是：法学家们不是利益集团的成员，也不是这些不同利益集团的代表者，法学家们在立法中能够站在居中立场去平衡不同利益集团间的利益冲突。这些法学家们有着深厚的法学理论造诣，有相当好的立法技巧，以及对法律规则的体系化的把握，这使得他们在民法典的编纂中发挥了重要的作用。

通过对欧洲、拉美、亚洲、非洲的民法法典化演进史的观察，我们发现：民法法典化的进程同时也是法学家成熟的过程。正是由于法学家们的参与，方形成了不同国家的民法典。这些民法典既有共性之处，又有各自的独特之处。近现代民法法典化运动，离不开法学家的贡献。当然，法学家参与法典化进程的现象始于罗马法。这个现象可以给我们许多启发，尤其对我国2014年重新启动的民法典编纂工作而言，就更具有现实意义。我认为，民法典的编纂应当由专门委员会进行，这个委员会可以由学者、资深法官、资深律师、全国人大法工委民法室的官员等共同组成。但是，这个委员会应该是一个独立的委员会。其使命就在于独立地编纂一部符合中国发展需要的、符合中国国情的民法典。

民法典的独立性是很重要的。在民法典编纂的历史上，曾经发生过体现法西斯主义的条款被法西斯主义者强行放入民法典的情况，这就是《意大利民法典》。1942年《意大利民法典》在编纂时，意大利已经处于意大利法西斯相当强大的社会环境中，但是我们注意到，在《意大利民法典》中具有法西斯主义内容的条款不仅对该民法典的内容无多大影响，而且在第二次世界大战后很容易地就被去除掉了，意大利学者将其称为民法典的"封闭现象"，即有关法西斯的内容实际上是被屏蔽在民法典的内容之外的。为什么可以做到这点？这是参与制定民法典的法学家们的功劳。当时，在法西斯的高压之下，民法典的编纂者们不得不制定某些具有法西斯主义思维的条款，但是这些条款与民法典的其他条款明显被隔开。故而在第二次世界大战之后，这些条款很容易被拿掉。正是由于法学家们在编纂民法典的过程中坚持自己的独立性，因此，一旦时机成熟，与法西斯主义有关的这些条款很容易被过滤出去。在立法技巧上，法学家们已经做到了这一点。坚持民法典所固有的权利思想、私法规则及制度内容都不受影响，同时在无可奈何的情况下，令民法典具有相对封闭性而将其与法西斯主义的条款相隔开，意大利法学家做到了这点。

民法典编纂委员会应当超脱于任何利益集团之上，要能够把不同利益集团之间的利益（包括相互冲突的利益）通过立法尽可能加以平衡。因为法律规则的最后形成实际上也是博弈的结果。有人的地方就有利益冲突，不同主体的利益应当获得公平的对待，这是立法者的使命之一。如果立法者仅关注一个或者若干个利益集团的利益而对其他利益集团的利益视而不见，这样的立法往往是失败的。

在我国民法典的编纂过程中，应当矫正仅把法学家们作为官方草案论证者的做法，如同前面所讲的那样，由全国人大法工委民法室的官员、学者、资深法官、资深律师等共同组成民法典编纂委员会编纂，这不仅能够充分发挥出法学家的作用，而且能够提高民法典编纂的效率和质量。

我们的民法典编纂应当关注立法质量，包括语言的精准表达。我给大家举个例子：我国《婚姻法》第3条第2款规定"禁止有配偶者与他人同居"，这句话在修辞上有明显问题。"他人"是指我自己之外的人。稍微仔细想想，该条款表述的问题就很明显了：如果我之外的人都是他人，那么不得"与他人同居"就包括了不得与自己的配偶同居，因为就我自己而言，包括配偶在内的人都是他人。所以，准确的表述应当是："禁止有配偶者与配偶之外的他人同居"，这才是一个完整的、精准的表达。立法讲究修辞，讲究准确。类似的表达问题在我国立法的条文表述中有不少。所以，西塞罗认为，大学教育要重视修辞学，作为学法律的年轻人要学会修辞学。

商事合伙人资格论纲
——对罗马法和中国法的观察与思考[*]

序

美国著名的地理学家巴拉德通过对地球中脊地域的观察,提出地球的生命来自山岩与海水的相互作用的假设,也就是说,地球本身是"活的",其自身培育了生命以适应大自然的生存规则。

虽然我们尚无法判断巴拉德的说法在自然科学上是否能够完全成立,但是,在社会活动中,作为社会活动主体的自然人和各类团体的确是在相互适应的过程中形成了自己的生存规则。也就是说,各类社会生活中的主体需要主动寻找适合其存在的方式,并借助社会立法规则使其具有合法性。商事合伙人的资格即从一个我们可以观察到的视角体现出这一社会现象。

商事合伙的设立,合伙人是首要因素。对此,笔者将其作为分析的对象,希望通过对商事合伙人从罗马法到中国现代法的纵深状与比较状分析,对未来中国有关合伙的立法完善给出一定的有益建议。

一、在罗马法与中国古代法原始文献观察视野内的商事合伙人

(一)罗马法原始文献的概括观察

在罗马法的原始文献中,公元前2世纪的法学家盖尤斯所著的《法学阶梯》为我们提供了相当详细的有关商事合伙人的观察资料。这说明在盖尤斯生活的时代及其之前,商事合伙不仅是一个相当普遍的现象,而且已经形成了一定规则。

在盖尤斯的《法学阶梯》中,就商事合伙人的规则而言,我们可以看到已

---

[*] 本文原载于强力主编:《罗马法与中国法的传承和发展》,法律出版社2015年版,第179~188页。收入本书时有微调。

经存在如下内容：

第一，对商事合伙人作出合意表示的关注："在买卖、租赁、合伙、委托中的债是通过合意而形成的。"[1]"只要在合伙者之间仍然保持着合意，合伙就存续。但是，当某人退出合伙时，合伙则解散。"[2]

第二，对商事合伙人合意表示形式的关注："我们说在这些情况下通过合意缔结债是因为：不需要任何特殊的话语或者文字，只需要实施交易行为的人相互同意。因此，这种交易也可在未出席者之间缔结，比如通过书信或者传信人；相反，口头债则不可能在未出席者之间缔结。"[3]

第三，对商事合伙人出资能力的关注："我们通常用全部财产或者为实行某项行为如买卖奴隶而进行合伙。"[4]"显然，也可以实行这样的合伙：一个人支付钱款，另一人则不支付，然而他们却共同享有盈利；有些人的劳作常常相当于钱款。"[5]

第四，万民法与市民法中合伙的不同，即市民法中合伙并非真正具有商事性质："我们现在谈的合伙，即单纯通过合意缔结的合伙，是万民法的合伙，因此它在所有人之间根据自然原因而形成。但罗马市民所特有的合伙是另外一种。"[6]

在优士丁尼时期，商事活动已经相当频繁，故而，允许设立以营利为目的的合伙即以从事商事活动为目的，并期冀从商事活动中获得利益的合伙成为社会经济活动中的常见情形。[7]

在该时期产生的《学说汇纂》中对商事合伙人的具有法律效力的规制成为罗马法原始文献内引人注目的主要内容之一。[8]

（二）中国古代契约文献中的概括观察

中国古代法律重刑轻民，在官方法律文件中并无合伙的内容，故而亦难以寻

---

[1] Gai. I. 135.
[2] Gai. I. 151.
[3] Gai. I. 136.
[4] Gai. I. 148.
[5] Gai. I. 149.
[6] Gai. I. 154.
[7] D. 17, 2, 7. 乌尔比安：《论萨宾》第30编。
[8] 相关内容请参见［意］斯奇巴尼教授选编的罗马法原始文献《契约之债与准契约之债》的相关内容，中国政法大学出版社1998年版；另请参见费安玲主编：《罗马私法学》一书的相关内容，中国政法大学出版社2009年版。

觅到有关商事合伙人的法律规则。我们只能从民间有关合伙的书契中看到相关内容。当然，鉴于古代社会官府对民间商事合伙契约并无太多约束，相反，一旦发生纷争，多依已有的约定进行处理，故而形成了不仅对缔约人具有约束力，而且对缔约人之外的其他人具有警示效力的习惯法。因此，对中国古代商事合伙人资格的观察主要是通过对一些有关合伙的书契的研究来进行的。

在唐朝之前的时代，由于资料遗失严重，尚无法对当时的合伙情况进行有效分析，故而亦无法讨论商事合伙人的问题。

至唐代，笔者所找到的有关合伙的资料，并非商事合伙书契，而是一个有关农耕的合伙书契。在唐朝的吐鲁番、敦煌一带，流行以合伙方式进行耕作的做法。在《吐鲁番出土文书》第5册《阿斯塔那三三七号墓文书》中，我们可以读到一个公元663年的合伙合同，内载主要信息是：张海隆与赵欢仁订立合同，在3年内合伙耕作土地。赵出土地2亩，张出耕牛、麦种，生产所得粮食二人均分。任何一方毁约，均必须以交给对方九捆草的方式承担违约责任。[1]

至明朝，商业发展迅速，商业规模明显扩大，商事合伙成为比较常见的经济现象。通常进行商事合伙的双方（或多方）会在合伙契约中写明合伙的意愿、合伙的方式与合伙的盈利分配等内容，例如："是以两同商议，合本求利……各出本银若干，同心揭胆，营谋生意。所得利钱，每年面算明白，量分家用。仍留子女，以为渊源不竭之计。"[2]

在清朝，商事合伙契约因工商业活动大量增加而剧增，但是，商事合伙契约的内容变化不大，与明朝商事合伙契约大体相同，例如："是以两人相商议，合本求利，当凭知见每人出本银若干……不得因私侵公，混乱账目。"[3] 同时强调"出本银若干"是合伙人各自的义务，"获取利润"是合伙的目的，如果合伙人仅作为出资人则不参加经营；如果合伙人兼经营人，则可照本银或领本（即出资额）数目分受利息银，如果合伙人兼经营者，则"不得私作同途生意"。[4]

（三）中国现代法中的概括观察

1987年1月1日生效的《民法通则》仅规定了个人合伙形式，即"两个以上公民按照协议，各自提供资金、实物、技术等，合伙经营、共同劳动"所形成

---

[1] 孔庆明、胡留元、孙季平编著：《中国民法史》，吉林人民出版社1996年版，第317页。
[2] 谢国桢选编：《明代社会经济史料选编》（下），福建人民出版社2004年版，第275页。
[3] 美国斯坦福大学胡佛研究所东亚图书馆藏：《台湾公私藏古文书影本》第12辑，第1808页。
[4] 叶孝信主编：《中国民法史》，上海人民出版社1993年版，第555、556、650页。

的合伙（第30条）。

2006年的《合伙企业法》第2条则确认以团体形式形成的商事合伙："本法所称合伙企业，是指自然人、法人和其他组织依照本法在中国境内设立的普通合伙企业和有限合伙企业。普通合伙企业由普通合伙人组成，合伙人对合伙企业债务承担无限连带责任。本法对普通合伙人承担责任的形式有特别规定的，从其规定。有限合伙企业由普通合伙人和有限合伙人组成，普通合伙人对合伙企业债务承担无限连带责任，有限合伙人以其认缴的出资额为限对合伙企业债务承担责任。"

个人之间的合伙多为商事合伙，为此，在《民法通则》第32~34条中都重点强调了进行经营活动的相关规则。但是，对何人可以成为合伙人，并未直接作出规定，在《民法通则》的合同规则中亦未规定。

在《合同法》分则中，合伙合同并没有出现在买卖、租赁、运输等有名合同的系列中。

综上，在中国现代私法的立法体系中，合伙规则不是作为合同的内容，而是作为主体部分的内容被加以规定。就商事合伙人而言，相关规则并没有作出体系化的规定，其内容呈现"碎片状"。

二、商事合伙人的资格要件

（一）商事合伙的存在基础——合伙人之间的信赖

商事合伙系指两个以上的主体为实现获得经济利益之目的，而形成的共享利益共担风险的经济团体。合伙主体通常为自然人。在现代社会中，团体成为合伙人的情况也时有发生。合伙是人与人之间相互信赖的产物，商事合伙更是如此。罗马人很早就注意到这个现象。萨宾、乌尔比安等法学家都强调，"合伙是基于合伙人之间如同兄弟般的信任设立的"，[1]"当合伙人开始分别为各自的利益从事经营活动"时，[2] 就意味着这种信任开始崩溃。

中国古代商事合伙契约中也强调"同心揭胆，营谋生意"。[3] 虽然在中国现代有关合伙的立法中未明确对合伙人之间的信赖作出条款式规定，但是该传统在构成合伙时依然被传承着。

---

[1] D. 17, 2, 63pr. 乌尔比安：《论告示》第31编。
[2] D. 17, 2, 64. 卡里特斯拉特：《论问题》第1编。
[3] 谢国桢选编：《明代社会经济史料选编（下）》，福建人民出版社2004年版，第275页。

既然信赖是构成商事合伙的基础,那么,如何判断信赖的意思表示就成为判断合伙人资格是否具备的必备条件,故而合伙人主体资格的适格是一个无法回避的问题。

何为适格?其判断依据首先是在社会经济实务中逐渐产生并被人们普遍接受的习惯规则,随后成为法律所确认并加以完善的法律规则。因此,商事合伙人应当具备的资格条件的判断依据是在社会经济与法律发展的过程中逐渐形成的法律规则。这些规则主要体现为我们下面所分析的合伙人的资格条件。

(二)合伙人的自然条件——意思表示能力

能否形成商事合伙,其核心点在于不同主体之间是否形成合意。而合伙合意的形成取决于主体的意思表示能力是否具备。故而,无论是罗马法还是中外现代法,对商事合伙人的意思表示能力格外关注。就自然人而言,意思表示能力属于自然人的自然能力。影响意思表示能力的要素包括:年龄、心智状况和是否存在法律禁止的情况。

1. 年龄。年龄是判断商事合伙人是否具有意思表示能力的条件之一。在中国古代法律规则中,我们在成文法中难以寻觅到有关自然人成为商事合伙人的年龄规定,因为在中国古代,民商事活动基本上由习惯法规则加以调整,故而,根据习惯法规则,凡家庭中的任何重要事项,包括家庭财产的支配等,唯父亲有决定权,如果未成年人没有父亲的,则由其父或母的兄弟代为行使;倘若上述人员均无,则由家族中的辈分长者做出决定。

罗马法原始文献中则对合伙人的年龄相当关注,法学家们将合伙人的年龄与法律救济密切联系在一起,例如乌尔比安认为,如果未满25岁的未成年人参加了合伙并受到欺骗,那么他将会得到法律救济。[1]

根据中国《民法通则》的规定,年龄与意思表示能力是否具备有着直接联系。有意思表示能力的条件之一就是表示人应当是完全行为能力人,其包括已满18周岁的成年人和已满16周岁未满18周岁、以自己的劳动收入为主要生活来源的未成年人即被视为完全行为能力之人。但是,笔者认为,应当将被视为完全行为能力者排除在商事合伙人外,因为商事合伙人与一般的民事行为能力人对年龄的要求有所不同。商事合伙人从事的活动是以营利为目的的商事活动。合伙人对商事活动性质的认识、对商事活动各环节的了解与判断、对商事活动所具有的风

---

[1] D. 4, 4, 7. 1. 乌尔比安:《论告示》第11卷。

险的预见等远比一般民事活动要复杂得多，故而对商事合伙人的年龄要求不应当包括"视为完全行为能力人"的情形。商事合伙人应当完全达到能够对事物有理解力、判断力、预见力并独立进行意思表示的成年人年龄。

2. 心智状况。心智状况是指表示人的心理发育状态和精神健康状态。美国心理学家赫威斯特提出了心理成熟的十大标准：[1]

（1）能在日常生活中与同龄人建立和谐的人际关系。这种关系应包括同性朋友和异性朋友。

（2）在行为上能够扮演适当的性别角色。

（3）接纳自己的身体和容貌。不过分炫耀自己的优点，也不过分掩饰自己的缺点。

（4）情绪表达渐趋成熟独立。凡事不再依赖父母或其他成人的支持与保护。

（5）有经济独立的信心。

（6）能够选择适合自己能力和兴趣的职业，而且肯努力奋发。

（7）认真考虑选择婚姻对象，并准备成家过独立的家庭生活。

（8）在知识、观念等各方面，都能达到一个现代公民的标准。

（9）乐于参与社会活动，也能对自己的行为负责。

（10）在个人的行为导向上，能建立起自己的价值道德标准。

自然人心智成熟的年龄通常确定在 18 岁，这是基于医学界的科学研究而做出的。当然，不同国家对自然人心智成熟的年龄规定有所差异。

（三）法定条件

仅有责任条件尚不能成为商事合伙人。因为合伙活动以不同主体的共同活动为基础。故而，合伙人与其他合伙人达成合意是必须的条件。此外，商事合伙人应当实施了出资行为。

1. 合意。在现代立法中，合意是被明确为具有合伙人资格的法定条件之一。但是，在中国古代社会，这个条件是通过解决纠纷的争讼中体现出来的，例如，在发生合伙争讼由官府作出裁判时，判官一定要询问双方之间是否有诸如"各出本银若干，同心揭胆，营谋生意"等协商的内容，这就是有关合伙的合意。

在中国古代法律、罗马法的规则和现代民法的规则中，对合意的理解实质性

---

〔1〕 http：//www. psych. ac. cn/kxcb/kpwz/kpwz _ qt/201009/t20100921 _ 2967284. html. http：//www. cnki. com. cn/Article/CJFDTotal - KXDY200305084. htm.

差异不大。例如，在中国古代的商事合伙契约中，一定要有"是以两人相商议"或类似表达作为格式用语。[1] 但是，鉴于中国古代民法不是立法者所关注的主要内容，因此，在中国古代立法和学者的解释中无法找到对合意的准确解释。而在民间契约中，则用的是最直白的民间表达，例如"两人商议"等。

在罗马法的原始文献中，合伙合意在法学家们的作品中不断出现，例如，在盖尤斯的《法学阶梯》中即有"在买卖、租赁、合伙、委托中的债是通过合意而形成的"。[2] 实际上，在罗马法学家的思维中，合伙本身就是一种合意契约，没有合意即没有合伙。根据合意，两个以上的自然人相互约定承担义务，将各自的物品或劳务集中在一起，以实现合法且具有共同功利的目的。彭梵得将其称为"合伙意愿"（affectio societatis）。[3]

在罗马法的规则中，对合伙人合意的关注延伸到了合伙人死亡的法律结果上。合意会伴随着合伙人的死亡而消失，导致合伙解散的最终结果，因为组织合伙的人为自己选择的是特定合作伙伴，特定人死亡，使得特定合作活动的主体消失。

在罗马法中自然人有生理意义上的死亡即生命自然终结和法律意义上的死亡即人格减等，但是在法律效果上这两种死亡对合伙的影响是相同的，因为即使是人格减等，也会导致合伙解散。[4]

合意对合伙为什么有如此重要的意义？这源于合伙活动的特性。合伙活动不同于旨在一次性解决所有的问题的合同，如买卖合同。合伙合同是合伙人在未来一定时间内共担风险、共享利益的约定，是一种人与人之间基于信赖而进行的活动。

合意的重要性还体现在合伙人的身份具有不可继承性上。彭波尼曾经指出："毫无疑问，合伙因合伙人的死亡而消灭。我们不能在合伙设立时做出继承人可

---

[1] 可以参阅叶孝信主编：《中国民法史》，上海人民出版社1993年版；张晋藩主编：《中国民法通史》，福建人民出版社2003年版；谢国桢选编：《明代社会经济史料选编》，福建人民出版社2004年版；孔庆明、胡留元、孙季平编：《中国民法史》，吉林人民出版社1996年版；李志敏：《中国古代民法》，法律出版社1988年版；美国斯坦福大学胡佛研究所东亚图书馆藏：《台湾公私藏古文书影本》等作品的相关内容。

[2] Gaio, Ins. 135.

[3] [意] 彼德罗·彭梵得：《罗马法教科书》，黄风译，中国政法大学出版社2005年版，第379页。

[4] 盖尤斯："人们说，合伙也因人格减等而解散，因为，从民事的角度看，人格减等等同于死亡；但是，如果他们仍然愿意合伙，在任何情况下均被看作开始了新的合伙。"（Gaio, Ins. 153）

以继承合伙人地位的规定。这一点对于私有合伙是确定无疑的。然而,对于为国家征收税款而设立的合伙而言,在合伙人死亡后,合伙可以延至继承人。但是,必须在死亡的合伙人的继承人签字完全接受死者的份额并且该份额已完全转移给继承人的情况下,合伙才能延至继承人。"〔1〕同样的观点在保罗的作品中也有明确的阐述。〔2〕

实际上,古今法律对合意的关注,多体现在对合意形式的规定上。在罗马法中,以要物、口头、书面等形式均可以表达设立合伙的意愿。〔3〕在中国古代官方立法和习惯法中,口头、书面形式都可以适用于商事合伙的设立。但是都强调对书面形式的运用,尤其在商事合伙的文书上,还需要具有担保性质的中人签字盖章。这种对书面形式的关注一直延续到中国现代的合伙立法规则中。2006年《合伙企业法》第4条规定:"合伙协议依法由全体合伙人协商一致、以书面形式订立。"

2. 出资。鉴于获取利润是合伙的目的,故"出本银若干"就是合伙人各自的首要义务。但是,无论是罗马法还是中国古代的合伙规则,均不拒绝以劳务形式出资。例如,在盖尤斯的《法学阶梯》中即指出:"我们通常用全部财产或者为实行某项行为实施合伙。"〔4〕因此,在合伙中,合伙人可以分为出财产的合伙人与出劳务的合伙人。

在中国古代合伙中,即使合伙人同时承担着经营者的角色,依然不能免除其出资义务。只是在合伙协议中对合伙人兼经营者的酬劳作出特别约定。例如,"合伙人兼经营人,可以照本银或领本(即出资额)数目分受利息银",〔5〕或者对合伙人兼经营者的人,给其在股金之外增加一成收入,但是不得私作同途生意。〔6〕笔者在同治年间无锡出现的一个合伙合同中看到,该合伙合同先确定总投资额,然后均作数股,投资人各自认领投资。在计算利得时,增加两个虚股,

---

〔1〕 D. 17, 2, 59pr. 彭波尼:《论萨宾》第12编。

〔2〕 D. 17, 2, 65, 11. 保罗:《论告示》第32编。合伙不得向继承人转移,同样也不得向收养人转移。如果合伙人不愿意,那么,就不能违背他的意愿成为他的合伙人。被收养人本人仍可继续留在合伙中。因为即使是家子,在被解放后,仍可继续作为合伙人留在合伙中。

〔3〕 D. 17, 2, 4pr. 莫德斯丁:《论规则》第3编。毫无疑问,我们可以以要物的方式、以口头的方式或通过传递消息来设立合伙。(Gaio, Ins. 136.)

〔4〕 Gaio. Ins. 148.

〔5〕 美国斯坦福大学胡佛研究所东亚图书馆藏:《台湾公私藏古文书影本》第12辑,第650页。

〔6〕 美国斯坦福大学胡佛研究所东亚图书馆藏:《台湾公私藏古文书影本》第12辑,第650页。

作为对兼做经理的合伙人另外的酬劳。[1]

现代合伙立法的规则，将合伙人出资范围扩展得较大，除了源自古代立法和习惯法的以货币、实务和劳务出资外，还扩展到知识产权中的财产权、不动产上的他物权如土地使用权等。但是，当合伙人以实物、知识产权中的财产权、土地使用权或者其他财产权利出资时，必须要进行价值评估。根据中国《合伙企业法》第16条第2款的规定，合伙人出资财产的评估主体，包括全体合伙人和全体合伙人委托的法定评估机构。即当全体合伙人共同协商一致确定出资财产和价值时，该评估价值有效；当全体合伙人委托某一法定评估机构对出资财产进行评估且均接受时，该出资财产的评估也有效。

三、商事合伙人的资格限制

（一）罗马法中以合意为中心的资格限制——从社会身份到自然身份

罗马法最初将奴隶、家子等社会身份作为关注的重点，其后将独立意思表示能力作为关注的重点。在罗马法中，不是任何自然人都可以成为合伙人，这并非仅是在说奴隶。即使是自由人也有成为合伙人的条件限制，主要表现为：

1. 自然人的意思表示能力限制。即无独立意思表示能力者如家子等不能成为合伙人。

2. 身份限制。例如，合伙人的继承人不能自然成为合伙人。彭波尼提出："我们不能在合伙设立时做出继承人可以继承合伙人地位的规定。这一点对于私有合伙是确定无疑的。"[2] 乌尔比安也强调："任何人都不得以使其继承人成为合伙人的方式为自己及其继承人设立合伙。"[3] 因为合伙人与其继承人并非同一主体，如果在商事合伙团体设立时允许附加合伙人继承人自然成为合伙人的条款，则完全违背了商事合伙团体系合伙人之合意产生的基本规则，也会对合伙人之间的信赖关系埋下损害的祸种。

3. 合意的限制。何人能够成为合伙设立时的合伙人，必须在合伙人之间有着明确的合意，否则不能成为该商事合伙的合伙人。对此，乌尔比安指出："当一个人被接纳为合伙人时，他只是成为按规定接纳了他的那名合伙人的合伙人，因为，合伙是基于合意设立的，我的合伙人不能是我不愿意与之合伙的人。为

---

[1] 美国斯坦福大学胡佛研究所东亚图书馆藏：《台湾公私藏古文书影本》第12辑，第625页。
[2] D. 17, 2, 59pr. 彭波尼：《论萨宾》第12编。
[3] D. 17, 2, 35. 乌尔比安：《论萨宾》第30编。

此,通常我们会这样问:我的合伙人可以与另外一个人组成一个合伙吗?我们说,可以。然而,如果我的合伙人愿意与他组建合伙,那么,他也只是我的合伙人的合伙人。"[1]

(二) 中国法律对合伙人的资格限制

值得注意的是,在中国古代社会,由于官方立法对合伙活动鲜有直接规定,故而对合伙人资格限制的规则很难从立法规则中发现。我们看到的立法规则则仅是现代法的内容。

在中国《合伙企业法》和相关立法中,对合伙人的资格设置了一定的限制,主要表现:

第一,一般性资格限制。能够成为合伙人者,必须接受如下限制:①行为能力的限制。即合伙人应当具备完全行为能力。②出资能力的限制。即任何合伙人均应当能够按照商事合伙团体设立的要求实施出资行为。③合意的限制。即任何商事合伙团体的合伙人,均必须是合伙合意的意思表示之人(第14条)。

第二,特殊性资格限制。在《合伙企业法》第3条规定:"国有独资公司、国有企业、上市公司以及公益性的事业单位、社会团体不得成为普通合伙人。"因为普通商事合伙团体的合伙人对其合伙团体的债务承担无限连带责任。如果国有独资公司、国有企业、上市公司能够成为普通商事合伙团体的合伙人,将可能因承担无限连带责任而导致国有资产的流失或损害股东的利益。如果允许公益性的事业单位、社会团体成为普通商事合伙团体的合伙人,则将会因公益性而完全无法承担合伙债务的无限连带责任。

四、结论

在现代经济活动中,商事合伙是不容忽视的法律现象,那么对商事合伙人的研究也是私法理论研究的重要议题之一。商事合伙人在资格上因自然原因和法定原因而受到一定的制约,其核心在于合伙人的意思表示对商事合伙的设立、活动和终止均有极为重要的意义。因此,对商事合伙人的年龄、心智状况、达成合意的状态、出资行为的实施等进行体系化的规定是很有必要的。商事合伙人的状态决定了商事合伙活动的质量,而商事合伙活动的质量则决定了某一国家或地区内部的社会经济发展的程度与水平。

---

[1] D. 17, 2, 35. 乌尔比安:《论萨宾》第30编。

不动产与动产划分之罗马法与近现代法分析*

1982年3月8日公布的《中华人民共和国民事诉讼法（试行）》第30条中出现了"不动产"的表达，[1] 这是20世纪下半叶以来，我国首次在全国性立法机构颁布的法律中对"不动产"作出规定。

尽管在我国民国时期，"动产"与"不动产"已经是当时社会中人们耳熟能详的一个十分重要的法律术语；尽管在1950年1月1日《最高人民法院西南分院对外侨不动产之继承及遗赠问题应怎样处理的意见》中也明确规定了对外侨继承不动产的规则："外侨死后，其不动产之继承及遗赠问题应分为房屋及土地二部分办理……"尽管在1986年的《民法通则》中也确认了"不动产"与"动产"的划分；尽管在我国于20世纪下半叶参加的国际公约和与其他国家缔结的双边条约或协定中，有323个公约和协定明确将"不动产"作为权利的客体加以规定，其中也包括我国在20世纪40年代参加的国际公约；尽管在1995年10月1日施行的《中华人民共和国担保法》第92条中，对"动产"与"不动产"分别作出了解释：不动产"是指土地以及房屋、林木等地上定着物"，而动产"是指不动产以外的物"。但是，迄今为止，我们对"动产"与"不动产"的划分依然在立法上采取了粗线条的处理，对"动产"与"不动产"的解释均属于框架性的。

因此，我们有必要对"不动产"的确认进行理论上的分析，为从立法上加

---

* 本文原载于《比较法研究》2007年第4期。

[1]《中华人民共和国民事诉讼法（试行）》第30条："下列案件，由本条规定的人民法院专属管辖：①因不动产提起的诉讼，由不动产所在地人民法院管辖……"

以细化和规范化提供一定可资参考的建议。

在本文中,对"物"与"财产"两个术语采纳通说,即"财产"是指可以被主体支配并产生利益之有体或无体之客观对象。"物"被包括在"财产"之中。

一

罗马法中对动产与不动产的划分在帝国时期罗马皇帝的谕令中不断出现,动产和不动产的明确区分不仅出现在人们可以享有所有权的物中,而且也存在于人们不可以享有所有权的物中。[1] 如果从动产与不动产并行演进的历史角度而言,在体现着罗马社会古典法精髓的《十二表法》中,尚未出现不动产与动产的明确划分,而仅仅用"土地(包括房屋)"和"土地之外其他物品"的表达来表明土地、房屋与其他物有着明显的性质不同。[2] 但是,这一表达在乌尔比安、莫德斯汀、马切尔等法学家的不断研究和阐释中发生了明显的变化,如乌尔比安在其作品阐述中,有时使用"土地"(deiecus)[3] 这个词以借助土地的特性来表达不可移动之物的含义,有时又直接以"不可移动之物"(resmobiles non pertinere)[4] 来表达包括土地与房屋在内的更为宽泛的不可移动之物。而莫德斯汀则在自己的作品中使用更为概括、科学的表达形式,即"动产"与"不动产"。在其作品《论区别》中,莫德斯汀指出:"被指派对全部财产进行管理的监护人,没有权利人的特别指派,不得转让物的所有权,无论是动产或不动产(mo-

---

〔1〕 CJ 7. 37. 2Pr. : imperator Zeno Omnes, qui quascumque res mobiles vel immobiles seu se moventes vel in actionibus aut quocumque iure constitutas a sacratissimo aerario comparaverint……

〔2〕《十二表法》第六表三:凡占有土地(包括房屋)2年,其他物品1年的,即因时效取得所有权。

〔3〕 罗马法原始文献 Dig. 43. 16. 1.4 UlPianus 69 ad ed. Et si quis de area deiectus sit, sine dubio interdicto locus est; et generaliter ad omnes hoc pertinet interdictum, qui de re solo cohaerenti deiciuntur; qualisqualis enim fuerit locus, unde quis vi deiectus est, interdicto locus erit.

〔4〕 罗马法原始文献 Dig. 43. 16. 1. 6 Ulpianus 69 ad ed. Illud utique in dubium non venit interdictum hoc ad res mobiles non pertinere.

biles vel immobiles）……"[1]

显然，在罗马社会中，对动产与不动产的划分是一个渐进过程，人们由最初对土地、房屋等不可移动之物的直观感觉渐进到抽象出"不动产"这样具有一定概括性的术语。这一概括过程伴随着人们对土地、房屋与那些可移动物不同特性的分析和相关法律制度，如取得时效等制度设计的需要而渐进发展。

1. 就动产与不动产之间不同特性而言，根据罗马法原始文献所载信息，罗马人至少已经关注到两个方面的问题：

第一，是否可移动性。从罗马人由最初对土地、房屋等不可移动之物和对金钱、衣服等可移动之物的直观描述到抽象出"动产"和"不动产"的颇具抽象性的术语这一演进过程，我们发现罗马人很早就已经开始将动产与不动产的划分定位在是否可以移动上。所谓可移动性，是指物可以自由移动且不会损害物本身。因此，也有学者从拉丁文中直译"可动物"与"不可动物"。罗马人对是否"可移动性"的关注，构成了罗马人划分"动产"与"不动产"的基本判断标准。

第二，不动产的整体性。罗马人通过其观察，在法律规则中揭示出了不动产的整体性。所谓不动产的整体性，是指不动产所包含的内容不仅有土地，还有在其上存在着的看得见和看不见的附着物，例如，嵌于土地中长久存在的房屋、沟渠等，嵌于土地中短期存在的树木、庄稼等，以及附着于不可移动之物上的虽看不见但是可以直接感觉到的权益如所有权、用益权等。就所有权、用益权而言，虽然在当事人有约定的情况下可以将权利转移给他人，但是，这些权利的存在由于与土地不可分离，因此，它们与土地所形成的整体性依然不会因发生权利转移而受损，这就是权利的回归性得以存在的基本原因。对此，罗马人有自己的见解，即罗马人认为人们对土地的关注实质上是对土地权利的关注，尤里安曾经说过："没有人怀疑，如果我在我的土地上播种了你的小麦，收获物及出卖收获物的价金将是我的。"因为"在获取孳息的时候，人们关心的是对土地的权利，而非对种子的权利"。[2]

在罗马法中，不动产的判断不限于有体物，还包括不动产上的权益，如用益

---

[1] 罗马法原始文献 Dig. 3. 3. 63. 拉丁文原文为：Modestinus 6 diff Procurator to torum bonorum cui res adm in istrandae manda tae sunt, res dom in ineque mobiles vel immobiles neque servos sine specialidom in imanda tualienare protes, nisi fructus aut alias res, quae facilie corrum Pi possunt.

[2] 罗马法原始文献 D. 22，1, 25, 1.

权、永佃权等。这一判断产生的理由在罗马法的原始文献中并没有给出十分明确的阐述，但是其思维进路却有值得我们深入思考的价值，即这些不动产上产生的权益与不动产本身密切相连，构成了不动产价值的重要组成部分。

此外，具有学说法律化阐释权的罗马法学家们在界定附着于不动产上的动产性质时，采取了罗马人典型的根据社会现实灵活阐释法律的方法，将附着于不动产上的动产定性为不动产，这实际上已经不再把是否可移动作为判断不动产与动产的唯一标准，而是同时确立了根据物的用途和作用来判断是否为动产或不动产。根据乌尔比安的介绍，罗马时代著名的法学家拉贝奥经常写道：永久地用于建筑物上的物是建筑物的一部分，被临时用于建筑物上的物则不是。[1] 他认为：用若干木板为一个凉台制作的、冬天被安上夏天被卸下的遮盖物构成房屋的组成部分，因为它被安上是为了永久使用。

2. 根据罗马法原始文献所载信息，我们发现罗马人在强调动产与不动产的不同时，虽然与物的处分、占有令状规则等联系在一起，但是更多的情况是与取得时效制度的设计相关联。

取得时效被认为是罗马法中创造的一种重要的所有权法定取得制度。盖尤斯指出，罗马人"为了公共利益（bonum publicum）创设了取得时效，以便使某些物的所有权不致长期地甚至几乎永久地处于不确定状态，因为法律规定的取得时效期间对所有人寻找其物是足够的"，[2] 正因为伴随着取得时效的届满而产生所有权转移的结果，罗马人格外地关注"可移动"与"不可移动"之物对时间的不同要求。

在《十二表法》中，有关取得时效的规定为："凡占有土地（包括房屋）2年，其他物品1年的，即因时效取得所有权"，而在《优士丁尼法学阶梯》则使用了"动产"与"不动产"这一更为科学的表达方式："市民法规定：善意地从非所有人、但被信以为所有人处买得物，或根据赠与或因其他正当原因收受物的人，如果该物为动产，在任何地方都是在1年内；如果是不动产，在2年内，但以在意大利的土地上为限，他因时效而取得该物，以免物的所有权处于不确定状态。之所以作出这一决定，乃是因古人认为上述期间足以使所有人寻找自己的物。朕坚持更好的主张，以免所有权人过快地被骗取其物，也避免这种恩惠被限

---

〔1〕 罗马法原始文献 D. 19，1，17，7。

〔2〕 [古罗马] 盖尤斯：《法学阶梯》，黄风译，中国政法大学出版社1996年版，第92页。

于特定的地方，因此，朕就这一问题发布了一项敕令，[1] 规定：动产经 3 年得依时效取得；不动产则通过长期占有而取得之，即在邻近的人之间经过 10 年，在不邻近的人之间经过 20 年而时效取得，该这种方式不仅在意大利而且在朕统治的全部土地上，均可以根据事前发生的正当的占有原因而使物的所有权被取得。"实际上，这一规定在《优士丁尼法学阶梯》之前已经作为优士丁尼的谕令而发布，其强调："通过此谕令我们规定还要改革有关意大利本土之不动产的取得时效，就像改革 1 年取得时效一样，以便对这些物也适用 10 年、20 年、30 年或更长的时效期间。"[2]

此外，鉴于不动产的整体性，罗马法将动产与不动产上的用益权同样也适用于取得时效。"不动产用益权因 2 年不行使而消灭，动产用益权因 1 年不行使而消灭，我们不允许用益权在如此短的时间内就被丧失掉，因而将其丧失时间定为 10 年或 20 年……"[3]

二

在 19 世纪和 20 世纪欧陆国家立法中，虽然各国自有其不同的国内立法之民族、文化、经济等背景，但是在不动产的确认上却明显地继受了罗马法有关确认不动产的判断思维。这种思维主要以两种思路表现出来：

1. 综合确认的思路。这种思路在《法国民法典》中获得典型体现。法国民法不仅继受了罗马法将物划分为不动产与动产的基本分类，[4] 而且继受了罗马法在确认不动产时所采用的不独依物的性质来判断的思维方式。其在确定不动产

---

〔1〕 罗马法原始文献 C. 7, 31, 1.

〔2〕 罗马法原始文献 C. 7. 31. 1. 1。拉丁文原文为：Imperator Justinianus Ideo per praesentem legem et in italicis solis rebus, quae immobiles sunt vel esse intelleguntur, sicut annalem exceptionem, ita et usucacpionem transformandam esse censemus, ut tantummodo et hic decem vel viginti annorum vel triginta et aliarum exceptionum tempora currant, huiusmodi angustiis penitus semotis.

〔3〕 罗马法原始文献 C. 3. 34. 13.

〔4〕 在不动产与动产的划分上，法国人比古罗马人做得更为彻底，在分类上，明确宣布全部的财产或为不动产，或为动产。当然，"物"与"财产"不是同一概念，按照乌尔比安等罗马学者的看法，"财产"一词不仅包括现金，而且包括所有的物品即所有的有体物，"因为谁也不怀疑物体也被包含在'财产'这个词中"（参见罗马法原始文献 D. 50, 16, 178pr.），此外还包括权利（参见罗马法原始文献 D. 50, 16, 222)。

抑或动产时，吸收了罗马法的将物的作用、用途等也纳入思考范围的综合分析方法。在判断不动产时，分别从自然性质、物的用途、是否附着于土地等不同角度作出判断，因此，农具、蜂巢中养的蜂群、室内墙壁上固定住的挂画等原本其自然性质属于动产的，却因为其用途与房屋等紧密联系而被法律确认为不动产；土地用益权、使用权、地役权等财产权利因附着于土地而被法律确认为不动产。因此，《法国民法典》第517条作出了"财产之所以成为不动产，或依性质，或依用途，或依权利客体"的规定以高度概括这一基本思路。

在该思路下，这些不动产物权变动的效力表现为可以对抗第三人。

2. 整体确认的思路。这种思路在《德国民法典》中表现明显。在德国民法理论中显然接受了罗马法中根据物的整体性来判断是否为不动产的价值判断并将其引进立法之中。虽然在《德国民法典》中频繁出现的是"动产"（beweglihe sachen）与"土地"（grundstu eke）这一对应语，虽然土地不等于全部的不动产，尽管在其法典中规定了凡所有其他不属于"土地"的有体物均是动产，但是，如果曾经是动产的物在成为土地的重要组成部分后，便也成为土地这一不动产的组成部分，该部分被称之为"土地之重要成分"。[1] 这是因为，根据对物的功能整体性[2]的判断，具体的物与物之间常存在着某种关系而构成了对权利交易而言具有决定性意义的功能整体性规则。所有权人所希望的是对物的整体性使用，而取得人对物的取得，也恰恰是基于其整体性功能。[3] 物的整体性的基本价值判断是：当不同的物紧密联系在一起时，若将它们分离将会导致这些物的损害或效用的丧失。因此，《德国民法典》第94条规定的内容表明建筑物、为建造建筑物而附合的物、土地的出产物等属于土地的组成部分。在例外规定上，《德国民法典》甚至将拉贝奥的话直接放入了条款的表述中，如第95条第2款的规定是"为临时目的而附着于建筑物的物，不是建筑物的必要组成部分"，而拉贝奥在他的作品中这样明确写道："永久地用于建筑物上之物是建筑物的一部分，被临时用于建筑物上之物则不是。"[4] 显然，《德国民法典》是将拉贝奥的话直接采纳，作为其条款的内容。

该思路下的物权变动的效力表现为：法律规范赋予土地、土地上附着物和土

---

〔1〕 ［德］鲍尔、施蒂尔纳：《德国物权法（上册）》，张双根译，法律出版社2004年版，第23页。

〔2〕 ［德］鲍尔、施蒂尔纳：《德国物权法（上册）》，张双根译，法律出版社2004年版，第24页。

〔3〕 ［德］鲍尔、施蒂尔纳：《德国物权法（上册）》，张双根译，法律出版社2004年版，第24页。

〔4〕 罗马法原始文献 D. 19, 1, 17, 7。

地上其他重要成分同样的物权变动之效力（第1120条）。但是，在20世纪中的绝大部分时期，任何土地的重要成分均不得作为独立的权利客体是基本规则。对此，德国著名学者拉伦茨的举例清楚地说明了这点：用益权人A在所有权人B的土地上建造了一座造价昂贵的仓库，该仓库所有权属于B，待用益权结束后，该仓库的补偿或取决于协议的约定，或根据不当得利使仓库建造者获得救济。[1]

《意大利民法典》在其思路上也继受了罗马法中的物的整体性判断，在其法律规范中将不动产确定为：土地、泉水、河流、树木、房屋和其他建筑物，即使是临时附着于土地的建筑物以及所有自然或人为的与土地结为一体的东西，也属于不动产。而固定在河岸或者河床之上并且为永久使用而建造的磨坊、浴场，以及其他漂浮在水面上的建筑，视为不动产。[2]

在法律效力上，则规定为：某物的永久性地供他物使用或者装饰他物的用途，不得损害第三人对该物已经享有的权利。主物是不动产或在公共登记簿上登记为动产的，除非持有载明早于善意第三人对从物享有权利的确切日期的书面文件，否则主物的所有权人不得对抗善意第三人。[3]

20世纪的民法立法，在近代法律理性思维上除坚守不动产与动产基本划分外，有其一定的演变。例如，在他人土地上建造房屋，所有权必须要归属于土地所有权人，这在一定程度上限制了人们对土地的利用，也使得人们丧失了对不可能获得土地所有权却又不能不建造房屋的行为之信心，使得所有权被极度放大而使用权遭到巨大压抑。因此，德国规定了《地上权条例》和《住宅所有权及长期居住权法》（1951年），允许在他人土地上建造房屋的人可以获得房屋的所有权。[4]这样，鉴于关注房屋建造者的利益而不再将在他人土地上建造的房屋看作是土地的重要成分，因而所有权的归属也随之发生了巨大的改变。这种思路有供我们进行思考的空间。

最值得注意的演变是20世纪90年代《俄罗斯民法典》有关不动产的规定。在《俄罗斯民法典》中，除继受罗马法有关不动产与动产区别在于是否能够移

---

〔1〕［德］鲍尔、施蒂尔纳：《德国物权法（上册）》，张双根译，法律出版社2004年版，第26~27页。

〔2〕《意大利民法典》第812条。

〔3〕《意大利民法典》第819条。

〔4〕孙宪忠：《德国当代物权法》，法律出版社1997年版，第8页。

动这一基本标准外,[1] 还提出了另外的判断不动产与动产的标准:

第一,登记性不动产。原本性质为动产的物,由于权利登记行为的存在以及因权利登记而产生的对抗第三人的效力而被法律确认为不动产,例如进行过权利登记的航空器、航天器和船舶。

第二,综合体性不动产。在《俄罗斯民法典》第132条中,提出了一个十分有意思的对不动产确认的标准,即作为财产综合体的企业在整体上属于不动产。这实际上是遵循了法国民法有关权利客体的思路并进一步向前推进的结果。根据《俄罗斯民法典》第132条的规定,所谓"企业",是用以从事经营活动的财产综合体,它包括所有用于其活动的财产,如土地、建筑物、构筑物、设备、器材、原料、产品、请求权、债务,以及对使企业、企业产品、工程和服务个别化的标志(商号、商标、服务标志)的权利和其他专属权,除非法律有特别规定。

在法律效力上,企业整体和企业的一部分均可以成为买卖、抵押、租赁等行为的客体。

同样需要注意的是:英美法在不动产与动产划分上的判断标准。虽然由于历史、文化等原因,英美法与大陆法在立法模式与制度规范上有所不同,但是在对不动产与动产的理解上却有着相似之处。不过,值得我们关注的是在英美现代法中对动产的解释,版权、专利权被扩展至动产范围内,构成无体动产的主要内容。[2] 其价值判断在于:这些财产一方面具有法律确认的独立存在性,另一方面则由于其知识信息的无体性而必须附载在一定的有体物上方得以体现,这样人们在交付有体物时,其价值首先不在于有体物上而是知识产权上。

三

如前所述,我国在不动产与动产的划分规范上需要进一步细化与梳理。从我国现行法的规范上分析,我们考虑不动产与动产划分,标准主要定位在是否可以移动和登记效力上,例如,我国《担保法》第42条规定,以航空器、船舶、车

---

[1] 《俄罗斯民法典》第130条第1款:"不动产包括土地、矿床、独立水体和所有与土地牢固地吸附在一起的物,即一经移动便使其用途受到损害的物体,其中包括森林、多年生植物、建筑物、构筑物"。

[2] [英] F. H. 劳森、B. 拉登:《财产法》,施天涛等译,中国大百科全书出版社1998年版,第19~20页。

辆、企业的设备和其他动产进行抵押的，必须与土地、房屋等不可移动之物一样要办理登记，并因此而获得对抗第三人的效力。为此，这些动产实际上已经具有不动产的效力。而法律上判断一个财产是不动产或动产的价值就在于二者在权利变动上法律效力的不同。

在考虑物权法有关不动产与动产的界定标准时，除依物的自身属性为基本判断标准，即凡具有不可移动性者均为不动产之外，我们还应当作出如下考虑：

1. 不可移动物上的固定附着物不动产一体性标准。附着物是原有独立属性之物因各种原因而直接或间接依附于土地之上的物。事实上，土地上的定着物就具有属于土地附着物的性质，但是它们是直接定着于土地之上，而诸如房屋中的固定设备和装饰物、铁塔上的电梯等则因固定在土地的定着物上而间接依附于土地。那么，这些均应当被确认为不动产。

2. 不可移动物上的权益之不动产一体性标准。在土地、土地上的房屋等定着物、与土地尚未脱离的土地生成物、因自然或者人力添附于土地且不可分离的其他物上，必然存在着所有权、用益物权或抵押物权等权益。土地、房屋等物的价值本质是在这些权益上，因此，我们需要从法律上对其作出一种价值取舍。将依托于土地、房屋等物质实体上的权益作为不动产的一体化产物而共同按照不动产规则给予规范。[1]

3. 经营财产及其权益不动产一体性标准。在这个问题上我们可以参考《俄罗斯民法典》的基本思考，将具有独立法人资格的经营团体用于其经营活动的财产作为一个整体来看待，同时鉴于其整体财产价值的集中性而将经营团体的财产视为不动产，其中包括用于其经营活动土地、建筑物、设备、器材、原料、产品、用益权等有体物和无体物，如商号、商标、服务标志。但是，著作权中的财产权与专利权则不宜将其纳入不动产中。

4. 著作权中财产权和专利权的无体动产性标准。在现代社会，知识产权具有越来越大的推动经济发展的作用。对知识产权财产性质的定位决定着对知识产权的扬或抑的制度走向。由于商号、商标、服务标志等是使经营团体或服务团体等民商事主体及其产品、服务特定化的标志，其作为附着物而成为不动产的组成部分有其明显的价值与逻辑判断。但是，著作权中财产权和专利权则具有十分明

---

〔1〕 在这个问题上，建设部发布的行业标准《房地产业基本术语标准》中有关不动产的解释值得关注。

显的独立性，它们不仅可以使作为物质载体的动产的价值得以提升，而且可以完全如同动产那样在不同主体之间流转。当然，这里将已经被固定在房屋等不可移动物的作品本身的所有权以及展览权排除，例如，当壁画被固定在房屋墙壁上时，该壁画应当属于不动产，因为房屋价值中包括壁画的价值在内，它构成了房屋的重要成分，同时壁画的展览权与所有权实际的不可分离，使得壁画的展览权也应当构成因固定于房屋墙壁上所产生的不动产的重要成分。

结论

划分动产与不动产的目的在于它们的交易规则因其物之属性而必然产生的公示方式的不同，并进而成为民法典在物的分类上的基本分类，其他分类均受到该分类的影响或制约。因此，传统观念中对单独存在的不动产或动产的形态认识以及对若干个不动产或动产存在的认识，虽然其意义与功能依然存在，但是强化对它们之间以及与无体物之间整体性的认识，对我们更好地理解财产性质与更大发挥财产的效能十分重要。

罗马法对所有权限制之探微[*]

从历史的角度而言，不仅对所有权的保护有其相当长的历史，而且对所有权的限制也可以在人类早期的法律文献中寻觅到。其中，最具有代表性的法律文献就是罗马法的相关内容。虽然罗马法有关所有权限制的内容产生得比较早，对所有权限制的制度背景与我们生活的这个时代具有很大的差异，对所有权限制的制度亦有相当部分不同于现代物权法对所有权的限制，但是，它们之间暗含着的制度理念，却并未由于它们各自处于历史长河的不同阶段而呈现为两条平行线，相反，恰如哲学圣人所告诉我们的那样，由于罗马法是"以私有制为基础的法律的最完备形式"，使得"凡是中世纪后期的市民阶级还在不自觉地追求的东西，都已经有了现成的了"，[1] 甚至作为"商品生产者社会的第一个世界性法律"，"以致后来的法律都不能对它做任何实质性的修改"。[2] 故而，把罗马法中对所有权限制的规则加以必要的研讨，可以令我们进行跨越时空的学术分析，并能够获得一定的启发。

一、罗马法中对所有权的理解

众所周知，在罗马法原始文献中，对财产和所有权给予了极大的关注。何谓财产？按照乌尔比安的说法，"财产是可以使人变得幸福的东西"。[3] 罗马人以

---

* 本文原载于《比较法研究》2010年第3期，收入本书时有微调。

〔1〕《马克思恩格斯全集》（第3卷），人民出版社1979年版，第143页；《马克思恩格斯全集》（第21卷），人民出版社1979年版，第454页。

〔2〕《马克思恩格斯全集》（第3卷），人民出版社1979年版，第395页；《马克思恩格斯全集》（第21卷），人民出版社1979年版，第248页。

〔3〕［意］桑德罗·斯奇巴尼选编：《物与物权》，范怀俊、费安玲译，中国政法大学出版社2009年版，第37页。

所有权这样一个独特的"ius"(权利)视角来确定和保护财产,的确令后世受益甚大。当然,所有权的观念与财产的联系,并非如同我们当代社会这样的简单明了,相反,如果研读罗马法原始文献,可以发现罗马人对所有权有两种不同的术语表达,且所有权的内涵与家父权、支配权和从属关系等观念紧密结合在一起。按照这两个术语的拉丁文出现的时间顺序,先有"dominium"的表达,后有"proprietas"的表达。这两个术语均与私人所有权密切相关。私人所有权是罗马法中产生最早的所有权类型之一。它主要源于两个相辅相成的观念:

1. 自然人基于生存的基本需求而产生对物进行控制的观念。这种观念的产生被自然法学者认为是极为顺其自然的现象。这种观念能够以规范的形式成为法律的内容,是法律对已经获得人们广泛认可的事实规则所给予的认可。因此,罗马人强调"习惯是法律的最好解释"(拉丁文:consuetudo est optima legume interpres)。

2. 罗马社会早期家父对处于其权力之下的物(包含奴隶)和他权人的统一控制权的观念。在体现这种控制权的规则中,多以"权力"(拉丁文:potestas)、"支配权"(拉丁文:mancipium)等加以表述。

"dominium",意为"所有权",产生于罗马社会后古典法时期。在罗马法原始文献中,罗马人对"dominium"并没有确切的定义,仅以"此物是我的"(aio hanc rem meam esse)这样直白的表达来确认某人对某物享有直接支配,即"可以合法地使用、获取孳息、拥有和占有"的资格。[1]"dominium"的内涵中具有强烈的支配观念,这源于罗马古典法时期的一个重要社会现象,即家父对他权人及他可以支配的全部财产有着不可置疑的控制力,法律规则对这一社会现象给予完全的确认。这种现象伴随着人们对物的控制观念的日趋强化而逐渐遭到弱化。

从罗马法原始文献中,我们可以看出"dominium"作为所有权的表达,主要适用在三个方面:

第一,市民法上的所有权。[2] 该所有权根据市民法(Ius Quiritium)的规则而获得,其具体方式必须是要式买卖、拟诉弃权、先占、添附等市民法规定的方式,否则不产生获得所有权的效力。[3]

---

[1] 请参阅桑德罗·斯奇巴尼教授为民法大全选译《物与物权》汉译本所做的说明,范怀俊、费安玲译,第3页。

[2] 罗马法原始文献 Gaio, I, 2, 40.

[3] 罗马法原始文献 Gaio, I, 2, 41. 和 Gaio, I, 2, 24.

第二，主人对奴隶的支配权。[1] 该支配权在罗马社会相当长时间内表现为主人与奴隶的关系，即完全可以支配他人人身与财产者为主人，自己完全没有交易资格甚至婚姻资格且完全受到他人支配的自然人为奴隶。就奴隶而言，因无任何法律主体资格而被主人任意支配是其最为重要的特质。

第三，裁判官法所有权即对行省土地的占有、用益权和善意所有。[2]

在上述三个方面中，前两者伴随着社会发展已经成为历史的遗物，但是裁判官法所有权的内容则多被后世所有权制度所继受。

"proprietas"的问世较之"dominium"要晚得多。在市民法中，它主要被运用在万民法内，且已经基本将对奴隶的支配排除在外。[3] "proprietas"的含义是指对自己的物享有排他性支配权，该表达已经具有了被现代法所接受的所有权的全部含义。

如果我们对罗马法原始文献进行详尽的考察，可以清楚地看到，在罗马社会有关物、所有权与他物权构成的制度体系内，所有权毫无疑问地被定位在核心地位上。它在漫长的发展过程中，形成了从实体到程序相对完整的权利确认与救济体系，其内容主要表现为：①主体得以按照自己的意志对物实施占有；②主体得以按照自己的意志对物进行利用；③主体得以按照自己的意志从物上获取孳息并享有利益；④当主体对物的利益遭到侵害时能够通过诉讼获得救济，这些诉讼包括所有物返还之诉（拉丁文：rei vindicatio）、确定物之诉（拉丁文：actio certae rei）、共同财产分割之诉（拉丁文：actio communi dividundo）、确认役权之诉（拉丁文：actio cofessoria）、添附材料之诉（拉丁文：actio de tigno iuncto）、抵押之诉（拉丁文：actio hypothecara）、地上物之诉（拉丁文：actio in rem superficiaria）和排放雨水之诉（拉丁文：actio aquae pluviae arecendae）等对物之诉（拉丁文：actio in rem）。

二、罗马法对所有权的限制及其表现形态

当我们翻阅罗马法原始文献时，不难看出自由是罗马社会所有权的本质特征之一，它源于罗马社会的政治基础和经济基础。也就是说，由于罗马家庭在社会

---

[1] 罗马法原始文献 Gaio, I, 1, 54.

[2] 罗马法原始文献 Gaio, I, 2, 41.

[3] 罗马法原始文献 D. 1, 8, 5pr.；D. 1, 8, 5, 1；D. 41, 1, 7, 12；D. 41, 1, 7, 13；D. 22, 1, 28pr.；D. 22, 1, 28, 1；Gaio, I, 2. 同时亦可参见 Enzo Nardi, *Istituzioni di Diritto Romano*（B），GUFFRE, 1986, p. 41.

生活中具有重要的政治功能，导致家父对处于家庭领域内的事务具有绝对的、自由的处分权，该处分权构成了罗马早期社会注重所有权的自由甚至绝对状态的政治基础。与此同时，罗马早期社会是由进行自由生产活动的农民和渔民所组成，他们的经济活动与生产活动表现出充分的自由性，它构成了罗马早期社会注重所有权的自由甚至绝对状态的经济基础。

不过，我们也必须看到，在罗马法中，有关所有权的规范一方面关注所有权主体可以充分地、排他地对自己的物进行利用与支配，另一方面也强调该利用与支配应当在合法限度内。[1] 显然，这是一种法律要对不同利益给予衡平性保护的理念。这一理念在罗马法的原始文献中俯首即得，在有关所有权的规则中更是如此。

在法律规则中努力追求不同利益的衡平保护，其更深层次的原因可以说至少来自于罗马人的两个理性认识：

第一，财产权利人尤其所有权人不得滥用自己财产。《优士丁尼法学阶梯》对此有一个十分经典的归纳性表述："使任何人不滥用自己的物乃系公共利益之所在（拉丁文：expedit enim rei publicae ne quis re sua male utatur）。"[2] 在处理相邻关系和地役权等方面，不得滥用自己财产的观念发挥着很重要的作用。在罗马人那里，所有权人不能滥用自己的物或者权利与社会公共利益紧密结合在一起，其认识之深刻，即使是在现代社会，亦依然令人难以望其项背。

第二，所有权与他物权的体系设计。在罗马法原始文献中，我们可以清晰地看到罗马人建构了一个所有权与他物权的财产权利体系，虽然该体系最终经由中世纪法学家的提炼，逐渐形成了现代大陆法系国家立法中的物权制度体系，但是罗马人的智慧为该抽象化体系的出现奠定了坚实的法学理论基础与法律实践基础。

就法定的所有权限制而言，从早期《十二表法》中有关的规定到市民法所有权（拉丁文：dominium ex iure Quiritium）的内容，其关于所有权限制的规范并无明显差异。无论是所有权的时效取得、相邻关系以及地役权等他物权，其变化不大。究其原因，"主要是因为在《十二表法》的编纂中，市民法上的所有权就已经表现出相当程度的抽象性，并且相关的法律规范集中关注所有权人对物的自

---

[1] 费安玲主编：《罗马私法学》，中国政法大学出版社 2009 年版，第 165 页。
[2] 罗马法原始文献 J. 1, 8, 2.

由的利用。这种所有权的法律结构，即使对于很多世纪以后那些强调所有权自由特性的法律体系来说也是一种非常理想的模式，因此不需要作出什么变化"。[1]

综观罗马法原始文献，罗马人在制度设计中，从如下几个方面对所有权的存在或行使作出了限制：

限制之一：他物权的出现及其扩张

从所有权与他物权在罗马法规范上出现的状态看，最初的法律规范并无他物权的内容而仅有所有权的规则。他物权的规范在所有权之后出现，取决于社会经济发展的需要，主要是为了满足非所有权人对所有权中的某些权能的重点需求。在罗马法原始文献中，经过比较漫长的历史积淀，到罗马帝国时期，法学家们在理论上和法律规范上已经把所有权与他物权进行了有效的区分。

从罗马法的原始文献中可以看到，法律将所有权人对某物的控制范围规定得很大，几乎无所不包。但是，当法律设定了越来越多的他物权时，尽管每一种他物权的内容都不可能与所有权的权利内容相提并论，但是，对他人之物享有权利，同时也就意味着所有权人要接受因他物权人行使权利时所产生的限制。

所以，他物权（拉丁文：iura in re aliena）的名称意味着，当他人对所有权人的物享有权利时，所有权人必须要忍受他对物的控制在一定期间内被限缩。

罗马法中的他物权主要包括用益权、地上权、永佃权等。

用益权（拉丁文：ususfructus）出现于公元前3世纪中期。保罗对用益权的解释是："以不损害物的本质的方式使用、收益他人之物的权利。"[2] 用益权人的地位与所有权人的地位形成对立，因为所有权人的权利有期限地受到了限制。在所有权被用益权限制的期间内，人们通常在理论上用"虚空所有权"来概括该期间内所有权的状态。在这种情况下，所有权人的权利在事实上已经被削弱到最小状态。

役权（拉丁文：servitus）产生于公元前3世纪末期。役权的产生比较典型地体现出对所有权的限制，例如汲水地役权，就是法律把供役地水源的所有权赋予需役地的所有权人。役权实际上对所有权人的限制还表现在有地役权产生的潜在权利同样对所有权人构成限制，例如享有导水役权的人，还享有因此产生的一系

---

[1] 费安玲主编：《罗马私法学》，中国政法大学出版社2009年版，第167页。
[2] [意] 桑德罗·斯奇巴尼选编：《物与物权》，范怀俊、费安玲译，中国政法大学出版社2009年版，第255页。

列潜在权利,对此,彭波尼认为:"如果我有权通过位于你土地上的水渠导水,便由此产生下列潜在的权利:我有权修理水渠;为了进行这种修理我和我的工匠们有权按最近路线通行;土地所有人要在水渠两边给我留出一块我能进入水渠的空地,我有权将土、淤泥、石头、石灰和泥沙置于其上。"[1] 役权对所有权人的限制表现为不作为,即役权的本质不是要求供役地所有权人应当做某事,而是要求他承受某一行为或不实施某一行为。

地上权(拉丁文:superficies)产生于共和国末期,即大约公元前 2 世纪。地上权的存在以承认地上建筑物所有权和土地所有权属于不同的主体,或者对同一建筑物的不同部分由不同主体享有所有权为前提。因为在共和国末期,已经开始出现土地和土地之上的建筑属于不同人所有或同一建筑的不同部分分属于不同人所有的情况。客观需求与理性思考在经过较长时间的积淀后,最终在公元 5 世纪前后被确认为一种他物权类型。

居住权(拉丁文:habiatio)产生于罗马帝国后期。把居住权作为一个独立的权利类型加以规定,是优士丁尼皇帝的创举,他对此的表达是:他要解决的是一个古老的争议。[2] 就居住权的本质而言,很难把它完全与用益权的关系割断。因为,居住权人有权出租房屋,这是用益的主要方式之一。不过,居住权更加强调其人身属性,这令其有一些不同于用益权的差异,例如居住权不因为人格减等和不行使而消灭,该权利由权利人终身享有。

永佃权(拉丁文:ius emphyteuticarium)出现在公元 3 世纪。在他物权中,永佃权的出现是最晚的。它是来自行省的法律制度,后来被引入到罗马法制度中来。对永佃权,芝诺皇帝在其一个谕令中作出了明确解释:"我们规定,永佃权既非租赁(拉丁文:conductio)亦非买卖(拉丁文:alienatio),而是同上述两种合同毫无联系或相似之处的一种权利,是一个独立概念,是一个正当、有效的合同的标的……"[3]

从上述他物权的类型与内容中,我们可以清晰地看到罗马法中的他物权产生的历史轨迹与逐渐丰满的过程,我们亦能够感受到他物权的发展不仅使物的功能

---

[1] [意]桑德罗·斯奇巴尼选编:《物与物权》,范怀俊、费安玲译,中国政法大学出版社 2009 年版,第 307 页。

[2] 罗马法原始文献 C. 3, 33, 13, 1.

[3] [意]桑德罗·斯奇巴尼选编:《物与物权》,范怀俊、费安玲译,中国政法大学出版社 2009 年版,第 249 页。

发挥获得了更多的空间，也使通过对物的利用而获得利益的群体呈现出扩散状。但是，这些都是与所有权人对物的支配利益被限缩紧密结合在一起。这些利益限缩有些来自于所有权人的自愿，更多的是来自于法律的强制。

限制之二：时效取得制度的产生

时效取得（拉丁文：usucapio）制度是罗马人在法律制度方面的重要创举之一。时效取得制度不仅定位于对物的充分利用上，更是将其提升至社会公共利益的角度来考量。按照盖尤斯的解释，罗马人为了社会公共利益而创设了时效取得制度，它使得某些物的所有权不致长期地甚至几乎永久地处于不确定状态，法律所规定的时效期间亦足以使所有权人寻找到自己的物。[1] 对时效取得的效力，莫德斯汀作出的说明最为直截了当："时效取得即是通过在法定期间内持续的占有而获得所有权。"[2]

时效取得制度最早体现在《十二表法》中。《十二表法》第 6 表第 3 条有一个规则，即对土地的取得时效和追夺担保是 2 年，对于所有其他物的时效取得是 1 年。追夺担保是用来对抗由要式买卖中产生的原所有人追夺其所有物的担保。一旦法定期间届满，时效取得人即可以依据时效取得的方式获得了该物的所有权。当然，时效取得所出现的所有权属于市民法上的所有权。作为罗马市民法上的一项制度，时效取得适用于罗马市民之间。

从获得物的所有权角度而言，时效取得制度扩张了取得所有权的途径，但是对于原所有权人而言，则是一种法定限制，这就要求所有权人在客观情况允许时，应当关注自己的财产，尽可能地物尽其用。否则在符合法定条件的情况下，财产占有人因时效取得该物所有权，原所有权人的权利不复存在。

限制之三：相邻关系制度的产生

相邻关系实际上应当属于不同不动产主体之间自主调整的范畴。相邻关系与地役权有着明确的可比较性。通过对罗马法原始文献有关地役权内容的分析，我们可以看到，地役权的产生实质上体现出不同所有权人之间就相邻土地如何利用以实现一方便利所形成的合意。但是，如果仅依靠不同权利人之间合意，并不能完全实现对相邻土地不同所有权人的利益关系的协调。因此，相邻关系制度更多

---

[1] [意] 桑德罗·斯奇巴尼选编：《物与物权》，范怀俊、费安玲译，中国政法大学出版社 2009 年版，第 101 页。

[2] [意] 桑德罗·斯奇巴尼选编：《物与物权》，范怀俊、费安玲译，中国政法大学出版社 2009 年版，第 101 页。

体现出法律对所有权的强制性限制。

在这些限制中，根据所涉及利益不同而表现为：

第一，为所有权人自身利益而给予的限制。这主要是为了解决相邻不动产各自所有权人都具有的同样利益与自由而产生的冲突。当然，因此而产生的法定限制必须具有一个前提，即相邻不动产的诸所有权人均是在正当行使自己的权利而非有意追求给邻人造成损害。对相邻关系的关注，早在《十二表法》中即已经有相应的规则，例如相邻一方将污染的水排放到邻人土地中、树荫遮住了邻人的土地，邻人均可提起诉讼以获得救济。

此外，在罗马法中，通过法学家的努力，罗马法对相邻关系中发生的不可称量物的侵入问题也提出了可操作性很强的规定。烟、灰尘、蒸气、潮湿、臭气以及噪音在理论上被统称为不可称量物。在相邻关系中，因烟、灰尘、蒸气、潮湿、臭气以及噪音等发生侵入邻人土地之上的情况频频发生。在对该类矛盾的解决中，罗马法学家们的求实精神彰显得十分突出，他们确立了解决纷争的基本判断点，即如果不可称量物的侵入是基于对物的正常利用，则邻人必须容忍。例如，如何判断是否为对物的正常利用？罗马法学家们提出了如下判断要素：①地点的判断。即需要判断发生侵入的地点是城市还是农村。②被侵入的不动产的用途。因不动产的用途不同，烟、灰尘、蒸气、潮湿、臭气以及噪音等的侵入并非当然产生侵害的后果。总之，通过考察受到烟、灰尘、蒸气、潮湿、臭气以及噪音等侵入情况，将土地所具有的经济和社会功能，契合具体案件的具体情况，是罗马社会裁判者判断是否构成对物的正常利用或者是否构成对他人之物造成侵害的基本原则。值得注意的是：根据罗马人的法律规定，如果相邻一方违反法律规定的限制，则邻人可以通过民众诉讼来主张对义务违反者实施法律上的处罚。

第二，为公共利益而对土地所有权人施加限制。在罗马社会，为了公共利益而规定对所有权人的限制主要涉及公共安全或公众利益的问题。其主要表现为：

首先，禁止在城市内焚烧尸体。在《十二表法》第10表中有一个规则，禁止在城市内焚烧尸体和埋葬尸体。[1] 即使在城外火化尸体也必须距建筑至少60步远。

其次，建筑物之间的距离。在涉及不同建筑物之间的距离时，《十二表法》

---

[1] 罗马法原始文献 XIITab. 10, 1. 亦可参见周枏：《罗马法原论》，商务印书馆1994年版，第1016页。

即已经规定在建筑物之间应当留出 5 步的距离。至公元 4、5 世纪时，罗马法中有关该问题的规定更加缜密。这主要归功于一些开明且重视法律的皇帝，例如芝诺皇帝曾经发出谕令强调："我们的宪令（拉丁文：constitutio）规定，要进行建筑的人应当在自己的房子与邻居的房子之间留出 12 步距离。"[1] 按照这个规定，某人从事建筑活动，无论是对房屋进行加高，还是在房屋上建造观景的窗户，或是新建一座房屋，又或是修复旧的房屋，只要他的房屋与邻居房屋保持 12 步的距离即为合法。实际上，在康斯坦丁皇帝在位期间，有关建筑物之间距离的规定已经开始扩展至水渠与树之间，以便使得水渠不会受到到处伸展的树根的影响。

再次，新施工的限制。何谓新施工？乌尔比安的解释是，"某人通过建造或拆除某一部分的方式，改变了建筑物的原有结构，即被认为是在从事新施工"，[2] 该建筑应当是定着于土地之上的物。[3] 在对新施工进行限制时，公共利益在罗马人那里被提升到一个可以令我们现代人相当惊异的高度，当新施工有害于公共利益时，新施工行为即被限制甚至遭到禁止，该禁止"或是为了我们的权利，或是为了防止损害的发生，或是为了维护公众的权利"。[4] 尤其当某个新施工是在公共场所进行时，每个市民都可以发出新施工警告，[5] 因为它涉及公众利益。但是，当新施工的实施是为了公共利益时，则新施工行为将被允许，即不得向施工人发出禁止新施工的警告。乌尔比安曾经通过事例对此作出说明："如果有人想修理或清理水管或下水道，禁止向他发出新施工警告是完全正确的，因为清理水管和下水道涉及公众在健康和安全方面的利益。"[6]

最后，提供通行的道路。"当一条公共道路被泛滥的河水或其他灾害毁坏时，

---

[1][意] 桑德罗·斯奇巴尼选编：《物与物权》，范怀俊、费安玲译，中国政法大学出版社 2009 年版，第 225 页。

[2][意] 桑德罗·斯奇巴尼选编：《物与物权》，范怀俊、费安玲译，中国政法大学出版社 2009 年版，第 163 页。

[3][意] 桑德罗·斯奇巴尼选编：《物与物权》，范怀俊、费安玲译，中国政法大学出版社 2009 年版，第 165 页。

[4][意] 桑德罗·斯奇巴尼选编：《物与物权》，范怀俊、费安玲译，中国政法大学出版社 2009 年版，第 165 页。

[5][意] 桑德罗·斯奇巴尼选编：《物与物权》，范怀俊、费安玲译，中国政法大学出版社 2009 年版，第 167 页。

[6][意] 桑德罗·斯奇巴尼选编：《物与物权》，范怀俊、费安玲译，中国政法大学出版社 2009 年版，第 167 页。

离该道路最近的土地所有权人有义务提供通行的道路。"[1]

限制之四：所有权转让的限制。

所有权人在对其所有的物拥有支配性权利的同时，也必须受到法律对转让的限制。在罗马法中，有关所有权转让的禁令是法律直接规定的，主要表现在：

第一，禁止转让未成年人的土地。因为转让未成年人的土地，不仅可能损害未成年人的利益，而且也可能造成第三人的利益损害。

第二，禁止转让作为嫁资的土地。这主要出于对婚姻财产的考量。

第三，禁止转让处于纷争中的物。在《十二表法》中已经看到这样的内容：如果占有人将其临时占有的争讼物进行转让，将受到双倍誓金的处罚。[2] 不过市民法并没有明确规定受到双倍誓金处罚后，转让行为是否失效。因此，后来的裁判官法赋予了占有人针对提出主张的买受人的一项抗辩权。[3]

第四，禁止将与职业和社会地位相关的财产进行转让。在古代后期的封闭的经济体制中，与职业和社会地位的世袭制相联系，逐渐确认了与某个人的职业和地位相关的财产不得被转让的规则。在职业行会中，转让行为只有得到整个行会的批准才能进行。

第五，禁止将受捐赠的财产以及教会的财产进行转让。通常受捐赠的财产是被指定用途的，如果将其转让，不仅是对捐赠人意愿的违背，更会令未来捐赠人顾虑重重。但是，当法律有特别规定时，受捐赠的财产同样可以转让，例如从事救济灾民等与社会公益紧密相关的活动时，进行必要的财产转让是允许的。

第六，未依市民法所有权转让形式规定实施的转让行为不能产生转让的效力。市民法规则强调受让所有权必须符合市民法转让所有权的程式。未遵循该程式者，市民法拒绝承认和保护其所有权。不过，由于该所有权受到裁判官法的保护而成为事实所有权，又称为"善意享有"（拉丁文：in bonis habere）。当然，从强调不符合市民法规则即受到转让效力的限制到保护善意享有者的利益，实际上是由一种限制走到了另一种限制上。在盖尤斯如下的描述中，我们实际上可以

---

〔1〕 [意] 桑德罗·斯奇巴尼选编：《物与物权》，范怀俊、费安玲译，中国政法大学出版社2009年版，第219页。

〔2〕 [意] 桑德罗·斯奇巴尼选编：《物与物权》，范怀俊、费安玲译，中国政法大学出版社2009年版，第37页。

〔3〕 罗马法原始文献 Gai. 4, 117 a. 另参见 [古罗马] 盖尤斯：《盖尤斯法学阶梯》，黄风译，中国政法大学出版社2008年版，第344页。

看到，一种新的所有权类型的产生即意味着一种新的限制出现："在异邦人处只有一种所有权，一个人或是所有权人，或者不被认为是所有权人。"在罗马人中也曾经遵循过这样的法则：根据罗马人的法律，一个人可以是所有权人，或者不被认为是所有权人。但是，后来，人们接受了这样一种划分：有的人可以根据市民法成为所有权人，有的人可以善意享有（拉丁文：alius possit esse ex iure Quiritium dominus, alius in bonis habere）。[1] 至于法律的规则如何考虑是否承认新的所有权类型，这完全取决于制度的价值判断和满足不同主体利益衡平的需要。

限制之五：所有权的强制转移

根据罗马法上的所有权规则，所有权人在对物进行实际处分时享有充分的自由。这种自由在中世纪法学家那里甚至被加以非常极端的表述，即滥用权（拉丁文：ius abutendi）：其含义是所有权人并没有义务为了共同体的利益而使用物，所有权人可以完全不使用物，即使该物是能够用来进行生产活动的物。但是，如果我们仔细梳理罗马法原始文献，我们可以发现上述说法在罗马法中并非是真正的事实。因为我们在罗马法的原始文献中可以看到不少对所有权的强制性转移的规则，其主要表现为：

1. 对所有权人撂荒的处理。自罗马古代后期，罗马人已经借鉴行省土地的管理模式而在法律中规定，如果权利人对土地不进行耕作致使土地荒芜的，其结果是在经过法定期间后，该土地的所有权将被强制性地转移给那些实际耕作土地的人。

2. 为公共利益实施的征收。为公共利益进行的征收是出现于罗马帝国后期的一种法律现象。在此之前，并没有包含现代人所理解的为公共利益实施征收的法律机制，相反仅有强制取得个人财产的没收制度，它是作为一种刑事制裁手段出现在法律制度中。例如，在罗马社会早期，当一个人被认为触犯了法律规则而应当受到处罚时，其个人财产可以判定给予没收以彰示该人遭到刑事处罚。在市民法所规定的人格大减等和中减等的刑事制裁中，也存在着没收财产的内容。此外，作为市民法渊源之一的元老院通过的一个决议，允许为了获得建造引水渠的材料而强制取得他人土地所有权，其结果如同财产被没收。即使在共和国后期，没收行为依然是罗马国家土地的来源之一。

---

[1] 有关该内容请参见［古罗马］盖尤斯：《盖尤斯法学阶梯》，黄风译，中国政法大学出版社2008年版，第64页。

由于在法律上并没有一个完整的机制设计来实现公共利益对土地等财产的需要，因此，为公共利益而获取财产，通常是通过施加政治压力的方式来实现。

到了罗马帝国后期，随着国家版图的变化，财产关系也日趋复杂。自公元4世纪始，有两种情形并存，即一方面没收自然人财产的情况逐渐减少，且没收财产多与公共利益有关，例如土地所有权人如果对经过其土地的水渠疏于疏通堵塞物，则极有可能被判定丧失所有权，这些土地将被收归国库所有，因为这些人的粗心将有害于水渠，水渠对于罗马国家而言是一个极为重要的基础设施；[1] 另一方面，出现了为公共利益而实施征收的法律现象，例如土地所有权人被强制进行买卖活动，多因为要满足抗灾等公共利益的需求。土地或其他财产的所有权人被强制转让其财产所有权，同时获得物的价值的补偿，只是在习惯上，因征收而支付给所有权人的补偿通常是象征性的，并非支付物的市场价值。

3. 对行省民众所有权实施战争征服性的取得。在罗马社会，其土地版图的扩大与战争密切相连。如果阅读《罗马史》给人以强烈印象的是这完全是一部罗马战争史。从法律的角度而言，罗马人对行省土地与位于意大利领域内的土地给予了不同的法律地位且差异很大。其不同主要表现在：其一，罗马人获得土地所有权的途径不同，罗马人对意大利土地所有权是按照市民法规定获得，而对行省土地所有权的获得则是罗马人军事征服的成果，故罗马人对行省土地所有权的获得具有极为明显的非意思自治的公法色彩，即按照盖尤斯的表述，"是罗马人民对行省拥有所有权"。其二，获得的方式不同，意大利土地是作为要式物进行所有权的转让；行省土地则是作为略式物进行所有权的转让。如此获得所有权的方式在531年被优士丁尼所废除，在他看来，将物分为要式移转物（拉丁文：res mancipi）和略式移转物（拉丁文：res necmancipi）完全是一种过于古老的、无益的、含糊不清的区分。[2]

限制之六：不动产所有权转让的登记

所有权转让必须登记，是法律对所有权人的一种限制。它首先产生于罗马国家的部分行省中，其后逐渐流行于罗马帝国。在当时的行省土地流转的法律体制中，埃及已经组织了一套对不动产的所有权进行公示的体系。这一体系对所有权

---

[1]［意］桑德罗·斯奇巴尼选编：《物与物权》，范怀俊、费安玲译，中国政法大学出版社2009年版，第85页。

[2]［意］桑德罗·斯奇巴尼选编：《物与物权》，范怀俊、费安玲译，中国政法大学出版社2009年版，第5页。

转让的条件与方式均有根本性的影响。故而亦称为"所有权登记",主要以土地登记簿为载体。根据所有权登记制度,所有权发生转让的法律效力以登记转让行为的实施为必备要件。在行省内,以登记方式转让所有权的情形在当时相当普遍。例如,在埃及进行的所有权登记制度,既适用于罗马市民,也适用于外邦人。在强调所有权转让登记的制度环境下,物的交付并没有转让的效力。

三、启发与思考

通过对罗马法原始文献中有关所有权限制的内容进行观察,我们至少可以从如下方面获得启迪:

第一,没有什么权利可以是完全绝对的。罗马人对这个问题的认识有着一个发展过程,但是当他们理性地意识到这点时,他们便依自然法的观念、采务实的法律态度和立法技巧来展示自己对所有权限制的制度设计。在制度设计中,对所有权的限制来自多方面的考量:①他物权类型与所涉及领域的逐渐扩展,使得所有权的利益被分散;②对所有权日渐增加的约束性规定,使得所有权人在行使所有权时不得不在较大程度上收敛自己的欲望;③法律对丧失所有权情形的日渐增加的规定,使得所有权人肆意挥霍或滥用自己财产的行为日渐受到约束。

第二,对公共利益的关注。虽然在罗马法原始文献中没有对何谓"公共利益"作出解释,但是在法律制度设计中,对公共利益的关注却给人以深刻印象。可以说,在对所有权的限制性规则中,为公共利益而给所有权设限是重要的原因之一,即使在我们现代人看来,这样的限缩所有权行使的范围与方式的理由也具有显而易见的说服力,而且越来越符合社会发展的需求。

在罗马社会,征收与社会公共利益具有密切联系,但是由于国家权力的强势,对被征收财产的补偿以及对被征收者利益的考虑多没有到位。在立法上,我们应当坚守一种理念,即任何法益都应当成为法律保护的对象,立法者不应当强制人们把自己的财产或法律利益当然地、没有适宜对价地奉献给社会。法哲学把法律与道德的关系已经揭示得很清楚,人们的道德分为一般道德和高尚道德,社会民众普遍具有的道德即为一般道德,而那些将自己的一切奉献给社会、奉献给民众的人,例如宗教上的神或大圣人耶稣、释迦牟尼等都是把自己的全部财产和智慧无任何对价地奉献给社会,再如我国现实生活中所鼓励与倡导的助人为乐精神的主人公雷锋,他们所具有的道德都是高尚道德。法律不应当把高尚道德作为行为准则所依据的道德标准,法律是全部社会普通成员的行为规范依据,它只能定位在民众一般道德的水准上。因此,我们的立法不应当将为社会公共利益的征收与财产利益的补偿对立起来。

第三，对立法技巧的重视。在现代商事活动中十分强调细节决定成功。在法律的立法目的实现上亦如此。宏大的理想与目标依赖于相应的制度内容与实施途径获得实现。如果缺乏法律的实施程序与可操作的途径，立法的理想与目的将永远无法与现实接上轨。

第四，在制度设计中，应当具有体系化的思维。任何新的他物权的设计，应当考虑它与所有权的关系，应当考虑所有权及该他物权利益实现的立法成本和社会成本。同理，对所有权行使的限制性规定，也必须要体系化地考虑所有权利益限缩的最佳程度。

论欧洲一体化进程中欧洲债法趋同之罗马法基础[*]

"In varietate concordia"——拉文谚语：在不同之中求相同

半个世纪以来，欧洲尤其是西南欧诸国一直孜孜不倦地追求着他们的大欧洲之梦想。观察欧洲现在的发展状况，应当说，他们的努力分为两个主要阶段，并已初显成果。第一阶段是欧共体阶段，该阶段发展速度比较缓慢。1965年4月8日，在签署《布鲁塞尔条约》并决定将"欧洲煤钢共同体""欧洲经济共同体""欧洲原子能共同体"合并统称为"欧洲共同体"时，只有法国、联邦德国、意大利、荷兰、比利时和卢森堡六国。第二阶段是欧盟阶段，是发展比较迅速的阶段。在1993年11月1日签署《欧洲联盟条约》（即《马斯特里赫特条约》）时有12个成员国，占整个欧洲43个国家中的28%，但是到了2007年1月1日，则有成员国27个，占欧洲国家的63%，此外，还有承认的候选国克罗地亚和土耳其。

在50年的时间内，在地球版图上形成了一个新的人口居住区，内有27个成员国，领土西起大西洋、东至波罗的海、北渊北极洋、南抵地中海，总面积410多万平方公里，人口为5亿左右。这个区域拥有强烈的包容性：在政治体制上有7个君主立宪制国家[2]和20个非君主立宪制国家；有22种官方语言；在宗教上则基督教、罗马天主教、新教、希腊正教、俄罗斯东正教、伊斯兰教等并存。

---

[*] 本文原载于《比较法研究》2008年第1期。
[2] 比利时、英国、丹麦、卢森堡、荷兰、西班牙与瑞典。

作为法律人，更为关注的则是法律体系与制度。在这个区域内，以大陆法系为主，同时也有英美法系。截至2007年，欧盟已经陆续颁发了一系列有关公法和私法的立法指令，其中有关债法的一系列指令尤其令人瞩目，各国根据这些指令调整本国的相关立法。与此同时，不同国家的学者组成不同的研究小组，分别起草欧盟统一的合同法、侵权行为法等立法草案。因此，作为欧盟国家，以政府为平台，以学者为主力，形成了一个集体性的有意识的努力，以达到实现私法趋同的目的。[1]那么，我们必然要提出的问题是：既然无论是在法系上还是在法律制度上，27个成员国均有着不同甚至较大的差异，那么，他们何以能够在法律上实现趋同，其基础是什么？对于中国学者而言，进一步的问题是：欧盟法律趋同的基础给我们以怎样的启发或思路？

本文试图对这个问题进行一些探讨并提出作者的一些看法与分析。在分析本文要讨论的问题之前，有一些前提性说明：①这不是一篇纯法律历史学的论文，相反，通过这篇论文的分析，希望对欧盟国家的法律在欧盟一体化背景之下是否能够实现法律趋同及是否存在趋同基础作出一定分析。②这篇论文以欧盟私法趋同为研究对象，公法问题不在本论文讨论的范围内。③如果没有特别说明，本文内使用的"欧洲私法""欧洲债法"的表达时，与"欧盟私法""欧盟债法"系同一表达。

一、欧盟债法趋同的现状与特点

（一）"趋同"的理解与理论的提出：背景与现实分析

在欧盟国家中，综观其成文立法演进的历史轨迹，主要有四个阶段：

第一阶段主要发生在中世纪之前。这些欧洲国家的立法立足于本区域的习惯法并逐步以成文法形式构建了国家内部的立法内容，与此同时，从公元前2世纪到公元6世纪，庞大的罗马帝国从建立、极度昌盛到走向衰落，但是在帝国的疆土上，罗马法以其融立法机构制定之法、学者的有权解释、皇帝的谕令、裁判官告示及较早的元老院决议等内容为一体的特点，在罗马帝国内被统一适用着。

第二阶段主要是从中世纪到17世纪期间。在该期间内，先是宗教法统掌着欧洲各国的法律平台，后是复兴的罗马法通过法学研究和法学教育而成为欧洲各国法律的基本内容。

---

[1] 梁治平为Antonio Manuel Hespanha (Bortugese)：《Panormad a della storia di diritto europeo (Cultura Jiuridica)》中译本所作的序。

第三阶段是 18 世纪到 20 世纪 70 年代，欧洲经济的快速发展和各国主权意识的强化，在立法上体现为欧洲各国纷纷制定自己的包括民法典在内的法律。各国立法各有千秋是该时期立法的特点，但是，随着欧洲成立共同体，经济一体化加速了欧盟各国之间经济往来，但法律的各自不同所带来的成本消耗，使得经济一体化的好处多被消解。

因此，欧洲共同体成员国从 20 世纪 80 年代即开始了私法统一的尝试。这就是欧盟国家立法的第四阶段。其中倍受关注的是，欧盟成员国因各自的财产法、合同法、非合同责任等领域内的立法与商事习惯存在着差异，其是否以及怎样对欧盟统一大市场的顺利运行构成现实和潜在的障碍。[1] 因此，欧盟国家的立法从各自分散状态逐渐趋拢，已经是各成员国比较一致的共识。当然，在整个私法中，由于各国民族文化、经济发展状态、立法结构等诸多方面存在的差异，在物权法、人法等领域内实现趋同，其难度较债法要大得多，因此，欧盟私法的趋同以债法为主攻方向有其理论上的可适性和实务上的可操作性。这也是笔者对"趋同"进行讨论的背景。总之，国家化立法与欧洲化立法是历史令人们在不同时期作出的不同选择：罗马法随着罗马国家的强大而成为统治幅员辽阔的帝国统一立法；随着帝国的消失，国家立法逐渐兴起，罗马法逐渐退出其显要的地位；随着欧洲区域经济在新世纪的发展，在欧洲区域内寻求统一立法又成为人们的一种心愿与追求。

对欧盟私法的未来走向，在理论上有两个主要的不同观点：一是法律统一化说（英语：uniformation，意大利语：uniformazione）。该理论认为，欧盟国家的立法需要从不同走向一致，走向一个中心，以实现欧盟私法的统一化。[2] 二是法律趋同化说（英语：approximation，意大利语：approssimazione）。该理论认为，伴随着欧洲国家彼此之间共同发展的需要，在相互交往日益频繁的基础上，欧盟国家的不同立法将逐渐相互吸收、相互渗透，从而趋于协调、接近甚至走向一致

---

〔1〕 由德国著名学者 Christian von Bar 教授和 Ulrich Drobnig 教授主持的"欧洲合同法与侵权法及财产法的互动"课题研究，其主要的出发点是：①查明各成员国财产法与非合同责任法及合同法的互动在合同或商事习惯方面给欧盟内部市场顺利运行造成的现实或潜在障碍，或造成的竞争失衡；②分析与已经查明的问题相关的立法和判例；③一切有益且相关的法律因素及事实因素，以便使欧盟委员会能够证实这些障碍的性质及重要性。参见［德］克里斯蒂安·冯·巴尔、乌里希·德罗布尼希主编：《欧洲合同法与侵权法及财产法的互动》，吴越等译，法律出版社 2007 年版，第 1 页。

〔2〕 Rodolfo Sacco, "Il sistema del diritto privato europeo leprem esse per un codice europeo", in Luigi Moccia ed., *Il diritto privato europeo problemi e prospettive Giuffre*, 1993, p. 87.

的过程。[1] 这两个理论最大的差异是法律统一化说更多地强调结果，即追求欧盟国家立法从不同走向统一的结果。但是，由于各成员国内立法的文化、经济等因素，实现各国债法的完全统一化并非一蹴而就的易事。因此，笔者更倾向于法律趋同理论，因为该理论更关注欧盟国家立法由不同走向一个目标的过程。趋同即意味着将不同国家的法律之间的差异逐渐缩小，但是，是否能够达到完全一致的结果，则并非刻意追求的目标，而是顺其自然。

在对欧盟私法的未来如何以切实可行的方法进行运作，欧洲国家同样表现出从盲目热情到理性思考。1989年和1994年欧洲议会的两个决议，曾经公开提出支持起草欧盟民法典的准备工作。但是在2001年11月15日的决议中，欧洲议会不再使用"欧盟民法典"这一提法，而是出台了制定欧盟债法及财产法的行动计划。[2] 欧盟理事会也在其2003年10月的决议中强调了"民法进一步趋同"的问题，提出立法趋同的目的是"在一个真正的欧洲司法区域不能让成员国法律的不统一性或复杂性妨碍个人及商业机构行使权利"。[3]

（二）现状与特点

自20世纪80年代开始，欧盟就合同的订立、合同的内容与条件、有关消费者利益的一些特殊合同、侵权责任、电子商务与个人数据库保护等方面陆续出台了30多个条例、指令和指令的草案，形成了初步的欧盟共同债法的内容。这些条例（尤其是指令）由于具有强制性效力，在其成员国改变自己国内法的过程中起到了巨大的推动力，虽然该推动力来自于成员国的外部，但是它与成员国法律自身的基础结合在一起就形成了一个逐步改变成员国内部法律的缓慢运行过程。在这方面，最为典型的例子是德国债法的修改。德国于2001年将欧洲议会及欧洲理事会有关消费品买卖及担保、打击商业交易中的延迟付款、电子商务、消费者信贷等指令的转化作为契机，对其债法进行了重要改革而形成了德国债法现代化法，其改革主要体现在德国债法体系的调整上，[4] 这使得德国国内债法

---

[1] 李双元："21世纪国际社会法律发展基本走势的展望"，载李双元编著：《法律趋同化问题的哲学考察及其他》，湖南人民出版社2006年版，第113页。

[2] [德] 克里斯蒂安·冯·巴尔、乌里希·德罗布尼希主编：《欧洲合同法与侵权法及财产法的互动》，吴越等译，法律出版社2007年版，第3页。

[3] [德] 克里斯蒂安·冯·巴尔、乌里希·德罗布尼希主编：《欧洲合同法与侵权法及财产法的互动》，吴越等译，法律出版社2007年版，第1页。

[4] Christiane Wendehorst为《德国债法现代化法》的中译本所做的序，中国政法大学出版社2002年版，第2~12页。

内容的变化超出了欧盟指令要求的范围。[1] 但是，法律的修订往往牵一发而动全身，这个结果人是无法完全控制的。所以，无论是欧盟成员国内部的债法修改还是欧盟债法的未来发展与走向，均令人十分关注。

在债法趋同的现阶段，主要成果表现为兰敦委员会起草的欧洲合同法通则、Reiner Schulze 教授主持的欧洲合同法草案和 Christian von Bar 教授主持的欧洲侵权行为法草案的起草。对欧盟现有的有关债法的条例、指令与合同法、侵权行为法草案等立法活动进行观察，我们可以发现如下明显的特点：

1. 已出台的欧盟债法的条例、指令等以强制性规范为主。例如，20 世纪 80 年代出台的有关误导广告、上门推销、消费者信贷等立法中，反复强调成员国的立法应当具有什么内容以及应当作出怎样的修改，强调消费者不得放弃的权利，强调消费者的相对方应当接受的义务约束等；在 20 世纪 90 年代和 21 世纪初颁布的指令中，强制性的内容更加突出。究其原因，主要有二：

第一，在此期间出台的欧盟债法方面的立法，均旨在协调成员国各自立法中对消费者保护的立法内容，尤其要将不利于消费者利益的内容进行删改。因此，各指令不仅内容强硬，而且各成员国对此没有讨价还价的余地。

第二，这些指令主要以强化对消费者利益的保护为目的。面对市场上商个人和商团体，消费者多处于弱势地位，难与这些商人相抗衡；而市场是由商人与庞大的消费者群体支撑的，如果消费者都对市场失去信心，则欧盟要建立共同市场的目标便无法实现。[2] 因此，为实现欧盟市场的共同化和正常运作，在指令中以强制性规范为主要内容也就成为必然现象。

2. 欧洲合同法、欧洲侵权法的草案是法学家们的作品。在目前正在起草的欧洲合同法及侵权法草案的过程中，法学家构成了起草这些立法的队伍。其形成

---

〔1〕 其中最显著的例子是将《消费者买卖合同指令》中的"救济顺序"修改后的 BGB 将其适用从指令规定的 B2C 合同扩大到所有 B2B 甚至 C2C 合同。

〔2〕 该目的在 Council Directive of 20 December 1985 to protect the consumer in respect of contracts negotiated way from business Premises (85/577/EEC), Directive of the European parliament and of the Council of 20 May 1997 on the Protection of consumers in respect of distance contracts (97/7/EC), Directive of the European Parliament and of the Council of 29 June 2000 on combating late payment in commercial transactions (2000/35/EC), Directive of the European Parliament and of the Council of 19 May 1998 on injunctions for the protection of consumes' interests (98/27/EC), Di-reactive of 13 December 2004 on implementing the principle of equal treatment between men and women in the access to and supply of goods and services (2004/13/EC) 等 27 项指令发布原因的阐述中被清晰地表达出来。

多为法学家们自发组织，少数情况是欧盟委员会委托法学家们就相关内容展开研究。以合同法的起草为例，以学者为主编纂的《欧洲合同法通则》（PECL）、意大利 Pavia 大学的欧洲私法研究院在 G. Gandofi 教授的主持下完成了 *European Contract Code*、意大利 Tronto 大学法学院欧洲私法研究组（Common Core Group）也提出了其有关欧洲合同法的基本框架。而由意大利都灵大学法学院 Gianmaria Ajani 教授和德国明斯特大学法学院 Reiner Schulze 教授共同组织的"Acquis Group"提出的欧洲合同法草案，更是由来自十余个国家三十多所大学的 54 位学者构成的研究团体所起草。

在以法学家为主创队伍的合同法草案中，所采纳草案的研究方法多是国别法的比较分析，但是，Acquis 研究组则采取了另外的思路，即他们将各国立法与欧盟现行法中已经出现的共同原则为研究的切入点。

第一，通过学术讨论来发现共同原则，因为这些共同原则显然并不是现行法条中现成的。

第二，把欧盟法作为独立的、和谐自主的内部体系（internal source）进行分析与解释，而只把欧盟法之外的成员国国别法作为外部渊源（external source）。[1]

第三，对一般合同法的问题考察是否能够从这些规范中提炼出共同的内容，并进而抽象出得以在欧盟成员国适用的原则，使欧盟合同法的立法与实践得以避免法律发展中可能出现的冲突。

总之，欧盟国家债法实现趋同，来源于至少三个方面的考虑：

第一，各国立法体系与法律制度存在着明显差异。对此，欧盟各成员国的债法规范的不同性已经引起人们的关注。

第二，经济发展和政治需要将不同国家内的法律进行沟通，以尽可能减少欧盟发展过程中可能面临的法律障碍。正如德国弗莱堡大学布劳罗克教授所指出的那样，经济全球化以及欧洲大市场对欧洲共同法的需要越来越迫切，因为欧洲共同法可以打破贸易壁垒，避免因不同国家的法律适用的差异而导致不必要的法律

---

〔1〕 按照 Reiner Schulze 教授在其著作《欧洲私法和现行欧共体法》中所阐述的观点，即使不援引各成员国合同法，欧洲合同法中"意思自治"原则也能够从欧共体法本身得出，因为该原则不仅是实现《欧盟条约》四大自由的决定性条件，也被欧共体的大量立法以及欧洲法院（ECJ）/欧洲初审法院（CFI）的实践所承认。

成本和风险。[1]

第三，各国立法有能够实现趋同的基础。这个基础主要体现为来自罗马法律文化的考量。有关这个问题是本文所要重点讨论的内容。

二、作为欧盟债法趋同的罗马法律文化与制度理性

欧洲国家尤其是大陆国家立法的影响被世人所公认。在世界上影响巨大的《法国民法典》《德国民法典》《意大利民法典》《瑞士民法典》《荷兰民法典》等均被认为是在不同程度上以不同表现形式所体现出来的对罗马法的继受。但是，正如德国学者弗朗茨·维亚克尔（Franz Wieacker）教授所指出的那样："'继受'一词容易使人产生误解，以为法秩序本身可以不需经过同化或改变的过程就被接纳。但是，实际上'继受'是一种高度纠结复杂、持续演进的文化内在过程，是一种发生在历史中的多方面的社会、智识及心理整合的过程。"[2]

如果把罗马法与现代法的关系按照这样一个简单的公式来描述：罗马法+继受=欧洲共同法，这是对罗马法与现代法之间关系的一种误解。有学者认为，罗马法被认为有不同的含义：一是作为罗马法传统的罗马法；二是作为欧洲共同法的罗马法；三是作为"学说汇纂"的罗马法；四是作为罗马法学研究的罗马法。[3] 但是，我认为更应当将罗马法对现代法的影响理解为是一种法律文化的影响和法律制度的影响。罗马法律文化和法律制度通过罗马法复兴时期的文化传播而对不同国家产生影响，并构成了存在于不同国家内的法的"共同"核心，例如法律术语、法律规范、法律原则、法律体系和制度等。因为如果我们把欧盟国家包括债法在内的现代私法与罗马法作出影像重叠式的观察，我们可以看到现代私法与罗马法至少在两个方面的不可分割的联系，即法律文化和法律制度的框架。

（一）欧盟债法趋同基础之一的罗马法律文化

1. 罗马法律文化的内涵。文化是一种可以被感知却又难以描述的现象，它无时无刻不环绕在我们的身边，却又令我们无法实际捕捉到它。罗马法律文化同样如此。一方面，罗马法律文化以其特有的法学理念、制度理性、体系化思维、

---

[1] [德] 乌韦·布劳罗克："法律的全球化趋势"，颜晶晶译，载米健主编：《中德法学学术论文集（第二辑）》，中国政法大学出版社2006年版，第3页。

[2] [德] 弗朗茨·维亚克尔：《近代私法史》，陈爱娥、黄建辉译，上海三联书店2006年版，第107页。

[3] Luigi Moccia, *Comparazione giuridica e Diritto europeo*, Giuffrè, 2005, p. 652.

论欧洲一体化进程中欧洲债法趋同之罗马法基础

人文观念和求实的法学方法论使我们倍感法学理论和制度设计基本框架上存在着"条条大路通罗马"的现象;另一方面,罗马法律文化伴随着社会发展和国家立法的兴起,隐身于不同国家法律文化之中。

罗马法律文化是罗马人对法与权利关系的透视,是以法律规则体现对人的尊重,是将哲学观念引进法学范畴内的思考,是从成文法到法典化的理性思维,是强调人的意思表示的重要性并作出制度价值判断,是崇尚在社会实践中发现问题并解决问题的求实精神等一系列法学思考与践行之文化现象。卢梭曾经在他所著《社会契约论》中对法律文化作过分析,他写道:"在这三种法律(即宪法、民法、刑法——引者注)之外,还要加上一个第四种,而且是一切之中最重要的一种,这种法律既不是铭刻在大理石上,也不是铭刻在铜表上,而是铭刻在公民们的内心里;……当其他的法律衰落或消亡的时候,它可以复活那些法律或代替那些法律,它可以保持一个民族的创造精神,而且可以不知不觉地以习惯的力量代替权威的力量。"〔1〕法律文化可以说是人们心中的内隐性制度,它以个人自由为终极价值。这样的法律文化是内在的、隐形的、精神性的客观实在。

2. 罗马法律文化的显点之一:对人的权利与意志自由的关注。罗马法以其特有的表现方法,即通过法学家具有法律效力的解释,将对主体的权利与自由的关注首先放置在罗马法有关对"正义与法"的规则中。而在欧洲国家的法律中,对主体的权利与自由的关注同样彰显。

以两个例子来说明这个观点:

第一,法与权利一体化的法律文化观念在欧盟国家内的确认与接受。拉丁文"ius"一词,是现代法律语言中"法""权利""正义"等法律语言表达的词源。〔2〕把"ius"翻译成为"法"和"权利",这在欧洲语言中如意大利语"diritto"、德语"recht"、法语"droit"、西班牙语"derecho"、葡萄牙语"dire-itro"和俄语"npabo"等语言中,均可以找到继受者。值得注意的是,罗马人在语言的表达上,将"ius"一词既表示"法",同时也表示"权利"。它明确地向我们传递了罗马人在认识"法"与"权利"方面的思维进路的信息,即法与权利在客观上是不可分的。法之所以存在,确认和保护权利应当是其基本目的。与此同时,权利的存在与获得救济,完全依赖于法的规则提供保障。因此,法与权

---

〔1〕 [法]卢梭:《社会契约论》(节选本),何兆武译,商务印书馆2002年版,第101~102页。
〔2〕 L. Casyiglioni, *S. Mariotti Vocabolario della lingua Latina*, LOESCHER EDITORE, p. 626.

利之间无法断然分离。这实质上就是罗马人对法与权利之间关系的统一性观念。罗马人的这一观念对欧陆国家影响巨大。

按照乌尔比安的解释,"ius"还可以被理解为"是关于善良和公正的艺术"。[1] 在欧洲国家中,这个观点在法学界完全被接受。在这里,"ars"所表达的"艺术"并非一般意义上的艺术,而是指将体现着以正义为宗旨、以善良和公正为内涵的人类行为规则以一定方式加以表现的技艺。善良与公正的判断没有绝对标准,它们是在与恶和不公正的比较中获得认同的。在该情形下,对"正义"这一法的宗旨的认识十分重要。乌尔比安对正义的解释是:"正义就是给每个人以应有权利的稳定而永恒的意志。"[2] 在此基础上,乌尔比安认为法的准则应当是:"诚实生活,不害他人,各得其所。"[3] 显然,乌尔比安不仅在对法的解释中融入了强烈的规则观与伦理观,而且在解释法的准则时,也将行为规则与伦理价值判断紧密联系在一起,这是因为罗马人已经意识到:"全部的法均是为人类而创设。"[4]

欧盟国家在各自的债法立法中,将尊重民商事主体与法律不禁止的自由选择权的规则放置在法律强制性规则之前,是各国债法立法的共同点,从而确立了"当事人有约定的从约定"原则。正是在各国该立法理念的基础上,方能够产生适用所有欧盟成员国公民的欧洲债法中关注人的权利与意志自由的立法规则。

第二,对法律"Lex"的理解成为欧盟国家的共识。对"Lex",公元3世纪著名法学家帕比尼亚努斯[5]有一段极为著名的分析:"法律是所有人的共同规范,是智者们的决定,是对有意或因无知而实施的犯罪的惩罚;是整个共和国民众间的共同协议。"[6] 从他的阐述中,我们可以从中梳理出"法律"的特征:①法律具有共同规范性。法律是一个社会中全部成员的行为规范,它适用于所有的人和所有的情况。在彭波尼、杰尔苏、保罗、乌尔比安和尤里安等学者的作品中均有这样一个明确的观点,即法律是为普遍的、正常的情况并且是为所有的人

---

〔1〕 罗马法原始文献 D.1, 1, 1Pr.:" ius est ars boni et aequi."
〔2〕 罗马法原始文献 D.1, 1, 10Pr.
〔3〕 罗马法原始文献 D.1, 1, 10Pr. 该著名之句的拉丁文原文是:"iuris praecepta sunt bace: honest vivere, alterum non laedere, suum cuique tribuere."
〔4〕 罗马法原始文献 D.1, 5, 2.
〔5〕 Aemilius Papinianus, 也被称为"帕比尼安"。
〔6〕 "Lex est commune praeceptum, virorum prudentium consultum delictorum quae sponte vel ignorantia contrahuntur: coercitio communis rei publicae sponsio."罗马法原始文献 D. 1, 3, 1 和 D. 1, 3, 2.

制定的，而不会为偶然出现的、罕见的事物或个别人制定法律。〔1〕②法律具有智慧性。法律的制定需要智慧，并且不是一般性的智慧，而应当是理性智慧。将善良与公正体现在人们行为规则之中，是理性智慧的体现。因此，法律是以决定方式形成体现智慧和理性思考的最终结果。民众的智慧和那些善于吸收民众的智慧、善于发现社会中的问题、善于对问题进行严肃思考并提出解决方案之人的智慧，构成了法律的理性智慧的内容。③法律具有社会契约性。法律以确认和保护人们的权利为己任，这是民众的公意，必须获得民众的认可，当民众共同认可的事情成为法律时，这便形成了民众所共同认可的社会契约。所以，在著名学者卢梭的《社会契约论》中，我们看到了他所描述的罗马社会中法律形成的情形："然而十人会议本身却从来没有要求过仅凭他们自身的权威，便有通过任何法律的权力。他们向人民说'我们向你们建议的任何事情，不得到你们的同意就决不能成为法律'。"〔2〕

在欧盟债法的形成中，这样的理念同样被遵守着。相关立法规则集学者的智慧而形成，被反复讨论并向欧盟国家的公众征询意见，因为"罗马法的真正内在价值是建立在理性而不是强制性义务的基础上"。〔3〕罗马法作为一种法律文化，它对欧洲整体法律文化的贡献，"不主要在于其制度的品质或'正确性'，而主要在于通过自主独立的专业思想来提升欧洲法秩序在方法上的要求，以及借助法学使政治、社会冲突引发出的法律固有问题能够进行合理讨论。新兴欧洲在各处构建出来的学术对生活的支配，其之所以可能，是因为有取之不尽的法理性与法伦理的存在，它们几乎可以说是被贮存在伟大的罗马法学文本中，最终被欧洲法律文明所继受"〔4〕。

3. 罗马法律文化的显点之二：对法学家作用的关注。如前所述，在欧盟债法趋同的过程中，法学家的作用是无法被替代的，无论是欧洲议会、欧洲理事会，还是欧盟各成员国内部，主张推动法律趋同进程的主要是法学家，而成员国政府或超国家之上的欧盟机构则给了法学家们以极大的研究与运作平台。

---

〔1〕 罗马法原始文献 D. 1, 3, 3-6; D. 1, 3, 8 和 10。
〔2〕 [法]卢梭：《社会契约论》（节选本），何兆武译，商务印书馆1980年版，第56页。
〔3〕 [英]威廉·布莱克斯通：《英国法释义》（第1卷），游云庭、缪苗译，上海人民出版社2006年版，第23页。
〔4〕 [英]威廉·布莱克斯通：《英国法释义》（第1卷），游云庭、缪苗译，上海人民出版社2006年版，第128页。

实际上，就各国自己的立法而言，法学家们同样发挥了他人无法替代的作用，例如，《法国民法典》主要是由 Portalis、Tronchet、Bigot-preameneu 和 Maleville 四位法学家组成的委员会起草编纂。第一部德国民法典草案由德国著名的罗马法学家 Bernhaed Windscheid 教授等学者组成的第一委员会起草，但是，由于该草案"简直就是罗马法理念的日尔曼翻版"[1]而被否定。另开炉灶起草《德国民法典》的第二委员会同样主要由学者组成，其呈现出"以普通法形式被继受的罗马法的痕迹依然俯首即是"[2]。《意大利民法典》的起草同样是由彼德罗·彭梵得等教授组成的委员会进行。《瑞士民法典》则是欧根·胡培尔（Eugen Huber）教授起草并在其指导下完成的学者作品。《荷兰民法典》主要是麦恩斯（E. M. Meijers）教授的工作成果。在欧洲合同法、侵权法草案的起草工作中，这个传统被继续发扬。由来自十余个国家三十多所大学的 54 位学者构成的"Acquis Group"研究团体及其起草的欧洲合同法草案，更是从一个角度反映出学者的作用。

追根溯源，由学者进行立法活动实际上是来自于罗马法律传统与法律文化。"随着立法发展为复杂和广泛的整体，出现了新的社会分工的必要性：一个职业法学家阶层形成起来了。"[3]但是职业法学家的产生是社会发展到一定阶段的结果。

意大利罗马法史学家朱塞佩·格罗索（Giuseppe Grosso）在其《罗马法史》一书揭示道："在公元前 6 世纪之前，法律被祭司们垄断于深宅大院中，法律是什么、如何理解法律，人们包括执法官在内欲知道这些，则必须从祭司处了解、从祭司处获得关于从法律上解决某些情况的解答。"[4]公元前 6 世纪的法学家布布里·（赛斯特）·帕皮里 [Publius (Sextus) Papirius] 尝试着将已有的君王法和库里亚法编成一本书之后，[5]法律被僧侣们垄断的现象即如同被撕开了一个裂口，并由此开了以著作形式编纂法律的做法之先河，形成了以著作形式编纂法律的罗马法传统，同时，因此确立了罗马法学家在罗马法的发展中不可替代的

---

[1]［德］米夏埃尔·马丁内克："德国民法典与中国对它的继受"，载陈卫佐注：《德国民法典》，法律出版社 2006 年版，第 5 页。

[2]［德］米夏埃尔·马丁内克："德国民法典与中国对它的继受"，载陈卫佐注：《德国民法典》，法律出版社 2006 年版，第 5 页。

[3]《马克思恩格斯选集》（第 2 卷），人民出版社 1972 年版，第 539 页。

[4]［意］朱赛佩·格罗索：《罗马法史》，黄风译，中国政法大学出版社 1994 年版，第 101 页。

[5] 罗马法原始文献 D. 1, 2, 2, 36.

地位。在共和国初期，随着《十二表法》的制定，法律的正确解释需要有精通法律的法学家们的指导，于是在罗马逐渐形成了一个法学家阶层，例如：在公元前2世纪之前，阿庇·克劳迪（Appirus Claudius）写过有关诉权、先占的书，可惜已经失传；赛斯特·艾里（Sextus Aelius）写了一本有关法的起源的著作，学界又将该书称为"三分法"（Tripertita）的书，因为该书的第一部分是《十二表法》，第二部分是解释，第三部分是有关法律诉讼的问题；布布里·穆齐（Publius Mucius）、布鲁图（Marcus Giunius Brutus）和马尼留（Marcus Manilius）也写了大量有关市民法的著作，为市民法奠定了基础。[1] 而库尹特·穆齐（Quintus Mucius）则通过编写18编的著作，使得罗马市民法被较为全面地整合在一起。[2]

从公元前6世纪帕皮里编纂第一部罗马市民法始，至公元6世纪，在一千余年历史中产生了不少法学家。根据意大利罗马法学家桑德罗·斯奇巴尼教授（Sandro Schpani，1940—）的统计，在史书上有记载的主要法学家约122名，[3] 其中，从公元前3世纪至帝国前期，是职业法学家的活动从初步成熟走向极为活跃的阶段。人们在罗马法著作中耳熟能详的法学家多出现在该阶段。对该期间的主要法学家，Vincenzo Arangio-ruiz 在其《罗马法史》中列举了26名，法国18世纪的法学家R. J. 普梯埃尔（R. J. Pothier，1699—1772）统计出了92名，而桑德罗·斯奇巴尼则统计为101名。"尽管上述学者对该期间的法学家人数的统计数据不一，然而在该期间法学家极为活跃地活动则是一个不争事实。他们的学说对后世的影响巨大。无论是在哲学巨匠康德和黑格尔的法哲学著作中，还是在法学巨匠萨维尼、耶林的法学著作中，我们均可以强烈地感受到罗马法学家们充满活力的理性思索。"[4]

罗马法学家的地位和作用变化有一个演进的过程。在共和国时期以前，法学家一般只是教师，或是教科书的作者，或是提供法律咨询的人。法学家们进行这些工作无需任何特许，但同时他们的意见对执法官亦无约束力。到了帝国初期，为了控制法学家的学说对罗马法发展的影响，奥古斯都皇帝下令，凡以他名义提

---

〔1〕 罗马法原始文献 D. 1, 2, 2, 38. 和 D. 1, 2, 2, 39.

〔2〕 罗马法原始文献 D. 1, 2, 2, 41.

〔3〕 [意] 桑德罗·斯奇巴尼选编：《民法大全选译·正义与法》，黄风译，中国政法大学出版社1992年版，第77页。

〔4〕 张乃根：《西方法哲学史纲》，中国政法大学出版社1997年版，第72页。

供法律意见者,其意见对执法官有约束力。取得这一特权的前提是获得皇帝的特许,于是在罗马帝国产生了所谓的"特许的法学家"。这些法学家往往承担高级官职,成为皇帝在法律问题上的代言人。在哈德良时期(117—138)和安东尼时期(138—180)出现了著名的盖尤斯,他所写的《法学阶梯》是罗马法学理论进入"古典时代"(即鼎盛时期)的一座"里程碑"。在稍后的塞维鲁时期(193—235)涌现了不少极有名望的法学家,尤其是帕比尼安(150—211)、乌尔比安(70—228)、保罗(?—222)和莫德斯汀(?—224),他们与盖尤斯一同被后世公认为"五大法学家",他们的学说被钦定为全罗马法官应当遵循的准则。在优士丁尼的《学说汇纂》中,他们的言论占了全书内容的66%以上。在罗马帝国时代,物质繁荣和行政管理的效率达到了顶峰,受到希腊文化的传播和影响,人们的一般文化水平大大提高,同时对艺术、诗歌和哲学的兴趣浓厚。在法律领域,这个时代带来了最光耀夺目、最丰富的成果,出现了杰尔苏、尤里安、盖尤斯、帕比尼安、乌尔比安和保罗等极为著名的法学家。[1]

在共和国末期,罗马法学家阶层迅速扩大。法学家们把解释法律看作对公共社会生活的贡献,不接受报酬,其主要活动一方面包括法学论著的撰写、法学教育,另一方面影响着当时的法律实践。他们告诉裁判官如何拟订自己的告示,如何在具体的案件中提供救济手段;他们帮助个人起草法律文书和实施其他的法律行为,帮助他们在裁判官面前进行诉讼。然而他们只是法律顾问,不是具体的实践者,并不出庭就具体案件进行论说。这一点对于判决的公正无私和包容广阔是大有帮助的。所以,与现代严格意义上的法学家不同,罗马法学家既有学者的特点,又有实务律师的特点。因为"一方面,他们建造了伟大的法学论著大厦并且承担着当时的法学教育工作;另一方面,他们又在所有问题上影响着法律实践"。[2]然而,尽管法学家们"培育的是罗马世界民众的实践经验,但是却以一种异乎寻常的能力预见到了永恒存在的法律问题,并且赋予他们的著述以放之遥远的时代和遥远的地域而皆准的普遍意义"。[3]"他们通过与其学生一道讨论实际发生的或者假设的案件所引起的法律问题,创造了一种持久的传统。这些世俗法学家前仆后继,到公元3世纪末,或直接或间接地几乎完成了发展私法理论

---

[1] 费安玲:《罗马继承法研究》,中国政法大学出版社2000年版,第14~15页。
[2] [英]巴里·尼古拉斯:《罗马法概论》,黄风译,法律出版社2000年版,第27页。
[3] [英]F. H. 劳森:"罗马法对西方文明的贡献",黄炎译,载《比较法研究》1988年第1期。

的全部工作。"[1]

因此，后世学者对罗马时代的法学家作出的评价是："罗马法是伟大的罗马法学家和法的历史的神圣成果，它以高度的学者智慧传递了罗马法作为欧洲统一和世界文明发展的创造者的信息。"[2] 实际上，迄今为止，法学家如此重要的作用依然在欧盟包括债法在内的私法趋同过程中放出其光芒。

4. 罗马法律文化的显点之三：对法学教育的关注。在希腊文中，"教育（Paideia）"的含义是指兼顾体格、心灵的全人格的培育。[3] 罗马时代，培养法学人才的法学教育被认为是重要的事业之一，因为它可以培养出具有法律人格的年轻人。533 年 11 月 21 日编纂完毕的《法学阶梯》被优士丁尼皇帝专门指定为有志于研习法律的青年人的教科书。优士丁尼皇帝亲自规定：《法学阶梯》要成为学习法学的第一个学期的教科书。因为优士丁尼已经意识到，法典是法学家的产品，罗马帝国需要经过适当培养的、知道如何解释和适用这些法典的法学家。[4]

通过法学教育，受教育人均会"对自己身处其中的、可敬而光辉的传统，在心理上没有内在的排斥感"。[5] 不仅如此，由于法学教育适用于不同国家的年轻人，因此，超国家的共同法（拉丁文：Ius Commune）便具有了存在的基础，"因为它是由欧洲的大学创造出来的适用于拉丁基督教世界的一种高明的制度"。[6] 这种情形在 11 世纪到 14 世纪的意大利博洛尼亚大学所引发的罗马法复兴时期的法学教育中最为典型。

罗马法的教育，不仅是罗马社会的教育内容，也是现代社会高等教育的内容；不但是一般的高等教育的内容，而且是人类高等教育中最早开设的专业之一。据笔者对欧盟 5 个国家（德国、法国、意大利、英国、瑞士）的 23 所大学

---

[1] [英] F. H. 劳森："罗马法对西方文明的贡献"，黄炎译，载《比较法研究》1988 年第 1 期。

[2] Salvatore Riccobono, "La univesalità del diritto romano", in Paolo Koschaker ed., L'Europa e il diritto romano, I, GIUFFRE, 1954, p. 3.

[3] [德] 弗朗茨·维亚克尔：《近代私法史》，陈爱娥、黄建辉译，上海三联书店 2006 年版，第 18 页。

[4] 参见桑德罗·斯奇巴尼为《法学阶梯》中文版所作的序，载徐国栋译：《法学阶梯》，中国政法大学出版社 2005 年版，第 1~2 页。

[5] [德] 弗朗茨·维亚克尔：《近代私法史》，陈爱娥、黄建辉译，上海三联书店 2006 年版，第 24 页。

[6] [比] R. C. 范·卡内冈：《欧洲法：过去与未来——两千年来的统一性与多样性》，史大晓译，清华大学出版社 2005 年版，第 1 页。

法学院罗马法课程开设情况的调查，有55%的大学法学院开设罗马法课，其中包括德国的科隆大学、弗莱堡大学、法兰克福大学，法国的巴黎第一大学，英国的牛津大学，瑞士的伯尔尼大学，意大利被调查的所有大学。显然，这样大面积的罗马法教育，使得从事法律活动的人们具有了较为扎实的罗马法基础和在此基础上构成的成员国法律中的罗马法因素，而这也正是不同成员国的法学家能够展开共同对话的前提与基础。

在英国，虽然其法律传统与欧陆国家有很大的不同，但是，在18世纪，"在英国的大学教育方面，与欧洲大陆其他国家相似，英格兰的大学仅讲授教会法和罗马法"。[1] 有意思的是，著名的英国法教授布莱克斯通先生是瓦伊纳讲座的第一任教授，根据捐款人瓦伊纳的要求，该讲授教授应当是具备牛津大学文科硕士学位或罗马法学士学位并具有一定诉讼经验的人，而且该资助人所资助的普通奖学金获得者必须要在规定的时间内获得罗马法学士学位，否则，将被宣布其获奖资格失效。[2] 布莱克斯通教授本人也受到过较为严格的罗马法的训练，这对他研究英国法帮助巨大，他的《英国法释义》的结构就是按照盖尤斯的法学阶梯设计的，即把整个英国法的内容分为四部分：①个人权利以及获得、丧失的条件与方式；②物权及其获得、丧失的方式；③私犯（侵犯个人的不法行为，即民事损害及其依法对其进行救济的方法）；④公犯及其预防和处罚此类行为的方法。虽然罗马法在英国没有强制约束力。但是，由于罗马法是当时最完善的成文法律体系，包括英国在内的欧洲国家都将它的权威性与本国的习惯相结合并以此作为本国法律的基础。当然，一方面，由于当时的国王斯蒂芬曾颁布一项公告，禁止对由意大利传入英国的罗马法进行研究；另一方面，因为英国学者比较早地对罗马法有一定的研究，虽然在观念上受罗马法一定的影响，但是同时也为英国坚持自己的法律注入了对抗罗马法的"血清"，因而罗马法并没有成为英国普通法内的规范。[3] 不过，由于罗马法在英国法律学说研究存在着一定的价值，在法学教育中也有一席之地，因此，英国与欧陆国家的法律对话，依然有着罗马法的共

---

〔1〕［英］威廉·布莱克斯通：《英国法释义》（第1卷），游云庭、缪苗译，上海人民出版社2006年版，第7页。

〔2〕［英］威廉·布莱克斯通：《英国法释义》（第1卷），游云庭、缪苗译，上海人民出版社2006年版，第47页。

〔3〕Mario Caratale, *Alle origini del diritto europeo——Ius commune, droit commun, common law nella dottrina giuridica della prima età moderna*, Monduzzi editore, 2005, p. 192.

同基础。[1]

（二）欧盟债法趋同基础之二的罗马法律制度理性

制度理性是人们对制度体系、制度内容、制度形式、制度的价值判断等作出的审慎选择与决断。在欧盟债法走向趋同的努力中，我们可以看到诸多的制度理性的抉择，依然以"Acquis Group"研究团体及其起草的欧洲合同法草案为分析对象。我们首先看看该研究团体所提出的欧洲合同法的基本框架：

第一卷 总则（包括该草案建议的适用范围、目标解释和发展设想）

第二卷 合同及其他法律行为

第一章 一般规则（包括合同与法律行为的定义、意思自治、惯例功能、诚实信用与公平交易、合同的形式与通知等内容的问题）

第二章 前合同阶段（包括非歧视义务规则、磋商中的义务、前合同阶段的信息披露义务、未经请求主动提供的商品或服务的问题）

第三章 合同的成立（包括一般规定、要约和承诺、其他法律行为的问题）

第四章 消费者对于某些合同的撤销权

第五章 代理（解决直接代理、间接代理的问题）

第六章 无效的原因（包括不真正的合意或意思、违反基础性原则或强行性规则的问题）

第七章 未经磋商的条款

第八章 合同解释

第九章 合同内容及效力

第三卷 债权债务（债总与债分）

上述体系内容对我们而言是耳熟能详的。因此，该研究团体有关合同法的制度内容并非完全独立创新，而是将新内容放置在原有的框架内进行分析与归置。

此外，在法典化的思维上，罗马法的制度理念也极大地影响了欧盟债法的制度形式选择。正如意大利学者Sandro Schipani教授所指出的那样，法典化的目的是：①通过法律而体现正义；②通过其更好地了解法律的内容；③为了更好地训练法学家。在罗马法时代，该目的通过《学说汇纂》《法学阶梯》《法典》的编辑而获得实现。[2]

---

〔1〕 G. Criscuoli, *Introduzion allo studio del diritto inglese*, Le fonti, Milano, 1994, p. 62.

〔2〕 Sandro Schipani, *La codificazione del diritto romano commune*, Torino, 1996, p. 20.

因此，制度理性不仅对近现代法十分重要，也是欧盟债法走向趋同的基础之一。

罗马法的制度理性在法典化、债的制度设计、意思表示的制度设计、合同之债与私犯之债是区分、有名与无名契约等方面均有可圈可点之处。

根据弗朗茨·维亚克尔教授的分析，罗马法如下的制度理性对德国法影响巨大：①影响最大的是罗马法中的债法与动产制度，如契约与准契约、侵权行为与准侵权行为的划分、关于动产所有权取得的整个理论、时效取得、原始与继受取得原因的列举、质权和抵押权、债的一般理论和债法总论的体系等；②契约的合意；③动产的善意取得；④意思表示的基本阐述；⑤契约自由。[1] 而这些罗马法的制度理性又通过德国、意大利、法国、英国等参与欧盟债法起草的法学家的思维（尤其是德国法学家们的思维）而直接影响了欧盟合同法、侵权法等债法的内容，与现代债法思想共同构成欧盟债法的制度与法学思想的基础。

三、启发与思考

我们研究欧盟债法的趋同，其目的不仅是了解与分析欧盟国家在债法以及整个私法领域中的法律趋同的步伐、状况、经验与问题，更重要的是分析其能够为中国的立法带来怎样的启发与思考。

在法学理论研究与法律制度设计中，欧盟法律在继受与创新之并举上给我们以启发。其中，我们应当关注两个基础问题：①法律文化基础。中国与欧盟在法律文化上有较大差异，但是，由于清末民初进行的西法中效、西学东渐的"法学洋务"运动，使得中国对欧洲大陆国家的法律了解较多，从而为寻求共同的法律文化基础铺垫了一定的道路。但是，中西文化的差异依然是一个无法回避的问题。因此，根据中国特有的法律文化而寻求一定的立法创新，是我们必须面对的现实。事实上，即使在欧盟内部，在追求法律趋同的同时，欧洲学者同样富有创新精神，例如：完善前合同阶段的规则，包括对非歧视义务的规制、对前合同阶段的信息披露义务、对未经请求而主动提供上门商品或服务的行为规范等，均具有现实性与理论创新性。②法律人基础。国家法律制度的设计有其必要性，但是，设计再完美的制度也必须由具有高素质的法律人才去实施。其中，如何架构法律人才的知识结构是一个必须思考的问题。因此，我们应当通过汲取来自罗马

---

〔1〕［德］弗朗茨·维亚克尔：《近代私法史》，陈爱娥、黄建辉译，上海三联书店2006年版，第286页。

法和欧洲国家现代民法的立法与法律实践经验来完善中国法学界、司法界和律师界的法律人和未来法律人才的知识结构，寻求一个合理的法学课程设计，以实现对法律人才的培养目标。③法律制度基础。法律制度的理性来自于对不同法律制度的比较分析。对欧盟私法的研究，可以从欧盟私法的具体法律制度上获得经验与启发，并据此来获得法律制度基础的再设计。

单纯合意即形成债：
论罗马债法中的合意主义
——从历史的足迹到中国债法之引人注目的演进*[1]

合意（consenso）不仅是民法法系和普通法系的传统，而且是现代契约法的基础。人们可以在古老的地中海人民——罗马人的法律中，寻觅到合意主义的诸渊源。该诸渊源孕育了作为债的双方当事人意愿的完全协商一致。[2] 自然，这是历史复杂演进的结果，且不总是体现为结构的严密与连贯。在这里，我认为可能的话，可以勾勒出其一些主要的，但绝对是罗马法、中世纪和近现代传统发展中核心性的演进轨迹。

首先作一个解释。拉丁语格言、极为著名的（但是可惜有不少误解）"单纯合意即形成债"（拉丁文：solus consensus obligat）——我将其作为我这篇简短发言的题目——不是罗马人的。[3] 可靠的说法是近现代自然法学派思考的结果。事实上，古代法学家们从来没有敢作出如此概括性的表达。对他们而言，传统的形式主义是十分强大的。对于一个远古的、极具特征的社会法律——最为古老的

---

* 本文作者为意大利罗马法学家鲁伊吉·拉布鲁纳（Luigi Labruna），曾任意大利国家科研委员会法律委员会主席；中文译文由笔者完成，原载于杨振山、[英] 斯奇巴尼主编：《罗马法·中国法与民法法典化——物权与债权之研究》（论文集），中国政法大学出版社 2001 年版。

[1] 再一次感谢我的学生库西莫·卡萧内（Cosimo Cascione）在这篇论文的撰写中所给予的理智的和必不可少的帮助。感谢朋友和同仁、杰出的拉丁语学家焦瓦尼·波拉拉（Giovanni Polara），他的评论性著述给我以冷静。

[2] Reinhard Zimmermann, *The Law of Obligations: Roman Foundations of the Civilian tradition*, (1990. Rist. Oxford 1996) 559.

[3] M. Talamanca, "Vendita", in *ED. XLVI*, Milano, 1993, 304.

单纯合意即形成债：论罗马债法中的合意主义

罗马法而言，这一现象是自然的。[1] 在罗马，寥寥有限的市民法的债是根据合意而形成和构成的。为了确定我们讨论的主要坐标，值得立即对买卖（emptio venditio）、租赁（locatio-conductio）、合伙（societas）、委托（mandatum）的问题进行回顾。在罗马，对于那些通过与形式不符的具体情况所产生的合意性约定以及在商事习惯中表达的意愿（其得到法律上的确认），人们在谈论简约行为（pacta atti）时，不仅将合意作为其中心，而且构成了简约的特征，至少是在古代法或（几乎）全部被称为古典法（classico）中是这样，从无效力到产生债的市民法效力。[2] 但是，至少是在后古典法时代，罗马债法中的合意有着显著的重要性，这从极为著名的缔约步骤中体现出来，由优士丁尼皇帝的《学说汇纂》流传给后世，在法学家乌尔比安的著作和告示中被探讨。[3] 事实上，在乌尔比安的阐述中，其一开始就十分明确地强调，协议（conventio）是一个一般性的用语，双方当事人在交往中就所有事项达成的协商一致，构成了缔约或和解的原因。[4] 因此，乌尔比安可能是用他的印象主义方式着手研究经院哲学，尽管是列举式，但是显然卓有成效。事实上，正如处于不同地位的人们所说的那样，"同意"（convenire）是集中于并产生在唯一点上，也就是这样，由不同的意思表示而形成了合意，即合意于一个"唯一"（in unum）。也就是说，可以用一个后古典时期的注释[5]进行解释，即"形成了统一的意见"（giungono ad unica opinione）。[6] 乌尔比安继续分析道：协议（conventio）的概念是引用了公元2世纪的法学家贝狄奥（Pedio）的"时髦"观点，从可以理解的角度或是从一般意义上而言，没有契约即没有包含约束自我的义务，准本体论地说，合意，也可以说是约束（obligatio），是由物（即基于物的转让、基于某物从一方向另一方的让

---

[1] 关于这个问题，请参阅 A. Corbito, *Il formotalismo negoziale nell' esperienza romano lezioni*, Torino, 1994.

[2] 关于 pacta 和 contratti 直接的关系，请参阅 A. Magdelain, *Le consesualisme dans l' edit du preteur*, Paris, 1958.

[3] 罗马法原始文献 D. 2, 14, 1, 3.

[4] 拉丁文原文是：Conventionis verbum generale est ad omnia pertines, de quibus negotii contrahendi tran-sigendique causa consentiunt qui inter se agunt.

[5] l' index interpolationum I (Weimar 1929) c: 24, ad h. l

[6] 拉丁文原文是：nam sicuti convenire dicuntur qui ex diversis locis in unum locum colliguntur et veniunt, ita et qui ex diversis animi motibus in unum consentiunt, id est in unam sententiam decurrunt.

渡）或是由语言（即基于两个口头的意思表示相一致）[1] 所构成。甚至，要式口约、典型的口头贸易也是无合意即不产生。总之，没有对债的效力的不同意愿相互碰撞，就不会在法律领域中产生契约之债的效果。

因此，如果没有合意，如果没有当事人意愿的碰撞，就不会产生契约之债，因而也就不会抽象地产生法律关系构成的资格方式。通过法学家乌尔比安从法律效力而非技术问题的考察，这一对罗马人行为的事实解读被认为是明确的。可能这一考察更要追溯到贝狄奥（Pedio）的学说。我们不知道就这个问题是否还可能涉及更多的古法学家们（这是一个合理的疑问）。

因此，合意主义的问题与罗马债的原始文献有联系。成熟的古典法的制度概念化，被盖尤斯清晰地表达出来。而债的最初的分类是由安东尼时代（公元2世纪）的法学家完成的。在法典编纂中，将债称为不同的债的类型总和，它包括契约所生之债和私犯所生之债。盖尤斯在他的《法学阶梯》第三编"债的论述"的开场白中写道："现在我们来谈谈债。它划分为两个最基本的种类：任何的债，或者产生于契约，或者产生于私犯。"[2]

首先被研究的是那些产生于契约的债。盖尤斯将其进一步划分为四种类型：通过实物形式缔结的契约之债、通过口头形式缔结的契约之债、通过书面形式缔结的契约之债、通过合意形式缔结的契约之债。[3] 该划分被解释得十分清晰。这四种契约之债的类型依形式而定，这些形式构成了缔结重要的民事之债的可能。

在古代，缔结契约之债必需的形式是：程式化的语言（verba）和程式化的文字（scriptura），而盖尤斯则提出了与古代相反的见解：在契约所生之债的内部，种类（genus）反映着法律关系，而法律关系的特征性要素是合意。盖尤斯写道："在这些情况下，我们说契约之债是通过合意缔结的，此时，不需要任何特殊的语言，不需要任何特殊的文字，仅需要实施交易行为的人们之间相互同意即足矣。"（拉丁文原文：Quod neque verborum neque scripturae ulla proprietas desideratur, sed sufficit eos, qui negotium gerunt, consensisse.）

---

［1］ 拉丁文原文是：Adeo autem conventionis nomen generale est, ut eleganter dicat Pedius nullum est contractum, nullum obligationem, quae non habeat in se conventionem, sive re sive verbis fiat.

［2］ 罗马法原始文献 Gai. 3, 88. 为了更深入地解读该原始文献片断，可以与 I. 3, 13, 2, 3. 和 D. 44, 7, 1. 进行比较性的研究。

［3］ 罗马法原始文献 Gaio. 3, 89.

显然，我们需要对"合意"作一定义，至少是一般性的定义。自然，合意的范围涉及相互对立的各方当事人的意愿。19世纪伟大的德国法学家鲁道夫·冯·耶林——"学说汇纂学派"所谓的"利益法学"概念主义的反对者，提出了他对目的的思考。他认为，实际的终极性目的就是主体提出的所欲达到的目的。我认为全面地认识这个问题是有教益的。

买卖行为基于各方合意而产生，在探讨买卖行为时，耶林写道："为了达到其目的，一个人需要与另一方合作。我的工厂要扩建，就需要我的邻人将其土地转让。如众所周知的那样，仅仅是为了一条路，我就要有获得所有权的可能，通过购买而获得。在给我的邻居一笔金钱时，其创造了一种利益以实现我的目的。如果我给邻人许多金钱，其数额使得邻人转让该财产所得利益要超过保留该财产所得的利益。如果邻人要求的数额超过了我所能够同意的利益，则我们的利益是不能共存的，取得就没有发生。仅在价格对他而言是相当高（对我而言则相当低）可以产生利益时，对他而言的出售（对我而言是买卖）也就仅在这个时候方达到了两方利益的均衡点，据此，产生了买卖契约的缔结。当认为缔结包括判断缔约双方当事人意图的契约行为时，即达到了双方当事人利益的衡平点，这种判断可能是错误的，利益的主观认识或客观情况在其后是可以变更的，但是，应当确定作出决定时的事实，该事实是双方当事人对自己利益进行协商所得出的主观认识，因为其他人不能介入当事人的协商一致之中。契约合意（consensus）中的协商一致建立在双方当事人对他们自己利益完全相容的基础上所形成的意愿一致。"[1]

盖尤斯以特殊效力为导引，列举道："买卖、租赁、合伙、委托中的债是通过合意而形成的。"（拉丁文原文：Consensu fiunt obligationes in emptionibus et venditionibus, locationibus conductionibus, societatibus, mandatis.）的确就所有的契约例子而言，通常的要素在这四种契约（准确地说是经双方当事人同意的）中体现出全部特殊的重要性，这些要素渊源于罗马万民法。[2]

盖尤斯在探讨合伙时，经常这样说："打一个比方说，如果合伙人中某一合伙人的财产被公开或者私下出售，则该合伙解散。"[3] 但是我们现在所讨论的合

---

[1] [德]鲁道夫·冯·耶林：《法的目的》，意大利文本第41页，都灵，1972年版。

[2] G. Grosso, *Il Sistema Romano dei Contratti*, Torino, 1963, 146.；M. Kaser, *Jus gentium*, Koln-Graz-Wien, 1993, 23 ss., 75 ss.

[3] 罗马法原始文献 Gaio. 3, 154.

伙，是通过单纯的合意所缔结的合伙（拉丁文：id est quae nudo consensu contrahitur），是万民法范畴内的合伙（iuris gentium est），因此，它是根据自然原因在所有人之间存在着（拉丁文：itaque inter omnes homines naturali ratione consistit）。按照盖尤斯所阐述的理由，被进行比较的范围非常古老，在该范围内并未区分出所有权（拉丁原文：consortium ercto non cito）是"合伙的另类"。合伙的类型之一是罗马市民的合伙，其体现着市民法的古老形式，它变为罗马市民法的一种形式并且是其特有的形式，不过，它并不扩展至古老的罗马市民圈子之外。[1]

至于出售作为万民法契约的类型，是保罗所提出，[2] 在其对告示进行评论的原始文献中，他写道："买卖契约属于万民法的范畴，通过合意而实现。"双方当事人合意的本质在买卖契约中似乎体现为一种自然的结果。"万民法"拒绝承认形式主义，民事法律制度具有灵活性是因为在双方当事人合意构成中承认有"不知"。因此，"可以在当事人不在场的情况下，通过书信或者以传递消息的方式订立契约"（et inter absentes contrahi potest et per nuntium et per litteras）。通过书信表示同意来订立契约的形式，自然与最为古老的要式买卖（mancipatio）毫无关联——这种古老的秤称式的活动主要是有利于交易，同时亦与拟诉弃权（in iure cessio）无关——这种虚假程序适合于财产的转移。

根据保罗的看法，租赁（locazione-conduzione）也突出体现了源于万民法的"自然法则"行为的特征，即"租赁产生于所有民族均共同遵循的自然法则"。[3] 在保罗的理论阐述中，排斥了形式的益处（在他的这个片断中，仅明确提示了口头形式）并突出强调了合意，该片断的内容是："租赁不是以口头形式订立，而是基于合意产生。"[4] 该意思还是通过对买卖的考察得到体现的，保罗明确指出："如同买卖一样"，[5] 显而易见，只要有合意，买卖就应当构成，这是一种包含双方当事人同意的行为模式。

与明确的有着特定表达格式的口头表示的需要相反，与物的交付相反，与书面允诺（尤其是有证明的允诺）的效力相反，合意明显地表现出在缺席者之间缔结契约的可能性。这一特征与出现在最古老的市民法中且适用于罗马市民的必

---

[1] M. Bretone, "Consortium' e 'commnio' ", in Labeo 6, 1960, 63 ss.
[2] 罗马法原始文献 D. 18, 1, 1, 2.
[3] 罗马法原始文献 D. 19, 2, 1.
[4] 罗马法原始文献 D. 19, 2, 1.
[5] 罗马法原始文献 D. 19, 2, 1.

须履行的行为模式相比较,具有明显的现代色彩。如果人们能够完全地和直接地作出这样一个判断,即合意契约的类型在地中海贸易中已经被广泛适用,[1] 那么,学者们对在交易惯例中出于礼貌接受传播行为的合理性的谴责也是真实的(请注意仅供参考)。万民法所确立的在买卖及其他契约中合意性与强制性并存的制度架构,在古代法学和直至戴克里先皇帝(公元284~305年在位)之前的一些皇帝谕令中始终保持不变。

扩张主义的罗马经济紧紧地与这些行为模式联系在一起。灵活的富有弹性的缔约方式在地中海地区逐渐传播。其扩张至交易、商业,最为古老的市民交易行为表明了其所保护的经济。[2] 买卖存在于一个物与确定的价格之间的交换,[3] 在缔约的时刻有一个关于缔约的合意,"伴随着人们对价金的商定,买卖即形成",[4] 在交易要求被请求迟延时,价金并未被当场支付,直到债在双方当事人形成信任、完全协商一致基础上产生时为止。如同在东方国家的法律中保证金没有作用一样,罗马人的信任(fides)亦没有其地位。[5]

在设立上,租赁与买卖是一样的,我们对此已经进行过说明。盖尤斯写道:"租赁按照类似(买卖)的规则设立"(Locatio autem et conductio similibus regulis constituitur.)。[6] 确定的租金(merces certa)替代了确定的价格,但是规则是相同的。合意支撑着协议,信任则维护着协议。在诉讼中亦同样如此。

合伙与委托是发达经济在法律构成上的另外两个支撑性要素。发达经济是国家宪政改革尤其是在国际关系中共同强化的结果。但是,不仅仅局限于此。逐渐扩张的充满活力的地中海地区正在罗马化。

我们现在追忆的上述内容均是缔约方式(在其他领域尚需要进行新的相应的深入研究),通过合意,当事人的协商一致越来越容易,并且使得在广泛领域内进行的交易越来越安全,它体现出人们所进行的在古老的封闭的古罗马人的世界

---

[1] M. Talamenca, "Ius gentium' da Adriano ai Serveri", in *La codificazione del diritto dall' antico al moderno*, Napoli, 1998, 199 s.

[2] 关于这个问题,请参考 L. Labruna, *ora in Tradere e altri studii con un saggio di O. Behrends*, Napoli, 1998, I ss., 79 ss.

[3] 盖尤斯在其所著《法学阶梯》3,140 中写道:"价金应当是确定的。"

[4] 罗马法原始文献 Gai. 3, 139.

[5] 关于 fides 在罗马买卖设立程序中的作用,可以参阅:le illuminanti pagine di G. I. Luzzatto, L'art. 1470 C. C. E la compravendita consensuale romana, in *Riv. Trim. Dir. Proc. Civ.*, 19 (1965) 926 ss.

[6] 罗马法原始文献 Gai. 3, 142.

里所不可想象的纯理论思辨。有关合伙的例证在对奴隶出售中表现了出来。[1]

直至引进格式化程序之前,对于市民之间的争讼(任何一个稍了解罗马法制史演进的人均可以理解),不能想象对合意契约之债(obligationes consensu contractae)的保护。在法律诉讼(legis actiones)严格的形式主义的体制下,实际上并不存在承认对建立于双方当事人单纯合意基础上的法律事实给予保护的诉讼手段。合意契约和强制契约(contratti consensuali e obbligatori)的保护与善意诉讼(bonae fidei iudicia)的传统密切相连。"善意诉讼"是奇特地由裁判官在司法活动中确定下来的,大约形成于公元前3世纪中叶,可能在该世纪最后10年扩展适用于罗马市民之间的关系。[2]

因此,作为国际交往领域中的法律规则,合意契约之债产生于奇特的裁判官司法规则。买卖、租赁、合伙、委托反映了民法法系的形式主义和排他主义的逐渐扩展,它使得在罗马经济中产生深入变革,使不再是牧羊人和农民的乡村经济成为必要,它使得对帝国经济的推动成为必要,同时它使得在新的地理环境与新的世界中产生罗马政治(和经济)成为必要。关于产生于经验主义实践、从罗马司法中提炼出来的全部规则(有时这些规则远离罗马法律传统),作为"万民法"而被形式体系化,[3]并在善意诉讼中存在着"渊源于责任约束与范围的标准"。[4]这些规则现在变成了"罗马人的法律"。公元前198年的执政官塞斯托·埃里奥(Sesto Elio)便已经认识到了对合意买卖的保护问题。在公元2世纪,杰尔苏(Celso)在提起"三分法"(Tripertita)的作者观点时,证明了这点:买受人应当赔偿因其受领迟延(mora in accipiendo)、买卖标的物(如种类物中的一个奴隶)交付中的迟延受领给出售人造成的损失。[5] 该情况说明,一些有着前瞻思想的人已经意识到在司法实践中,合意买卖的一些原则显而易见地

---

〔1〕 盖尤斯在其《法学阶梯》3,148 中写道:"我们通常用全部财产或为实施某项行为如出售奴隶而合伙。"

〔2〕 关于这个观点,可以参见 M. Talamanca, s. v. ' Vendita' cit. 305. Cfr., sempre fondamentale, M. Kaser, Das tumische Zivilprosessrechi neu bearb. von K. Hackl, Minchen, 1996, 233 ss.

〔3〕 M. Kaser, Jus gentium, Koln-Graz-Wien, 1993, 23 ss., 75 ss.

〔4〕 M. Bretone, Storia del diritto romano, Roma-Bari, 1997, 135.

〔5〕 罗马法原始文献 D. 19, 1, 38, 1 (Celsua 8 dig.) Si per emptorem steterit, quo minus ei mancipium traderetur, pro cibariis per arbitrium indemnitatem posse servari Sertus Aelius, Drusus dixerunt; quorum et mitri iustissima videtur sententia.

单纯合意即形成债：论罗马债法中的合意主义

在经常发生，关于这个问题我们已经在其他著作中讨论过。[1]

与上述分析有关的是建立在合意基础上的其他契约问题。对我们而言，在没有掌握更多的准确年代的可靠资料的情况下，确定这些契约产生的历史不是轻而易举的。但是，对合意主义现象给予正确全面判断并非是不可能的。事实上，这四种契约把握住了社会和经济的脉搏而成为社会历史共同发展趋势的成果。[2]

罗马法学家们没有对合意的进行做出多方面的扩展。一个关键点（准确地讲是强调）是合意通过书信或传信人在未出席者之间完成合意的方式。[3] 得到法学家们更多认可的形式自由，同样亦有益于监护人许可（auctoritas tutoris）。[4] 哑巴亦可以缔结合意契约，当根据他不能表示合意的自然条件而不能参加时，他可以准用要式口约的方式进行。口头契约之债（obligatio verbis contracta）的程式也是 D. 45, 1, 35, 2. 所阐述的买卖双方缔约所要遵循的方式，在这个片断中，突出体现出当缺少程式时，如果有合意，则债即被认为成立。其例子就是关于租赁、买卖的多方法律行为。因此，如果在这些契约中的某一契约里，一方没有遵循另一方有关形式的要求，但是，其核心问题是已经协商一致，即双方之间有着有效的合意的，契约有效。因为这些契约没有被语言而是被合意所确认。故可以说，契约因合意而有效。

此外，通过可信服的事实，行为得被推定出合意。[5]

在盖尤斯的《法学阶梯》中，人们可以清楚地看到，合意是构成相互之间关系的必备要件和充分要件。他在《法学阶梯》下述这一重要片断所写的内容很可能受到东方、古希腊的影响："当人们商定价金时，买卖达成，即使尚未支付价金甚至尚未支付定金；实际上，以定金形式交付钱款的本身就是对买卖已经达成的证明。"[6] 法学家盖尤斯描述了罗马人的买卖制度，他从制度构成的角度对合意进行了集中分析。在希腊文化环境下形成的制度与现行制度是相对立的，在前者中，双方当事人对物的交换达成协商一致并没有构成契约，至少在原理

---

[1] Labruna, Plauto, Manilio, Catone, "Fonti per lo Studio dell'empito Consensuale?", ora in *Adminicula*, Napoli, 1995, 179 ss.

[2] la lucida impostazione di A. Guarino, *Diritto privato romano*, Napoli, 1997, 889 ss.

[3] 罗马法原始文献 Gai. 3, 136. ; D. 44, 7, 2 pr. ; I. 3, 22, 2.

[4] 罗马法原始文献 D. 26, 8, 9, 2.

[5] 罗马法原始文献 D. 21, 1, 12.

[6] 罗马法原始文献 Gai. 3, 139.

上，单纯的合意不能产生法律效力；与其说协商一致是由买卖所构成，不如说是由实际效力所构成，交易行为在最大范围内涉及希腊的各种术语，这些术语反映出买与卖的经济社会的运作。[1]

因此，在罗马法中，合意成为法学家理论思考的核心问题之一，即制度的核心问题之一。地中海经济范围内的法律在合意主义和罗马法有关合意契约渊源基础上发展起来，人们通过重新阅读那些在中世纪发现的罗马法原始文献而产生了对该问题的极大注意。因此，中世纪的人们解释为：不能合意将苏格拉底变为石头（Si enim ego et tu consentiamus：puta quod Socrates sit lapis.），因此，从法律角度而言，这个协议、这个协商一致，从来就不能是合意。[2]

但是，诸如人们所知道的那样，在如下被确定的领域内，尤其是在优士丁尼的《国法大全》的阐述和体系化方面，这些原始文献提供了特有的表示。从格罗萨托里到15世纪的解释者，民法学家的学说在contractus（契约）和pacta（简约）之间保持着对立性的命题。人们在说"pacta vestita"（有某种形式的简约，亦称"穿衣简约"）和"pacta nuda"（无特定形式的简约，亦称"裸体简约"）时，甚至在发音（dizione）上保持着与中世纪的对称和谐。只不过前者通过诉权得到了诉讼程序上的保护。

人们还需要考察一下17世纪的自然法学派，因为合意被其提升为债的普遍范畴。在那时，"单纯合意即形成债"（solus consensus inducit obligationem）成为建立新的契约体系并最终形成摆脱法定形式约束的统一契约概念的最大可能。这一观念对国际法，尤其是对格罗茨奥（Grozio）和普芬多尔夫（Pufendorf），对欧洲公法（ius publicum Europaeum）的合约理论有着巨大的影响。[3] 包括学院派理论和"学说汇纂"派的理论在内，一个教条主义认识的成熟促使在私法中对合意主义的全面而又系统地接受。"意思"是"法律行为"成立的核心性决定要素。就契约的其他构成要素而言，在不同的规范中，合意表现出被扩展的独有的效力，至少是有突出它的基本倾向。

的确，在罗马法系（民法法系）和英美法系之间存在着不同，而在有着共同命名的西方法律中采取不同的契约规范也是事实。合意即是如此。在法典化的

---

〔1〕 M. Talamanca, "Vendita", in ED. XLVI, Milano, 1993, 320 s.

〔2〕 Summa Codicis Azionis Lib. II Rubr. De pactis I; Petrus Placentinus, Summa Codicis Lib. II, tit. III.

〔3〕 L. Labruna. 'Civitas, quae est constitutio populi…' Osservazioni per una storia delle costituzioni, in Labeo 45（1999）165 ss.

体系中，契约是其必备的构成且服从于协商一致，契约合意仅在必然产生的强制性效力（如德国、奥地利、瑞士、西班牙）或者实际效力与（或）强制性效力（如意大利、阿根廷、委内瑞拉、法国，提供解释制度解决）时有联系。总之，民法法系的契约缔结在取得合意（拉丁文：consensus ad idem）时已经包含其内。而在英美法系中，合意是契约关系的前提。尽管契约最初的效力处于契约关系之外，但是英美法系的契约不被认为与大陆法是同一的。

尽管如此，即尽管民法法系的契约表现出更具灵活性的方式，但是两大法系契约模式的基础均渊源于罗马法的合意主义。为此，说到任何一个契约，不能不与今天人们所称的"理性的碰撞"（意大利文：incontro di intelletti；英文：meeting of minds）相联系，罗马人创造的和在法律上规范的就是所谓的"合意"。

我认为，在广阔的法学研究领域内的中国同仁对这个合意完全可以有着很好的理解与衡量，何况今天的中国法学研究正在快速扩展和深入发展。深刻蕴含着古老而又高尚文明的人类之间的和谐传统，使得人们可以在法学领域对合意主义的广泛及有益的运用加以研究。"追求善良、顺利、幸福和幸运"，我认为正是今天应当倡导的。我作为中国人民的老朋友，作为法学家和法的历史学家，有幸与法学大家［夸里诺（Guarino）、卡赛尔（Kaser）、德·马尔狄诺（De Martino）］共在罗马法的大家庭内。杰出的比较法学家勒内·达维德（Rene David）以其聪明才智对中国法律中的世界性的规范与和谐进行了严肃的阐述，在国际政治、法律和经济关系的极为微妙（且是有先见之明的）的时刻，"必要的和谐是……人与人之间的和谐。在社会交往关系中，最应当讲究的是和解精神，最应寻找的是合意（拉丁文：consensus）"。[1]

附录：相关的罗马法原始文献片断

D. 2, 14, 1, 3. 乌尔比安：《论告示》第 4 编

"协议"一词是一个一般性用语，指当事人双方为取得一致或达成和解而商定的一切事项。就像我们说"汇合"是指那些来自不同地方的人向同一个地点聚集一样，"汇合"在另外一个意义上也是指不同的意向变为相同的意向，即达成一致。"协议"一词是广义的，正如贝蒂在他的论述中恰当使用的那样：所有

---

［1］ R. David, *I grandi sistemi giuridici contemporanei*, tr. It. Padova, 1980, 458 s. 中文版见［法］勒内·达维德：《当代主要法律体系》，漆竹生译，上海译文出版社 1984 年版，第 485 页。

契约，无论是以口头方式设立的还是以要物方式设立的，都必须包含一项协议，否则不产生任何契约关系或债的关系。因此，口头达成的要式口约在缺少合意的情况下亦无效。

Gaio. 3, 88.

现在我们来谈谈债。它划分为两个最基本的种类：任何的债，或者产生于契约，或者产生于私犯。

Gaio. 3, 89.

我们首先看看那些产生于契约的债。这样的债包括四种缔结方式，或者是通过实物，或者是通过语言，或者是通过文字，或者是通过合意。

Gaio. 3, 136.

我们说在这些情况下通过合意缔结契约之债是因为：不需要任何特殊的语言或者文字，只需要实施交易行为的人们相互同意。因此，这种交易也可在未出席者之间缔结，比如通过书信或者传信人；相反，口头契约则不可能在未出席者之间缔结。

Gaio. 3, 135.

在买卖、租赁、合伙、委托中的债是通过合意而形成的。

Gaio. 3, 154.

同样，如果某个合伙人的财产被公开地或者私下地出售，则合伙解散。但我们现在谈的合伙，即单纯通过合意缔结的合伙，是万民法的合伙，因此它在所有人之间根据自然原因而形成。

D. 18, 1, 1, 2. 保罗：《论告示》第 33 编

买卖契约属于万民法的范畴，通过合意而完成。因此，可以在当事人不在场的情况下，通过书信或以传递消息的方式订立。

D. 19, 2, 1. 保罗：《论告示》第 34 编

租赁产生于所有民族都共同遵循的自然法则。正如买卖一样，租赁不是以口头方式订立，而是基于合意产生。

D. 45, 1, 35, 2. 保罗：《论萨宾》第 12 编

如果在租赁或者买卖中，一方没有对要约作出回答，但是在其同意被回答的

那些事项时，契约在双方当事人之间产生效力，因为这些契约不是通过语言而是通过合意得到确认。

Gaio. 3, 139.

当人们商定价金时，买卖达成，即便尚未支付价金甚至尚未给付定金；实际上，以定金名义给付的钱款是对买卖已达成的证明。

保证人抗辩权及其罗马法溯源[*]

序言

保证是债的担保形式之一,并且是一种十分古老同时又具有强大生命力的以人的信誉作担保之方式。谓之十分古老,是因为在距我们两千余年之遥的罗马法中,对保证已经有着初具制度化的规定;谓之有着强大的生命力,是因为历经两千余年沧桑历史之漫长演进,保证作为私法的重要制度之一,迄今为止依然发挥着其极为重要的作用。

保证作为保障债权人利益的一种重要手段,对完善债的制度起着不可或缺的作用。但是,正如意大利著名法学家贝卡里亚所揭示的那样,法律之终极宗旨和唯一目的"在于谋'最大多数人之最大幸福'"。[1] 纵观人类法律历史的演进,显然,所有真正体现着法律的"善良和公正"的制度,[2] 其设立、完善无一不是在围绕着这一目的。同时,我们亦观察到,伴随着人类社会的发展,确认、协调、批准、鼓励、活跃和促进社会经济的发展,愈发成为法律最为主要的目的。[3] 因此,法律必须随时注意在其制度的设立和架构上,要衡平保证合同及其相关合同的不同当事人利益之保护。任何的民事活动主体均有着自己的利益,即要求、愿望和需要,法律所负有的历史使命就是要让不同的利益者在公正、合理的范围内实现其利益,尤其是要使社会中各个成员的人格和财产得到保护,使

---

[*] 本文原载于杨振山、[意]桑德罗·斯奇巴尼主编:《罗马法·中国法与民法法典化——物权与债权之研究》,中国政法大学出版社2001年版,第491~508页。

[1] [意]贝卡里亚:《论犯罪与刑罚》,黄风译,中国大百科全书出版社1993年版,第43页。

[2] 乌尔比安在其作品中分析道:"法(ius)来自于'正义(iustitia)'。实际上,正如杰尔苏所巧妙定义的那样,法是善良和公正的艺术。"(参阅:D. 1, 1, lpr.)

[3] [法]泰·德萨米:《公有法典》,姜亚洲、黄建华译,商务印书馆1982年版,第25页。

他们的精力不必因操心自我保护而消耗尽。[1] 作为不同民事主体利益衡平的一项基本内容，就是保证人的抗辩权。

抗辩权是义务人对请求权人之行使权利所享有的拒绝其应为给付的权利。我国《担保法》第20条第2款将抗辩权定义为："抗辩权是指债权人行使债权时，债务人根据法定事由，对抗债权人行使请求权的权利。"

在现代私法中，抗辩权是民商事主体享有的民事权利之一，抗辩权与请求权共同构成民事主体旨在依法保护自己权益的重要权利之一。在大陆法系各国的民法典中，均包含了抗辩权的规定。但是，当我们仔细阅读罗马法的原始文献时，却发现抗辩权并非是近现代法的杰作，因为在罗马法中已经存在着抗辩权，并且这些抗辩权并非完全是诉讼法上的抗辩，而是实体法意义上的抗辩的权利。从公元前451年至公元565年，[2] 尽管罗马法历经一千余年，但是因其所处的社会、经济环境等诸多因素的束缚，相当多的法律制度只是处于萌芽状态或者相当粗陋，并非很完善，但是我们却又时时感受到它的诸多的理性之光，其中即包括抗辩权。

罗马法中的抗辩权用拉丁文"ex-ceptio"表述。在罗马法中有关私法的实体性规定和诉讼法的诸多规定中，我们均可以感受到抗辩权的存在，因为我们可以在作为《优士丁尼法学阶梯》蓝本的盖尤斯的《法学阶梯》中阅读到许多有关的内容。[3] 同样，在罗马法中，也包含了有关保证人抗辩权的规定。无论是罗马法还是现代私法，有一个共同之处：就保证人而言，根据保证合同的约定，在主债务人没有履行其清偿债务的义务之情况下，保证人必须要向债权人承担履行债务的义务。从保证的这一核心功能而言，其对于保障债权人利益的实现，保障交易安全并进而促进社会经济的发展，实有不可低估的制度价值。但是，法的基本准则并非仅对当事人中的若干人之利益给予保护，而是使每个当事人在法律的范围内能够"各得其所"。[4] 因此，罗马法和现代私法，均注意在保护债权人

---

[1] [英] 彼得·斯坦、约翰·香德：《西方社会的法律价值》，王献平译，中国人民公安大学出版社1990年版，第41页。

[2] 之所以这样划定时间，是因为我赞同对罗马法的形成时间的认定确定为：从《十二表法》起算至优士丁尼时代的《新律》出现。

[3] 罗马法原始文献 Gaio. 4, 116a~126.

[4] 乌尔比安告诉我们："正义就是给每个人以应有权利的稳定而永恒的意志。""法的准则是：诚实生活、不害他人、各得其所。"（参见罗马法原始文献 D. 1, 1, 10pr. -1）

利益的同时,也注意保护保证人的利益,赋予保证人以抗辩权即是其体现。

一、保证人的抗辩权之特征

我们欲分析保证人抗辩权的特征,必须首先要对保证合同的特点和保证人的法律地位进行一个定位。鉴于保证法律关系通常至少涉及两个合同:保证合同的前提——主债权人和主债务人之间缔结的合同;保证合同——保证人与主债权人之间缔结的合同。因此,与一般的合同相比较,保证合同具有突出的特点:其一,从属性与独立性并存;[1] 其二,单务性与无偿性并存;其三,诺成性与要式性并存。

保证合同的从属性是指保证合同的设立、保证的行为标的、保证合同当事人的权利义务以及保证合同的效力范围和存在期间均取决于主合同。债权人与主债务人缔结的主合同是保证合同得以存在的前提和条件。主合同与保证合同之间具有极为重要的牵连关系。但是同时,保证合同又不是完全依附于主合同,而是保持着一定的独立性。该一定的独立性体现为:

1. 保证人的独立人格性。保证人虽然是以其信誉为主债务人提供担保,但是,这并非意味着保证人的人格被主债务人的人格所吸收。相反,保证人依然保持着自己独立的人格,而这反过来又给了主合同的债权人以利益实现的安全感。保证人的独立人格性主要表现为:首先,保证人抗辩权之独立性。该抗辩权不仅包括了主债务人的全部抗辩权,而且,主债务人行使或者放弃其抗辩权,并不对保证人的抗辩权行使产生影响。[2] 其次,保证人对主合同变更的意思表示独立性。例如:如果主合同的债务扩大或者主债务人的变更未经保证人的同意,则就保证人而言,主债务扩大的部分或者变更后的债务人与其无关。因此,保证合同的从属性不消灭保证人对主合同变更的独立为意思表示的权利。[3]

---

[1] 在这个问题上,学界有相当多的见解肯定保证合同具有从属性和独立性。我们可以在下列著作中看到这一点:郭明瑞:《担保法》,中国政法大学出版社 1998 年版,第 33~36 页;王利明、崔建远:《合同法新论·总则》,中国政法大学出版社 1996 年版,第 514~516 页;李开国:《民法基本问题研究》,法律出版社 1997 年版,第 321~325 页;王家福主编:《中国民法学·民法债权》,法律出版社 1991 年版,第 98~99 页。当然,在邹海林和常敏著的《债权担保的方式和应用》中则仅承认具有从属性。

[2] 《担保法》第 20 条第 1 款:"一般保证和连带责任保证的保证人享有债务人的抗辩权。债务人放弃对债务的抗辩权的,保证人仍有权抗辩。"

[3] 《担保法》第 23 条:"保证期间,债权人许可债务人转让债务的,应当取得保证人书面同意,保证人对未经其同意转让的债务,不再承担保证责任。"第 24 条:"债权人与债务人协议变更主合同的,应当取得保证人书面同意,未经保证人书面同意的,保证人不再承担保证责任。保证合同另有约定的,按照约定。"

2. 保证合同之债务变更或消灭的独立原因性。在主债务没有变更的情况下，保证人可以通过以与债权人协商的意定方式或者根据法定情形提出主张，使自己的债务发生变更。[1]

作为保证合同，其从属性与独立性是同时存在、相辅相成的。

保证合同的单务性和无偿性并存，体现为保证人在保证合同中负有保证主债务人承担债务的义务；而保证合同中的债权人则既不承担对待给付的义务，又不承担对价给付的义务。

保证合同的诺成性和要式性并存，体现为保证合同自保证人与债权人达成合意时成立，而无需以交付标的物为成立的前提条件；但是同时，保证合同的合意表现以法律规定的形式表达，对此，我国《担保法》第13条特别强调："保证人与债权人应当以书面形式订立保证合同。"

从上述分析中，我们实际上已经对保证人的法律地位进行了分析，即尽管保证人是从债中的当事人，同时又是为了确保债权人利益的实现而设立的，但是保证人依然具有独立的人格性和独立的意思表示性，这就决定了保证人抗辩权的独立存在。

因此，保证人抗辩权的特征之一是独立性。前面已对此作过分析，不再赘述。保证人抗辩权的特征之二是一般抗辩权和专有抗辩权的并存性。如前所述，保证合同的存在不是孤立的，它涉及主合同，甚至涉及保证人与主债务人之间缔结的委托保证合同（少数情况下，保证人的出现是保证人自己的主动行为所致，理论上成立"基于无因管理而产生的保证债务"，因为主债务人并没有与其缔结委托保证合同）。故保证人的抗辩权即被划定了范围。一方面，作为合同的债务人一方，保证人与其他所有的债务人一样，享有债务人的抗辩权，例如无效抗辩权、可撤销抗辩权、同时履行抗辩权、不安抗辩权等。另一方面，保证人作为主债务人的担保者，基于其人格的独立性，他又享有一般债务人所不能享有的专有抗辩权，例如主债务擅自扩大抗辩权、主债务人擅自变更抗辩权、摧告抗辩权、

---

[1]《担保法》第25条："一般保证的保证人与债权人未约定保证期间的，保证期间为主债务履行期届满之日起6个月。在合同约定的保证期间和前款规定的保证期间，债权人未对债务人提起诉讼或者申请仲裁的，保证人免除保证责任；债权人已提起诉讼或者申请仲裁的，保证期间适用诉讼时效中断的规定。"第26条："连带责任保证的保证人与债权人未约定保证期间的，债权人有权自主债务履行期届满之日起6个月内要求保证人承担保证责任。在合同约定的保证期间和前款规定的保证期间，债权人未要求保证人承担保证责任的，保证人免除保证责任。"

先诉抗辩权和保证期限抗辩权等。

尽管在保证人处存在着一般抗辩权和专有抗辩权，但是这两者被法律十分恰当地融合在一起，使得保证人的权益得到保障。对于保证人而言，一般抗辩权和专有抗辩权均不可或缺，否则法律旨在保护保证人利益的目的将落空或者部分落空。

二、保证人抗辩权之样态与限制

（一）保证人一般抗辩权

作为合同的债务人一方，保证人与其他所有的债务人一样，享有其作为债务人的抗辩权，其主要表现为无效和可撤销抗辩权、同时履行抗辩权、不安抗辩权等等。

就保证人的无效和可撤销抗辩权而言，其存在的制度价值是对债权人利益和保证人利益的衡平保护。

保证人的责任是为了担保主债务人履行其债务以实现主合同债权人利益，但是，当主合同的当事人以诈欺、胁迫或者恶意串通等手段诱使保证人提供担保时，对于债权人据该类主合同行使请求权的，保证人有权以主合同当事人存在诈欺、胁迫或者恶意串通为理由行使抗辩权。我国《担保法》明确赋予保证人在该种情形下的抗辩权。《担保法》第30条规定："有下列情形之一的，保证人不承担民事责任：①主合同当事人双方串通，骗取保证人提供保证的；②主合同债权人采取欺诈、胁迫等手段，使保证人在违背真实意思的情况下提供保证的。"保证人的无效和可撤销抗辩权在性质属于毁灭抗辩权。[1]

此外，虽然不是保证人直接主张行为可撤销，而是应当由主债务人提出可撤销请求，但是主债务人没有请求撤销的，保证人有权拒绝向债权人履行清偿义务。《德国民法典》第770条第1款对此作出了规定："主债务人有权撤销导致其债务发生的法律行为的，保证人可以拒绝向债权人清偿。"

在罗马法中，有关保证人无效和可撤销抗辩权并没有直接的规定。但是，在公元前1世纪前半叶，罗马人已经注意到某些人的请求权之取得是违背法律的公平正义的，如果再机械性依市民法的规定给其以行使请求权的保护，则必然会使

---

[1] 此观点来自于梅仲协先生，梅先生将抗辩权分为毁灭抗辩权和延缓抗辩权，前者是指可使请求权被永久排除的抗辩权，后者是指仅使请求权在一定期间内不能行使的抗辩权。参见梅仲协：《民法要义》，中国政法大学出版社1998年版，第39页。

法律之宗旨被扭曲，只不过当时的市民法对此并没有作出规定，故此，裁判官在告示中创设了"诈伪抗辩权"（exception doli）。所谓"诈伪抗辩权"，是指对于请求权人基于诈欺、胁迫或者乘人之危的行为而取得的请求权，因其在取得该权利时主观上存在着恶意，利害关系人得对其请求权行使抗辩之权。该诈伪抗辩权是针对非善意性诉讼所产生的行为之无效所采取的必要手段。诈伪抗辩权在很大程度上保护了受到诈欺、胁迫或危难被乘的人的权益。后来，在优士丁尼时代，法律注重对诚实信用原则的采纳，对因诈伪行为而取得的请求权，法律直接而又明确地规定不再给予保护，因而旨在对市民法做出修正的诈伪抗辩权逐渐退出实体法的历史舞台，由实体法意义上的抗辩权蜕化为单纯的诉讼上的答辩。[1] 如果我们仔细考察一下罗马法有关诈欺、胁迫行为的规定，可以发现：早期罗马法中，并未将注意的重点放在诈欺和胁迫上，因为在早期罗马法所处的时代，民风淳朴，不善诈欺，甚至以诈欺为不齿行为；同时，早期罗马法以严格的程式化的缔约方式约束人们的缔约行为，从客观上起到了防止诈欺行为的功效。[2] 但是，随着严格要式行为的减少，略式缔约行为的盛行，加之善良风俗的衰落，诈欺渐多发生。当时的罗马法法学家对诈欺、胁迫等行为进行了相当详细的理论分析。在罗马法中，诈欺（dolus faudus）被认为是以欺骗的手法使相对方陷于错误或者利用相对方的错误达到设立存在不法行为目的的不法行为，如造假象[3]、瞒真相、捏造事实等。胁迫（vis metus）是以严重而迫切的祸患恐吓他人使之被迫与其缔结协议的行为，它具体表现为身体胁迫和精神胁迫，前为在表意人毫不自愿的情况下，强制其进行某种行为，如签字；后为表意人有进行法律行为的意愿，但是其进行的行为不是其愿意进行的而仅是为避免某种危害的发生。胁迫在效力上是无任何效力的。[4]

正是基于对诈欺、胁迫一类的行为之不法性的认识，罗马法学家们和裁判官们运用解释法律之权和公布告示的途径，给受到诈欺、胁迫等不法行为侵害的人

---

〔1〕 Matteo Marrone, *Istituzinoi Di Diritto*, Romano, p. 157. 并可参见梅仲协：《民法要义》，中国政法大学出版社1998年版，第40页。

〔2〕 罗马法原始文献 Gaio. 1, 119.："正如我们前面所说过的（参见 Gaio. 1, 113.），要式买卖是一种虚拟买卖；这是罗马市民特有的法；它按照下列程序进行：使用不少于5人的成年罗马市民作证人，另外有一名具有同样身份的人手持一把铜秤，他被称为司秤。买主手持铜块说：'我根据罗马法说此人是我的，我用这块铜和这把铜秤将他买下。'然后他用铜敲秤，并将铜块交给卖主，好似支付价金。"

〔3〕 罗马法原始文献 D. 44, 7, 54.

〔4〕 罗马法原始文献 D. 4, 2, 21, 1. 和 D. 4, 2, 14, 6.

以抗辩权,除了我们前述的"诈伪抗辩权"之外,裁判官卡卢斯(Gallus)还创设了"诈欺之诉"以保护受到诈欺之人,使诈欺行为得以被撤销,受到诈欺之人有权得到相应赔偿,同时,该诉讼是一个附刑事之诉,受到诈欺之人可要求追究诈欺人的刑事责任。

所以,尽管罗马法中并没有直接规定保证人对无效和可撤销行为的抗辩权,但是,对于债的关系中可能存在着的欺诈、胁迫等无效或者得撤销的行为及其效力,罗马法给予了相当详细的规定。显然,罗马法的这些规定对近现代私法产生了法学理念和法律制度上的影响。

就保证人的同时履行抗辩权和不安抗辩权而言,其存在的制度价值是注重保证人首先是一个债务人的判断。作为债务人的两个十分重要的旨在保护自己权益的手段,同时履行抗辩权和不安抗辩权发挥着重要作用。

但是,我们必须注意到:与保证人的无效和可撤销抗辩权不同,保证人的同时履行抗辩权和不安抗辩权的行使必须有前提条件:同时履行抗辩权行使的前提——是在主合同没有约定何方先行履行义务的情况下,相对方没有履行自己的义务却要求被保证人或保证人首先履行义务的情况下;不安抗辩权行使的前提——是在相对方的财产状况发生恶化可能会影响被保证人利益时,相对方却要求被保证人履行义务的情况下。

这一现象告诉我们两个信息:一是保证人虽然不是主合同的当事人,但是,鉴于他的保证人身份,当被保证人的利益可能遭受损害并因而会损害保证人利益时,保证人享有主合同中被保证人的抗辩权;二是虽然保证人不是主合同的当事人,而是单务性和无偿性并存的保证合同中的债务人,但是,当被保证人放弃对抗辩权的行使时,保证人的抗辩权并不因此而消灭。

我国《担保法》第 20 条第 1 款规定:"债务人放弃对债务的抗辩权的,保证人仍有权抗辩。"这取决于保证人的独立人格性。当债务人的意思表示与保证人的利益相冲突时,债务人的意思表示并不能成为保证人的意思表示。保证人的同时履行抗辩权和不安抗辩权在性质上属于延缓抗辩权。不过,在债权人财产状况发生恶化的情况下,其亦应当提供一定的担保。否则,此时的保证人之不安抗辩权的性质就是毁灭抗辩权。

(二)保证人的专有抗辩权

保证人作为主债务人的担保者,基于其人格的独立性,他享有一般债务人所不能享有的专有抗辩权,例如主债务擅自扩大抗辩权、主债务人擅自变更抗辩权、催告抗辩权、先诉抗辩权和保证期限抗辩权等。

就保证人的主债务擅自扩大抗辩权和主债务人擅自变更抗辩权而言，其制度价值在于判断保证人与主债务人利益的牵连关系之法律定位。债权人与主债务人之间缔结的合同，作为保证合同的主合同，与保证合同具有极为密切的法律上的牵连关系。由于这种牵连关系，对于主合同的当事人修改主合同的条款，导致主债务人的义务范围扩大，或者主债务人发生变更却没有征得保证人同意，则保证人尽管不是该合同的当事人，却有资格根据保证合同当事人的法律地位享有权利，对由于主合同条款变更所导致的自己保证义务范围的扩大，或者由于主债务人的变更导致自己保证风险的扩大进行抗辩。

就保证人的催告抗辩权和先诉抗辩权而言，其制度价值在于注重保证人是从合同中的债务人且是对主债务人不履行债务实施担保的判断。保证合同的缔结生效，并非当然意味着保证人必须首先向债权人承担债务清偿的责任。相反，当约定保证人承担一般保证责任或者无论是根据法定或意定原因均承担非连带保证责任时，如果债权人撇开主债务人而直接催告保证人履行主债务人义务，保证人有权抗辩，要求债权人应当首先对主债务人提出履行义务的请求，这即为催告抗辩权。我国《担保法》对催告抗辩权没有明确规定，但是在国外有相应的立法例。例如，《法国民法典》第2021条规定："保证人仅在债务人不履行其债务时，始对于债权人负履行债务的责任，债权人应先就债务人的财产进行追索，但保证人抛弃此种抗辩利益，或保证人与债务人负担连带债务时，不在此限：在后一情形，关于保证人义务的效果，应适用连带债务的规定。"《日本民法典》第452条规定："债权人请求保证人履行债务时，保证人得请求先向主债务人催告。但主债务人受破产宣告或者行为不明时，不在此限。"同样，当债权人在没有确认债务人没有履行能力或者没有对债务人提起诉讼要求其承担债务之前，首先向保证人提出履行债务的主张时，保证人有权拒绝，这即为先诉抗辩权。对于先诉抗辩权，不少国家的民法典中均有规定，例如，《法国民法典》第2022条规定："保证人在最初被诉而主张应先向主债务人追索时，债权人应负追索主债务人财产的义务。"《德国民法典》第771条规定："债权人试图对主债务人的财产进行强制执行但未成功的，保证人可以拒绝向债权人清偿。"《意大利民法典》第1944条亦规定："保证人与主债务人对债务的履行负有连带责任。但是，双方当事人得约定，在主债务人履行债务之前，保证人不承担履行的责任。"不过，法国、意大利、日本的法律中对在该情形下享有抗辩权的保证人均设定了一个相当严格的附加条件,即保证人有义务指明主债务人用于履行债务的财产。

我们注意到,保证人的催告抗辩权和先诉抗辩权的存在是附条件的,它要求保证人必须承担的是一般保证责任;如果保证人承担的是连带保证责任,则意味着保证人必须放弃催告抗辩权和先诉抗辩权。由此,可以这样说,保证人的催告抗辩权和先诉抗辩权的存在,与保证人行使其选择权有着较大的关联。

选择权是合同法律关系中一项重要的权利,美国学者科宾认为,选择权是"在不同的备选事物之间做出抉择"之权。[1] 从广义上讲,选择权存在于缔约、合同变更和履约的整个阶段中。在保证合同中,选择权在不同阶段的具体体现不同。例如,缔约阶段的选择权体现为:欲成为保证人的缔约人有权根据债务人的资信能力和履约能力而选择是否成为他的保证人、有权选择保证责任的类型、有权根据对债权人的了解而选择是否与之缔结保证合同;在合同变更阶段,保证人的选择权体现为:保证人有权根据合同存续期间发生的法定或者意定的得以修改合同的情形,选择是否主张变更合同某个或者某些条款;在履约阶段中,保证人有权根据自己的意愿,选择抗辩权的行使范围,例如,在债务人放弃对债权人的抗辩后,保证人根据自己的判断和意愿,选择是否行使被债务人放弃但是自己却依然享有的抗辩权,等等。那么作为保证人的催告抗辩权或先诉抗辩权是否享有,则取决于在缔结阶段保证人选择的是一般保证责任还是连带保证责任。

就保证期限抗辩权而言,其制度价值在于确定保证人在公平合理的期间内承担保证责任而不是给其附加无期限的负担。

保证期限的存在有两种情形:一是当事人约定了保证期限,二是当事人没有约定保证期限,由法律直接规定保证人承担其义务的期限。前者我们可以在《德国民法典》第777条第1款中看到:"①保证人对存在的债务在一定期间内承担保证的,在债权人未依第772条的规定催告债权,虽无重大迟延地继续程序,但在程序终结后未立即向保证人发出请求其履行保证的通知时,保证人于规定期间届满后免除其保证责任。②保证人不享有先诉抗辩的,在债权人没有立即发出通知时,保证人于指定期间届满后免除其保证责任。"后者则可在《意大利民法典》第1957条中看到:"在主债务期限届满后,保证人亦要承担责任,但是要以债权人在6个月内对债务人提出诉讼且对该诉讼给予持续注意为限。在保证人将

---

[1] [美] A. L. 科宾:《科宾论合同》(上),王卫国译,中国大百科全书出版社1997年版,第456页。

对主债务的担保期保持在主债务的同一期间内的情况下，亦适用该规定。"

我国法律对保证期限采取了意定和法定两种方式。如果当事人约定了保证期限且并没有被法律禁止，法律不干涉当事人的约定。如果当事人没有约定保证期限，则法律对保证期限给予直接规定。凡在约定或者在法定的保证期限届满后，债权人向保证人提出履行保证义务请求的，保证人有权抗辩。《担保法》第25条规定："一般保证的保证人与债权人未约定保证期间的，保证期间为主债务履行期届满之日起6个月。在合同约定的保证期间和前款规定的保证期间，债权人未对债务人提起诉讼或者申请仲裁的，保证人免除保证责任；债权人已提起诉讼或者申请仲裁的，保证期间适用诉讼时效中断的规定。"第26条规定："连带责任保证的保证人与债权人未约定保证期间的，债权人有权自主债务履行期届满之日起6个月内要求保证人承担保证责任。在合同约定的保证期间和前款规定的保证期间，债权人未要求保证人承担保证责任的，保证人免除保证责任。"

在距我们十分遥远的公元前2世纪，罗马人基于法"是善良和公正的艺术"[1]的价值判断，在《富里亚法》（Lex Furia）中作出了关于保证期限的规定：不论市民或非市民保证人，其保证责任以债务履行期届满后的两年为限，如债权人在两年内不提出主张，保证人的责任即行消灭。[2] 当我们的视线从《富利亚法》的这项规定扫描到现代私法的有关规定上时，很明显，一根历史的长线将它们紧紧地联系在一起。

（三）保证人的抗辩权之限制

自然法的理性告诉我们，任何权利的范围如果过于膨胀，其性质即会发生恶性变化。从一定角度上讲，范围恶性膨胀之权利的行使，较之不履行义务的行为所给他人权利造成的损害是有过之而无不及的。

鉴于此，对保证人抗辩权给予必要限制依然是体现法的"善良与公正"。对于保证人抗辩权的限制，除了法律对一般债务人的抗辩权所给予的限制同样适用保证人以外，不少国家的法律同时还专门针对保证人先诉抗辩权的限制进行了规定，其表现为：

第一，基于保证人的意思表示所产生的先诉抗辩权效力消失。凡保证人在缔

---

[1] 乌尔比安在其作品中分析道："法（ius）来自于'正义'（iustitia）。实际上，正如杰尔苏所巧妙定义的那样，法是善良和公正的艺术。"（参见罗马法原始文献 D. 1, 1, 1pr.）

[2] 周枏：《罗马法原论》，商务印书馆1994年版，第819页。

约时明确抛弃先诉抗辩权的，其不得再行使先诉抗辩权。

第二，基于法律的直接规定所产生的保证人先诉抗辩权效力被阻却。它具体分为两种情形：①虽然保证人没有抛弃先诉抗辩权的意思表示，但是当债权人对主债务人的权利追诉因设定保证后的主债务人的住所、营业所发生变更而受到重大妨碍时，保证人先诉抗辩权的效力依法律的直接规定被阻却；②虽然保证人享有先诉抗辩权，但是因债务人进入破产程序，或者因任何其他足以使债权人有理由认为强制执行主债务人的财产依然不会实现其债权利益时，保证人先诉抗辩权的效力被阻却。[1]

三、我国担保法中保证人抗辩权的制度完善

不容置疑，我国《担保法》对保证人抗辩权的规定是较为详细的，但是，依然存在着一定问题。其中在学界最有争议的是当保证与担保物权同时存在时，债权人并没有放弃担保物权的利益，但是却首先要求保证人承担责任，那么，保证人是否有抗辩权；如果有抗辩权，则该抗辩权行使的条件和范围是怎样的。学界对这些问题的争议，不仅具有重要的理论价值，而且对实务操作来说亦是十分重要的。

我国《担保法》第28条规定："同一债权既有保证又有物的担保的，保证人对物的担保以外的债权承担保证责任。债权人放弃物的担保的，保证人在债权人放弃权利的范围内免除保证责任。"在这个条款中，我们得到两个信息：

第一，在大陆法系各国均有的通行规定，即债权人放弃物的担保之效力扩展至保证，在物的担保的范围内保证责任亦消灭。[2]

第二，在同一债权上有保证与物的担保同时并存时，保证责任仅涉及物的担保之外的债权部分。

这项规定表面看来十分清楚，但是仔细分析却存在着漏洞，即在同一个债权上，保证与物的担保存在着同时设定和非同时设定的不同情况。那么，在请求履行债务时，是债权人享有选择权——选择请求物的担保人清偿债务或者由保证人

---

[1]《德国民法典》第773条和我国《担保法》第17条。

[2]《法国民法典》第2038条："债权人同意接受不动产或某种动产抵偿其债权时，保证人即免除责任，即使日后债权人接受的财产被追夺时，亦同。"《德国民法典》第776条："①债权人放弃与债权有关的优先权、为债权而存在的抵押权或船舶抵押权、质权或对共同保证人的权利的，保证人在其放弃的权利依第774条将取得偿还的限度内，免除责任。②即使放弃的权利是在承担保证后才发生的，仍适用此规定。"《意大利民法典》第1955条："当因债权人的行为使保证人的代偿在债权人的质权、抵押权及先取特权中没有效力时，保证消灭。"

清偿债务，还是保证人享有抗辩权——仅在物的担保不足以清偿的情况下由保证人清偿？

对此，学界的见解不同。对该种情形下的保证人抗辩权，有肯定说、否定说和顺序说。

肯定说认为：依民法理论上物的责任优先观点，无论担保物是否为债务人提供，只要债权人享有担保物权，其效力应当优于人的担保；同时，法律规定债权人放弃物的担保，保证责任随之消灭，证明保证是对物的担保的补充，故在债权人主张担保物权之前，保证人享有先诉抗辩权。

否定说认为：债权人先行使担保物权的情况仅发生于物归债务人所有的情形。保证人与提供担保物的第三人在民法上没有地位的差别，他们均享有代位权，物的担保与人的担保均具有对债权的补充性，没有先诉后诉之分。故债权人有选择由提交担保物的第三人或者由保证人清偿的权利；相反，保证人没有先诉抗辩权。[1]

顺序说认为：《担保法》的这项规定没有区别保证设立的时间先后，一律认定保证只能担保物的担保以外的债权，未免有失公允，对物的担保人不利，并提出建议：当事人有约定的按约定，无约定的由设立在先者先清偿债务。[2]

我认为对这个问题的分析，首先应当是对制度价值的分析，即确定担保的目的是使债权人的利益不会因债务人的不履行债务行为而遭受损失；而确定保证人抗辩权的目的是使保证人的负担范围应当适度确定，超过这个度，保证人有拒绝请求的抗辩权。从这个分析视角出发，我们可以对物的担保与保证并存的情况进行具体考察以判断在该情形下保证人是否有权对债权人没有主张物的担保而首先主张保证利益进行抗辩。

就债权担保范围而言，存在着两种情况，一是物的担保涉及部分债权，保证则涉及其余部分债权；二是物的担保涉及全部债权，同时保证也涉及全部债权。在第一种情形中，保证人肯定对债权人请求首先保证利益没有抗辩权，因为问题的关键是保证人的确负有保证责任，而债权人请求权行使的时间先后对此没有任何实质性影响。在第二种情形中，则确实需要考虑保证人是否享有抗辩权的问题，因为当物的担保与保证同时完整性地对同一个债权提供担保，在实施担保行

---

[1] 邹海林、常敏：《债权担保的方式和应用》，法律出版社1998年版，第82页。
[2] 王利明、崔建远：《合同法新论·总则》，中国政法大学出版社1996年版，第544页。

为时，则有由谁实施、谁先实施的问题。从物的担保与保证设定的功能而言，显然，物的担保较之保证有着更可靠的保障功能。

罗马时代的法学家彭波尼曾经明确指出："以物担保比以人的具有更强的保障性。"[1] 因为保证是一种允诺，没有任何的物质利益直接被债权人所控制。[2]但是，我认为，当物的担保与保证同时完整性地为债权提供担保时，它们各自的保障功能是大是小已经不重要，重要的是，使它们同时并存于同一个债权的目的是在最大程度上实现债权利益、在最小范围内降低债权利益得不到实现的风险。

因此，在该情形下，保证人抗辩权依具体情形而具体分析：①在当事人对物的担保与保证同时并存时如何实施担保行为有约定的情况下，依约定处理。如果约定物的担保实施在先，则面对债权人首先实施保证责任的请求，法律应当赋予保证人以抗辩权；如果相反，则保证人没有抗辩权。②在当事人没有约定的情况下，应当依设定物的担保或保证的时间先后来确定保证人抗辩权。当物的担保设定在先时，法律应当赋予保证人对抗债权人首先实施保证承担保证责任行为的抗辩权；当保证设定在先，物的担保设定在后时，保证人没有抗辩权，相反，债权人有选择权，既可要求保证人首先承担保证责任，也可首先要求实现物的担保利益。

概括之，在物的担保与保证同时并存时，当事人对保证人抗辩权有约定的，法律应当支持。在当事人没有约定的情况下，保证人抗辩权发生的条件之一是物的担保与保证同时均完全覆盖整个债权；条件之二是保证的设定在物的担保之后。

结论

在担保制度中，保障债权人利益是其根本目的，但是，任何法律制度必须牢牢建立在任何社会普通成员的利益均能够"各得其所"的价值判断上，因此，保证担保中如何认识、架构和规范保证人抗辩权制度，同样是十分重要的。对保证人抗辩权制度的理性分析，不仅基于制度的现实性，更是基于渊源于罗马法，发展于近现代私法的法学理性和权利观念。

---

[1] 罗马法原始文献 D. 50, 17, 25.

[2] [古罗马] 查士丁尼：《法学阶梯》，张企泰译，商务印书馆1989年版，第171页；亦可参见周枏：《罗马法原论》，商务印书馆1994年版，第817页。

罗马法律制度中的契约外责任：过错和类型[*]

（一）

罗马法系的责任制度源于《阿奎利亚法》的观点。依该法，其原则是：对造成业已存在的义务关系之外的不法损害，有过错就要被惩罚。这一原则即构成了被称为契约外责任的一般原则，根据其始源，它又被称为"阿奎利亚责任"。《阿奎利亚法》是大约在公元前3世纪下半叶至公元前2世纪上半叶被平民大会批准的一项法律，它被用来替代过去的法律并赋予了一项具有经济利益性质的权利，即可以从毁损财产的人那里获得其支付的赔偿金。

在这些财产中曾经包括某些义务，但是，随着义务概念的变革，这部分条款已被废止（D. 9, 2, 27, 4; J. 4, 3, 12）。

有两个原始文献的片断有益于说明这一问题：

"D. 9, 2, 2pr. 盖尤斯《论行省告示》第7卷

《阿奎利亚法》第一章规定：'凡不法杀害属于他人的男奴隶或他人的女奴隶或他人之四足牲畜者，须依被害物当年的最高价值向其所有主以金钱赔偿。'

D. 9, 2, 27, 5 乌安比安《论告示》第18编

《阿奎利亚法》第三章还进一步规定：'除了奴隶和家畜被杀害以外，如果某人通过不法焚烧、折断或伤害造成其他物的损失，那么他有义务就该被损害物过去30日内的价值向所有人给以金钱赔偿。'"

---

[*] 本文作者为意大利罗马法学家桑德罗·斯奇巴尼教授，译者为费安玲、张礼洪，原载于杨振山、[意] 斯奇巴尼主编：《罗马法·中国法与民法法典化》，中国政法大学出版社1995年版，第440~456页。

正如人们所看到的那样,在该法中,有关确定物之损害的情况不考虑对自由人的损害;规定赔偿金要与受损物的价值相符;法律未涉及过错。

赔偿金以受损物当年的最高价值计算,或者是受损物的最后30天的价值,那么赔偿金很有可能超过受损物的价值。最初,赔偿金只与受损物自身的交换价值相联系(D. 9, 2, 33 pr.);而后,通过法学家们的解释和不同观点的争鸣,扩展至对价格的考虑,因为这些物品是可出售物,它可以包括物品能够涉及的任何一种形式的增值(参阅:D. 9, 2, 23 pr.; D. 9, 2, 51; D. 9, 2, 37, 1);最后,又补充了对受害人能够拥有的物之利益的考虑(参阅:D. 9, 2, 21, 2; D. 9, 2, 23, 6)。赔偿金的性质与其说是单纯的赔偿,不如说是特别注重当加害人对自己的行为给予否定时,要加倍给付赔偿金(D. 9, 2, 23, 10),而且当加害人为多个人时,每个加害人都要支付一笔赔偿金。为了便于就加害人与受害人利益之间的平衡而制定出完善的制度,惩罚与赔偿的相融性是显而易见的,但是,我在此不打算过多涉及这方面的法律问题。

《阿奎利亚法》涉及物之损害,并且从财产角度考虑了具有交换价值的奴隶,但它并未涉及对自由人构成"不法"(gniuria)的侵害(D. 47, 10)。对这一问题我也不想在此多作议论,我只是要指出一点:法学家们的解释从对交换价值的考虑转向对利益的估价,因而便将《阿奎利亚法》监护一节中有关对自由人造成损害的若干情况的估价包括了进来(D. 9, 2, 5, 3—6 pr.; D. 9, 2, 7, 4; D. 9, 2, 13 pr.);这样,该法就开辟了一条对诸多损害中的一种损害给予考虑的思路,它构成了现今契约外责任最重要的问题之一。

对于上述问题,在此我不打算多谈,而只是想详细地谈一下归责的标准。

有三个问题需要注意:

第一,立法者所使用的动词不仅是指事件,还被用来表达具有限定性的杀害、破坏等行为,也就是说,实施完毕的行为是指加害人直接接触对方的身体并给对方身体造成损害的行为(J. 4, 3, 16)。尤里安在D. 9, 2, 51, 1中回顾了有关这一问题的最初的观点:

"D. 9, 2, 51, 1 尤里安《学说汇纂》第86编

如果同一个奴隶遭到数个人的伤害,而他究竟因谁的打击致死并不清楚,那么所有参与者都要依《阿奎利亚法》负责,这与早期法学家们的观点是相应的。"

乌尔比安在D. 9, 2, 7, 1中也谈到了这一观点:

"D. 9, 2, 7, 1 乌尔比安:《论告示》第 18 编

杀害当理解为：某人用剑、棍棒或其他武器以及用手（如卡死）、脚、头及其他方式杀死他人者。"

第二，当侵害的是他人（altrui）之物时，则意味着是对一项权利的侵害。

第三，此外，"不法"的范围要限定在损害行为是"无合法性"（ingiustificazione）这一必要条件内，也就是说，没有合法的理由，权利的行使不受到法律的保护（请参阅 D. 9, 2, 3; D. 9, 2, 4pr. ; J. 4, 3, 2）。法学家们的解释产生了深刻的变革。

无论是描写事件的动词还是描写具有限定性的行为的动词都已被解决。最初，以颇为弹性的形式解释加害人和受损物的概念；而后，在裁判官的帮助下产生了"括用之诉"（azioni utili）和"事实之诉"（in fatto），并将任何一种造成死亡、毁损、失火等的行为，即任何造成物的损坏的行为都充实了进来。尤其伴随着行为界定的改变，深入分析因果关系成为一种必要，它在复杂的、可能关系到受损事件的原因中确定一个人的行为有可能是造成事件的原因，该人要为此受到惩罚。因此，我们看到，在多种原因并存的时间存续上，在加害行为与受损事实之间的一致性上，在行为意愿及其"可归责性"上，法学家们进行了一系列的深入研究。在探讨"多因"（concausa）时，要考虑到这样一点：在有过错的情况下，其行为具有可归责性，那么就要给其以惩罚。

法理由的缺乏构成"不法"的必要条件。应从它的不同方面进行探讨，并要考虑在"不法"发生中可能存在着的过当与滥用；有时要详细分析故意过当的问题，有时则相反，要考虑那些虽非故意但无论如何"应受谴责的行为"（riprovervoli）。在讨论免责时，要同"过错"（colpa）、同产生于行为能力的"可归责性"（rimproverabilità）相联系，以用来确定适用合法理由的范围。

因此，对行为"可归责性"的考虑，将十分有益于法学家们在一种解释上进行发挥，以便将他们有关肯定这样一项规则的成果固定下来，根据该规则，当对他人之物造成损害时，"有过错就要受到惩罚"（la colpa è da punire）。这一规则有着普遍性，但正如我们前面已看到的那样，并不排除被《阿奎利亚法》规定下来的其他标准、规则及特殊的情况。

(二)

在《学说汇纂》中，介绍了罗马法学家们就《阿奎利亚法》的一个观念进行讨论的部分内容，我们看一看下面两个例子：

"D. 9, 2, 52, 2 阿勒芬：《学说汇纂》第 2 编

骡子正拉着两辆装载的板车向城府的山坡上行驶，头一乘车的车夫顶住往回倒退的板车，以减轻骡子的负重。在此时，前面的车开始向后滑退，在两车之间的骡夫从中间跳出之后，后面的车被前面的车撞上，向后退下并碾过一个奴隶的小男孩。该小男孩的主人问，他现在应起诉谁。我回答，法律状态取决于具体情况，因为如果顶住了前面车的车夫随意地放了手，以致其骡子不能驾驭住车而因其自身的重量后倒，那么对骡子的主人则不发生诉讼，而对将车顶住的那些人则可依《阿奎利亚法》起诉：因为随意放掉其所持之物而使之碰到某人的人也造成损害。例如，如果某人没有将其所驱赶的小驴勒住，那么他同样造成了不法损害，就像某人将手中的标枪或其他东西抛出一样。但是如果骡子受到无论何物的惊吓或车夫由于恐惧被压倒而放开骡车，则对车夫不能起诉，而对骡子的主人起诉。但是，如果既不是骡子的问题也不是车夫的问题，而是骡子不能驾驭得住，或者是当骡子正努力驾驭时滑倒或摔倒，以致车子后倒，而车夫由于车子后倒不能控制住车重，那么既不能控告骡子的主人，也不能控告车夫。然而有一点是明确的，即无论在上述哪种情况下，都不得对后面的骡车主提起诉讼，因为后面的骡车不是自动地倒后，而是被撞倒了。"

如果读到公元前 1 世纪法学家阿勒芬这一看法的人到过罗马，看到过古罗马市政府前很陡的坡，就更能理解他的观点。

一辆在前行进的车，几个车夫帮着推，这辆车后滑，撞上尾随其后的另一辆车，后面的车后滑并碾过一名年轻人，是否有责任的承担者？是谁？在这一原始文献的片断中研究了是否存在着法律规定的"杀害"。车夫或者牲畜的动作并非直接触碰到受害者的身体，为此，该行为被给予了相当广义的解释。若干个车夫聚集在一起，当前面的车行进到高处时，要从车的后面给其推力，而车夫们中断了他们应当做的事情。在这一前提下，人们来寻找造成损害的"原因"（causa），因为法律、法律解答都是根据特定的原因作出。推车的车夫停止了在车后推车的动作，使得骡子不可能向前拉住车，在这里，车夫没有勤谨注意地完成法律规定的行为，为此他们要承担责任。为解释这一结论，我们要作一个比较：停止推车行为就如同鞭策牲畜而后又未控制它一样，也如同投掷标枪或其他东西一样。如果投掷标枪或其他东西构成"杀害"，则鞭策牲畜而未控制它亦构成"杀害"，或者帮助骡子但因未继续帮助致使骡子不能拉住车亦构成"杀害"。显然，停止帮助是行为人主观意志所致。相反，如果骡子被什么东西所惊吓，车夫们因为担

心被碾死而停止推车行为,责任由骡子的主人承担。最后,如果责任不在于骡子,也不是车夫的主观意志所为,则没有责任承担者。所以,应当明确什么是真正的原因,也就是说责任的发生将取决于此,而非其他原因。在涉及可归责于人或涉及牲畜恶习的情况下,这一解释将通过对行为人主观意愿的分析而得以实现。在不同的多个原因并存时,如果有一个原因构成过错,则消极损害的后果从遭受损失者处转移到加害人处,因为"有过错就要受到惩罚"。

"D. 9, 2, 31 保罗:《论萨宾》第10编

如果一个剪枝工人在扔下树枝时,或一个脚手架工人将一路过的奴隶砸死,那么当他把树枝扔到公共通行的路上而没有事先警告以避免事故时才负责任。穆齐说,即使此类情况是发生在私人土地,则亦可因过错提起诉讼。而过错就是:一个谨慎的人能够预见、预防却没有预见和预防,或只是在危险已不可避免时方作出警告。基于这个原则,他是否在公共通行的路上或在私人土地的路上走过就没有多大区别。因为人们经常取道于私人土地的地段之上。但是倘若该处本无道路,那么加害人就只对故意负责,也就是说,他不能看见某人走过却又朝着他扔去。事实上,人们不可能对其以过错起诉,因为他根本不知将会有人通过此地。"

这一原始文献片断是库尹特·穆齐的观点中最有名的一段,他是公元前1世纪最有名的法学家之一。一个树木修剪工将一个树枝丢下来,或者一名工人将一件物品从脚手架丢下,将一个正在路过的奴隶砸死。库尹特·穆齐之前的人或他的同代人或他之后的人认为,必须要区分是在公共场所工作,还是在私人处工作。相反,库尹特·穆齐则强调在这种情况下不限于将公共地点和私人场所加以区别,强调查明行为人过错的可能性。库尹特·穆齐认为,未预见便意味着存在过错,也就是说,能够进行的行为他没有进行[拉丁文"provideo"既可以理解为"采取措施"(provvedere),又可理解为"预见"(prevedere),在使用该词时用的是第一种意思,而解释时采用的是第二种意思],或者当发出警告时危险已不可避免,这些情况都存在着过错,与库尹特·穆齐不同的观点则主张:重要的是要分清是在公共场所工作还是在私人场所工作,该观点强调在私人场所工作的人的"合法性"(giustificazione),这就如同他有杀害行为,但不是不法杀害,而是在他行使权利时发生该情况一样。相反,库尹特·穆齐主张:过错对合法性构成限制。库尹特·穆齐将过错与具体情况相结合。随后,极有可能是保罗(公元3世纪)将上述情况以下列句子进行解释且确定了下来:因为存在"个人通行权"(iter),使得预防和告知成为一项义务,不履行该义务者有过错;如果不存

在"个人通行权",则只有当行为人故意(有预谋地)将树枝扔在过路人身上时才归责于行为人。但是,除了这一变化之外,该规定是明确的。我们看到,对于因没有合法理由而造成的损害应给予补偿,并且,即使有一个合法理由可以免除赔偿义务,但是,在行使所有权时,只有在没有过错的情况下,才产生免责理由,因为有过错就要被惩罚。

这些例子表明了罗马法学家们是如何评论、注释和解释法律原文的,我们还可以在 D. 9, 2 中看到更多类似的句子。

从对行为的解释、行为人意愿和不同的因果关系竞合的分析来看一看 D. 9, 2, 52 pr. 的例子,在该例子中,行为人承担的前一个可归责行为的(损害)责任将在随后发生的其他可归责行为[无经验(inscientia)或者疏忽大意(neglegentia)]的情况下弱化,那些其他可归责行为会导致事件的发生并且阻却与事件有关的前一个行为的原因效力的发生;在 D. 9, 2, 57 的例子中,同时发生的诸原因的竞合是通过对过错的确认来解决的;在 D. 9, 2, 51 和 D. 9, 2, 11, 3 的例子中,是关于连续产生的原因发生竞合及因果关系是否中断的问题;在 D. 9, 2, 7, 2; D. 9, 2, 7, 3; D, 9, 2, 29, 2 和 D. 9, 2, 27, 9 的例子中,是关于行为的自由和意愿;在 D. 9, 2, 7, 5 和 D. 9, 2, 27, 8 中是关于希望发生事件和已发生的事件的区别;在 D. 9, 2, 7, 18; D. 9, 2, 9, 4; D. 9, 2, 11pr. 和 D. 9, 2, 27, 9 中,是关于实施的行为与情况允许的行为方式之间的区别(也可参阅《学说汇纂》的下列片断 D. 9, 2, 7, 2—8; D. 9, 2, 8—11; D. 9, 2, 27, 6—11 等)。

从对"不法"的解释和对合法性的限制来看一看 D. 9, 2, 39 和 D. 9, 2, 52, 1 的例子,在这些例子中,以过分的和故意的方式对本人权利进行自我保护的合法性受到制约;相反,在 D. 9, 2, 52, 4 例子中,在玩耍的情况下不存在行为可归责性。否则就是有过错。在 D. 9, 2, 5—7pr. 中,是另外一系列极为有名的原始文献的片断。它首先研究什么是合法(iure factum),以便对所举例的正当防卫和自我保护进行思考,然后,用两个相互对立的极有说服力的例子来分析对正当防卫和自我保护的限制。它强调指出:在侵权的情况下,正当防卫和自我保护的自由选择不再有其合法性。不但如此,它还针对防卫过当事件中的意志的状态,使权利行使的限制具体化。但是,一个类似的假设提出了两个问题:第一个问题是关于智力不健全者(qui sua mente non sunt),即他们是不可能进行自觉选择的人。这个问题随着"不法能力"(capacitas iniuriae)这个概念的提出而得到解决;第二个问题是关于非预谋性行为的范围。对一个有着告知和警告原因的既存行为进行研究,以确定对该行为是否提起《阿奎利亚法》的"不法损害之诉"(请注意,只是针对"不法"提出请求),对此,要通过对上述原始文献片断中的观点进行分析来回答。其肯定的答案是:并非是根据事件和防卫过当的意志,而是根据防卫过当行为本身的可归责性来提起诉讼(需要指出的是,虽然 D. 43,24,2,4 中的例子没有放在这一题目中,但是了解它是必要的)。

同样的假设在 J.9,3 中也可以看到,只是相对简单些。对过错进行分析又使人们能对 J.4,3—8 中的一些最富有意义的内容进行研究。

(三)

对《学说汇纂》的研究是以学说汇纂派、注释法学派、自然法学派的学者及一些法典的制定者对《学说汇纂》的后期解释为基础的。只要对他人之物造成损害,"有过错就要受到惩罚"这一规则得到了重申,最终变成了一些法典中的法律条文。1804 年《德国民法典》第 1382 条就是著名的例子,该条规定:"任何使他人遭受损害的行为,行为人应当就自己的过错承担赔偿责任。"同样,1865 年《意大利民法典》第 1151 条、1942 年的《意大利民法典》第 2043 条都作出了类似的规定:"故意或过失地非法侵害他人的行为人应对其所造成的损害给予赔偿。"1889 年《西班牙民法典》第 1902 条规定:"给他人造成损害的行为人,如果他有故意或疏忽大意,就必须对其行为所造成的损失进行赔偿。"1857 年《智利民法典》第 2413 条、1917 年《巴西民法典》第 159 条、1900 年《德国民法典》第 823 条均规定:"因故意或过失不法侵害他人生命、身体健康、自由、所有权及其他权利者,应当对被害人承担赔偿损害的责任。"1811 年《奥地利民法典》第 1293 条对合同责任和侵权责任进行了统一的规定,并在该法第 1295 条中规定了基本原则:"任何人均有就其遭受的损害向有过错的行为人提出请求赔偿的权利。"

但是,该原则在各民法典中常被理解为"无过错便无责任"(nessuna responsabilità senza colpa)。这一变化主要来源于 17 世纪至 18 世纪的自然法学派的努力。在人的概念中,该学派格外强调私法中个人主义的价值,强调个人的意愿和意志的作用,因此,"无过错便无责任"被认为是绝对正确的,不存在任何例外。这一原则的不断运用导致了这样一种观念的产生,即:因第三人行为产生责任的情况是源于疏忽大意所致的过错,或者是源于行为方式选择不当所致的过错(在 D.9,2,27,9—11 极为有趣的原始资料中可以寻觅到该观念得以确立的基础);此外,这样一种观点也得到了认可:处理各种有关确定法律责任的情况都应当遵循上述基本原则。《法国民法典》第 1384 条就是承认这一观点的范例。各国民法典有关责任的基本原则主要汲取了对《学说汇纂》进行解释所取得的大部分成果。

自 20 世纪后半叶起,就出现了对"无过错便无责任"观点的质疑。伴随着工业化进程的加速,许多在新的情况下发生的损害,尽管行为人无过错,但在无过错的范围内这些损害也面临着给予赔偿的必要性。人们对罗马法原始资料又有了一个新的分析和解释。人们认为:《阿奎利亚法》所确立的有着预见性的责任最初是一种客观责任,它基于损害事实存在这一简单原因而发生,只是后来这些客观责任被变成了主观责任,也就是说要求考虑主观上有无过错。针对"无过错便无责任"的规则不能合理地处理一切争议的情况,人们对原始文献进行了重新研究,并通过对这些文献的进一步查阅完成了对该规则含义的审核,实践已证实了此举的重要性。

实际上,不仅要对参与制定《阿奎利亚法》的古罗马法学家们的经典杰作进行重新研究,而且还要对被置于罗马法制度中的其他法学家们的一系列的经典之作进行重新研究。如同《意大利民法典》一样,一些国家的民法典已经开始了这方面的工作,或者通过制定一些特别法开始了这方面的工作。这些在古代就已从法律科学的角度被作出许多解释的经典杰作,在现今仍可以继续从法律科学的角度被作出许多解释。在此,我不想将那些或许令大家感兴趣的案例一一加以列举,而只举一个案例,因为我认为该案例对说明一种研究方法是有益的。

(四)

紧随着《阿奎利亚法》这一章(D. 9, 2)之后,《学说汇纂》对裁判官就自窗户中向人来人往的地方泼洒或抛置物体所导致的责任作出的一系列的规定进行了评述(D. 9, 3)。有这样两个片断载明了裁判官的规定:

"D. 9, 3, lpr. 乌尔比安:《论告示》第 23 编

裁判官就抛置或泼洒物体的行为规定:如果向人们经常路过或停留的地方抛置或泼洒了物体,我将支持对居住在物体坠落发生处的居民提起诉讼,支持他们要求双倍赔偿损失的诉讼请求。如果物体坠落造成了一名自由人死亡,我将判处居住者赔偿 50 000 个塞斯特里(货币名称——译者注)。如果未造成自由人死亡,仅是使受害者受伤,我将判处居住者支付赔偿金,具体赔偿金额将由执法官确定一个被认为是公平合理的数额。如果损害是由奴隶造成的,并且未受其主人

指使,那么,我将支持对该奴隶的主人提出'损害投偿之诉'(azione nossale)。"

"D. 9, 3, 5, 8 乌尔比安:《论告示》第 23 编

裁判官规定:如果某人在人们经常路过或停留的地方的房顶上或者阳台上搁置了物体并且因该物体坠落而造成损害的话,我将支持对此人提起'事实之诉',判处其支付 10 000 个塞斯特里的赔偿金,如果在主人事先并不知道的情况下由奴隶造成了该损害,那么,我将支持对该奴隶的主人提出'损害投偿之诉'。"

如上所述,对房屋有支配权者、搁置或悬挂坠落物者承担法律责任并不以存在行为不当为必备前提。他们有过错,应当承担责任(D. 9, 3, 6, 2);但是,即使他们的行为并无不当之处,也就是说对与其共同居住者在监督上不欠缺应有的注意,其自身也不存在疏忽大意(即:并不要求他们在主观上必须有疏忽大意的过错或者行为方式选择不当的过错)也要承担责任。该责任的发生仅仅基于他是该房屋的支配权者这一简单事实,或是基于他有将一旦坠落就会造成损害的物体进行搁置、悬挂的行为(即使该物并没有坠落)。因为这一切都发生在人来人往的通道上。

乌尔比安在(D. 9, 3, 1, 4)中对裁判官的这些规定进行评述时强调指出:"当《阿奎利亚法》涉及的损害要求有过错时,在这里却并不涉及过错问题……"因为,它涉及过往行人的安全(sicurezza)(D. 9, 3, 1, 2),物体可能会从住宅处坠落或者被抛掷于通道上,这就降低了来往于该通道上的行人的安全性。乌尔比安进一步强调指出:"任何人都不会否认该规定的巨大的积极作用,因为安全地、坦然地行走在道路上符合公共利益的要求。""公共的"(publicus)一词含有"大众的"意思,它使得通过该道路的人们被作为一个具体的整体而特定化。道路通行安全的降低取决于在该道路上存在着住宅的情况,这就确立了一个不同责任的特定化的标准:它既适用于有过错的情况,又适用于只存在造成损害的行为的情况(因此,该标准并非是"有过错就要受到惩罚",因为有可能不存在过错。正如刚才所述,该标准是依据当事人是否对房屋有支配权、是否搁置或悬挂了物体而作出是否承担法律责任的判断)。对许多类似的案件而言,这一标准是很重要的,这些诉讼不仅属于受害者,而且也属于公众。它们是一种民众诉讼,如同对全体居民所信赖的安全给予保护一样,根据连带原理,应当通过这些诉讼来实现受害者要求处罚加害者与获得赔偿的请求,因为他们的诉讼活动是全体居民活动的一部分。

(五)

也正是根据这些告示,《学说汇纂》的原始文献被作出即使没有过错也要承担法律责任的解释。在此,我只想谈谈《法国民法典》和《智利民法典》,前者摒弃了《学说汇纂》中所确立的法则,而后者却对此加以承袭。

1804 年的《法国民法典》摒弃这些法则的原因在于,对这些案例的解释均来自于学究式的解释。

的确,如果依据前面引述的"无过错便无责任"的理念来解释这些案例,就把房屋支配权人在选择共同居住人或伙伴方面的过错,即他自身存在主观上的疏忽大意纳入案件中来了。但是,以往人们引述过错这一必要条件时,将这些案例与源于《阿奎利亚法》的一般案例之间的区别丢弃了。这些案例仅仅被变成一些用于说明它们能够适用因过错并造成他人损害而要承担责任的一般原则的例证,因此,1804 年的《法国民法典》也将此类案件作为当事人有过错的情况来处理,在第 1382 条中吸收了"无过错便无责任"的理念。在该法典生效后,一些对该法典进行解释的学者如德尔温库尔(Delvincour)认为:以《学说汇纂》为依据的这些案例继续有效;但另一些人如托利埃尔(Toullier)则从崇尚私法中个人价值的理念出发,要求在任何情况下均应当把有过错作为确定任何一项责任的基础,并认为"无过错便无责任"这一基本原则已经替代了其他任何归责标准。占上风的第二种观点将这些案例所揭示的具有远见性的观点抛弃于一旁:该具有远见性的观点强调在确定的范围内及针对将来的危险情况,对公众安全给予保护的必要性,并且认为在安全性的降低已是不可避免的情况下,可以请求适用这样一个归责标准,即不考虑被要求赔偿损失的人的过错。

第二种观点占上风的情况与国家保护安全的独断性相吻合,它避开了社会成员的自力救济行为,与其让公众自己从事维护公共利益的事务(公共安全、社会安全等方面)并维护法律的权威,不如在"私法"的范围内确定其以"私法主体"身份进行活动的有效性。这一考虑是国家的一种特权,它取消了诸如"民众诉讼"(azioni popolari)之类的诉讼手段(此外,1865 年和 1942 年的《意大利民法典》、1900 年的《德国民法典》及其他一些国家的民法典均摒弃了这些内容)。

相反,1857 年的《智利民法典》却承袭了这些规定。该法第 2328 条规定:"因建筑物内的物体从高处坠下所致的损害,被害人有权向居住在该建筑物内物体下坠处的所有的人提起诉讼,在无法证明是由于他们中何人的过失或故意行为导致损害时，由所有的人共同承担赔偿责任，在这种情形下赔偿责任是一种归责责任。如果在建筑物上或者在其他高处上的物体有坠落并造成损失的可能时，该建筑物或该高处的主人或房客，或者该物体的所有人或负责看管此物的人，均负有转移该物的义务，公众中的任何一个人均有权要求他们将该物搬走。"

在此，我不想对不少民法典都相当完美地体现了罗马市民法之精神实质的原因进行分析，也不想对《智利民法典》中的这一规定所产生的影响进行分析，它只不过是作为一个例子罢了。在此，我只希望我上述的引用就如同打开了一把扇子，将罗马法中具有现实性、可阅性的内容呈现在诸位面前（在下列法典中部分或全部地保留了这些责任类型，但不考虑是何人行为所致：1811 年的《奥地利民法典》第 1319 条；1871 年的《阿根廷民法典》第 1119 条第 3 款和第 1121 条；1889 年的《西班牙民法典》第 1910 条；1917 年的《巴西民法典》第 1529 条；1987 年的《巴拉圭民法典》第 1851 和 1852 条；1988 年的《古巴民法典》第 93 条；等等）。

（六）

就罗马法而言，我还应当对其他一些情况进行分析，比如因动物致人损害的情况（D. 9，1）、因使人恐惧而造成损害的情况（D. 39，2）等。

如果我们希望从罗马法有关契约外责任规范的体系中归纳出罗马法律制度中契约外责任的恒久性特征的话，我认为我们可以说：罗马法将一般原则与特殊的补充性规范相结合；将惩罚与赔偿相结合；将受损害者的自力救济行为与公力救济行为相结合。

《阿奎利亚法》既是法学家们对罗马法中法律责任进行解释的基础，同时它又借助于裁判官的帮助，对因过错、不谨慎、无经验、疏忽大意等常见的违反法律并造成损害的行为进行追究的一般归责原则给予了发展。"有过错就要受到惩罚"的一般原则成为侵害人应当承担赔偿义务的依据，侵害人通过向受害人支付赔偿金而得到惩罚。

该一般原则的运用意味着并非所有的损害均能得到赔偿，而只限于那些因过错所发生的损害。因此，对于那些情况或形式复杂的损害情形而言，适用该一般责任原则是不公正的，正如我们所看到的那样，罗马法律制度以典型案例的形式对其他类型的责任进行了规定，这些责任类型得以产生的基础是：给予损害赔偿（有损害就应当赔偿）与给予惩罚（有过错就要受到惩罚）相结合；这些特别归责标准因特定的情况或者损害形式的不同而存有差异，而该项损害赔偿的确定不取决于过错。通常，这些典型案例会涉及每个公民，他们以特别的诉讼手段（民众诉讼）来维护人们普遍的利益。

但是，在这些不同的规范中，仅是"有过错就要受到惩罚"这一原则成为一般性归责原则，而其他规范则适用于以列举方式设想的情况，在发生被设想的情况时，只有运用这些规则才能从各个角度全面地分析新的案情和那些未被包括在法律预见范围内的特殊情况。直到有立法进行干预之前，因无过错而造成的损害始终得不到赔偿。

在任何情况下，根据因果关系一般规则而被确认的"有损害就应当赔偿"的原则，被害人提出请求赔偿的法律制度，不能与建立在个人财产责任（或家庭财产责任、团体财产责任）基础上的罗马法中的责任制度相提并论，迄今为止依然如此，即使在公共利益必须被考虑的情况下，依罗马法的责任制度也不能满足所有的此类赔偿请求。"有损害就应当赔偿"没有演变成法律责任的一项基本原则。

自然，现行的公共保险或私人保险，如社会安全保险等，试图占据一切存在损害的领域，使赔偿者的责任社会化；在它所辖的损害范围内，消除了具体个人要承担责任的逻辑。但是，一方面，在确定标准时，保险保持着对受到损害的被保险人提高保险费的做法，或者保持着保险人对有关的人进行追偿的权利，因此，这里又试图再现由造成损害的人至少要承担一部分财产责任并附带着给予处罚的景象，因而有关过错制度及类型的问题又被重新提了出来。另一方面，尽管保险制度涵盖范围极广，但每种损害却不免总有特殊之处，不是所有的情形都能被预料得到的；一般过错原则和特殊归责间的关系不断地变化着，但是这种关系却又经常不断地存在着；尽管它展示了一些新的情况，但同时又体现出法律制度的持续性。

（七）

《中华人民共和国民法通则》（1986年）第六章（分成四节）对民事责任给予了详细的规定。有关侵权民事责任的一般规则在第1节中被加以规定，合同责任的一般规则也规定在该节中；在第3节中规定了特殊的侵权责任，最后，在第4节中规定了承担民事责任的方式。第106条第2款规定了过错侵权的责任原则，第3款则规定：即使没有过错，但法律规定应当承担民事责任的，也要承担民事责任。如果我理解得正确的话，过错责任原则是一般规则，并以列举式将各种不同的情况作为特殊的归责责任加以补充，对此我们已经在前面强调指出了。

第 107 条规定因不可抗力不承担民事责任,但法律另有规定的除外;第 109 条规定因防止国家利益受到侵害而使侵权人受到必要的和偶然性的损害的人不承担民事责任;第 117 条之后的条款规定了一系列的特殊归责规范,其中第 119 条和第 120 条规定了造成人体伤害和精神损害的民事责任;第 123 条规定了高度危险作业造成损害的民事责任;第 124 条规定了污染环境造成损害的民事责任;第 125 条是有关危及道路安全的行为应当承担民事责任的规定;第 126 条是有关搁置物、悬挂物倒塌、脱落造成伤害产生的民事责任;第 127 条是有关饲养的动物致人伤害的规定;第 128 条是关于防卫过当的规定;第 129 条是关于紧急避险超过必要限度的规定。还有一些法律条文也是很有意思的。

1942 年《意大利民法典》已经脱离了"无过错便无任何责任"的模式,它把过错责任的一般原则与特殊的归责形式结合起来。例如:有关第三人民事责任的规定(该法典第 2047 条是关于民事行为能力人造成损害的规定,第 2048 条规定了父母、监护人、家庭教师、学校教师的民事责任;第 2049 条是关于老板、订货人民事责任的规定;1988 年第 117 号法令是关于对因履行司法公务造成的损害进行赔偿的规定);有关危险物品和危险作业所致民事责任的规定(第 2051 条规定了被看管之物品造成损害所致的责任;第 2052 条是有关动物造成伤害的规定,第 2053 条是有关建筑物倒塌所致责任的规定;第 2054 条第四款是关于因运输工具的运行所致责任的规定;第 2050 条是关于危险作业所致责任的规定;此外,1965 年第 1124 号共和国总统令第 2 条,《航海法》第 482 条、第 469 条也对这方面的问题作出了规定);有关工业产品的风险所致责任的规定(1962 年第 1860 号法令关于和平利用核能源所产生的民事责任的规定;关于环境污染的法律责任的 1986 年第 349 号法令;关于产品质量瑕疵所致损害的法律责任的 1988 年第 224 号共和国总统令)。

除了对意大利的法律制度进行分析外,还应当对其他国家的法律规定进行引证,以便更好地了解其发展趋势。

但我要特别指出的是:对罗马法的探讨是在共同标准的基础上也就是在它的概念、原则以及大量的法律规范的前提之下进行的,对这些问题的共同思索将有助于从中国民法法典化方面来完善法律,而且亦有助于我们各自的法典在相互交流之中得到完善,使之成为体现共同法的经典之作。

罗马法中遗嘱意思表示限制性规则之探究[*]

一、引 言

罗马法学家乌尔比安说："遗产所体现的不是继承人的意志,而是被继承人的意志"(Hereditas enim non heredis personam),[1] 因为对遗产的处置应当是被继承人的事情。因此,遗嘱就成为遗产处置的优先方式。即使在法定继承的规则中,对遗产的处置也往往将被继承人的意志作为一种假想而制约着规则的内容。

罗马法是近现代遗嘱继承制度的主要渊源之一。在罗马法中,遗嘱行为是遗嘱继承制度的基础性行为,没有遗嘱即无遗嘱继承制度。罗马法对遗嘱的关注在其制度体系设计中即可看出:如果我们以最能够被后人所接受的颇具近现代立法逻辑性的《优士丁尼法学阶梯》为分析对象,我们发现罗马法是将遗嘱继承放置在法定继承之前。[2]

显然,这与我们看到的现代私法对遗嘱继承与法定继承的体系安排是不同的。纵观近现代法典化国家的民法典,就继承制度的立法体系设计而言,虽然均涉及法定继承和遗嘱继承的内容,但是却主要以四种立法模式加以体现:第一,"法定继承在先"模式。该模式的特点在于,其立法旗帜鲜明地将法定继承放置在遗嘱继承之前。意大利、阿根廷、巴西、韩国、埃及、葡萄牙和我国有关继承

---

[*] 本文原载于《中国政法大学学报》2016年第3期。

[1] D. 41,1,34 罗马法原始文献:《学说汇纂(第41卷):所有权、占有与时效取得》,贾婉婷译,中国政法大学出版社2011年版,第47页。

[2] 在《优士丁尼法学阶梯》中,在第二卷第10节至第25节都是讨论遗嘱或基于遗嘱而产生的遗产信托问题,而对非遗嘱继承的讨论则是第三卷第1节至第12节的内容。

的立法均采取该模式。[1]

第二,"遗嘱继承在先"模式。与上述模式相同的是,遗嘱在先模式同样地旗帜鲜明,只是在立法体系安排上将遗嘱继承放置在法定继承之前。俄罗斯即采取了该模式,[2]而且较之第一种模式,采取遗嘱在先模式的国家极少。

第三,"继承人在先"模式。该模式没有承继来自于罗马法的法定继承与遗嘱继承为立法体系主线的传统,而是将继承人的规则作为相关立法的起始性规则加以规定。德国、日本即采取了这样的模式。[3]

第四,"遗产为主线"的模式。该模式以遗产为立法主线,全部的继承规则围绕着遗产这条主线被分别加以规定。埃塞俄比亚、加拿大魁北克的民法典即采用了该立法模式。[4]

从上述分析可知,近现代民法典的立法,不把遗嘱继承放置在法定继承之先已成为惯例,但是罗马法原始文献给我们的答案则是相反,遗嘱继承的规则优先于法定继承规则。这不仅与罗马社会在相当长时间内关注身份有联系,而且与我们现代人所熟悉的大量私法制度的设计紧密相连。如果我们仔细研读罗马法中有关继承的原始文献,我们可以发现,遗嘱继承在罗马法的制度规则中占据着重要的地位。在我们耳熟能详的罗马法有关主体资格制度、自然人的法律地位、监护制度、保佐制度、禁治产制度、物的制度、所有权制度、他物权制度、债的制度

---

[1]《意大利民法典》第二编第二章"法定继承",第三章"遗嘱继承";《阿根廷民法典》第四卷有关继承的规则中,法定继承的规则放置于遗嘱继承之前;《巴西民法典》第五编是继承的内容,其中第一章总则、第二章法定继承、第三章遗嘱继承、第四章财产清单和分割;《韩国民法典》第五编第一章的内容主要是法定继承,第二章是遗嘱继承的内容、第三章是特留份;《埃及民法典》在所有权取得中,以继承和遗产清算、遗嘱为先后顺序分别加以规定,其中遗嘱的内容与继承被并列而置,由此可知,所谓的继承,仅指法定继承;《葡萄牙民法典》第五卷第一编继承总则、第二编法定继承、第三编特留份继承、第四编遗嘱继承;《中华人民共和国继承法》第一章总则、第二章法定继承、第三章遗嘱继承和遗赠、第四章遗产的处理。

[2]《俄罗斯民法典》第五编第六十二章是"遗嘱继承",第六十三章是"法定继承"。

[3]《德国民法典》第五编第一章继承顺序、第二章继承人的法律地位、第三章遗嘱、第四章继承合同、第五章特留份、第六章继承权的丧失、第七章继承的抛弃、第八章继承证书、第九章遗产买卖。其中惟第三章涉及遗嘱继承的内容;《日本民法典》第五编第一章总则、第二章继承人、第三章继承的效力、第四章继承的承认及放弃、第五章财产的分离、第六章继承人的不存在、第七章遗嘱、第八章特留份。其中第二章至第六章涉及的多为法定继承的内容,第七章是遗嘱继承的内容。

[4]《埃塞俄比亚民法典》第五编继承,第一章遗产的转移、第二章遗产的清算、第三章遗产的分割、第四章遗产的协议,其中有关遗嘱的内容被放置在第一章遗产的转移中。《魁北克民法典》第三编第一章继承的开始和继承资格、第二章遗产的转移、第三章遗产的法定转移、第四章遗嘱、第五章遗产的清算、第六章遗产的分割。其中惟第四章涉及遗嘱继承的内容,其他各章内容多涉及法定继承的内容。

中，往往多有直接或间接的表意人的遗嘱在其中不断闪现。因此，梅因在其《古代法》中告诉我们："……如果想要表示出历史的研究方法的优越性，……则'遗嘱'在'法律'的一切部门中，是一个最好的例子。"[1]

遗嘱行为中最核心的内容即是意思表示。罗马法的原始文献在遗嘱意思表示规则方面有相当多的内容值得我们研究与关注，其更重要的价值在于对现代法中遗嘱制度的完善之启发。

二、罗马法中遗嘱意思表示限制性规则的基础理念：有限度的遗嘱自由

在现代法学理论上，遗嘱被视为人们对自己的财产于其死后的走向做出安排的意思表示。遗嘱的基础是作出意思表示的自由，理论上称之为"遗嘱自由"。那么，作为近现代遗嘱继承制度的渊源之一，罗马法是否存在着遗嘱自由？

或许如下原始文献的内容可以给我们一定的启示：

例一：盖尤斯曰："在遗嘱中，被继承人也可以约束其继承人不要加高（被继承人的）建筑，不要遮挡邻居的采光，要容忍他人在他的墙上搭一根横梁，或者容忍他人排入他土地上的水，或者容忍邻居个人通行或者运输通行经过被继承人的土地或者继承人的土地，或者从他的土地上引水。"[2]

例二：盖尤斯认为："如果父亲剥夺儿子的继承权，他应当以点名的方式剥夺；否则，不被认为实行了剥夺。以下列方式实行剥夺则被视为以点名的方式剥夺继承权：'提兹，我的儿子，被剥夺继承权'或者说：'我的儿子被剥夺继承权'，不必增加他本人的名字"，[3] "合法订立的遗嘱也可能因相反的意愿而被撤销。"[4]

例三：西塞罗在其年轻时期的著作《论取证》中谈到一个母子就继承遗产发生争议的案例，其争议是来自于儿子的父亲在立遗嘱时有一段文字含糊不清的表达，即父亲临死前立遗嘱，指定儿子为财产继承人，同时又嘱咐儿子要分出一定数量的"认为合适的"财物给遗嘱人的妻子。父亲死后，儿子和母亲发生争

---

[1] [英]梅因：《古代法》，沈景一译，商务印书馆1984年版，第98页。

[2] 罗马法原始文献 D. 8, 4, 16，参见罗马法原始文献《学说汇纂第8卷·地役权》，陈汉编译，中国政法大学出版社2009年版，第67页。

[3] 罗马法原始文献 Gaio I. 2, 127，[古罗马]盖尤斯：《法学阶梯》，黄风译，中国政法大学出版社2008年版，第122~124页。

[4] 罗马法原始文献 Gaio I. 2, 151，[古罗马]盖尤斯：《法学阶梯》，黄风译，中国政法大学出版社2008年版，第96页。

执，母亲要求她认为质量好的财物，儿子则声称他可以拿出他自己认为合适的财物。[1]

例四：西塞罗在其《论演说家》中提到一个案例：一个士兵阵亡的虚假消息从军队传到他的家里，他的父亲信以为真，便修改了自己的遗嘱，按照自己的想法决定了继承人。在父亲去世后不久，该士兵回到了家中。他作为儿子，虽然由于遗嘱而失去了继承权，但仍按照法律程序，要求得到父亲的遗产。这个案件交由百人团法庭审理。西塞罗认为：就法庭而言，实际上这个案件提出的是公民权问题。[2]

上述所举之例，虽然涉及不同的事实，但是有其共同特点：①均涉及遗嘱；②立遗嘱人有其表达意愿的自由权利，比如遗嘱人可以对继承人提出自己的要求、父亲可以按照自己的意愿剥夺儿子的继承权、遗嘱人可以依自己的想法给继承人以一定的负担、遗嘱人可以变更遗嘱内容等；③遗嘱人立遗嘱行为的自由度受到法律的制约。

遗嘱自由之所以在罗马法中是一个基本的制度规范，乃是罗马人对自由的极度关注与理性思维致自由在罗马法中成为一种重要的理念。但是，罗马人对自由的关注，有其独特的背景，即罗马社会的人划分为不同的社会身份并形成强烈的身份意识。如果以是否具有依照自己意志从事活动的资格为观察标准，一方面，"一切人不是自由人就是奴隶"[3]；另一方面，在自由人中又会被划分为自权人和他权人。惟自由人中的自权人才具有完全按照自己意志进行活动的资格。

（一）罗马法中的自由权观

在罗马法中，自由权（LIBERTATIS）被认为是人最重要的权利。保罗曰："自由权是不可估价的东西。"（Libertas inaestimabilis res est）[4] 根据佛罗伦汀的分析，自由权之所以重要，是因为"自由权是这样一种自然权利：每个人可以做自己想做的事情，除非受到法律或其他强力的禁止"（Libertas est naturalis facultas

---

[1] [古罗马]西塞罗：《论演说家》，王焕生译，中国政法大学出版社2003年版，第28页脚注。

[2] [古罗马]西塞罗：《论演说家》，王焕生译，中国政法大学出版社2003年版，第35页。

[3] 罗马法原始文献 I. 1, 3pr.；[古罗马]优士丁尼：《法学阶梯》，徐国栋译，中国政法大学出版社2005年版，第12页。

[4] 罗马法原始文献 D. 50, 17, 106；[意]桑德罗·斯奇巴尼选编：《人法》，黄风译，中国政法大学出版社1995年版，第36页。

eius quod cuique facere libet, nisi si quid vi aut iure prohibetur).[1]

罗马法学家们这种对自由权的认识,在罗马法的原始文献中突出体现在四个方面:

第一,对奴隶制度的法学评价:在人类历史的演进过程中,奴隶制的出现是一个无法避免的社会现象。这从拉丁文"奴隶"(servitu)一词来源于"战俘"(servis)就能够看出其端倪。因为自原始社会,人类之间不断的战争引发了奴隶的产生。但是,在罗马社会相当多的法学家们的评价中,奴隶制因其对人的自由权的否定而具有了反自然法的属性。例如佛罗伦汀认为:"奴隶产生于万民法制度,某人因此而处于受他人所有权支配的、违反自然法的地位。"[2] 而乌尔比安则更直接地指出:"根据市民法的规则,奴隶什么都不是。但是,根据自然法,情况并非如此,因为,根据自然法的规则,一切人都是平等的。"(Quod attinet ad ius civile, servi pro nullis habentur: non tamen et iure naturali, quia, quod ad ius naturale attinet, omnes homines aequales sunt.)[3] 因此,乌尔比安同意阿里斯多的看法:"奴隶下葬的地方也是神息地。"[4]

第二,对案件的处理:在审理案件时,如果对案件裁判的结果有不同意见并且又涉及自由权的问题时,在不同意见者的人数相等,或者作出证词有利于自由权和不利于自由权的证人人数相等的情况下,按照赫尔莫杰尼安在其《法学概要》中提出的具有法律效力的观点,"应当作出有利于自由权的判决"[5]。

第三,对自由权的法律救济:在罗马法中,裁判官法中有一个"维护自由权的交出(exhibere)令状"。当裁判官要求"你交出被你恶意拘禁的自由人"时,[6] "交出"的意思是指要使该人能够公开在人们的面前使得人们可以看见

---

[1]、罗马法原始文献 D. 1, 5, 4pr.;[意] 桑德罗·斯奇巴尼选编:《人法》,黄风译,中国政法大学出版社 1995 年版,第 35 页。

[2] 罗马法原始文献 D. 1, 5, 4, 1;[意] 桑德罗·斯奇巴尼选编:《人法》,黄风译,中国政法大学出版社 1995 年版,第 37 页。

[3] 罗马法原始文献 D. 50, 17, 32;[意] 桑德罗·斯奇巴尼选编:《人法》,黄风译,中国政法大学出版社 1995 年版,第 37 页。

[4] 罗马法原始文献 D. 11, 7, 2pr.;[意] 桑德罗·斯奇巴尼选编:《人法》,黄风译,中国政法大学出版社 1995 年版,第 37 页。

[5] 罗马法原始文献 D. 40, 1, 24pr. 1;[意] 桑德罗·斯奇巴尼选编:《人法》,黄风译,中国政法大学出版社 1995 年版,第 36 页。

[6] 罗马法原始文献 D. 43, 29, 1pr.;[意] 桑德罗·斯奇巴尼选编:《人法》,黄风译,中国政法大学出版社 1995 年版,第 89 页。

并触摸到,其后,"交出"的意思被解释为不得隐藏。[1] 乌尔比安认为:"发布这种令状是为了维护自由权,即为了保障自由人不受任何人的拘禁。"[2] 同时他解释自由人的范围是指所有的自由人,无论性别、人数或者自权人还是他权人,[3] "所有的人均可以要求获得这种保护令状,因为不应当禁止任何人追求自由"[4]。

第四,对遗嘱的形成上:有资格立遗嘱之人可以按照自己的判断来决定身份与财产的继受者。这是自由权的重要体现之一。即使是在早期市民法所确认的以非秘密形式立遗嘱[5]的规则中,亦包含着强烈的对遗嘱设立自由和遗嘱内容自由的认知与认可。

(二)限制:罗马法中遗嘱自由的相对性

在罗马社会,遗嘱的出现固然由立遗嘱人的意志所决定,但是,无论是习惯法还是成文法亦对遗嘱有诸多限制。故而无所谓遗嘱的绝对自由。其限制主要表现为:

1. 遗嘱目的的限制。罗马时代的法学家保罗曾经指出:"人们给任何东西,要么是为了一个结果,要么是由于一个原因。"(Omne quod datur aut ob rem datur aut ob causam)[6] 罗马遗嘱继承制度突出体现了这个结论。通过遗嘱,或者立遗嘱人的身份得到了继受,或者财产得到了继受。尤其是身份的继受,这是罗马社会的遗嘱继承制度在其演进过程中所发挥的一个重要功能。

对身份的关注是古代社会的普遍现象。罗马社会亦概莫能外。在罗马社会,维系身份的传承和将财产保留在家族内部在相当长时间内是有立遗嘱资格之人的

---

[1] 罗马法原始文献 D. 43, 29, 3, 8;[意]桑德罗·斯奇巴尼选编:《人法》,黄风译,中国政法大学出版社1995年版,第90页。

[2] 罗马法原始文献 D. 43, 29, 3, 1;[意]桑德罗·斯奇巴尼选编:《人法》,黄风译,中国政法大学出版社1995年版,第89页。

[3] 罗马法原始文献 D. 43, 29, 3, 1;[意]桑德罗·斯奇巴尼选编:《人法》,黄风译,中国政法大学出版社1995年版,第89页。

[4] 罗马法原始文献 D. 43, 29, 3, 1;[意]桑德罗·斯奇巴尼选编:《人法》,黄风译,中国政法大学出版社1995年版,第91页。

[5] 即盖尤斯在其《法学阶梯》中阐述的民众会议遗嘱(testamentum calatis comitiis)、战前遗嘱(testamentum in procinctu)和称铜式遗嘱亦称要式秘密遗嘱(testamentum per aes et libram),参见盖尤斯《法学阶梯》第二编101和102。相关分析,亦可参见费安玲:《罗马继承法研究》,中国政法大学出版社2000年版,第136~152页。

[6] 罗马法原始文献 D. 12, 5, 1pr;罗马法原始文献《学说汇纂第12卷·请求返还之诉》,翟远见译,中国政法大学出版社2012年版,第129页。

使命。因此，体现在遗嘱中的内容就主要表现为将某个人指定为承担罗马家庭或家族责任的继承人，而财产的继受则是次要的。即使是被元老院任命为终身执政官的恺撒，其遗嘱也充分彰显出这个特点。公元前44年，55岁死于谋杀的恺撒的遗嘱被公开，其甥孙屋大维被立为恺撒的养子并被指定为继承人，继承恺撒家族姓氏。[1] 这种情形直到罗马社会后期的优士丁尼时代才逐渐改变。遗嘱中的财产继受逐渐成为遗嘱的主要内容。这种现象是罗马人的遗嘱继承制度所体现出的从"家的遗嘱"到"个人遗嘱"的演变。"家的遗嘱"重点体现着遗嘱人以维系罗马家庭或家族为目的将财产保留在罗马家庭或家族内而设立遗嘱的意志。"个人遗嘱"则体现着身份继受的衰微和立遗嘱人个人意志表现得越发强烈，遗产分配越来越体现出遗嘱人的自由意志。从法律的规则看，在罗马社会后期，通过遗嘱方式较为自由地将财产分配给其指定的继承人或者家外人的情形越来越多，且受到保护。因此，立遗嘱人将财产给家外人的遗赠在罗马法的规则体系中占据着越来越重要的地位。

2. 遗嘱意思表示的内容与形式限制。从遗产必须留于罗马家庭内到遗嘱人相对自由地分配遗产，自由的理念固然在其中发挥着重要作用。但是，在罗马社会中，遗嘱自由从来都不是绝对的。在罗马皇帝致大区长官乔万尼（Giovanni）的批复中，我们可以看到这样一段话："我们在任何情况下都不允许任何一个处于父权之下的人立遗嘱。综观有关家子的旧法，如果并非特殊情况，不允许他们以任何方式立遗嘱的原则同样适用于已依法被赋予了遗嘱能力的人。"[2] 在这个片断中，不仅强调了优士丁尼之前的法律所设立的遗嘱人资格的原则，而且强调：在并非法律规定的特殊情况下，即使那些被依法赋予在特殊情况下有遗嘱权的人依然要遵循一般原则，不得立遗嘱。所谓被依法赋予在特殊情况下有遗嘱权的人，是指那些占有军役特有产和准军役特有产的人，他们可以依法立遗嘱，但是，遗嘱所涉及的标的物仅限于军役特有产和准军役特有产范围内。因此，自由必须有一定的限度，即使是对遗产有支配资格的人，如果其行为超过了规则限度，则被视为是一种权利滥用，而"使任何人不滥用自己的物，乃系公共利益之

---

[1] [古罗马]阿庇安：《罗马史（上册）》，谢德风译，商务印书馆1979年版，第120页。
[2] 罗马法原始文献 C. 6, 22, 11, 1；[意]桑德罗·斯奇巴尼选编：《人法》，黄风译，中国政法大学出版社1995年版，第4页。

所在"。(expedit enim rei publicae ne, quis re sua male utatur)[1]

三、罗马法中对遗嘱意思表示的限制

一方山水培育出一方制度规则，在古代社会更是如此。罗马人对遗嘱的限制，渊源于其当时的经济、文化甚至战争，同时也是其对法律现象进行理性和务实思考的结果。笔者对罗马法中意思表示限制性规则的分析主要从如下三个方面展开：

（一）遗嘱表意人的能力之限制

盖尤斯在其《法学阶梯》中曾经强调："如果我们想审查遗嘱是否有效，首先我们应当看看立遗嘱的人是否具有立遗嘱的资格。"[2] 遗嘱表意人的能力系指立遗嘱的能力（testamenti factio activa），它是指特定主体依法律之规定有权通过遗嘱形式指定继承人的资格。在罗马社会相当长的时间内，以遗嘱方式指定继承人是最为重要的目的，而遗嘱人决定自己财产在死后的走向之意愿是被"捆绑"在指定继承人的意愿上的，作为指定继承人的附属意愿而存在着。

在罗马时代，对遗嘱表意人的能力有其特有的限制性要求：

1. 立遗嘱人不得是处于父权之下的人。处于父权之下的罗马家庭成员如家子等并没有独立人格，是依附于家父的自然人。至于奴隶，则是没有婚姻资格和交易资格的自然人，根本不可能有独立人格。尽管随着社会的发展，法律对处于父权之下的人给予愈来愈多的法律行为的资格和法律救济，但是，在立遗嘱的资格上，却始终被严格限制。在盖尤斯的作品所记载的内容中十分清楚地体现了这一点。无论是市民法的规定，还是行省告示均明确强调："处于父权之下的人没有遗嘱权。即使家父允许他立遗嘱，但是，他不能合法地为之。"[3] 到优士丁尼时代，这一规定依然十分严格，在优士丁尼皇帝时失效。[4]

应当说，这与罗马人对遗嘱权性质的认识有密切关系。在罗马法的原始文献中，对遗嘱权的性质，帕比尼安有一个著名的观点："遗嘱权（testamenti factio）

---

[1] 罗马法原始文献 J. 1, 8, 2；[古罗马]优士丁尼：《盖尤斯法学阶梯》，徐国栋译，中国政法大学出版社 2005 年版，第 37 页。

[2] 罗马法原始文献 Gaio. I. 2, 114；[古罗马]盖尤斯：《盖尤斯法学阶梯》，黄风译，中国政法大学出版社 2008 年版，第 118 页。

[3] 罗马法原始文献 D. 28., 1, 6pr.；[意]桑德罗·斯奇巴尼选编：《民法大全选译Ⅱ·遗产继承》，费安玲译，中国政法大学出版社 1995 年版，第 4 页。

[4] 罗马法原始文献 C. 3, 28, 37, 1f.；[意]桑德罗·斯奇巴尼选编：《民法大全选译Ⅱ·遗产继承》，费安玲译，中国政法大学出版社 1995 年版，第 5 页。

不是一种私权,而是一种公法之权。"这是因为在罗马社会相当长时间内,遗嘱首先涉及的是罗马人关注的身份继承。

2. 届满法定年龄。年龄在法律行为中始终是一个被格外关注的问题。年龄不仅在现代法中是与行为能力紧密相联的要素,是判断行为人是否具有行为能力的重要标准之一,而且在罗马法中也是判断遗嘱表意人能力的要件之一。罗马法的立遗嘱年龄与其所规定的适婚年龄相吻合,即"男性满14岁,女性满12岁显然更为恰当"。[1] 同时,乌尔比安在他的作品《论萨宾》中进一步分析了这个问题:"问题是:就立遗嘱而言,男性是必须超过14岁还是刚满14岁即可立遗嘱?例如:出生于1月1日的男性,在他14岁生日这一天立了遗嘱,那么该遗嘱是否有效?我认为它有效。"[2] 这说明,在罗马法学家的解释中,届满法定年龄的当日被计入在能够立遗嘱的年龄之内。

3. 遗嘱表意人应当有可供其处置的财产。财产的存在是实现继承目的的重要媒介,如果没有财产,罗马社会的身份继承也就失去了其权威性。即使是依特别法的规定在一定范围内享有立遗嘱权的人,其权利范围依然突出地体现在财产上,如依皇帝的特别许可,作为军人,尽管他是处于父权下的家子,但是他可以摆脱一般法律的约束而立遗嘱,不过,他只能是就自己占有的军役特有产或准军役特有产立遗嘱,超过这一个财产范围,其所立遗嘱无效。

从罗马时代走入现代法时代,我们发现,虽然历史的变迁已经跨越了两千多年,但是,罗马人对遗嘱表意人能力要求的逻辑思考对我们有着不可忽略的影响,也就是说,除去罗马时代特有的家父权力观点外,罗马人对遗嘱表意人能力的思考依然在现代社会中有其存在价值。以中国法为例,对遗嘱表意人的资格与能力强调:①必须是完全行为能力人。"无行为能力人或者限制行为能力人所立的遗嘱无效"(《继承法》第22条第1款)。②必须有财产所有权可支配。继承法对遗嘱的解释对此有明显的彰示,即立遗嘱的目的在于"处分个人财产"。

在罗马法的规则中,对立遗嘱人的主体资格限制有明确规定:

第一,因生理缺陷而受到限制的人,具体包括聋哑人和失明人。自然人因其听觉器官受损致使其听觉器官不能正常接收来自于他人发音器官的空气振荡者为

---

[1] 罗马法原始文献 D. 28, 1, 5;[意]桑德罗·斯奇巴尼选编:《民法大全选译Ⅱ·遗产继承》,费安玲译,中国政法大学出版社1995年版,第5页。

[2] 罗马法原始文献 D. 28, 1, 5;[意]桑德罗·斯奇巴尼选编:《民法大全选译Ⅱ·遗产继承》,费安玲译,中国政法大学出版社1995年版,第5页。

聋人，或者因发音器官存在生理上的缺陷，导致发音器官不能正常进行空气振荡使他人感知自己的意思者，为哑者。失明人是指丧失视觉的人。这些人在其实施法律行为时，不可避免地会遇到法律上的障碍。在早期罗马法中，明确规定："聋者与哑巴不能立遗嘱。"[1]尤其是罗马法中最早的遗嘱形式是民众会议遗嘱和战前遗嘱，均要求立遗嘱人当着众人的面以语言的形式阐释或者宣读自己的遗嘱；至于后来的称铜式遗嘱，更要求立遗嘱人必须说固定的语言。这显然是聋者和哑者所不能做到的。"显而易见，哑人既不能提出要式口约，也不能在要式口约中承诺。同样的规则也适用于聋人；因为提出要约的人需要听取承诺人的回答，承诺人也同样需要听取要约人的话语"[2]。在优士丁尼《法学阶梯》中失明人不得立遗嘱的规定依然存在，[3]但是，对聋哑人限制的坚固程度发生了松动，"聋哑人不总是能立遗嘱的。聋子是指完全丧失听觉而不是听觉有困难的人，哑巴是指根本不能说话而不是说话有困难的人。其实，学识渊博的人，由于各种偶然事故，往往也会丧失听说能力。因此，本皇帝谕令给这些人予以救助，允许他们按照谕令的规定，在一定场合和采取一定方式立遗嘱"[4]。在该片断中，我们发现：优士丁尼将聋哑人的涵义进行了缩小解释，强调完全丧失听觉或语言能力，这对于那些并非真正完全丧失听觉或语言能力的人而言，依然可以在法律允许的范围内立遗嘱。此外，正如盖尤斯和优士丁尼均指出的那样：如果在遗嘱人立遗嘱之后，由于疾病或者由于任何其他特殊的原因如发生事故等，使立遗嘱人变成了哑者或聋者，其所立遗嘱依然有效。[5]

或许有人认为这是罗马法对残疾人的歧视性规定，不过笔者认为，这恰是罗马人求实态度的体现：一方面罗马法学家们正视残疾人在立遗嘱方面存在的问题，另一方面通过法技术来解决相关的问题。因此，用"歧视"一词以一言以蔽之的方式对罗马法中有关残疾人遗嘱意思表示限制性规则作出评价难免有些武

---

[1] 罗马法原始文献 D. 28, 1, 6, 1.；[意]桑德罗·斯奇巴尼选编：《民法大全选译Ⅱ·遗产继承》，费安玲译，中国政法大学出版社 1995 年版，第 5 页。

[2] 罗马法原始文献 Gaio. I. 3, 105；[古罗马]盖尤斯：《盖尤斯法学阶梯》，黄风译，中国政法大学出版社 2008 年版，第 234 页。

[3] 罗马法原始文献 Inst. 2, 12, 4；[古罗马]优士丁尼：《法学阶梯》，徐国栋译，中国政法大学出版社 2005 年版，第 187 页。

[4] 罗马法原始文献 Inst. 2, 12, 3；[古罗马]优士丁尼：《法学阶梯》，徐国栋译，中国政法大学出版社 2005 年版，第 187 页。

[5] 罗马法原始文献 Gaio. 3, 105；Inst. 2, 12, 3

断和缺乏分析的耐心。

第二，因精神心智有缺陷而受到限制的人，具体包括：①未成年人。乌尔比安强调：未成年人不能立遗嘱。[1] 这是因为他们过小的年龄极大影响了他们对行为的判断力和预见力。盖尤斯也认为："实际上，幼儿和少年与精神病人没有很大差别，因为那个年龄的未成年人不具有任何识别能力。"[2] 在社会经济交易活动中，如果未成年人在获得监护人许可的情况下，他可以合法地进行一切交易，比如他使自己负债,[3] 但是鉴于立遗嘱行为不仅被罗马法学家认为是一种公法上的能力，而且确实对立遗嘱人的财产去向至关重要，故必须加以严格限制。②精神病人。《十二表法》中即已经规定精神病人自己不得独立实施对自己的身体和财产加以保护的行为，而是为其设立保佐人（《十二表法》第 5 表第 7 项）。同样，早期罗马法即已限制精神病患者立遗嘱的资格。不过，在优士丁尼时代，对精神病人立遗嘱能力作出了细致划分，在《法典》中我们可以看到优士丁尼就这个问题给大区长官尤里安的批复，该批复强调："尽管先人们对精神病人在其头脑清醒时是否可以决定其最终意愿存有疑虑，但是，我和过去的皇帝认为是可以的。现在，我们应当就另一个亦使古人疑虑的问题即遗嘱人开始立遗嘱时变为精神病人的情况作出规定。""我们规定：一名遗嘱人在其实施立遗嘱行为时变为精神病人，其所立的遗嘱无效。但是，如果是在他头脑清醒时立了遗嘱或者表达了最终意愿，或者上述行为是在他头脑清醒的时间内开始所为而行为结束时他的精神病状态尚未治愈，我们认为他的遗嘱或者最终意愿之表达应当有效。当然，他要遵守法律规定的立遗嘱的规则。"[4] 也就是说，精神病患者在患病间歇期间所立遗嘱是有效的，因为此时他的神志是清醒的。精神病人在发病期间不得立遗嘱，是因为其缺乏理智而不能理解他所做的事情，即发病中的精神病人因为在精神健康状态上存在瑕疵，使得他对自己的行为缺乏相应的预见力和判断力。③浪费人。这是指因其挥霍无度而被禁止管理自己事务的人。在其被禁止管理的事务中，包括禁止他对自己的财产进行管理和处分的行为，因此，浪费人

---

[1] 参阅 Ulp. Fragm. 20. 10
[2] 参阅 Gaio. I. 3, 109
[3] 参阅 Gaio. I. 3, 107
[4] 参阅罗马法原始文献 C. 6, 22, 9pr, 1；[古罗马] 优士丁尼：《法学阶梯》，徐国栋译，中国政法大学出版社 2005 年版，第 187 页。

不能立遗嘱。但是，在被禁止管理自己事务之前所立的遗嘱，依然有效。[1] 对浪费人的遗嘱意思表示能力加以限制，与设计浪费人制度的宗旨是吻合的。如果允许浪费人可以自由地设立遗嘱，则可能将浪费人管控财产的禁止性规则撕开一个裂口或出现导致该制度溃堤的"管涌"式的制度漏洞。

第三，其他法律规定立遗嘱能力被限制的人。这些人主要包括：①被敌人俘虏的人。在罗马法中，被敌人俘获的人，因被认为在被俘获期间丧失了自由权和罗马市民身份，其民事行为能力存在了瑕疵，[2] 故如果他"在敌人处立了遗嘱，尽管他已返回家园，但是，该遗嘱无效"。[3] 但是，如果他在被敌人俘获之前已经立了遗嘱，那么尽管他在战时被俘，不过后来又逃离敌营返回罗马，则基于"复境权"[4] 而视为从未丧失其自由，则他所立的遗嘱依然有效。此外，根据《扩尔耐利亚法》（Lex Cornelia）[5]，如果被敌人俘获的人死于敌人处，其在被俘获之前所立遗嘱有效。[6] ②被处刑罚的人。"如果某人被放逐（si aqua et igni interdictum sit），他在被放逐之前和之后所立的遗嘱无效，而且在被判处放逐时他的财产亦要被没收（publicari）；或者，如果这些财产不产生收益，则被给予债权人。"[7] "被判处监禁或者斗兽者或者采矿劳役之人将丧失自由而且其财产充公。因此，他们显然要丧失立遗嘱的能力。"[8] ③身份不明确者。这是指在罗马市民法上，某人是自由人、抑或是处以父权之下的身份没有被确定，存在着疑

---

[1] 罗马法原始文献 Inst. 2, 12, 2；［古罗马］优士丁尼：《法学阶梯》，徐国栋译，中国政法大学出版社 2005 年版，第 82 页。

[2] 民事行为能力的享有以自由权和罗马市民身份的享有为重要条件。

[3] 罗马法原始文献 D. 28, 1, 8pr；［意］桑德罗·斯奇巴尼选编：《民法大全选译Ⅱ·遗产继承》，费安玲译，中国政法大学出版社 1995 年版，第 5 页。

[4] 所谓"复境权"（ius postliminii），是罗马法中的一项法律制度，它是指当被敌人俘获的罗马人以任何方式返回祖国并重新定居下来时，其原来享有的罗马人的权利被恢复。"复境权"一词的拉丁文是由"post"（权）和"limina"（入境之后）所构成。

[5] 公元前 18 年在扩尔耐利亚·苏拉统治期间通过的民众会议决议，其主要内容之一是规定了：立遗嘱能力的丧失不影响在有能力时所立遗嘱的有效。

[6] D. 28, 1, 12；［意］桑德罗·斯奇巴尼选编：《民法大全选译Ⅱ·遗产继承》，费安玲译，中国政法大学出版社 1995 年版，第 5 页；Inst. 2, 12, 5；［古罗马］优士丁尼：《法学阶梯》，徐国栋译，中国政法大学出版社 2005 年版，第 82 页。

[7] 罗马法原始文献 D. 28, 1, 8, 1；［意］桑德罗·斯奇巴尼选编：《民法大全选译Ⅱ·遗产继承》，费安玲译，中国政法大学出版社 1995 年版，第 6 页。

[8] 罗马法原始文献 D. 28, 1, 8, 4；［意］桑德罗·斯奇巴尼选编：《民法大全选译Ⅱ·遗产继承》，费安玲译，中国政法大学出版社 1995 年版，第 6 页。

问或者极易导致他人误解,则根据比友皇帝的批复,这样的人不能立遗嘱。[1]
④妇女。在罗马法中,妇女被作为一个另类。也就是说,法律的一般规定并不当然适用于妇女。其原因在于,在早期罗马法中,妇女被列为限制民事行为能力人,即使是成年的女性,依然要始终处于男性的监护之下——为女儿时处于父亲的监护之下,出嫁后处于丈夫的监护之下,丈夫死了处于成年儿子的监护之下。这种制度的立法价值取向据说是"妇女因心灵轻浮而常常容易受骗,因而通过监护人的许可对她们加以指定是公正的",[2] 对这种说法,盖尤斯认为:"这种规定看起来是华而不实的。""似乎没有什么扎实的理由支持这个观点。"[3] 但是这种制度却实实在在地在罗马法发展的过程中存续了数百年。西赛罗为执政官期间提出了妇女可以在一定条件下立遗嘱,即该妇女脱离了与她的家庭的关系而依附于一个家外人的权力之下。这就是罗马法中有名的买卖婚。它是通过要式买卖这样一种虚拟的买卖形式,使妇女归顺于夫权。后来,元老院根据哈德良皇帝的倡议取消了实行这种买卖婚的必要性并允许妇女在没有实施买卖婚的情况下立遗嘱,只不过要求立遗嘱的女子之年龄不得小于12岁。但是那些尚未摆脱监护人的妇女必须经监护人的许可立遗嘱。这显然是一个相当大的进步。盖尤斯甚至认为这样的规定似乎使得女性比男性处于更加优越的条件之中,因为不满14岁的男性不能立遗嘱,即便他希望在监护人的许可下立遗嘱依然是幻想,但是女性在12岁后即获得了立遗嘱权。[4] 但是,由于可供女性处分的财产和权力极为有限,这种立遗嘱权的获得之价值并不是很大。

显然,罗马社会对遗嘱表意人能力的限制,虽然有罗马特有文化因素的影响,如对身份不明者和女性的限制等,但是更多的是对意思表示能力的客观性思考。这些思考对后世的启发与直接影响不容忽视。

现代继承法中强调遗嘱的自愿性和可变性,即是否设立遗嘱以及遗嘱的内容完全取决于立遗嘱人自己的意志,而且立遗嘱人在完成立遗嘱的行为后,依然有权根据情势变化和自己意愿的改变将遗嘱内容进行调整。遗嘱的这两个特征均与

---

[1] 罗马法原始文献 D. 28,1,15;[意]桑德罗·斯奇巴尼选编:《民法大全选译Ⅱ·遗产继承》,费安玲译,中国政法大学出版社 1995 年版,第 7 页。

[2] 罗马法原始文献 Gaio. I. 1, 190

[3] 罗马法原始文献 Gaio. I. 1, 190

[4] 罗马法原始文献 Gaio. I. 2, 113

遗嘱表意人的能力有关。近现代大陆法系国家在遗嘱表意人的年龄[1]、行为能力[2]以及精神状态[3]等方面的规定，对罗马法规则有着明显的继受。

但是，现代法与罗马法有一个明显的不同之处是，现代法更加关注对人的尊重、对人的意愿的尊重。对那些有生理缺陷的享有财产所有权的自然人，法律并没有限制其按照自己可以进行意思表示的方式来表达自己遗嘱意愿的可能。例如，在我国的相关立法和司法实践中，如果是具有完全行为能力的聋哑人、失明人立遗嘱，不仅可以自由采用自书方式、有两名以上证人的代书等方式，而且可以在遗嘱人请求进行公证遗嘱时，全部辅以录音或录像形式，以确保他们的意思表示被真实记载下来。

（二）遗嘱意思表示内容与形式的关系之限制

就遗嘱意思表示内容而言，表意人是否具有法律保护的表意能力是判断意思表示内容能否有效的前提。而在罗马法中，罗马人对遗嘱形式则给予格外关注。

在罗马法中，立法者对包括立遗嘱方式在内的遗嘱形式所给予的关注，可以说是到了极点。这样做的目的很明确："为了保证遗嘱的真实性，以免发生欺诈。"[4] 罗马法的规则是允许遗嘱人以口头和书面形式立遗嘱，但是一切均须按照法律规定的方式和程序进行，而且在不同时期对方式和程序的规定亦有差异。

在罗马早期社会的民众会议遗嘱（testamentum calatis comitiis）和战前遗嘱（testamentum in procinctu），在形式上有明显的共同点：遗嘱表意人当众以口头形式公开自己的遗嘱内容。在场者凡没有法律禁止作为证人情形的，均是遗嘱的证人。由上可知，在罗马早期社会中，遗嘱具有必须公开性、口头性和遗嘱证人众多性等特点。[5] 这些对遗嘱的形式要求使得遗嘱人的意思表示不易产生非真实性问题。

由于这两种遗嘱形式均不能满足一般民众的需要，故在公元前1世纪前后退

---

[1] 例如《法国民法典》第903条和第904条、《德国民法典》第2229条、《瑞士民法典》第468条、《日本民法典》第961条、我国《民法通则》第11条等。

[2] 例如《法国民法典》第902条、《德国民法典》第2229条、《瑞士民法典》第468条、《意大利民法典》第591条、我国《民法通则》第12条等。

[3] 例如《德国民法典》第2229条、《意大利民法典》第591条、我国《民法通则》第12条和第13条等。

[4] Inst. 2, 10, 4；[古罗马] 优士丁尼：《法学阶梯》，徐国栋译，中国政法大学出版社2005年版，第76页。

[5] Pasquale Voci, *Diritto ereditario romano（II）*, GIUFFRE, 1967, 50p.

出了历史舞台。

从公元前2世纪到罗马帝国时期之前,产生了著名的要式买卖遗嘱(testamentum per aes et libram,又称铜式遗嘱)。它以铜和秤作为立遗嘱的道具,除了"首先应当看看立遗嘱的人是否具有立遗嘱的资格"[1]以外,更要求对立遗嘱的要式行为的审查,具体要求是:①必须以要式买卖的方式进行立遗嘱的意思表示,即必须当着5名成年罗马人和1名司秤的面,并且必须以固定的语言表达自己立遗嘱、指定继承人等重要遗嘱内容的意思表示;②必须有法律认可的证人在场作证。

但是,繁琐的形式无法满足社会发展的要求,故裁判官根据社会生活的实际需要,取消了要式买卖遗嘱的繁琐形式,创设了一种新的并且简单的简式立遗嘱方式。人们将其命名为"裁判官遗嘱"(testamentum praetorium)。裁判官在告示中规定,允许立遗嘱人在立遗嘱时可以不再考虑必须遵循5个证人、1名司秤以及必须表达固定格式的语言等一套繁杂的程式。只要继承人能够提交盖有至少7名证人印章的密封遗嘱,则裁判官将赋予遗嘱中指定的继承人以请求占有遗产的权利,这种遗产占有被称为"依遗嘱的遗产占有"(bonorum possessio secundum tabulas)[2]。

上述遗嘱形式是完全属于罗马人的。真正对现代法有影响的是优士丁尼时代出现的遗嘱形式。优士丁尼时代的法律,继受了裁判官法的规定,同时亦采纳了有利于保障遗嘱真实性的市民法和皇帝谕令的有关规定,使得遗嘱在意思表示的形式方面既能够满足保障遗嘱真实性和安全性的需要,又能够满足尽可能简化的要求。

在优士丁尼时代,遗嘱被划分为私式遗嘱和公式遗嘱两种类型,其中私式遗嘱是指遗嘱人自行制作无需在公权力机构备案的遗嘱,而公式遗嘱是指由政府机构保管或者在政府机构备案的书面遗嘱。私式遗嘱允许以书面和口头形式进行,而公式遗嘱则只能用书面形式。

私式口述遗嘱被法律要求具备如下形式条件:①遗嘱人的口头表达必须当着7名证人的进行;②证人可以将遗嘱人口头表述的内容记录下来,但是,单纯的

---

[1] 罗马法原始文献 Gaio. I. 2, 114

[2] 罗马法原始文献 D. 37, 11, 11 - D. 37, 11, 2, 9;[意]桑德罗·斯奇巴尼选编:《民法大全选译Ⅱ·遗产继承》,费安玲译,中国政法大学出版社1995年版,第71页。

记录不得作为遗嘱。只有证人们均在记录上签字盖章，证明其真实性，方可具有法律效力。

在公式遗嘱中，有一种情形是公证遗嘱（testamentum apud acta conditum），这是指遗嘱人在行省或者内事裁判官的办公室内，证明自己在遗嘱中表达的意愿是真实的，由裁判官等作出笔录并存档的一种遗嘱形式。[1] 应当说，现代法中的公证遗嘱十分接近罗马法中公证遗嘱的方式。

自书遗嘱早在君士坦丁一世（Constantinus I）时期已经出现，其法律特征与现代法中的自书遗嘱完全一样，即遗嘱完全由遗嘱人自己书写；无需证人在场作证；一旦书写完毕，遗嘱人签字盖章即告生效。但是在优士丁尼时代，因为害怕发生诈欺而影响遗嘱的真实性，法律规则拒绝了无需证人的自书遗嘱，要求遗嘱人的自书遗嘱必须要有一定的证人作证方可产生法律效力。

通过上述对罗马法有关遗嘱内容与形式关系的限制性规则的分析，我们可以看到，优士丁尼时代有关遗嘱内容与形式关系的限制性规则，主要来源于优士丁尼之前历经数百年而逐渐成熟的法学理论和法学实践以及优士丁尼皇帝期冀改革的执政理念。

此外，在罗马法中出现的对一些特别遗嘱的形式要求，也值得我们关注其制度的价值判断，例如：①现役军人无需依照一定的程序所立的军人遗嘱。罗马社会连续不断的战争，需要士兵的勇敢与忠诚，那么就必须给士兵以一定的利益，其目的是要给予对非常忠诚的和非常善良的士兵们以帮助。军人遗嘱的特点是，允许军人依自己选择的方式立遗嘱；简易化的程序不影响军人遗嘱所体现的真实意愿。②保证遗嘱意思表示真实性的盲人和聋哑人遗嘱。这些人在立遗嘱时，必须有7名证人和一名公证人在场，且他们必须要了解遗嘱的内容。7名证人和一名公证人均必须在遗嘱上签字盖章。③文盲遗嘱。为确保遗嘱内容的真实性，鉴于立遗嘱人不会写字，故要求在立遗嘱时，除了有7名证人之外，还需要第8个人将遗嘱人所述内容书写下来，然后他们共同在遗嘱上签字盖章。④传染病期间的遗嘱（testamentum tempore pestis）。[2] 当遗嘱人患有传染病时，证人可以不与遗嘱人接近，仅在已经作出书面形式的遗嘱上签字即可。⑤乡人遗嘱。[3] 由于

---

〔1〕 罗马法原始文献 C. 6, 23, 19, 1

〔2〕 这是戴克里先（Diocletianus）皇帝290年的一个谕令所规定的一种特殊类型遗嘱。参阅：C. 6, 23, 8

〔3〕 这是优士丁尼534年有关谕令所规定的遗嘱类型。

乡村偏僻，道路难行，人口稀少，且识字的人不多。虽然在原则上讲，乡人立遗嘱同样适用必须有7名证人的要求，但是，在没有可能找到7名证人的情况下，5名证人即可。当其中有证人不识字时，可以有其他证人代为签字，但是他必须要了解遗嘱的内容。甚至法律允许在遗嘱人死亡后，证人们以宣誓的方式证明遗嘱。

罗马法有关遗嘱形式尤其是特殊遗嘱形式的规定，从一定的角度体现了罗马人在立法上的求实思想和通过法技术手段来实现对不同主体的利益加以衡平和维护的法之宗旨。

在现代法中，对遗嘱内容和形式之关系给予一定限制的制度规则，受到了罗马法的实质性影响。例如，作为通行的规则之一，凡在遗嘱中设定不可能的条件或设定违反法律或公序良俗的条件的遗嘱，均按照无效遗嘱处理（可以参见《法国民法典》第900条、《瑞士民法典》第482条第2项、《意大利民法典》第647条等）；再如，作为通行的规则之二，凡未依法律规定保留特留份的遗嘱，将按照遗嘱效力有瑕疵加以处理（可以参见《法国民法典》第913条、《德国民法典》第470条、《瑞士民法典》第471条、《日本民法典》第964条、《意大利民法典》第536条等）。

（三）遗嘱意思表示的证人之限制

在遗嘱表意人立遗嘱时有证人对其意思表示真实性进行辅助，这是罗马法遗嘱继承制度中十分重要的一个内容，而且该制度规则被近现代法普遍接受。

在罗马法中，对遗嘱证人的能力要求甚严，而且要求遗嘱证人应当是专司证明，不宜存在与遗嘱有利害关系的其他身份。

1. 遗嘱证人的资格限制。在罗马法中，作为遗嘱证人必须符合如下条件：

（1）是适婚人且精神状态正常。罗马法强调证人在作证时必须是已届满适婚年龄且头脑清醒之人。至于在作证之前或之后的精神状态是否健康，对遗嘱的有效性不产生影响。对此，乌尔比安在《论萨宾》第1编中已经明确告诉了我们："精神病人在其精神状态不正常时不能作证。但是，当他头脑清醒时他可以作证。在他患精神病之前作过证的遗嘱有效，并且依该遗嘱发生遗产占有。"[1]

（2）与被证明的遗嘱没有法律上的利益关联。凡有利益关联者对遗嘱的作

---

〔1〕 罗马法原始文献 D. 28, 1, 20, 4；[意]桑德罗·斯奇巴尼选编：《民法大全选译Ⅱ·遗产继承》，费安玲译，中国政法大学出版社1995年版，第10页。

证无效,例如罗马法禁止诸如遗嘱中被指定的继承人、处于遗嘱人的支配权下的人作遗嘱证人:"谁在遗嘱中被指定为继承人,谁就不能成为同一遗嘱的证人(testis)。相反,受遗赠人(legatarius)或者被写明是监护人的人可成为证人。除非他们有诸如是未适婚人、是处于立遗嘱人的支配权下的人的障碍。"[1] 但是针对军役特有产立遗嘱的人之父亲和兄弟可以成为证人,这是法律给予军人的特别保护。[2]

(3)在为遗嘱作证进行签字时没有资格瑕疵。对于遗嘱证人资格是否有瑕疵,罗马法强调有一个判断的时间点,即遗嘱证人在遗嘱上签字时必须有证人资格,至于在签字之前或者签字之后证人是否有作证的资格,在所不问[3]。

(4)遗嘱证人的作证范围仅限于立遗嘱行为。乌尔比安对此有明确解释:"在遗嘱中,被指定为证人的人不能被要求对非遗嘱行为作证。对这一原则应这样理解:如果证人被要求对立遗嘱之外的行为作证,而后他们又被告知要为立遗嘱的行为作证,那么,他们只能对立遗嘱的行为作证。"[4]

(5)遗嘱证人的活动必须遵守法律的规定。无论是遗嘱作证的程序还是诸如必须要在遗嘱人在场的情况下进行遗嘱作证等,均必须遵守有关遗嘱的法律规则,否则,该遗嘱无效。在戴克里先皇帝和马克西米安皇帝致巴特罗克莉娅的批复中,十分清楚地载明了这点:"如果未经你的祖国授予特权而不遵守有关立遗嘱的规则,以及证人们在遗嘱人缺席的情况下履行自己的证明职责,该遗嘱没有任何效力。"[5]

当然,在罗马社会相当长的时期内,奴隶、他权人和妇女没有遗嘱作证

---

[1] 罗马法原始文献 D. 28, 1, 20pr;[意]桑德罗·斯奇巴尼选编:《民法大全选译Ⅱ·遗产继承》,费安玲译,中国政法大学出版社 1995 年版,第 10 页。

[2] [意]桑德罗·斯奇巴尼选编:《民法大全选译Ⅱ·遗产继承》,费安玲译,中国政法大学出版社 1995 年版,第 10 页;D. 28, 1, 20, 2;[古罗马]乌尔比安在《论萨宾》第 1 编:"相反,人们可以问道:可对军役特有产立遗嘱的人之父亲是否能够被遗嘱人指定为遗嘱的证人;马尔切勒(Marcellus)在《学说汇纂》第 10 编中写道:'他可以这样做。'他的兄弟亦可以被指定为遗嘱证人。"

[3] [意]桑德罗·斯奇巴尼选编:《民法大全选译Ⅱ·遗产继承》,费安玲译,中国政法大学出版社 1995 年版,第 11 页;D. 28, 1, 22, 1;乌尔比安在《论告示》第 39 编中写道:"我们应当分析证人在签字时而不是在遗嘱人死亡时的身份和资格。他在遗嘱上签字时有资格作证人,而后丧失了证人的资格,这对他已签过字的遗嘱之效力没有影响。"

[4] 罗马法原始文献 D. 28, 1, 21, 2;[意]桑德罗·斯奇巴尼选编:《民法大全选译Ⅱ·遗产继承》,费安玲译,中国政法大学出版社 1995 年版,第 11 页。

[5] 罗马法原始文献 C. 6, 23, 9;[意]桑德罗·斯奇巴尼选编:《民法大全选译Ⅱ·遗产继承》,费安玲译,中国政法大学出版社 1995 年版,第 12 页。

资格。

2. 遗嘱证人作证行为的形式限制。罗马法以关注行为形式而著称,对遗嘱证人的做证形式亦不例外。根据罗马法原始文献的记载,遗嘱证人在实施作证行为时,必须既要签字,又要用封印盖章,缺一不可。"如果证人中有一名证人未签字,而是以封印盖了章,则他不再是证人。如同许多人经常做的那样,证人签了字但未盖印,同样亦不认为他是证人。"[1] 就遗嘱证人的人数而言,我们可以在罗马法原始文献中读到这样一个片断:"戴克里先(Diocletianus)皇帝和马克西米安(Maximianus)皇帝致马特洛尼规:如果七名证人中有一名证人未出席,或者当着遗嘱人的面,全体证人们没有用自己或他人的封印蜡封遗嘱,则依法该遗嘱无效。"[2]

如前所述,在现代法中,遗嘱证人制度是遗嘱继承制度体系中一个重要的内容。但是,我们十分容易地在这些现代法的规则寻觅到罗马法的规则内容与制度价值判断。就遗嘱证人资格而言,我们分析法国、德国、日本、瑞士、意大利、中国等现代国家的继承法,我们可以清楚地看到现代法同样关注保证不对遗嘱表意人的真实意愿产生干扰的因素:①遗嘱证人自身的行为能力;②遗嘱证人与被证明遗嘱之间没有任何法律上的利益关系。

四、结论

在现代法中,法律行为之核心要素是意思表示,其源于罗马法有关遗嘱与契约的意思表示之丰富的规则。尤其是罗马社会的法学家们对遗嘱意思表示的研究和设立的规则,使得后人得以从中获益匪浅。罗马法中有关遗嘱意思表示的规则内涵丰富且涉及面广。罗马人对意思表示本身没有给予如同近现代德国学者那样洋葱剥皮般的逻辑分析,而是从遗嘱表意人的意思表示能力、遗嘱意思表示的证人、遗嘱意思表示的内容与形式之关系等方面来保证遗嘱的意思表示的真实。其既保证遗嘱人有设立遗嘱的自由,同时又受到法律规则的制约。换言之,就遗嘱意思表示而言,一方面罗马人崇尚自由的理念深入到遗嘱规则之中,另一方面罗马人关注法律规则规制的理念也通过法技术路径得到实现。

鉴于篇幅所限,笔者未对罗马法中有关遗嘱意思表示的全部限制性规则进行

---

[1] 罗马法原始文献 D. 28, 1, 22, 4;[意]桑德罗·斯奇巴尼选编:《民法大全选译Ⅱ·遗产继承》,费安玲译,中国政法大学出版社1995年版,第12页。

[2] 罗马法原始文献 C. 6, 23, 12pr;[意]桑德罗·斯奇巴尼选编:《民法大全选译Ⅱ·遗产继承》,费安玲译,中国政法大学出版社1995年版,第13页。

分析，但是，通过对上述规则进行的局部分析，就可以令我们产生窥一斑而知全豹的感悟。罗马法中有关遗嘱意思表示限制性规则的内容，可以给修改我国继承法相关规则以一定的启发。一方面我们必须坚守遗嘱自由的理念，另一方面亦必须通过规则使得遗嘱自由被限定在符合法的精神与原则的范围内。也就是说，对遗嘱人意思表示能力、遗嘱意思表示的形式要求、遗嘱证人的能力要求均是从不同角度来保证遗嘱意思表示的真实性，从而实现遗嘱继承制度的价值。

现代法中大量的制度与规范都不是一蹴而就的，而是历史渐进中经验与教训的结晶。笔者认为，美国法学家霍姆斯（Oliver·W. Holmes）的一段话可以成为对本文主题加以进一步思索的提示："法律所体现的是一个民族经历的许多世纪的发展历史，因此不能把它当作一本只包括原则和定理的数学教科书来看待。"[1]

---

[1] [美] E. 博登海默：《法理学——法哲学及其方法》，邓正来、姬敬武译，华夏出版社1987年版，第146页。

论罗马法中的"财产合算"制度及其对后世民法的影响[*]

罗马法对后世的真正影响在于其不朽的法律理念和精神。正如15世纪的学者乔治·麦肯齐指出的那样:"罗马人在衡平原则和正义方面造诣颇深……""由于罗马法的一切方面都富有最高的理性和衡平,它在这些国家(指欧洲一些国家)的法庭上往往作为正义和衡平的例证,被正式引用……"[1] 综观罗马法中众多的为追求平等、公平和衡平的理想而建立的法律制度,罗马继承法中"财产合算"制度迄今为止仍发挥着其衡平的作用。在大陆法系(或曰"罗马法系")大多数国家民法典中,"财产合算"作为一项具体体现公平和衡平法律理念的制度,在继承法中被肯认下来。

(一)

"财产合算"一词来源于拉丁文"collatio",在我国有不同的译法:在《法国民法典》中译本中被译为"返还"(第6章),在《德国民法典》《瑞士民法典》中译本中,称之为"结算义务"(德法第5编第4节、瑞法第17章第3节);在《日本民法典》中译本中,将"collatio"放入到"应继份"中加以规定,称为"特别受益人的应继份"(第903条);周枏先生在其著作中用了"返

---

[*] 本文原载于杨振山、〔意〕斯奇巴尼主编:《罗马法·中国法与民法法典化》,中国政法大学出版社1995年版,第504~515页。

[1] 〔美〕艾伦·沃森:《民法法系的演进及形成》,李静冰、姚新华译,中国政法大学出版社1992年版,第8页。

还"和"加入"的提法;[1] 在曲可伸先生的《罗马法原理》中该词被叫作"加入";[2] 在我国台湾地区学者处,该词被称为"扣还"或者"归扣";[3] 在黄风先生译的《罗马法教科书》中将其译为"财产合算"。[4] 无论何种名称译法,其本意都未离开将财产进行提交这一中心点。但是,本人认为"财产合算"的提法更贴近这一行为的性质。故而,本文采用"财产合算"的提法。

"财产合算"是指在共同继承中,为达到公平的目的,参与继承的继承人依法将从被继承人处直接或间接得到的赠与物提交出来、与其他的继承人一起分享的法律制度。这一概念是对自古至今的"财产合算"制度的一个总概括。但是最初的"财产合算"概念相当简单。正如意大利罗马学家巴斯夸雷·沃奇所述的那样:"collatio"可以被理解为一种很概括性的定义:一名继承人将财产提交给其他继承人以便于参与遗产分配。[5] 罗马"财产合算"制度在其演进过程中具有如下特点:

1. 追求公平性。公平是法律所追求的一种终极性的价值取向观。而公平作用之发挥又常在于"矫正自法规普泛性所生之弊端",[6] 在最初的罗马继承法中,只有为保持家父地位的持续性而确立的继承制度。也就是说,"原始的遗产继承是为了这种最高权力的转移而不是为财产的转移服务的"。[7] 即使后来这种继承的性质由身份转为财产,仍将继承人限于市民法所指定的范围之内。为矫正这一偏差,裁判官以告示的形式确立了具有获得遗产所有权之实质性内容的"遗产占有制"(bonorum possessio),在承认市民法指定的继承人的同时,裁判官依公平原则允许已脱离父权的和已出嫁的直系卑亲属以实行依遗嘱的遗产享有和对抗遗嘱的遗产占有的形式对死者的遗产占有权利。保罗在《论告示》第41编中分析道:"遗产占有的裨益在于其多重性。因为,有时实行对抗遗嘱人意愿的遗产占有;有时根据死者的意愿实行遗产占有;有时,那些有着继承权的人或者由

---

[1] 周枏:《罗马法提要》,法律出版社1988年版,第122页;周枏:《罗马法原论》,商务印书馆1994年版,第533页。

[2] 曲可伸:《罗马法原理》,南开大学出版社1988年版,第259页。

[3] 陈朝璧:《罗马法原理》,商务印书馆1944年版,第587页;陈棋炎、黄宗乐、郭振恭:《民法继承新论》,三民书局1989年版,第171页。

[4] P. Bonfante, Istituzioni di Diritto Romano, p. 487, GIUFFRE, 1987。

[5] P. Voci, Istituzione di Diritto Romano, p. 339, GIUFFRE, 1954。

[6] [日] 穗积陈重:《法律进化论》(第一册),黄尊三译,商务印书馆1929年版,第66页。

[7] P. Bonfante, Istituzioni di Diritto Romano, p. 421, GIUFFRE, 1987。

于人格减等不享有继承权的人都被允许实行无遗嘱继承之遗产占有。"[1] 因而,基于裁判官遗产占有之告示而引发的变革基本上改变了市民法的继承制度——家父继承。但是,脱离父权的人可作为遗产占有人对死者的遗产主张继承之权,而他们因为已脱离父权,对自己的财产完全享有所有权;与之相反,未脱离父权者,由于其处于父权之下,他因劳动等所得的财产多归于家父所有,这种对家父的财产有贡献与没有贡献者共同进行分配的方式显然带有非公平的瑕疵,脱离父权者的参加肯定会使未脱离父权之人遭受损失。鉴于此,为了维持公平起见,裁判官突破了市民法规定的遗产分割以被继承人死亡时为准的界限,创建了"财产合算"制度。在共同继承中,裁判官允许已脱离父权者和已出嫁者参与遗产的分割,但是他们必须要将自己在脱离父权和出嫁期间的劳动所得或者获得的其他的财产提交出来,放入死者的遗产中去,与其他的继承人一同对之进行继承。在这一制度的发展过程中,基于不同的社会、经济、政治等背景,财产合算制度先后表现为"脱离父权人的财产合算"(collatio bonorum emancipate)、"嫁资合算"(collatio dotis)和"卑亲属财产合算"(collatio descendentium)。

"脱离父权人的财产合算"(collatio bonorum emancipate)和"嫁资合算"(collatio dotis)是财产合算制度初期阶段的表现形式。前者要求,凡主张对家父遗产实行占有的脱离父权的人或者他的卑亲属必须将自己在脱离父权期间所得的财产提交出来,同家父的遗产放在一起,由脱离父权之人和"自家继承人"(即在家父死亡时处于他的父权之下的人)共同分割继承之。后者要求,若出嫁的女儿主张遗产占有时,要将从父亲处得到的嫁资提交出来,同家父的遗产一并分割继承。这两种方式的宗旨完全相同:旨在公平。正如乌尔比安在《论告示》第40编中对脱离父权人的"财产合算"进行分析时指出的那样:"告示的这一内容体现着公平原则。因为裁判官在准许脱离父权的人与处于父权之下的人对父亲的财产平等地享有权利,裁判官考虑的结果是,请求占有父亲遗产的人也要将他们自己的财产放入到父亲的财产中去。"[2] 作为已脱离父权之人,依市民法和裁判官告示的规定,对自己在脱离父权后所得的财产享有所有权,他的财产之性质与家父财产的性质分道扬镳。当家父死亡时,他同那些无论创造了多少财产都不会享有所有权的"自家继承人"对遗产的继承处于同一条起跑线上,无疑是显失

---

[1] 罗马法原始文献 D. 37, 1, 3, 2。
[2] 罗马法原始文献 D. 37, 6, lpr。

公平的；作为已出嫁女子，依罗马市民法的规定，她一旦缔结了有夫权的婚姻，即丧失对生父家族的家父的财产继承权，为弥补她因此所受到的损失，罗马市民法规定她有权自家父处获得嫁资，但同时，依裁判官法的规定，有着血亲身份的出嫁女子对原家父的财产仍有继承权，这实际上意味她继承了双份，必然要损害对自己所创财产没有所有权的"自家继承人"的利益，显失公平无疑。由此可见，由裁判官创立的"脱离父权人的财产合算"和"嫁资合算"制度都是对法律的公平理念进行追求的结果，同时，财产合算的"目的是要达到未脱离父权者与脱离父权者之间的平等。这种平等仅是一种法律地位，而不是行为"（L'eguaglianza è solo di posizione giuridica, non di fauo）。[1] 这两种"财产合算"方式的客体是在家父生前从他那里得到的全部受赠财产和提交人自己的劳动所得。但是，提交财产有一定条件和范围的限制：①提交者必须是在家父的遗嘱中没有被指定为继承人或者家父所立遗嘱失效而要求遗产占有的脱离父权人和出嫁女子；②仅在对家父的遗产进行继承时才有合算的义务，对其他人的遗产进行继承时不发生财产合算；③只有当脱离父权人和出嫁女子参与遗产占有会对未脱离父权人的利益造成损害时发生财产合算；④提交者需要提交的是自家父处和自他人处获得的利益，即劳动所得、赠与物、继承物、债权（尽管因为脱离父权人所处的地位而追索之的可能性很小），其中包括自家父死亡时起被提交者所拥有的财产以及直至家父死亡之日受转让的物和得到的他人的遗产。

但是，有一些财产不属于被提交的对象：①从军者或曾从军者所拥有的军役特有产；②从家父处得到的用于表现其荣誉的财物；③脱离父权人的妻子带来的嫁资。

此外，没有被分割的财产亦不属于合算的客体。

由于家子"特有产"制度的盛行，裁判官法设立的"脱离父权人的财产合算"和"嫁资合算"制度，渐被基于利奥皇帝的谕令和优士丁尼皇帝的《新律》及其谕令发展起来的"卑亲属财产合算"（collati descendentium）所替代。[2] 但是，这种对公平理念的追求而形成的法律思想对后世民法有着极大的影响，《法国民法典》《德国民法典》《日本民法典》《意大利民法典》《西班牙民法典》

---

〔1〕［意］彼德罗·彭梵得：《罗马法教科书》，黄风译，中国政法大学出版社1992年版，第488页。

〔2〕周枏：《罗马法原论》，商务印书馆1994年版，第536页。

《奥地利民法典》《瑞士民法典》等罗马法系中大多数国家的民法典都接受了罗马法的这一思想。

2. 从补偿性到平等性。裁判官告示中的"财产合算"制度所表现出的目的是消除"自家继承人"与脱离父权的人、出嫁女子及他其卑亲属的分配之不衡，因此，其适用必须具备一定的条件：①被继承人须为家父；②仅在对家父的遗产实施遗产占有时有合算的义务；③合算的主体是因被继承人未立遗嘱或其遗嘱失效而申请遗产占有的脱离父权者，其中包括家父死亡但未立遗嘱或虽立遗嘱但未被指定为继承人亦未被排除其外情况下的、被父亲解脱之人，以及因请求"财物占有"而参加遗产占有的出嫁女子；④其他继承人须为"自家继承人"；⑤"自家继承人"须因脱离父权人或者出嫁女子参与遗产占有而受到损失。当上述条件具备时，凡处于父权之下的继承人可以利用脱离父权人已取得的财产和出嫁女子的嫁资，使其与应继承的遗产合二为一，由各个继承人共同分割之。但是，有一点应当注意，裁判官采取"财产合算"制度的理论基础，除了公平理念之外，还强调这一补救措施是针对其他继承人因脱离父权人和出嫁女子的参与而受到的损失进行补偿，换言之，该制度的宗旨是补偿除已嫁女子及脱离父权人以外的其他参与继承人所遭受的损害。对这一点，乌尔比安在《论告示》第40编中已作明确揭示："当由于脱离父权之人的参与而使处于父权之下的人遭受不利时，便发生'财产合算'；相反，如果不是这样的情形就不发生'财产合算'"。[1] 由此可见，补偿性是裁判官法中"财产合算"制度的又一个重要特点。

在希腊—罗马时期，"家子"因特有产的发展而获得了独立性，处于父权之下的人与不处于父权之下的人之间的差异减退，许多财产不再是被合算的对象，致使该制度的重要性弱化并使得"财产合算"制度发生了重大变化。这一变化主要表现在以"卑亲属财产合算"替代"脱离父权人的财产合算"和"出嫁女子的嫁资合算"。在拜占庭时代，利奥皇帝要求所有的直系卑亲属须将从尊亲属处得到的财产都并入合算。优士丁尼皇帝在《新律》第118条中规定：在无遗嘱继承和遗嘱继承中，对直系卑亲属均实行财产合算。合算的客体包括：嫁资、婚前赠与和劳动所得；没有上述财产，一般的赠与物亦作为财产合算物。概括起来，卑亲属财产合算有如下特点：①被合算的客体除了嫁资、婚前赠与和劳动所得以外，凡直系尊亲属为直系卑亲属立业而给予的赠与，在其参与继承时也要进

---

[1] 罗马法原始文献 D. 37, 6, 1, 5。

行合算,但其他一般性赠与不含于内;②主张合算的人无论是未脱离父权者还是已脱离父权者均可;③被继承者不考虑其是否为家父,只要他是直系尊亲属即可;④被要求财产合算的人不限于已脱离父权的人,还包括遗嘱指定的继承人,而在此之前,遗嘱指定的继承人不负有财产合算的义务。但是,被继承人明确表示不要求他进行财产合算的人不在此限。卑亲属财产合算的理论依据是:"尊亲属对卑亲属有着同等的慈爱。其感情是一样深的,因而在继承时应当一视同仁,平等分配……"因此,如果死者生前给某一卑亲属以特别优惠,或设定嫁资、或让其脱离父权使他享受例外的利益,依卑亲属财产合算的要求,他负有合算的义务。卑亲属财产合算制度不再以对脱离父权人和已嫁女子以外的其他继承人所受到的利益损害进行补偿为自己的唯一目的。

至此,这项以"对家父设定的嫁资进行合算"(collatio dotis profecticiae)的制度为出发点而逐渐形成的"财产合算"制度,完成了它由对一些人的公平和补偿到对所有参与继承的卑亲属的平等相待的重大转折,它使每个继承人在继承遗产时处于平等的地位上。

(二)

当然,财产合算制度的产生是罗马法对平等理想的一种追求,但是,恰恰是这种对法学理念的追求,使得诸多近现代民法典为之折腰。"欧洲的一切民族长期以来一直尝试着去形成它们自己的一套立法;但是最终它们中大部分认识到还是罗马法适合于他们,因而它们吸收了罗马法。"[1] 近现代欧陆和北美诸国的民法典对罗马法中"财产合算"制度的继受使该制度得以为现代人提供法律上的公平和为弱者提供法律上的救济。同时,当我们仔细地分析这些民法典时,不难发现:它们对罗马法的继受,首先是根基于罗马法律的基本理念,其次是以科学的态度将这一古老的制度与自己的对法律价值的取向相融合,并基于此制定出符合本国社会经济发展和文化背景的"财产合算"制度。这对于我国现在正进行的制定21世纪的民法典的工作颇有启迪。在我国20世纪30、40年代,民法学者们曾以这种既重视法律理念的追求又注重法律制度的可操作性的求实态度进行民事立法;在20世纪90年代,我国民法学者们更是以这种科学的精神、科学的态度进行着民法典的编纂。

---

〔1〕 [美]艾伦·沃森:《民法法系的演变及形成》,李静冰、姚新华译,中国政法大学出版社1992年版,第152页。

在大陆法系国家中，仅有少数国家的民法典未规定"财产合算"制度，如墨西哥等国，它们认为"财产合算"制度与受赠人的既得权相抵触。"被继承人在不违背特留份的范围内，得自由地处分自己的财产，无需以之补偿其他继承人"。[1] 但是，大多数的大陆法系国家，如法国、德国、意大利、奥地利、瑞士、葡萄牙、西班牙、荷兰、日本等在民法立法中继受了罗马法的"财产合算"制度。这种继受首先体现在对罗马法"财产合算"制度之理念的继受。根据民法学的一般原理，被继承人在生前可自由地处分自己的财产，可将财产赠给自己愿赠之人，通常，法律对因此而产生的既得权必给予完全的保护。但是任何保护都应体现公平原则，如果对因过度赠与所获既得权仍给予完全保护，则会使公平发生瑕疵。例如，某具有继承人身份的人因结婚自父母处获得大额赠与，当父母因意外事故死亡后，该某人与其他共同继承人一起继承父母所留的遗产，那么，该某人显然与其他共同继承人不处于同一起点上，这是第一个不公平之处；如果由于对某一具有继承人身份的人的大数额赠与，使得死者的遗产所剩无几，那么，对该既得权的保护的消极效应是，使其他共同继承人应继承的遗产实际上不能维持，则他们的权利形同虚设，这是第二个不公平之处。鉴于此，为了最终达到继承人之间的公平，就需要衡平，也就是说，法律要以公力救济的方法颇具强制性地使共同继承人之间达成真正的、相对的公平。法律对既得权要给予保护，同时，法律也要作出一些强制性的、限定性的规定，以阻却受赠人的既得权对其他共同继承人的遗产继承权造成妨碍，因为，"公平是法律所应当始终奉行的一种价值观"，[2] 而且，就立法而言，公平与平等不是一种绝对抽象的概念，更多地表现为法律对主体权益的保护是否衡平。

从继受罗马法"财产合算"制度的近现代各国民法典的规定看，它们不仅继承了罗马法的这一制度，而且在理论和内容上发展着这一制度。

就理论而言，近现代民法典更加强调：

1. 对死者意愿的推定。在罗马法中，强调裁判官法创制"财产合算"制度旨在衡平继承人们的利益；在近现代民法典中，则从理论上强调法律"推定被继承人希望绝对公平地在继承人之中分配遗产。在生前给某继承人以赠与是给其以

---

[1] 陈棋炎、黄宗乐、郭振恭：《民法继承新论》，三民书局1989年版，第171页。

[2] [英]彼得·斯坦、[英]约翰·香德：《西方社会的法律价值》，王献平译，中国人民公安大学出版社1990年版，第74页。

扶助，而在继承中要重新建立起一种公平以期达到平等"[1]。事实上，这一推定根本不涉及遗嘱人的意愿本身，只是法律为达到衡平共同继承人之间的利益的目的而对一种法律事实的颇具强制性的认可。从一定意义上讲，这是法律主体的个人意思自治由完全的"个人本位"转向"社会本位"在民法上的表现。

2. 遗产的预支性。较之罗马法，近现代民法典更强调：参与继承的共同继承人之一者所获得的死者生前的赠与物具有"遗产预支性"。当受赠的继承人参与继承时，他已获得的受赠财产便计入他应继承份额的价值中（《德国民法典》第2055条，《日本民法典》第903条）。这就发生了财产权的性质转换：当受赠与人在接受赠与后始终未以赠与人的继承人的身份主张继承时，其财产始终是基于赠与而获所有权的财产；但是，当他在赠与人死亡后，以继承人的身份参与继承时，他已获得的财产就由受赠性质变成了遗产性质。这不仅将他与其他共同继承人置于真正平等的地位上，而且便于该制度在司法中的操作，正如《法国民法典》第858条的规定："返还即为少取其应继份。"因为他应得的遗产之一部分已被预支，也就是说，他们已获得的财物被视为提前继承。

就"财产合算"制度的内容而言，各国民法典更反映出近现代社会经济的发展对法律的要求：

第一，发生"财产合算"的前提条件是：①参与继承的人曾获得过死者生前直接或间接赠与的财产（《法国民法典》第843条，《意大利民法典》第737条，《日本民法典》第903条，《德国民法典》第2050条，《荷兰民法典》第1132条，《瑞士民法典》第527条、第626条）；②获得赠与者是死者的继承人并参与继承及遗产分割，如果有继承人身份的人放弃继承，则对死者赠与的财产享有权利（《法国民法典》第845条）；③根据被继承人的意愿，没有被免除合算的义务。

第二，"财产合算"的主体为享有法定继承资格的人，如法定继承人、代位继承人、有法定继承人身份的遗嘱继承人、被指明要进行合算的其他替补继承人等直系血亲卑亲属，只要他们是共同继承人之一，便要在法律规定的范围内依法律的直接规定进行合算（《瑞士民法典》第626条，《法国民法典》第858条，《德国民法典》第2054条、第2057 A条），《意大利民法典》第737条则规定："合算的主体。婚生子、私生子和他们的婚生及私生的直系卑亲属以及参与继承

---

［1］ *Black's Law Dictionary* (5), West Publishing 1979, 238.

的配偶……"《日本民法典》亦将合算的主体限定在共同法定继承人之内（第903条）。但是，他们未将受遗赠人和债权人列入合算主体中。同时，各国法律也允许被继承人依自己的意愿指定合算的主体和不进行合算的主体，这就使被继承人在法律允许的范围内仍然享有自由处分自己财产的权利。

第三，"财产合算"的标的在近现代各国民法典中有不同的规定：①法国、意大利、西班牙、奥地利等国家规定共同继承人要将死者生前直接或间接赠与的一切财产进行合算，除非死者明确表示该赠与不被合算；②德国、日本等国家规定，除被继承人表示不进行合算的财产外，不仅共同继承人要将所得到的死者生前直接和间接赠与的财产进行合算，而且也要将死者遗赠给共同继承人的财产进行合算（《德国民法典》第2050条，《日本民法典》第903条）；③瑞士民法将合算的标的限定在死者生前的特种赠与上，如为婚嫁、财产转让或债务免除、进行营业活动等而赠与的财产，均要进行合算；《奥地利民法典》规定死者在生前给女儿或孙女的嫁资、给儿子或孙子用于就业或谋得一个职位的费用、给成年子女用于还债的费用都属于合算标的（第788条）。《法国民法典》除规定"返还死者生前直接或间接赠与的一切财产"外，亦强调一些特定的赠与必须进行合算，如第851条规定："为共同继承人中的一人建立家业或清偿债务所付的费用，应予返还。"其理由在于，如果受赠人可不予返还，则这些赠与并非是为了解除受赠人难以维持生存的困境，反而颇带有"优遇的意思"。[1]

第四，"财产合算"的免除是"财产合算"制度一个重要组成部分。因为，法律应以保护弱者为己任，在公平地考虑保护共同继承人们的利益时，应当考虑被继承人为尚未有行为能力或是尚未有独立经济来源的继承人提供教育、职业培训的费用，为贫困的继承人提供财产帮助更合乎法律的公正性、仁慈性。《法国民法典》第852条，《瑞士民法典》第631、632条，《意大利民法典》第742条，《奥地利民法典》第792条都规定了对被继承人提供的供养、教育、职业培训等费用给予免除或是仅将这些费用超过应继份的部分进行合算。

从科学的、宏观的角度俯视人类法律演进的历史长河，我们不难看出：一项法律制度之所以有着持久的生命力，之所以能被后世加以继受，首先与其自身的科学性、对社会经济发展的适应性紧密相连；其次，大陆法系中的大多数国家，从公平、平等理念到具体的法律制度，都将罗马继承法中的"财产合算"制度

---

[1] 史尚宽：《继承法论》，1970年自版，第212页。

合理地继受下来，这固然有着其商品经济的发展、自然法思想的弘扬、法律制度更趋于理性化等历史背景，更与这些国家注重法理研究、注重对已有法律制度的合理接受与完善的科学精神密切相关。笔者认为：罗马法中的科学法律制度以及其他国家以科学的态度将其给予继受的精神对我国民法典的制定具有极大的借鉴意义。目前，在我国《继承法》中尚没有关于"财产合算"的规定，但是在遗产数额日趋增大的新情况下，在被继承人于生前以各种名义将财产赠给共同继承人中的一人或若干人并因此造成对其他共同继承人显失公平、使之法定继承权形同虚设时，法律应当作出相应的调整。本文仅对罗马继承法中的"财产合算"制度及其对后世民法典的影响作一分析，并希望以此抛砖引玉，与各位同仁共同探讨"财产合算"制度对完善我国继承法的立法之必要性和该制度在民事立法与司法中的可操作性。

第二篇

现代私法

第一章 民商法

民法典的理性与债法总则[*]

自党的十八届三中全会决议写入"应当编纂民法典"的内容后,我国立法机关正式开启民法典起草工作,关于民法典的体系之争就成为主要问题之一,其中特别是关于债法总则的争论,更是众说纷纭。从 2002 年出现的民法典学者建议稿与官方撰写稿中能够窥见一斑:在学者组织起草的民法典建议稿中,均有债法总则的内容,但是在官方撰写的草案中,则并无债法总则的规定。这体现了学界与立法机关对于民法典体系尤其是债法体系认知上的差异。当然,即使在学界内部,对债法总则的存废与如何规定亦存在截然不同的观点与争议。2018 年 9 月,第十三届全国人民代表大会常务委员会公布的《民法典各分编(草案)》明确提出"现行合同法总则已规定了大多数债的一般规则,这次编纂不再单设一编对此作出规定"。但是,这在民法典全部内容完成之前甚至民法典编纂工作结束后,均不构成令上述学术争议被一锤定音的理由。法学学术理论的生命就在于其研究的独立性、批判性与积极的建议性。

一、问题的提出:对我国目前民法典体系中有关债的设计之观察与思考

众所周知,就法典化国家而言,无论是民事权利的体系理论,还是民法典的体系设计及其理论,债的体系都是一个重要问题。换言之,债权是民事权利体系中不可分割的组成部分,而债权债务关系是民法典体系中应当完整或者较为完整地彰示出来的内容之一。伴随着我国民法典总则即《中华人民共和国民法总则》(以下简称《民法总则》)的颁行,债权债务关系在我国民法典体系中的体系定

---

[*] 本文原载于《经贸法律评论》2018 年第 1 期(总第 1 期)。

位与体系彰示是我们应当面对的问题,其不仅是立法的选择问题,更是科学的法学理论在立法中的彰示。

就目前我国民法典立法对债权债务关系的体系安排,我们注意到如下现状。

1.《民法总则》对债权债务关系的提示性安排。在《民法总则》第五章"民事权利"第118条中,以主体享有的民事权利为体系背景,强调了债权的存在。第118条规定:"民事主体依法享有债权。债权是因合同、侵权行为、无因管理、不当得利以及法律的其他规定,权利人请求特定义务人为或者不为一定行为的权利。"此外,作为对第118条的呼应,《民法总则》分别在第56、67、75、104条等条文中,就法人、非法人组织分立和合并后的债权债务关系、法人设立人的连带债权债务等作出了规定。[1]

2.《民法典各分编(草案)》第一次公开征求意见稿对债权债务关系的碎片性安排。在2018年9月第十三届全国人民代表大会常务委员会颁布的《民法典各分编(草案)》中,我们看到:

(1)在第一编·物权中,物权的设立、消灭,尤其是物权担保部分,大量涉及债权债务的问题。在该编条款中,明确提到债权债务关系的超过40个条款,至少占该编全部条款的16%。但显然,物权编没有承担体系化彰示债权债务关系内容的功能。

(2)在第二编·合同中,该编所涉首条即第254条开宗明义地申明:"本编调整民事主体之间产生的合同关系",其第259条补充申明:"非因合同产生的债权债务关系,适用有关该债权债务关系的法律规定;没有规定的,适用本编第四章至第七章的有关规定,但是根据其性质不能适用的除外。"该编的第四章至第七章分别是合同的履行、合同的保全、合同的变更和转让、合同的权利义务终止。

但是,合同的履行制度是否能够完全替代债的履行制度,合同的保全制度是否能够完全替代债的保全制度,合同的变更制度和转让制度是否能够完全替代债

---

[1] 2017年颁行的《民法总则》第67条规定:"法人合并的,其权利和义务由合并后的法人享有和承担。法人分立的,其权利和义务由分立后的法人享有连带债权,承担连带债务,但是债权人和债务人另有约定的除外。"第75条规定:"设立人为设立法人从事的民事活动,其法律后果由法人承受;法人未成立的,其法律后果由设立人承受,设立人为二人以上的,享有连带债权,承担连带债务。"第104条规定:"非法人组织的财产不足以清偿债务的,其出资人或者设立人承担无限责任。法律另有规定的,依照其规定。"

的变更制度和债权转让制度，合同的权利义务终止制度是否能够完全替代债权债务关系的终止制度，这不仅仅是立法技巧问题，更是民法学理论体系和民法典立法体系的重要问题，需要进一步探讨。

（3）有关无因管理和不当得利的内容，被放置在第二编合同中。无论是立法设计者自己的设计还是对其他某些法典化国家立法例的模仿，在中国这样一个民法理念确立时间不长、稳固性不足的国度中，将无因管理之债和不当得利之债放在合同之债中加以规定，显然，这是一种过于随意的立法选择。更何况，从《民法典各分编（草案）》中无因管理和不当得利的内容看，几乎是《中华人民共和国民法通则》（以下简称《民法通则》）的复制，完全没有体现出30余年来我国民法学界对无因管理和不当得利的理论研究成果和司法实践的经验提炼。

（4）在第六编·侵权责任中，我们只见"责任"不见"债"，全编看不到任何一个有关"债"的表达。导致的结果是：①人们只知道责任，却不知责任的来源；②法官对责任问题的处理，被引导至仅关注责任本身却忽视或者不认真对待引发责任的债的基础的思维上。

第三，债权债务关系的体系规定不属于"处于发展变化中、经验还不成熟、拿不准的内容"。在第十三届全国人民代表大会常务委员会法制工作委员会公布的《关于〈民法典各分编（草案）〉的说明》中，特别强调"对于那些还处于发展变化中、经验还不成熟、拿不准的内容，暂不纳入"[1]民法典中。但是，自从我国在清朝末期开始接受民法法典化选择后，迄今为止120余年的民法学理论研究和司法实践表明，有关债权债务关系的规则不属于"还处于发展变化中、经验还不成熟、拿不准的内容"，而是相对成熟的、值得在立法中加以体现的规则。相关机构于"2016年6月在向党中央汇报民法典编纂工作时，提出民法典各分编包括物权编、合同编、侵权责任编、婚姻家庭编和继承编等"建议时，正处于我国民法典立法的过程中，有关债权债务关系的规定，亦处于讨论过程中。从该建议的提出到《民法典各分编（草案）》公布的两年多时间内，我国民法学界有许多学者都提出了关于设立债法总则的建议，无论是从学术研究的角度还是从立法设计的角度，都值得认真关注。换言之，无论目前对民法典分编草案设计思路是怎样的，严肃地对待民法典中债权债务关系的体系化规则，应当是我国民

---

[1] 第十三届全国人民代表大会常务委员会法制工作委员会：《关于〈民法典各分编（草案）〉的说明》，http://www.sxejgfyxgs.com/articledetail.aspx?id=80138，最后访问时间：2018年9月2日。

法学界无法回避的使命。

第四，债权债务关系的规则需要的是体系化规则而非补充完善的规则。在《关于〈民法典各分编（草案）〉的说明》中，提出了"补充完善债法的一般规则。债法的一般规则是民法的重要内容，考虑到现行合同法总则已规定了大多数债的一般规则，这次编纂不再单设一编对此作出规定"，但是"为更好规范各类债权债务关系，草案在现行合同法的基础上，补充完善债法的一般规则"。不过，正如笔者在前面的观察与分析，无论是《民法总则》还是民法典各分编，均没有对债权债务关系的体系化作出规定，而是呈碎片化状态，且以合同之债的规则替代债的一般规则，这样的设计值得斟酌，务须谨慎。

第五，学者在目前民法典体系设计中的迷茫：制定科学的民法典与完成应景之作间的矛盾。通过上述分析，笔者认为，构成我们民法典立法体系现状的主要原因，是我国民法学者在我国民法典体系设计中的迷茫心态。我国到底是要制定一部有着科学的体系化的债法总则和分则内容的民法典，还是固守当前的体例而制定一部保守色彩浓厚的民法典？

但凡对改革开放初期尚有记忆或者阅读过相关资料的人，对立法中出现的"因社会经济发展急需"或者"迫切需要"等表述，应该是耳熟能详的。不过，从改革开放到现今，基于如此理由而制定的法律的质量，我国法学界和其他国家的法学界同仁们都已有评价，换言之，对以"满足社会经济发展迫切需要"为立法导向制定的法律之质量，例如我国的《民法通则》《经济合同法》等，令人不敢恭维。

可惜，这种实用主义的立法思路仍在主导着最近几年的民法典起草工作，以至于有些学者也不得不为这种思路提供正当性的说明。比如笔者极为尊敬的梁慧星教授长期以来力主民法典中应设债法总则，但最终还是放弃了先前的主张，转而同意立法机关的意见，认为拆除和分解合同法的代价太大，合同法规则的完整性应予保留。他的主要论点是，我国的《合同法》已经实施了近20年，法官、律师对该法已经相当适应和熟悉，如果现在将《合同法》分解，将其总则部分的内容纳入债法总则中，仅剩下分则，将会对实务产生一些负面影响。[1] 此外，

―――――――――
〔1〕 见王泽鉴先生和梁慧星先生于2018年4月28日在深圳"歌乐山大讲堂"第41期上就民法典编纂举办的讲座实录，http：//www.360doc.com/content/18/0910/12/1113159_785382071.shtml，最后访问时间：2018年9月18日。

梁先生还就如何将非约定之债的无因管理、不当得利等纳入合同编中阐释了其考虑。

笔者虽然能够理解一些学者和立法机关为尽快推出民法典而择易弃难的考虑，但是，这样的做法能够产生一部伟大的 21 世纪的民法典吗？以"代价太大""难度太大"等为理由而拒绝民法典中有债法总则或者债的一般规则，随着民法典的实施与适用，可能会因民法典体系，尤其是债法体系的明显瑕疵而付出更大的代价。

二、民法典的债法体系化理性

民法典的演进过程就是体系化的过程，尤其在涉及债的规则时，民法典的演进过程主要体现在债法的体系化上。

（一）源于罗马法的法典体系化思维

利用法典形式实现法律规则的体系化源自罗马法学家的理性思维和立法实践。

法典（拉丁文 codex），在罗马法中经历了最初仅指用羊皮纸折叠缝制的"书"到法学家们将皇帝们的谕令按编、章及时间顺序编纂为法典的过程。我们所看到的优士丁尼法典，历经数个世纪而形成了由系统整合所构成的体系化特质。该法典具有如下特点：①由若干本著作构成；②编排有序；③法（ius）和法律（lex）及共同认可的习惯在同一层面上相结合；④法律规则及其对规则的理论解释以连贯叙述的方式加以组合；⑤确立以人为核心的立法体系；⑥从术语上统一法律，例如契约、要式表示、动产与不动产、地役权、用益权、居住权、侵害、抗辩权等许多术语；⑦通过将早先出现的诸法典、《学说汇纂》和《法学阶梯》统一，创造了"法典化的法"。[1]

在优士丁尼法典体系中，债的体系以契约之债与私犯之债为主要内容，同时有作为债的发生依据的无因管理之债和不当得利之债的规则。[2] 这一法典的编纂体系构成了后世民法典体系的发展基础。诸多近现代民法典的编纂体系都是在此基础上发展出来的，特别是在法典化国家的近现代民法典编纂中，作为罗马社会的法典编纂要素中的债的一般规则、契约一般规则和各种契约、侵权行为、无

---

〔1〕［意］桑德罗·斯奇巴尼：《桑德罗·斯奇巴尼教授文集》，费安玲等译，中国政法大学出版社 2010 年版，第 58 页。

〔2〕参见费安玲主编：《罗马私法学》，中国政法大学出版社 2009 年版，第 367~371 页。

因管理和不当得利等，均可在这些民法典中寻觅到，例如《法国民法典》（1804年）[1]、《智利民法典》（1856年）[2]、《意大利民法典》（1865年、1942年）、《阿根廷民法典》（1871年、2015年）、《西班牙民法典》（1889年）、《日本民法典》（1896年）、《德国民法典》（1900年）、《瑞士民法典》（1907年）、《巴西民法典》（1917年）、《墨西哥民法典》（1932年）、《委内瑞拉民法典》（1942年）、《希腊民法典》（1946年）、《葡萄牙民法典》（1967年）、《秘鲁民法典》（1984年）、《巴拉圭民法典》（1986年）、《荷兰民法典》（1970—1992年）、《魁北克民法典》（1994年）、《俄罗斯联邦民法典》（2008年）[3]等。

（二）债的基本含义之理解：债法体系化的理性基础

1. 对债的定义的重温。最早的债的定义，可以追溯到优士丁尼《法学阶梯》，它规定："债是法锁，它使我们根据我们城邦的法律必须履行某种给付义务。"[4]债是法锁还是法律关系，在汉语翻译中表达不同，虽然在表达程度上，"法锁"较之"法律关系"更强调债对当事人的约束力，但它们本质上是殊途同归的，因为债的存在意味着在双方或者多方当事人之间形成了一种具有约束力的法律关系。

关于债的约束力，早在罗马法中即已被强调。罗马时代的法学家保罗指出："债的实质不是带给我们某物或某役权，而是要他人给予某物、做某事或履行某项义务。"（Obligationum substantia non in eo consistit, ut aliquod corpus nostrum aut servitutem nostram faciat, sed ut alium nobis adstringat ad dandum aliquid, vel facien-

---

[1] 1804年《法国民法典》正是在这一模式的启迪下完成的。该法典分为：总则；人；财产、所有权及对所有权的限制；取得所有权的方式（又分为继承取得、债因取得与合同取得），其中债因取得包括约定之债和非约定之债（不当得利、无因管理、侵权行为等）。《法国民法典》的模式对欧洲民法典、北非民法典和1856年的《智利民法典》产生了深远的影响。在2016年根据法国司法部的《债法改革法令》而修改的《法国民法典》中，其立法结构发生了变化，其第三编为债的渊源（包括合同及无因管理、非债清偿、不当得利等债的其他渊源），第四编为债法总则。

[2] 1856年《智利民法典》分为：总则；人；财产、所有权、占有、使用和收益；死因取得和赠与；债的通则与合同。它成为拉丁美洲民法典效仿的模式。

[3] 《俄罗斯联邦民法典》在1995年至2008年期间分为四部分，先后生效，其中，第一部分包括第一编"总则"、第二编"所有权和其他物权"、第三编"债法总则"，于1995年1月1日生效；第二部分是第四编"债的种类"，于1996年3月1日生效；第三部分（继承法、国际私法）和第四部分（智力活动成果和个别化手段的权利），分别于2002年3月1日和2008年1月1日生效。参见《俄罗斯联邦民法典》（全译本），黄道秀译，北京大学出版社2007年版。

[4] [意]彼德罗·彭梵得：《罗马法教科书》，黄风译，中国政法大学出版社2005年版，第227页。

dum，vel praestandum）[1] 债被认为是一种对人们行为的约束力。债的出现，创设了具有法律效果的行为。债通过法律强制债务人实施该行为，以保证债权人利益的实现。

在债的概念中，给（拉丁文 dare）、做（拉丁文 facere）、履行（拉丁文 praestare）均源自约定（亦称私的法律）和法律规定（亦称公共的法律）的约束力。因此，债是依据合意产生还是依据非合意产生，不能也不应当被随意混为一谈。

罗马法中债（obligatio）的概念，在所有法典化国家的法律中被广泛应用，构成了法典化国家现代法中债的体系中的核心要素。因此，在法典化国家的民法典立法或者理论解释中，债被认为是两个平等主体即债权人与债务人之间的法律关系，其中债权人依约定或者依法律具有一个期望，而债务人则依约定或者依法律有义务满足其期望。

2. 债产生于约定、侵权行为和法律规定的其他原因。债的产生依据，源自罗马法学家对社会生活的观察与提炼："债或产生于契约，或产生于不法行为，或产生于法律规定的其他原因。"[2] 其中，第三类"法律规定的其他原因"囊括了除契约和私犯之外的所有其他情况。后来，这些原因被优士丁尼一一纳入了准契约和准私犯之中。[3] 优士丁尼在《法学阶梯》中将债发生的原因归纳为契约（ex contractu）和准契约（quasi ex contractu）、私犯（ex delicto）和准私犯（quasi ex delicto）四类。[4] 其中，准契约之债主要包括无因管理、不当得利、错债清偿、海损、共有、监护、保佐等；准私犯之债主要包括由家子、奴隶、牲畜或物品等的加害行为产生的债关系，以及因审判者的误判和在船舶、客店、驿站中发生的损害产生的债务。

但是，我们需要注意到，罗马人在债的分类上采取了契约、准契约、私犯和准私犯的"四分法"，这说明：①罗马人明确地将契约与准契约分立而置，意在强调无因管理、不当得利、错债清偿、海损、共有、监护、保佐等法律现象与契约行为的完全合意性质之间的不同；②受当时学术理论研究局限性的影响，罗马

---

[1] 罗马法原始文献 D. 44, 7, 3pr.。

[2] 罗马法原始文献 D. 44, 7, 1pr.。

[3] 费安玲主编：《罗马私法学》，中国政法大学出版社 2009 年版，第 71 页。

[4] [古罗马] 查士丁尼：《法学总论——法学阶梯》，张企泰译，商务印书馆 1989 年版，第 159 页。

法中对债的分类以契约之债和私犯之债"二分法"为基础,通过简单归纳和扩展而形成债的分类之"四分法";③将契约与准契约并列而置,其原因在于准契约的法律现象实际上无法与基于合意而形成的契约法律现象完全同质。

因此,不当得利之债中的利益请求权人,其请求的基础不存在其与不当得利人之间的合意因素;无因管理之债的出现,是基于无因管理人自己的主动行为,不存在其与无因管理受益人之间的合意基础。同理,单方允诺、错债清偿等债的发生依据,亦不存在当事人之间已有合意的基础。故而,将非合意之债放置在合意之债中的体系安排,值得再斟酌。

(三)民法典对债权债务关系的体系化设计:以债法总则为特征彰显债的制度统一性

从罗马法到现代民法典对债权债务关系的设计演进史来看,债的制度体系化建构是对涉及债的诸多制度的一种归纳和提炼。因为,债的制度的产生,是"一个对从远古起就已经存在的众多制度的共同归类,这种归类通过法学家们缓慢而又体系性的工作得以完成(从 Q. 穆齐到盖尤斯)。法学家们的这种工作体现在了优士丁尼《法学阶梯》中关于债的部分,在这个部分中对债的有关内容安排为债的渊源、债的变动以及债的消灭方式。这种内容安排后来被设计为债法总则并成为原始法典模型,对优士丁尼《法学阶梯》以及后来的法学传统都有影响"。[1]

那么,就民法典有关债的体系化设计而言,将彰示债的制度统一性的内容建构为债法总则,应当是一个理性思考的结果。我们可以观察一下 20 世纪法典化国家制定的民法典中,设计债法总则是绝大多数法典化国家的共同选择,例如《德国民法典》(1900 年)、《瑞士民法典》和《瑞士债务法》(1907 年)、《巴西民法典》(1917 年)、《墨西哥民法典》(1932 年)、《意大利民法典》(1942 年)、《葡萄牙民法典》(1967 年)和《秘鲁民法典》(1984 年)等。正如意大利罗马法和私法学家卡尔迪里(R. Cardilli)指出的那样:"不编纂债法总则的风险意味着会丢失一些制度(例如合同、侵权、无因管理等)之间的统一性,这些制度的共同要素是它们产生的法律结构。而债这种法律结构可以给人们提供具有财

---

[1] Riccardo Cardilli, *Contratto e Legge Nel Diritto Cinese*, *Il Libro E La Bilancia – Studi In Memoria Di Francesco Castro*, Istituto Per l'Oriente C. A. Nallino, Roma, 2010, p. 155.

产性的手段，而不是具有从属性或对人身有害的一些法律手段。"[1]

在与梁慧星教授的讨论中，王泽鉴教授强调了现代民法典中债编的意义，认为"债编的形成是法学上重大的成就"，并以我国台湾地区"民法典债编"为例，说明债编（尤其是债法总则）是对债的有机体从发生到消灭过程的高度提炼。确实，不仅是我国台湾地区的立法实践，我们在前面列举的20世纪法典化国家民法典的立法实践，也是从债的一般规则的规定中彰示债编作为一个有机体系的发展与构造。

毋庸置疑，就合同而言，从合同的缔结到合同的终止，都可以适用债法从债的发生到消灭的一般规则。但是，作为债权发生的重要原因的不当得利和无因管理等，其产生的基础属于非约定原因即依法律直接规定，如果将其纳入准合同而规定在合同编中，诚如王泽鉴教授所言，"这是法制上的退步"。[2]"准契约"原创于罗马法，这是债的发生依据中，因理论研究和立法技术不成熟，用"准"字来解决那些无法纳入契约之债的债的发生原因的归类。

因此，将具有共同特性的法律制度例如合同、侵权、不当得利和无因管理等，基于其共同要素而构成债法的统一体系，并通过债法总则的一般性规定来规制引发各种债权债务关系的债的渊源。以债法总则一般性规定为特征的债法体系，有着如下的功能。

第一，立法体系上的统一功能。在民法典立法体系上形成具有债的共同特点的统一体系。无论是基于约定产生的合同之债，还是基于法律规定产生的侵权之债、不当得利之债、无因管理之债等，因存在债权债务关系而建构在统一的债法体系中。

第二，立法技术上的整合功能。将我国现行立法中产生债的各种法律制度与规则例如《合同法》《侵权责任法》《民法通则》和《民法总则》中有关不当得利和无因管理制度等整合在债法中并加以体系化，这只能通过债法尤其是债法总则的规则来实现。

第三，法律制度上的效果功能。债法中的各法律制度有着共同的法律效果功能，即这些法律制度具有将债权人和债务人之间的矛盾纠纷通过财产性方法予以

---

[1] Riccardo Cardilli, *Contratto e Legge Nel Diritto Cinese*, *Il Libro E La Bilancia - Studi In Memoria Di Francesco Castro*, Istituto Per l'Oriente C. A. Nallino, Roma, 2010, p. 163.

[2] Riccardo Cardilli, *Contratto e Legge Nel Diritto Cinese*, *Il Libro E La Bilancia - Studi In Memoria Di Francesco Castro*, Istituto Per l'Oriente C. A. Nallino, Roma, 2010, p. 163.

解决的功能。即使是精神损害，亦可以通过损害赔偿来达到解决纠纷的法律效果。

第四，司法审判上的债法体系化思维功能。司法审判活动需要精准适用法律而非总是参照或者援用。如果没有债法一般规则的指引，在处理不存在合意基础而产生的不当得利之债、无因管理之债等债权债务关系时，仅要求参照合同编的一般规则加以处理，表面看来似乎是便于司法审判，但更多地带来的是司法审判者体系思维上的混乱。体系化思维与因急于满足某种现实需要而碎片化思维完全是对立的。民法典本身就是体系化思维的产物。如果将应景之作般的碎片化思维放入我国民法典中，不仅如王泽鉴先生所评价的"是法制上的退步"，而且会严重影响到我国民法典作为21世纪的民法典的品质。

第五，国民法律教育上的引导功能。笔者清晰地记得，在20世纪80年代初，围绕着当时的民法草案中是否应当规定债的内容，在民法学界发生了激烈的争论。中国政法大学张佩霖教授是坚决反对民法中规定债的内容的学者之一。他认为，中国的老百姓不懂得源自西方法学的债的原理，在老百姓的脑海中，债就是欠钱不还。显然，张教授的这个观点是难有说服力的，因为如果没有立法规则及对立法的宣传，现代民法学理论或者民法典立法中，法人、自然人的能力乃至于合同，中国的老百姓都难以理解。由此我们可以进一步想到，如果立法对债法的处置过于粗糙、随意、无体系化，那我们如何教育和培养法学院的学生？如何对国民进行合同之债与非合同之债的体系化普法宣传教育？

综上所述，我国民法典的编纂活动，尤其是对债法的设计，需要以民法典的理性为基础。

三、债法总则的立法体系之价值判断

在债法中是否给债法总则以一定的位置，其核心问题是立法体系的价值判断问题。

（一）对民法典体系之价值判断

法典体系的价值在于"发现个别法规范、规整之间，及其与法秩序主导原则间的意义脉络，并以得以概观的方式，质言之，以体系的形式将之表现出来"，[1]为完成这一任务，方式之一是"依形式逻辑的规则建构之抽象、一般

---

[1] [德] 卡尔·拉伦茨：《法学方法论》，陈爱娥译，商务印书馆2003年版，第316页。

概念式的体系",[1] 从而使抽象程度较低的概念能够涵摄于抽象程度较高的概念中,而"此种体系不仅可以保障最大可能的概括性,同时亦可保障法安定性,因为设使这种体系是完整的,则于体系范畴内,法律问题仅借逻辑的思考操作即可解决"[2]。

虽然对这种体系方法后人多有批判,拉伦茨在其《德国民法通论》中也强调:"将这样一个'总则'抽象出来的做法是否合乎法典的目的这一点值得怀疑。《瑞士民法典》就有意识地不采用这一做法。《德国民法典》虽然因此省去了许多重复性或援引性的规定,但在其他地方却多出了不少限制性和细分性的规定。法律适用并未因此而容易多少。"[3] 但是,对于欠缺概念法学训练与熏陶的中国法学界和立法机关而言,其体系价值正在于概念的明晰与概念"涵摄"的规范性,使对私法的运用得以在统一的背景下实现,最终实现司法的统一。[4]

在20世纪民法典的立法中,如前所述,例如《德国民法典》(1900年)、《瑞士民法典》和《瑞士债务法》(1907年)、《巴西民法典》(1917年)、《墨西哥民法典》(1932年)、《意大利民法典》(1942年)、《葡萄牙民法典》(1967年)和《秘鲁民法典》(1984年)等,在民法典中设计债法总则,是20世纪编纂民法典的绝大多数国家的共同选择。具体分析如下:

1900年《德国民法典》第二编"债务关系"法主要包括债务法一般规则、因合同发生的债务关系、债务关系的消灭、债权转让、债务承担、多数债务人和债权人、各种债务关系(各种合同、无因管理、不当得利、侵权行为和其他债务关系)。

1907年《瑞士债务法》有关债的通则内容中包括债的发生(契约之债、侵权行为之债、不当得利之债)、债的效力、债的消灭、债之特别关系(连带之债、附条件之债、保证金和解约金、扣减工资、违约金)、债权让与和债务承担。

1917年《巴西民法典》第一编"债权",主要包括债的移转、债的清偿和消灭、债的不履行。在债的分则部分包括合同总论、各种类型的合同、单方行为

---

[1] [德] 卡尔·拉伦茨:《法学方法论》,陈爱娥译,商务印书馆2003年版,第316页。
[2] [德] 卡尔·拉伦茨:《法学方法论》,陈爱娥译,商务印书馆2003年版,第317页。
[3] [德] 卡尔·拉伦茨:《德国民法通论》,王晓晔等译,法律出版社2003年版,第40页。
[4] 当然,对于法律体系的作用无疑我们应有清醒的认识,"惟必须认知,没有一个体系能够演绎地解决所有问题,所以体系必须保持开放。盖体系只是一个暂时的总结"。参见黄茂荣:《法学方法与现代民法》,中国政法大学出版社2001年版,第469页。

（悬赏广告、无因管理、非债清偿、不当得利和民事责任等）。

1942年《意大利民法典》第四编"债务关系"中包括债务关系一般规则、契约总论、各种契约、单方允诺、无因管理、非债清偿、不当得利和侵权行为等。

1967年《葡萄牙民法典》第二卷"债法"中规定了债的通则和各种合同，其中债的通则包括一般规定、债之渊源（合同、单方法律事务、无因管理、不当得利、民事责任）、债之类型、债权债务之移转、债的担保、债务不履行、债务消灭原因。

1984年《秘鲁民法典》第六编"债"中包括债及其类型、债的效力、债的消灭、债的不履行。第七编"债的发生依据"中包括合同总则、有名合同、无因管理、不当得利、单方允诺、非合同责任。

客观而言，在民法典中是否采用债法总则并无良恶之分，而是对民法典体系价值判断有所不同的结果。在法典化国家，即使是基于对罗马法所形成民法典理念和体系加以继受的国家，其法学界固然确认债法总则在法典化过程中对完善法典内部体系的重要作用，肯定这个法典体系给社会民众带来了对民法典的系统认识与理解，但与此同时，出于人类所特有的期望能够不断革新与发展的心态，也不断出现着是否坚持采用债法总则的理论争鸣。但是，在我国，有一个考虑问题的前提是我们不能忽略的，即虽然我国法学界对国外的民法典体系比较了解，但是我国民众对民法、未来的民法典及其应有的体系相当陌生，甚至有相当多的民众对此一无所知。一部民法典，不仅是民法学理论研究的成果，不仅是人们行为的规则依据，不仅是司法审判依据，甚至不仅是一个国家实现法治化的主要象征，它同时也是这个国家的经济生活的法学百科全书，是公众了解民法的教科书。这是我国民法典立法体系在考虑是否采用债法总则时不可回避的国情与背景。

（二）对债的体系之价值判断

债的制度意义，"一是保障个人的生活作为领域，不受他人的侵犯；二是提供使权利发生变动的合法管道"[1]。从这个意义而言，债法优先保护的是个人的意志与合法的生活，对于前者，通过调整双方当事人的意思自治得以实现，而对于后者，则是在发生违反法律和社会一般道德观念的事实后，对"扭曲"的社

---

[1] 黄立：《民法债编总论》，中国政法大学出版社2002年版，第1页。

会关系进行调整。

在法典化国家近现代民法典的历史演进中,债的"总则—分则"体系对债的体系建构乃至民法典的体系建构均发挥了重要的作用。虽然也有学者对债的"总则—分则"体系提出质疑甚至加以批判,但这不妨碍我们对作为构筑债的体系之基点的债法总则,从债的外部关系和各种主要债之间的关系分别加以进一步分析,以"使之在外在体系的逻辑上,在内在体系的价值上能获得协调"。[1]

1. 就债的外部关系即从债与物权的关系来分析,显然,前者强调的是给付,后者强调的是以使用为目的归属。关于债的基点——给付,我们在前面已经进行了溯源性的分析。也就是说,在罗马法学家们的分析中,我们可以看到,在罗马法中给付普遍存在于债务口约的自愿履行给付、负有交付遗赠财产义务的保管人(尽管该保管人多为继承人)的依指定履行给付、裁判官或案件审理者以判决形式强制履行给付等行为中。这个逻辑基点及由此放射式地产生出的一系列具体法律关系,构成了我们对债的分析范围。因此,凡以给付为核心特征的法律关系即构成我们将其纳入债的关系进行分析的关键理由。虽然由于社会生活的纷繁复杂往往需要立法者为了某些利益而引入一些背离法基本原理、背离一般规则的特别规则,[2] 但是这并不是主流现象。

2. 就各种主要债,如合同、侵权行为、无因管理、不当得利等的产生原因及其关系来分析,"给付"依然将各种主要债紧密地联系在一起。

(1) 以合同为分析对象。合同的目的在于寻求法律所不禁止的、使当事人能够获得双赢的交易。该交易实现的途径是当事人自愿的相互给付。该交易实现的结果是双赢,即双方当事人均从相互给付中获益。"给付"使得当事人实现其追求的合同的利益。

(2) 以侵权行为为分析对象。确认侵权行为认定条件的目的在于确定民事责任,确认民事责任的规则旨在保护或恢复权利主体的原有状态。那么,无论是预防性保护或者是事后救济性的恢复,都是通过强制"给付"所产生的事先威慑力或因实际给付而产生的救济结果来规范人们的行为。

(3) 以无因管理和不当得利为分析对象。无论对无因管理和不当得利有着怎样的伦理上的价值判断,从法律制度设计的价值判断而言,其依然旨在通过

---

[1] 黄茂荣:"民法典之债法的编纂",载《环球法律评论》2018年第2期。
[2] 罗马法原始文献 D. 1,3,16。

"给付"来恢复请求权人原有的权利状态。

正如意大利学者蒙那代里教授所言[1]：合同责任是"面向未来"的，是为了执行一个没有得到实现的合同；而民事责任（我们多将其理解为侵权责任）是"面向过去"的，目的是要通过损害赔偿来恢复受害人在遭受不法侵害之前的相同或尽可能相同的状态。事实上，无因管理和不当得利也是旨在恢复请求权人原本的权利状态。如前所述，当旨在以财产方式来实现设定责任的目的时，必须要通过"给付"。

因此，我们在确信诸如侵权行为、合同行为、无因管理与不当得利之间均有其独立性的同时，它们对"给付"的依赖构成了它们之间的内在逻辑关联和得以被构建在同一体系之下的基点。

因此，债法总则的内容以"给付"为逻辑基点，将《合同法》《侵权责任法》等所不能包容的如债的形成、债的效力、债的类型等总括性的内容，统一放置在债法总则中予以规范。事实上，它所实现的不仅是体系化地解决债的关系问题，而且是给立法者、司法实践者、理论研究者尤其是社会民众以一个债的整体思维体系的功能。

3. 从债法总则与合同法总则间的关系来分析，如何来处理债法总则与合同法总则的关系，这是我们在讨论债法总则时不可回避的问题，正如《关于〈民法典各分编（草案）〉的说明》在对债法一般规则不单设一编时所阐释的那样："债法的一般规则是民法的重要内容，考虑到现行合同法总则已规定了大多数债的一般规则，这次编纂不再单设一编对此作出规定，为更好规范各类债权债务关系，草案在现行合同法的基础上，补充完善债法的一般规则……"[2]

作为债法总则，旨在为合同、无因管理、不当得利和侵权责任等债的发生原因提供共同适用的规则。虽然债法总则主要涉及的是债的履行、债的担保、债的消灭、债的移转及多数人的债权债务关系等，而且这些内容均与合同行为密切关联，甚至是被从合同法中抽象出来的，但是，这些规则对无因管理、不当得利和侵权责任也存在着重要的理论上和实务上的可适性。因为，自罗马法开始，合同

---

〔1〕［意］蒙那代里："关于中国民法典编纂问题的提问与回答——以民法典的结构体例为中心"，薛军译，载《中外法学》2004年第6期。

〔2〕见王泽鉴先生和梁慧星先生于2018年4月28日在深圳"歌乐山大讲堂"第41期上就民法典编纂举办的讲座实录，http://www.360doc.com/content/18/0910/12/1113159_785382071.shtml，最后访问时间：2018年9月18日。

(contractus）可以被广泛作为私法上的、公法上的乃至于国际法上的概念而利用，但是，在私法领域中，只有以发生债的关系为目的的合同才是债意义上的合同，即合同之债（obligatio contractus）。

如果我们承认债法总则的内容在理论上对无因管理、不当得利和侵权责任具有可适性，则在司法实践中，这些规则在合同之外的领域适用的多与少，并不构成对制度体系设计之否定的理由。因为，判断一个制度体系是否应当设计在立法中，该制度在我们已知的实践中得以适用的多寡，因其随着社会经济发展而必然发生的变化使得它无法成为我们作出判断的重要考虑因素，相反，我们应当以法典的体系化和逻辑性为思考内容。虽然法律的生命并非在于逻辑，但是经验是由逻辑构造形成的。由于引发债的诸多原因如合同、单方允诺、无因管理、不当得利、侵权责任等有其内在一致性，因而有构成债的内在统一性的可能性与必要性。设立债法总则，可使这些分散的债因逻辑地排列，形成一个统一的整体，使法律条文简约，避免不必要的重复，也避免了把某种规则规定在某一类债中，其他类债适用该规则时出现"准用"、"参照"或者"援引"的现象。"近代意义上的法典作为最高形式的成文法，是追求体系化与严密逻辑性的法典。民法典就是以体系性以及由之所决定的逻辑性为重要特征的，体系是民法典的生命，缺乏体系性与逻辑性的'民法典'只能称为'民事法律的汇编'，而不能称之为民法典"[1]。

四、对未来民法典中债法总则体系的若干建议

虽然目前我国立法机关对民法典中设立债法总则采取了拒绝的态度，但是，如前所述，这对我国编纂出代表 21 世纪水平的民法典并无益处。鉴于学者的使命在于独立研究与提出相应的建议，故而，笔者依然愿意对未来民法典中应有的债法总则之体系和内容提出若干建议，但是应当强调的是，这些意见仅是一种原则性的考虑，并在一些民法学术研讨会上与学界同仁进行过讨论。

"法律体系的形成以概念为基础，以价值为导向，其间以归纳或具体化而得之类型或原则为其连结上的纽带"，[2] 故对债法总则的结构设计，笔者认为：考虑到债法总则的制度价值，是在债发生之后，为了实现债的目的，围绕债的履行而设立各项制度，从而使债得以圆满地实现。债的履行行为应成为债法总则的核

---

[1] 王利明：《关于我国民法典体系构建的几个问题》，载《法学》2003 年第 1 期。
[2] 黄茂荣：《法学方法与现代民法》，中国政法大学出版社 2001 年版，第 472 页。

心，对各项制度的体系化安排也应围绕这一核心进行。

第×编　债法编

第一分编　债法总则

第一章主要是对一般规则的规定，将债法最基本的内容放在该部分，包括债的定义、债的发生等，作为整个总则的起点。

第二章主要对债的类型进行规定，包括特定之债与种类之债、简单之债与选择之债、按份之债与连带之债、可分之债与不可分之债、自然之债。通过本章的规定，说明关于各种特殊的债的情形，并作出相应的规定。

第三章是债法总则的核心内容，主要对债的履行进行规定，共分为五节：

第一节规定一般的履行行为，其内容包括债的履行原则、履行时间、地点、费用等内容，主要是规范债务人任意履行时需要规定的相关内容，以减少不必要的纠纷。

第二节规定债的不履行，这实际上是一种不正常履行行为。本节以"义务的违反"为核心，规定包括债务人履行义务的违反、债务人的迟延、加害给付等情形，并规定损害赔偿及其范围等。

第三节规定债权人的迟延，这也是一种不正常履行行为。本节规定债权人的受领迟延所产生的法律后果。

第四节规定债的转移，这同样是一种不正常履行行为。本节规定债权转让、债务承担、概括承受等，以调整由于债的关系当事人的变动所产生的法律关系。

债的保全与担保作为债的履行的保障在第五节中进行规定，债的保全与担保是为了确保债的履行所规定的制度，实际上是债的履行的延伸，在本节中进行规定，是合适的。

第四章主要规定债的消灭的各种情形，共分为五种：清偿、免除、提存、抵销、混同。债的履行的结果就是债的消灭。因此，在债的履行之后应将债的消灭放置此处，是符合体系化要求的。

在债的总则的主要内容规定之后，将合同一般规则、各种合同、无因管理、不当得利和单方允诺、侵权责任分别按第二分编至第五分编顺序，作为债发生的情形在后面进行规范，以实现债法体系的完整性，同时将现有的《民法通则》《合同法》和其他法律法规中的有名合同、《侵权责任法》的内容加以整合，使得债法的内容科学地、体系化地、完整地构成我国民法典中的债法内容。

五、结论

我国民法典中债法及其总则的相关问题之探讨，应当建立在民法典应有的理性基础上。对包括债法及其总则的体系化追求与认真对待，是我国制定21世纪民法典的关键所在。通过建构体系严谨的民法典，我们将得以对法律关系进行明确的调整与规范；通过民法的解释方法来实现对变化中的社会法律关系加以调整。面对社会经济发展及其对法律的需求，我们应当摒弃一切浮躁的急于求成的心态，立足于对中国法治发展的理想，依靠法律人的责任心、谨慎求证的科学精神与求实态度，为实现制定出代表21世纪高水平的民法典之"中国梦"而作出我们的一份贡献。

论我国民法典编纂活动中的四个关系*

2014年,对于中国法学界尤其是民法学界而言,注定是一个令人无法忘怀之年。在这一年,法学界尤其是民法学界在民法典立法活动的启动、关闭与重启的过程中感受到了"谷"与"峰"的巨大差异。2013年第十二届全国人民代表大会常务委员会向社会公布了该届全国人民代表大会存续期间的《五年立法规划》。在该立法规划中,人们未寻觅到我国民法典的相关信息。这令一直在积极准备民法典编纂的学者们感到十分失望。2014年9月,民法学界召开了有关中国民法典编纂的研讨会,强烈呼吁重新启动民法典的编纂工作。法学界的呼吁最终经各种通道直达我国最高领导层,并获得高度重视。因此,人们在其后公布的中共中央十八届三中全会的决议中,看到了"应当编纂民法典"的内容。该决议内容给法学界打了一剂"强心针"。民法典草案的编纂活动重新启动。

重启我国民法典的起草,不仅仅是法学界尤其是民法学界的学者们多年的法治强国的梦想,更是我国法治进展中一个重要的里程碑性质的大工程。虽然梦想的实现已经初见路径,但是,激情的持续需要理性的支撑。我国要完成一部体现21世纪特色的民法典,尚有许多工作要做。笔者认为,在制定民法典的过程中,尚有如下几个关系需要特别关注:

一、未来民法典与现行立法的关系

自改革开放以来,为满足社会经济发展的需要,我国陆续出台了不少民事法律规范,已经初步形成了调整民事法律关系的规范体系。但是,依然存在着民事法律规范体系的"碎片化"现象,且民事法律规范之间相互冲突、相互重复或

---

* 本文原载于《法制与社会发展》2015年第5期(总第125期)。

明显遗漏的情形频频可见，导致司法机关不得不频频发布司法解释以应对之。没有立法权的司法机关发布的诸多司法解释，其内容颇具立法机关的立法解释，故此遭到社会各界的质疑和诟病。从一定角度而言，前述问题的出现正是由于我们没有体系化的民法典所导致。故而，民法典的编纂，恰得以解决我国民事法律规范立法体系"碎片化""冲突化""遗漏化"等问题。为此，我们必须正视的一个问题就是如何解决未来民法典与现行立法的关系。笔者认为，欲解决此问题，我们需要强化如下两个方面的思维。

（一）体系化思维

1. 体系化思维之解意。在计算机极为发达的现代社会，"体系化思维"（亦称系统化思维）不是一种令人陌生的表达。美国软件领域中著名的专家杰拉尔德·温伯格，以计算机软件为分析背景，对人们如何进行体系化也就是系统化思维进行了深入研究，其撰写的《系统化思维导论》在相当长时间内成为全球畅销书之一。体系化思维，是指将任何一个问题或分析对象都放在其所处的大系统中加以研究，从而找出解决该问题及其相关问题且适合于其所处大系统的最优解决方案。

法学领域的问题，绝大多数情况下都不是个别问题。罗马法学家们很早就告诉我们："不为罕见情况立法。"[1] 法律所针对的情形，应当是社会中正常出现的情况而非只在某种偶然状态下出现的个别情况。因此，面对社会生活中纷繁复杂的且非个别之情况，法学思维的体系化就极为重要了。我国现行立法中所存在的诸如担保制度规范的重复立法以及不同立法中的担保制度规则间的相互冲突、监护制度中成人监护制度规则的严重缺失、法人制度规则的体系化思维的不到位等，均需要我们在编纂民法典的过程中加以注意。

2. 以"典"彰显的体系化思维：从法的历史之视角的观察与思考。民法以"典"的形式存在，有其历史之源。

在古汉语中，"典"有多种解释，其中比较贴近法律的解释，系将"典"解释为记载法则、典章制度的重要典籍，例如《夏书·五子之歌》中有曰："有典有则，贻厥子孙。"[2]

---

[1] Theodor Mommsen Recognovit, *Corpus Iuris Cicilis I, Instituones, Digesta*. (D. 1, 3, 5), WEIDMANN, 1993, p. 34.

[2] 广东、广西、湖南、河南辞源修订组、商务印书馆编辑部编：《辞源》，商务印书馆2004年版，第317页；辞海编辑委员会、上海辞书出版社编：《辞海》，上海辞书出版社2005年版，第334页。

私法要论——从罗马私法到现代私法

法学领域,"法典"的表述源自西学东渐的影响。拉丁文中"法典"(codex)一词最初含义与我们今天使用"书"(拉丁文"libro")的含义相同,是指用羊皮纸折叠起来缝制的书。[1]

到公元4世纪至公元5世纪,法学家们开始编纂罗马国家皇帝们的谕令,这些首次被编纂成册的谕令汇编是以羊皮纸"书"的方式出版的。最初编辑完成的是"艾尔莫塞尼亚诺法典"(Codice Ermogeniano)和"格莱高利亚诺法典"(Codice Gregoriano)。真正的第一部完整系统的皇帝谕令的编纂成果是《狄奥多西法典》(Codice Teodosiano),其产生于5世纪初的罗马帝国即公元438年。据此"Codice"一词具有了一种法律语义色彩浓厚的新含义,即"完整、系统的法律汇编"。

其后,由优士丁尼皇帝委任的编纂委员会先后完成了三部完整的体系化的法律编纂成果——《优士丁尼法典》(codex)、《学说汇纂》(digesta)和《法学阶梯》(institutiones)。这三个成果构架了以人为设法目的之罗马法的基本内容,也是中世纪以后大陆法系(欧洲将其称为"罗马法系")各国在编纂其民法典时学习与仿效的楷模。

不过,我们需要注意的是,虽然在罗马法中体系化思维的完整成果集中产生于公元5世纪和6世纪时期,但是,罗马法学家有关以体系化思维编纂法律规则的思想却是产生于公元前1世纪。该世纪的法学家库伊特·穆齐[2]运用分类论述方法、归纳演绎方法、系统方法等方法,对其父辈收集的前人制定的市民法规则加以梳理整合,从而成为"组创市民法"的第一人。[3] 当然,在罗马社会中,以体系化思维编纂法律规则的代表作当属优士丁尼的《法学阶梯》。其以四编制体例将对法的基本理解、人、婚姻、监护、物、他物权、遗嘱继承、遗赠、法定继承、债的一般规则、契约之债、侵权之债、诉讼等法律规则相当体系化地展现在人们面前。如果从优士丁尼《法学阶梯》产生年代向其之前的时代进行

---

[1] [意]桑德罗·斯奇巴尼:"法典化及其立法手段",丁玫译,载《桑德罗·斯奇巴尼教授文集》,费安玲等译,中国政法大学出版社2010年版,第53页。

[2] 库伊特·穆齐(Quintus Mucius Scaevola),公元前1世纪罗马国家的法学家,曾任职为祭司长。其父亲是布布里·穆齐(Publius Mucius Scaevola),是公元前2世纪罗马国家的法学家,亦曾经任职祭司长。

[3] Theodor Mommsen Recognovit, *Corpus Iuris Cicilis I*, *Instituones*, *Digesta*. (D. 1, 3, 5), WEIDMANN, 1993, p. 32.

回溯，我们可以发现，盖尤斯[1]的《法学阶梯》具有无法忽视的作用。因为，在盖尤斯的《法学阶梯》中，其以人法、物法、诉讼法[2]将罗马法中私法的内容体系化地编纂在一起。尤其是该体系化的思维是将人放置在首位，从对人的关注引申出有关人的权利之规定、有关人对物的利用之规定、有关人对权利行使与限制之规定等内容。由此"以它为榜样，后来形成了《优士丁尼法学阶梯》，据此它对许多现代法典的体系产生了影响，不断地服务于那种以人为中心并且使权利为人服务的法观念的发展"。[3]

因此，我们可以说，民法典的编纂不是法律规则的简单汇编。法律的编纂应当是旨在通过系统的、逻辑的、科学的立法技术将相关法律规范纳入在一个较为完整的立法体系之下，形成一个完整的立法文件。相反，汇编则是按照一定体系将相关法律规则进行形式上的编辑汇总，但对立法内容的系统性、逻辑性、协调性并不强调。一言以蔽之，法律的编纂既重视规则的内容又重视规则表现的形式；法律的汇编则更多关注规则的外在表现形式。

3. 民法典编纂中体系化思维的定位。在编纂民法典的过程中，体系化思维应当定位在两个主要方面：

第一，立法观念上的体系化。我们应当确立一种立法体系化的观念，即将现行立法中有关民法的规范性内容统合在民法典中。但凡涉及民法领域的行为准则，人们均可以在民法典中找到其基本规范甚至详细规则。

第二，立法结构上的体系化。鉴于民法规范内容相当庞杂，我们不可能将全部民法规则内容都放入民法典中。笔者认为，我们可以形成民法典与单行法的立法体系架构，例如有关公司法、证券法、保险法、破产法、知识产权法等较为具体的规则可放置于单行法中。这样既可使民法典的体系具有相对完整性，同时，由于单行法的存在，可以使民法典的体量不会过于庞大，内容过于臃肿。

---

[1] 盖尤斯（Gaius），公元2世纪罗马国家中著名的法学家。其所著《法学阶梯》是形成于公元6世纪、迄今依然具有巨大影响力的优士丁尼《法学阶梯》仿效蓝本。

[2] 盖尤斯《法学阶梯》的内容主要包括：第一编关于人（身份、婚姻、家庭），第二编关于物（所有权、遗嘱继承），第三编关于物（无遗嘱继承、契约之债、私犯之债），第四编关于诉讼。

[3] [意] 桑德罗·斯奇巴尼："《盖尤斯法学阶梯》汉译本前言"，黄风译，载《桑德罗·斯奇巴尼教授文集》，费安玲等译，中国政法大学出版社2010年版，第436页。

(二) 科学化思维

1. 科学化思维之解意。德国法学家康德曾经说过，法学是一门有关公正的科学。该"公正的科学所研究的对象，是由立法机构公布的一切法律的原则……所以，公正的科学指的是一个有关自然公正原则哲理的，且有系统的知识。从事实际工作的法学家或立法者必须从这一门科学中推演出全部实在法的不可改变的原则"。[1] 意大利的法哲学家米拉格利亚亦曾经强调："法律之为科学，乃建于理智或哲学之上，及威权或言语学之上。其为学也，所论为真，即理智也；为确，即威权也。威权为理智之一部，而非为任意，亦即确者为真之一部也。"[2]

如果民法典的编纂能够实现其编纂宗旨，那么思维及其方式的科学化是实现该宗旨的重要路径。民法典编纂的科学化思维，是指民法应当在为人设权的逻辑原点上，建构出人在民事活动中所涉权利之体系，在此逻辑基础和思维意念的主导下，运用法律特有的方法、措施和手段，将人、物、权利等因素依其不同特点加以思考，使民法典的编纂体现出系统化、科学化与合理化的体系。

2. 问题的提出。通过民法典编纂来剔除现行立法中广被诟病的内容，这无疑是进行民法典编纂的目的之一。2015年4月20日，中国法学会民法典编纂项目领导小组将其撰写的《中华人民共和国民法典·民法总则专家建议稿（征求意见稿）》（以下简称《民法总则建议稿》）公布于世，向法学理论和法律实务工作者广泛征求意见。这个《民法总则建议稿》有不少独到之处和创新之处，同时也有一些内容值得进一步商榷。例如，其一，"个体工商户和农村承包经营户"即所谓"两户"的规则是否还应保留其《民法通则》中的规范模式？其二，法人的基本分类是应当回到源自罗马法的大陆法系固有的分类标准？还是坚持《民法通则》有关法人的分类标准？还是二者兼而有之？其三，法律行为的规则是否应当回归到法律行为理论的本源上去（即德国法学有关法律行为的理论上）？还是坚持《民法通则》中被誉为"具有中国特色"的民事行为与民事法律行为的规则？还有其他一些问题，笔者在此不一一列举。

3. 对刻意求新却非科学化思维的警惕：以"法律行为"术语争论为例。在现行民事立法中，有一些规则引发了尖锐的理论争鸣，例如最典型的争论之一就

---

〔1〕［德］康德：《法律哲学》，西方法律思想史编写组译，载西方法律思想史编写组编：《西方法律思想史资料选编》，北京大学出版社1983年版，第398页。

〔2〕［意］米拉格利亚：《比较法哲学》，朱敏章译，商务印书馆1940年版，第39页。

是关于"法律行为"抑或"民事法律行为"术语争论的问题。在法学理论界,有不少学者认为,在"法律行为"这一表述的前面,一定要按照《民法通则》的规定加上"民事"两个字,因为法律行为不仅有"民事法律行为",还有"行政法律行为""刑事法律行为"。[1]但是,在民法学界,包括笔者在内的很多学者却认为关于"民事法律行为"的问题,需要通过民法典的编纂而进行必要的"法律行为"的归位性研究。

从学术研究的角度,我们需要指出:将"法律行为"写成"民事法律行为"且将其定位在"合法行为"的含义上是一个错误的理解。在此,我们仅讨论两个问题:

第一个问题:法律行为不宜定位为合法行为

(1) 从法律行为理论与规则之萌芽状态时,其关注的核心就在意思表示上而非是否合法。法律行为的萌芽性理解来自于罗马法且仅在私法领域中。在罗马私法规范中,存在各种具体的法律行为类型,如买卖行为、租赁行为、运送行为、保管行为、立遗嘱行为等。罗马法学家们创造了若干抽象语词,如 negotium(交易行为)、actus(行为)和 factum(行为、事实),但是,这些词汇是在与其他词相结合、与之构成了一种专业术语后才具有了法律的行为之意义,例如,Negotium gestio, Actus legitimus。"罗马法学家在法律赋予所有一般的行为以法律效果的前提(事件和人的行为)问题上,并没有达成一个一以贯之的学术概念,由于这个原因,他们没有确定上述词语的专业术语的、协调一致的、精确的含义,而这是在中世纪和现代才完成的事情。但是罗马法学家深刻地研究了意思问题、意思的正常形成及其正确表达问题,以及由此而来的它们的可能的缺陷问题、形式问题、原因问题、无效问题、附加因素问题、解释问题、通过第三人的行为问题,他们是在对各种类型的契约[尤其是 Stipulatio(要式口约)和买卖]、遗嘱和 Traditio(交付)进行的深入分析中完成上述研究的"。[2]

(2) 在德国学者研究法律行为理论和罗马法中的行为、意思表示等规则的过程中,将法律行为用"actus iuridicus"和"negotium iuridicum"两个拉丁文来表达这一术语。其核心在于强调行为人的意思表示,用现代人的表述即意思自

---

[1] 在2015年5月16~17日由吉林大学、江西财经大学和中国民法学研究会共同主办的"第七届全国部门法哲学研讨会"上,不少法理学界的同仁们在其发言中就阐述了这样的见解。

[2] 参见[意]桑德罗·斯奇巴尼:"《民法大全选译·法律行为》汉译本说明",徐国栋译,载《桑德罗·斯奇巴尼教授文集》,费安玲等译,中国政法大学出版社2010年版,第348页。

治。而意思自治则强调表意人之间的平等对话的法律地位和尊重表意人之选择的法之精神。

意大利罗马法学家桑德罗·斯奇巴尼教授对法律行为理论从萌芽状态进入到渐进成熟状态有过清晰的描述:"中世纪时代的法学家(注释法学派和评注法学派)和现代的法学家(西班牙的经院派法学家、自然法学派的法学家、潘得克吞学派的法学家)利用了由罗马法学家完成的这一深刻的、极为珍贵的成果,他们选择并完成了在这一成果中确定的原则和规则,他们因此完成了某些原则和规则的要点的概括或其他原则和规则的要点的集中,这样,在从中世纪到现代的几个世纪中,这些体系被建构成了'法律事实''适法的法律行为''不适法的法律行为''法律行为'的普遍的体系化的范畴,这些范畴的最重要的规则和可能是必要的例外得到了讨论和确定。特别值得注意的是,这一工作在现代达到了成熟,在19世纪完成的这一成果,尤其强调被个人主义地考虑的人的'自由意思'的价值。B. 温德沙伊德曾把法律行为定义为'旨在产生法律效果的私人意思表示'。后来在20世纪,法律行为被强调为以法律行为达成的利益的自我调节,在最重要的方面,它被看作是行使'私人自治'的工具。"[1]

有学者明确指出了将"法律行为"定位在"合法性"上的理论缺陷:[2]

第一,从文义层面来看"法律行为"的含义是指"以法律效力之变动为目的的行为",或者说"以权利之得丧变更为目的的行为",这个含义的底蕴,在于法律承认民事主体对于私人法律生活进行自治的自由。因此,从"法律"推导出"合法",再将"法律行为"界定为"合法行为"的分析方法,是不正确的。如果将法律行为的概念界定为一种"合法"的行为,那么此种观点便蕴含着这样一个判断,即只有内容上正当的行为,才有实施上的正当性,这一判断进而将会导致对于人的自治自由本身的否定。因此,如果我们要坚持法律行为是民事主体进行私法自治的工具,那么法律行为的概念就只能建立在意思表示的基础之上。

第二,从制度层面来看,将法律行为定性为合法行为,而忽略其意思表示的要素,会导致法律制度上的逻辑混乱。由于《民法通则》将法律行为界定为

---

[1] 参见[意]桑德罗·斯奇巴尼:"《民法大全选译·法律行为》汉译本说明",徐国栋译,载《桑德罗·斯奇巴尼教授文集》,费安玲等译,中国政法大学出版社2010年版,第349页。

[2] 费安玲等:《民法总论》,高等教育出版社2011年版,第136页。

"合法行为",在主体、意思表示、标的等方面具有不法之处的行为,只能被称之为"民事行为"。而不法的意思表示行为的效力界定,本应是法律行为制度的核心问题,是该制度的重心所在,于是便出现了一个古怪的现象,即在标题为"法律行为"的民事法律章节中,大量篇幅规定的却不是"法律行为"而是"民事行为",由此造成了制度明显的不协调。与此同时,在前述支持法律行为是合法行为的理由中,"只有法律行为(合法行为)才能实现当事人希冀的法律效力"的判断,也在法律制度中出现了不周延:在行为可撤销、效力待定之场合,该行为虽然具有不法之处,在《民法通则》中不能称为"法律行为",但是在撤销权人没有撤销,或者追认权人进行追认的情况下,其依然可以发生当事人所希冀的法律后果。由此可见,将法律行为界定为合法行为,不仅将一个重要的法律范畴束之高阁而未能发挥其应有的作用,而且带来了制度内在逻辑上的冲突。

第三,从体系层面来讲,位于民法总则的法律行为概念,是民法分则各编中一系列法律概念的抽象,即前者只能来自于后者的共性。纵观民法分则,无论是合同,还是婚姻、遗嘱或其他包含意思表示要素的行为,其均包含着合法与不法两种可能。既然"合法性"并非民法分则中合同、婚姻、遗嘱等具体的意思表示行为的共性所在,那么将法律行为概念建立在合法性基础之上的观点,就是违背民法法典化的思考方法的。

第二个问题:法律行为是否还存在于公法部门之中?这是主张是否将"法律行为"前冠名"民事"两字的争议源点

首先,我们需要对私法行为(即法律行为)与公法行为的特点进行必要的观察。

观察点之一:意思表示是否具有首位性?公法行为因特别强调其合法依据即合法性,故意思表示的首位性明显不强。相反,在私法行为中,意思表示是行为的核心和基础,没有意思表示,就没有法律行为。

观察点之二:行为的强制力程度。私法行为即法律行为本身并不具有强制力。如果行为人希望获得法律行为之强制力效力,必须要通过法院且依照相关程序进行强制执行,方可产生强制力。公法行为则本身就具有强制性,即使公法行为的实施有瑕疵,也需要通过法定程序将其效力撤销。

故而,公法行为不具有法律行为的特质,因而在公法部门,实际上并不存在我们通常所说的法律行为。也就是说,因西学东渐而传入我国的"法律行为"的表达,完全是立足于意思表示基础上,故而法律行为是民法独有的制度与规则。"事实上,在民法以外的公法领域,法律对于社会关系的调整,总体上奉行的是强制主义方法,即以代表国家一方的强制与相对人一方的服从为特点,不仅相对人一方没有根据自己意愿创制法律关系的自治空间,代表国家行使公共权力一方也根据职责的要求,其自由裁量权也与执法者的主观意愿毫无关联。尽管在民主政治、执法为民等理念的倡导下,国家公共权力受到约束,但是公法关系中强制主义的色彩是不可能消除的。正是由于在公法关系中不存在当事人的自治可言,所以法律行为这一概念在公法中不可能存在"。[1]

综上所述,鉴于法律行为是民法中的独有制度与规则,故而,如果在"法律行为"术语前加上"民事"二字,完全是无意义的同义反复。在民法典编纂中应当不宜出现。

4. 法律中的定义之避免。罗马时代的法学家雅沃伦[2]曾经指出:"在民法中的任何定义都是危险的。事实上,很清楚的是,很少有〔定义〕不能被推翻的。"[3] 虽然这样的表述可能有些绝对,但是,雅沃伦的警告并非没有道理。当我们对一个术语的认识尚无法保证已经达到完全成熟的程度,也就是说,当我们尚不能够将该术语所具有的内涵与外延完全通过"那些对既存理性的简短描述"[4] 加以体现时,最佳选择方案就是不要在法律条款中给该术语下定义,而是交给学者们去进行学理解释。

二、民法与商法、知识产权法的关系

(一)"民商合一"与"民商分立"的模式选择:百年难题

鉴于民法与商法均调整平等主体之间的法律关系,从而民法与商法共同构成了私法的基本内容。但是,民法与商法又有一定不同,其主要表现在它们各自调整的法律关系的属性不完全相同:民法调整的法律关系不仅包括交易领域中的法律关系如合同法律关系,而且有大量的人格、继承、收养、侵权法律关系等与交易无关的法律关系。商法调整的法律关系则均带有商事性质。

大凡制定民法典的国家,均面临着如何处理民法与商法关系的问题。为此,

---

[1] 费安玲等:《民法总论》,高等教育出版社2011年版,第139页。

[2] 雅沃伦(Iavolenus)系公元1世纪罗马国家的法学家。

[3] Theodor Mommsen Recognovit, *Corpus Iuris Cicilis I*, *Instituones*, *Digesta*. (D. 50, 17, 202), WEIDMANN, 1993, p. 926. 该罗马法原始文献片段的拉丁文原文为: Dig. 50. 17. 202 Iavolenus 11 epist. Omnis definitio in iure civili periculosa est: parum estenim, ut non subverti posset.

[4] Theodor Mommsen Recognovit, *Corpus Iuris Cicilis I*, Instituones, Digesta. (D. 1, 3, 5), WEIDMANN, 1993, p. 920.

在世界上，民法典的体例主要有两大模式：一是民商分立体例，其以《法国民法典》《德国民法典》为典型；二是民商合一体例，其以《意大利民法典》《瑞士民法典》为典型。

在我国，自 1930 年的民法问世，在民法典基本体系上采纳了民商合一的立法体系，但是，公司法、票据法、破产法、保险法等依然单独编制。虽然我国立法史上曾经存在民商合一的立法，但是在理论上，百年以来争议不断。尤其是当民法典的编纂工作重新启动后，有关这个问题的争论日渐强化。有相当多的商法学者对民商合一的体系提出了异议，认为应当单独编制商法典，将全部有关商事活动的法律规则均纳入商法典中。

笔者认为，如果采取民商合一的民法典，将会使原本已经内容极为丰富的民法典变得极为庞大，同时也不一定能够完全解决全部的民事、商事的法律问题，因此，采用民商合一的民法典体例在实际操作上是一件相当困难的事情。但是，如果将商法的规则完全与民法分离，商事法律的适用完全与民法典分割开，也同样是不可能的情况。最佳处理方案是，鉴于民商事法律关系均属于平等主体之间的关系，则可以考虑在民法典确立同样适用于商事关系的基本原则，与此同时，将商事法律规范进行单独立法。

这样立法的好处在于：一方面，能够从法律理念层面上反映出私法一元化的理念，在弘扬私主体的意思自治精神、杜绝私法领域中的特权思维等方面可以发挥出民法典的功能；另一方面，在实务操作层面上杜绝立法的粗糙或臃肿，以便使民法典与商事立法的目的均得以顺利实现。

（二）民法与知识产权法的关系：最古老的与最现代的法律规则之融合模式的选择

关于知识产权与我国民法典的关系，在学术界一直是个颇有争议的问题。主要有两种观点：

1."知识产权独立于民法典"的观点。[1] 该观点以《法国民法典》《德国民法典》作为范式法典，并以此为参照系，认为知识产权制度不宜放置于民法典中。其主要理由如下：

---

〔1〕 吴汉东："知识产权制度不宜编入我国民法典"，载 http：//wenku.baidu.com/link? url=LIVp PrRpje9dUefTBmNY5jjn_ JXPkxC1x3yHdNWZ6GtI50wuzSg0Arm6c2uxZs2vYYEFYQX15QivZ4TUKLV3HAtKy5AuOg_ - SP_ 9-E1emFa，访问时间：2015 年 3 月 2 日。

从近代民法典分析,作为近代范式民法典的法国民法与德国民法,其编纂活动分别完成于19世纪初叶与末期,民法典体系取材于罗马法的《法学阶梯》或《学说汇编》。但是,这些国家的知识产权早在民法典编纂之前大体就绪。专利法、商标法、著作权法等法律规范都是以单行立法的形式出现的,没有将各个法律进行整合而编入民法典。这是因为无形财产具有不同于有形财产的性质,故无形财产不能与有形财产置于同一法律体系而只能置于一系列独立的、不同的体系之中,且无形财产存在于一定期间内。此外,由于民事立法技术的原因,近代立法者也并未像构建物权体系那样,将专利权、著作权、商标权整合成一个概括的、统一的知识产权体系。总之,在近代范式民法典中,知识产权由于难以在传统的体系中与物质化的财产相融,加之立法技术的不足,知识财产终究未能以体系化的权利制度出现在近代社会的范式民法典中。而从现代法典分析,虽然20世纪以来知识产权制度有了长足的发展,基本规范不断完善,保护范围不断扩大,一体化、现代化的趋势日益明显,有一些大陆法系国家尝试将知识产权制度纳入本国的民法典,并在20世纪90年代兴起的第二次民法典编纂运动中形成高潮。例如《意大利民法典》《荷兰民法典》《俄罗斯民法典》等20世纪以来有代表性的民法典,均以不同的体例和方式规定了知识产权编。但是,由于知识产权的自身特性和立法技术的诸多困难,民法典难以将知识产权融入其体系之中。如果采取从各类知识产权抽象出共同适用规则和若干重要制度规定在民法典中,但同时保留各专门法的方式,则其虽然在一定程度上保留了私权立法的纯洁性与形式美,但其实质意义不大,且在适用中多有不便。

此外,还有学者认为,一方面,将知识产权放置于民法典中,世界上对此没有成功的经验,并且知识产权法本身已经比较完善,比较成体系了;另一方面,知识产权,特别是工业产权是靠行政授予才得以获得的民事权利,这是它特殊的地方,如果把知识产权放进民法典,就会有一大批行政程序条款进入民法典文中,那么民法典就不成为民法典了。[1]

2."知识产权放置于民法典"的观点。该观点立足于知识产权是私权的理论基础,认为以知识产权法有其特殊性而拒绝承认它是民法一部分的观点是不能成立的。因为民法中的任何一部分内容均有自己的特殊性,但是在有特殊性的同时

---

[1] 参见郑成思教授在中国政法大学民商经济法学院举办的"民法典论坛"上的发言,载中国法学网 http://www.iolaw.org.cn/showNews.asp?id=2295,访问时间:2015年3月15日。

又存在着民法性质的共性。鉴于此,应当将知识产权放置于民法典中。[1]

笔者认为,将现有的已经颁行的知识产权法的内容放置于民法典中,在立法技术的处理上具有不可操作性,因为现在已经颁行的知识产权的单行法比较多,全部放置于民法典中只能导致民法典内部体系的混乱。

我们可以考虑,将知识产权的一般规则放在民法典中,而将具体规则放在单行法中加以规定。从立法技术角度而言,在民法典之外的以单行法形式体现的私法被称为"特别私法",如商法、劳动法、知识产权法等。但是,由于"特别私法"与民法系同属于以权利为核心的完整体系里的内容,故而"特别私法"本身没有独立于民法之外的可能,按照德国学者看法,这一方面是因为"特别私法"没有自成一体的规则基础,另一方面是因为"特别私法"与民法之间的划界缺少一种必要的、体系上的理由。[2] 在另外一些法典化国家所制定的20世纪民法典中,其根据对私权体系的认识、对民法典体系的思考以及对处于发展中的知识产权的认识,将知识产权放置于民法典中,如1942年的《意大利民法典》、1992年的《荷兰民法典》。[3]

笔者认为,一个国家的民法典的制定,必然反映着该国自己的经济的、文化的、法律的背景。其他国家将知识产权放置于民法典,并不当然导致我们国家的民法典也必须要这样做。反之亦然,其他国家民法典没有将知识产权放置于民法典中,也并不当然导致我们国家的民法典同样不能包括知识产权的内容。最关键的问题是我们自己对知识产权与民法典之间的关系的认识。

如果我们从权利体系上去思考这个问题,应当说,既然我们从私权权利体系上无法将知识产权排除在私权体系之外,那么就应当考虑知识产权必须以某种形式被昭示于世,它是私权之一部分,对知识产权的法律保护,首先是私法的使命。至于刑事责任、行政责任的追究,均必须以知识产权这一私权遭到侵害为前提。

在确定知识产权也同样系民法典应当有的内容这一重要前提下,我们可以根据民法典的立法技术特点作出安排,即根据民法典的逻辑和体系,将知识产权的一般规则放置于民法典内,将对知识产权给予详细规制的单行立法内容依然独立

---

〔1〕 参见中国政法大学民商经济法学院举办的"民法典论坛"上的学者发言,载中国法学网 http://www.iolaw.org.cn/showNews.asp?id=2295,访问时间:2015年3月15日。

〔2〕 [德]迪特尔·梅迪库斯:《德国民法总论》,邵建东译,法律出版社2000年版,第16页。

〔3〕 谢怀栻:《外国民商法精要》,法律出版社2002年版,第87页。

于民法典之外，形成民法典与单行法并存之状。

总之，知识产权与民法典有着血水相融的关系，虽然由于社会经济发展和立法技术的局限性，使得不少法典化国家的立法存在着一个现象，即充满新的法律规范内容的知识产权立法游离于民法典之外。但是，在我国欲制定的21世纪的民法典中，我们应当根据民法典、私权体系与立法逻辑之间的关系，作出我们自己的判断。

三、法学理论、司法实践、社会习惯与民法典编纂的关系

（一）法学理论与民法典的编纂：皮之不存毛将焉附

将法学理论研究与法律编纂联系在一起的思维萌状可以追溯至古希腊时期。公元前594年的《梭伦法典》将古希腊人对国家政体、土地权利、财产继承等研究成果纳入其中。不过古希腊时期法学理论可能不是现在我们理解的法学理论，而是带有一些规则内容的自然法哲学思维。其强调的是自然法对人类社会"自然具有普遍的约束效力。初不受成于常人的意志"。[1]

但是，较为成熟的将法学理论研究与法律编纂紧密联系在一起的行动者则显然当属于罗马社会的法学家们。如果从《十二表法》始算，罗马社会的法学家们历经一千多年的法学理论研究才形成了罗马法中最经典的内容——《学说汇纂》。

从表面看《学说汇纂》是数十名法学家法学理论与法律实务研究作品的汇纂，[2]但是，它实际上是罗马社会法学研究水准的整体体现：[3]一方面，罗马社会法学家们继受了古希腊的自然法哲学理念。以向罗马人解释古希腊哲学著称的西赛罗，以他十分精彩的语言，在他的《论共和国 论法律》中雄辩地阐述了流行于当时法学界的自然法思想："有一种符合人的天性的真正的法律，也可称为正直的理智，它扩散在一切人中间，它是不变的，永恒的，它命令我们应该做什么，禁止我们做坏事；不过，尽管它对好人能有效地命令他们做好事或禁止他们做坏事，它却不能命令或禁令来改变坏人。它是神的旨意，我们不能将它废

---

〔1〕［美］庞德：《庞德法学文述》，雷宾南、张文伯译，中国政法大学出版社2005年版，第2页。

〔2〕在这些法学家中，最著名的就是被后世人们称为"五大法学家"的盖尤斯、帕比尼安、乌尔比安、保罗和莫德斯汀，他们的学说被罗马皇帝钦定为全罗马国家的审判者应当遵循的准则。在优士丁尼《学说汇纂》中，他们的论述占据全书内容的66%以上。

〔3〕根据意大利罗马法学家桑德罗·斯奇巴尼教授（Sandro Schipani, 1940—）的统计，在罗马史书上有记载的主要法学家有122名，参见［意］桑德罗·斯奇巴尼选编：《正义和法》，黄风译，中国政法大学出版社1992年版，第77页。

除,也不允许逃避它……我们不能找一个法学家来评论它或解释它;它在罗马是这样,在雅典也是这样;它今天是这样,明天也是这样;它是唯一的,永恒的,不变的,对任何国家和任何时期都是同样的……"[1] 罗马社会的法学家们接受了这样的思想:自然法是理性和道德的,人们的意志无法将其进行改变。自然法要求的是秩序与和谐。另一方面,罗马法学家们将自然法理念融入法律规则中,形成了所有权、他物权、契约、侵权等大量极富创造性的法律制度规则。其给我们后人的启示在于,法律规则的产生、法典化思维的基础均与法学理论研究密切相连。法学理论研究与法律规则及其法典编纂之间的关系状态,用"皮之不存毛将焉附"加以描述是最恰当不过的。

对我国而言,法学理论水平的程度是我国法治建设的重要标志之一。民法典的编纂一定要建立在充满自由讨论与争鸣精神的法学理论的基础上。没有较为成熟的法学理论,民法典的编纂只能走向失败。

经过三十余年的"补课",我国法学理论研究开始真正迈上了一个理论研究的新平台。在这个平台上,所谓的传统法学理论与现代法学理论相衔接,外国法学理论与中国法学理论相并存,所谓的纯粹法学理论与法律实务研究相结合,如此等等。目前的法学理论研究开始走向初步成熟阶段。这为我国民法典的编纂提供了一定基础。因此,未来的民法典应当将已经较为成熟的理论研究成果纳入其中。例如,有关法人的分类标准、合伙在民法体系上的定位、成人监护在监护制度中的确认、担保制度的整合、债的体系化规则等相当多的较为成熟的研究成果,应当在民法典编纂过程中加以吸收。那种为了坚守所谓的意识形态的主张而视法律之科学性、体系性于不顾的现象,值得反思与矫正。

(二)司法实践与民法典的编纂:整合与填补

在大陆法系国家,其立法与司法体制决定了成文法的基础性地位。但是,成文法的体制不应当也不可能令法官成为单纯的"执法机器",相反,法官基于其法律职业人的素养、基于其对法的精神与规则的理解,在案件审判中应当有其自己的思想与判断。不过,我们看到,在我国立法以"宜粗不宜细"原则引导下所存在的部分规则非常粗糙的情况下,由于对立法规则理解的不同,"同案不同判"的情况频频出现。我国法学界对此诟病甚多。其实,这并不是我国独有的问

---

[1] [古罗马]西赛罗:《论共和国 论法律》,王焕生译,中国政法大学出版社1997年版,第120页。

题,虽然不同国家出现这一问题各自的诱因不尽相同,但是,正如美国宪法起草人之一汉密尔顿指出的那样:"我们时常看到,不仅法院不同,而且同一法院的法官意见也不一致。为了避免许多独立法院的相互矛盾的决定所必然造成的混乱,所有国家都发现必须设立一个有全面监督权的最高法院,它有权最后决定和宣布一个民法的一致规则。"[1]

自20世纪80年代以来,我国法院的司法审判在立法规则与我国法律实务紧密契合的领域内作出了诸多努力,极大推进了我国经济活动的顺利发展。但是与此同时,面对着纷繁复杂的社会现象,在立法规则不太令人满意的情况下,最高法院亦不得不通过多种路径以应对之。这就是我国最高法院为什么频频出台各种司法解释、案件指导的主要背景之一。

在民法典编纂的过程中,我们应当注意到在我国司法实践中所蕴含的丰富司法实务资源。这不仅包括最高法院为了弥补法律实施中的遗漏、不足或含糊不清所出台的许多司法解释,亦包括自2011年底开始探索的指导性案例制度所积累的司法经验与裁判要旨的提炼。它们充满着法官在司法实践中的智慧,其经过提炼必然会成为民法典中很好的内容。因此,我们不仅应当将我国在司法裁判中积累的民商事规则整合进民法典中,而且还应当确定未来的民法典之开放性特点,使得我国未来的民法典能够得到司法裁判的经验成果的必要填补。

(三)社会习惯与民法典编纂:筛选与汲取

在民法典编纂过程中,我们应当对社会习惯给予必要的关注。所谓社会习惯,是指在社会生活中长期存在的、被人们自愿遵守的非立法者颁行的行为惯例。民法典的编纂不应当忽视社会生活中的习惯。立法者应当深入调查社会生活中既有的民事习惯,并科学地将其纳入民法典的编纂范围内,以使我国民法典的编纂更加"接地气",更加贴近中国现实,更多接纳国人的法律智慧。实际上,将社会习惯作为民法典的重要法源是大多数法典化国家通行的做法。

我国近代,于清朝末期、民国初期分别为当时的民法典编纂进行过两次较大规模的民事习惯和商事习惯调查活动。在当今社会,虽然由于我国处于社会转型时期,社会习惯已经发生了相当大的改变,但是,社会习惯依然是不容忽视的法

---

[1] [美]亚历山大·汉密尔顿等:《联邦党人文集》,程逢如等译,商务印书馆1989年版,第112页。《联邦党人文集》是十八世纪末美国著名的"批准宪法运动"的倡导者和推进者亚历山大·汉密尔顿、约翰·杰伊和詹姆斯·麦迪逊三人为争取批准新宪法在纽约报刊上以"普布利乌斯"为合著笔名而发表的一系列的论文文集。

源之一。故而,应当广泛且深入地对社会生活中的社会习惯进行必要的调研,从一定角度看这是民法典编纂中的重要任务之一。

实际上,我国在《物权法》立法中,已经关注到社会习惯并作出了相应制度规则的安排。例如,在涉及不动产权利变动的登记制度设计中,《物权法》第14条规定:"不动产物权的设立、变更、转让和消灭,依照法律规定应当登记的,自记载于不动产登记簿时发生效力。"也就是说,涉及不动产的权利变动,以登记生效为基本规则。但是登记制度的产生系以满足"陌生人社会"对交易安全的需要为本旨。在"熟人社会"中,这样的需求并不那么重要。比如,在乡村,土地、房屋等不动产发生的物权变动基本上都发生在乡民之间。乡民们会通过"熟人社会"信息传播路径清晰地理解到该不动产的权利状态。如果非要求乡民们在涉及土地承包经营权、宅基地使用权等不动产权利变动时翻山越岭地到指定机构办理登记手续,其后才产生物权变动的效力,这显然是不现实的。如此的规定,其结果只能导致人们将该规则"束之高阁"而以社会习惯加以调整之。为此《物权法》第127条第1款规定:"土地承包经营权自土地承包经营权合同生效时设立。"未采纳登记生效主义的思路。至于宅基地使用权的取得、行使和转让,根据《物权法》第153条和《土地管理法》第62条的规定,经乡(镇)人民政府审核且县级人民政府批准即可产生相应的物权变动。因此,在民法典编纂中,立法者应当关注到社会习惯的存在并在该立法内做出相应的规则安排。

综上所述,法学理论、司法实践、社会习惯与民法典的编纂之间,并非存在相互冲突、不可协调的关系,相反,它们彼此之间是相辅相成的。

四、法学家、立法工作委员会与民法典编纂独立委员会的关系

我国未来的民法典之编纂,应当不同于过去的立法模式,也就是说,如果要编纂一部能够体现21世纪特色[1]的科学的民法典,需要一个由法学家、资深法官、资深律师和有着法学素养的立法机构和政府机构官员共同构成的独立的民法典编纂委员会。

从立法史的角度而言,通过专门的编纂委员会来完成法典编纂工作并非是现代人的创造。实际上,这是产生于罗马社会早期、成熟于罗马帝国时期的一种立法传统,该传统被欧洲大陆、拉美等国家在制定民法典时所继受。通过观察欧陆

---

[1] 中国民法学研究会会长王利明教授撰文并在不同的有关民法典编纂的会议上呼吁要制定体现21世纪特色的民法典,对此,本人十分赞同。但是,若实现之,需要切实可行的路径。

国家立法史，我们可以看到：

公元前462年，罗马国家的保民官特兰提留提议将民间口口相传的法律规则编纂为成文法。该提议获得了民众和元老院的共同支持。一个由10名贵族组成的专门立法委员会成立，于公元前452—前451年编成10个法律条文，经民众大会通过，元老院批准，镌刻在10块铜版上，公布在罗马广场以供民众知晓。次年即公元前450年，立法委员会的成员发生部分变动，同时又增加了两个法律条文，补充镌刻在铜版上。这就是史称的《十二表法》（Lex Duodecim Tabularum）。

公元528年，罗马帝国皇帝优士丁尼（公元527~565年在位）任命对法律有深入研究的前宫廷财政大臣特里波尼亚和数位著名法学家组成的法典编纂委员会，对罗马国家业已存在的法律、皇帝们的谕令和批复、民众会议决议、元老院决议和法学家们的解释进行法典化编纂。经过6年的编纂工作，先后完成了《优士丁尼法典》《学说汇纂》《法学阶梯》。为当时的民众了解法律、审判者执行法律提供了便利，更为后世的人们研究罗马法提供了丰富资料。

经过中世纪的黑暗洗礼，罗马法在欧洲大陆复兴。伴随着罗马法之复兴，罗马人以专门编纂委员会完成立法的模式也成为欧陆各国竞相学习的内容之一。《法国民法典》《德国民法典》《意大利民法典》《瑞士民法典》《荷兰民法典》等均是在专门编纂委员会（或小组）的努力下完成的立法结晶。

在我国近现代，同样存在为立法而专设机构的情况。1907年由沈家本等熟悉法律的大臣牵头，设立了修订法律馆，进行旧法的修订同时负责起草民刑法典的工作。孙中山先生在成立中华民国后，十分关注法律编纂工作。遵循其遗愿，1929年由傅秉常、焦易堂、史尚宽、林彬和郑毓秀（后改为王用宾）五人组成民法起草委员会，专门负责民法典的起草工作。历经十余年，民法典各编陆续颁布，史称"中华民国民法典"。

中华人民共和国成立后，中华民国立法被作为"旧法"而废除。1954年全国人大常委会组成专门小组负责民法典起草工作并形成"民法典第一次草案"。1962年根据毛泽东主席发出的"不仅刑法要，民法也需要"的指示，全国人大再次组成专门小组负责民法典的起草工作，于1964年完成了"民法典第二次草案"。1979年全国人大常委会第三次组织专门小组进行民法典的起草工作，于1982年在四个草案中选定了其中之一而完成了"民法典第三次草案"。2001年全国人大常委会第四次组织专门小组再次启动民法典的起草工作，并在2002年完成了"民法典第四次草案"并提交到全国人大常委会上进行了审议。

论我国民法典编纂活动中的四个关系

虽然上述诸民法典草案，或因遭遇政治运动、或因起草匆忙内容较为粗糙而最终均无下文。但是，专门起草小组的设立和存在价值、其编纂民法典的经验与教训是不容忽视的。可惜的是，以独立小组（或委员会）的形式起草法律草案的传统在近十余年来遭到一定程度上的抛弃。对提交全国人民代表大会或其常务委员会的立法草案而言，法学家大多成为对立法草案的论证者而非草案的起草者。但是，对于一个法律术语混乱、法律体系不清、法律规则之间多有冲突的立法草案而言，论证者的努力仅能起到修修补补的作用，而对于该草案的整体却难有回天之力或者其努力亦实为枉然。我们需要注意的是，法学家群体、全国人民代表大会常务委员会下设的法制工作委员会不能等同于民法典编纂委员会。

法学家是法学理论研究者，无疑，其对法学理论的熟谙程度、对法律问题的思考视角之宽域使之对法律问题的观察与分析具有独有见解，而法条表述与架构等法技术上的娴熟、超脱于各利益集团之外的相对独立性、对社会发展走向的预见力，更使其在立法活动中具有突出的优势。但是，就我国目前法学理论研究界的活动状态而言，由于受制于学术评价机制的约束，对学者进行法律实务活动的评价多为消极评价。法学研究，如同医学研究一样，属于实践性很强的学科。没有临床的医学不是真正的医学。没有法律实践支撑的法学研究，其法学理论研究难以体现社会现实。与其他国家如意大利等国家中的著名法学教授同时也是著名律师[1]的情况不同，我们国内相当多的法学理论研究者，[2]多缺乏法律实践经历，导致其理论研究的内容或者多是国外法理和案例的翻译信息，或者是"真空实验室"般纯理论的自我推演，完全无法放入我国现实社会中。因而，对我国目前而言，由单纯的法学家组成民法典编纂委员会尚属于过于理想化的考量。

全国人民代表大会常务委员会下设的法制工作委员会是我国重要的立法工作机构。但是立法工作机构不能等同于民法典编纂委员会。因为该机构的工作人员从事的是与民法典编纂活动相关的辅助性工作，不是立法起草的适格主体，因为根据国家立法计划，该机构内设的专门科室的工作人员面临着每年要完成数部立法的任务，对这些工作人员而言，要完成这样的工作实际上是一个很苛刻的任

---

[1] 在意大利，大学里著名的法学教授尤其是实体法和程序法的教授，基本上或有自己的律师事务所或是律师事务所的高级合伙人。这些教授不仅对法学有着深入的理论研究，而且有着丰富的法律实务经验。因此，在他们著作等身的同时，也是著名的大律师。

[2] 近十年来，法院、检察院越来越多地聘任大学法学教授们担任法院副院长、检察院副检察长，或下设的庭（厅）的副庭（厅）长。但是，能够在法院、检察院进行兼职的学者终究呈凤毛麟角状。

务。立法活动不仅十分讲究专业，而且十分讲究专业研究的深入化、精细化、科学化。

作为21世纪的我国民法典的编纂，应当通过设立专门编纂委员会来完成这一伟大时代所赋予的历史使命。笔者认为，该编纂委员会应当具有如下特征：

第一，独立性。民法典编纂委员会的成立，以完成一部科学而又完备的民法典的编纂为其要旨。该委员会应当独立进行立法活动。如果该委员会能够起草并使之得以成为人大代表投票通过的、充分体现法的公正与善良精神的民法典，不仅是对国家负责任，更是对公众、对社会、对历史负责任。该委员会在民法典的编纂中应当能够具有执着理念、深入研究立法工作、完善立法技术等品质。

第二，专家性。民法典编纂委员会应当由法学家、资深法官、资深律师、专家型官员等法律专家组成，其中法学家最好占有较大比例。这些法律专家不仅应当在法学理论上有着深厚造诣，而且对中国现实应当有着比较深入的了解并对国外较为经典的立法例有一定的国际化视野。来自法学理论界和法律实务界的专家们共同构成该委员会，将形成编纂委员会成员之间的信息互补，为形成科学的民法典奠定最重要的主体基础。

第三，中立性。民法典编纂委员会应当坚守立法的公允和正义。因为该编纂委员会不是某个或若干个利益集团的代表者，不能将民法典变为给某些利益主体以特权的"恶法"。

《民法通则》概念辨析*

1. 民法规范与民事法规

民法规范是指由一定国家机关制定的有关民事活动的行为规则。这种规则具有两个特性：①普遍性，即在一定的范围内具有普遍的约束力；②规范性，即从逻辑上分析，它由假设、处理和制裁三部分构成。民事法规是指一切有关民事活动的规范性文件的总称，如法律、法令等。民事法规有全国性和地方性两种，前者是由全国人民代表大会或其常务委员会、国务院制定的；后者则是由地方各级人民代表大会、地方各级政府制定的。

二者的不同在于：民法规范是一种行为规则，它是构成民法的基本细胞，民法即是民法规范的总称；民事法规则是一种法律文件，是民法的基本渊源，是民法规范的表现形式，大量的散见于宪法、法律、地方性法规之中的民法规范就是通过民事法规表现出来的。

2. 民事权利能力与民事行为能力

民事权利能力和民事行为能力都是法律明确赋予公民和法人的，但二者有很大区别：

（1）性质不同。民事权利能力是公民和法人可成为民事权利主体的一种资格，该资格是公民和法人具有法律人格的标志，是正式成为民事权利主体的前提条件，其性质是一种可能性；民事行为能力的性质则是将可能性变成为现实性，即公民和法人通过自己的行为来实现其主体资格的能力。

（2）起止时间不同。公民或法人的民事权利能力从其出生或设立时起产生，

---

* 本文原载于《律师与法制》1987年第1~6期。

一俟死亡或解散、破产则终止；公民和法人的民事行为能力起止状况则较复杂。法人的民事行为能力的起止与民事权利能力同时，公民取得民事行为能力则依年龄和智力状况分为三个层次，并且呈现不固定状态，公民的民事行为能力自死亡时终止，亦可由于精神状态等原因而丧失。

3. 公民与人民

公民，也称为自然人，是民法中所规定的重要民事主体。"公民"是指具有一个国家的国籍并依法享有民事权利主体资格的基于自然状态而出生的人，"人民"则是政治用语，一般是指以劳动群众为主体的社会基本成员。

公民通常依国籍不同而分为我国公民、外国公民。根据我国《民法通则》的规定，无国籍人也适用公民的有关规定。这种划分对于法律的适用具有十分重要的意义。人民的范围则依政治态度来划分。在现阶段，一切赞成、拥护和参加社会主义建设事业的阶级、阶层和社会集团，包括全体社会主义劳动者、拥护社会主义的爱国者和拥护祖国统一的爱国者都属于人民的范畴。

4. 民事权利与权力

民事权利是由民法规范规定的对民事主体为一定行为或不为一定行为的许可。权力则是指在一定范围内具有支配和管理指挥的力量。在我国，一切权力都属于人民，具体掌握权力者只有在人民的授权和监督下方可行使权力，所以，从整体而言，作为人民中的任何个人是没有这种"权力"的。

民事权利与权力的不同在于：

（1）取得途径不同：民事权利依民事法规的规定而取得；权力则除有关法律规定外，还可依有关的组织章程取得，如股份有限公司经理的权力就是依公司股东大会通过的公司章程而取得。

（2）内容不同：民事权利与民事义务紧密相联，民事主体在享有民事权利的同时，也要承担相应的义务；权力则不含义务内容，只要在法律或组织章程允许范围内即可。

（3）民事权利人和权力人与他人的关系不同：享有民事权利的人在民事活动中与他人的关系是平等的，任何人在民事活动中均不得有任何特权；被授予权力的人在其业务活动范围内与他人的关系则是行政隶属关系。

5. 监护与代理

监护是指监护人对未成年人或精神病人的财产、人身和其他合法权益的监督与保护。代理是指代理人在代理权限内，以被代理人的名义实施民事法律行为。

它们都是民法中重要的法律制度。

二者的区别：

（1）在设立的目的上：代理制度是为便于公民和法人在生产和生活上经常进行的民事活动所需而设立；监护制度则是为对未成年人、精神病人的人身、财产等合法权益加以保护并更好地维护社会正常经济秩序而设立的。

（2）在主体上：代理人与被代理人通常不具有特定性，仅要求代理人必须具有民事行为能力；监护人与被监护人则具有特定性，均在法律中明确规定，监护人必须由法律规定的具有监护资格的人或单位承担，而被监护人则必须是未成年人或精神病人（含白痴在内）。

（3）在后果上：代理行为的后果，无论是有利于还是不利于被代理人，均由被代理人承担；监护行为的后果则是由监护人承担。

6. 宣告死亡与自然死亡

自然死亡是指依医学标准而认定自然人生理上已经死亡的自然现象。宣告死亡是指人民法院通过审判程序，采取一定方式确认失踪人死亡的一种推定。自然死亡与宣告死亡的法律效力相同。

宣告死亡与自然死亡的区别是：

（1）宣告死亡是对生死状况不明的公民进行人为的推定，推定其死亡；自然死亡则是公民生理上已死亡的自然现象。

（2）宣告死亡依法必须有一定的等待期，俟等待期满方可宣告；自然死亡则只要出现医学上判断是死亡的症状即可认定。

（3）自然死亡有医院证明即可；宣告死亡则只有人民法院有权宣告，其他任何单位均无权将公民宣告死亡。

（4）由于宣告死亡是一种推定，所以可以随被宣告死亡公民的出现而撤销；自然死亡则不存在撤销的问题。

7. 民事行为与民事法律行为

民事行为是指公民和法人所从事的一切民事活动领域内的行为。民事法律行为是指公民或者法人设立、变更和终止民事权利和民事义务的合法行为。二者的不同在于：

（1）民事法律行为是民事行为的一种。从法律效力上看，民事行为分为两大类：有法律约束力的民事行为（即民事法律行为）和无法律效力的民事行为（即无效的民事行为或可撤销的民事行为）。所以，民事行为是干，民事法律行为是支。

(2) 由于民事行为的内容广泛,法律对民事行为没有十分严格的要求;民事法律行为则依法在主体、意思表示、形式要件等方面有严格的条件限制,只有同时具备了法律所要求的条件,民事法律行为才成立。

8. 无效民事行为与可撤销民事行为

无效民事行为是指不具备民事法律行为的有效条件,因而不能产生行为人预期民事后果的行为。可撤销民事行为是指当事人因意思表示不真实而使其效力归于消灭的行为。无效民事行为与可撤销民事行为在最终结果上都是不具有法律效力,但又各有不同:

(1) 无效民事行为自开始就自然没有法律效力;可撤销民事行为则在被撤销之前还能够发生法律效力,仅在经当事人请求而被撤销后才无法律效力。

(2) 引起无效民事行为的原因是主体不合格、行为内容不合法、意思表示不真实、不符合法定形式;引起可撤销民事行为的原因则是行为人对行为内容有重大误解或显失公平。

(3) 对无效民事行为任何人均可主张其无效;对可撤销民事行为则只有表意人才可以行使撤销权使其效力消灭。

9. 意思表示与默示

意思表示是民事法律行为的一个要素,它是指当事人为设立、变更或终止民事权利或民事义务的内在意志的外部表现。意思表示由两部分构成:当事人的内在意志与其外部表现形式。作为外部表现形式,依《民法通则》的规定,可分为书面形式、口头形式和其他形式。这里的其他形式主要指默示。所谓默示,是指当事人以沉默的方式来表达自己的意志。实质上,当事人是在为一种消极行为,而法律则对此消极行为进行推定。

意思表示作为民事法律行为的要素之一,包含多种形式,默示则是其中的一种形式。

意思表示在性质上分为积极表示和消极表示,前者有书面形式、口头形式等,亦称为明示,后者则为默示。默示具体又可分为两种类型:以行为来表示和法律推定。以行为来表示是指当事人虽未用书面或口头等明示形式明确表达自己的意志,但默默地进行了某种行为,通过该行为,人们可确知当事人的意志是怎样的。法律推定是指当事人若以沉默来表达自己的意志时,依法律规定而推定其意思表示内容。如《继承法》第 25 条规定,继承人在规定期间内没有明确表示参加继承,但也没有放弃继承,则推定其要参加继承;相反,如果受遗赠人在规定期间内没有明确表示接受或放弃受遗赠,则推定其放弃受遗赠。

10. **欺诈与胁迫**

欺诈与胁迫都是引起无效民事行为发生的重要原因。所谓欺诈是指一方当事人故意告知对方虚假情况,或者故意对对方隐瞒真实情况,使对方产生错误认识而作出不利于自己的意思表示的违法行为。所谓胁迫,是指一方当事人以要给对方或其亲友的生命健康、名誉、财产等造成损害的方式进行要挟,使对方因恐惧而作出的违背真实意思、不利于自己的意思表示的违法行为。

二者的不同之点在于:

(1) 欺诈是一方利用假情况或隐情不告等方式使对方陷入错误的判断之中;胁迫则是一方利用对方的人身或财产直接进行要挟而使之陷入恐惧之中。

(2) 欺诈是一方利用各种欺骗性手段使对方作出不利于自己的意思表示,但从表面看似乎是意思表示人自己的意愿,所以需要仔细分析判断才能发现该意思表示的非真实性;胁迫则是一方采取直接威胁强迫方式使对方被迫作出某种非自愿的意思表示,所以较容易判断出该意思表示的不真实性。

11. **事实与民事法律事实**

"事实"是一种哲学和逻辑方法论的概念,它是指实际存在着的客观的事件、世界客体的属性、关系、联系以及它们的变化过程。事实是科学技术知识中最可靠的部分。民事法律事实(简称法律事实)是指能够引起民事法律关系发生、变更或消灭的客观现象,也就是产生民事权利和民事义务的根据。它主要包括民事行为和法律规定能引起民事法律后果的事件等。民事法律事实在客观意义上讲,同样是民法学中最可靠的构成部分。

事实的范围十分广泛,例如客观存在着的事件、人的各种行为等;民事法律事实只是事实的一部分,它具有质的规定性,即必须是民事法律规范规定的能够引起民事法律后果的自然现象和人的行为。诸如友谊、恋爱等人的行为就不具有这种质的规定性,因而不属于民事法律事实。

12. **住所与居所**

住所是指人(包括公民和法人)久居的地方,在我国,依《民法通则》的规定,公民以其户籍所在地的居住地为住所,法人以其主要办事机构的所在地为住所。居所则是指人暂时居住的处所,它是住所以外的居住场所。确定住所与居所有重要的法律意义,它们是确定诉讼管辖权及在涉外案件中确定准据法的前提条件。

二者不同在于:

(1) 确定的依据不同:住所的确定依据必须是下列事实:①是公民的户籍所在地,法人主要办事机构所在地;②是公民或法人的生活或生产经营的中心地。居所的确定则只要有公民进行居住的事实即可。

(2) 要求不同:只有经常、持久地居住且有户籍方可成为住所;居所只要求有居住行为,不要求长期居住。

(3) 限制不同:世界上大多数国家都要求公民和法人只能有一个住所;而对居所,则没有数量上的限制,一人可以同时有几处居所。

(4) 在一定情况下,不适用以户籍所在地为住所的标准,居所可被推定为住所。依我国《民法通则》第15条的规定,经常居所地与住所地不一致的,经常居所地视为住所。

13. 合伙与联营

合伙与联营都是《民法通则》根据我国的实际情况而规定的重要内容。在我国《民法通则》中,合伙主要指公民个人间的联合经营活动。它是指两个以上公民按照协议,各自提供资金、实物、技术等,合伙经营、共同劳动的一种组织。联营是指企业之间或企业与事业单位之间,采取一定的法律形式所进行的联合经营。

二者的不同是:

(1) 适用的主体不同:合伙的主体是公民;联营是以企业、事业单位为主体,依有关规定,事业单位主要是指科研和设计机构、高等院校及法律允许参加联营的其他事业单位。

(2) 出资情况不同:合伙是依协议由合伙人共同出资金、实物或技术;联营则存在参加联营者各自出资或不出资等多种情况。

(3) 财产责任不同:合伙人对合伙债务负有连带责任;联营者则依联营形式的不同而有不同责任:法人型的联营,其财产责任是有限责任;合伙型的联营,其财产责任为连带责任;在合同型的联营中,由于参加联营的各方仍然是各自独立经营,所以其仅对自己所负的财产责任加以承担。

14. 法定代理、委托代理与指定代理

这三种代理在法律性质上是一样的,都具有同样的法律规则,产生同样的法律效力。但是三者又各有不同:

（1）在产生方式上：基于法律的直接规定而产生的代理为法定代理；基于被代理人的委托而产生的代理是委托代理；基于主管机关或人民法院的指定而产生的代理为指定代理。

（2）在形式要件上：法定代理和指定代理没有严格要求，只要有法律的直接规定和有权机关的指定即可；而委托代理则不同，它有较严格的要求，凡法律规定必须由被代理人进行书面委托的，如没有书面形式，则此代理无效。

（3）在被代理人范围上：就三种代理相对而言，委托代理中的被代理人是不特定的；而法定代理和指定代理中的被代理人则通常有特定性，即无行为能力人和限制行为能力人以及法律规定的其他可成为法定代理和指定代理中被代理人的人。

15. 企业法人与机关、事业单位和社会团体法人

企业法人是指以营利为目的的经济组织。机关、事业单位和社会团体法人通称为非企业法人。机关法人是指从事国家领导和行政管理、以国家预算拨款作为独立活动经费的中央和地方各级党的机关、国家机关。事业单位法人是指从事社会各项事业，拥有独立经费或财产的各种社会组织。社会团体法人是指除企业法人、机关法人、事业单位法人以外的，拥有独立财产或经费的各种社会组织。

企业法人与非企业法人的区别在于：

（1）设立的目的不同：企业法人以从事营利性活动为目的；非企业法人只能从事与其日常工作和业务有关或为其服务的民事活动，不得从事以营利为目的的活动。作为事业单位，在完成国家计划的前提下，可面向社会从事技术转让、咨询、服务、承包等活动，但不得从事与本单位业务、技术无关的经营活动。

（2）设立的程序不同：企业法人的设立必须要登记；非企业法人的设立除法律另有规定的外，无需登记。

16. 法定代表人与代理人

依《民法通则》第38条的规定："依照法律或者法人组织章程规定，代表法人行使职权的负责人，是法人的法定代表人。"依《民法通则》第63条第2款的规定，"在代理权限内以被代理人的名义实施民事法律行为"的人为代理人。无论是法定代表人还是代理人，都是经济活动中十分活跃的分子，但是二者区别显著：

（1）从产生上看：法定代表人是依法律或组织章程产生；代理人则依法律或委托而产生，其中主要依委托而产生。

（2）从主体资格上看：法定代表人只能是法人的主要负责人，每一个法人只能有一个法定代表人；而代理人则是除法律规定不得成为代理人者以外的任何人都可以为之。

（3）从行为的性质上看：法定代表人所为的行为，无论是否有利于法人，都是法人的行为；代理人则是在授权范围内，以自己的行为为授权人的利益进行活动，代理行为的性质是代理人的。

（4）从法律地位上看：法定代表人不是独立的民事主体，其变更不影响法定代表人行为的效力，即后任者不得以某行为是前任者所为而拒绝承担法人应负的责任；代理人则是独立的民事主体，他将对自己超越授权范围或违法所为的行为承担应负的责任。

17. 动产与不动产

财产依其是否能够自由移动而分为动产和不动产。所谓动产，是指能够自由移动但又不损失其经济价值的财产，例如金钱、衣服、家具、机械设备等。所谓不动产，是指不能够移动，否则会由于状态的改变而使其性质发生变化造成经济损失的财产，例如建筑物、土地等。动产与不动产的划分在司法实践中对确定财产转移的程序以及在涉外案件中确定准据法有十分重要的意义。

动产与不动产的区别在于：

（1）在财产转移过程中，作为不动产，无论是暂时的转移，如房屋出租，还是永久性转移，如买卖房屋，都必须要依法履行登记手续，动产的转移则不是一定要登记。

（2）在债的担保方面，不动产的作用有限，因为，依我国法律规定，作为不动产的土地不得作为抵押物；动产则能起很大作用，它们均可作为抵押物出现在债的担保中。

18. 共有与公有

顾名思义，共有是指两个以上的民事主体对同一项财产共同享有所有权。公有是指公共所有。

公有是我国社会主义经济制度，即生产资料的社会主义公有制在法律上的体现；共有则是根据法律或组织章程的规定，或是通过行为人的双方法律行为而产生。

公有在我国现阶段分为两种形式：①全民公有，这种形式居于领导地位。全体劳动人民是国家生产资料和产品的主人，但它以国家为具体权利主体，人民中的任何一员都不得单独对全民公有的财产要求权利;②集体公有,即该集体的全体劳动者是该集体生产资料和产品的主人,但集体组织是具体权利主体,任何集体的一员都不能单独对集体公有的财产要求权利。因此,公有的主体具有整体性。依我国民法的规定,共有存在两种形式:①按份共有,即共有人分别按照各自的份额对共有财产享有权利承担义务;②共同共有,即共有人对共有财产共同享有平等的所有权。

19. **占有与所有**

占有是指人(包括公民和法人)对物的实际控制。所有是指所有人依法对自己的财产的全面控制,具体体现为所有权,即所有人可对自己财产行使占有、使用、收益和处分的权利。

所有是财产所有人对其财产的全面控制,而占有则仅是所有中的一项控制手段。无论是所有还是占有都要求要有一定的法律依据,凡通过非法途径实现的占有或所有,行为人都要承担法律责任。

20. **财产所有权和与财产所有权有关的财产权**

财产所有权和与财产所有权有关的财产权都是民事权利的一部分。依《民法通则》第71条的规定:"财产所有权是指所有人依法对自己的财产,享有占有、使用、收益和处分的权利。"同样,依《民法通则》的规定,与财产所有权有关的财产权亦受法律保护,在我国目前主要有以下几项与财产所有权有关的财产权:①国有土地和国有森林、山岭、草原、滩涂、水面等自然资源的经营使用、收益权;②集体所有或国家所有由集体使用的土地以及森林、山岭、草原、荒地、滩涂、水面的承包经营权;③采矿权;④全民所有制企业的经营权;⑤相邻权;⑥财产继承权。

财产所有权和与财产所有权有关的财产权不同之处是:

(1)在性质上,财产所有权是对财产实行根本控制的最基本性的权利;而与财产所有权有关的其他财产权则是在所有权这一基础上衍生出来的,故其具有派生性,尽管它们可以独立于财产所有权以外而存在,但如果没有财产所有权,它们亦不复存在。

(2)在保护上,由于各项财产权与所有权的性质和具体内容不同,因此保护手段和形式亦是不同。

21. **特定物与种类物**

物是民事活动中一项十分重要的客体。根据物的特征而区分为特定物和种类物。特定物是指具有独有的且为他物不可替代的特征之物。种类物是指具有共同物理属性和同样的经济意义且能用度量衡计算的可替代之物。划分特定物和种类物对于准确地确定法律责任，迅速有效地解决纠纷有重要意义。特定物与种类物主要在下列两点上表现其区别：

（1）承担损失责任的方式：特定物在损失后，行为人可免除返还标的物的责任，而以赔偿损失的方式代之；种类物在损失后，行为人不免除交付标的物的责任，以返还同样标的物的形式承担损失责任。

（2）物的所有权转移时间：这是指在合同中，种类物所有权的转移自交付时起开始；特定物所有权的转移则自合同成立之时开始。

应当指出，种类物与特定物不是截然无关的，在一定条件下，种类物可变成特定物，即当某一种类物被从同种类物中挑选出来后，便具有了特定性，从而成为特定物。

22. 原物与孳息物

根据物的产生情况不同，又可将物划分为原物和孳息物。在物中，有能够产生收益的物和不能产生收益的物，我们将能够产生收益的物称为原物，与此相比较而言，基于原物而产生的收益称为孳息物。原物与其孳息物的法律地位一致，孳息物的归属、权利的行使与原物一样，但法律或合同另有规定的除外。

23. 赔偿和补偿

民法中的赔偿是指行为人以自己的资财来弥补因其违法行为而造成的他人财产损失，即《民法通则》中规定的赔偿损失。补偿则是指民事主体基于法律或道德规范，对他人为保护自己的利益所受的损失，以自己的资财给予弥补的行为。

赔偿与补偿是不同的，它表现在：

（1）赔偿是承担民事责任的一种最重要的形式，适用最普遍；补偿则不是承担民事责任的形式。

（2）赔偿损失是法律中的硬性规定，凡造成他人财产损失或法律规定要赔偿的，都必须赔偿；补偿则是法律中的一项弹性规定，给予补偿是视具体情况而定的。

（3）赔偿适用于两种情况，一是侵占和损坏社会公共财产和他人财产而又不能返还原物、恢复原状的；二是因违法行为造成他人财产损失（包括因侵犯民事主体人身权而造成财产损失）的。依《民法通则》第109条的规定，补偿适用的情况是：公民或者法人在他人为防止、制止国家的集体的财产或者公民的财产、人身免遭侵害而使自己受到损害的。

24. 物与财产

物，通常有广义和狭义之分。广义的物是指在人以外客观存在的一切物质对象。狭义的物是指在人身以外，占有一定空间并能为人们所支配和利用的物质对象。民法中的物即为狭义的物。民法中的物的形式，既可以是固定的，如房屋，也可以是非固定的，如天然气；既可以是未经加工的自然物，也可以是经劳动创造的物。只要能为人们在生产和生活中所需要，体现社会和个人利益，均可成为民法上的物。

"财产"一词在《民法通则》中经常出现，它与物既有联系，又有区别：

就联系而言，在《民法通则》中，有时财产即指物，比如"财产所有权从财产交付时起转移"中的财产就是指物。所以，民法中物必然是财产。但是不能反推定。

就区别而言，首先，财产不仅包括物，而且包括各种权利；其次，财产可具体分为积极财产和消极财产。积极财产是指民事主体拥有的各种资产与财产权利之总和，消极财产是指各种债务之总和。物则没有积极与消极之分。

25. 担保与保证

担保是债的十分重要的组成部分，我们通常称之为债的担保或合同的担保。它是督促债务人履行义务，保障债权人合法权益得以实现的一项法律制度。担保在性质上是一种从合同，是为了保证主合同的实现而设立，并随主合同的变更而变更，随主合同的消灭而消灭，因而，担保不能独立存在。

保证，是担保的一种方式。所谓保证，是指合同当事人约定，当债务人不能履行合同时，由第三人代为履行的协议。保证也是一种合同，作为担保的一种方式其性质为从合同。然而，与担保的其他方式如违约金、留置等相比，保证的突出特点是，基于人与人之间的信任而产生。保证是以人的信用为前提，一旦债务人不履行合同，则由第三人代为履行。因此，在合同关系中，保证人要依诚实信用原则履行好自己的义务。

26. 违约金、罚金与罚款

在实践中，违约金与罚金常常混为一谈，造成这种状况的原因有二：一是历史原因造成的。早在罗马法时代，就存在合同一方由于违约而支付给另一方金钱的罚金契约，这以后约定俗成，将违约金称为罚金；二是人们将违约金片面地理解为只有惩罚性,由此出发称之为罚金。实质上,二者并不相同。

违约金是指合同一方当事人不履行合同时给付对方一定数额的金钱。它是民事法律关系中债的不履行的一种责任形式,具有惩罚性与赔偿性的双重性质。

罚金是一种刑事责任,它是对违法犯罪分子的一种惩罚,是刑法的一个专门用语。罚金与违约金不同,除了性质上不同外,在金钱交付对象上也不同:违约金由违约方交付给守约方;罚金则应依判决交纳给国库。

因此,违约金与罚金之间不能划等号。在立法及实践中应当严格区分二者名称的使用。

在现代合同责任中,罚款也是其中一种责任形式,但它的适用范围远不及违约金广泛。罚款是指合同当事人违反诚实信用原则,以性质恶劣的手段违约时,由有关行政主管部门裁决违约人支付一笔金额上交国库。罚款与违约金的不同表现在:

(1) 在性质上,罚款是行政责任的体现;违约金是民事责任的体现。

(2) 罚款是由违约人支付一定金额上交国库;违约金则是违约人支付一定金额给对方当事人。

(3) 罚款依行政法律程序实施;违约金依民事法律程序实施。

27. 过错责任与无过错责任

所谓过错责任,是指行为人基于主观上的过错(故意与过失),侵害他人合法权益所承担的民事责任。所谓无过错责任,是指行为人没有主观上的过错(故意与过失),但依照法律规定要承担侵害他人合法权益的民事责任。这两种责任的划分是依行为人是否有主观上过错为标准,它们适用的范围很小,各国立法都对此作出规定。

从过错责任与无过错责任的关系分析,过错责任是民事责任的一项基本原则,有过错负责任,无过错不负责任。无过错责任是民事责任的一项例外,只有法律明确规定者才适用。因而,无过错责任有自己的一个突出特点,即必须有法律的明文规定,造成他人损害但主观上又没有过错的行为人才承担民事法律责任。在《民法通则》中,第 122、123、124、127、133 条分别就产品质量、对周围环境有高度危险的作业、环境污染、饲养动物以及无民事行为能力人、限制民事行为能力人造成他人损害等情况作出规定,尽管行为人或监护人主观上没有过错,依然要承担民事责任。

28. 无限责任与有限责任

根据民事主体（出资人）承担财产责任的范围不同，民事责任被划分成无限责任和有限责任。

无限责任是指当出资人出资的企业不能偿还债务时，出资人以他全部的财产来承担财产责任。有限责任是指当出资人出资的企业不能偿还债务时，出资人仅以自己出资的财产为限来承担财产责任。无限责任存在的历史较有限责任要长些。但从目前世界各国立法的发展趋势分析，有限责任的作用越来越大，它占有十分重要的地位。无限责任与有限责任的区别十分明显：

（1）承担财产责任人的财产范围不同。无限责任是出资人以自己全部的财产来承担，既不以其出资额为限，也不以其特定财产为限，直至悉数清偿完毕为止；有限责任是出资人仅就其出资额为限来承担责任。

（2）适用的对象不同。依《民法通则》以及其他民事法规的规定，无限责任适用于个体工商户、农村承包经营户的债务，个人经营、家庭经营所负的债务，以及个人之间的合伙、法人之间的合伙所负的债务；有限责任则适用于有限公司、股份有限公司，如中外合资经营企业，以及其他法律规定或企业自身性质为有限责任性质的企业所负的债务。

（3）风险不同。有限责任因只以出资额为限承担责任，故风险较小；无限责任因为是用出资人全部财产承担责任，故风险大。

29. 抵押与留置

抵押与留置都属于合同担保的方式。抵押是合同一方当事人或第三人为履行合同而向对方提供的财产保证。留置是指合同一方当事人将对方的财产留于自己处，以担保合同的履行。

抵押与留置有共同之处：①抵押权和留置权都为合同关系中的债权人享有；②享有抵押权或留置权的债权人，在债务人不履行义务的情况下，对于变卖抵押或留置物的价款皆可优先受偿；③抵押权和留置权都只在债务人不履行义务时才实现。

同时，抵押与留置又有不同之处：①担保物的范围不同。抵押物是合同标的物或合同所涉及的物以外的物；而留置物则仅以合同当事人交付给对方的财物为限。②担保物的所有人不同。抵押物的所有人可以是合同的当事人，也可以是第三人；留置物的所有人则只是合同的当事人。③优先受偿的程度不同。抵押物可由债权人保管，也可由提供抵押物的人自己保管。而留置物则存于享有留置权的债权人手中，因此，一旦债务人不按合同履行义务，留置权人比抵押权人有更主动的优先受偿权。

30. 连带责任与按份责任

在民事活动中，如果义务人不履行自己的义务，依法就要承担相应的民事责任。根据若干责任人承担民事责任时是否存在连带关系可将民事责任分为连带责任和按份责任。所谓连带责任，是指若干责任人中的任何一人都必须应权利人的要求承担全部民事责任，并由此使其他责任人对权利人的民事责任得以免除。所谓按份责任，是指若干责任人对他们共同负有的责任，应权利人的要求而分别承担自己应负的民事责任。

连带责任和按份责任均是民事责任中十分重要的形式，尤其在债的法律关系中占有重要地位。二者的不同主要有：

（1）连带责任中的任何一个责任人，对权利人提出的履行全部义务的请求不得拒绝；而按份责任中的任何一个责任人只承担自己应承担的责任，对权利人提出的超出责任范围的请求，按份责任人有权拒绝。

（2）连带责任人中的任何一人在履行义务后，即享有向其他连带责任人追偿的权利，可要求其他连带责任人偿付因代其履行义务而使自己受到的损失；按份责任人在履行义务后，没有追偿权，因为其承担民事责任后，便不再与该民事法律关系有任何联系了。

（3）连带责任较按份责任适用的范围要广泛。依《民法通则》的规定，连带责任主要适用于：合伙、联营、代理、保证（债的担保形式之一）、两人以上的共同侵权等民事法律关系。

31. 所有权与知识产权

所有权即财产所有权，它是指所有人依法对自己的财产享有占有、使用、收益、处分的权利。知识产权是公民和法人依法对其智力的创造性活动成果享有的权利。之所以称为产权，是由于17世纪研究这一问题的资产阶级学者们从私有财产神圣不可侵犯的原则出发，强调人们通过对知识的总结、研究和发展所获得的智力成果是一种私有财产。以后这种称法便被各国法律加以引用，成为一个专门用语。实质上知识产权与我们通常所说的财产权在性质上是不同的。

财产所有权和知识产权都属于民事权利，受到《民法通则》及单行民事法规的保护。财产所有权存在于每一个公民和法人的生产或生活之中，贯穿于每一个公民和法人的生命之始终。知识产权则随着社会经济和社会文明的发展，愈来

《民法通则》概念辨析

愈与公民和法人的生产和生活密切相连，因而搞清它们的主要不同很有必要：

第一，二者具有不同的特征。所有权具有充分的物权性、绝对权性和排他权性；知识产权则除具有排他性外，还具有期限性、地域性和与人身密切相连性。

第二，二者的内容不同。所有权具有四个财产性质的权能；知识产权则既有财产性的权能，又有人身性的权能。

第三，二者的客体不同。所有权的客体是物质财产，是为人们生产和生活所需且能被人们加以支配的物；知识产权的客体是无形的财产，即权利的原始状态是无形的，只有在通过物质载体加以固定后才为人们所感知。

第四，二者的保护手段不同。由于所有权的客体是物质财产，因而采取的民事保护手段主要有确认所有权、返还财产、恢复原状、排除妨碍、赔偿损失；知识产权由于其客体是无形的，很容易被损害，同时其权利内容具有财产与人身双重性，故保护手段要较所有权复杂，主要包括排除妨碍、停止侵害、返还财产、恢复原状、赔偿损失、消除影响、恢复名誉、赔礼道歉等。

32. 人身权与身份权

人身权是民事权利主体依法享有的与人身密不可分的且不直接具有财产内容的权利。在《民法通则》中明确规定民事权利和主体的人身权受法律保护，是将过去可肆意对公民、法人等权利主体的人身权利进行侵害却不负法律责任的现象永远画上了一个具有历史意义的休止符。身份权是民事权利主体依其特定民事法律行为或民事法律事实所享有的非固定性的权利。身份权是人身权的一部分，它与人格权共同构成人身权的全部内容。人身权一般具有这样几个特征：①专有性，不得在民事主体之间发生转让或继承，除非法律另有规定；②不直接具有财产内容但与财产权利密切相关，如侵害了企业法人的名誉权，同时也会使该企业法人在经济上造成损失。而身份权除具有上述特征外，还有自己的特点：①其基于特定的民事法律行为或特定的民事法律事实而产生，如只有成为作者或从事了专利发明，才可享有著作权或专利权；②非固定性，身份权既不是从其问世后便享有，也不是已享有身份权者永远享有，它将随着法定期限届满或法律规定的其他情况出现而消失。

33. 姓名权与名称权

姓名权是公民依法享有的决定、使用和改变自己姓名的权利。名称权是法人、个体工商户、个人合伙依法享有的决定、使用和改变自己名称的权利。姓名权与名称权都为人格权。依《民法通则》第99条的规定，公民享有姓名权，法人、个体工商户、个人合伙享有名称权。法人等经济组织之所以有名称权，是因为法人等经济组织是社会经济组织在法律上的人格化，其欲参加社会经济活动就必须有自己的正式名称。姓名权和名称权受法律保护，禁止他人干涉、盗用或假冒。

姓名权与名称权除在主体上不同外，还有下列不同：

（1）起止时间不同。姓名权自公民出生时即享有，直至其死亡前，权利由本人行使。若公民死亡后，其姓名权遭到侵害，如已逝著名作家的姓名被他人假冒，则已逝作家的亲属或有关组织有权提请法院追究侵权人的法律责任。名称权自法人、个体工商户、个人合伙成立时起享有，直至它们解散或依法律规定的其他原因不再存在时为止。

（2）权利的行使方式不同。姓名权只由公民本人行使，名称权则既可由名称权享有者行使，也可由他人行使，但必须经企业法人、个体工商户、个人合伙依法转让方属合法行使。

34. 名誉权与荣誉权

名誉权与荣誉权是公民和法人主要的人身权利。名誉是公民和法人在社会上的地位、信用、才干、思想品德等方面的概括性评价。名誉权是公民和法人依法享有的名誉不受侵害的权利。荣誉是公民和法人由于自己在生产实践、科学实验、文化教育等方面作出突出贡献而得到国家政府机关或社会团体的表彰或奖励。荣誉权是公民和法人享有其依法应获得的荣誉并使之不被侵害的权利。

荣誉权实质上是名誉权的一种特殊形式，但二者仍存在下列主要区别：

首先，名誉是社会对每一个公民和法人的德、才、信等概括性评价，任何一个生活在社会之中的主体，皆受到这种非法律性的评价，故名誉具有广泛性；而荣誉则并非是每一个公民和法人都可得到的，只有在公民或法人由于辛勤工作和努力学习，创造性地为社会作出一定贡献或作出一定业绩方得到特定的国家政府机关或社会团体授予的荣誉称号，故荣誉具有特定性。相应地，名誉权是任何公民和法人都可行使的；荣誉权则只有特定的公民和法人，即享有荣誉称号的公民和法人才能行使。

其次，名誉作为社会的评价，不存在被剥夺的问题。凡公民和法人的名誉遭到他人的伤害或诽谤，均有要求法院给予保护的请求权。荣誉称号是特定机构基于一定条件授予的，也可基于一定情况予以撤销，如严重违法乱纪者，不配继续享有已获得的荣誉称号，依法定的程序，由授予机构给予撤销。但是，公民和法人对由于他人的歪曲事实、恶意中伤、造谣诽谤、挟嫌报复等非法行为而使荣誉权受到侵害的，有提请人民法院给予法律保护的请求权。

35. 知识产权与工业产权

知识产权是公民、法人对其智力的创造性活动成果享有的权利，具体包括专利权、商标权、著作权、发明权、发现权。工业产权则是知识产权的一部分，是专利权和商标权的总称。它是公民、法人对其在生产活动过程中的智力创造成果所享有的权利。在有些国家中，将工业产权的外延进行了扩大，包括发明专利权、实用新型、工业品的式样、商标、服务标记、厂商名称、原产地名称等。"工业产权"一词是我国将日文汉字直接引进的结果，而日文则是从法文"Propriete Industielle"一词翻译过来的。实际上，它不仅涉及工业，而且涉及其他行业。工业产权与知识产权的关系是种属关系。

36. 版权与出版权

出版权是作者依法享有的将自己的作品通过印刷、发行等方式使之公之于世的权利。通常，在我国出版权不是由作者本人行使，而是由作者有偿转让给从事出版业务的组织行使。出版权是作者著作权中的一项权能，具有财产性质。

版权，现在通常理解为著作权。实际上，"版权"（copyright）一词的原始含义即为出版权，它源于英国《安娜女王法案》，原意为抄录、复制之权利。"版权"一词成为一个法律专用语是基于保护出版商和作者的印刷、发行权利这一立法意图，迄今已存在了200多年。近些年来，为了使英美法系国家所用的"版权"一词与大陆法系国家所用的"作者权""著作权"的含义相近，甚至趋于一致，有些人便将"版权"一词扩大解释，使版权的内容与著作权的内容完全相同，这也就是我国《民法通则》中"著作权（版权）"这一写法的重要原因。

37. 署名权与姓名权

姓名权是公民享有的决定、使用和依照规定改变自己姓名的权利，是公民主要的人身权之一。署名权则是姓名权（法人称为名称权）在著作权法中的特殊表现形式。凡具有作者身份的公民和法人都享有署名权，即依法享有在作品上按本人意愿署真名、笔名、别名或不署名的权利。但是，署名权与姓名权并不完全相同：

（1）署名权是民法的特别法——《著作权法》中的专有术语。

（2）虽然署名权是从姓名权演进而来的，但它们的关系是皮（姓名权）与毛（署名权）关系，"皮之不存，毛将焉附？"二者在性质上是有区别的，即姓名权是单纯的人格性权利,而署名权则是人格与身份双重性的权利。作者的姓名权自其出生时便存在,但若使之成为署名权,必须有作者身份这一前提条件。

(3)署名权的法律效力可延续到作者死后。这是因为,作者在生前可立遗嘱,将自己生前未发表的作品署名状态加以确定,如署真名、笔名或不署名等,署名权由继承人或遗嘱执行人或法律规定的其他人代为行使。

38. 发明权与发明专利权

发明权与发明专利权都是发明人依法对自己的发明成果所享有的权利。这两种权利的出现是我国在立法上对发明所采用的双轨制的结果,二者只能择其一。

发明权与发明专利权的主要不同是:

(1)权利性质不同:发明专利权是一种专有性的权利,具有排他和垄断的性质;发明权则是非专有权利性的权利。

(2)权利的重点不同:发明专利权偏重于财产权利;而发明权则偏重于人身权利。

(3)主体的义务不同:获得发明专利权的人可以依自己的意愿,允许或禁止他人使用自己的发明,但必须自己实施或允许他人在国内实施自己的发明,并且要依法缴纳年金;获得发明权的人则有义务将发明的处分权交给国家,使其进入公共领域,任何单位使用该发明无须取得专门许可。

39. 诉讼时效的中止与诉讼时效的中断

当权利人在一定期间内不行使其权利,他就不能向人民法院请求保护其权利,这就是民法上的诉讼时效制度。在诉讼时效中,经常出现两种情况,即诉讼时效的中止与诉讼时效的中断。诉讼时效中止是指诉讼时效进行到最后6个月内,由于非权利人主观原因使权利人不能行使请求权时,时效暂停计算。诉讼时效的中断是诉讼时效进行中,在法定范围内依当事人的主观意愿而使已经过的时间无效,诉讼时效期间重新计算。二者的主要不同是:

(1)原因不同:诉讼时效中止的原因是不可抗力或其他障碍引起,而不是当事人的行为所致;诉讼时效中断的原因是当事人在法定范围内依自己的意志所致。所谓在法定范围内,包括提起诉讼、当事人一方提出要求和同意履行义务。

(2)效力不同:诉讼时效中止前已进行的那段时间有效,与中止原因消灭后开始的期间连续计算;诉讼时效中断前的那段时间失效,待中断原因消除后诉讼时效重新计算。

(3)要求不同:诉讼时效中止的原因必须发生在诉讼时效进行到最后6个

月,否则不产生中止;诉讼时效中断则无此要求。

40. **诉讼时效延长与诉讼时效中止、中断**

诉讼时效延长是指权利人不知道其权利被侵害,等发现时已超过诉讼时效期间,若有特殊理由,人民法院有权将其诉讼时效伸延,且不受时间限制。它与诉讼时效中止、中断主要有下列不同:

(1)诉讼时效中止、中断是发生在诉讼时效进行之中;诉讼时效延长则发生在诉讼时效期限届满之后。

(2)诉讼时效中止、中断的原因在法律上规定得较具体;诉讼时效延长的原因则规定得较原则,只要是权利人行使权利受限制或不能,而造成这种状况的原因的确特殊,且为法律所认可,才发生诉讼时效延长。

(3)就性质而言,诉讼时效延长为迟延时效,而诉讼时效中止、中断则不具有这一性质。

精神障碍患者隐私权探析[*]

在我们的社会中,不同的自然人可能因身体、智力等原因生来即存在差别,但是任何人在法律面前都是平等的。精神障碍患者有着不同于常人的痛苦,有着不同于常人的遭遇,有着不同于常人的缺陷。为此,较之精神心智正常的人而言,精神障碍患者恰是最需要法律关注和保护的弱势群体,而且是一个性质永恒的需要救济的群体。从更为宏观的权利最高位阶的角度观察之,精神障碍患者的权益保护,实质上就是人权保障的重要内容之一。本文并非旨在将精神障碍患者的全部权益均作为讨论的对象,而是将其权利中最为纠结的、却又不能视而不见的一类权利即精神障碍患者的隐私权作为讨论的主题。

一、关注精神障碍患者隐私权的缘由

(一)一组数据之观察

数据之一:根据中国疾病预防控制中心精神卫生中心在2009年公布的权威性统计,我国各类精神疾病患者人数在1亿人以上。[1]

数据之二:我国在20世纪50年代的成年人群中,精神障碍患病率为2.7%,但是,这个数字在2009年则上升到了17.5%。[2] 世界卫生组织的相关研究报告显示,精神病发病率已占我国全部疾病发病率总数的20%,与此同时,全世界的平均水平则为10%。世界卫生组织预测截止到2025年左右,我国精神疾病的发

---

[*] 本文原载于《法学论坛》2014年第1期(第29卷,总第151期)。

[1] 文系中国残疾人联合会研究课题《精神障碍患者民事权益保护研究》(2012YB008)的成果之一。新华网 http://news.qq.com/a/20100529/000696.htm;http://news.eastday.com/c/20100529/u1a5231542.html,访问时间:2013年12月1日。

[2] 参见李妍:"我们的病人——中国精神病患者报告",载《中国经济周刊》2011年第28期。

病率在我国全部疾病发病率的总数中的占比将增长至25%。[1]

数据之三：根据我国著名精神病科专家江开达教授的调查，2003年我国成年人的失眠患病率已经高达57%，其中有一半失眠患者伴有抑郁、躁狂等各种精神疾病。[2] 我国人群的自杀率已高出世界平均水平，因抑郁症和其他精神障碍自杀死亡者占自杀死亡的40%以上。[3]

数据之四：根据世界卫生组织的调查，全球大约半数精神障碍始于14岁以前。世界儿童和青少年中估计20%左右有精神障碍问题。[4]

由上可知，在现代生活中，由于各种原因所形成的精神障碍病症日益严重影响我们正常生活和社会经济活动，并对社会法律制度产生重大影响，为此，我们不能不对精神障碍病症及其病患主体加以关注。精神障碍患者及其所处的社会所面临的法律问题是多方面的，例如，精神障碍患者的医疗保障问题、劳动保障问题、其财产保护与管理问题、监护问题等，而对精神障碍患者的人格尊重并使其免遭肆意侵害是一个社会文明程度的体现。

（二）精神障碍疾病的立法概况之观察

法律的最高宗旨之一就是使每个人能够获得其应有的利益。由于各种先天的或者后天的原因，人的自然状态并非完全一致，因此，针对不同心智状态的自然人，法律需要设定不同的规则以使其获得符合正义理念的对待。正如英国学者哈特所指出的那样："习惯上正义被认为是维护或重建平衡或均衡，其重要的格言常常被格式化为'同样情况同样对待'（Treat like cases alike）。当然，我们需要对之补上'不同情况不同对待'（Treat different cases differently）……如果法律拒绝对理智健全的人和精神病人分别对待，那也是不正义的。"[5]

纵观人类法律的演进历史，对精神障碍患者的关注早在古罗马时期的成文法中既已存在，我们可以在罗马法的原始文献中看到如下一些内容："精神病人不能实施任何行为，因为他不理解他所做的事情。"[6] "如果一个儿童或精神病人

---

[1] 参见吴湘韩："中国精神科医生严重短缺"，载《大众健康报·周末刊》2007年第16期。
[2] 中国新闻网 http://news.qq.com/a/20100327/000052.htm，访问时间：2013年3月27日。
[3] 参见邝少明、刘鹏："我国精神卫生立法的价值分析"，载《湖南社会科学》2003年第5期。
[4] 参见世界卫生组织："一个精神健康的十个事实"，载http://www.who.int/features/factfiles/mental_health/mental_health_facts/zh/index.html，访问时间：2013年11月28日。
[5] [英]哈特：《法律的概念》，张文显等译，中国大百科全书出版社1996年版，第72~73页。
[6] [古罗马]盖尤斯：《盖尤斯法学阶梯》，黄风译，中国政法大学出版社2008年版，第167页。

杀死一个人，不承担科尔内里亚法所规定的责任。前者是由于无知而被保护，后者则是由于其不幸的（精神）状况而被免罪"。[1] "未适婚人不能订立遗嘱，因为他们毫无判断能力。精神病人同样如此，因为他们缺乏理智……然而，如果精神病人在其疯狂状态的中断期间订立了遗嘱，他们被认为合法地立下遗嘱；无疑，在他们成为精神病人之前所立遗嘱有效"。[2]

显然，在罗马法中，不仅强调了精神病人与正常人之间的差异，而且对精神病人在其患病期间所实施的行为给予了明确的效力否定。如此的立法观念，是否影响到我们近现代社会的立法？我们通过对下列立法内容的观察可以做出一定的判断。

立法观察之一：1948年的《世界人权宣言》明确规定，人人享有自由与平等的权利和尊严、人人在任何地方有权被承认在法律前的人格、人人有权享有所能得到的最高水准的身心健康。因此，精神障碍患者也应当享有维护自身利益的基本人格权。鉴于此，联合国在《世界人权宣言》《公民与政治权利国际公约》和《经济、社会和文化权利国际公约》的基础上，特别形成了《保护精神疾病患者与改善精神卫生保健的原则》。该原则是对精神障碍患者权益保护的一个相对全面的规范，该原则的基本规则1之第2条确定了一个理念，即"所有精神病患者或作为精神病患者治疗的人均应受到人道的待遇，其人身固有的尊严应受到尊重"。

立法观察之二：欧洲根据1950年的《保证人权与基本自由公约》，特别通过了《有关保护精神障碍患者人权和尊严的（2004）10号议案》，强调对精神障碍患者的人权、尊严和基本自由应有的保护。

立法观察之三：2006年的联合国《残疾人权利公约》第22条，强调了对残障人士的隐私权的尊重，重申了残障人士与其他人一样有隐私权，尤其是增加了"在与他人平等基础上有完全的健康和康复的个人隐私权"。[3]

立法观察之四：世界精神病学协会（WPA）全体大会于1996年通过的《马

---

[1] [古罗马]：莫德斯丁《规则集》第8卷（D. 48, 8, 12），参见《罗马法原始文献·学说汇纂》（第48卷），薛军译，中国政法大学出版社2005年版，第151页。

[2] [古罗马]查士丁尼：《法学总论——法学阶梯》（I. 2, 12, 1），张企泰译，商务印书馆1989年版，第91页。

[3] [美]杰拉德·奎因："残障和人权：联合国的一个新领域"，李敬译，载《2013年残疾人人权保障与公共服务研讨会暨第七届中国残疾人事业发展论坛论文集》，第20页。

德里宣言》强调:"精神科医师应当在头脑中时刻牢记医患关系的界限,以尊重患者利益与尊严作为行动的基本准则。"从保护精神障碍患者的隐私权角度,该宣言强调,医师在对精神障碍患者进行诊疗时,对在"治疗中获取的相关信息必须保密并且只能用于改善患者的精神状况这一唯一目的。禁止精神科医师因个人原因、商业或学术利益来利用这些信息"。

立法观察之五:法国于1789年的《公民与市民人权宣言》中确立了人人享有生命、健康、自由等权利的理念。据此,法国于1838年颁布的世界上第一部《精神卫生法》中,明确了精神病人与罪犯的区别、对精神病人的人道处理、精神病人治疗设施的管理义务等,以及对精神病患者的权益和财产加以保护的规定。而1970年修改的《法国民法典》第9条所提出的"一切人拥有要求其私生活受到尊重的权利"的基本原则,为人们关注精神障碍患者的人格权奠定了私法基础。

立法观察之六:我国2013年5月1日生效的《精神卫生法》第4条规定:"精神障碍患者的人格尊严、人身和财产安全不受侵犯。""有关单位和个人应当对精神障碍患者的姓名、肖像、住址、工作单位、病历资料以及其他可能推断出其身份的信息予以保密;但是,依法履行职责需要公开的除外"。其第5条更强调:"全社会应当尊重、理解、关爱精神障碍患者。"

从上述国内外相关立法的观察中,我们感受到立法者们对精神障碍患者的关注。究其深层次的法理原因,我们可以认为,当一个社会将精神障碍患者看作是社会生活中的成员并给其更多理解与关爱时,这个社会才是一个充满人权意识的社会,也才是一个真正文明的社会。[1] 但是,毋庸置疑的是,有关精神障碍患者保护的立法体系并未真正建立起来,恰如世界卫生组织所评价的那样:"多数国家例行报告侵犯精神病患者人权的事件,其中包括身体约束、隔离和否认基本需要及隐私权。很少有国家具备能适当保护精神障碍患者权利的法律框架。"[2]

二、精神障碍的界定及患者隐私范围

(一)精神障碍的界定

我国《精神卫生法》第83条对精神障碍给出了一个定义:"本法所称精神

---

[1] 在拉丁文中"jus civile"有"民法""市民法"之意,同时也有"文明法"之意,因为"civile"有"文明的"意思。

[2] 世界卫生组织:"一个精神健康的十个事实",载 http://www.who.int/features/factfiles/mental_health/mental_health_facts/zh/index6.html,访问时间:2013年11月28日。

障碍,是指由各种原因引起的感知、情感和思维等精神活动的紊乱或者异常,导致患者明显的心理痛苦或者社会适应等功能损害。"该定义的核心在于强调精神活动的紊乱或异常所导致的功能损害。但是,如果从法律规则的体系化内容看,这些功能损害的成因不应当是由于人的故意或过失行为所导致。例如,因酗酒、吸毒等行为会导致一时性精神障碍的出现,在一定时间内发生人的辨别能力或控制力的减少或丧失,但是,在法学的视角上,这样的状况不属于真正的精神障碍,应当依照刑法、民法的相关规定承担相应的法律责任。

实际上,法律规则中对精神障碍的界定是构筑在医学定义的基础上。在医学理论中,所谓的精神障碍（mental disorder）,是指在各种生物学、心理学及环境因素的影响下,大脑的结构和功能发生紊乱,导致认知、情感、意志和行为等精神活动的异常。[1] 在临床上,精神障碍表现为人的认知、情绪和行为等不同于常人,甚至伴有身体器官功能上的损害。通常,患者的上述异常特质是隐藏于患者机体内的,当这些异常特质超越了患者机体的最大忍耐限度时,就会通过其行为外现出来,这就是医学临床上所称的患者的精神症状发生精神障碍。

世界卫生组织（WHO）在（ICD-10）[2] 中,将精神障碍定义为"是一种有临床意义的行为或症状群或类型,其发生与当事人目前的痛苦烦恼（如令人痛苦的症状或功能不良,与有一个或多个主要领域的功能损害相关）有关;或明显增加病死、引起痛苦、功能不良和丧失自由的风险。同时这种综合征或类型必须不仅是对于某一特殊事件的可预期反应（如心爱的人死亡等）"。该定义对精神障碍的界定范围相当的宽,其构成要素中不仅包括人因令人难受的症状或功能不良所引发的痛苦烦恼,还包括因此增加的致死、引起痛苦、功能不良和丧失自由的风险,而且这些综合征或相关症状不属于因某一特殊事件如亲人去世所生痛苦而导致的可预期的临时性痛苦反应。

由此可见,精神障碍的出现诱因并非仅是人的物质性身体本身,人的社会地位、生活阅历、文化程度、心理状况等均会对精神状态产生影响。当然,根据专门研究精神障碍法律问题的学者周维德副教授的看法,虽然不同的精神障碍所表现出的精神症状不同,但是其均表现出如下的共同点:其一,精神障碍的出现不

---

[1] 参见江开达主编:《精神病学》,人民卫生出版社 2010 年版,第 1 页。

[2] ICD-10 全称为 "The International Statistical Classification of Diseases and Related Health Problems 10th Revision",其意为国际疾病伤害及死因分类标准第 10 版。源于世界卫生组织（WHO）依据疾病的特征,依规则将疾病作出分类并用编码方式表示的系统。

受人的意识的控制；其二，精神障碍一旦出现，难以通过转移方式令其消失；其三，与正常人相比较，精神障碍者的行为表现出较为明显的异常。[1]

（二）法学视角下的精神障碍患者

医学是从人的物质性身体功能损害的角度判断精神障碍患者。法学则是从人的行为状态、行为时的控制能力与辨识能力和经法定程序加以鉴定的角度判断精神障碍患者。根据我国《精神卫生法》的规定，精神障碍患者主要划分为轻微精神障碍和严重精神障碍两大类。

严重的精神障碍亦称重性精神障碍，是指疾病症状严重，导致患者社会适应等功能严重损害、对自身健康状况或者客观现实不能完整认识，或者不能处理自身事务的精神障碍（《精神卫生法》第83条）。在医学上，严重精神障碍亦被称为精神病（psychosis），这是指"一组由不同原因引起的大脑功能紊乱，临床表现在认知、情感、意志和行为等方面出现持久的、显著的障碍，精神活动明显异常，并伴有检验现实能力的丧失，表现为精神活动的完整性和统一性的破坏"。[2] 严重的精神障碍患者在学习、工作及社会适应能力上存在严重问题，甚至出现危害自己和家庭与社会的行为。临床上主要表现为精神分裂症、分裂情感性精神障碍、偏执性精神病、双相（情感）障碍、癫痫所致精神障碍、精神发育迟滞等。[3]

轻微的精神障碍亦称非精神病性精神障碍，它是指严重性达不到精神病程度的精神障碍。轻微精神障碍患者能自我控制，日常生活能自理，对家庭和社会一般不会造成危害或者危害不大，也基本上能够完成持续性的工作。[4]

（三）精神障碍患者的隐私范围

虽然对隐私的关注自古以来即有之，但是，将隐私作为一个法律上的权利术语则是始于美国两位法学家萨莫尔·华伦和路易斯·布兰蒂斯在1890年共同发表于《哈佛法学评论》第四期上的《隐私权》（The Right to Privacy）一文，自此，隐私权被纳入人格权领域中。人们对隐私权的关注开始进入了法律制度保护的层面。

保护自然人的隐私源于对人的社会交往性的认识。人必须与他人进行交往，

---

[1] 参见周维德："论强制治疗中精神障碍患者的人格权"，中国政法大学2013年博士学位论文。
[2] 江开达主编：《精神病学》，人民卫生出版社2010年版，第1页。
[3] 参见卫生部：《重性精神疾病管理治疗工作规范（2012年版）》，2012年4月5日发布。
[4] 参见周维德："论强制治疗中精神障碍患者的人格权"，中国政法大学2013年博士学位论文。

而交往就必然会将自己的各种信息暴露在他人面前,在商品经济社会中,这些被暴露的个人信息往往成为一些人眼中可供商事利用的资源。故而,在现代社会,隐私成为人格权法律制度救济的内容之一。

法律意义上的隐私,以自然人的意志为法律制度设计的核心。也就是说,所谓的隐私,实际上都是特定自然人在其生活中客观存在的事实。根据该自然人的意愿,如果有些事实是否公知对他并不重要,就不需要对该些事实是否构成隐私作出判断;相反,如果有些事实该自然人不愿意公知于世,或者不希望别人打扰自己生活的宁静,那么这些客观存在的事实就具有了隐私的性质。

美国著名侵权法学者William L. Prosser教授认为,对隐私权的侵害构成四种侵权行为:①侵害他人的幽居独处或私人事务;②公开揭露使人困扰的私人事务;③公开揭露致使他人遭受公众误解;④为自己利益而使用他人的姓名或特征。[1] 这四种侵权行为构成了美国法律对侵害隐私权的基本类型的判断。在对该四种侵害隐私权行为的判断上,法律将自然人依自己意志把私生活与公共生活隔离开,将私人事务的处理、将私人信息的保密等内容作为隐私权法律制度设计的核心。

就隐私范围而言,隐私作为自然人生活中不愿为他人知悉的秘密,我们通常将其理解为不愿为他人知道的由各种媒质记载的私生活信息、私生活不受他人干扰的状态、通信秘密和对自己信息的知情。其中个人自主和信息保密应当是最为重要的领域所在。当然,隐私范围不宜采取"一刀切"的思维,而是应当根据不同主体而有所差异。

对精神障碍患者而言,他们属于无法完全自主保护自己隐私的所谓弱势群体。如果有人公开披露其信息,导致其私生活倍受困扰,根据William L. Prosser教授的观点而形成的美国隐私权保护的法律规则,这即构成对隐私权的侵害。

精神障碍患者的隐私范围需要根据其是否为重性精神障碍患者,而适用不同的规则。例如,鉴于重性精神障碍患者的病情具有对周边公众存在一定的潜在危险性的可能,故而其患病信息应当让其周边的人们知道,以防止因重性精神障碍患者无控制能力而产生损害他人人身或财产的情况。但是,鉴于轻性精神障碍患者通常并无造成周边公众的人身或财产损害的潜在威胁,更鉴于他们需要在社会

---

〔1〕 参见王泽鉴:《人格权法:法释义学、比较法、案例研究》,新学林出版股份有限公司2012年版,第215页。

中继续工作和生活，故而有关轻性精神障碍患者的病情信息应当成为不得被随意披露的隐私信息。

就轻性精神障碍患者而言，其隐私范围应当以信息保密为中心内容。凡可能导致有关轻性精神障碍患者的身份信息被披露的内容都构成其隐私范围，例如其姓名、肖像、住址、工作单位、病历资料以及其他可能推断出其身份的信息。但是，医生或其他公务机构为依法履行其职责需要公开的信息、重性精神障碍患者的信息应当不在此限。

三、精神障碍患者的隐私权特点

精神障碍患者较之心神状态正常的人，其隐私权有其特殊之处。心神状态正常之人的隐私权，通常由下述四个权利构成：①个人信息保密权，即禁止他人非法收集、传播自己信息的权利；②个人信息利用权，即决定是否利用及如何利用自己信息并禁止他人非法利用自己信息的权利；③个人生活安宁权，即保持自己安稳平静的生活不受他人非法干扰的权利；④个人通讯秘密权，即禁止别人非法收集自己与他人通讯联络的信息或非法干预自己与他人进行通讯联系自由的权利。

精神障碍患者固然有正常人的隐私权，不过，由于其在心神状态上存在或多或少的瑕疵，这使得其隐私权在其权利主体和权利内容上具有自己的特点：①权利主体的特质性。精神障碍患者在其享有隐私权时，由于其心神状态的确存在一定瑕疵，无论是器质性的或一时受刺激性的，都会在自己的行为上表现出不合常理的状况。但是，在未依法律规定必须披露相关信息的情况下，其可以不加披露。这样的隐私权主体状况在非精神障碍患者的人那里是不存在的，这完全因权利主体的心神状态而产生。②权利特定内容法定化。正常人的隐私权内容在法律规则或者司法解释中都是原则性规定，具体内容多不细述，但是，鉴于精神障碍患者对证自己信息控制力的瑕疵或十分敏感，而且这一敏感还延展至患者的近亲属的社会评价，故而《精神卫生法》对精神障碍患者的隐私权特定内容进行了细述性的规定。该法第4条第3款规定："有关单位和个人应当对精神障碍患者的姓名、肖像、住址、工作单位、病历资料以及其他可能推断出其身份的信息予以保密；但是，依法履行职责需要公开的除外。"在这里，所谓的其他可推断其身份的信息，还可以包括患者在医院治疗期间根据治疗需要进行的录像、患者的通讯信息、日记或其他私人文件、患者的家族史等。这些与精神障碍疾病有关的个人信息，他人负有保护患者隐私的义务，除非医生、公安机关或其他相关机构在履行自己职责时应当公开该信息。

上述规定的深层次原因还在于这些隐私内容直接源发于"病耻感"。[1] 精神障碍患者由于其语言和行为不合常规，多较难被正常社会交往圈所接受，其自身也有些拒绝融入其中。社会对他们的排斥、歧视现象如同太阳下的阴影，一直徘徊在他们的身边，使他们心理上产生"病耻感"。"病耻感"的表述系受到希腊语"耻感"的启发。"耻感"在古希腊产生于烙在奴隶或囚犯身上的标记，中国古代亦存在给犯人脸上刻字以使其永远留下耻辱的印记。精神病患者遭受歧视、排斥的情况并不鲜见，社会以其有精神病患为由公开或隐蔽地通过设置人际交流的障碍来隔离和孤立精神障碍患者，即使是很轻微的病患者。此外，对精神障碍患者的歧视会传导至患者家庭以及家庭成员身上，导致社会和公众对患者的歧视、排斥心理也同样适用于患者近亲属，直接影响到社会对患者近亲属参与社会交往的接纳度和社会评价，并对其就业、婚姻和基本人际交往产生十分不利的影响。有关"病耻感"的研究应当是法学、医学、心理学和伦理学等学科共同解决的问题。

四、精神障碍患者隐私权的限制

精神障碍患者虽然有其隐私权，但是，其主体性质决定了在特定情况下必须要放弃一部分隐私：

1. 在诊疗活动中的如实告知义务。精神障碍患者在就自己的病情进行诊疗活动中，不得以隐私为由拒绝如实告知。基于对疾病治疗的需要，患者必须要向医生提供与治疗有关的相关信息如患者既往病史、家族病史、本次患病症状、生活习惯、婚育状况等。在合理的诊疗规范要求内，患者的这部分隐私对直接医护人员而言属于必须如实告知的信息，而且该义务在患者告知有障碍的情况下，转移至患者的近亲属或其他家庭成员。

2. 对与社会公众接触较多的用人单位的告知义务。严重精神障碍患者实际上已经丧失工作能力故不存在这个义务。非严重精神障碍患者多因病情轻微而具有进行工作的能力，当对工作无甚不利影响时，可以不向自己所在的工作单位告知自己的病情信息。但是，如果其工作单位系属于与社会公众接触较多的单位，如学校、公共服务机构等，精神障碍患者应当将自己的患病信息告知用人单位，因为精神障碍患者多具有社会交际障碍，可能会对与社会公众打交道较多的工作

---

[1] 参见周维德："论强制治疗中精神障碍患者的人格权"，中国政法大学 2013 年博士学位论文。

产生严重不利影响。

对精神障碍患者隐私权的限制,实际上是个人利益与社会公共利益之间的一种衡平。保护精神障碍患者的隐私权旨在最大程度上保护其人身和财产利益,同时对社会公众有一个引导,即应当关爱那些有精神障碍的特殊人群,对他们的行为给予理解和包容。与此同时,精神障碍患者的隐私权的行使应受适当的限制,以满足维护社会公共利益的需求。坦率地说,这个不同利益的衡平点不是很容易找到的,而且即使找到了,也会在具体情形中发生必要的移动,故而这是我们法律人需要不断努力去探索的领域。

五、结论

我们的社会是一个多元化的社会,相互的理解、关爱与包容是这个社会不同成员之间能够和平相处的"融合剂"。精神障碍患者作为这个社会无法回避的特殊群体需要社会的特别关注,需要法律的特别关注。精神障碍患者的隐私权,因其主体的特质,与社会一般人的隐私权在权利内容、权利行使与权利限制上均有不同之处,尤其是其权利内容的法定性更有存在的价值。虽然我国已经颁布并施行了《精神卫生法》,但是社会现实中对精神障碍患者的严重歧视与排斥的实然性与法律规则所追求的应然性之间,尚有很大的距离,尤其在相关法学理论的分析方面,依然尚有不少问题值得讨论。

论《物权法》中强制转让物权的法律维度[*]

"维"被古人喻示一个事物得以被固定的条件。[1]"维度"则是物理学上的一种表达,是指判断、说明、评价和确定一个事物的多方位、多角度、多层次的条件。"法律维度"在本文语境中则是指判断、确定强制转让物权的前提、条件与限制。

一、私法自治与物权的强制转让

根据私法自治的精神,物权转让是体现物权人意思自治最为核心之点,无论是转让所有权还是转让他物权,均突出了物权人对物权的支配力。《物权法》第2条第3款对物权所下的概念也十分强调了这一思想:"本法所称物权,是指权利人对特定的物享有直接支配和排他的权利。"该概念在这里强调的是权利人按照自己的意志对物享有的直接支配权和排他权,但是,在《物权法》中也同样出现了一些不受权利人意志左右的物权强制转让的规则。这些强制规则的产生,客观上系社会之复杂纷繁所致,因为一般规则如果"一刀切"式地在所有情况中均无例外地适用,其结果必会导致这些规则在某些情况中的适用有失公平或者违背法的基本精神。因此,必须针对特殊情况给予特殊的规定,这就是特别规则或特别法。特别法是指针对特殊情况但不是罕见情况所适用的规则。按照罗马法学家保罗的说明,"特别法是指立法者为了某些利益引入的、背离法原理的一般规则的法"(Ius singulare est quod contra tenorem rationis propter aliquam utilitatem auctoritate constituentium jntroductum est)。[2] 在法律作出一般性规定的同时,针

---

[*] 本文原载于《北方法学》2008年第3期。
[1] 巢峰主编:《辞海》,上海辞书出版社2002年版,第1749页。
[2] 罗马法原始文献 D. 1, 3, 16。

对特别情况所产生的需要而作出特别规定，这是罗马社会法学家所提出的一个相当重要的立法思想，近现代欧陆法受到该法律观念的影响巨大，中国立法同样也受之影响。究其原因，是该立法思想的求实性和科学性。

从制度渊源的角度看，对物权转让的强制，一方面有来自于古老制度的规则，例如，从物之所有权必须随主物所有权一起转移的强制；另一方面有来自于现代法根据社会需要而制定的新规则，例如，《物权法》规定的地役权必须随土地承包经营权、建设用地使用权的转让而转让。

因此，任何有物权立法之国家均无法回避物权强制转让的内容。依法律规则和法定程序发生的物权强制转让并不违背私法意思自治原则，相反是对意思自治原则并无绝对性的最佳注释。

在我国《物权法》的规定中，有关强制转让物权的规则涉及两个方面、三种途径。所谓"两个方面"，是指物权的强制转让分别涉及所有权和他物权这两个不同方面。所谓"三种途径"，是指无论是所有权还是他物权的强制转让，均通过如下三个路径产生强制转让的结果：①根据法院、仲裁委员会的法律文书而产生的物权强制转让（《物权法》第28条）。②根据政府依法定权限与程序作出征收不动产的行政决定而产生的物权强制转让（《物权法》第28、42条）。③根据法律的直接规定而产生的物权强制转让。根据法律的直接规定进行的物权强制转让之情形主要包括：

第一，产生所有权强制转让的主要情形：①业主在将其建筑物专有部分的所有权转让时，必须把对建筑物共有部分享有的共有权一起转让（《物权法》第72条）。②当建设用地使用权发生转让时，附着于该土地上的建筑物、构筑物及其附属设施所有权必须一并转让（《物权法》第146条）。③从物所有权随主物所有权的转让而转让。不过，法律对该情形作出了一个除外规定，即在当事人另有约定的情况下，首先适用当事人的约定（《物权法》第115条）。

第二，产生他物权强制转让的情形：①当建筑物、构筑物及其附属设施所有权发生转让时，该建筑物、构筑物及其附属设施占用范围内的建设用地使用权必须一并转让（《物权法》第147条）。②地役权不得单独转让。当土地承包经营权、建设用地使用权等发生转让时，地役权必须一并转让；当土地承包经营权、建设用地使用权因被抵押而实现抵押权时，地役权也必须一并转让。但是，鉴于地役权系通过当事人之间的约定而产生，因此，在当事人就地役权的转让有不同于法律规定的一并转让的内容时，在没有违背法律其他规定的前提下，当事人的约定产生约束力（《物权法》第 164、165 条）。③抵押权不得与债权分离而单独转让。当债权转让时，担保该债权的抵押权必须一并转让，但是，如果法律另有规定的不在此限。如果当事人对抵押权与债权做出可以分别转让的约定且没有违背法律的其他规定时，该约定有效（《物权法》第 192 条）。如果在建设用地使用权抵押后产生的新增建筑物不属于抵押财产的，在该建设用地使用权实现抵押权时，该新增建筑物必须与建设用地使用权一并处分，但抵押权人对该新增建筑物所得价款无权优先受偿（《物权法》第 200 条）。

自然，我们在分析上述导致物权强制转让的情形被《物权法》明确规定的同时，也会产生一个强烈的疑问，即当物权被强制转让时，是否会导致物权法的私法自治性质被消解？这个疑问在制定《物权法》时是被私法学者时常警惕的问题之一。这样的警觉来自于对中国半个世纪以来曾经发生的物权保护制度缺失严重的一种当然的理性反应。

对这个问题的研究可以从物权强制转让发生的前提、条件与限制的角度进行探讨，从而获得对该问题的较为理性的结论及完善《物权法》相关内容的理论建议。

二、强制转让物权发生的前提

考察物权转让之法律维度，首先应当考察强制转让物权发生的前提是什么。

物权转让本源自权利人对其财产的排他性支配的权利，但是至少出于对下列两个方面的思考，导致在法律中直接规定物权的强制转让成为一个无法回避的现实：

第一，物权强制转让同样需要"行为规则"。虽然权利人的意思是物权转让产生之源，但不应当是唯一的。因为不同的权利主体之意思在物权转让过程中必然会有因不同利益追求而产生内容冲突的情况，因此，需要在物权转让中由法律作出强制性物权转让规则以使不同权利人的行为有规则可循。我国台湾地区学者苏永钦教授将其称为法律提供的自治之游戏规则。[1] 他的观点的确值得思考："强制规范并不'管制'人民的私法行为，而毋宁是提供一套自治的游戏规则，像篮球规则一样，告诉你何时由谁取得发球权，何时必须在边线发球，规则的目的在于让所有球员都能把投、跑、跳、传的体能技巧发挥到极致，而惟一不变的

---

[1] 苏永钦："私法自治中的国家强制"，载苏永钦：《走入新世纪的私法自治》，中国政法大学出版社 2002 年版，第 17 页。

精神就是公平。"[1] 因此，制定物权转让强制行为规则是从以不同权利人的利益能够获得公平保护为目的的角度而体现物权法的私法自治性。这正如美国学者庞德所指出的那样："安全依赖于均衡。"[2]

第二，物权强制转让应当以实现权利行使目的为立法追求。虽然权利人有权通过与他人达成合意的自由缔约方式来转让自己的物权，也有权通过单方意思表示来转让自己的物权，但是，当权利人自由行使其权利将可能影响他人权利利益的实现时，强制缔约就成为一种必要。例如，我们可以试想一下，如果允许建筑物、构筑物及其附属设施所有权发生转让时，该建筑物、构筑物及其附属设施占用范围内的建设用地使用权可以不一并转让或者地役权可以单独转让而与该地役权所存在的土地所有权转让无涉的话，那么，权利受让人获得的实际上是一个根本无法行使的权利。因此，对数项物权相互关联无法单独转让的情形立法应当制定"一并"式转让的强制规则。这是立法确认和保护权利的立法目的所在。

综上，在认识与理解强制转让物权行为时，一定要处理好两个关系：一是强制转让与规则之间的关系；二是强制转让与权利实现目的之间的关系。

由于强制转让物权是对权利人意思自治的限制，因此，物权的强制转让之发生应当具有一定的前提。法律在对物权转让作出强制性规范时，应当考虑的前提是，权利人行使权利的意志与公共利益发生了冲突。也就是说，当权利人行使自己之物权与公共利益发生冲突时，方产生物权被按照法律规则进行强制转移的可能。这是因为，虽然权利人自由行使自己的权利是法律规则的基本制度价值判断之一，但是，更为重要的制度价值判断是权利人应当在不违背法律规则的情况下来行使自己的权利。正如哈耶克所指出的那样："只有在实现普遍利益或公益所必需的时候，才能允许对个人施以强制；此乃自由传统的一项基本原则。"[3] 自古以来，法律规则的制定始终来自于对不同利益如何保护以及保护程度的判断。由于时代的不断变化、利益主体的不断变化、利益冲突情形的不断变化，导致法律对利益如何平衡保护的判断实际上是一个难以见到终端的过程。从自然理念而

---

[1] 苏永钦："私法自治中的国家强制"，载苏永钦：《走入新世纪的私法自治》，中国政法大学出版社2002年版，第17~18页。

[2] [美] 罗斯科·庞德：《通过法律的社会控制》，沈宗灵、董世忠译，商务印书馆1984年版，第89页。

[3] [英] 弗里德利希·冯·哈耶克：《法律、立法与自由（第二、三卷）》，邓正来等译，中国大百科全书出版社2000年版，第2页。

言,利益是人们寻求满足的需求和期望,利益不是由法律所创造的。因为无论何时何地,只要有人的存在,就必然有利益的存在,用庞德的话讲:"即使没有法律秩序和对行为及决定的权威指引,利益也存在。"[1] 由于不同权利主体之间存在利益的矛盾,也由于不同权利主体在努力实现自己利益时发生的竞争,均导致利益冲突,在中国《物权法》中,对物权主体利益追求与同社会公共利益之间可能存在的矛盾与冲突相当关注,并强调当权利人行使物权时不得损害公共利益(《物权法》第7条)、为满足公共利益的需要而对物权行使给予法律强制性限制(《物权法》第42、148条)。这是导致物权被法律强制性转让得以发生的重要前提。

在发生业主建筑物共有部分所有权随专有部分所有权一起转让、从物所有权随主物所有权一起转让、地役权随土地承包经营权或建设用地使用权等一起转让、抵押权随债权一起转让的情形时,我们虽然从表面上更多地看到的是这些被一起转让的权利的从属性,但是,如果再深究下去,我们可以寻觅到这些权利之所以被赋予从属性,其根源在于,从利益的角度判断,如果不作出符合社会公共利益的基本行为规范,则权利人的肆意所为,只能带来整个社会权利行使与获得的秩序混乱。所以,从属性的理论归纳,只是自技术层面上对上述权利必须要随主权利一并转让的诠释。

对公共利益的界定,中国《物权法》中没有直接给出答案。在立法过程中,立法论证专家们对物权法是否需要明确界定公共利益有较大分歧,[2] 形成了赞成与反对两大泾渭分明的阵营。

赞成者强调明确界定公共利益对公权力在强制他人物权转让时可能发生的滥用行为有着不可忽视的预防与限制作用。最具代表性的是梁慧星教授主持起草的《中国物权法草案建议稿》。该草案从正反两方面对公共利益进行了明确的限定。在涉及因征收而发生物权强制转让时,该建议稿第48条写道:"所谓公共利益,是指公共道路交通、公共卫生、灾害防治、科学及文化教育事业,环境保护、文物古迹及风景名胜区的保护、公共水源及引水排水用地区域的保护森林保护事

---

〔1〕 [美]罗斯科·庞德:《法理学(第三卷)》,廖德宇译,法律出版社2007年版,第14页。

〔2〕 相关信息可以参考全国人大法律委员会分别于2005年10月19日、2006年8月22日和10月27日向全国人大常委会提交的关于《中华人民共和国物权法(草案)修改情况汇报》,载全国人民代表大会常务委员会法制工作委员会民法室编著:《物权法立法背景与观点全集》,法律出版社2007年版,第33、51、62页。

业，以及国家法律规定的其他公共利益。""征收不得适用于商业目的。国家基于发展商业的目的而需取得自然人、法人财产的，只能通过订立合同的方式。"[1] 显然，在发生因征收而强制物权转让时，该草案在社会公共利益中明确地排除了商业目的。赞成对公共利益作出具体解释与规范的学者认为，公共利益是物权法上公权和私权的连接点，是限制征收行为的重要条件，如果不进行具体界定，不利于私权的保护。我国实践中经常出现政府为了商业利益而征收集体的土地或者居民房屋的情况，导致大量侵害被征收人权益的事件发生，造成了很大的社会矛盾。为防止政府部门滥用征收权力，维护被征收人的合法权益，严防耕地流失，物权法应当详细规定公共利益的范围，明确将商业利益排除在外。[2]

反对者强调在物权法中对公共利益难以明确做出解释与限定，适宜在不同的单行法中根据情况做出相应界定。例如，在王利明教授主持起草的《中国物权法草案建议稿》中，没有对公共利益作具体解释，只是在涉及征用时，强调了"不得基于商业目的征用自然人和法人的财产"的内容。[3] 其反对采用正面界定和反面排除的方法来对公共利益的内涵加以规定的主要理由包括：①公共利益概念的宽泛性。它既可能是经济利益，也可能是指社会的福祉，还可能包括教育、卫生、环境等各个方面的利益。同时，公共利益和纯商业利益之间存在一定程度的交叉。②公共利益内容的发展性。它是一个开放的、不可穷尽、类型繁多的概念，且随着社会的发展而不断发展。③公共利益内涵的不确定性。它由判断利益内容的主观性和受益对象的不特定性所决定。无论进行何种分类，都不能通过列举完全准确地界定公共利益的内涵。④公共利益层次的复杂性。公共利益本身具有不同的层次，各种不同的公共利益之间可能会发生冲突。[4]

我国立法机关于 2006 年 6 月就公共利益是否在物权法中作出明确规定等问题专门举行了立法论证会。在论证会上，就是否在物权法中对公共利益作出具体解释，反对者认为在不同领域内和不同情形下，公共利益是不同的，情况相当复杂。物权法作为民事法律，不宜也难以对各种公共利益作出统一规定。[5] 最终，

---

〔1〕 梁慧星主编：《中国物权法草案建议稿：条文、说明、理由与参考立法例》，社会科学文献出版社 2000 年版，第 192~193 页。
〔2〕 参阅"发言摘登：分组审议物权法修订草案"，载中国人大网：http://ww.npc.gov.cn/nPc/xinwen/2006—08/26/content_ 351696 htm，访问时间：2008 年 1 月 6 日。
〔3〕 王利明主编：《中国物权法草案建议稿及说明》，中国法制出版社 2001 年版，第 17~18 页。
〔4〕 王利明："物权法草案中征收征用制度的完善"，载《中国法学》2005 年第 6 期。
〔5〕 江平主编：《中国物权法教程》，知识产权出版社 2007 年版，第 156 页。

官方负责物权法起草的机构人大法律委员会采纳了反对者的主张,提出了"物权法对公共利益不作具体界定,以由有关单行法律作规定为宜"的建议。[1]

笔者亦认为,由物权法承担起对公共利益作出详细而又具体解释的重任,超过了物权法所能够承受的范围。但是,可以考虑在物权被强制转让的范围内,对可能导致物权强制转让的公共利益作出一个一般性的解释。也就是说,公共利益可以被理解成是涉及文化、教育、医疗、环境保护等社会公共事业和国防建设等方面符合绝大多数人愿望的非直接商事性质的利益,即社会的公共利益既不是某些个人的利益,也不是某些团体的利益,更不是直接具有商事性质的利益,而是涉及关系人们的生存与生活质量的环境、交通、医院、学校、国防事业等社会的公共事业或公众安全等方面的利益。[2] 笔者认为,无论社会发生怎样的变化,无论在何种领域内,无论一个国家的政策有着怎样的调整,导致物权被强制转让的公共利益均应当有其基本的特征,主要包括:①公共利益的普世性。公共利益不应当是某些个人或某些团体的利益,而是涉及任何社会普通成员的利益。例如,为改善教育、环境、卫生条件而强制物权转让,是使凡处于特定环境下的任何社会普通成员都可以受益的举措。②公共利益的直接目的性。在判断物权强制转让的前提时,公共利益的存在是明显的而且是直接之目的。准确地说,任何利益都可以直接或间接与社会之公共利益联系上,例如,修建一条公共道路,这在目的上与社会之公共利益有着直接联系,任何社会普通成员均是该公共道路的潜在的直接受益人;如果建立一个商业城则直接目的是获得商事利益,间接目的会涉及社会之公共利益。笔者经常用的例子是,一个失业者,申请利用自己的房屋开办商店,其直接目的就是追求商事利益以便养家糊口,间接目的与效果是满足了周边人们购物的便利。因此,可以说,任何商事利益都可以通过一定的联结点而与公共利益建立联系,但是,直接追求商事目的的行为应当被排除在产生物权被强制转让的范围之外。当一个主体为追求自己的商事目的与利益的时候,不应当借助于公权力乃至于立法的途径来实现,他只能按照意思自治原则,通过与物权人达成合意来实现。这应当是物权强制转让不可逾越的规则底线。

---

〔1〕 梁慧星主编:《中国物权法草案建议稿:条文、说明、理由与参考立法例》,社会科学文献出版社 2000 年版,第 192~193 页。

〔2〕 费安玲:"私权理念与城市私房拆迁的立法",载《政法论坛(中国政法大学学报)》2004 年第 5 期。

三、强制转让物权的一般条件与限制

在考察物权强制转让时,同时需要注意的是物权的强制转让不可随意而为,需要一定的一般条件以及必要的限制。

(一) 物权强制转让的一般条件

就物权强制转让的一般条件而言,应当考虑如下:

1. 有物权强制转让的客观需要。无论是法律的直接规定还是司法裁判或行政决定,其对物权能否被强制转让应当有一个是否存在客观需要的判断。所谓客观需要,显然是对事实的客观判断。例如,由于建筑物中单元房屋与公用部分的一体性,使得建筑物的业主对自己坐落于建筑中的单元房屋的专有所有权,无法与该建筑中的电梯间、楼梯间、公共通道的共有权分开行使。建设用地使用权的享有也必须以实现在该土地上实施建设行为为目的追求,所以,如果建设用地使用权人获得了国有土地上的建设用地使用权,却由于该土地上布满了他人享有所有权的建筑物、构筑物及其附属设施而导致该使用权成为"虚有"(nulla),那么,这样的制度设计价值又安在?

在大陆法系私法理论与立法实践中,就土地与地上建筑物之间的权利关系有三种模式:

(1) 罗马法模式,即建筑物与土地所有权不可分离,"一切建筑物均从属于土地"(…omne quod inaedificatur solo cedit),[1] 使建筑物所有权当然属于土地所有权人。但是,这种模式在当今中国土地均公有的法律制度中已经完全没有适用的可能。

(2) 德国模式,即建筑物与地上权不可分离,虽然建筑物与土地可以分属不同所有权人,但建筑物所有权人与地上权人必须一致。这使得非土地所有权人也能在他人土地上拥有建筑物所有权。德国地上权制度即为典型体现。在中国城市中,非所有权人可以在国家拥有所有权的土地上享有可以自由流转的建筑物所有权。在中国农村中,由于土地所有权的集体所有而农民享有宅基地使用权,所以,虽然农民可以享有自己的建筑物的所有权,但是该建筑物所有权的流转性极差,只能在购买力并不充分的同一集体的农民之间进行转让。因此,在中国城市中存在着与德国模式类似的情形。

(3) 日本模式,即建筑物所有权与土地所有权、地上权均可以分离。这使

---

[1] 罗马法原始文献 I. 2, 1, 29.

得土地与其地上建筑成为两个完全分离的不动产。《日本民法典》第370条有关设定土地抵押权,效力并不及于建筑物的规定即为典型。[1] 这样的情形,在中国《物权法》通过之前,在城市的社会实践中普遍存在,在立法中也给予认可。但是,《物权法》对此给予了否定,这就是我们在前面所阐述过的第146条和第147条的规定:当建设用地使用权发生转让时,附着于该土地上的建筑物、构筑物及其附属设施所有权必须一并转让;当建筑物、构筑物及其附属设施所有权发生转让时,该建筑物、构筑物及其附属设施占用范围内的建设用地使用权必须一并转让。

半个世纪以来,中国实行的多是建筑物所有权与土地使用权不可分的原则。以《城镇国有土地使用权出让和转让暂行条例》第23条的规定为例,其强调:"土地使用权转让时,其地上建筑物、其他附着物所有权随之转让。"因为地上建筑物、其他附着物与土地是互为一体的,在确定房屋的价值时很难不考虑到地基的价值,或考虑地基的价值时不可能不考虑地上建筑物的价值。如果将土地使用权与地上建筑物和附着物分开,很可能使地上建筑物和附着物在所有权转移之后失去土地的使用权,从而引发权利冲突。因此,建筑物等地上物与建设用地使用权不可分的规则可以起到明确不动产权属,简化不动产交易中的法律关系的效果,对于减少物权纠纷及方便此类纠纷的解决,有积极作用。[2]

2. 有物权强制转让的合法依据。该合法依据或直接来自于法律规范,或来自于司法或准司法机构如仲裁委员会依据法定程序作出的有效裁判,或来自于政府依法定权限与法定程序作出的有效行政决定。依据的合法性是必须被密切关注的焦点,因为任何合法性上的瑕疵均不能产生物权被强制转让的效果,这源于私法上的权利神圣原则,即非有合法依据并非经公正的法定程序,任何人的财产均不得被限制与剥夺。

(二) 物权强制转让的限制

由于物权被强制转让的后果是使原物权人的权利消失,所以,谨慎是必需的。谨慎体现在立法对物权强制转让的限制上。

---

[1]《日本民法典》第370条[抵押权效力所及范围]规定:"抵押权,除存在于抵押地上的建筑物外,及于附加于其标的不动产而与之成为一体的物。"史尚宽先生对此的解释是:"建筑物为独立之不动产,非土地之构成分,抵押权不当然及于建筑物。"参见史尚宽:《物权法论》,中国政法大学出版社2000年版,第278页。

[2] 江平主编:《中国物权法教程》,知识产权出版社2007年版,第156页。

1. 法律的直接限制。①必须是国家有权机构作出的物权强制转让的法律文件或行政决定，例如，有关不动产征收的决定。所谓国家有权机构，是指根据法律给其授权，可以作出强制转让物权法律文件或决定的司法机构、政府机构或仲裁机构等，任何其他团体和个人均不得为之。②政府作出强制转让物权的决定，必须依照法定权限和法定程序。例如，政府要作出产生所有权强制转让后果的不动产征收的行政决定之前，必须要按照法定程序首先论证该征收是否符合如下两个条件：其一，是否符合限定于法定目的——为了公共利益的需要；其二，是否确实有征收的必要。值得注意的是，在《物权法》第42条中虽然规定为了公共利益的需要，政府有依照法律规定的权限和程序对集体所有的土地和单位、个人的房屋及其他不动产进行征收的权利，但是，并非是凡遇该情形时必须进行征收，而是具有选择性质的"可以"进行征收。那么，论证清楚是否有必要征收就变得更为重要。

至于"为了公共利益"，如前所述，应当限定在直接为了社会公共利益而不应当是首先为了追求商事利益。当直接为了商事利益而间接为了公共利益进行活动时，应当属于不可以进行利用征收方式进行强制转让物权的范围。

2. 约定的限制。《物权法》对地役权的强制转让、从物所有权随主物所有权强制转让以及担保债权的抵押权必须随债权转让而被强制转让的情形附加了排除的限制性规定，即如果当事人有另外约定的或法律有不同规定的，该强制转让可以不发生。《物权法》对物权强制转让虽有规定，但是，这不意味着对私法自治的彻底否定。立法规定物权的强制转让，旨在通过强制性行为规则来均衡意思自治与利益公平实现之间的关系。因此，在涉及合意的范围内，即在地役权的设定与转让、从物与主物的关系、抵押权的设定与转让等合意范围内，在不与法律规则冲突的前提下，当事人之间对物权强制转让的排除性约定被法律确认具有约束力。因为当物权被强制转让的后果可能不利于全部当事人的利益时，法律对当事人通过合意而作出的排除物权强制转让的约定给予充分的尊重，完全是一种明智和理性之举，因为它符合"法是善良与公正的"[1]精神。

---

[1] 罗马法原始文献 D. 1, 1, 1pr。

论盗赃物善意取得之正当性

——以法经济学为分析视角*

对盗赃物能否善意取得之问题学界已进行了较多讨论,但目前尚无定论。而今,我国《民法典·物权编》的编撰正在进行。围绕善意取得制度的相关探讨依旧是法学理论界与立法工作的一个焦点。本文将以法经济学为分析视角,就盗赃物的善意取得问题阐释笔者的观点,以期抛砖引玉将该问题的探讨引向深入。

一、反思:盗赃物善意取得学说理论检讨

善意取得"指自非权利人基于法律行为取得物之所有权,一般要求取得人善意,因其不需要时效期间经过,因此也称作即时取得。"[1] 我国《物权法》第106条对该制度进行了规定,但关于盗赃能否适用善意取得语焉不详,相关司法

---

* 本文原载于《法学杂志》2018第7期,系与汪源共同撰写。

[1] 江平主编:《中国物权法教程》,知识产权出版社2007年版,第266页。

解释与其他规范性文件对此问题之规定前后不一。[1] 目前,就该问题学界存在"肯定说"与"否定说"两大类观点。

(一)"肯定说"

该说基于现代商业社会对"动的"财产交易安全之维护,不在无权处分情形下再区分"占有委托物"与"占有脱离物"。该说认为,只要符合善意取得之要件,占有脱离物与占有委托物均可适用善意取得,即该说支持盗赃物允许适用善意取得。[2] 体现该学说典型立法例是《意大利民法典》,其第1153条规定:"从非所有权处取得物品转让的人,可以通过占有取得所有权,但是,以实行占有之时具有善意并且持有相应的所有权转移证书为限。在权利证书未表明所有权上附有其他人的权利并且取得方具有善意的情况下,占有人无任何负担地取得所有权。用益物权、使用权和质权亦可以同样的方式取得。"与此同时,第1154条还规定:"误信出让人为所有权人或者误信前占有人已取得了物品的所有权的理由不适用于知晓原因不法仍然取得物品的人"。[3] 据如上两条的规定,盗赃物并未被排除在善意取得的范围之外。

---

〔1〕 1958年最高人民法院《关于不知情的买主买得的赃物应如何处理问题的复函》:"除不知情的买主买得的赃物如果是公共财产应另行研究外,失主和不知情的买主间的问题可按以下原则处理。一、不知情的买主买得的赃物,如果是从市场、商店等合法买得的,应认为已取得所有权。但如果失主愿支付价金要回原物时,应当准许。二、不知情的买主买得的赃物,如果不是从市场、商店等合法买得的,不能取得所有权。其所受损失,可以斟酌具体情况由失主和不知情的买主分担。三、如上所述,个人所有财产被盗窃,失主和不知情的买主都无过错,而且双方中必有一方要受损失,因之处理这类纠纷时,应尽量采用调解方法解决。酌由失主和不知情的买主双方分担损失。"1965年由最高人民法院等联合颁发的《关于没收和处理赃款赃物若干问题的暂行规定》(已废止)第2条规定:"在办案中已经查明被犯罪分子卖掉的赃物,应当酌情追缴。对买主确实知道是赃物而购买的,应将赃物无偿追出予以没收或退还原主;对买主确实不知是赃物,而又找到了失主的,应该由罪犯按卖价将原物赎回,退还原主,或者按价赔偿损失;如果罪犯确实无力回赎或赔偿损失,可以根据买主与失主双方的具体情况进行调解,妥善处理。"1992年最高人民法院研究室《关于对诈骗后抵债的赃款能否判决追缴问题的电话答复》:"赃款赃物的追缴并不限于犯罪分子本人,对犯罪分子转移、隐匿、抵债的,均应顺着赃款赃物的流向,一追到底,即使是享有债权的人善意取得的赃款,也应追缴。"2012年《公安机关办理行政案件程序规定》第91条第2、3款:对下列物品,不得扣押或者扣留:……③被侵害人或善意第三人合法占有的财产。对具有本条第2款第2项、第3项情形的,应当予以登记,写明登记财物的名称、规格、数量、特征,并由占有人签名或者捺指印。必要时,可以进行拍照。但是,与案件有关必须鉴定的,可以依法扣押,结束后应当立即解除。"

〔2〕 此类观点参见:[日]我妻荣:《日本物权法》,有泉亨修订,李宜芬校订,五南图书出版社1999年版,第196页;孟勤国:《物权二元结构论——中国物权制度的理论重构》,人民法院出版社2004年版,第262页;李咏:"论盗赃物、遗失物的善意取得",载《时代法学》2006年第6期;曹晖:"论赃物的善意取得",载《法律适用》2008年第10期。

〔3〕 参阅《意大利民法典》,费安玲、丁玫译,中国政法大学出版社1997年版,第317页。

但就理论的深层分析而言,"肯定说"的观点对盗赃物善意取得的正当性的理论研讨存在不足,即其并未从坚持法律公平正义的角度论证盗赃物可适用善意取得的合理性。

(二)"否定说"

与"肯定说"相反,"否定说"认为盗赃物不可适用善意取得。但在"否定"的内部有不同声音,可再作如下细分:

1."绝对否定说"。该说坚持盗赃物一律不适用善意取得。[1] 支持"否定说"的学者从善意取得制度初衷出发认为盗赃物系占有脱离物的一种,因所有权人对占有脱离物被无权处分之事实不存在过错,故盗赃物不适用善意取得。民法理论中,依所有权人丧失物的占有时的心态分为占有委托物和占有脱离物。当物被无权处分时,占有委托物由于基于所有权人的意思而丧失占有,所有权人对该物被无权处分的结果存在过错,并一定程度可预见,故为平衡所有权人和善意第三人之间利益,善意第三人可以善意取得物之所有权。[2] 而占有脱离物,如盗赃物、遗失物等乃非基于所有权人的意志而丧失占有,所有权人对该物被无权处分的结果不存在过错,无需承担此种风险,故占有脱离物不能适用善意取得制度。[3]

2."相对否定说"。此说认为盗赃物原则上不适用善意取得,但如盗赃物系公开市场购得或经严格拍卖程序购得,受让人已支付对价且实际占有等例外情况下可善意取得所有权。[4] 故从内涵出发,该说也可称为"例外肯定说"。还有学者认为,在"例外肯定说"总原则下,所有权人自知道或应当知道受让人之日起一定时间内,向善意第三人支付其所付费用后可向善意第三人请求返还原

---

[1] 参见王轶:《物权变动论》,中国人民大学出版社2001年版,第283页;叶金强:《公信力的法律构造》,北京大学出版社2004年版,第121页;苏永钦:《私法自治中的经济理性》,中国人民大学出版社2004年版,第176页;梅夏英:《物权法·所有权》,中国法制出版社2005年版,第210页;董彪、何延:"公法对善意取得制度的影响——以赃物为例",载《法学杂志》2008年第6期。相关立法例可见:《俄罗斯联邦民法典》第302条。

[2] 德国学者沃尔夫认为,根据引致原则(Veranlassungsprin-zip)只有当所有权人至少是自愿地将占有转让给进行出让的非所有权人时法律才愿意承认该不利后果。参见谢在全:《民法物权论(下册)》,中国政法大学出版社1999年版,第970页。

[3] 参见[德]曼弗雷德·沃尔夫:《物权法》,吴越、李大雪译,法律出版社2002年版,第252~254页。

[4] 参见王利民等:《中国物权法教程》,人民法院出版社2007年版,第144~145页;王利明:《中国民法典草案建议稿及说明》,中国法制出版社2001年版,第104页;梁慧星:《中国物权法草案建议稿:条文、说明、理由与参考立法例》,社会科学文献出版社2000年版,第32页。

物，所有权人向善意第三人支付之费用可向无权处分人追偿。[1]

"否定说"的立法例可见《德国民法典》第935条："从所有权人处盗窃的物、由所有权人遗失或者因其他原因丢失的物，不发生根据第932条至第934条的规定取得所有权。对于金钱或者无记名证券以及以公开拍卖方式出让的物，不适用上述规定。"《法国民法典》第2279条规定："对于动产，占有相当于权利根源的效力。但占有物如系遗失物或盗窃物时，遗失人或被害人自遗失或被盗窃之日起3年内，得向占有人请求回复其物；但占有人可向其所由取得该物之人行使求偿的权利。"《瑞士民法典》第934条规定："因动产被窃、丢失或因其他违反本意而丧失占有的，得在丧失的5年内请求返还。但前款的动产被拍卖或经市场或经专营商人转卖的，对第一位及其后的善意取得人，非经赔偿已支付的价格，不得请求返还。"当然，上述立法例所采取的多为"相对否定说"。这意味着对盗赃物是否适用善意取得，不应当采取严苛的一概否定的硬性思维，而是应当给纷繁复杂的社会生活现象以必要的解决路径。

"否定说"，尤其是"绝对否定说"理论上貌似严谨，但并未真正完全解决社会中需要解决的问题。

（三）"肯定说"与"否定说"理论基础之解构

如前所述，"肯定说"理论从提高社会运行效率、增进社会财富方面入手展开论证，符合未来社会之发展方向，本无可厚非，笔者对该学说之观点也表示认同，但现有理论未能在其论述中诠释法之公平正义之理念，故与人们的"朴素法感"相违背。德国学者Reiche也曾表示："强调交易安全保护要求和国民经济的考虑从而推崇善意取得制度的立场是纯粹功利主义的考察法。"[2] 故抛开法之正义，单从保证交易安全角度进行论证难以被学界与立法者普遍采纳。

此外，"否定说"观点基于"引致原则"而展开，所有权人丧失物之占有时"过错的有无"成为占有脱离物和占有委托物能否适用善意取得制度的关键。在现实生活中，真实情况与上述理论大相径庭。该情形恰如哈耶克所言："正是这些'片面真相'的知识主宰着过去两三代人对政治的思考，从而影响了很多地

---

[1] 参见熊丙万："论赃物的善意取得及其回复请求权"，载《法律科学（西北政法学院学报）》2008年第2期；相关立法例可见：《日本民法典》第193条。

[2] 参见孙鹏："民法上信赖保护制度及其法的构成——在静态安全与动态安全之间"，载《西南民族大学学报（人文社会科学版）》2005年第7期。

区的制度安排。"[1] 在现实世界里，占有委托物被无权处分并不意味着所有权人一定存在过错，诸多时候所有权人在已尽高度的注意义务的情况下仍然无法避免该物被无权处分，比如将某物送到信誉极好的机构委托保管，但仍遭无权处分。相反，占有脱离物被无权处分也并不意味着所有权人毫无过错，诸多情况下所有权人只要稍尽注意义务即可避免其物被偷盗或遗失。例如，所有权人携带移动电脑至公共图书馆，中途外出就餐，未采取任何防盗措施便将电脑置于馆内，返回后发现电脑被盗。就上述不合理情形，我国学者也有所关注，并指出："原所有人未善尽防范之责，导致其物被他人无权处分，不应赋予返还请求权。"[2]

近年来，国内已有学者对"否定说"理论基础存在的上述问题有所分析，并提出：在判断占有脱离之盗赃物能否适用善意取得之时，应将原所有权人过错之有无作为主要因素之一纳入具体个案进行考虑。若原所有权人存在过错，则在个案中存在善意取得之适用余地；若原所有权人未有过错，则应排除买受人善意取得的适用空间。[3] 但在笔者看来，该思路并非良策，原因在于：

第一，在具体案件中，让善意第三人证明原所有权人存在过错，抑或让原所有权人证明自己无过错，均非易事。大多情况下善意第三人与原所有权人并不相识，善意第三人几乎无法有效举证证明所有权人存在过错，且根据《最高人民法院关于适用〈中华人民共和国物权法〉若干问题的解释（一）》第 15 条的规定，"有无重大过失"系构成判断第三人（受让人）是否构成善意的要件之一，[4] 即第三人若存在重大过失其根本不可能成为"善意第三人"，在其成为善意第三人后再要求其举证原所有权人存在过错，对善意第三人而言未免过于严苛。

第二，鉴于盗赃物能否善意取得的理论争论两端分别代表着财产静态利益与财产动态利益，倘若将过错因素纳入个案予以考量，则一方面无疑将提高原所有权人和善意第三人之支出成本，另一方面更会使财产之静态利益与动态利益同时

---

[1] 王学典："历史知识与历史创造"，载《历史学家茶座》2007 年第 7 辑。
[2] 张永健："民法典立法方法论——以《物权法》第 106 条、第 107 条动产所有权善意取得为例"，载《财经法学》2017 年第 4 期。
[3] 参见金全："以善意与过错标准衡量'盗赃'善意取得"，载《检察日报》2017 年 7 月 3 日第 3 版。
[4] 《最高人民法院关于适用〈中华人民共和国物权法〉若干问题的解释（一）》第 15 条：受让人受让不动产或者动产时，不知道转让人无处分权，且无重大过失的，应当认定受让人为善意。真实权利人主张受让人不构成善意的，应当承担举证证明责任。

处于不稳定状态，从而使得善意取得制度设立之目彻底落空，可谓是"按下葫芦又起瓢"。故将过错引入个案中进行证明从而决定盗赃物能否善意取得的解决思路同样无法令人满意。

综上，笔者发现，在现实情况下所有权人丧失物之占有时的过错具有不确定性，无论是占有委托物还是占有脱离物，所有权人均可能存在过错，故以所有权人过错之有无作为否定说之理论依据显然存在缺陷。而造成此类缺陷的根本原因，也许正如波斯纳所言："他们将法律看做是一个逻辑概念的自主体，而不是一种社会决策工具……而经济学的考察能使法学研究重新致力于对法律作为社会工具的理解。"〔1〕故而，为弥补民法理论在该问题上的缺憾，笔者将采用法经济学的分析方法对盗赃物能否适用善意取得继续进行探讨。因为笔者非常赞同这样的观点："理论不是飞机或巴士的时刻表，因为预测精准不是吾人唯一关心者。理论是思考的基础，其帮助吾人去组织想法，从而理解世事。"〔2〕

二、前提：法经济学方法论下盗赃物适用善意取得的先决要素

法经济学理论对某一实证法上之法律规范进行系统分析时，需要对研究对象固化其分析前提，并尝试用抽象的经济理论分析、描述该研究对象。如此，可在起到简化作用之同时达致对该问题分析语境的统一。该要求如美国法学家罗纳德·德沃金在谈论如何分析一项社会实践时所言："为了拥有同一种社会实践，他们必须在许多方面意见一致，必须共用同一套词汇：当他们提到帽子或者要求时，他们脑子里必须浮现同一样事物。他们必须以充分相似的方式理解这个世界……以辨识出对方主张的意义，从而把这些主张当作主张，而不仅仅是噪音。"〔3〕分析盗赃物善意取得，亦需要将其制度所需要的前提要素加以固化。这些前提要素主要包括：

（一）民事主体法律理性人的性质

理性人即经济人，该假设为经济学鼻祖亚当·斯密提出。其主要内容为：个人行为的主要动机之一在于人具有自利性；追求个人利益之最大化，参与经济活动的目的是在市场秩序良好与"一只看不见的手"的引导下，个人追求利益之自由行动将无意且有效地增进社会财富与公共利益。这正如亚当·斯密所言：

---

〔1〕 李霞：《波斯纳：法律的经济分析》，黑龙江大学出版社2009年版，第245页。
〔2〕 简资修："物权：（实体）物或权（定分）"，载《甘肃政法学院学报》2017年第3期。
〔3〕 [美]罗纳德·德沃金：《法律帝国》，许杨勇译，上海三联书店2016年版，第51页。

"我们所需的食物不是出自屠宰业者、酿酒业者、面包业者的恩惠，而仅仅是出自他们自己的利益的顾虑，我们不需要求助于他们的爱他心，只要求助于他们的自爱心。我们不要向他们说我们必需，只说他们有利。"[1] 边沁的功利主义法学也指出：人之本性为避苦求乐、趋利避害，故人的行为受功利支配，追求功利就是追求幸福。[2]

理性人假设用于分析民法理论问题之可行性，并非笔者所臆造。事实上，民法中的意思自治原则与平等原则的精神内涵与理性人假设在很大程度上一致。近代经济学理论与近代民法理论均起源于17、18世纪，西方启蒙运动中反封建、反教会的"理性崇拜"内核为二者的产生提供了相同的土壤。经济学上的理性人假设之基础是将人作为一个能独立思考与做出选择的个体去平等地尊重。而近代民法以来的意思自治原则与平等原则实际上也是突出人"主体性"，即经济学中"个体性"。这样的要求也正如康德法哲学中所强调的那样："你的行为举止应该是这样：无论是你自己，还是任何其他一个人，你都应该将人类看作是目的，而永远不要看作是手段。"[3] 因此，基于主体意思自治原则与平等原则的内在要求而构建出近代民法体系，与经济学中被视为基础讨论前提的"理性人"假设可谓不谋而合。在波斯纳眼中，普通法中的财产权、侵权、犯罪、契约等无不打上经济理性的烙印。[4] 这也正应验证了孟德斯鸠的名言："有商业的地方，便有美德。"[5]

当然，二者的侧重点不尽相同，"经济学要决定的是存在的合法权利，而不是所有者拥有的合法权利"。[6] 这意味着经济学更加关注的是"如何将蛋糕做大"（效率），而法学所关注的是"如何将蛋糕分好"（公平）。此时，我们会发现：若将几乎与近代民法为同一起源的"理性人"假设理论纳入法学领域进行运用，将会使我们在重视公平地"分蛋糕"的同时，一定程度上兼顾如何有效

---

[1] [英] 亚当·斯密：《国富论（上）》，郭大力、王亚南译，译林出版社2011年版，第10页。
[2] See Bentham Jeremy, *Works*, Edinburgh: W. Tait. Press, 1843, p. 195.
[3] 参见[德] 伊曼努尔·康德：《实践理性批判》，韩水法译，商务印书馆2003年版，第95页。
[4] 参见[美] 理查德·A. 波斯纳：《法律的经济分析》，蒋兆康译，中国大百科全书1997年版，第27页。
[5] [英] F. A. 哈耶克：《致命的自负》，冯克利、胡晋华译，中国社会科学出版社2000年版，第39页。
[6] [美] 罗纳德·哈里·科斯：《企业、市场与法律》，盛洪、陈郁译，三联书店上海分店1990年版，第90页。

率地"做大蛋糕",从而达到制度构建的最优设计。把法经济学的分析思路具体落实到本文所探讨的盗赃物是否适用善意取得的问题上,则表现为各种关系人在努力谋求损失最小化、提高交易效率的同时维护法之公平正义的内在要求。

(二)规则标准的正义性质

长久以来,"法是关于善良和公正的艺术"[1]乃系人们对法的普遍认知,故采用法经济学理论讨论法学问题时,应当坚持法律追求公平、正义的根本导向。为此,对公平、正义的相关概念与标准须予以明确。正如乌尔比安在《学说汇纂》中所言:"正义就是给每个人以应有权利的稳定而永恒的意志。"[2]作为一个定义,法律"不外乎是对于种种有关公布幸福的事项的合理安排,并由任何负责的人予以公布"。[3]罗尔斯在其《正义论》中首次提出了关于正义的两个原则:"每个人对其他人所拥有最广泛的基本自由,体系相容的类似自由体系都应当有一种平等的权利;社会的和经济的平等应当这样安排:使它们被合理的期望适合每一个人的利益,并且依系于其地位和职务向所有人开放。"[4]从乌尔比安到罗尔斯,在其眼中正义的标准均侧重于在满足自我愿望的同时对他人利益的无损。故笔者在此将判断正义之标准概况为:"各得其所",同时"无害他人"。

基于以上假定和理论,笔者将在法经济学视角下对善意取得制度是否适用于盗赃物进行相应的探讨。

三、建构:盗赃物善意取得的正当性分析分析

(一)正当性之一:盗赃物善意取得无害大众情感

否定说基于朴素法感排斥盗赃物可以适用善意取得,其担心若盗赃物可善意取得将伤害大众情感,与人们传统的道德与正义观念相违背。[5]但事实并非如

---

[1] 罗马原始文献 D. 1. 1. 1pr., 参见费安玲主编:《罗马私法学》,中国政法大学出版社2009年版,第2页。

[2] 罗马原始文献 D. 1. 1. 10. 1, 参见费安玲主编:《罗马私法学》,中国政法大学出版社2009年版,第3页。

[3] [古罗马]托马斯·阿奎那:《阿奎那政治著作选》,马清槐译,商务印书馆1963年版,第106页。

[4] [美]约翰·罗尔斯:《正义论》,何怀宏等译,中国社会科学出版社1988年版,第60~61页。

[5] 董彪、何延:"公法对善意取得制度的影响——以赃物为例",载《法学杂志》2008年第6期。

此。在经美国学者卡尼曼和特沃斯基的"前景理论"（Prospect Theory）[1] 分析后可知：若盗赃物不适用善意取得将对大众情感产生更大程度的伤害。

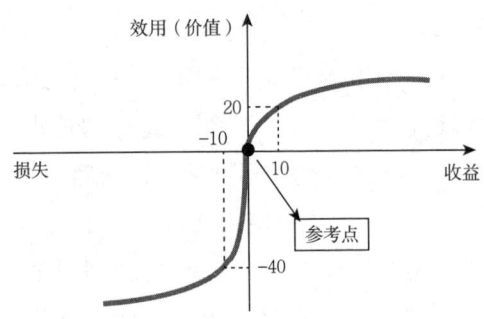

图1　前景理论价值函数理论模型图

前景理论给出了价值函数和其直接反应的重要内容,[2] 价值函数的原点并非绝对零点，而是心理上损失和收益的相对分割点。在图1中，X轴表示相对于参照点的收益和损失；Y轴表示效用，即消费者从商品和劳务的消费中所得到的满足。[3] 如图1所示，该理论向我们展示了：人们对于损失和收益的感受并不对称。在相同金额的收益和损失下，人们对于损失更为敏感，即"损失厌恶"（loss aversion），表现在图示函数中即损失的心理曲线比收益心理曲线的斜率更大。[4]

在盗赃物能否善意取得的问题中引入该理论进行分析，则善意第三人的参照点就是他能否获得物之所有权。这就意味着，任何低于这一参照点的情形，都会让他感到痛苦和失望。更进一步，若所购之物为盗赃物时，而盗赃物不能善意取

---

〔1〕 前景理论为卡尼曼和特沃斯基于1979年提出，概念为：人们所处的盈利状态或亏损状态会使得自身在相同的环境下发生不同的反应。根据实验数据，经济行为个体对于亏损的敏感度要高于对盈利的敏感度，即盈利额度和亏损额度相同的情况下，盈利所带来的满足程度小于亏损所带来的沮丧程度。参见李睿："前景理论研究综述"，载《社会科学论坛》2014年第2期。

〔2〕 See Kahneman and Tversky, "Prospect Theory: An analysis of Decision Making under Risk", *Econometric*, 1979 (2).

〔3〕 刘秀光编著：《西方经济学原理》，清华大学出版社2009年版，第29页。

〔4〕 瑞士数学家丹尼尔·努利在1738年就观察到，人们似乎是在按下列方式行动：在一场公平的赌博中，他们认为所赢到的1美元的价值小于他们所输掉1美元的价值。参见［美］保罗·萨缪尔森、威廉·诺德豪斯：《经济学》，萧琛等译，人民邮电出版社2007年版，第86页。

得，善意买受人无法取得物之所有权，他将承受在此情境下的最大痛苦。而损失所带来的痛苦并非同等量的收益即可补偿。如图 1 所示，补偿损失所需要的收益之比例，即"损失厌恶系数"通常在 2 倍左右。换言之，在实际生活中人们失去某物所带来的痛苦程度两倍于得到同样一件物品所带来的快乐程度。此时假设某价值不菲之物被盗后，以合理市场价格出让给善意第三人。在"否定说"下，所有权人可行使"返还原物请求权"，要求善意第三人返还该物。此时，假设该物（盗赃物）的市场价值为 X 元，所有权人要求善意第三人返还该物，可以看作所有权人获得了"X 元"的快乐。相反，对于善意第三人而言，从数字上看是失去了 X 元的利益，但其痛苦却是"2X 元"的。由此可见，在盗赃物不适用善意取得的情况下，善意第三人承受的痛苦远远大于原所有权人再次得到该物所带来的快乐。[1] 将民法理论中仅仅停留在定性层面上的公共情感赋予一具体数值进行定量衡量，并拉长该逻辑链条，可发现：若盗赃物不适用善意取得，社会公众情感受伤害"总量"将远大于盗赃物可适用善意取得制度情况下所造成的公众情感伤害"总量"。由此可知，民法理论中认为盗赃物适用善意取得会损害民众感情的观点[2]在经法经济学理论赋予数值的量化分析后显示出了一定片面性。以往持否定说观点的学者并未站在整个社会的情感"总量"层面上进行具体可量化的"情感伤害"考虑。

综上，通过法经济学前景理论进行分析后可知，当盗赃物可适用善意取得时能在总量上减少社会情感伤害。故以"无害他人"作为达成法律正义的标准来评判，肯定盗赃物可适用善意取得对社会公正的实现非但无害，反而有所裨益。

（二）正当性之二：盗赃物可善意取得对社会宏观效益的强化

从宏观经济学的角度观察，法律制度是为了降低交易费用而出现的，当然法律制度本身也是一种交易费用，而"较优的法律规则是能够使交易成本的影响最小化的规则"。[3] 不同制度设计下所产生之交易费用均应当纳入考量范围，并以此探讨对交易中各方的利益影响，最终得出最优制度设计。在盗赃物善意取得问题中，所讨论的有效率表现为损害最小化。原因在于，在盗赃物从所有权人占有下脱离之后，损害就已客观产生并变成沉没成本。此时，无论如何进行制度设计，

---

〔1〕 该物之前被盗抢的损失属于沉没成本，在此不做讨论，此时只考虑盗抢行为发生后如何进行制度安排对公众情感伤害最小。

〔2〕 参见高富平：《物权法原论：中国物权立法基本问题研究》，法制出版社 2001 年版，第 836 页。

〔3〕 [美] 罗纳德·德沃金：《法律帝国》，许杨勇译，上海三联书店 2016 年版，第 16 页。

损害均无法消失。长期以来"否定说"被支持的重要原因之一在于其必须赋予所有权人对盗赃物的回复请求权才能最大程度保障所有权人利益，维护静态财产安全。若采用"肯定说"观点，"不仅与法感情相背离而且法自身与不法行为相勾结，这样的制度规定无异于是对所有者的暗杀计划"。[1]而经法经济学的理论进行分析后可知该观点未必成立。

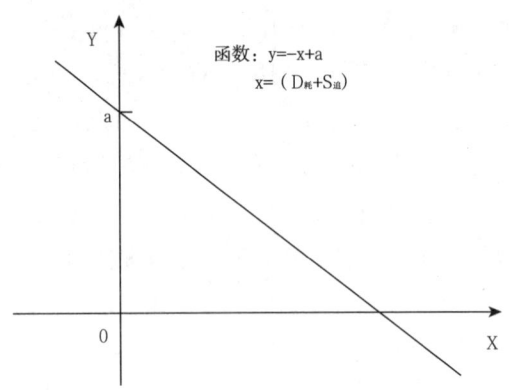

图2 所有权人可获剩余效用函数模型图

假设所有权人从市场上购得某物，其消费者剩余效用[2]为 a 元。后该物被盗，经无权处分人处分后，最终被善意第三人占有。当盗赃物不适用善意取得之时，所有权人通过报案或诉讼要求善意第三人返还原物，需要支出相关费用为 $S_{追}$ 元[3]。由于此时善意第三人为善意自主占有人，根据现行《物权法》第244条之规定，善意占有人在假想的权利范围内的使用而导致某物的损耗无需承担赔偿责任，但此举将会对所有权人的效用产生损害，其损害的效用的货币价值为 $D_{耗}$ 元。所有权人行使返还原物请求权过程中可能对原物的其他损耗在此暂时不计。综上所述，所有权人追回盗赃物后能获得的效用的最大值为：a-（$D_{耗}$+$S_{追}$）元。

如图2所示，将 X 轴设为追回原物的支出，即所有权人的损耗总量，故 X=

---

[1] [日] 安永正昭："动产的善意取得制度之考察"，载日本《法学论丛》1973年版，第88页。

[2] 消费者剩余，也称效用剩余，是指购买某种商品时，消费者愿意支付的价格和实际支付价格之间的差额。参见刘秀光：《西方经济学原理》，清华大学出版社2013年版，第31页。

[3] 包含诉讼费用、误工差旅等支出。

($D_{耗}+S_{追}$);将 Y 轴设为所有权人追回原物所获得的剩余效用。由此,可得到一次函数:$Y=a-X$。从函数模型中可得,当 $X=（D_{耗}+S_{追}）=a$ 时,所有权人行使返还原物请求权所获剩余效用 $=0$。由此可知,当所有权人为追回原物所花费成本大于或等于该物本身价值时,对所有权人而言是无效率的。前文已述,所有权人作为市场交易中的理性主体,会主动规避该无效率的情况,自然不会去行使"否定说"中赋予的回复请求权,从而使得制度安排落空。[1]

当然,我们也可得出另一个结论:当 $X=（D_{耗}+S_{追}）\leqslant a$ 的时候,即所有权人行使返还原物请求权所花费成本未超过该物本身效用时,坚持"否定说"之观点可保证所有权人权益。从单一地、单笔交易之微观角度观察,该情形下不支持善意取得对所有权人之保护作用似乎无可挑剔。但在运用"卡尔多—希克斯改进"与"均衡原则理论",并结合司法实践中的现实案例进行分析后,我们将发现适用"肯定说"观点将使社会运行更有效率,并从长远上看对所有权人之前受损的利益有所补偿。

"卡尔多改进"理论（Kaldor efficiency）着眼于从社会效益的整体提高中弥补单个个体的损失,即如果单个个体的境况由于变革而变好,而他能够补偿另一个体的损失而且还有剩余,那么整体的效益也就得以改进,社会之整体效率就此得以提高。[2] 法经济学中的均衡原则是指"一项法律制度的安排（资源再配置）普遍使人们境况变好而没有人因此而境况更糟的状态",[3] 即达到帕累托均衡。[4] 在盗赃物能否适用善意取得制度这一问题上,需要注意的是,在真实市场交易中,善意第三人与原所有权人之角色绝非固定不变,即原所有权人在日后交易中可能转换为善意第三人。如前所述,信息是交易费用的核心,"确定所交换的每单位物品或服务的单个属性的层次是要支付信息成本的,并且构成了交

---

[1] 该模型也解释了中世纪商人间"以手护手"原则的合理性所在。在中世纪,尤其是距离相隔较远、货物转手次数较多的商人间奉行一个简单道理,即在贸易中,如果买卖合同有重大瑕疵而标的物已经交付时,最好的处理方式不是让出卖人将所有权追回,而是让他得到价值上的补偿,因为追回所有权可能付出寻找所有权人与运输标的物的费用,故没有哪一个商人需要追回所有权,商人只需要向后手主张返还不当得利即可。参见孙宪忠:《中国物权法总论》,法律出版社 2003 年版,第 438 页。

[2] 参见孙蕾:"非对称信息下的卡尔多——希克斯改进",载《南开经济研究》2008 年第 2 期。

[3] 曲振涛:《法经济学》,中国发展出版社 2005 年版,第 18 页。

[4] 帕累托均衡也称为帕累托最优,是指资源分配的一种理想状态,假定固有的一群人和可分配的资源,从一种分配状态到另一种状态的变化中,在没有使任何人境况变坏的前提下,使得至少一个人变得更好。参见张守一:"对一般均衡论和帕累托最优的新解释",载《经济问题》2010 年第 11 期。

易在这方面代价高昂的基础"。[1] 所以，确认某物是否属于盗赃物而产生的费用，无疑也属于需要讨论的交易费用。

若坚持"否定说"，善意第三人（或市场上任意一人）在购买某物时，至少可预见但不限于支出下列交易费用：为明晰产权而支出之费用——善意第三人为保证交易安全会搜集相关信息，以确保该物非盗赃物，此为费用之一；善意第三人之应诉费用——若在前一环节收集到的信息存在瑕疵，会产生所有权人对被盗赃物行使回复请求权的后果，这必然将导致善意第三人支出相关应诉费用，此为费用之二；沉没成本费用——善意第三人在取得盗赃物时，正常情况下会为使用该物进行一系列的信赖投资，如该物最后发现为盗赃物，该信赖投资必然变为沉没成本，此为费用之三。

从宏观角度而言，若盗赃物无法善意取得，整个社会的交易费用将急剧上升，以至对社会整体经济效率之提高产生较大阻碍。在我国，即使在中国特色社会主义市场经济还处于初步发展阶段的20年前，交易费用的高低对不同城市间经济发展增速已产生了显著影响。以1997~2003年国内31个省份统计数据测算为准，高交易费用省市GDP的平均增速只有低交易费用省市的2/3。[2] 由此可知，最大程度降低交易费用对社会之整体发展将大有裨益。此时如适用"肯定说"观点，一方面可降低交易费用支出，提高经济增长速度，从而提升社会整体收益；另一方面，在微观角度，社会整体财富增加后，每个个体能分配到的收益可能性较以前亦会增加，这其中自然包括了原所有权人（受害人）。除此之外，从长远来看，人们在日常生活中大多以消费者身份出现，盗抢事件在日常生活中并非常态，原则上支持盗赃物可善意取得将极大节约交易支出，提高交易效率，从而实现对盗抢损失的弥补。另外，失去回复请求权的所有权人并未丧失救济途径，其依旧可通过追诉无权处分人（盗抢人）来弥补损失。

（三）正当性之三：盗赃物善意取得对社会宏观效益强化的实证分析

将以上法经济学理论结合近年我国司法实务中一盗赃物善意取得的真实判决进行分析，将有助我们进一步发现：相比"否定说"，适用"肯定说"的观点有利于社会整体收益的提高，同时使所有权人在日后的市场交易中更具有效率。

---

〔1〕 参见［日］安永正昭："动产的善意取得制度之考察"，载日本《法学论丛》1973年辑，第40页。

〔2〕 卢现祥：《寻找一种好制度：卢现祥制度分析文选》，北京大学出版社2012年版，第114页。

在"康某诉田某财产损害"一案中，[1] 原告康某为本案盗赃物——挖掘机之所有权人，被告田某为本案取得盗赃物之善意第三人。原告康某起诉被告田某返还小松牌PCXXX-X型挖掘机一台并赔偿相关损失。法院查明：2011年11月4日，原告康某与刘某、陈某、唐某签订了"小松挖掘机买卖协议书"，由于融资租赁原因，三人以人民币59万元的价格转让并交付挖掘机给原告康某。其后，该挖掘机一直由原告康某实际占有并经营。2013年2月25日，在原告康某向小松融资租赁有限公司支付完挖掘机的按揭款后，刘某从重庆海松机械有限公司取得了该挖掘机的产品质量保证书、合格证及发票等相关手续，但未交付给原告康某。其后，刘某私自复制挖掘机的钥匙一把，并于某日乘原告康某及其挖掘机驾驶员未在挖掘机施工工地之机，将该挖掘机盗走。刘某凭借其持有的挖掘机合格证、发票等手续及钥匙等合法权利外观凭证，将挖掘机以人民币40万元的价格转让给段某，段某后以44.5万元转让给张某；再后张某又以44.9万价格卖给本案被告田某。对于本案涉及刑事部分，刘某已因犯盗窃罪被判决有期徒刑12年，并处罚金10万元，并责令刘某退赔原告康某经济损失64.2万元。

法院认为：本案中，刘某向段某出售挖掘机时已出具了产品质量保证书、合格证及发票等相关合法手续，且段某支付了合理对价，并且挖掘机已实际交付。为此，段某已善意取得挖掘机所有权。同理，当挖掘机被转售至本案被告田某处时，亦合法有效，被告田某亦取得挖掘机所有权。另外，原告康某购买挖掘机后被刘某盗走，法院判决刘某应当退赔原告康某挖掘机损失64.2万元，现已经退赔36.05万元，尚欠28.15万元在执行过程中。原告的实体权利已获生效判决支持，现原告要求被告赔偿相关损失，属于重复要求赔偿。综上，法院判决驳回原告康某所有诉讼请求。本案审结后，现有资料显示双方均未上诉。

由此可见，本案中法院支持了田某盗赃物的善意取得，所有权人康某之损失也最终由盗赃人负责赔偿。本案为典型的某物被盗后再转卖多手之情形，倘若本案中主审法院采"否定说"之观点，即判决不支持田某对盗赃挖掘机的善意取得，判决被告将挖掘机返还原告，那么依此判决，田某之损失将诉诸其前手张某。张某被判决赔偿田某损失后，为弥补自己损失必然会诉诸其前手段某。同理，段某将诉诸其前手，即盗赃人刘某。最后，刘某在偿还段某后再以请求返还不当得利为由诉诸原告康某。若如此判决，为实现正义所花费之各类社会成本将

---

[1] 参见重庆市铜梁区人民法院（2014）铜法民初字第05229号判决书。

急剧上升（相比现有判决），且社会之效率将急剧降低。作为善意第三人的田某，其需求为继续使用挖掘机进行施工作业。若法院判决田某将挖掘机返还原告康某，虽然田某之损失可通过诉诸其前手得到补偿，但势必将中断田某正在进行的施工作业，从而进一步对善意第三人田某造成可得利益损失与其他间接损失。本案中，刘某盗窃原告康某挖掘机从而对康某产生的相关直接、间接损失已为沉没成本，此时若坚持"否定说"之观点判决返还原物，对善意第三人田某而言等同于将原告康某已产生的沉没成本损失人为地让善意第三人田某再承担一次。此举可谓将因刘某盗窃行为所造成的社会总损失人为地放大了一倍。另外，善意第三人田某为进一步增进挖掘机之效用，很可能对挖掘机进行相关改装、调试，而该改装调试对于原告康某而言可能是无价值的。更进一步而言，在执行返还挖掘机的过程中，势必会产生执行费用，且一些疏忽大意的不当行为很有可能对挖掘机本身价值造成减损。以上各种无效率之情形，将随着盗赃物被转售次数的增多而进一步拉大。

近年来相关司法实践开始对盗赃物善意取得问题转向支持"肯定说"的观点。2018年修订的《公安机关办理行政案件程序规定》第107条规定，对于被侵害人或者善意第三人合法占有的财产，公安机关不得扣留或扣押。这意味着如果非刑事案件中被盗物之所有权人（失主）向公安机关报案，尽管公安机关侦破后发现被盗物之下落，但只要该财产已经被第三人善意取得，公安机关就不能以"赃物"的名义对该物进行扣押扣留，进而直接将该盗赃物归还给"失主"。虽然在刑事案件领域公安机关尚未确认对盗赃物的善意取得，但可推知作出上述规定之动因，正是在大量频发的行政案件侦破过程中，公安机关发现若不确认盗赃物的善意取得，将极大影响社会之正常运行与整体秩序。既然在频发的行政案件中盗赃物存在善意取得之空间，那么在发生相对较少的刑事案件中有何正当理由排除盗赃物善意取得之适用？难道只因刑事犯罪中盗赃物的价值相对较大？如此相左的制度安排，笔者认为其很难做到逻辑自洽。

综上所述，相比"否定说"，适用"肯定说"的观点有利于社会整体效益的提高，同时使所有权人在日后的市场交易中更具有效率。故从增进社会整体效益同时坚持"各得其所"的角度观察，原则上采用"肯定说"观点不失为一种更有优势的解决之道。

（四）正当性之四：增进物尽其用，落实《民法总则》"绿色原则"

在现实社会中存在大量善意受让人事实占有的占有脱离物，但由于种种原因，被害人在很长时间内并没有发现并取回赃物，而是由受让人对赃物长期占有、开发利用，并形成事实上之支配利用关系。由于善意第三人对能否最终获得该物的所有权处于未知状态，作为经济社会中的理性主体，善意第三人知道其有可能无法成为该物的终局所有权人。为实现自身利益的最大化，避免这种对自己"不经济"的情形出现，在理性主体趋利避害思维与现行《物权法》第244条对善意第三人进行特别保护的制度设计下，善意第三人将"不自觉"地在自己占有该物的期间内最大限度地发挥该物的效用，甚至对该物过度发挥效用，以至出现不加爱惜、随意使用等情况，从而使得该物的正常使用寿命受到减损。由此可知，当盗赃物不适用善意取得时社会财富非但未能达到物尽其用之效果，反而将造成本不该发生的不当减损与恣意浪费。

而今，《民法总则》已颁布实施，对其中第9条"绿色原则"的探讨学界众说纷纭。笔者以为，《民法总则》第9条已规定了以"节约资源、保护生态环境"为核心的绿色原则，那么在民法分则各编进行具体规则编撰设计时，应当最大程度考虑到"绿色原则"的落实与开展，为民事主体进行法律行为时践行《民法总则》"绿色原则"创造出良好适用空间与遵守环境。在当下"物权编"编撰中若肯定盗赃物可善意取得，其效果实际上是允许被所有人"忽略"的财产给他人使用，由此缓解人与资源之关系的紧张关系。[1] 并且，作为理性主体的买受人因知晓自己只要被认定为"善意第三人"就可最终获得该物所有权，其在进行交易时必将避免不善意之情形发生。而已占有某物的善意第三人，也因知晓其可被法律最终评价为该物的所有权人，从而对该物像属于自己的其他物品那样加以爱惜，以最合理的方式实现物之效用与寿命最大化，减少不当的浪费，从而达致《民法总则》第9条中节约资源的总体要求。

另外，关于民法环境保护之职责，在《民法总则》立法过程中部分代表、学者曾提出质疑。[2] 实际上，早在苏联时代，就有学者提出了"法律生态化"之概念，即除专门环境法外，各部门法均应在自己角度做出有关环境保护之规定。[3] 近年来，人与自然生态关系被进一步重视，经济学领域的理性人假设在

---

[1] 参见徐国栋："认真透析《绿色民法典草案》中的'绿'"，载《法商研究》2003年第6期。

[2] 参见蒲晓磊："'绿色原则'纳入基本原则适应现实需求"，载《法制日报》2017年4月20日，第1版。

[3] 参见罗艺："生态文明建设视域下环境法的生态化转向"，载《甘肃政法学院学报》2017年第4期。

此背景之下有了新的发展,即提出了"生态经济人"的新假设。相比古典经济学上的"经济人","生态经济人"是一个具有生态意识、生态良心和生态理性的人,是一个具有利己、理性、最大化和"文明自利"的人,是生态文明时代的主人,是生态文明的建设主体,其不仅具有物质需要,而且还具有生态需要。"生态经济人"不单追求经济利益最大化,而且还追求生态环境的优化和美化,具有经济效益和生态效益双重动机。[1] 肯定盗赃物可适用善意取得制度,在强调物尽其用的同时追求生态效益,无疑是在法律制度层面上对当下"生态经济人"假设的直接体现。

综上,从节约资源、遏制人为浪费,增进物尽其用避免物被滥用的角度出发,规定盗赃物可适用善意取得在一定程度上能落实《民法总则》中"绿色原则"的精神内核。

四、限制:盗赃物善意取得的排除适用

经前文分析讨论可知:肯定盗赃物能够善意取得,能在不违背法公平正义内核的同时达到节约资源、实现社会效率最大化之功效。但笔者认为,在少数例外情形下仍应排除善意取得的适用,即被盗赃之物为极其稀有物或极强纪念价值物时,如珍贵文物、荣誉载体、英烈遗物等,应赋予所有权人回复请求权,以杜绝别有用心的盗抢行为,保障社会稳定有序。

1. 被盗抢的荣誉信息载体或英烈遗物不应适用善意取得。上列两类物品之所有权人作为法律理性人,通常情况下不会将该具有强烈精神寄托之物品流入一般市场。即使在极少情形下流入市场,该类特殊物品之权属判断显然较为容易,且不会增加交易成本。同样作为理性人的买受人,在购买该类人身属性极强之物品前对上述情形显然应知并加以注意,故在事实上不可能存在善意取得要件中的"善意",即不知情。并且,由于上述两类物品之人身纪念意义极强,交易时显然无法衡量其是否符合现有善意取得要件中的"支付合理对价";在法经济学视角下,该类物品也无法衡量其对买受人之效用,以达到增进物尽其用之效果。

2. 被盗抢文物不应适用盗赃善意取得。文物之买卖不适用善意取得制度为欧陆之通例,联合国教科文组织 1970 年《关于禁止和防止非法进出口文化财产和非法转让其所有权的公约》(简称《联合国公约》)和欧盟《关于返还从成员

---

[1] 参见李彦龙:"'生态经济人'——生态文明的建设主体",载《经济研究导刊》2010 年第 15 期。

国境内非法转移的文物的93/7/EEC指令》中明确指出非法出土之文物不适用善意取得。[1] 对此，奉行盗赃物可适用善意取得的《荷兰民法典》在第3编第86a条对该内容专条进行了国内法引入，德国更特别通过了《文化财产归还法》以对公约与指令内容予以承认落实。[2] 2014年9月，我国公布了《关于保护和返还非法出境的被盗掘文化财产的敦煌宣言》（以下简称《敦煌宣言》），作为我国在文物返还领域首次主导制定的国际性法律文件，该宣言明确了加入各国"遭盗掘后非法出境的文化财产的返还"义务。[3] 故我国在"物权编"盗赃善意取得之制度设计时，应明确将被盗抢之文物（文化财产）排除于可善意取得的范围之外，从而切实贯彻《敦煌宣言》与《联合国公约》之要求，并达致保护我国文化财产，促使被掠夺之文化瑰宝早日回归祖国之现实目的。综上，笔者认为至少上述三类或类似物品不应适用善意取得制度。

五、结论

在借助法经济学理论从社会宏观、整体的视角进行论证后可知：一方面，"盗赃物不适用善意取得制度"会给社会带来更大的情感上的痛苦，不利于正义价值的实现；另一方面，采用回复请求权对所有权人进行保护亦非完满，还会使社会与第三人为该制度的实施运作付出高昂成本。相反，当盗赃物原则上可以适用善意取得制度时，则能实现社会与个人之间、善意第三人与所有权人之间的利益均衡，在宏观上实现法的内在正义价值。

"法律应当是稳定的，但决不是一成不变的"。[4] 肯定盗赃物能够善意取得，能在不违背民法公平正义之内核的同时达到节约资源、实现社会效率最大化之结果。这样的制度安排无疑具有其内在合理性与独到优势。而今，民法分则编撰工作正在进行，笔者建议我国在编撰《民法典·物权编》时，对盗赃物能否适用善意取得这一问题予以明确，以期实现社会整体之正义。

---

[1] 参见曹树林、王珏："国家文物局长：被列强劫掠的文物是要求返还的对象"，载《人民日报》2014年9月10日，第13版。

[2] 参见联文："德国立法防止文化财产外流"，载《中国文化报》2016年4月11日，第3版。

[3] 参见李韵："《敦煌宣言》：关注考古文物的保护与返还"，载《光明日报》2014年9月11日，第9版。

[4] See Roscoe Pound, *Interpretation of Legal History*, Cambridge：Cambridge University Press, 1923, p. 1.

对不动产征收的私法思考[*]

一、问题的提出[1]

在我国现代社会经济发展的过程中，不动产征收如土地、房屋的征收已经成为社会经济生活中常见的现象。尤其作为国家基本建设和房地产开发的前提条件之一，不动产征收已经成为进行基本建设和房地产开发的前奏。根据最新统计，我国 2002 年 1~4 月固定资产投资快速增长，国有及其他经济类型单位完成固定资产投资 5416.4 亿元，同比增长 27.1%，增幅较 2001 年同期增加 11 个百分点。其中，房地产投资全年完成 1467.5 亿元，同比增长 38.8%，增幅较 2001 年同期增加了 16 个百分点，成为拉动投资增长的主要牵动力量。在 2002 年 1~4 月的固定资产投资中，基本建设占 51%，房地产开发占 27%，更新改造和其他各占 18% 和 4%。按照著名经济学家董辅礽的预测，我国未来 10 年的房地产将呈乐观发展态势。他认为：据统计数据显示，2001 年的房地产投资比前年增长了 25.3%，仅商品房销售达到了 4626 亿元，这个增幅比固定资产投资、基础建设投资的增幅都要高得多。因此，从发展的眼光来看，在信用消费、银行降息、税费减少、人均居住面积小等诸多因素存在的情况下，房地产投资将会持续升温，将会成为今后几年内社会投资的一个持续热点。从国民经济宏观角度看，房地产投资已经是衡量我国经济增长的重要指标。

作为国家基本建设和房地产开发行为的"孪生行为"，不动产征收的进行与人们的私权保护之间的利益冲突已经引起法学界的关注。2000 年问世的《中国

---

[*] 本文原载于《政法论坛（中国政法大学学报）》2003 年第 1 期。
[1] 在本文中，如果没有作特别说明的，凡分析我国不动产征收立法和实务情况时，均指我国目前以"征用"名义进行的活动。

物权法草案建议稿》（梁慧星主编）中，将财产的征收与征用明确规定出来。但是，在我国现行立法中，不动产的征收与征用被混为一谈，二者的界限不清。征收的法定目的与条件相当含糊，由于立法思想上对私财产保护的轻视，导致不动产征收中屡屡发生片面强调征收者的利益而未能给被征收者的利益以必要保护的现象，难以真正实现不动产征收中的公正与公平。鉴于此，笔者认为，有必要对我国的不动产征收制度进行必要的理念分析和制度规范的重构。本文仅以不动产征收为探讨的对象。

二、不动产征收的基本认识

作为财产的一种重要分类，不动产是与动产相对应的一个表达方法，它是指土地、房屋等不可移动之物。现代法中的这一分类，被认为受到罗马法的影响。"不动产"（praedium, res immobiles）的表述在古典时期的罗马法中是没有的，[1] 它只是被具体地称为"土地""房屋""建筑物""地面附属物"等。[2] 至公元2世纪，盖尤斯在其《法学阶梯》和《论行省告示》中提出了"城市不动产地役权"（Urbanorum preadiorum iura）阐释，[3] 此后，乌尔比安和马尔西安在他们的作品中均分别对不动产的问题进行了阐述，[4] 而优士丁尼钦定的具有法律效力的法学教材《法学阶梯》中更是明确了动产与不动产的划分。[5] 可以说，罗马帝国后期，不动产与动产的区别被整合得相当好。

从罗马法的法律实践可以看出，不动产与动产划分的制度价值在于，可以根据不动产与动产的特性给予法律上的不同规制。这同样也是后世各国法律保持不动产与动产划分的制度价值所在。

对于征收的理解，我国理论界的认识和立法实践均表现出明显的分歧，归纳起来有：

---

〔1〕 费安玲：《罗马继承法研究》，中国政法大学出版社2000年版，第37~38页。

〔2〕 如在《十二表法》的第5、6、7表中有如下表达："凡占有土地（包括房屋）二年，其他物品一年的，即因时效取得所有权。""凡以他人的木料建筑房屋，或支搭葡萄架的木料所有人不得擅自拆毁取回其木料。""在木材和建筑物已分离，或作葡萄架的柱子，已从地里拔出后，则原所有人有权取回。""建筑物的周围应留三尺半宽的空地，以便通行。"

〔3〕 [古罗马]盖尤斯：《法学阶梯》，黄风译，中国政法大学出版社1996年版，第82页；[意]桑德罗·斯奇巴尼选编：《民法大全选译·物与物权》，范怀俊译，中国政法大学出版社1993年版，第180页。

〔4〕 [意]桑德罗·斯奇巴尼选编：《民法大全选译·物与物权》，范怀俊译，中国政法大学出版社1993年版，第180页。

〔5〕 [古罗马]查士丁尼：《法学总论》，张企泰译，商务印书馆1989年版，第64页。

1. 征收独立说。该说将征收完全独立于征用之外。认为征收是国家依照法律规定的条件无偿地将集体或者个人的某项财产收归国家所有的一种措施，例如征收祠堂、庙宇、学校等团体在农村中的土地及其公地，具有强制性和无偿性。与此同时，该说认为征用是与征收完全不同的另一个概念。而征用则是指国家为了某种需要依法以强制方式在一定期间内有偿或无偿地将财产征为公用的措施。[1]

2. 征收与征用混合说。该说将征收与征用没有作严格区分，在名称上统称为"征用"或"土地征用"。该说认为：征用是国家为进行经济、文化、国防建设以及兴办社会公共事业的需要，依法将集体所有的土地转为国有。被征用的土地之所有权归于国家，使用权归于用地建设单位。[2] 用地建设单位要向被征用的集体组织支付规定的土地补偿费、土地附着物和青苗补偿费以及安置补助费。[3]

就立法实践而言，在我国立法史上，我们曾经引进了《瑞士民法典》对于征收的立法理念和规范，规定：因公用征收在登记前已经取得物权的，在未登记前不得进行物权处分。这意味当时的立法承认对他人不动产仅可以发生征收行为，且以公用目的为严格的限定发生条件。这一规定在我国台湾地区依然被遵循。[4]

在20世纪80年代以后，我国立法实践将征用与征收混合在一起使用，被冠以一个统一的名称：征用。被征用的客体多为不动产及其权利，同时包括动产及其权利。但是，在被征用的客体权利移转上是不同的：其一，被征用的土地所有权发生转移。鉴于20世纪60年代以后土地所有权主体的团体性（即土地所有权或属于国家所有，或属于农村集体组织所有），被征用的土地均是集体组织所有的土地，故被征用土地的所有权转为国家所有。其二，被征用土地上的建筑物，无论所有权属于自然人个人还是属于法人等组织，由于其所依附的土地被征收，该建筑物同样要被征收，故建筑物的所有权亦发生转移。该建筑物的所有权对价以土地附着物补偿费的形式被支付给建筑物所有权人。在基本建设或房地产开发

---

[1] 佟柔主编：《中华法学大辞典·民法学卷》，中国检察出版社1995年版，第826页。

[2] 钱明星：《物权法原理》，北京大学出版社1994年版，第172页。

[3] [意]桑德罗·斯奇巴尼选编：《民法大全选译·物与物权》，范怀俊译，中国政法大学出版社1993年版，第180页。

[4] 王泽鉴：《民法物权通则·所有权》，中国政法大学出版社2001年版，第112~113页。

中，这些建筑物通常随后被拆除。其三，被征用土地上的其他定着财产，所有权同样因其所附属的土地被征收而发生转移，其对价被以补偿费的形式体现。其四，被征用的土地、房屋等不动产上如果设定了独立存在的他物权，如农民对集体所有的土地享有独立存在的用益物权，该他物权随着土地、房屋等被征用亦被征用。其五，被转移的动产，所有权并非肯定发生转移。在没有转移所有权的情况下，征用人对被征用人负有支付征用物使用费、返还征用物的义务。

对于征收与征用是否应当区分存在，笔者认为将两者区分对待是比较科学的。理由有以下几点：

1. 从辞义上分析，征收与征用在性质上不同。"收"意在"接收"，"用"意在"使用"。[1] 故通过"征"的方式，前者是将被征之物完全纳入在自己的控制之下，且具有永久性；后者则是通过对被征之物的利用来实现其目的，且具有期限性。

2. 从法律制度上分析，征收与征用追求的目的不同。虽都经过"征"的过程，但在"征"的最终目的上有别："征收"的最终目的旨在获得对被征客体的最终支配权；"征用"的最终目的旨在通过"用"而满足征用者的需求，而非追求对被征客体的最终支配权。显然，在不动产征收中，尽管被征收的土地依然存在，但是为了实现征收者诸如基本建设或房屋开发的目的，土地上的建筑物或其他定着物均面临被事实处分的可能。而不动产被事实处分完全是最终支配权行使的结果。故"征收"与"征用"应当是不同的。

3. 从行为上分析，征收与征用的标的物和效力不同。"征收"的标的物是不动产，"征用"的标的物可以是不动产，亦可以是动产。"征收"与"征用"均是具有公法性质的行为，且均涉及物权转移的效力，但征收的效力是导致被征收者财产所有权或他物权的最终转移且产生补偿费用请求权；征用的效力则是导致被征用者的财产使用权移转（可消耗动产除外），且产生使用费请求权、返还财产请求权和损害赔偿请求权。如果被"征用"的标的物是可消耗的动产如食品、燃料等，返还的应是同质同量的种类物。

此外，在国外立法例上，有将"征收"与"征用"区分规定的立法例，可供我们参考。例如《意大利民法典》第1020条："〔征用或者征收〕如果用益物因公共利益的需要被征用或者征收，则用益权转移到相应的补偿金上。"在意大

---

[1]《辞海》编辑委员会编：《辞海》，商务印书馆1980年版，第195、1465页。

利法律中，征用是指仅在战争或和平时期的军事活动期间内，公共权力机构依法定程序对他人的财产权利给予例外的、必需的强制征调。例如可以征用食品、燃料等，同时要对被征用者的财产损失给予赔偿。征收则强调是为满足公共利益的需要，物权人在获得补偿的情况下失去物权的一种法律制度，例如市政府为了建造一家医院而使一位市民失去了其土地所有权并得到金钱补偿。由此可见，在意大利民法中，征用的发生被严格限定在一定的条件下，被征用的客体多为动产。征收的发生被严格限定在一定的目的上，被征收的客体通常为不动产。但是，无论是征用或是征收，对被征者的补偿是征用人或者征收人所必须履行的义务。

基于上述认识，从不动产的角度而言，在认识不动产征收时，应当考虑以下因素：

第一，不动产征收行为是公法性质的行为，具有明显的强制性。在不动产征收中，被征收人不能根据意思自治原则同征收者进行协商，相反，政府作为征收者得以在法定目的和范围内依法定程序直接实施征收行为。其行为效力是使他人的私权被强制移转给国家。

第二，不动产征收具有严格的公共利益目的性。导致不动产征收发生的目的只能是为社会公共利益，且社会公共利益应当是征收的直接目的。凡同社会公共利益目的无关的欲取得他人私权的行为目的，均不构成不动产征收发生的目的，因而也就不得适用不动产征收的途径获取他人私权。

第三，不动产征收具有法定程序性。任何不动产征收行为的发生必须按法定程序进行，因为私权非因法定程序不得剥夺。在德国法中，不动产征收被认为是依照法定程序剥夺他人私权的一种情形。但严格讲，不动产征收与剥夺有所不同，因为剥夺是使他人私权彻底丧失且无对价补偿的一种行为，而征收虽然在私权丧失上被征收人没有进行意思表示抗辩的可能，但是却有获得公正补偿的请求权。

第四，不动产征收具有补偿性。由于不动产征收的发生多导致不动产所有权或他物权的最终转移，按照公平原则依公正标准获得相应补偿是被征收者的权利。

第五，不动产征收产生的权利取得具有非法律行为性和继受取得性。由于不动产征收的发生不仅排斥被征收者的意思表示，而且强调征收者直接根据法律的有关规定即可实施征收行为，因此基于不动产征收发生的取得，不是依法律行为的取得。至于该取得的性质是原始取得还是继受取得，有学者认为征收具有原始取得的性质[1]，对此笔者认为值得商榷。因为征收是以承认他人私权存在为前提条件，所以才出现征收者或者征收执行者必须承担给付征收补偿的义务。征收与没收应当是不同性质的行为。

综上，不动产征收应当被理解为：以社会公共利益为直接目的，政府依法定程序强制获得他人不动产物权并必须支付补偿费用的行为。上述因素的分析是我们思考对不动产征收给予法律制约的基础。

三、不动产征收的理念基础及其思考

不动产征收理念的考察是探讨不动产征收法律制度的基本条件。因为制度的构建是在理念导引下进行的。就不动产物权的保护与限制而言，欧陆国家的观念演进与中国的观念演进间的差异相当明显。

在欧陆国家，渊源于罗马法的所有权思想有着巨大影响。在罗马法中，极为浓厚的个人主义观念是以所有权为核心的财产权利的基础，作为完整的物权性权利的所有权被视为是纯粹私法上的一种权利，人们的社会身份与所有权的取得和保护没有必然的关联性。人的自由和人格独立是所有权存在的理念基础。尤其在欧洲经历了近一千余年的神学统治后，人们对于自由、平等和人格独立的渴望使得罗马法中有关所有权的理念得到了空前的认可和迅速的发展，人文主义的思想更是为个人主义和物权天赋提供了理论基础。就大陆法系物权制度而言，这实在是物权制度得以存在和发展的不可或缺的理论基础。但是，任何试图使一个事物变得极为绝对的同时，就必然会出现人们所不希望看到的负效应的发生。当包括所有权在内的物权被推向极端时，使得为了自己的利益而置社会公共利益于不顾的现象丛生，反过来又使得个人的利益并不能真正实现。1789年的《法国人权与市民权宣言》已经注意到这个问题，其第17条写道："所有权为不可侵犯的神圣权利，非经合理证明的确是为公共需要并履行正当补偿，不得加以剥夺。"但是，在不断高涨的人文主义思潮中，这种理智和冷静被抛到一旁。

当权利自由被放大到已经严重影响了人们权利行使的时候，人们对权利保护的绝对化现象开始进行反思。19世纪末20世纪初，所有权义务论成为一个渐被接受的主流观念，且作为一种理念被广而推之地适用于大陆法系国家的他物权领域。

所有权义务论亦称为所有权社会化理念，其首倡者被认为是德国著名的学者

---

[1] 王轶：《物权变动论》，中国人民大学出版社2001年版，第2页。

耶林（Rudolph von Jhering，1818—1892）。在其有名的作品《论法律的目的》一书中，他提出：所有权行使之目的，不应仅为个人的利益，同时亦应当为社会的利益。因此，现在应当以"社会所有权"制度替代"个人所有权"制度。一些法国学者亦认为：人们的所有权之所以受到他人的尊重，是因为它具有有益于社会的机能。[1] 这一认识被1919年的德国《魏玛宪法》所确认，其第153条规定："所有权负有义务，其行使应当同时有利于公共福利。"1949年的德国《基本法》将这一思想给予再次确定，该法第14条第2款规定："所有权承担义务。它的行使应当同时为公共利益服务。"但是，该《基本法》并没有仅将所有权义务作为惟一需要强调之点，相反，同时亦关注所有权义务的承担应当得到的法律救济，该法第14条第3款同时规定："剥夺所有权只有为公共福利的目的才能被允许。剥夺所有权只能依照法律或者根据法律的原因进行，而且该法律对损害赔偿的方式和措施有所规定。该损害赔偿必须在对公共利益和当事人的利益进行公平衡量之后确定。对于损害赔偿额的高低有争议时可以向地方法院提起诉讼。"[2] 在对德国学者的上述理论进行分析时，我们不能否定，日尔曼法律文化中浓厚的团体主义思想对现代所有权社会化理念有着不可低估的影响，但是，我们同样不能否认德国学者提出的所有权义务理论是独立于日尔曼思想的现代法学对物权的理性思考。这就是不动产征收得以作为一种法律制度出现的思想和理念背景。

正是在这一背景之下，《瑞士民法典》和《意大利民法典》将不动产征收作为一种法律制度制定于民法典之中。《瑞士民法典》第656条第（2）项规定："取得人在先占、继承、征收、强制执行或法院判决等情况下，得在登记前，先取得所有权。但是，非在不动产登记簿上登记，不得处分土地。"《意大利民法典》第838条规定："〔对涉及国民生产利益或者公共利益的财产实行的征收〕在所有权人放弃保存、耕种或者使用涉及国民生产利益的财产，严重损害了国民生产的情况下，可以由行政机构支付合理补偿后，对上述财产实行征收……以上规定准用于因财产的残损而使城市形象、艺术、历史和公共卫生利益遭受严重损害的情况。"

我国民国时期的民法将《瑞士民法典》的内容几乎完全接受下来，构成了

---

〔1〕 梁慧星主编：《中国物权法研究》，法律出版社1998年版，第246~250页。
〔2〕 孙宪忠：《德国当代物权法》，法律出版社1997年版，第55页。

有关公用征收的规定内容。但是，在中国，不动产征收的理念应当说并不完全同于欧陆国家，甚至可以说，中国不动产征收以制度化形式出现，更是由于其自身文化背景和受到苏联的观念影响所致。

在中国漫长的封建专制社会中，其突出的特点之一是封建专制体制本身就是一种不关注个人利益维护的体制。这种体制下的文化不存在对个性的承认、肯定和鼓励，因而也就不存在对个人财产所有权的法律确认和保护。确认和维护"个人财产权的严重缺乏，使中国社会不能在重重的人身依附中打开一个缺口，开出一条由'身份到契约'、在近代的转化阶段加入世界潮流的通道"[1]。在这种体制和文化背景下，将他人的不动产所有权任意剥夺，被认为是天经地义的事情，因为"普天之下，莫非王土，率土之滨，莫非王臣"。[2]

当封建专制社会被推翻以后，一代代仁人志士为实现宪政民主的努力，使得封建专制文化被冲击得七零八落。近五十余年的曲曲折折的法治观念的树立与维护，使得藐视私人所有权的现象发生进一步的萎缩。但是其两千余年的历史沉积的陈垢，不是在短时间内就可以荡涤尽净的。

此外，一定时期内受到的苏联国家主义思想的影响，也使得我国藐视私人所有权、藐视个人利益的保护的现象得以沉渣泛起，且以一种冠冕堂皇的面貌出现。有关这个问题在孙宪忠教授所著的《确定我国物权种类以及内容的难点》中被详细阐述。[3] 应当说，国家利益和集体利益的确需要法律的保护，但是，任何权利的保护均是不同利益的一种均衡保护。在相当长的时间内，片面地强调国家利益和集体利益至上的理念长期制约着我们的思考。

回顾历史是为了清楚现在和设计未来。笔者认为：我国不动产征收应当以物权独立和物权平等保护思想为其基本理念。至于所有权负有义务的观念，由于历史和文化的原因早已深深地根植于不动产征收的理念中，不宜再强调之，相反，应当给予必要的制约。具体分析如下：

1. 不动产征收得以发生的前提应当是尊重物权独立。不动产征收之所以发生，应当是由于不同的物权独立存在所致。物权独立是物权平等保护的基础。只

---

[1] 李静冰编：《民法的体系与发展——民法学原理论文选辑》，中国政法大学出版社1991年版，第350页。

[2] 《诗·小雅·北山》。

[3] 孙宪忠：“确定我国物权种类以及内容的难点”，载孙宪忠编：《论物权法》，法律出版社2001年版，第485页。

有在独立存在的主体或者权利之间,才能确立和实现彼此之间的平等保护。一切依附关系,不可能也不需要平等,依附一方要受制于被依附方的需要和意志。承认物权独立就必须要抛弃以物权主体身份的不同来划分物权高低的观念。就不动产征收而言,恰恰是由于征收者与被征收者的财产物权是各自独立而非依附关系,方有发生不动产征收之可能。所以,不动产征收者在实施征收行为之前,应当首先尊重被征收者的财产物权是独立存在这一事实,这是正确处理不动产征收中各种法律关系的前提条件。只有在尊重物权独立的情况下,方可杜绝将不动产征收的效力等同于没收的错误观念。没收行为发生的前提是不承认被没收者对没收财产享有权利,这是没收与征收最本质的区别。因此,被没收者根本没有补偿请求权可言,而被征收者则享有补偿请求权。此外,基于征收所取得的私权,并非具有原始取得的性质而是继受取得,亦同样是基于物权独立的理念所产生的必然结论。

2. 不动产征收应当坚持物权平等保护的思想。在物权保护中,我们应当摒弃将不同主体的物权给予不同质法律保护的观念,应当将物权平等保护思想在物权法中牢牢地树立起来。对于以物权主体的不同而划分法律保护不同程度的做法,在未来的物权立法中或民法典中实在是多弊且无实益。因为:

第一,从宏观角度分析,物权主体的多样化已使现行的所有制类型难以一一对应。在计划经济时代,我们将社会生活中的各种复杂因素一概剔除于外,将所有制划分为公有制和私有制,其中公有制仅包含全民所有制和集体所有制,与所有制相对应的所有权类型是国家所有权、集体所有权和公民个人所有权三种形式。但是,现代社会中的商品经济性质,使得这一人为的简单划分已经难以解释现代社会经济生活中各种复杂的情况。例如以公司为突出体现的团体财产,已不能简单地以某一所有制来界定。

第二,从法律制度角度分析,不同主体的物权无高低贵贱之分,因此不同主体的物权均应受法律的平等保护。故必须确立和贯彻的基本原则是,凡合法取得的财产不分公有与私有,均应给予平等保护。

以物权平等保护为不动产征收的基本理念,可以使征收行为被施加必要的约束,甚至可以使不动产征收者得以自律。就不动产征收而言,根据法定目的和程序实施不动产征收是社会生活中不可避免的现象,但是,它不应当成为对私有财产所有权和他物权肆意剥夺的借口。因此,非依法定目的和法定程序,以不动产征收为理由剥夺私有财产所有权的行为应当是不能获得法律支持的行为。

四、不动产征收的法律制约

不动产征收是一种具有公法性质的行为，其效力不仅是限制了所有权人或者他物权人的权利行使，而且使得所有权人或者他物权人的权利被强制性地发生转让。因此，在不动产征收中，公权力与私权利行使之间的矛盾是显而易见的。但是，正如著名的美国学者 E. 博登海默在他极为重要的著作《法理学——法律哲学与法律方法》中指出的那样，任何值得被称作法律制度的制度，均应当关注自由、安全和平等这些基本的制度价值。同时所有的法律制度又要求这些价值应当服从有关公共利益方面的某些迫切需要的考虑。[1] 这完全是一种可接受的理论见解，因为根据利益均衡观念，任何保护自由、安全和平等的制度价值，不可能在与社会公共利益完全冲突的情况下得到实现，相反，它们之间的和谐相处是各得其所的理想结果。在为了社会公共利益的情况下，不动产征收的出现完全可以被理解是私有财产利益与社会公共利益和谐相处的一个缩影。不过，"人类似乎有一种本能的愿望，希望根据某种规则生活……如果缺乏这些规则，人们就会产生不安全感特别是对于政府权力的行使问题。法律规则与允许政府官员随意行使与公民个人有关的权力的制度是不相容的。这种行使权力的方式摧毁了公民的安全感，因为他的权利不再有确实的保障……它要求约束行政行为的法律尽可能表达得明确清楚"。[2] 人们这种本能的意愿，不会因为社会制度的不同而有本质的区别。因此，在我国不动产征收制度中，引入必要的法律制约规范显然是有必要的。尤其根据我国不动产征收中所发生的现实问题，法律制约的引入已经不再仅仅是一个理论探讨的问题，而是一个颇具实务价值的问题。

笔者认为，对不动产征收的法律制约，可以从如下几个角度考虑：

（一）不动产征收的目的制约

不动产征收发生的直接目的应当是并且只能是为了社会公共利益。关于社会公共利益，应当说比较难以给出一个确切的定义，按照美国学者亨廷顿的看法，由于研究方法的不同，对于"公共利益"的理解亦不同，主要表现为三种理解：一是公共利益被等同于某些抽象的、重要的理想化的价值和规范，如自然法、正义和正当理性等；二是公共利益被看作是某个特定的个人、群体、阶级或多数人

---

[1] 参见 [美] E. 博登海默：《法理学——法律哲学与法律方法》，邓正来译，中国政法大学出版社1999年版。

[2] [英] 彼得·斯坦、[英] 约翰·香德：《西方社会的法律价值》，王献平译，中国人民公安大学出版社1990年版，第42页。

的利益;三是公共利益被认为是个人之间或群体之间竞争的结果。[1]

尽管如此,我们依然可以尝试着对公共利益作出一定的说明。笔者认为公共利益可以被理解为涉及文化、教育、医疗、环境保护等社会公共事业和国防建设等符合绝大多数人愿望的非直接商事性质的利益。也就是说,社会公共利益既不是某些个人的利益,也不是某些团体的利益,更不是直接具有商事性质的利益,而是涉及关系人们生活质量的环境、交通、医院、学校等社会公共事业或公众安全的国防事业等方面的利益。

在梁慧星主编的《中国物权法草案建议稿》中,对公共利益作出了一个列举式的解释:"所谓公共利益,是指公共道路交通、公共卫生、灾害防治、科学及文化教育事业,环境保护、文物古迹及风景名胜区的保护、公共水源及引水排水用地区域的保护、森林保护事业,以及国家法律规定的其他公共利益。"[2] 这种列举式的说明比较清楚,但是抽象性较差,难免挂一漏万。

我国立法中曾经有法律对"公共利益"作出解释,例如 1986 年 6 月颁布、1987 年 1 月生效、1988 年 12 月又失效的《中华人民共和国土地管理法》(非现行的《中华人民共和国土地管理法》)第 21 条曾经对公共利益进行过解释:"国家进行经济、文化、国防建设以及兴办社会公共事业,需要征用集体所有的土地或者使用国有土地的,按照本章规定办理。"在这里,文化、国防建设和兴办社会公共事业与社会公共利益的目的有着明显的关系,但是,经济活动是否能够属于社会公共利益却不易判断,虽然经济活动可能间接涉及社会公共利益,但是直接目的是否就是为了社会公共利益并不能完全肯定,起码经济活动的非商事性质就首先难以肯定。所以经济活动不宜被纳入社会公共利益的范畴。

为了防止社会公共利益被滥用,在进行不动产征收时,应当要求征收者只能以社会公共利益为目的,且必须是直接目的。这一要求同时也是出于这样一种考虑,即"剥夺所有权在任何情况下都不能是单纯地增加国家财产的手段,否则剥夺私人财产的行为为不正义行为"。[3]

如果是以商事活动为直接目的,即使是政府,亦不得适用不动产征收方式获

---

[1] [美] 塞缪尔·亨廷顿:《变革社会中的政治秩序》,李盛平等译,华夏出版社 1988 年版,第 24 页。

[2] 梁慧星主编:《中国物权法草案建议稿:条文、说明、理由与参考三法则》,社会科学文献出版社 2000 年版,第 191~192 页。

[3] 孙宪忠:《德国当代物权法》,法律出版社 1997 年版,第 208 页。

得他人财产，而只能以合同方式通过协商进行。在我国现实生活中，不动产征收往往超出公共利益的目的，甚至以公共利益作幌子，实际是为某些团体甚至是个人获得盈利而滥用不动产征收权，严重侵害了民众的财产私权。例如为了进行土地市场的开发，为了房产市场的开发，为了建成一个获得更大利润的商业区，为了某一企业欲提高生产能力的目的而进行的厂区扩建，等等，它们均非直接以公共利益为目的，但是却通过不动产征收的途径，使被征收的不动产或拆除不动产附着物后的土地的利用权直接归于商事主体取得。甚至在一些地方，政府首先通过不动产征收强制从民众手中获得了房屋的所有权和土地的使用权，然后将房屋拆除，把土地使用权以远远高于征收补偿费的价格转让给企业进行商业开发，有的甚至将土地使用权连同土地上房屋一同转让给企业。这种现象反映出我国现行不动产征收（征用）制度中的理念混乱、制度架构不合理、藐视对不动产权利人保护的诸多漏洞。

（二）不动产征收的主体制约

不动产征收的主体依其是否直接享有被征收的不动产上利益，可以划分为不动产征收权人和不动产征收利益直接享有人（亦称为"不动产需要人"）。在征收中，有时征收人与不动产需要人系同一主体，有时两者是不同的主体。在讨论法律制约时，笔者仅将不动产征收权人作为分析对象。

由于不动产征收权并非私权，相反它是一种公权，因此，不动产征收权人只能是政府。在符合公共利益目的的情况下，政府代表着国家具体实施有关不动产征收的行为。自然人和其他任何社会组织尤其是以营利为目的的社会组织均不能成为不动产征收权人，因为：第一，不动产征收权是以强制方式取得他人不动产所有权或者使他物权人不再享有该权利的一种权力。该权力体现着公法人的行政权力，故自然人和其他社会组织不能行使之；第二，不动产征收权是将他人财产私权的强制性转移给国家，是物权变动的一种特殊形式，其效力导致私权人的私权行使被加以强制性限制，故不动产征收权的主体必须要给予严格限制。

当不动产征收权人与不动产征收利益直接享有人（不动产需要人）并非同一主体时，根据法律规定，既可是法人或其他组织，也可是被批准进行不动产征收的自然人，如个人在城镇因建筑私房而依法定程序进行的活动。绝大多数情况下，社团法人和财团法人及其他组织是不动产征收利益直接享有者。

（三）不动产征收的程序制约

程序是指有关某项活动应当遵循何种方式、步骤、顺序、时限等公示性的过程。没有程序的公正就没有实质的公正。尤其是以一个公权力来强制私权人转移自己的私权时，必须要严格按程序进行。这在其他一些国家的法律中规定得十分明确，例如，德国基本法规定，以征收的方式取得他人财产所有权，被视为是对他人财产所有权的剥夺，故必须由国家对所涉及的事项制定成法律，然后由行政机构依法实行。任何机构不得在没有法律规定的条件下剥夺私有不动产。同样亦不得未依法定程序剥夺他人财产所有权。因为剥夺私有不动产是极为严肃的事情，国家任何机构均无决定权，而只有执行权。[1]

在一个法治的国家里，即使是政府亦不能肆意限制或剥夺他人的私产，政府的行为亦必须按照法律规定的程序进行活动。目前在我国法律中，对于不动产征收程序，规定得比较粗糙、不科学，公正性和公示性不够，这就给征收活动留下了法律漏洞，且极易使不动产征收权人发生滥用权力的现象，使被征收人的利益遭受侵害。在不动产征收制度中强化程序制约是十分必要的。

不动产征收程序应当体现正义性、科学性、公示性，即不动产征收程序的设计应当充分体现法律的公平正义之精神，应当科学地体现公共利益与不动产权利人之间均衡保护的观念，应当突出不动产征收的公示性，尽可能避免暗箱操作的可能。

在国际上，有关征收程序的阶段，规定不一，主要有三段主义、四段主义和五段主义：①三段主义：以日本为例，公用征收程序分为：举办事业的认定、征收范围及补偿金的裁决、补偿金的给付与征收的完成。日本征收程序比较简单明了，处理征收事宜比较迅速。②四段主义：以英国为例，征收程序分为：征收申请、征收核准、补偿的议定或裁定、让与合同的订立与补偿的给付。与日本法不同，英国法将对举办事业的认定分为申请与核准。③五段主义：以法国为例，土地征收程序分为：举办事业的核准、征收土地范围的核定、提请法院给予裁决、法院裁定补偿金额、补偿金给付与征收完成。其特点是充分利用法院的职权完成相关程序，其程序较之前两者要严格。

我国土地征收的程序分为：建设单位申请、拟定补偿方案、核准方案、拨付发证。其程序表面看与其他国家差异不大，但是关键在于补偿方案的确定上，政府实施征收，补偿方案又由政府自己核准，实难保障征收程序的公示性，难以避免暗箱操作行为的发生，因而难以保障被征收人的利益获得公正的保护。因此，

---

[1] 孙宪忠：《德国当代物权法》，法律出版社1997年版，第208页。

可以考虑对不动产征收程序进行如下设计：首先，由不动产需要人提出征收申请。其次，在正式进行不动产征收之前，征收人应当公示，告知不动产征收的举办事业、征收的目的是什么且是否符合社会公共利益之目的、其他有关事宜。再次，由法院或者由征收各方代表组成的委员会共同审定征收人提出的补偿方案。最后，给予补偿金并完成征收。

征收是否需要登记？我们可以借鉴瑞士和我国台湾地区的做法。《瑞士民法典》第656条第2款规定：因征收在登记前已经取得物权的，在未登记前不得进行物权处分。我国台湾地区"民法"亦有同样的规定。[1] 显然，这表明登记在征收的效力上依然有着重要的作用。

登记的主体应当是不动产征收权人。登记的内容只能是有关权利被通过征收而强制转移的登记，而非合同登记。[2] 因为在该物权变动中，并不存在进行双方协商是否变动物权的意思表示一致。它不是交易行为而是出于公共利益的需要所必须要发生物权变动的事实，人们可以协商的仅是细节问题，但是对于物权变动与否这一基本问题，原来的不动产物权人并没有协商的资格。

之所以必须登记，依然是出于保护交易安全的考虑。

（四）不动产征收的义务制约

在不动产征收过程中，不动产征收权人负有履行其义务的责任。在设计不动产征收制度时，应当强化不动产征收权人的下列义务：

第一，给予公正补偿义务。不动产征收权人负有提出补偿方案并应当接受有关补偿金审核组织审核的义务。一旦确定了征收补偿方案，不动产征收权人必须全面履行自己的义务。除了不动产征收权人与不动产需要人之间就支付补偿金有约定的情况外，不动产征收权人不得以任何理由拒绝支付或者无正当理由任意减少补偿金的支付。

第二，不得滥用征收权的义务。不动产征收权人必须按照有关法定程序和要求进行不动产征收活动，否则由于其违反法定程序和要求的行为导致原不动产私权人的权利遭受损害，不动产征收权人必须要承担损害赔偿责任。

五、结论

不动产征收是导致不动产物权变动的原因之一。由于不动产征收引起物权的

---

[1] 王泽鉴：《民法物权通则·所有权》，中国政法大学出版社2001年版，第112页。
[2] 王轶：《物权变动论》，中国人民大学出版社2001年版，第156页。

变动与其他原因有着明显的特殊性，必然促使我们在物权变动的制度设计上给予其必要的关注。根据我国的法律文化背景，法律理念的状况以及我国立法和实务的现实情况，在不动产征收制度设计上十分有必要强化法律制约。

私权理念与城市私房拆迁的立法*

> "与一个不健全的立法体系相伴的,乃是不合规律的法律原则。"
> ——摘自萨维尼:《论立法与法学的当代使命》

本文使用的术语的语境说明:本文仅涉及个人享有所有权的房屋,其特有的名称是"私房"。至于国家和其他集体组织享有所有权的房屋,其特有的名称是"公房",从所有权人身份的角度而言,公房与私房是两个对应的用语,由于公房所有权人的法人或者团体的性质,导致公房的实际使用人只能是自然人。当然,自然人通常是作为承租人使用公房。鉴于目前我国对公房依然采取计划经济时期确立的福利政策,使得公房在城市房屋拆迁中所面临的法律问题与自然人所有的房屋有着比较大的差异,因此,本文不将公房作为研究的对象。

初入21世纪的我国,几乎任何一个稍微有一点经济发展实力的城市,均以进行旧城改造为重要任务之一。即使是在一个中等城市,这一变化速度也是惊人的。根据资料,2002年的无锡,新一轮城市总体规划修编全面完成,建成了太湖大道、太湖广场、火车站广场等一批标志性工程和重点道路,城市建设投入总额突破100亿元。城建投融资体制改革取得突破,成功招标拍卖出让土地254万平方米,出让金总额41亿元。2003年,该市还将以更大力度推进城市建设,进一步提升城市发展水平。[1]

以2003年3月15日至25日为一个观察期,分别扫描一下我国的西南、华东和华北地区:3月19日,西南的大省四川省政府负责人在《四川省城市房屋

---

* 本文原载于《政法论坛(中国政法大学学报)》2004年第5期。
[1] www.sina.com,访问时间:2004年1月24日。

拆迁补偿评估管理办法（草案）》立法听证会上，强调此次立法听证会应当放在省委、省政府提出加速土地资源向土地资本转变，加快城镇化建设战略这一大背景下进行。[1] 3月24日，华东重镇南京市房产局拆迁办公室通过媒介宣布，南京市城区近期有六大项目即将动迁。拆迁的项目包括：补偿用地项目、道路工程、赛虹桥交通枢纽工程、移动通信枢纽工程、鼓楼广场西北地块景观改造、办公楼南侧广场项目。[2] 同日，华北地区中央直辖市天津的报纸刊载消息：对月牙河、四化河、北塘排水河进行改造。三河改造主要包括截污、清淤、护砌、道路修建、桥梁改建、园林景观市容整改、管线切改和照明等项工程。为改善三河周围的生活环境，美化城市景观，许多房地产开发商看中了三河的两岸有很多厂区与平房，认为此地土地开发的潜力极大。因此，在三河周边的合适地点及时地选购一套商品房或者二手房肯定是消费者明智的决策。

实际上，此种情形比比皆是，用"如火如荼"来形容我国目前城市改造活动一点也不过分。

与此同时，我国各城市有关城市房屋拆迁的立法也纷纷作出修改。笔者搜集了全国13个省、自治区和直辖市（北京、上海、天津、重庆、江苏、吉林、黑龙江、内蒙古、云南、甘肃、浙江、福建、河南），21个大中城市（太原、西安、徐州、杭州、合肥、邯郸、洛阳、呼和浩特、广州、长春、无锡、长沙、海口、宁波、苏州、贵阳、青岛、深圳、扬州、济南、淄博）有关房屋拆迁的立法，通过分析，颇有感触，故撰文阐述个人之见，以期抛砖引玉。

一、对13个省、自治区和直辖市，21个大中城市有关房屋拆迁立法的基本分析

13个省、自治区和直辖市，21个大中城市有关房屋拆迁立法中（绝大部分是2000年以后制定或者修改的法律）主要存在着两种相互联系同时又相互对抗的现象：

（一）私房所有权保护理念的初步复归

在近几年的城市房屋拆迁立法中，有一个十分显著的变化，这就是在城市房屋拆迁中，重新开始正视私房所有权保护的问题，笔者把它称之为"私房所有权保护理念的初步复归"。

---

[1] http://www.soufun.com，访问时间：2004年3月19日。
[2] http://www.soufun.com，访问时间：2004年3月19日。

私权理念与城市私房拆迁的立法

之所以称之为"复归",是因为在过去的数十年中,由于众所周知的原因,在城市房屋拆迁中,私房所有权保护被视为禁区或者是准禁区。在1991年《国务院城市房屋拆迁管理条例》(以下简称《1991年条例》)中,对如何保护私房所有权人的利益的内容,没有任何专门的规范,相反,对国家和集体享有所有权的房屋在拆迁中如何保护给予突出的强调。2001年修改的《国务院城市房屋拆迁管理条例》(以下简称《2001年条例》)在这方面依然没有明显的改变。尽管一些地方性房屋拆迁立法依然以《1991年条例》为主要根据,但是,在地方性立法中,已经开始突破20世纪90年代立法的理念框架,重新确立了私房所有权在城市房屋拆迁中应有的法律地位和法律救济,尤其是在《宁波市城市房屋拆迁管理实施细则》《上海市城市房屋拆迁管理实施细则》《北京市城市房屋拆迁管理办法》中,对城市房屋拆迁中的私房所有权保护给予了明确的强调。在《宁波市城市房屋拆迁管理实施细则》中有20余处出现对私房问题加以规范或者法律救济的内容;在《上海市城市房屋拆迁管理实施细则》中,有近10处规定了私房的问题;在《北京市城市房屋拆迁管理办法》中,有7处内容涉及了私房所有权保护的问题。

可惜的是,迄今为止,国务院的有关规定以及在相当多的地方性规定中,对城市房屋拆迁中私房所有权保护的问题没有给予明确规定,与此同时,却又依然在强调基础性城市房屋拆迁中私房所有权人必须接受的限制。

因此,在城市房屋拆迁中,私权保护的理念虽然较之过去已经有了不少改变,但是这仅仅是初步的复归,远不能符合市场经济条件下对民众财产所有权保护之要求。

(二)私权保护理念的严重缺位

尽管古罗马人曾经告诫我们:任何定义在法学上均是十分危险的。但是,为了说明问题,我们依然需要对一些关键的问题作出必要的说明。所谓"私权保护理念",是指在民法平等、意思自治、诚实信用以及禁止滥用权利等原则的基础上,对私权加以确认和法律救济的基础性法理观念。所谓"严重缺位",是指立法中应当确立的私权理念和相应的法律制度却难以寻觅的现象。对于现行立法中私权保护理念严重缺位现象,可以作一个一般性的概括梳理:①行政管理观念取代了私权保护应有的地位;②公权力任意干涉私房所有权人的权利行使;③债权相对性的基本规则被肆意抛弃;④当事人之间意思自治的自由被任意限制;⑤私房所有权人的利益被虚假公益目的所侵害却难以获得法律救济;⑥对拆迁人应履行义务附加条件的非正当性。这些问题本文将在后面作出具体分析。

二、2001年《国务院城市房屋拆迁管理条例》的背景分析

城市房屋拆迁活动是社会经济活动中久已存在的客观现象。但是随着被拆迁人与拆迁人在拆迁利益上的冲突有日趋尖锐的倾向，使得人们对城市房屋拆迁活动的程序正当性、私权利益保护的合法性愈发关注，也由此产生了修改《城市房屋拆迁管理条例》的必要性。其主要背景原因体现为：

1. 城市的土地所有权人与土地使用权人通常不是同一主体，即城市的土地所有权属于国家，而城市土地使用权人是众多的建筑物所有权人。当土地所有权人对其土地行使权利时，往往发生与建筑物所有权人的利益冲突。

2. 随着城市房屋私有化的进行，城市房屋拆迁法律关系的主体由双方当事人均是公有权人占多数的情形，转变为被拆迁人多为私有权人。这一主体变化的现象导致私房所有权人的利益与拆迁人的利益冲突凸现。

3. 私房所有权人维权意识明显增强，多数所有权人注意依法维权，但是同时也有部分所有权人未按照法律程序进行维权活动，而是采取了某些偏激行为，虽然没有直接达到维权目的，但是却有着引人关注的效果。

4. 被拆迁人的房屋拆迁补偿的低额与拆迁人尤其是开发商基于拆迁所获得的高额利益之巨大差异，导致人们对现行房屋拆迁补偿标准合理性的质疑。

在目前城市房屋拆迁中，至少存在着两个明显的矛盾：第一，一方面人们维权意识增强，而另一方面，相关立法修正没有跟上，政府工作人员关注被拆迁人利益的观念没有真正树立起来，导致被拆迁人的利益没有获得有效保护，甚至因房屋拆迁处理不当而导致被拆迁人失去了自己的家园。第二，一方面被拆迁人对拆迁补偿的期望值较高，而另一方面，现行的城市房屋拆迁补偿标准不仅透明度不够，而且补偿标准的制定依据也因相关论证不足而难以具有说服力，使得被拆迁人所期望的补偿难以实现。这些矛盾未能获得及时解决的情况下，极易引发不同利益者之间直接对抗行为甚至是极端性行为。

在改革开放以后，我国有关拆迁的立法有一个演进过程。在20世纪70年代末至90年代末，相关立法以包括拆迁活动在内的民用建筑"六统一"为特点，即统一规划、统一投资、统一设计、统一施工、统一分配、统一管理。因为20世纪70年代末，我国城市住宅紧张情况十分突出。在当时，全国有城镇3400个，城镇人口1.1亿。绝大多数城镇住房情况很紧张。特别是人口集中、工业发展较快的大中城市，住房紧张情况更为突出。不仅平均居住水平低，而且缺房户

的数量多。根据1977年底的统计数据,全国190个城市平均每人居住面积仅为3.6平方米,比解放初期的4.5平方米下降0.9平方米。据不完全统计,当时全国城市中,缺房户共323万户,占居民总户数的17%。此外,危房棚户改造慢,各城市都有一批危房急待维修。上海市有棚户500万平方米,住着一百多万人。广州市还有三千多户"水上居民"没有上岸。迅速改善居住条件,已经成为当时民众的迫切要求。

1978年9月国务院转发了国家建委《关于加快城市住宅建设的报告》,要求必须关注人民居住条件的改善问题,要加快城市住宅建设,迅速解决职工住房紧张的问题。该《报告》提出了7年规划和2年设想,尤其是到1985年,城市平均每人居住面积要达到5平方米。

20世纪80年代,政府打开了私人购买房屋的市场,1981年3月,已有26个省、市、自治区的128个城市和部分县镇开展了私人购买、建设住宅的工作。其中,由国家建造住宅向私人出售的城市计50个。而在1979年,216个设市城市私人建造住宅的面积,仅占全部新建住宅面积的2.8%,比重还很小。在这个时期,政府着重提出了一个观点:"个人住宅也是生活资料。把个人购买、建造住宅说成是发展资本主义私有制是不妥当的。"(1981年4月10日国务院转发的《国家城市建设总局、中华全国总工会关于组织城镇职工、居民建造住宅和国家向私人出售住宅经验交流会情况的报告》)。观点的变化、社会生活的迫切需求、经济发展的需要促进了当时建筑市场的发展,同时也带来了城市房屋拆迁的规模化活动。

但是,在此期间的立法,对拆迁房屋强调的是"应当服从国家建设的需要,按期搬迁,不得借故拖延"(1983年12月发布的《城市私有房屋管理条例》第4条第2款),"必须服从城市人民政府的改建规划和拆迁决定,不得阻拦改建拆迁工作"(1984年《城市规划条例》)。《1991年条例》也明显带有这个时期的历史痕迹。但是,随着人们对社会现象和法律原则的思考,随着担保法、合同法等重要法律的颁布与实施,《1991年条例》中一些明显的缺陷引起了关注。

在上述背景下,国务院出台了《2001年条例》。该条例较之1991年的规定有了一些明显的进步:

第一,立法理念的调整。《2001年条例》关注了对拆迁当事人利益的保护。《1991年条例》在立法目的上,将"保障城市建设"放置于"保护拆迁当事人利益"之前,而《2001年条例》则相反,将"保护拆迁当事人利益"放置于

"保障城市建设"之前。这一表面不大的改变实质上反映了立法理念的改变,而立法理念对立法活动的进行是极为重要的。《1991年条例》第1条:"为加强城市房屋拆迁管理,保障城市建设顺利进行,保护拆迁当事人的合法权益,制定本条例。"《2001年条例》第1条:"为了加强对城市房屋拆迁的管理,维护拆迁当事人的合法权益,保障建设项目顺利进行,制定本条例。"

第二,确认了房屋所有权人应有的法律地位。《2001年条例》将被拆迁人解释为"被拆迁房屋的所有人"。而《1991年条例》将被拆除房屋及其附属物的所有人(包括代管人、国家授权的国家房屋及其附属物的管理人)和被拆除房屋及其附属物的使用人放在同一个法律主体位置上,其结果导致首先应当得到保护的房屋所有权人的利益没有获得应有的保护。

第三,强调了对基本法律规则的遵守。《1991年条例》在拆除设有抵押权的房屋时制定了有悖法律基本规则的内容,而在《2001年条例》中则规定"拆迁设有抵押权的房屋,依照国家有关担保的法律执行。"

但是,由于这一涉及面很广的立法缺乏被拆迁人利益代表的参与,导致在有关被拆迁人的权益保护方面的规定依然存在许多问题,例如在拆迁补偿的核算标准与认定机构的独立性、强制拆迁的条件与程序、被拆迁人进行申诉的机制以及司法权对行政权的行使应有的监督、对拆迁当事人权益的平等救济等方面尚有进一步研究与修改的必要。

三、确立城市私房拆迁立法中的私权保护观

(一)对"城市房屋拆迁具有社会公益性"的看法的商榷

城市房屋拆迁常常被认为是一种社会公益性质的活动,所以,"贯穿始终的是如何在确保城市建设顺利进行的前提下,充分保障拆迁人与被拆迁人的利益,兼顾公平与效率这一立法的基本准则"。[1]

但是,所谓"城市房屋拆迁具有社会公益性"的看法值得商榷:

第一,从城市房屋拆迁的目的考察:社会公益来源于民众"私益",因此,社会公益应当是直接造福于民众,而非是首先造福于商人、间接造福于社会民众。进行城市建设不是目的,而是一种规划。这种规划使诸如新建城市、改变旧城市的格局、消除城市危房、增加商业区域、增加社会福利设施、改善城市交通

---

〔1〕消息来源于http://www.soufun.com,访问时间:2004年3月19日。这虽然是在四川省举行的一个城市房屋拆迁立法的论证会上提出来的,但是这种观念具有相当普遍的意义。

等目的得以实现。在这些目的中,几乎没有一个目的会与包括城市房屋拆迁在内的不动产所有权的变更没有联系。但是,这些目的并非均是公益目的,相反,直接以商业活动为目的的城市房地产开发行为不在少数。

第二,从城市房屋拆迁的法律效力考察:城市房屋拆迁并非均使得原房屋所有权人的财产价值获得升值。相反,有相当的房屋所有权人的财产价值被"合理合法"地蒸发掉了,以"社会公益"为理由似乎很难说服人们。

第三,从城市房屋拆迁的文化效应考察:一个城市的房屋建设是以"有体物"的方式体现着这个城市的文化。城市房屋拆迁可能带来新文化现象,但是,也有可能使城市古老的文化丧失殆尽,因为城市的文化需要建筑物的依托。一个城市经过漫长历史演进所形成的文化,因城市房屋被肆意拆除而消失,很难说是"社会公益"的体现。

因此,在立法强调保护民众私有财产的社会中,城市房屋拆迁不应当成为一个"充斥着蔑视私权的死角"。

(二)确立私权保护观应当处理好的两个关系

1. 私权本位与社会本位的关系。众所周知,房屋所有权归属于个人,是人类社会极为古老的、普遍的具有自然法性质的社会现象。鉴于财产所有权的民法性格,使得私权本位的理念被置于私房所有权保护理念的核心地位,私权本位应当是私房所有权保护的基础理念。

社会本位是20世纪法学理论演进过程中人们对私权极端化的反思的结果。但是,在我们这个国度中,个人私权极度膨胀的现象始终没有真正出现过,相反,社会本位的过度膨胀使得个人财产所有权的空间被压抑至极为狭小的空间内。作为一个历史现象,现在的我们对20世纪下半叶发生的个人财产所有权的某些"蒸发"情形是不能控制的,但是,我们应当从历史现象中去考察、去思索、去反思,以期获得我们这代人应有的法律理智。毋庸置疑,对历史现象的反思已经使我们有所警悟。但是,应当将这一警悟通过立法加以体现,因为我们的历史使命是"将我们这个时代特有的理念铺陈开来"。[1]

透过城市私房拆迁的社会现象,对私权本位与社会本位的有机结合而言,笔者认为事实上就是私的利益与社会公共利益的协调。我们尤其应当在立法目的上

---

[1] [德]弗里德里希·卡尔·冯·萨维尼:《论立法与法学的当代使命》,许章润译,中国法制出版社2001年版,第61页。

关注私权保护与社会公共利益的协调。关于社会公共利益，应当说比较难以给出一个确切的定义，按照美国学者亨廷顿的看法，由于研究方法的不同，对于"公共利益"的理解亦不同，主要表现为三种理解：一是公共利益被等同于某些抽象的、重要的理想化的价值和规范，如自然法、正义和正当理性等；二是公共利益被看作是某个特定的个人、群体、阶级或多数人的利益；三是公共利益被认为是个人之间或群体之间竞争的结果。[1]

尽管如此，我们依然可以尝试着对公共利益作出一定的说明。笔者认为公共利益可以被理解是涉及文化、教育、医疗、环境保护等社会公共事业和国防建设等符合绝大多数人愿望的非直接商事性质的利益。也就是说，社会公共利益既不是某些个人的利益，也不是某些团体的利益，更不是直接具有商事性质的利益，而是涉及关系人们生活质量的环境、交通、医院、学校等社会公共事业或公众安全的国防事业等方面的利益。在梁慧星主编的《中国物权法草案建议稿》中，对公共利益作出了一个列举式的解释："所谓公共利益，是指公共道路交通、公共卫生、灾害防治、科学及文化教育事业、环境保护、文物古迹及风景名胜区的保护、公共水源及引水排水用地区域的保护、森林保护事业，以及国家法律规定的其他公共利益。"[2] 这种列举式的说明比较清楚，但是抽象性较差，难免挂一漏万。我国立法中曾经有法律对"公共利益"作出解释，例如1986年6月颁布、1987年1月生效、1988年12月又失效的《中华人民共和国土地管理法》（非现行的《中华人民共和国土地管理法》）第21条曾经对公共利益进行过解释："国家进行经济、文化、国防建设以及兴办社会公共事业，需要征用集体所有的土地或者使用国有土地的，按照本章规定办理。"在这里，文化、国防建设和兴办社会公共事业与社会公共利益的目的有着明显的关系，但是，经济活动是否能够属于社会公共利益却不易判断，虽然经济活动可能间接涉及社会公共利益，但是直接目的是否就是为了社会公共利益并不能完全肯定，起码经济活动的非商事性质就首先难以肯定。所以经济活动不宜被纳入社会公共利益的范畴。

当城市私房拆迁是为了使得直接体现社会公益目的的建设项目顺利进行时，如在城市中修建或扩展道路、新建或者改造医院、学校等社会公益设施、新建或

---

[1]［美］塞缪尔·亨廷顿：《变革社会中的政治秩序》，李盛平等译，华夏出版社1988年版，第24页。

[2] 梁慧星主编：《中国物权法草案建议稿：条文、说明、理由与参考立法例》，社会科学文献出版社2000年版，第191页。

者改建公众免费休闲、娱乐场所、修整城市绿地以改善城市居民居住环境等,私房所有权人的私权在获得公正补偿的情况下,应当将自己的利益放置于社会公共利益之下。私权不仅仅具有受到法律保护的利益,还负有一定的社会使命和社会的义务。同时,在城市私房拆迁过程中,为了防止社会公共利益被滥用,不仅应当要求拆迁是以社会公共利益为目的,而且必须是拆迁的直接目的。因为任何城市私房拆迁活动的进行,都需要这样一种考虑,即"剥夺所有权在任何情况下都不能是单纯地增加国家财产的手段,否则剥夺私人财产的行为是不正义行为。"[1]

如果城市私房拆迁是以商事活动为直接目的的,则即使是政府,也不得以任何强制方式获得他人财产或者任意降低或减少他人财产的价值,而只能以合同方式通过协商进行。同时,立法中还应当明确,如果一项城市建设项目不是以社会公益为直接目的,并且该建设项目是有损于私房所有权人利益的,私房所有权人应当有按照正当程序行使异议权的自由。

在我国现实生活中,城市私房拆迁往往超出公共利益的目的,甚至以公共利益作幌子,实际是为某些团体甚至是个人获得盈利而滥用房屋拆迁权力,严重侵害了民众的财产私权。例如为了进行土地市场的开发、为了房产市场的开发、为了建成一个获得更大利润的商业区、为了提高某一企业的生产能力而进行厂区扩建等等,或者为了将土地作为资本进行运作之人,看中了一个地区所具有的历经百年而形成的重大商业价值,虽然是非直接以公共利益为目的,但是却通过城市房屋拆迁的途径,迫使已经在这个地区居住已久的人们"服从"私房拆迁的安排。他们所获得的补偿,与商事目的的拆迁人因拆迁所获得的利益相比,可能是天壤之别。这种现象反映出我国现行的城市私房拆迁制度中的理念混乱、制度不合理、藐视私权等非法律理性现象,其深层的主要原因是私权本位与社会本位之间的关系非法律理性的失调。

2. 私权平等保护与拆迁效率的关系。在立法中,"保障城市建设顺利进行"被视为城市房屋拆迁立法的三个目的之一,而且常常是首要目的。显然,在这里,私权平等保护与追求"城市建设项目顺利进行"的目的之间存在着平等与效率的矛盾。

效率是什么?效率是经济学上的概念,效率的价值判断首先是经济学上的判

---

[1] 孙宪忠:《德国当代物权法》,法律出版社1997年版,第208页。

断。而经济学上的判断对法学的判断有着重要的影响,"谁都不能不知道或者注意到经济学的法则,因为它们实际支配着法律与立法对象的很大部分""法律的内容,有很大部分是关于经济的事件,因为法律是一种量器,是利益效用及财富的比率"。[1] 从经济学家的观点来看,效率概念与对经济生活中所有成员福利状况的关切有密切联系。[2] 根据世界著名的经济学家维尔弗雷多·帕累托(1848~1923年)极有影响的"帕累托最优配置"理论,如果没有一个人可以在不使任何他人境况变坏的条件下使得自身境况变得更好,那么就必须关注资源的有效配置。在资源有限的情况下,"一个人使得自身境况变好的惟一途径是从他人那里拿走资源,从而使得他人境况变坏",这就是"帕累托效率"理论。[3] 与此同时,经济学家也关注社会成员利益的平等取得,美国著名的经济学家阿瑟·奥肯认为,平等与效率之间存在着一种互为代价的替换关系,难以两全,只能顾其一端,有所侧重。为了强调平等,就得牺牲效率,如果为了强调效率,就需要允许不平等的现象存在。[4]

虽然从法律的角度不可能消除平等与效率之间的矛盾,但是,坚持私权保护理念应当是法学尤其是私法学应有的价值观。效率应当建立在私权平等保护的基础上,以无正当理由或者无法理依据地损害他人应当获得保护的私权为代价产生的效率,并非是法律应当给予保护的效率。在法学上尤其是在私法学上,根据私权平等保护的理念,强调任何人对其财产的获得必须"取之有道"。即使是在资源十分有限的情况下,即使是在一个人欲使自身境况变好的惟一途径只能是从他人那里拿走资源,从而导致他人境况变坏时,也必须是以他人自愿接受自身境况变化为前提,或者是法律出于社会公共目的和为了维护社会公共利益而适度强制所致。那种并非是为了社会公益的私房拆迁却要求被拆迁人必须"服从"的观念,[5] 表面上维护了城市建设顺利进行的需要,但是在法律的制度价值判断上

---

[1] [意]密拉格利亚:《比较法律哲学》,朱敏章、徐百齐等译,中国政法大学出版社2005年版,第286页。
[2] [美]约瑟夫·斯蒂格利茨:《经济学(上)》,梁小民等译,中国人民大学出版社2000年版,第318页。
[3] [美]约瑟夫·斯蒂格利茨:《经济学(上)》,梁小民等译,中国人民大学出版社2000年版,第318页。
[4] 王慎之主编:《当代西方经济辞典》,河南人民出版社1988年版,第144页。
[5] 《1991年条例》第5条规定:"被拆迁人必须服从城市建设需要,在规定的搬迁期限内完成搬迁。"但是对必须拆迁私房的建设项目是否直接系为社会公益却只字不提。

却丧失了其应有的定位。

总之，我们的城市私房拆迁立法应当将私权平等保护与效率的协调作为决定立法内容的出发点之一。

四、对现行城市私房拆迁立法的检讨

在进行城市房屋拆迁的立法中，虽然提到是为保护拆迁当事人的利益而进行活动，但是，其目的中存在着的实质上的私权理念缺位的现象值得反思。

（一）检讨之一：行政管理观念取代了私权保护应有的地位

根据作者收集到的13个省、自治区和直辖市，21个大中城市有关房屋拆迁立法资料，其中占多数的是21世纪初制定的城市房屋拆迁法规，包括北京、上海、天津、重庆等大城市在内，其城市私房拆迁立法中均强调以"加强城市房屋拆迁管理，维护拆迁当事人的合法权益，保障建设项目顺利进行"为目的。追溯其源，《1991年条例》中所强调的立法目的就是："为加强城市房屋拆迁管理，保障城市建设顺利进行，保护拆迁当事人的合法权益，制定本条例。"这一立法目的存在着一个明显的问题——将管理作为立法目的，这完全是一种立法理念上的错位。《2001年条例》虽已对此作出修改，但是，这种立法目的的调整所反射出的合法理念变化的理性之光，被相当一些比较滞后的地方立法所阻却。

在我国现代生活中，"管理"一词是使用频率十分高的词汇之一，但是，给"管理"下一个被人们普遍接受的概念，却被认为是极为不易的事情。因为人们是从不同的研究领域、不同的观察视角、不同的出发点来理解"管理"的含义，例如行政管理、经济管理、企业管理、行业管理等等。在本文中，根据房屋拆迁的特定领域仅对经济学意义上和不动产所有权上对"管理"做一个简单分析。

从经济学上讲，"管理"系指通过计划、组织、控制、激励和领导等环节来协调人力、物力和财力资源，以期更好地实现组织目标的过程。[1] 从这个角度出发，"管理"所具有的对资源的协调、整合的功能被格外突现出来。

从法学上讲，尤其是从不动产所有权的法律制度上讲，"管理"应当被理解为通过依法或者依授权得以对不动产所有权的行使提供协调、组织、利益分配等服务活动的过程。从这个角度出发，突出的是"管理"对权利人利益的协调，以及为权利人服务的功能。归结为一句话：管理是手段，管理应当以"服务"为内涵。著名哲学家马克斯·韦伯（1864~1920年）在其极有影响的作品《经

---

[1] 徐国华、赵平编著：《管理学》，清华大学出版社1989年版，第2页。

济与社会》中对以行政管理为目的的现象进行了如下的评价:"所有私人的利益不是作为有保障的主观的权益要求,而是仅仅作为那些规章效力的反映才有获得保护的机会,那就不存在'私'法了。当出现这种情形时,整个的法都溶解到行政管理的一个目的上:'政府'"。[1] 如果是这样,以行政管理来替代私法便具有了十分冠冕堂皇的理由,显然,这是与法治社会应有的倡扬人权的法治观念背道而驰的。

城市私房拆迁实际上是包括土地、房屋等诸不动产所有权人或者使用权人在行使其各自物权时发生的一种现象,这一现象的发生由于涉及不同的主体,故需要管理机构加以协调。但是,管理作为一种政府为民众服务的手段,不是也不应当是立法的目的,尤其不应当是立法的首要目的。

(二) 检讨之二:债权相对性的基本规则被肆意抛弃

债权具有相对性,这是债权的主要特征。因为从法律关系的角度分析,一个债的法律关系的债权人,其请求权仅可以对同一法律关系中特定的债务人行使,不能直接对该债的法律关系之外的第三人主张。根据社会经济发展的需要,现代债的理论确认了债的扩张的出现,但是,其限于需要给予特别救济的某些特定相对人,如享有报酬请求权、海事请求权的债权人,再如因非公示性的私房买卖极易遭到利益损害的私房承租人(立法确立了"买卖不破除租赁"的规则)等。这种现象的发生之价值判断在于,在法律认为必要的情形下,给债权实现以强化性保障。尤其对突破债权相对性的"买卖不破除租赁"的现象,甚至有学者从人权保护的角度作出价值判断,认为:在现代生活中,农地、住宅的承租是极为普遍的现象,是承租人的必需生存条件之一,如果当房屋买卖时依然坚持所有权人的绝对优先地位,则对承租人的利益是一个危险,甚至会危及承租人的生存权这一基本人权。[2]

但是,在城市私房拆迁中,是否存在突破债权相对性的必要性,值得思考。我们首先看一下现行的立法如何界定城市私房拆迁的法律关系当事人:在作者收集的 34 个地方性立法中,均有一项涉及订立拆迁补偿安置协议的当事人的条款,其内容是:"拆迁人应当与被拆迁人订立拆迁补偿安置协议。拆迁租赁房屋的,拆迁人应当与被拆迁人、房屋承租人订立拆迁补偿安置协议。"至于订立合同的

---

[1] [德] 马克斯·韦伯:《经济与社会(下)》,林荣远译,商务印书馆1997年版,第4页。
[2] 刘德宽:《民法诸问题与新展望》,三民书局股份有限公司1980年版,第10页。

方式，如拆迁人应当与被拆迁人、房屋承租人共同订立还是分别订立拆迁补偿安置协议，各个地区的立法规定不完全相同。透过这一立法内容，我们发现，现行立法将"拆迁当事人"与"房屋拆迁法律关系的当事人"混为一谈。如北京市的《北京市城市房屋拆迁管理办法》中，一方面解释房屋拆迁法律关系的当事人是拆迁人和被拆迁人。另一方面又强调拆迁当事人包括拆迁人、被拆迁人和被拆迁私房的承租人。这不能不引起我们的思考：

第一，被拆迁的私房承租人是否应当成为私房拆迁法律关系的当事人？就法律关系而言，被拆迁私房的承租人并不是房屋拆迁法律关系的直接当事人，其仅因为与出租人的租赁法律关系，以及由于其所承租房屋即将被拆迁的事实而成为与房屋拆迁有着利益牵连之人，但是，严格讲，作为利益有牵连的被拆私房的承租人与拆迁人没有任何直接的法律关系，该承租人对私房拆迁人没有直接的补偿请求权。承租人的利益只能通过租赁合同的约定或者法律对租赁行为的规定加以解决。

第二，私房的承租人是否需要享有如同"买卖不破除租赁"那样的特别规则的保护？这首先需要对"买卖不破除租赁"特别规则的价值判断作一分析。在房屋买卖上，没有一个国家的法律要求出卖人必须在缔约之前进行公示，而仅要求在缔约后，出卖人与买受人应当进行登记以实现公示的效力。在这样一种背景下，房屋承租人往往因无法预知自己承租的房屋的所有权人发生变更而遭受不利益。为了保护房屋承租人的利益，现代立法特设了"买卖不破除租赁"的特别规则以助房屋承租人。但是，在城市私房拆迁中，没有因未有事先公示而导致承租人不利益的可能，因为在私房被正式拆迁之前的相当长的时间内，拆迁人即必须根据法律的规定申请拆迁许可证并进行公告。与此同时，拆迁人还可以凭建设用地规划许可证，向拆迁房屋所在地的区、县房地局申请暂停办理改变房屋和土地用途的审批手续，以及房屋租赁合同的登记备案手续。暂停办理有关手续的期限不超过一年。区、县房地局收到建设单位申请后，应当在拆迁范围内以公告形式公布暂停办理有关手续的事项和期限。多种渠道的正式信息和较长时间的公示，完全可以使私房承租人有时间采取相应的准备。因此，结论是对私房承租人无需采取"买卖不破除租赁"那样的特别规则。否则，将导致私房所有权人的利益损害。

第三，被拆迁私房的所有权人是否应当承担必须照顾承租人的社会福利义务？在作者收集的所有34个地方性立法中，包括国务院的房屋拆迁立法中，均无一例外地规定:"拆迁租赁房屋,被拆迁人与房屋承租人解除租赁关系的,或者被拆迁人对房屋承租人进行安置的,拆迁人对被拆迁人给予补偿;被拆迁人与房屋承租人对解除租赁关系达不成协议的,拆迁人应当对被拆迁人实行房屋产权调换,产权调换的房屋由原房屋承租人承租,被拆迁人应当与原房屋承租人重新订立房屋租赁合同。"这意味着在私房拆迁时,私房所有权人希望解除租赁合同而承租人不愿意解除,则所有权人不仅不能解除,且还必须放弃获得货币补偿的请求而只能得到所有权调换的房屋,并必须将该房屋继续租给同一个承租人。显然,这已经不是私房所有权人的一般法律义务了,这完全是一种社会福利给付义务。问题是,这个社会福利义务是否应当由私房所有权人承担?虽然在现代社会,为了实现实质上的平等,需要通过对"强者"权利滥用的限制来保护"弱者",也就是强调私房所有权人的"社会契约义务",但是,现行立法强制财产所有权人承担应当由政府承担的社会福利义务,显然有些走得过远。

第四,行政立法是否有权赋予政府可以过多地介入私法律关系,是否可以允许拆迁人直接将私房所有权人的利益分割给承租人?在现行房屋拆迁立法中,政府通过行政立法,直接将房屋承租人置于与被拆迁人同等法律地位上共同加以调整,甚至授权拆迁人可以将房屋所有权人与承租人之间符合法律规定的约定抛掷一边,由拆迁人直接与私房承租人订立拆迁安置协议,不仅使得所有权人的没有违背法律禁止性规范的意思表示难以获得保护,而且其应当获得的利益由拆迁人直接切割给承租人。政府的职能是为了"促进某种公共目的",[1]但是,这一职责并不能构成政府可以任意直接介入民众通过意思自治完全可以解决的事务中的理由,因为"公权力量的行使只是作为私人自由生活的协调与保障而存在的"。[2]

有学者认为:公权应当处于幕后,即对老百姓的日常生活也应当尽量地体现"无为的政府是最好的政府"的理念。因为每一个个体的私人生活是纷繁复杂的,只有他们自己相互之间的自由安排,才是最有效的,也最能体现他们自己的自由意志。[3]笔者认为这种看法是有道理的。实际上,政府通过民法进行的控

---

〔1〕 [英]大卫·休谟:《人性论(下)》,关文运译,商务印书馆1980年版,第579页。

〔2〕 易继明:《私法精神与制度选择——大陆法私法古典模式的历史含义》,中国政法大学出版社2003年版,第214页。

〔3〕 易继明:《私法精神与制度选择——大陆法私法古典模式的历史含义》,中国政法大学出版社2003年版,第179页。

制，是一种比较适度的控制方法。民众是由诸多的有独立思想、独立意志的个体所构成的群体，不同的群体又共同构成了我们生活的社会。我们的政府，包括立法者，不能也不应当事无巨细地去教导人们怎样地生活，怎样地行使自己的私权，甚至越俎代庖。

总之，债权的相对性被突破，应当符合法学的规律和私权保护的基本精神。

五、城市私房拆迁立法中应当确认的两个重要权利

在未来拆迁立法中，我们应当确立这样的观念：

1. 切实树立尊重和保护民众财产权的观念。房屋属于民众能够享有所有权的财产中极为重要的不动产，通常被人们称之为"恒产"。该"恒产"是否能够获得有效的、公平的保护，直接关系到民众对法律的信心和信赖。

2. 在实体法和程序法上确立正当行使权利的规则、程序和保障机制。为此，在我国城市房屋拆迁的立法中应当确立这样两个权利：

（1）增加房屋所有权人对需拆迁其房屋的建设项目立项知情权。鉴于前面已经讨论的私房拆迁目的的内容，我们已经发现，私房拆迁的目的与建设项目的目的不可分离。作为房屋所有权人，是否有权对将导致其原有房屋被拆除的建设项目的目的有知情权？这个知情权与其房屋所有权的存在密切相连。但是，在我国有关房屋拆迁的法规中，无论是国务院的相关条例，还是地方性的规范，明确规定的必须向被拆迁人公示的内容中，并不包括需要拆迁房屋的建设项目的直接目的是什么，使得房屋所有权人在判断该建设项目是否直接为了社会公共利益目的上，处于信息不对称的处境中。

（2）增加房屋所有权人对非社会公益拆迁的异议权。在城市已有房屋的地区进行建设，与在没有建筑物的土地上进行建设是不同的，因为它涉及诸多的私主体的利益，"为城市建设的需要"并不能成为可以肆意侵害他人利益的合法借口。因此，私房所有权人不仅应当有建设项目是否直接具有社会公益目的的知情权，而且对非以社会公益为直接目的的建设项目，有拆迁异议权。在欧美国家，包括在我国香港地区，房屋所有权人有权对他们认为不合公益的建设立项予以否决。

公权力机构的职责应当是为其所在地区的民众服务，而不是滥用职权，以损害私房所有权人利益的代价来满足商事主体的利益，更不能以损害民众财产利益的方式谋取仕途升迁的资本。

六、结论

城市私房拆迁是城市建设中不可回避的一个现象,但是,如何在保护私权与满足城市建设需要之间寻找平衡点,同样是法律所不能回避的问题。当民众为私房拆迁的补偿标准发生争议时,当不少地方的法院宣誓般地告之媒体"要为地方搞活房地产市场保驾护航"时,[1] 其深层的法学理念与法学理性的思索是不可或缺的。现行的城市私房拆迁中对私权保护的法学理念与立法理由的正当性,均需要一种理性的讨论。

---

[1] 2003年4月10日的《南方周末》刊登的两篇文章"拆迁补偿:计划与市场的矛盾"和"私房保护的法律缺憾"对此有所说明。

不动产相邻关系与地役权若干问题的思考[*]

目前，我国物权法的立法正在紧锣密鼓地进行。应当说，2000年梁慧星教授主编的《中国物权法草案建议稿》和2001年王利明教授主编的《中国物权法草案建议稿及说明》的发表，为我国物权法立法提供了充满学者色彩的理论基础，而全国人大法律工作委员会进行的《物权法》草案（以下简称《草案》）起草工作，则具有了物权法立法里程碑的价值，使我国物权法进入立法的实质性阶段。有关物权法的立法建议在我国学界已有许多声音，无疑，这对完善物权立法大有裨益。但是，也有一些问题依然需要进一步探讨。本文将专门探讨其中有关不动产相邻关系和地役权的一些问题。

一、名称的思考：邻地利用权抑或地役权

在梁慧星主编的《中国物权法草案建议稿》、王利明主编的《中国物权法草案建议稿及说明》与立法机构的《草案》中，均采用了"邻地利用权"的名称，但在两个建议稿的解释中，均强调所谓的"邻地利用权"就是传统的"地役权"。笔者认为，在我国物权法的立法体系中，不宜采用"邻地利用权"的名称，而应当使用"地役权"来表示旨在通过对他人土地的使用而实现自己土地上的便利与利益的权利。理由如下：

第一，"地役权"是拉丁文"servitutes praediales"的中文翻译，该翻译十分准确地表达出了原词所负载的信息。地役权来自于罗马法的正式语言——拉丁文。在罗马法规定的财产权利中，地役权可以被认为是罗马法中具有代表性的他物权。该权利在罗马法中属于役权（servitutes）之一类，另外一类被称为"人役

---

[*] 本文原载于《江苏行政学院学报》2004年第1期。

权"。罗马人将地役权理解为土地所有权人为自己的特定土地的便利而利用他人特定土地的权利。地役权出现的前提条件是供役地与需役地分属于不同的人所有。

罗马法学家认为,地役权主要包含如下特点:①地役权是行使于他人土地上的权利;②设定地役权的目的是满足需役地的利用,不是为了娱乐目的,如为打猎不得设定地役权;③地役权的行使以满足需役地的要求为限,不得被滥用,如为步行通过他人的土地,则被禁止驱赶畜牵之车在供役地上行走;④地役权具有整体性,因为地役权是给全部需役地以便利和利益,给全部供役地以义务,而非仅涉及供役地或者需役地的某一部分。[1]

原则上,供役地所有者应当容忍需役地所有者的活动或不干涉其活动,[2]这其中包括为实现每一种个别化的地役权的有益目的而权利享有者得可在一定期间、范围内扩大其权利范围,如利用水渠导水,要修理之,则不仅水能过,人亦可进去,还要在周围的空地上放置修理所用材料。[3] 在罗马法中,地役权被划分为城市地役权和乡村地役权。[4]

罗马法学家们关于地役权的上述见解被后世的大陆法系国家民法所继受,因此,地役权在大陆法系国家的民法典中被作为一个通用的他物权术语而使用。

第二,在我国近现代民法的立法史中,"地役权"的使用已经有了百年历史。1907年,清朝政府决定引进西方法制,沈家本等修订法律大臣,参考各国民法立法,并邀请日本法学家志田钾太郎、松冈义正主编民律中的总则、债权、物权三编。该民律以德国法、日本法和瑞士法为楷模,强调现代法律精神。在物权一编,包括通则、所有权、地上权、永佃权、地役权、担保物权和占有共7章。1922年,北洋政府为收回领事裁判权,责成司法部加速司法改革并进行民、刑法典的编纂。民法典的物权编由当时著名的北京大学教授黄右昌负责起草。在

---

[1] 这些阐述的基本资料来源于罗马法的原始文献《民法大全选译·物与物权》(范怀俊译,中国政法大学出版社1993年版)和优士丁尼的《法学阶梯》(徐国栋译,中国政法大学出版社1999年版)有关地役权的内容。

[2] 参见[意]桑德罗·斯奇巴尼选编:《民法大全选译·物与物权》,范怀俊译,中国政法大学出版社1993年版有关地役权的内容。

[3] 参见[意]桑德罗·斯奇巴尼选编:《民法大全选译·物与物权》,范怀俊译,中国政法大学出版社1993年版有关地役权内容。

[4] 参见[意]桑德罗·斯奇巴尼选编:《民法大全选译·物与物权》,范怀俊译,中国政法大学出版社1993年版有关地役权内容。

不动产相邻关系与地役权若干问题的思考

该民法典草案中，保留了《大清民律》中确定的地役权名称及其制度内容。1929年，中华民国时期，胡汉民负责起草民法典中的物权一编，亦保持了地役权的名称和制度规范，强调地役权是以他人土地增加自己土地经济效用的权利，适用于通行、用水等情形，由于地役权是为需役地通过便利而存在的从物权，故具有不可分性。〔1〕1949年至今，虽然我们没有正式的民法典，但无论是在民法典的草案中，还是在民法学教材中，均依然保持着地役权的名称，并对地役权给予理论上的介绍与分析。因此，我们可以认为，"地役权"的名称使用不仅在我国立法史上已有百年历史，而且在民法学的理论上，从清朝末期始，就有其存在的深厚理论基础。

第三，"邻地利用权"被用来代替"地役权"始于梁慧星主持的《中国物权法草案建议稿》。但是，我们应当关注"邻地利用权"出现之理论缘由是《中国物权法草案建议稿》的立法体系。在该书关于邻地利用权的说明中，作者明确指出："考虑到在现代社会中，地役权制度仍有广泛利用的余地，例如在他人土地上下敷设管线等，物权法应当规定地役权制度。因此本法专设一章，并改称邻地利用权。邻地利用权一语，利用与本法第三章规定的基地使用权和第四章规定的农地使用权相互匹配，并能够准确表述地役权概念的内涵和外延，为人们容易理解。"〔2〕笔者同意，邻地利用权与基地使用权、农地使用权和典权共同使用，构成用益物权的独立体系，邻地利用权有其存在的逻辑性和体系性。但是，当用益物权的立法体系并非上述情形时，使用"邻地利用权"名称则丧失了其存在的理论基础，并且多多少少有些与其他用益物权不匹配之嫌。更何况我们必须总是要向人们解释，所谓的"邻地利用权"，就是我们过去在理论上所说的"地役权"，并且还需要进一步解释两者之间是否存在不同。因此，笔者认为，无论是从立法体系上，还是立法的理论基础上，或是内涵与外延信息的披露程度上考察，"地役权"的名称比"邻地利用权"的名称更为合适。因此，应当恢复"地役权"名称的使用。

二、不动产相邻关系与地役权的立法体系设计的思考

在大陆法系国家民法典中，对于在物权体系的框架内如何设计不动产相邻关

---

〔1〕 叶孝信：《中国民法史》，上海人民出版社1993年版，第629页。
〔2〕 梁慧星主编：《中国物权法草案建议稿：条文、说明、理由与参考立法例》，社会科学文献出版社2000年版，第550页。

系与地役权制度,有着不同的模式。这些不同的模式有其自身的立法取向。在我们的物权立法中,同样面临着采取何种立法体系与立法取向的问题。

(一)对大陆法系国家关于不动产相邻关系与地役权设计体系的基本分析

在大陆法系国家的民法典中,有关不动产相邻关系与地役权的体系规定,主要有两个模式:

1. 地役权模式。该模式的立法方式是,未就不动产相邻关系作出规定,相反,着重墨规定地役权的内容。这以法国法为代表。该模式的特点表现为:首先,在物权立法中,没有对不动产相邻关系作出规定,但是对地役权的问题则作出了详细而又系统化的规定。其次,将地役权产生的原因作出十分宽泛的规定。与规定不动产相邻关系的其他国家立法不同,法国法将被其他国家认为是引起相邻关系的原因,规定为是引起地役权的原因,包括自然位置、法律的直接规定和所有权人之间的约定。再次,突出强调地役权人同时负有义务。这点在因法律的直接规定而产生的地役权中表现得尤为明显。它强调:为公共利益、地区利益或个人利益而进行的修路、建筑或其他工程,是法律规定的所有权人之间应当承担的负担。最后,在地役权取得上,采取了登记要件主义,依登记证书而取得地役权。同时规定了时效取得地役权的制度,即依30年占有而取得地役权。

2. 不动产相邻关系与地役权并存的模式。该模式以德国法为代表。该模式的特点表现为:首先,在立法体系上,采取不动产相邻关系与地役权同时确认的方式。但是两者的侧重不同,在其规范中,不动产相邻关系主要从所有权限制的角度进行规定,故义务内容占主要部分。而有关地役权的规范,则主要是从权利的角度考察,重点放在权利主体、客体、设立地役权的目的等一般规则上。其次,在内容上,该模式将不可称量之物的侵入、招致危险的设备、有倒塌危险的建筑物、开掘、树根或树枝、逾界建筑、通道通行、地界争议、共用地界、通风、采光等内容作为不动产相邻关系中的问题加以考虑。而这些在法国法中均属于引起地役权的原因。最后,德国法强调地役权的取得是基于当事人直接的约定且经登记而产生。这与法国法规定的约定与法定均产生地役权的思路有着明显的不同。

显然,这两个模式的立法价值取向是不同的:前者力图将不动产所有权的扩展和限制,紧密地同地役权的设立结合在一起,强调两者之间十分密切的连续。而后者则从逻辑上力图将两者的相连与不同在体系上和内容上有所区分,以表明两者在立法价值取向上并非完全能够相互包容。

(二)关于我国物权立法中相邻关系与地役权的体系设计

既然不同的国家基于自己的立法价值判断设计了不同的立法体系,那么我们亦必须在作出我们的价值判断的基础上确立我国关于不动产相邻关系与地役权的体系定位。

笔者认为:我们在物权立法中应当主要借鉴德国法的做法。理由如下:

从历史的角度看,20世纪初的我国民法即采用了不动产相邻关系与地役权并存的立法思路,其立法思路业经近一百年的存续,对我国民众产生的影响不可忽视。尽管在《民法通则》中没有规定地役权内容,但是,不动产相邻关系始终是作为对所有权(实际还包含其他物权,或者说是准用于他物权)行使之限制被确定的。

从内容上看,不动产相邻关系与地役权两者之间,虽然因不动产的存在而有着密切的关联,但是两者之间不能相互替代或者相互完全包容,它们在思路上有着明显的不同,需要分别规定。

(三)关于不动产相邻关系的立法定位

在规定不动产相邻关系的立法例中,一些国家采取以相邻权为主线的思路来设计相应的规范,如瑞士法和日本法。另有一些国家则采取以法律关系内容(权利义务)为主线的思路来设计相应的规范,如德国法和意大利法。

但是,如果我们仔细分析一下以相邻权为主线的国家之立法,其内容中依然不可避免地规定了相当多的有关相邻义务的问题。比如,瑞士法中,在"土地所有权的限制"目录之下,立法者将"相邻权"与法定先买权、进入他人土地的权利以及为防卫的目的进入他人土地的权利并列规定,所涉及的内容包括:经营工业的方式、挖掘及建筑、树木、水的自然流向、排水、管道的通过、通行权、围障等。其基本思路是强调相邻权是所有权的扩展,故以强调权利为主线。但是,值得注意的是,尽管立法者在条款名称上冠以"权利"以表明其立法以权利为主线,但在其规定的具体内容中,却依然是权利与义务相互交混,在13个直接涉及权利义务的条款中,有8个条款规定的是权利人应当遵循的义务和束缚,有5个条款规定的是权利内容。再如,日本法中"所有权的界限"目录下,在首先解释了所有权的内容与范围后,即通过具体的条款来规定所有权扩展的外延。这些内容通过邻地进入权、围绕地通行权、疏通工事权、预防工事请求权、水流变更权、污水排泄权、堰的设置、利用权、界标设置权、围障设置权、共有墙壁的增建权、竹木剪除、截取权等规定出来。因此,虽然日本法没有在立法中像瑞士法那样明确规定"相邻权",但是在立法思路上与瑞士法相同,且比瑞士法更加突出权利的内容。在日本法有关相邻权的内容中,直接涉及相邻权利和义务的条款共有14个,其中有8个条款直接规定了相邻义务。

所以,就相邻关系与地役权的设计,笔者认为,应当将两者分别规定,且在内容上明确两者的功能是不同的。故在所有权的目录之下单设一节"不动产相邻关系"是十分必要的。就不动产相邻关系的内容而言,应当以相邻权利和义务为主线进行规定,而不宜以相邻权为主线进行规定,因为相邻权本身很难独立存在,它必须与相邻义务同时并存。因此,在立法上,我们应当将这种立法精神通过条款的设计体现出来。

(四) 关于地役权的范围

在《草案》中,有这样的内容表述:"邻地利用权人因通行、取水、排水、通风、采光、敷设管线等需要,有权利用他人土地,以提高自己土地的便利和效益。"在采取不动产相邻关系与地役权共同规定的国家民法典中,基本上是将基于通风、采光所产生的法律关系放置在不动产相邻关系中进行规定,而在地役权中不涉及通风、采光的问题。德国法、瑞士法、意大利法、日本法、俄罗斯法等均是如此。因为通风、采光的问题通常并不涉及供役地与需役地的权利人之间的利益平衡。相反,更多的是涉及不动产权利人在通风、采光上应当接受必要的限制以使相邻他方权利人实现自己的权利。因此,通风、采光所发生的法律问题应当放置于不动产相邻关系中加以解决。

在地役权的规范中,笔者认为,条款中可以体现以下内容:

1. 地役权的权利性质:从属性的用益物权。

2. 地役权设定目的:专门就他人对所有人或用益权人的土地进行用益时所带来的利益而设定。

3. 地役权的取得:地役权基于当事人的约定而产生,但是基于登记而产生取得的效力(地役权取得与登记,适用不动产所有权的规定,除法律另有规定外)。设定地役权的合同须为书面合同。

4. 地役权的内容:地役权的内容以登记为准。在立法中应当明确地役权享有为行使和保持地役权而进行一切行为的权利,只要不违背法律的禁止性规定。

5. 地役权的限制:地役权的行使必须以造成供役地权利人最小损害的方式进行。地役权人有义务维护供役地上的设施。同时,供役地权利人亦负有不得实施妨碍或者使地役权人难以行使地役权的行为之义务。

6. 地上物的共同使用：在不妨碍或者损害地役权人利益的情况下，供役地权利人得与地役权人共同使用供役地上的地上物。

7. 地役权的转移：地役权不得与需役地分离而转移。作为需役地所有权的从权利，与所有权一同转移，但是，当事人另有约定的除外。如果为供役地人的便利，当地役权人仅使用供役地的一部分时，供役地权利人得要求地役权人将其地役权行使的对象转移至利益相当的另外位置并进行变更登记。

8. 土地的分割：当供役地发生分割时，地役权依然对被分割的各部分土地有效，但是，如果部分土地已无供役必要的，该部分土地权利人得请求涂销登记。当需役地发生分割时，地役权适用于被分割的各部分土地，但是，如果部分土地已无需役必要的，该部分土地权利人得请求涂销登记。

9. 地役权的消灭：地役权因在登记机构进行涂销登记、需役地权利人成为供役地所有权人或者使用权人、约定的地役权期间届满、抛弃地役权等行为而消灭，但是，应当办理涂销登记。

三、不动产相邻关系中的基本原则之思考

在《民法通则》、王利明主编的建议稿和立法机构的《草案》中，关于相邻关系的基本原则作出了明确规定，即"应当依照有利生产、方便生活、团结互助、公平合理的原则处理相邻关系"。它们是否应当作为处理相邻关系的基本原则？是否能够真正体现法律对相邻关系的设立与调整的基本精神？笔者认为需要进行必要的重新考虑。

（一）上述基本原则产生的背景及该原则的不足

该基本原则的出现，应当追溯至 20 世纪中叶，那时的中国深受道德规范与法律规范被非理性混合所形成的思想之影响，导致法律的基本原则往往通过空洞的口号加以表达。

这些以空洞的口号所确立的基本原则，实际上难以真正指导司法个案的处理。以不动产相邻关系中的"有利生产、方便生活、团结互助、公平合理的原则"为例，在不动产相邻关系中，"有利生产"与"方便生活"实质上是一对矛盾，例如某化工企业的生产场所与某居民住宅小区相邻，化工厂生产所产生的恶臭与周围人们的生活是不可协调的，除非企业变更生产项目，或者居民小区搬迁。而面对法律直接规定的所有权行使的限制或者扩展，各相邻主体并不能通过团结互助的道德追求来要求他方放弃自己的权利或者拒绝履行自己的义务。因此，这种口号式的原则应当考虑不予规定在立法中。

(二) 不动产相邻关系的设计应当体现的基本原则

1. 不动产相邻关系权利人必须接受限制原则。在物权法的立法中,笔者认为不动产相邻关系的规范中应当体现不动产相邻关系权利人必须接受限制原则。该原则在德国法中亦称为"所有权承担义务"原则,理论上也称为"所有权的社会义务"原则。[1] 在许多国家的民法典中,均有对包括不动产所有权人在内的相邻关系权利人在行使其权利时必须接受限制的规定,这是一种可以称为各国民法对相邻关系中各方权利行使的利益平衡的共性规定,也是设立不动产相邻关系制度的宗旨与目的。相邻关系各权利人在行使其权利时所必须接受的限制,或者来源于不动产的自然状态,或者来源于法律的直接规定,或者来源于社会共同利益的需要。

2. 损害赔偿原则。在不动产相邻关系中,由于不动产权利人违反法律的规定,或者为了自己的便利而给相邻人的利益造成损害,应当承担损害赔偿责任。这个原则并不需要作为原则进行宣示,而是应当通过立法的条款加以具体体现。

对于不动产相邻关系应当遵循的基本原则,应当通过立法的内容加以具体体现,但不一定以某一条款的形式表现。准确地说,不动产相邻关系的基本原则实质上是立法的基本原则,需要立法者在不动产相邻关系的规范设计上体现,即通过条款的设计与规定彰显法律的精神。至于基本原则的内容,可以交给学者去解释与阐述。不动产相邻关系的基本原则,是立法者设计不动产相邻关系时应当遵循的基本思路,通过将这些思路以具体条款加以体现,来告诉人们哪些是法律所保护的,哪些是法律所限制的,而不应当以空洞的口号替代具体的条款规范应当规定的内容。

四、不动产相邻关系的类型化思考

观察《民法通则》中有关不动产相邻关系的条款,总的感觉是内容过于简单,而且立法逻辑上不清晰,对于我国在不动产相邻关系中经常发生的情形,以及根据我国经济发展的情况在不久的将来将会凸现的问题规定得较少。

对于不动产相邻关系给予类型化的思考,十分有助于对物权法中不动产相邻关系制度及其与其他物权制度之间的关系进行体系上思考、分析、制度价值判断和制度功能的设计。在这方面,德国法、瑞士法、意大利法均作出了比较好的探索,值得我们在制定不动产相邻关系制度时借鉴。

---

[1] 参见孙宪忠:《德国当代物权法》,法律出版社 1999 年版,第 188 页。

在不动产相邻关系的条款上，德国法有 15 条，意大利法有不少于 40 条的内容，瑞士法有 28 条，日本法有 29 条。我国学者建议稿如梁慧星主编的建议稿中有 30 条，王利明主编的建议稿中有 31 条。笔者认为，在有关不动产相邻关系的条款上，内容不宜过于简单。笔者并非主张条款的数量与质量成正比，但是过于稀少的条款和简单的内容显然不会有高质量的立法内容。

笔者认为，在不动产相邻关系制度的类型化思考上，可以考虑以下六个类型的内容：

第一，自然流水。①堵截或者变更水流方向。在低地的人，对由高处自然流至之水，有承受的义务，非因必要的情况，不得堵截。在高处的人，对低地人所需要的、由高处自然流向低处的水，非因必要的情况，不得堵截。任何变更水流方向的行为，不得造成相邻人的利益损害。②排水。位于低地的人，有义务承受由高处自然排出的流水，但是，如果该流水是由于高处的相邻人行为所致，则有权要求损害赔偿。③雨水注泻。禁止土地权利人将自己物上的雨水直接注泻于相邻人的土地、屋顶或者其他不动产上。

第二，地界。①相邻土地的各权利人，均有义务对其享有所有权或者用益物权的土地界标进行确认。任何相邻各方均有义务使自己的建筑物或者其他任何财产不侵入他人享有权利的土地上。②共同地界或其设置物的使用。在两块土地之间如果有空地、沟渠、灌木丛、竹木、木制墙板等共同地界，或者存在着的自然形成或人工制成的设置物，推定相邻人均有使用权，但是，能够证明上述地界或者设置物的所有权或者使用权仅属于一方的除外。在使用共同地界或者设置物时，相邻各方有不损害设置物和相邻人利益的义务。

第三，邻地损害的防止。①除非在正常可忍受的范围内，否则禁止向相邻人的不动产排放不可称量之物，如浊气、热气、烟雾、噪音、喧嚣、震动及其他类似物质。②构成危险源的设备，只要该设备已经构成有给邻人利益带来损害之顾虑时，邻人就有权请求该设备的移除。③有倒坍危险的建筑物，无论是整个建筑物有倒坍危险或者是该建筑物的一部分有倒坍之危险从而导致邻人利益受到侵害或者有将受到侵害的顾虑时，邻人享有请求对该建筑物采取一切必要的防止危险发生的措施的权利。④土地的挖掘，无论土地权利人为了何种目的，如为了建房屋地基、为了挖井、为了修建地铁、为了挖掘地下矿藏等，应当保证邻人的不动产之安全。⑤林木竹等植物的根部或者枝杈越界进入邻人的土地，使得邻人的利益受到侵害或者有充分的迹象表明将会侵害邻人的利益时，不动产相邻关系人有权将该植物的根部或者枝权割除。但是不会造成邻人利益受到损害的除外。

第四，建筑物之间的距离。①位于相互毗邻的非一体的建筑物之间，应当保持不少于法律所规定的距离。②任何建筑物或者附属设施的建设，不得影响邻人的采光和通风。

第五，通风和采光。任何建筑物的所有权人有权在其建筑物上开设窗户以进行通风和采光。凡由于相邻人的建筑物及其附属物或种植的竹木的距离过近，导致影响通风或采光，或者有影响通风或采光之虑时，建筑物所有权人有权请求排除妨碍。

第六，管线敷设。土地权利人有义务为相邻人提供进行管线敷设的便利，并有权恢复原状。如果为提供该便利遭受到财产损害，有权要求损害赔偿。

综上所述，我国物权法有关不动产相邻关系的制度规定以及地役权的制度规定，应当在我国已有的百年法学研究和立法历史的基础上，结合我国现行立法的内容以及司法实践，融入相应的法理观念和理性判断，作出比较体系化的规范。

对物权中先取特权一般规则的立法思考[*]

本人同意将拉丁文"privilegium"翻译为"先取特权"(拉丁文 privilegium,法语 privileges,意大利语"privilegia",日语"先取特权"),因为该术语既体现了所涉权利的优先性,又体现了该权利较之其他权利的特殊性。当然,在国内学界的翻译中,该权利又被称为"优先权""优先受偿"等。但是我认为这些翻译均没有将该权利与其他权利的优先权性明显地区分开。

尤其是"优先权"的称呼,在我国目前立法所用术语中是使用得较混乱的术语之一。在我国目前有效的、分别被全国人民代表大会及其常务委员会、国务院及其所属部委颁布的法律、法规和规章中涉及"优先权"内容的达 400 项左右。但是,它们的涵义并非一致。例如:《专利法》和《商标法》中的"优先权",是针对优先申请专利、商标专用而言;《担保法》中的"优先权"是针对设定担保的债权人优先受偿而言;《兵役法》和《残疾人保障法》中的"优先权",是针对社会各界给予伤残军人和一般残疾人的生活、工作上的照顾而言;《海商法》中的"优先权",是针对海事请求人依法向船舶所有人、光船承租人、船舶经营人提出海事请求,对产生该海事请求的船舶具有优先受偿权而言;《企业破产法》中的"优先权",是针对企业雇员和债权人对破产财产优先受偿而言。而在行政机构所颁布的规章中,大量的"优先权"是针对行政管理机构对社会公众履行行政服务义务的顺位而言。

总之,"优先权"的用法因在不同场合有不同涵义,容易导致理解上的混乱,因此,不仅不能将其作为"先取特权"的相同用语,而且十分有必要将现

---

[*] 本文原载于孙宪忠主编:《制定科学的民法典:中德民法典立法研讨会文集》,法律出版社 2003 年版,第 519~544 页。

有的用法加以整理、规范。

鉴于我国立法中尚未确立先取特权制度，故对该权利的解释均来自于对国外学者的见解或者立法中定义的转述。就先取特权，国外的学理解释或立法解释不尽相同，例一："法律所规定的特殊债权人，可以债务人的一定财产得到优先偿还的法定担保物权"；[1] 例二：《法国民法典》第2095条规定："先取特权（优先权）是指，依债权性质赋予某一债权人优于其他债权人，甚至优先于抵押权人的受清偿的权利。"该权利性质为担保物权；例三：根据《意大利民法典》第2746、3747条的规定，先取特权是指法律赋予多个债权人中的若干人，于存有债权原因情况下对债务人的财产享有法定优先取得的担保物权。

在我国现行立法中，比较接近先取特权解释的是《海商法》中"优先权"的解释，其是指海事请求人依法向船舶所有人、光船承租人、船舶经营人提出海事请求，对产生该海事请求的船舶享有的优先受偿权。但是，鉴于其是一个特别法，就其所涉及范围作出的术语解释，故不能包容先取特权的全部内涵。

一、先取特权的制度追溯及分析

（一）罗马法中的先取特权制度

在罗马法中，所谓的先取特权，最初是指法律专门颁布一些法规，指明已有法律所规定的负担性规范不适用于特定的和指定的人。在罗马法中，先取特权亦有其演进过程，在《十二表法》中，类似先取特权的制定是被禁止的，因为《十二表法》第9表规定："不得为任何个人利益，制定特别的法律。"

但是，社会的发展要求法律在规定一般原则的同时，亦根据某些特殊情况规定某些特殊的法律规范，以在最大程度上实现法（ius）"诚实生活，不害他人，各得其所"的基本原则。[2] 著名的罗马时代的法学家保罗对此的解释是："特别法是立法者为了某些利益而引入的、背离法的制度的一般规则的法。"但是，这一背离并非违背而是遵循了法的基本精神。[3] 因此，在罗马法中便出现了为了特定人的利益（如为了军人利益）而规定了权利人享有优先于其他债权人甚至担保权人的财产取得权，它体现了立法者运用该制度来规范债权债务关系，以确保债权人能从无支付能力的债务人财产的变卖价款中获得一定利益的目的。

---

[1] [日] 近江幸治：《担保物权法》，祝娅等译，法律出版社2000年版，第31页。
[2] D. 1, 1, 10, l.
[3] D. 1, 3, 16. 和 D. 1, 3, 14.

对于特别法与先取特权的关系，意大利著名的罗马法学家 P. 彭梵德认为：虽然在某些极端的情况下两者的界限实在难以区别而导致这两个术语发生混淆外，它们是根本不同的。[1] 亦有相当多其他意大利著名的罗马法学家，例如 P. 沃奇（Pasquale Voci）[2]、M. 马罗内（Matteo Marrone）[3]、A. 布尔戴塞（Alberto Burdese）[4] 等人认为，在罗马法中，特别法更多的是被称为先取特权（privilegium），有时则被称为"法律照顾"（beneficium），因为按照保罗所阐述的特别法产生的宗旨，先取特权的出现恰恰是特别法宗旨的典型体现。

对于罗马法中先取特权的效力，学者们的认识是一致的，即就当时而言，立法者运用先取特权制度的设立，使得那些需要救济、然而根据法律的一般规则不能获得或者不能完全获得救济的权利人——如嫁资返还权的妇女、丧葬费用支付请求权人、对纳税义务人的税款享有请求权的国库等——通过该制度而获得救济。

（二）近现代法中的先取特权制度

后世的学者们在研究罗马法的过程中，将先取特权进行了重新诠释，并且将其作为担保债权实现的方式之一。在近现代大陆法系国家的民法典中，有相当一些国家规定了先取特权制度，但是彼此之间又有所不同，笔者将它们之中先取特权制度的立法具有独特点的国家进行了一番分析，认为可以归纳出三个模式，即法国模式、意大利模式和日本模式。

1. 法国模式。[5] 在我国有关翻译《法国民法典》的作品中，"privileges"被翻译为"优先权"（李浩培等人译的《法国民法典》、尹田著的《法国物权法》），如上所述，笔者不赞同这一翻译术语，但是鉴于人们对已有的《法国民法典》术语的使用习惯，笔者在这里暂且使用"优先权"。

法国模式以其惯有的对物的关注，将动产与不动产作为中心线索，构筑了优先权的体系。在该体系中，主要表现出如下特点：①强调合法原因的存在。这是优先权存在的基础。②优先权的类型较为简单、明了，即以标的物的性质为核心，确定为动产优先权和不动产优先权，同时它们各自又被分为一般和特别优先

---

［1］ P. Bonfante, Istituzioni di Diritto Romano § 5 GIUFFRE.

［2］ P. Voci Istituzione di Diritto Romano p. 60 GIUFFRE, 1954.

［3］ M. Marrone Istituzioni di Diritto Romano PALUMBO, 1997.

［4］ A. Burdese Istituzioni del Diritto Privato Romano p. 6 1975.

［5］ 可参考笔者附于文后的比较资料。

权。③通常享有先取特权的人由于与义务人的财产没有直接的契约关系,故而难以对其财产直接行使请求权,因此需要法律给予必要的救济。④在先取特权的标的物是不动产时,需要进行登记以公示之,否则不产生效力。⑤在先取特权竞合上,关注的是不同顺位和同一顺位的数债权人权利的实现。

法国模式对下列国家的民法典立法具有重大影响:荷兰、比利时、葡萄牙、阿根廷等。当然,意大利、日本亦受其影响巨大,但是这两个国家的立法在吸收法国立法经验的同时,创设了自己独特的体系。

2. 日本模式。[1] 日本模式的特点为:①在民法典中,明确其性质是担保物权,这与法国模式和意大利模式不同。②先取特权的类型是以被救济权利人的权益为核心,将其划分一般先取特权和动产与不动产先取特权。③先取特权的标的物不仅涉及动产和不动产,而且涉及这些财产具有物上代位性。这较之法国模式更加有利于对先取特权人的利益保护。④在先取特权竞合上,更加关注不同情形下的权益保护的衡平确定。其所规定的权利竞合情形较法国模式远为丰富。⑤在先取特权的取得上,不强调登记行为的实施;对不动产而言,规定了先取特权登记可对抗抵押权,而不登记的则仅不得对抗已登记的第三人。

3. 意大利模式。[2] 意大利模式的特点表现为:①1865年和1942年的民法典均十分关注先取特权制度的设立,同时,运用其特有的立法技巧,对该制度的内容不断进行充实以求完善。②在立法上,先取特权被置于权利保护的担保权之一,其强调该权利的功能是担保权利人的权益获得实现。③在先取特权的类型划分上,与法国模式和日本模式均不同,它将诉讼费用置于最优先地位;其他的则依动产和不动产进行划分;在动产先取特权中又划分出一般和特别两种情形;且先取特权所涉及内容要较法国模式和日本模式详细得多。④在立法中,债权人共同利益范围内的费用、国家税收利益和社会保障利益被作为先取特权所关注的重要内容。它体现出《意大利民法典》在一定程度上接受个人本位转向社会本位的理论的影响。分别体现在1865年和1942年民法典中的先取特权意大利模式,对智利、西班牙、委内瑞拉等国家先取特权制度有着重要影响。

(三) 我国立法现状

在我国现行立法中,有关"优先权"的规范已经涉及了相当多的条款:

---

[1] 可参考笔者附于文后的比较资料。
[2] 可参考笔者附于文后的比较资料。

例一：1993年7月生效的《海商法》，用了整整一节共10个条款规定了"船舶优先权"的内容。它强调，在下列情况下具有船舶优先权：①船长、船员和在船上工作的其他在编人员根据劳动法律、行政法规或者劳动合同所产生的工资、其他劳动报酬、船员遣返费用和社会保险费用的给付请求；②在船舶营运中发生的人身伤亡的赔偿请求；③船舶吨税、引航费、港务费和其他港口规费的缴付请求；④海难救助的救助款项的给付请求；⑤船舶在营运中因侵权行为产生的财产赔偿请求。

例二：1999年10月生效的《合同法》在第286条中规定：发包人逾期不支付工程价款的，承包人就建设工程价款对该工程折价或者拍卖的价款优先受偿。

例三：1986年12月生效的《破产法（试行）》和2007年6月生效的《企业破产法》均规定了基于破产费用的债权所具有的先取特权性，即从破产财产中应当优先偿付破产费用。这些费用实质上是为了债权人的共同利益而付出，因此，破产财产的管理、变卖和分配所需要的费用，破产案件的诉讼费用和为债权人共同利益而在破产程序中支付的其他费用被优先偿付。该法不足的地方之一是没有明确破产企业所欠职工工资和劳动保险费用、破产企业所欠税款具有得以对抗其他债权的先取特权性质。虽然在清偿顺位上这两者优先于企业的其他债权。

例四：1990年的《外资企业法实施细则》、1991年的《民事诉讼法》、1995年的《商业银行法》和2014年的《保险法》亦规定了类似的条款。

例五：在1998年《最高人民法院关于人民法院执行工作若干问题的规定（试行）》和1999年《民用航空器权利登记条例实施办法》中，亦规定了有关优先权的内容，而且从它们的内容里，我们可以得到这样一个信息，优先权是独立于担保物权之外的一种权利。前者的内容是："93. 对人民法院查封、扣押或冻结的财产有优先权、担保物权的债权人，可以申请参加参与分配程序，主张优先受偿权。94. 参与分配案件中可供执行的财产，在对享有优先权、担保权的债权人依照法律规定的顺序优先受偿后，按照各个案件债权额的比例进行分配。"后者的内容体现在该办法第14条："登记部门对民用航空器权利人的权利登记申请审查合格后，应当根据申请向权利人分别颁发以下相应的权利登记证书：①《民用航空器所有权登记证书》；②《民用航空器占有权登记证书》；③《民用航空器抵押权登记证书》；④《民用航空器优先权登记证书》。"

那么，先取特权到底具有怎样的功能？其性质是否具有物权性？先取特权制度与担保物权制度的关系是怎样的？尽管我国现行立法中已有某些涉及先取特权的规定，但是由于"法出多门"，没有形成统一的规范，导致同一术语的多种理解，这对于我国法律制度的建设而言，并非是一种积极现象。

二、先取特权制度功能的分析

（一）制度功能与价值

凡设定一个制度，首先需要考虑的问题之一必定是其有着怎样的功能。我认为，先取特权制度主要具有这样几个功能及不可忽视的制度价值：

1. 权利的法定担保。先取特权的法律效力，突出体现在涉及的个别债权人利益实现上，尽管与他们同时为债权人的其他人在同一财产上已经设立了诸如抵押权、质权等担保权，但是由于法律的直接规定，享有先取特权的债权人于其他债权人之前优先受偿。其效力的实质即具有了担保功能，即担保享有先取特权的债权人优先实现其利益。

无论是涉及债务人的总财产，还是涉及债务人的特定动产或不动产，只要债务人不履行债务，先取特权人即可依法律的直接规定对债务人的财产施行具有支配性的处理，无论折价，还是变卖均可从中优先受偿。如前所述，此种规范，在我国现行立法中已有明确规定，它表明先取特权实质上具有担保物权性。

根据其他国家的立法例，先取特权的存在不是依当事人的合意，而是依据法律的直接规定，这就使得权利实现具有了法定担保的制度功能。同时，由于先取特权所考虑的内容往往涉及当事人不能或不易达成合意的领域，因而便具有了对其他担保物权所不能覆盖的部分具有填补作用。

因此，在立法中，我们不能满足于民法的某些特别法对先取特权的零散规定，而应当考虑从物权法的体系上对先取特权的担保物权性给予明确肯认，使先取特权的法定担保功能实现体系化。

2. 对弱者的保护。在数个债权人并存的情况下，某些债权人明显处于弱势的地位上，例如薪金被拖欠的雇员、酬金被拖欠的从事耕作和收割的工人、应当获得医疗费、残废人生活扶助费或保险金的事故受害人等。他们之所以为弱者，一是因为他们各自利益所涉数额不是十分巨大，实务中通常不采取一些诸如抵押、质押的担保手段；二是在清偿债务时，由于没有抵押、质押等担保的设立，导致他们与其他债权人并列同一顺位，那么在按照比例清偿的情形发生时，则涉及他们生存基础的利益不能完全实现。这一现象对他们个人利益的损害和对社会稳定的巨大潜在威胁是不言而喻的。

同样，仅仅靠民法的特别法零散地规定某些先取特权，并不能完全实现法律的公平性和对弱者利益的保护。

3. 不同利益的衡平。在罗马法中，将利益划分为"私的利益"和"有关国家稳定的"的公的利益[1]，也可以说是社会共同利益。但是，所谓的社会共同利益，实质上来源于私的利益，同时超脱于私的利益之上，是诸多分散的私的利益，为了同个宗旨而聚合在一起的利益，因此，对于社会共同利益的保护，其实质亦是对于私的利益的保护。不过，私的利益与公的利益，即个人利益与社会利益因其主体不同而被划分为不同的范畴。因此，在私的利益之间、公的利益之间、私的与公的利益之间，其利益保护需要立法者尽可能地寻找一个较为公平的衡平点。而先取特权制度的设立，可以说是寻求不同利益衡平点的一种有效法律措施。

（二）先取特权与物权公示和其他担保物权的关系

1. 先取特权与物权公示制度的关系。物权公示旨在将物权变动的情形宣示给众人，动产以交付为其物权变动的公示，不动产以登记为其物权变动的公示。先取特权具有物权性，即具有对财产的支配性，因而既需要与物权变动的一般规则相一致，同时亦需要与担保法中有关公示的规则相一致。故对于涉及不动产、运输工具和国有企业的生产设备的先取特权，应当实施登记制度。

2. 与其他担保物权的关系。先取特权应当与其他担保物权共同构成担保物权的体系内容。在担保物权的类型、内容由法律规定的基础上，具体的担保物权，如抵押权、质权或留置权，依当事人的合意而产生，但是先取特权则直接由法律规定得以产生的各种情形。

三、结论：我国物权立法中应当确立先取特权

由上述分析可进一步讨论如下几点：

1. 就先取特权制度而言，其与我国现有的一般物权理论、担保物权理论没有根本冲突，相反，对于完善我国担保物权理论的体系和制度架构，有着积极意义。

2. 就我国现行立法而言，在特别法的层面和最高人民法院的司法解释中，已经存在零散的具有先取特权性质的优先权规范。但是，这种立法方式因"法出多门"导致同一术语的多种涵义性，既不符合法典化立法方式所必需的术语统一化乃至"放之四海而皆准"的要求，也不符合人们知法与维权的的需要。因此，

---

[1] 参阅：D. 1, 1, 1, 2. 乌尔比安。

在民法典物权编中就先取特权制度的一般规则作出规定，实在有其必要性。

3. 就我国民众目前整体的法律素养而言，十分有必要通过物权立法告诉人们，有些担保物权是人们可以通过合意来实现的，而有些权利则是法律通过规定直接优先保障其实现。这不仅便于人们寻找行为合法性的标准，而且可以通过体系化的立法传输给民众有关权利保护的完整信息，即在法学理念上，权利的保护是平等的；但是在诸权利竞合时，权利保护的实现必须通过保护顺位的确定。

对于物权立法中先取特权制度的一般规则应当包括哪些主要内容，我认为可以作出如下考虑：

第一，先取特权在立法中的定位。应当将先取特权放置于担保物权的首位，即放置于抵押权、质权和留置权之前，以体现其由法律直接规定的优先受偿权地位。

第二，先取特权一般规则的框架。在先取特权一般规则中，可以就先取特权的含义、先取特权适用的原则、先取特权的客体、先取特权的类型、先取特权的顺位、诸先取特权竞合时的顺位、先取特权与他担保物权竞合时的顺位、先取特权的取得、先取特权的效力、物法与其他特别法有关先取特权规定的适用等作出规定。

第三，先取特权的客体。应当明确先取特权的客体为动产和不动产。

第四，先取特权适用的债权。应当首先考虑为债权人的共同利益所支付的费用，如诉讼费用、破产清算费用等；其次考虑薪金被拖欠的雇员、酬金被拖欠的从事耕作和收割的工人、应当获得医疗费、残废人生活扶助费或保险金的事故受害人、旅店主等的债权；再次应当考虑国家对税收的债权，它涉及社会公众的利益；最后，其他需要受到先取特权制度保护的债权。

第五，先取特权的顺位。在顺位的规定中，应当考虑对动产先取特权之间、不动产先取特权之间、动产与不动产先取特权之间、先取特权与抵押权之间、先取特权与质权之间、先取特权与留置权之间的顺位进行设置。同时亦应对不同顺位的先取特权、同一顺位的先取特权的实现给予明确的次序排列。

第六，先取特权的取得。这里主要针对的是不动产先取特权。它应当与现行法律中规定的不动产登记制度相吻合，即不动产先取特权应当采取强制登记主义与任意登记主义相结合。同时，根据现行担保法的规定，某些动产如民用航空器等运输工具、国有企业的设备等先取特权亦应当进行登记，方可产生效力。

第七，先取特权的效力。登记的不动产先取特权，可对抗第三人；动产先取特权对因交付而取得动产的第三人无追及力。

附：第一部分：法国模式、日本模式与意大利模式的具体比较

1. 法国模式

【立法方式】民法典与特别法相结合、立法与司法判例相结合。

【优先受偿的原因】优先权和抵押权——由此可知，抵押权被认为与优先权具有同样的优先效力。

【优先权的定位】在立法上：与保证、和解、仲裁、质押和抵押等共同作为财产取得部分的内容；在学说上，被作为担保物权之一。

【优先权的顺位】包括两方面：不同顺位的数债权人——依优先权的性质；

同一顺位的数债权人——平等受偿；

但是，国库的权益的优先权与顺位依相关规定。

【优先权的客体】动产和不动产。

【动产优先权的类型、内容和顺位】

动产一般优先权——诉讼费用（共8项，且仅规定何有优先权，但没有规定对何物有优先权；

● 丧葬费用；

● 最后一次的医疗费用；

● 薪金或：受雇人过去一年及当年的劳动报酬；补偿金；拖欠劳动合同约定的薪金；（8项）

健在配偶的薪金；

雇员和学徒最近6个月的薪金；

定期劳动合同终止补偿金和临时工作不稳定性补偿金；

定期劳动合同不合程序解除补偿金；

带薪假期应予补偿金；

依集体合同应予解雇补偿金；

● 为债权人及其家属提供的最后一年的生活资料；

● 事故受害人及其权利继受人的医疗费、丧葬费及丧失劳动能力补偿金；

● 补偿金或家庭补贴管理机构拖欠的补贴—补偿金和家庭补贴管理机构对其成员的债务；

动产特别优先权——房屋和土地的租金；对当年收获果实、房屋及其附属物等；

（共9项，不仅规定了何动产产生特别优先权，且规定了优先权所涉的特定动产）

● 质权；对占有的质押物；

● 保管费用；对保管的物；

● 未支付的购动产物价金；对该动产；

● 提供旅馆服务；对旅客带入旅馆的财产；

● 公务员滥用职权或渎职；对其担保金及其利息；

● 事故中应保护方的债权；对保险金；

● 家庭工厂雇工的债权；对来料加工款项。

【不动产一般优先权的类型、内容和顺位】

不动产一般优先权——诉讼费用；

● 雇员过去一年与当年的报酬（8项）拖欠劳动合同约定的薪金；

健在配偶的薪金；

雇员和学徒最近6个月的薪金；

定期劳动合同终止补偿金和临时工作不稳定性补偿金；

定期劳动合同不合程序解除补偿金；

带薪假期应予补偿金；

依集体合同应予解雇补偿金；

不动产特别优先权——出卖人就价金支付，对其出卖的不动产；

● 为取得某不动产而出借金钱的人，对该不动产；

● 共同继承人，对遗产中的不动产；

● 建筑师、承包人等施工参与者，对该工程；

● 出借金钱用于支付有优先权的工人的人，对该不动产；

● 死者的债权人和受遗赠人，对遗产中的不动产；

● "租赁——取得不动产合同"中取得不动产者，对作为标的物的不动产。

【优先权的取得及其效力】

涉及不动产的，要登记，并进行公示，方可产生效力。

顺位产生于：有追溯力——买卖契约做成之日；实施拍卖之日；继承开始之日。

2. 日本模式

【立法方式】民法典与特别法相结合、立法与司法判例相结合。

【优先受偿的原因】没有明确规定原因。

【先取特权的定位】在物权编中，与留置权、质权和抵押权共置。

【先取特权的顺位】包括五方面：

一般与一般竞合——依第306条规定为顺位；

一般与特别竞合——特别优于一般，但共益费用均有；

动产与动产竞合——依第330条规定为顺位；

不动产与不动产竞合——依第325条规定为顺位；

同一顺位有数人——依比例；

【先取特权的客体】一般—对总财产；特殊——对动产、不动及物上代位的金钱或其他物。

【一般先取特权的内容和顺位】

对债务人的总财产

● 为各债权人共同利益实施保存、清算或分配的共益费用；

● 受雇人最后6个月的报酬；

● 丧葬费用；

● 亲属的最后6个月日用品供给。

【动产先取特权的内容和顺位】

● 不动产的租赁；对建筑物附备物、供土地的动产和该土地孳息；

● 提供旅馆服务；对旅客带入旅馆的财产；

● 旅客或货物运送；对运送人的携带物；

● 公务员职务上的过失；对其保证金；

● 动产保存费，对该动产；

● 动产买卖价金和利息；对该动产；

● 种苗肥料供给的价金和利息，对使用该苗肥土地一年内的孳息；

● 农业劳役人最后一年内、工业劳役人最后3个月工资，对因其劳役产生的孳息或制品。

【不动产先取特权的内容和顺位】

● 不动产保存费用，对该不动产；

● 建筑师、承包人等不动产施工参与者，对该不动产；

● 不动产买卖的价金和利息，对该不动产；

【先取特权的取得及其效力】

取得：依法律直接规定而无须必须登记；

涉及不动产者，登记的，优先于抵押权，未登记的，依然可对抗无特别担保的债权人，但不得对抗已登记的第三人，并进行公示，方可产生效力。

效力：对因交付而取得动产的第三人，无追及力；

在清偿上，动产先于不动产；

在不动产上，非特别担保标的先于特别担保标的；

在与抵押权关系上，登记的先取特权优先于抵押权而行使。

3. 意大利模式

【立法方式】民法典与特别法结合，立法与司法判例相结合。

【优先受偿的原因】客观原因——债权人的多数性；法定原因——先取特权、质权、抵押权；

目的——使诸债权人对债务人的财产享有同等受偿权发生例外，以保护某些需要特别保护的人。

【先取特权的定位】在立法上：被作为权利保护的方式之一；在学说上：被作为担保物权之一种。

【先取特权的顺位】

包括下列几方面：

● 诉讼费用与其他债权竞合：诉讼费用优先于任何其他债权，即使设定了质权或抵押权；

● 动产一般先取特权的顺位（诉讼费用后）：

① 雇员应得报酬和因终止劳动关系应得补偿，以及因雇主少付报酬而受损、法定社会保障金和保险金的雇员的债权及因无效的或可撤销的解雇所产生的损害赔偿的债权；

② 自由职业者和其他任何从事智力创造的人在提供服务的最后两年内的酬金；因代理应得的最后一年的佣金和因解除该代理关系所应给予的赔偿；

③ 业主或承租者的自耕农债权、分益佃农、佃农或牲畜承租人或产品出售对价共享者的债权；手工业企业和生产与劳动合作公司或者合作社基于提供服务和成品出售所产生的债权；

④ 其他。

● 动产上，一般与特别竞合时：

① 经营残废、年老和生存责任强制保险的机构、团体或专门基金会包括其替

代或者补充者的债权；

②涉及不动产孳息、租金和房租，不动产所得税的债权；

③应给付的保管费用及改良费用的债权；

④应付给从事耕作和收割的工人酬金的债权；

⑤种、肥、除虫剂和灌溉用水的供给产生的债权，及因耕作和收割而产生的债权；

⑥间接税的债权和所得税的债权；

⑦给社会保障和扶助机构和团体欠缴费用的债权以及从权利；

⑧由犯罪引起的对假扣押财产的债权；

⑨对损害赔偿的债权；

⑩旅店主的债权；

⑪运送者、受任者、受寄者和托管者的债权；

⑫设备的销售者或者预付价金的银行的债权；

⑬永佃土地的租金的债权；

⑭出租人和分益耕种契约与租佃契约土地出租人的债权；

⑮丧葬费、治疗费和用于供给的费用与扶养费的债权；

⑯国家对直接税的债权；

⑰国家的债权；

⑱地方政府对税的债权。

◉机动车上的先取特权与抵押权竞合：

①第2778条前10项的先取特权；

②抵押权；

③其他先取特权。

◉不动产先取特权的顺序：

①不动产所得税的债权；

②分担金的债权；

③国家对用水许可的债权；

④间接税的债权；

⑤对市（镇）不动产的增值部分征收不动产税的债权。

◉特别先取特权与质押的竞合：特别先取特权优先于质押。

◉同顺位先取特权的债权的竞合：按各自总额比例。

●法律未确定顺序的优先权：被置于特别先取特权之后。

【先取特权的依据】是法律鉴于债权原因而赋予。但法律规定的先取特权的设立，得基于当事人的合意、亦得基于公示的特别形式。

【先取特权的类型】有两种类型：一般先取特权——适用于债务人的所有动产；

特殊先取特权——适用于特定动产或者特定不动产。

【先取特权的效力】一般而言——一般先取特权不能适用于有损第三人权利的动产标的物。但是，法律规定的除外。

特别而言——当法无它规，特殊情形决定动产先取特权时，得在损害于先取特权发生后第三人取得的权利的情况下行使。

对质权和抵押权而言——如法无它规，动产的特别先取特权不份进行有损于质押担保债权人的权利行使。

如法无它规，不动产先取特权优先于抵押权。

【先取特权标的范围】动产和不动产以及实施该权所涉一般花费及于设立扣押当年和前一年应得利息。

【先取特权的法律适用】海商法调整——对船舶、租船费和运载货物、对飞机、租机费和运载货物的先取特权。

民法典调整——其余，且适用于特别法规定的先取特权。

【先取特权的类型、内容和顺位】

动产一般先取特权：

①根据惯例必要的丧葬费；

②债务人生前最后6个月内的治疗费；

③债务人及其家庭最后6个月供给食物、衣服、住宿的债权；

④依法应付给扶养费的人的最后3个月费用；

⑤雇员应得报酬和因终止劳动关系应得补偿，以及因雇主少付报酬而受损、法定社会保障金和保险金的雇员的债权及因无效的或可撤销的解雇所产生的损害赔偿的债权；

⑥自由职业者和其他任何从事智力创造的人在提供服务的最后两年内的酬金；

⑦因代理应得的最后一年的佣金和因解除该代理关系所应给予的赔偿；

⑧业主或承租者的自耕农债权、分益佃农、佃农或牲畜承租人或产品出售对

价共享者的债权；

⑨手工业企业和生产与劳动合作公司或者合作社基于提供服务和成品出售所产生的债权；

⑩附加农业合作社及其康采恩基于产品出售产生的债权；

⑪国家对个人所得税、法人所得税、地方所得税的债权，国来对税收、罚款和依增值税规定应纳附加税的债权国家对法律为地力财政规定的自治市、省的税款和费用的债权和对有关自治市税收中规定的广告和告示税的债权；

⑫因未向经营残废、年老和生存责任强制保险的机构、团体或者专门组织以及其替代机构或补充机构交纳保险费而产生的债权，对雇主的动产享有先取特权；

⑬对社会保障和扶助机构、团体欠缴费用的债权，对雇主动产享有先取特权。

特定动产上的先取特权：

●在债权人共益范围内，假扣押或强制转移花费的诉讼费用的债权，对被假扣押或者强制转移的动产享有先取特权；

●动产给付和保存与改进费用的债权，对给付人占有的动产享有先取特权，即使是善意给付；

●种、肥与杀虫剂、灌溉水的供给的债权，对其生产的孳息享有先取特权；

●国家对间接税的债权，对该税所涉及的动产及法律规定的其他财产享有先取特权；

●依增值税规定，对受让人和订货人享有的追偿权，对转让的财产或提供的服务享有先取特权；

●国家对当年前2年内应纳的个人所得税、法人所得税和地方所得税的债权享有先取特权；

●旅店主对住宿者的住宿费债权，对其带入旅店及附属物中的物享有先取特权；

●运送者、受任者、受寄者和托管者的债权，对占有的运送物、受托物、寄存物享有先取特权；

●设备销售者就未支付价金，对已售出并交付的设备享有先取特权。在登记簿上进行的销售和有关债权文件的登记。该登记要在设备安装所在地的法院进行。自销售时起先取特权存续3年，如果银行与销售者共同享有先取特权，则先登记的债权人优先。

● 永佃土地的所有权人就永佃权人应付当年和上一年租金,对本年和过去年度的孳息享有先取特权;

● 不动产出租人就房租和其他不动产租金,对当年和过去年度收益及所有附着物或配备物享有先取特权;

● 因缺乏承租人的修缮,就出租不动产遭受的损害、对未返还的农业资产及其他任何一种因违约而产生的债权享有先取特权;

● 分益耕作契约和租佃契约产生的债权,对各自享有的收益和用于耕作或用于装备分益耕作或租佃土地的财产享有先取特权;

● 被保险人损害赔偿的债权,对保险人应给付赔偿金享有先取特权;

● 国家和其他人因犯罪人所引起的债权,对扣押的财产享有先取特权;

不动产上的先取特权:

● 在债权人的共益范围内,为假扣押或强制转移的诉讼费用的债权,对该不动产价值享有先取特权;

● 国家对个人、法人、地方所得税的债权,享有对债务人动产的一般先取特权,对属于征税的市(镇)政府所辖地区内纳税人的全部不动产、不动产的收益、租金享有先取特权享有先取特权;

● 国家就间接税的债权,对应纳税的不动产享有先取特权;

● 国家就用水许可应付费或基于职务活动的债权,对供水设备享有先取特权;

● 开垦土地和改良土壤的分担金,对因开垦和改良而获利益。

第二部分:我国现行立法中有关先取特权的规定

《中华人民共和国中外合资经营企业法实施条例》

(2014年2月19日第五次修订)

第九十二条 清算委员会的成员一般应在合营企业的董事中选任。董事不能担任或不适合担任清算委员会成员时,合营企业可聘请在中国注册的会计师、律师担任。审批机构认为必要时,可以派人进行监督。

清算费用和清算委员会成员的酬劳应当从合营企业现存财产中优先支付。

《中华人民共和国企业破产法》

(2007年6月1日施行)

第四十一条 人民法院受理破产申请后发生的下列费用,为破产费用:

（一）破产案件的诉讼费用；

（二）管理、变价和分配债务人财产的费用；

（三）管理人执行职务的费用、报酬和聘用工作人员的费用。

第四十二条 人民法院受理破产申请后发生的下列债务，为共益债务：

（一）因管理人或者债务人请求对方当事人履行双方均未履行完毕的合同所产生的债务；

（二）债务人财产受无因管理所产生的债务；

（三）因债务人不当得利所产生的债务；

（四）为债务人继续营业而应支付的劳动报酬和社会保险费用以及由此产生的其他债务；

（五）管理人或者相关人员执行职务致人损害所产生的债务；

（六）债务人财产致人损害所产生的债务。

第四十三条 破产费用和共益债务由债务人财产随时清偿。债务人财产不足以清偿所有破产费用和共益债务的，先行清偿破产费用。债务人财产不足以清偿所有破产费用或者共益债务的，按照比例清偿。债务人财产不足以清偿破产费用的，管理人应当提请人民法院终结破产程序。人民法院应当自收到请求之日起十五日内裁定终结破产程序，并予以公告。

第一百一十三条 破产财产在优先清偿破产费用和共益债务后，依照下列顺序清偿：

（一）破产人所欠职工的工资和医疗、伤残补助、抚恤费用，所欠的应当划入职工个人账户的基本养老保险、基本医疗保险费用，以及法律、行政法规规定应当支付给职工的补偿金；

（二）破产人欠缴的除前项规定以外的社会保险费用和破产人所欠税款；

（三）普通破产债权。破产财产不足以清偿同一顺序的清偿要求的，按照比例分配。破产企业的董事、监事和高级管理人员的工资按照该企业职工的平均工资计算。

《中华人民共和国外资企业法实施细则》

（2014年2月19第二次修订）

第七十二条 清算委员会应当由外资企业的法定代表人、债权人代表以及有关主管机关的代表组成，并聘请中国的注册会计师、律师等参加。

清算费用从外资企业现存财产中优先支付。

《中华人民共和国海商法》
(1993年7月1日)

第三节 船舶优先权

第二十一条 船舶优先权，是指海事请求人依照本法第二十二条的规定，向船舶所有人、光船承租人、船舶经营人提出海事请求，对产生该海事请求的船舶具有优先受偿的权利。

第二十二条 下列各项海事请求具有船舶优先权：

（一）船长、船员和在船上工作的其他在编人员根据劳动法律、行政法规或者劳动合同所产生的工资、其他劳动报酬、船员遣返费用和社会保险费用的给付请求；

（二）在船舶营运中发生的人身伤亡的赔偿请求；

（三）船舶吨税、引航费、港务费和其他港口规费的缴付请求；

（四）海难救助的救助款项的给付请求；

（五）船舶在营运中因侵权行为产生的财产赔偿请求。

载运2000吨以上的散装货油的船舶，持有有效的证书，证明已经进行油污损害民事责任保险或者具有相应的财务保证的，对其造成的油污损害的赔偿请求，不属于前款第（五）项规定的范围。

第二十三条 本法第二十二条第一款所列各项海事请求，依照顺序受偿。但是，第（四）项海事请求，后于第（一）项至第（三）项发生的，应当先于第（一）项至第（三）项受偿。

本法第二十二条第一款第（一）、（二）、（三）、（五）项中有两个以上海事请求的，不分先后，同时受偿；不足受偿的，按照比例受偿。第（四）项中有两个以上海事请求的，后发生的先受偿。

第二十四条 因行使船舶优先权产生的诉讼费用，保存、拍卖船舶和分配船舶价款产生的费用，以及为海事请求人的共同利益而支付的其他费用，应当从船舶拍卖所得价款中先行拨付。

第二十五条 船舶优先权先于船舶留置权受偿，船舶抵押权后于船舶留置权受偿。

前款所称船舶留置权，是指造船人、修船人在合同另一方未履行合同时，可以留置所占有的船舶，以保证造船费用或者修船费用得以偿还的权利。船舶留置权在造船人、修船人不再占有所造或者所修的船舶时消灭。

第二十六条　船舶优先权不因船舶所有权的转让而消灭。但是，船舶转让时，船舶优先权自法院应受让人申请予以公告之日起满六十日不行使的除外。

第二十七条　本法第二十二条规定的海事请求权转移的，其船舶优先权随之转移。

第二十八条　船舶优先权应当通过法院扣押产生优先权的船舶行使。

第二十九条　船舶优先权，除本法第二十六条规定的外，因下列原因之一而消灭：

（一）具有船舶优先权的海事请求，自优先权产生之日起满一年不行使；

（二）船舶经法院强制出售；

（三）船舶灭失。

前款第（一）项的一年期限，不得中止或者中断。

第三十条　本节规定不影响本法第十一章关于海事赔偿责任限制规定的实施。

《最高人民法院关于海事法院拍卖被扣押船舶清偿债务的规定》

（1994年7月6日）

三、债务清偿

（一）债权登记届满后，由海事法院主持召开债权人会议。全体债权人通过协商，根据清偿顺序提出分配方案，签订清偿协议，经海事法院裁定予以认可。协商不成由海事法院裁定；

（二）拍卖船舶所得价款及其利息一并参加分配；

（三）清偿顺序：

按照我国《海商法》第二十一条、第二十二条、第二十三条、第十四条和第二十五条规定进行清偿。

已登记的其他债权的受偿位于前款顺序之后。

在按上列顺序清偿前，诉讼费用，为保存、拍卖船舶和分配船舶价款产生的费用，以及为海事请求人的共同利益支付的其他费用，应当从船舶拍卖所得价款中优先拨付。

（四）清偿债务后的余款，应归还原船舶所有人。

《中华人民共和国商业银行法》

（2015年8月29第二次修订）

第七十一条　商业银行不能支付到期债务，经中国人民银行同意，由人民法院依法宣告其破产。商业银行被宣告破产的,由人民法院组织中国人民银行等有关部门和有关人员成立清算组,进行清算。

商业银行破产清算时,在支付清算费用、所欠职工工资和劳动保险费用后,应当优先支付个人储蓄存款的本金和利息。

《中华人民共和国保险法》
(2015年4月24日第五次修订)

第九十条 保险公司有《中华人民共和国企业破产法》第二条规定情形的,经国务院保险监督管理机构同意,保险公司或者其债权人可以依法向人民法院申请重整、和解或者破产清算;国务院保险监督管理机构也可以依法向人民法院申请对该保险公司进行重整或者破产清算。

第九十一条 破产财产在优先清偿破产费用和共益债务后,按照下列顺序清偿:

(一)所欠职工工资和医疗、伤残补助、抚恤费用,所欠应当划入职工个人账户的基本养老保险、基本医疗保险费用,以及法律、行政法规规定应当支付给职工的补偿金;

(二)赔偿或者给付保险金;

(三)保险公司欠缴的除第(一)项规定以外的社会保险费用和所欠税款;

(四)普通破产债权。破产财产不足以清偿同一顺序的清偿要求的,按照比例分配。破产保险公司的董事、监事和高级管理人员的工资,按照该公司职工的平均工资计算。

《中华人民共和国民用航空器权利登记条例》
(1997年10月21日修订)

第四条 办理民用航空器所有权、占有权或者抵押权登记的,民用航空器权利人应当按照国务院民用航空主管部门的规定,分别填写民用航空器所有权、占有权或者抵押权登记申请书,并向国务院民用航空主管部门提交本条例第五条至第七条规定的相应文件。

办理民用航空器优先权登记的,民用航空器优先权的债权人应当自援救或者保管维护工作终了之日起3个月内,按照国务院民用航空主管部门的规定,填写民用航空器优先权登记申请书,并向国务院民用航空主管部门提交足以证明其合法身份的文件和有关债权证明。

《中华人民共和国合同法》
（1999年10月1日施行）

第二百八十六条 发包人未按照约定支付价款的，承包人可以催告发包人在合理期限内支付价款。发包人逾期不支付的，除按照建设工程的性质不宜折价、拍卖的以外，承包人可以与发包人协议将该工程折价，也可以申请人民法院将该工程依法拍卖。建设工程的价款就该工程折价或者拍卖的价款优先受偿。

《中华人民共和国民用航空器权利登记条例实施办法》
（1999年9月1日）

第十三条 对中华人民共和国国籍或者外国国籍民用航空器具有优先权的，均可以向登记部门申请办理优先权登记。

第十四条 登记部门对民用航空器权利人的权利登记申请审查合格后，应当根据申请向权利人分别颁发以下相应的权利登记证书：

（一）《民用航空器所有权登记证书》；

（二）《民用航空器占有权登记证书》；

（三）《民用航空器抵押权登记证书》；

（四）《民用航空器优先权登记证书》。

论应受账款质权之实现[*]

在世界范围内，利用应收账款担保借款已经成为企业融资的一条重要渠道。根据世界银行中国项目中心和中国国家发展与改革委员会抽取的一千多家中型企业的有关调查结果显示，目前我国企业应收账款约有 15 万亿元人民币，企业应收账款占企业资产 30% 左右。[1] 应收账款担保融资的需求巨大，《中华人民共和国物权法》（以下简称《物权法》）顺应金融发展的需求，将应收账款质押写入其中，可谓意义重大。为明确《物权法》关于应收账款质押登记的规定，2007年 9 月 30 日中国人民银行制定并颁布了《应收账款质押登记办法》，与《物权法》同时自 2007 年 10 月 1 日起施行。该《应收账款质押登记办法》明确了应收账款的界定："应收账款是指权利人因提供一定的货物、服务或设施而获得的要求义务人付款的权利，包括现有的和未来的金钱债权及其产生的收益，但不包括因票据或其他有价证券而产生的付款请求权。"从法律意义讲，应收账款实质是到期未还的一般金钱债权，故应收账款质押是设定一般债权质押。

考察大陆法系各国和地区，都把一般债权质押作为权利质押的重要种类。《德国民法典》第 1275 条[2]、《法国民法典》第 2075 条[3]、《瑞士民法典》第 899 条[4]、《意大利民法典》第 2800 条[5] 及《日本民法典》第 363 条[6]、我

---

[*] 本文原载于《河南大学学报（社会科学版）》2009 年第 4 期，系与龙云丽共同撰写。
[1] 刘萍："应收账款担保与《物权法》"，载《金融纵横》2007 第 1 期。
[2] 《德国民法典》，陈卫佐译注，法律出版社 2006 年版，第 294 页。
[3] 《法国民法典》，罗结珍译，中国法制出版社 1999 年版，第 469 页。
[4] 《瑞士民法典》，殷生根、王燕译，中国政法大学出版社 1999 年版，第 198 页。
[5] 《意大利民法典》，费安玲等译，中国政法大学出版社 2004 年版，第 76 页。
[6] 《最新日本民法》，渠涛编译，法律出版社 2006 年版，第 747 页。

国台湾地区"民法"第 900 条都对此作出了规定。然而我国《物权法》仅用两个条文对应收账款质押这一复杂的法律问题进行了简略的规定，很多重要问题都语焉不详。

应收账款质押制度是《物权法》新规定的制度，无论在理论阐释还是实务操作中，都存在着许多较为复杂的特殊问题亟待解决，特别是对于应收账款质权实现的问题，学界与实务界似乎都付之阙如，远没有进行比较深入的研究。有鉴于此，本文拟以"应收账款质权实现"的制度构建为中心，围绕着我国《物权法》第 228 条的相关规定以及境内外的立法例展开阐述，探讨与研究应收账款质权实现中遇到的若干重要问题，以期对未来有关《物权法》的有权解释的出台以及完善应收账款质押制度提出有益的建议。

一、应收账款质权之实现的界定

应收账款质权的实现，是指应收账款质权人于债权已届清偿期而未受到清偿时，依法使其质权得以优先受偿的行为。该行为的核心是"质权人之变价权与优先受偿权之具体实现"。[1] 应收账款质押的实现是一个非常复杂的问题，因为在应收账款质押法律关系中涉及两个债权，即作为质权标的的出质债权（即应收账款）和应收账款质押所担保的主债权，质权实现的环节会演变出错综复杂的若干种情形。如果出质人为主债务人，则应收账款质押涉及三方参与人：质权人（主债权人）、出质人（主债务人、出质应收账款的债权人）和第三债务人（出质应收账款的债务人）；如果出质人与主债务人并非同一人，则应收账款质押涉及四方参与人：质权人（主债权人）、主债务人、出质人（出质应收账款的债权人）和第三债务人（出质应收账款的债务人）。

我国《物权法》并没有明确规定应收账款质权的具体实现方式，依据《物权法》第 229 条权利质权参照适用动产质权的规定，可知我国应收账款质权的实现方式，同动产质权的实现并无二致，具体方式包括三种：协议折价、拍卖、变卖。质押财产折价或者变卖的，应当参照市场价格。通过考察其他国家和地区的立法例，我们发现，考虑到债权（应收账款）与其他动产的区别，其实现方式可由质权人向第三债务人直接收取债权，即当债务人不履行债务时，质权人可以直接请求第三债务人（即应收账款债务人）向质权人给付相应款项，从而避免了其他动产质权在实现时所通常需要的评估、折价或拍卖、变卖质物等繁琐程

---

[1] 谢在全：《民法物权论》（下），中国政法大学出版社 1999 年版，第 829 页。

序,从而保障应收账款质权的便捷、高效的实现。

二、确立质权人"直接收取债权"的实现方式之探讨

质权的实现旨在变价权与优先受偿权的实现,质物本身虽然已经具有交换价值,但是必须要经处分阶段方能真正实现其交换价值,此为变价权的范畴。质权人在多个债权人存在的情况下位居在前地对质物享有债权实现的权利,此为优先受偿权的范畴。质物变价的方法应当随着质物的不同而有所不同,质物的出卖(包括协商作价、拍卖、变卖)不应当是唯一的变价方式。质权的实现可以通过向第三债务人收取债权的方式来进行。

(一)"直接收取债权"的含义及立法例考察

对于应收账款质权人"直接收取债权"的含义,学者们有不同的论述。日本的三潴信三先生认为,"所谓直接收取者,一方表示质权人得不依收取债权之委任,径对第三债务人,行使收取权,第三债务人向质权设定人为清偿者,对于质权人无效,一方表示质权人得于裁判外行使收取权也"。[1] 也就是说,质权人可以自己的名义请求第三债务人给付,无需以出质人的代理人身份,也无须通过诉讼的方式即可行使。林良平先生认为直接收取债权的内容为一切实现入质债权内容的诉讼上及非诉讼上的手段,如对第三债务人提起入质债务给付之诉、申请被担保债权的保全处分、破产申请和破产债权的申报、催告第三债务人及受领清偿的行为等。[2] 笔者认为,质权人"直接收取债权"应当包括主动与被动两方面的含义:一方面应收账款质权人可以用自己的名义就出质的应收账款主动向第三债务人直接请求交付;另一方面应收账款质权人可以被动地接受第三债务人的清偿。

质权人以"直接收取债权"的方式实现质权,在境外一些国家或地区的立法中有较为详尽的规定,值得我们关注及借鉴。例如,《德国民法典》规定,在变价条件成熟前,质权人与债权人(出质人)只是具有共同的收取权(第1281条)在变价条件成熟后,质权人有收取债权的权利,且债务人只能向质权人履行给付(第1282条)。《瑞士民法典》第906条规定质权人有权请求收取、催告债权。《日本民法典》第367条第1款明确规定:"质权人可以直接收取作为质权标

---

〔1〕 [日]三潴信三:《物权法提要》,孙芳译,中国政法大学出版社2005年版,第354页。
〔2〕 [日]林良平:《注释民法(8)物权(3)》,有斐阁,昭和57年版。转引自许多奇:《债权融资法律问题研究》,武汉大学2003年博士学位论文。

的的债权。"我国台湾地区"民法物权编"第905条规定："为质权标的物之债权，以金钱给付为内容，而其清偿期先于其所担保债权之清偿期者，质权人得请求债务人提存之，并对提存物行使其质权。为质权标的物之债权，以金钱给付为内容，而其清偿期后于其所担保债权之清偿期者，质权人于其清偿期届至时，得就担保之债权额，为给付之请求。"《美国统一商法典》亦规定：债务人违约后，担保权人可以向应收账款债务人或证券债务人收款。[1]联合国国际贸易法委员会于2002年指定工作小组开始研究《担保交易法之立法指南》（legislative guide on secured transactions），迄今为止最新的草案为第十二届工作组提交的《担保交易立法指南草案》。《担保交易立法指南草案》建议："法律应当规定，对于通过担保方式转让应收款的情况，发生违约之后或经转让人同意而在发生违约之前，受让人有权根据建议112至118收取应收款或以其他方式强制执行应收款"。[2]

将"质权人直接收取债权"作为应收账款"质权实现"的方式之一，我们不能回避这样一个问题：允许质权人直接收取债权与"禁止流质"条款是否冲突？我国《物权法》第211条规定"质权人在债务履行期届满前，不得与出质人约定债务人不履行到期债务时质押财产归债权人所有"，该条即"禁止流质"条款，对于应收账款质押也应适用。有学者认为允许"质权人直接收取债权"实质为流质，则违反了"禁止流质"的原则。笔者认为：允许质权人直接收取债权与"禁止流质"条款并不冲突。因为允许质权人直接收取债权，并非将质押的应收账款直接划归质权人所有。质权人仅为实现优先受偿的目的，在其受清偿的必要限度内，向第三债务人请求给付，收取的金钱以获得其债务的清偿。正是由于质权人并没有直接将债权归为己有，并未取代出质人的债权人地位，所以质权人仅仅享有"收取债权"的程序性权利，而不享有最为重要的处分权利，即不能对该债务予以免除或变更。

（二）质权人"直接收取债权"的情形

因应收账款质押的法律关系中，两债权（出质的应收账款和所担保的主债权）可能因清偿期不同，而导致应收账款质权实现出现不同情形：

1. 情形之一：出质债权（应收账款）与主债权清偿期均已届满。应收账款

---

〔1〕 UCC.§9~607, http：//www.law.cornell.edu/ucc/9/article9.htm#s9-607.

〔2〕 联合国国际贸易法委员会：《担保交易立法指南草案：术语和建议》，第66页。该指南载于联合国国际贸易法委员会网站（http：// www.uncitral.org）。

和应收账款质权所担保的主债权均已届清偿期，质权人可直接收取债权。第三债务人直接向质权人履行是否需要征得出质人的同意？各国立法例不尽相同：《德国民法典》第1282条第1款规定："第1228条第2款的要件已成就的，质权人有收取债权的权利，且债务人只能向质权人履行给付。"德国学者对其解释为："随着变价条件成熟，即被担保债权的期满，质权人的地位得以加强；现在他被授权收取债权，债务人只能向他履行。"[1] "被担保的债权到期时，质权即告成熟，这时质权人可采取多种方式行使其变价权……则他可在质权成熟后单独地、不借助于质权提供人的协助收获该债权。"[2] 我国台湾地区"民法"和《瑞士民法典》都规定第三债务人向质权人履行需要征得出质人的同意。我国台湾地区"民法"第907条规定："为质权标的物之债权，其债务人受质权设定之通知者，如向出质人或质权人一方为清偿时，应得他方之同意。他方不同意时，债务人应提存其为清偿之给付。"《瑞士民法典》第906条规定："①出于妥善管理上的考虑，需要收取或催告出质债权时，债权人有行为的权利，而质权人仅有请求行为的权利。②债务人得知出质时，须得到一方承诺后，始向另一方清偿债务。③无前款承诺时，债务人应提存债务额。"

我国台湾地区"民法"及《瑞士民法典》规定，"第三债务人向质权人履行需要征得出质人的同意"是出于保护出质人利益的考量。因为主债务人与质权人之间的主债务是否因履行完毕致使主债权债务消灭，或者主债务人对质权人是否享有任何抗辩权利，第三债务人是无从知道的。但是如果要求第三债务人向质权人清偿，必须征得出质人的同意，则实际上，可能会使得法律所规定的应收账款质权人享有债务直接收取权成为一纸具文，质权人的利益得不到充分的保护。实务操作中，为了防止出质人不同意第三债务人对质权人的清偿，在应收账款设定质押时，质权人经常要求出质人提前出具同意第三债务人径行向质权人清偿的书面文件以规避该法律规定；此种做法不仅徒增缔约成本，其实际效果与允许"质权人无需出质人同意即可直接向第三债务人收取债权"殊途同归。

故笔者认为，我国立法应规定在应收账款和应收账款质押担保的主债权均已届清偿期后，质权人无需出质人同意即可直接向第三债务人收取债权。但质权人

---

[1] [德] 鲍尔、施蒂尔纳：《德国物权法（下册）》，申卫星、王洪亮译，法律出版社2006年版，第745页。

[2] [德] M. 沃尔夫：《物权法》，吴越、李大雪译，法律出版社2004年版，第355页。

必须立即（即在第一时间内）通知应收账款的出质人，除非发生了不可抗力导致其不能通知。如果主债务人通过清偿主债权或有其他抗辩理由而使主债务消灭，从而使得应收账款质权也相应消灭的情形出现时，主债务人可以通知并提供相应证明给第三债务人，第三债务人可据此拒绝向质权人清偿；或者出质人可向质权人主张不当得利的返还。

2. 情形之二：出质债权（应收账款）未到清偿期而主债权清偿期已届满。当出质的应收账款未到期而主债权已到清偿期时，应收账款质权人只有在出质债权期限届满时，才能向第三债务人主张该债权。原因在于质权人、出质人设定质押的行为，非经第三人的同意，不得损害法律关系以外的第三人利益。第三债务人对债权享有的期限利益，不应该受到他人设质行为的影响。况且，质权人明知出质的应收账款的清偿期晚于主债权清偿期，仍自愿接受应收账款质权，就应承担其后果。

然而在该情形下，质权人仅是不能向第三债务人直接主张债权，却仍可向主债务人主张债权，请求其清偿。"此时债务人如不清偿，自应负给付迟延，若为金钱给付，自得加算迟延利息，亦为质权担保效力所及，质权人并无何不利"；[1] "质权人为尽快实现其质权，可以不待出质债权的清偿期届至时，将出质债权予以变价或订约而取得该债权以供优先清偿"。[2]

3. 情形之三：出质债权（应收账款）已到期而主债权清偿期尚未届满。当出质债权先于主债权到期时，一些国家和地区的立法规定，质权人与应收账款的质权人可以向第三债务人共同收取；第三债务人向出质人或质权人履行时，应当取得另一方的同意。《德国民法典》第1281条［到期前的给付条款］规定了三种途径以实现债权：在变价条件成熟前，质权人与债权人（出质人）只是具有共同的收取权，债务人只能向质权人和债权人共同履行给付。质权人和债权人中的任何一人可以请求向二者共同履行给付；其中任何一人可以不请求给付，而请求为二者提存所负担的物，或者，所负担的物不适合于提存的，请求交付给法院选任的保管人。我国台湾地区"民法"第907条规定："为质权标的物之债权，其债务人受质权设定之通知者，如向出质人或质权人一方为清偿时，应得他方之同

---

［1］ 郑玉波："论债权质权之实行"，载郑玉波：《民商法问题研究（三）》，三民书局1983年版，第120页。

［2］ 姚瑞光：《民法物权论》，海宇文化事业有限公司1995年版，第312页。

意。他方不同意时，债务人应提存其为清偿之给付物。"《瑞士民法典》第906条第2、3款也规定："债务人得知出质时，须得到一方承诺后，始向另一方清偿债务。无前款承诺时，债务人应提存债务额。"

此外，该种情形下，尚可将作为出质标的的债权提存，等待主债权到期后再予处置。如我国台湾地区"民法"第905条I款、《德国民法典》第1281条、《日本民法典》第367条、《瑞士民法典》第906条第3款都规定了提存债权之给付物，《意大利民法典》第2803条前半段虽未明确规定将提存，但是"将债权标的物置于约定或者法定地点保管，其效果与提存大体一致"。[1] 然而提存时究竟以谁为提存的受取人，各国和地区并没有统一的规定：《德国民法典》第1281条规定质权人、出质人二者为共同受取人。日本、瑞士、我国台湾地区对此并无明确规定，学者有不同意见。史尚宽先生认为，"应以出质人为受取人，并于提存书上记载质权人之姓名及有质权存在之意旨"。[2] 郑玉波先生则认为，以质权人及出质人双方为提存者较妥，将来一方受取，须经他方同意使得为之。[3] 笔者认为，由于出质债权已届清偿期，出质人虽有权接受清偿，但其受偿权又因质押行为而受冻结；而质权人虽对给付之金钱享有质权，但又因其有权行使应收账款质权的期限尚未届满，质权人也只能享有名义上的受偿权。因此，关于提存金钱的受偿权人如何受偿的问题，只要能达到限制质权人或出质人单方面对所提存金钱的支配，以上两种观点在实际效果上大同小异。值得关注的是我国台湾地区2007年3月28日修正后的"民法"第905条不仅规定质权人可以请求债务人提存，而且明确其债权质权移存于提存金上，质权人可以对提存物行使质权。

笔者认为，当出质应收账款先于质押所担保的主债权到期时，之所以规定第三债务人向出质人或质权人履行时，应当取得另一方的同意，是为了确保无论是质权人还是出质人都不能单独处分所受清偿的债权，以确保双方利益的保障与衡平。如果未经质权人同意，允许第三债务人向出质人清偿债务，应收账款质权会因出质债权的清偿完毕而消灭；如果未经出质人同意，允许第三债务人向质权人清偿债务，由于主债权的清偿期并未届至，应收账款质权人还没有实现质权的权

---

[1] 费安玲主编：《比较担保法——以德国、法国、瑞士、意大利、英国和中国担保法为研究对象》，中国政法大学出版社2004年版，第320页。

[2] 史尚宽：《物权法论》，中国政法大学出版社2000年版，第406页。

[3] 郑玉波："论债权质权之实行"，载郑玉波：《民商法问题研究（三）》，三民书局1983年版，第120页。

利，质权人接受第三债务人的清偿则损害了主债务人的期限利益，对主债务人显有不公。

我们认为，未来《物权法》的有权解释可以规定：当出质应收账款先于主债权到期时，质权人与出质人对于应收账款具有共同的收取权，第三债务人向出质人或质权人履行时，应当取得另一方的同意。如果质权人同意第三债务人向出质人履行，则视为质权人放弃应收账款质权。

如果出质人同意第三债务人向质权人履行，则视出质人的意思表示不同而有所区别——当出质人明确表示放弃期限利益，提前以所受清偿的应收账款清偿主债务，则主债权债务消灭，应收账款质权消灭；否则为确保质权的继续存在，双方可以提存该金额或以封金、存入特别账户予以冻结等形式设定金钱质押。质权以该项提存金或特定化的金钱为对象，由债权质转为物上质。

三、附有担保物权的应收账款质权的实现

当出质的应收账款附有抵押权或质权时，应收账款质押的效力是否当然及于出质应收账款的担保物权？在应收账款质权实现时，所附的担保物权如何实现出质？这些问题将直接影响到应收账款实现的效果，我国《物权法》仍语焉不详。

（一）应收账款质权的效力范围

应收账款质押的效力是否当然及于出质应收账款的担保物权？对这一问题，德国、日本、瑞士民法和我国《物权法》、台湾地区"民法"都未作明确规定。然而联合国国际贸易法委员会《担保交易立法指南草案》却明确建议："法律应当规定，受让人收取应收款或以其他方式强制执行应收款的权利包括有权收取或以其他方式强制执行任何为应收款的偿付而作保的对人权或对物权（例如一项担保或担保权）。"[1]

学理的看法一般基于担保物权的附随性考虑，认为附于出质债权的担保物权（包括质权、抵押权）同时出质。史尚宽先生对此有代表性的论述："出质债权附有担保权，例如附有保证债权或担保物权时，除另有特约外，质权效力亦基于此等之从权利。"[2]"抵押权亦可作为担保权之标的，惟抵押权系从权利，依民法第870条之规定，不得由其所担之债权分离，而为其他债权之担保，因而只有

---

[1] 联合国国际贸易法委员会：《担保交易立法指南草案：术语和建议》第67页，见于联合国国际贸易委员会网站（http://www.uncitral.org）。

[2] 史尚宽：《物权法论》，中国政法大学出版社2000年版，第404页。

依民法第900条规定,将其随同主债权一并设定权利质押。"[1] 日本的通说也赞同附着的担保物权同时入质:"债权为权利质之标的,而有担保物权附着之者,日本通说认为以无反对意思表示者为限,任其并为权利质之标的。其抵押权附着之者,尤无异说。"[2] "附着于标的债权之特别担保,例如:抵押权,当事人间如无反对意思表示者,自系从权利,共同质入。质权人当然得拍卖抵押权之标的物,以实现其权利。"[3]

我国《物权法》并未完全放开可质押权利之范围,第223条以列举的方式规定了可以出质的权利,这其中并没有包括抵押权和质权。该条的第7项"法律、行政法规规定可以出质的其他财产权利"或许未来随着其他法律、行政法规的规定,有可能为抵押权、质权可以出质提供存在的支持。我国《物权法》《担保法》承认"转质",可推断出质权可以为质押的标的,但抵押权可以成为质权的标的却找不到现行法律依据。各国立法例对于"抵押权是否能成为质权的标的"规定亦不相同。德国民法仅规定抵押权不得与债权相分离而为让与,至于可否作为担保的客体并未有明文规定。《日本民法典》第376条第1款前段却明确了"抵押权人可以将其抵押权作为其他债权的担保"(转抵押)。我国台湾地区在最近一次修订"民法"的过程中,物权编研究修正小组曾讨论是否要明文肯定转抵押制度,但是2007年3月28日修正后的"民法"仍未采用,因此我国台湾地区仍没有转抵押制度,只是以抵押权所担保的债权设定权利质权,而使其效力及于抵押权。[4]

(二)附有担保物权的应收账款质权之实现

笔者认为,基于担保物权附随性的考虑,除当事人另有相反约定外,应收账款出质,其附有的担保物权(包括质权、抵押权)同时出质,应收账款质权人实现质权,可以一并对应收账款的担保物(质物/抵押物)提出权利主张。

《物权法》质权的设定全部是基于法律行为产生,《物权法》规定"设立质权,当事人应当采取书面形式订立质权合同",且"质权自出质人交付质押财产时设立"。然而,应收账款的担保物权出质是基于担保物权的从属性的法理,是

---

[1] 郑玉波:《民法物权》,三民书局1989年版,第241页。
[2] [日]三潴信三:《物权法提要》,孙芳译,中国政法大学出版社2005年版,第346页。
[3] [日]三潴信三:《物权法提要》,孙芳译,中国政法大学出版社2005年版,第355页。
[4] 见我国台湾地区物权编研究修正小组会议第256次会议记录,转引自陈荣隆:"担保物权之新纪元与未来之展望",载《台湾本土法学杂志》2007年第93期。

基于法律的直接规定，而并非依法律行为。此时可能会出现这样的情况：应收账款质押，其效力及于附着于该应收账款的担保物权（抵押权/质权），则应收账款质权人享有对应收账款的担保物权的质权，但是应收账款出质人与质权人并未就应收账款的担保物权出质，采取书面形式订立质权合同；或者出质人未交付质押财产，依据现行《物权法》解释，则该应收账款的担保物权并未设定质权。

为解决该矛盾，笔者认为在未来《物权法》的有权解释中，应当规定质权设定还可依法律直接规定产生，具体体现在应收账款质押上：除当事人有相反意思表示外，应收账款质押效力当然及于附着其上的担保物权（抵押权/质权），即使应收账款的出质人和质权人并未就担保物权出质订立书面质押合同，或者出质人未交付质押财产亦成立。尽管未签订书面质押合同，或者未交付质押财产不影响附着的担保物权入质的成立，但是，为了质权的实现及保护第三人的利益及交易安全，应收账款质权人应请求出质人依据质权设定的方法交付质物。担保物权为质权时，应交付该质权之标的，适用《物权法》动产质权和权利质权设定的方法交付质物；鉴于《物权法》规定抵押权设定依据抵押物的不同，有登记生效与登记对抗两种模式，担保物权为抵押权时，如果该抵押权已登记的，可以向相关登记管理部门作抵押权出质登记；抵押权人应向应收账款质权人交付抵押权登记证书。而对于那些适用登记对抗的抵押物，如抵押人与抵押权人并未办理抵押登记，属于当事人的自愿选择抵押权已成立。立法模式既然把登记与否的选择权赋予当事人，让其视具体情况斟酌行事，当事人出于节约交易成本或信任等因素考虑，选择不履行登记手续是双方维护自身利益最大化的意思自治。抵押权人就是将其没有登记的抵押权出质，如果要求将该抵押权出质，还要去抵押登记机关办理抵押权出质登记，则不仅会过度增加当事人和登记机关的负担，而且还抹杀了当事人私法自治的空间。因此，笔者认为对于适用登记对抗的、当事人未办理抵押登记的抵押权出质，可以将抵押权出质事项记载于抵押人、抵押权人所签订的抵押合同上，并通知抵押人。

四、完善我国《物权法》"应收账款质权"实现的思考

利用应收账款质押融资，具有巨大的市场价值。目前《物权法》关于应收账款质押的条文过于简略，未来《物权法》有权解释应当对此予以更加细致的、可操作性的规定，以保障该制度的顺利实施。总结前文所述，笔者对完善《物权法》的有权解释中涉及应收账款质权实现的内容提出如下几点建议：

1. 应当明确质权人"直接收取债权"系应收账款质权实现的方式之一。具体而言，应当明确应收账款质权的实现，除可适用动产质权的协议折价、拍卖、变卖的方式变价以优先受偿外，质权人向第三债务人直接收取债权亦为"应收账款质权实现"的重要方式，从而有利于保障应收账款质权的便捷、高效的实现。

2. 对质权人"直接收取债权"实现方式的具体内容作如下建议规定：

（1）在应收账款和应收账款质押担保的主债权均已届清偿期后，质权人无需出质人同意即可直接向第三债务人收取债权。但质权人必须立即（即在第一时间内）通知应收账款的出质人，因不可抗力导致无法通知的除外。

（2）出质应收账款先于主债权到期时，质权人与出质人对于应收账款具有共同的收取权，第三债务人向出质人或质权人履行时，应当取得另一方的同意。

如果质权人同意第三债务人向出质人履行，则视为质权人放弃应收账款质权；如果出质人明确表示放弃期限利益，提前以所受清偿的应收账款清偿主债务，则主债权债务消灭，应收账款质权消灭；否则为确保质权的继续存在，双方须提存该金额或以封金、存入特别账户予以冻结等形式设定金钱质押。质权以该项提存金或特定化的金钱为对象。

（3）主债权清偿期先于出质的应收账款清偿期时，质权人只有在出质的应收账款期限届满时，方能向第三债务人主张该债权。

（4）质权人在受清偿所必要的限度内，有权向第三债务人请求给付；质权人必须适当收取，不得滥用权利。

3. 除当事人有相反意思表示外，应收账款质押效力当然及于附着其上的担保物权（抵押权或质权）。为了质权的实现及保护，质权人应请求出质人依据质权设定的方法交付质物。担保物权为质权时，应交付该质权之标的，适用《物权法》动产抵押权时，如果该抵押权已登记的，可以向相关登记管理部门作抵押权出质登记，抵押权人应向应收账款质权人交付抵押权登记证书；适用登记对抗的、当事人未办理抵押登记的抵押权出质，可以将抵押权出质事项记载于抵押人、抵押权人所签订的抵押合同上，并通知抵押人。

论保证人抗辩权[*]

序言

保证是债的担保形式之一,并且是一种十分古老同时又具有强大生命力的以人的信誉作担保之方式。谓其十分古老,是因为在距今两千余年之遥的罗马法中,对保证制度已经有着初具制度化的规定;谓其有强大的生命力,是因为历经两千余年历史沧桑之漫长演进,保证作为私法的重要制度之一,迄今为止依然发挥着其极为重要的作用。

保证作为保障债权人利益的重要手段,对完善债的制度起着不可或缺的作用。但正如贝卡利亚所揭示,法律之终极宗旨和唯一目的"在于谋'最大多数人之最大幸福'"。[2] 人类法律史上真正体现着法律的"善良和公正"[3] 的制度,其设立、完善无不围绕着这一目的。同时,伴随着人类社会的发展,确认、协调、批准、鼓励、活跃和促进社会经济的发展,公平愈发成为法律最为主要的目的。[4] 因此,法律必须随时注意在其制度的设立和架构上,要衡平保证合同及其相关合同的不同当事人利益之保护。法律所负有的历史使命就是要让不同的利益者在公正、合理的范围内实现其利益,尤其是要使社会中各个成员的人格和财产得到保护。[5] 鉴于此,保证人的抗辩权被作为不同民事主体利益衡平的一

---

[*] 本文原载于《政法论坛(中国政法大学学报)》2000年第1期。

[2] [意]贝卡利亚:《论犯罪与刑罚》,黄风译,中国大百科全书出版社1993年版,第5页。

[3] 乌尔比安在其作品中分析:"法(ius)源自于'正义(iustitia)'。实际上,正如杰尔苏所巧妙定义的那样,法是善良和公正的艺术。"(罗马法原始文献 D. 1, 1, 1pr.)

[4] [法]泰·德萨米:《公有法典》,黄建华、姜亚洲译,商务印书馆1982年版。

[5] [英]彼得·斯坦、[英]约翰·香德:《西方社会的法律价值》,王献平译,中国法制出版社2004年版。

项基本内容而置于立法之中。

抗辩权是指在权利人行使其请求权时,义务人享有的拒绝其请求的权利。它的核心功能是永久或暂时阻却请求权效力的发生。我国《担保法》第20条第2款将抗辩权定义为:"抗辩权是指债权人行使债权时,债务人根据法定事由,对抗债权人行使请求权的权利。"在该定义中,强调了抗辩权是债务人针对债权人所享有的权利,同时强调抗辩权的行使是根据"法定事由"。不过,强调"法定事由"似有过分强调权利行使的法定原因而忽视当事人意思自治的嫌疑。在现代私法中,抗辩权与请求权共同构成民事主体旨在保护自己权益的重要权利之一组。在大陆法系各国的民法典中,有关抗辩权的规定清晰可见。但是,抗辩权并非是近现代法的杰作,因为在罗马法中已经存在着抗辩权,且并非完全是诉讼法上的抗辩,而是实体法意义上的抗辩的权利。从公元前451年至公元565年,[1]罗马法历经一千余年,尽管因其所处的社会、经济等诸多因素的束缚,相当多的法律制度只是萌芽状态或者相当粗陋,并非很完善,但是我们却又时时感受到它的诸多的理性之光,这其中即包括抗辩权。

在公元前1世纪前半叶,罗马人已经注意到某些人的请求权的取得是违背公平正义的,如果再机械地依市民法的规定给予其行使请求权的保护,必然使法律之宗旨被扭曲,故此,裁判官在告示中创设了"诈伪抗辩权"(exceptio doli)。诈伪抗辩权强调当一方当事人基于诈欺、胁迫或者乘人之危的行为而取得请求权时,由于他主观上有恶意,他方当事人有权对请求权人行使抗辩的权利。诈伪抗辩权是针对非善意性诉讼所产生的行为的无效所采取的必要手段。诈伪抗辩权在很大程度上保护了受到诈欺、胁迫或危难被乘的人的权益。后来,在优士丁尼时代,法律注重诚实信用原则,对因诈伪而取得的请求权,法律明确地规定不再给予保护。当然,对诈伪抗辩权的规定有一个演进的过程。早期罗马法并未将注意的重点放在诈欺和胁迫上,因为在早期罗马法所处的时代,民风淳朴,不善诈欺,同时,早期罗马法以严格的程式化的缔约方式约束人们的缔约行为,从客观

---

[1] 之所以这样划定时间,是因为笔者赞同对罗马法的形成时间的认定确定为:从《十二铜表法》起算至优士丁尼时代的《新律》出现。

上起到了防止诈欺行为的功效。[1] 随着严格要式行为的减少,略式缔约行为的盛行,加之善良风俗的衰落,诈欺渐多发生。这一现象在许多国家的历史发展中都很普遍。但是古罗马社会的法学家们却很早地从"公平、衡平"理念出发,在法律中确立了对抗诈欺、胁迫等行为的制度化的规定和理论分析。

罗马法中有关抗辩权的理念和制度化的规定对近现代私法中抗辩权,包括保证人抗辩权的规定产生了巨大影响。

保证人对债权人负有相当严格的责任。但是,笔者认为保证法律制度的设立,不仅要关注保证人义务的设定,同时也应当关注保证人的利益保护。乌尔比安和杰尔苏早就告诉我们:"法律(ius)是公正和善良的艺术。"[2] 法律不仅具有"公正"的严肃,而且具有"善良"的温暖。纵观人类法律史的演进,可以说,所有有持久生命力的法律制度均体现出法律的"善良和公正"。因此,就保证而言,法律必须随时注意在其制度的设立和架构上,要衡平保证合同及其相关合同的不同当事人利益之保护。鉴此,我们需要对保证人抗辩权的问题进行必要的考察。

一、保证人抗辩权之特征

欲分析保证人抗辩权的特征,必须首先对保证合同的特点和保证人的法律地位进行定位。鉴于保证法律关系通常至少涉及两个合同:保证合同的前提——主债权人和主债务人之间缔结的合同;保证合同——保证人与主债权人之间缔结的合同。因此,保证合同的特点是从属性与独立性并存;[3] 单务性与无偿性并存;诺成性与要式性并存。

---

〔1〕 参阅盖尤斯《法学阶梯》第 44 页,Gaio. 1, 119;"正如我们前面所说过的 [参见 Gaio.1, 113],要式买卖是一种虚拟买卖;这是罗马市民特有的法;它按照下列程序进行:使用不少于五人的成年罗马市民作证人,另外有一名具有同样身份的人手持一把铜秤,他被称为司秤。买主手持铜块说:'我根据罗马法说此人是我的,我用这块铜和这把铜秤将他买下。然后他用铜敲秤,并将铜块交给卖主,好似支付价金。'"

〔2〕 乌尔比安在其作品中分析道:"法(ius)来自于'正义(iustitia)'。实际上,正如杰尔苏所巧妙定义的那样,法是善良和公正的艺术。"(罗马法原始文献 D. 1. 1, 1pr.)

〔3〕 在这个问题上,学界有相当多的见解肯定保证合同具有从属性和独立性,我们可以在下列著作中看到这一点:郭明瑞、房绍坤、张平华:《担保法》,中国人民大学出版社 2006 年版,第 33~36 页;王利明、崔建远:《合同法新论·总则》,中国政法大学出版社 1996 年版,第 514~516 页;李开国:《民法基本问题研究》,法律出版社 1997 年版,第 321~325 页;王家福主编:《中国民法学·民法债权》,法律出版社 1991 年版,第 98~99 页。当然,在邹海林和常敏著的《债权担保的方式和应用》(法律出版社 1998 年版,第 69 页)中则仅承认具有从属性。

保证合同的从属性是指保证合同的设立、保证的行为标的、保证合同当事人的权利义务以及保证合同的效力范围和存在期间均取决于主合同。债权人与主债务人缔结的主合同是保证合同得以存在的前提和条件。但是同时，保证合同又不是完全依附于主合同，而是保持着一定的独立性，该一定的独立性体现为：①保证人的独立人格性。保证人虽然是以其信誉为主债务人提供担保，但是，这并非意味着保证人的人格被主债务人的人格所吸收，相反，保证人依然保持着自己独立的人格，而这反过来又给了主合同的债权人以利益实现的安全感。保证人的独立人格性主要表现为：首先，保证人抗辩权之独立性。该抗辩权不仅包括了主债务人的全部抗辩权，而且，主债务人行使或者放弃其抗辩权，并不对保证人的抗辩权行使产生影响；[1] 其次，保证人对主合同变更的意思表示的独立性，例如：如果主合同的债务扩大或者主债务人的变更未经保证人的同意，则主债务扩大的部分或者变更后的债务人与保证人无关，因此，保证合同的从属性不消灭保证人对主合同变更的独立为意思表示的权利。[2] ②保证合同之债务变更或消灭的独立原因性。在主债务没有变更的情况下，保证人可以通过与债权人协商的意定方式或者根据法定情形提出主张，使自己的债务发生变更。[3]

作为保证合同，其从属性与独立性是同时存在、相辅相成的。

保证合同的单务性和无偿性并存，体现为保证人在保证合同中负有保证主债务人承担债务的义务，而保证合同中的债权人则既不承担对待给付的义务，又不承担对价给付的义务。

保证合同的诺成性和要式性并存，体现为保证合同自保证人与债权人达成合意时成立而无需以交付标的物为成立的前提条件，但是同时，保证合同的合意表

---

[1] 参阅《担保法》第20条："一般保证和连带责任保证的保证人享有债务人的抗辩权。债务人放弃对债务的抗辩权的，保证人仍有权抗辩。"

[2] 参阅《担保法》第23条："保证期间，债权人许可债务人转让债务的，应当取得保证人书面同意，保证人对未经其同意转让的债务，不再承担保证责任。"第24条："债权人与债务人协议变更主合同的，应当取得保证人书面同意，未经保证人书面同意的，保证人不再承担保证责任。保证合同另有约定的，按照约定。"

[3] 参阅《担保法》第25条："一般保证的保证人与债权人未约定保证期间的，保证期间为主债务履行期届满之日起6个月。在合同约定的保证期间和前款规定的保证期间，债权人未对债务人提起诉讼或者申请仲裁的，保证人免除保证责任；债权人已提起诉讼或者申请仲裁的，保证期间适用诉讼时效中断的规定。"第26条："连带责任保证的保证人与债权人未约定保证期间的，债权人有权自主债务履行期届满之日起6个月内要求保证人承担保证责任。在合同约定的保证期间和前款规定的保证期间，债权人未要求保证人承担保证责任的，保证人免除保证责任。"

现以法律规定的形式表达，对此，我国《担保法》第 13 条特别强调"保证人与债权人应当以书面形式订立保证合同"。

在上述内容中，我们实际上已经对保证人的法律地位进行了分析，即尽管保证人是从债中的当事人，同时又是为了确保债权人利益的实现而设立，但是保证人依然具有独立的人格性和独立的意思表示性，这就决定了保证人抗辩权的独立存在。

因此，保证人抗辩权的特征之一就是独立性，它具体体现为保证人的人格独立性和保证合同债务变更或消灭的独立原因性。前面已经作过分析，不再赘述。

保证人抗辩权的特征之二是一般抗辩权和专有抗辩权的并存性。如前所述，保证合同的存在不是孤立的，它涉及主合同，甚至涉及保证人与主债务人之间缔结的委托保证合同（少数情况下，保证人的出现是保证人自己的主动行为所致，理论上称为"基于无因管理而产生的保证债务"，因为主债务人并没有与其缔结委托保证合同）。故保证人的抗辩权即被划定了范围。一方面，作为合同的债务人一方，保证人与其他所有的债务人一样，享有债务人的抗辩权，例如无效抗辩权、可撤销抗辩权、同时履行抗辩权、不安抗辩权等。同时，保证人作为主债务人的担保者，基于其人格的独立性，他又享一般债务人所不能享有的专有抗辩权，例如主债务擅自扩大抗辩权、主债务人擅自变更抗辩权、催告抗辩权、先诉抗辩权和保证期限抗辩权等。

尽管在保证人处存在着一般抗辩权和专有抗辩权，但是，这两者被法律十分恰当地融合在一起，使得保证人的权益得到保障。对于保证人而言，一般抗辩权和专有抗辩权均不可或缺，否则法律旨在保证保证人利益的目的将落空或者部分落空。

二、保证人抗辩权之样态与限制

（一）保证人一般抗辩权

作为合同的债务人一方，保证人与其他所有的债务人一样，享有其作为债务人的抗辩权，其主要表现为无效和可撤销抗辩权、同时履行抗辩权、不安抗辩权等。

就保证人的无效和可撤销抗辩权而言，其存在的制度价值是对债权人利益和保证人利益的衡平保护。

保证人的责任是为了担保主债务人履行其债务以实现主合同债权人利益，但是，当主合同的当事人以诈欺、胁迫或者恶意串通等手段诱使保证人提供担保时，对于债权人据该类主合同行使请求权的，保证人有权以主合同存在诈欺、胁迫或者恶意串通为理由行使抗辩权。我国《担保法》明确赋予保证人在该种情形下的抗辩权。《担保法》第30条规定："有下列情形之一的，保证人不承担民事责任：①主合同当事人双方串通，骗取保证人提供保证的；②主合同债权人采取欺诈、胁迫等手段，使保证人在违背真实意思的情况下提供保证的。"[1]

此外，虽然不是保证人直接主张行为可撤销，而是应当由主债务人提出可撤销请求，但是主债务人没有请求撤销的，则保证人有权拒绝向债权人履行清偿。《德国民法典》第770条规定："主债务人有权撤销导致其债务发生的法律行为的，保证人可以拒绝向债权人清偿。"

就保证人的同时履行抗辩权和不安抗辩权而言，其注重保证人首先是一个债务人的判断。作为债务人的两个十分重要的旨在保护自己权益的手段，同时履行抗辩权和不安抗辩权发挥着重要作用。但不同的是，保证人的同时履行抗辩权和不安抗辩权的行使必须有前提条件：同时履行抗辩权行使的前提是在主合同没有约定何方先行履行义务的情况下，相对方没有履行自己的义务却要求被保证人或保证人首先履行义务；不安抗辩权行使的前提是在相对方的财产状况发生恶化可能会影响被保证人利益时，相对方却要求被保证人履行义务的情况下。这一现象告诉我们两个信息：一是当被保证人的利益可能遭受损害并因而会损害保证人利益时，保证人享有主合同中被保证人的抗辩权；二是虽然保证人不是主合同的当事人，而是单务性和无偿性并存的保证合同中的债务人，但是，当被保证人放弃行使抗辩权时，保证人的抗辩权并不因此而消灭。我国《担保法》第20条规定："债务人放弃对债务的抗辩权的，保证人仍有权抗辩。"这取决于保证人的独立人格性。当债务人的意思表示与保证人的利益相冲突时，债务人的意思表示并不能成为保证人的意思表示。保证人的同时履行抗辩权和不安抗辩权在性质上属于延缓抗辩权。不过，在债权人财产状况发生恶化的情况下，其亦应当提供一定的担保，否则，此时的保证人之不安抗辩权的性质就是毁灭抗辩权。

（二）保证人的专有抗辩权

保证人作为主债务人的担保者，基于其人格的独立性，他享有一般债务人所

---

[1] 此观点来自于梅仲协先生，梅先生将抗辩权分为毁灭抗辩权和延缓抗辩权，前者是指可使请求权被永久排除的抗辩权，后者是指仅使请求权在一定期间内不能行使的抗辩权。参阅梅仲协：《民法要义》，中国政法大学出版社2004年版，第39页。

不能享有的专有抗辩权，例如主债务人擅自扩大抗辩权、主债务人擅自变更抗辩权、催告抗辩权、先诉抗辩权和保证期限抗辩权等。

就保证人的主债务人擅自扩大抗辩权和主债务人擅自变更抗辩权而言，其制度价值在于判断保证人与主债务人利益的牵连关系之法律定位。债权人与主债务人之间缔结的合同，作为保证合同的主合同，具有极为密切的法律上的牵连关系。由于这种牵连关系，对于主合同的当事人修改主合同的条款，导致主债务人的义务范围扩大，或者主债务人发生变更却没有征得保证人同意，则保证人尽管不是该合同的当事人，却有资格根据保证合同当事人的法律地位所享有的权利，对由于主合同条款变更所导致的自己保证义务范围的扩大或者由于主债务人的变更导致自己保证风险的扩大进行抗辩。

就保证人的催告抗辩权和先诉抗辩权而言，其制度价值在于注重保证人是从合同中的债务人，并且是对主债务人不履行债务实施担保的判断。保证合同的缔结生效，并非当然意味着保证人必须首先向债权人承担债务清偿的责任，相反，当约定保证人是一般保证责任或者无论是根据法定或意定原因均非连带保证责任时，如果债权人撇开主债务人而直接催告保证人履行主债务人义务时，保证人有权抗辩，要求债权人应当首先对主债务人提出履行义务的请求，这即为催告抗辩权。我国《担保法》对催告抗辩权没有明确规定，但是在国外有相应的立法例，例如在《法国民法典》第 2021 条规定："保证人仅在债务人不履行其债务时，始对债权人负履行债务的责任，债权人应先就债务人的财产进行追索，但保证人抛弃此种抗辩利益，或保证人与债务人负担连带债务时，不在此限。"《日本民法典》第 452 条规定："债权人请求保证人履行债务时，保证人得请求先向主债务人催告。但主债务人受破产宣告或者行为不明时，不在此限。"同样，当债权人在没有确认债务人没有履行能力或者没有对债务人提起诉讼要求其承担债务之前，如果首先向保证人提出履行债务的主张时，保证人有权拒绝，这即为先诉抗辩权。对于先诉抗辩权，不少国家的民法典中均有规定，例如：《法国民法典》第 2022 条规定："保证人在最初被诉而主张应先向主债务人追索时，债权人应负追索主债务人财产的义务。"《德国民法典》第 771 条规定："债权人试图对主债务人的财产进行强制执行但未成功的，保证人可以拒绝向债权人清偿。"《意大利民法典》第 1944 条亦规定："保证人与主债务人对债务的履行负有连带责任。但是，双方当事人得约定，在主债务人履行债务之前，保证人不承担履行的责任。"不过，法国、意大利、日本的法律中对在该情形下享有抗辩权的保证人均设定了一个相当严格的附加条件，即保证人有义务指明主债务人用于履行债务的财产。

保证人的催告抗辩权和先诉抗辩权的存在是附条件的，它要求保证人必须承担的是一般保证责任，如果保证人承担的是连带保证责任，则意味着保证人必须放弃催告抗辩权和先诉抗辩权。由此，保证人的催告抗辩权和先诉抗辩权的存在，与保证人行使其选择权有着较大的关联。选择权是合同法律关系中一项重要的权利，美国学者科宾认为，选择权是"在不同的备选事物之间作出抉择"之权。[1] 从广义上讲，选择权存在于缔约、合同变更和履约的整个阶段中。在保证合同中，选择权在不同阶段的具体体现不同，例如缔约阶段的选择权体现为：欲成为保证人的缔约人有权根据债务人的资信能力和履约能力而选择是否成为他的保证人、有权选择保证责任的类型、有权根据对债权人的了解而选择是否与之缔结保证合同。在合同变更阶段，保证人的选择权体现为：保证人有权根据合同存续期间发生的法定或者意定的得以修改合同的情形选择是否主张变更合同某个或者某些条款。在履约阶段中，保证人有权根据自己的意愿，选择抗辩权的行使范围，例如在债务人放弃对债权人的抗辩后，保证人根据自己的判断和意愿，选择是否行使被债务人放弃但自己却依然享有的抗辩权等。保证人的催告抗辩权或先诉抗辩权是否享有，则决于在缔结阶段选择的是一般保证责任还是连带保证责任。

就保证期限抗辩权而言，其制度价值在于确定保证人在公平合理的期间内承担保证责任而不是给其附加无期限的负担。

保证期限的存在有两种情形：一是当事人约定了保证期限，二是当事人没有约定保证期限，由法律直接规定保证人承担其义务的期限。

就第一种情形而言，我们可以在《德国民法典》第777条第1款中看到："①保证人对存在的债务在一定期间内承担保证的，在债权人未依第772条的规定催告债权，虽无重大迟延地继续程序，但在程序终结后未立即向保证人发出请求其履行保证的通知时，保证人于规定期间届满后免除其保证责任。②保证人不享有先诉抗辩权的，在债权人没有立即发出通知时，保证人于指定期间届满后免除其保证责任。"在这里，尽管法律规定了期间届满的后果是保证责任的免除，但是笔者认为，当债权人向保证人提出请求权时，保证人依然可以保证期限届满

---

[1] [美] A. L. 科宾：《科宾论合同》，王卫国等译，中国大百科全书出版社1997年版。

为抗辩事由进行抗辩，因为抗辩权是妨碍相对人行使其权利的对抗权。[1]

就第二种情形而言，则可在《意大利民法典》第 1957 条中看到："在主债期限届满后，保证人亦要承担责任，但是要以债权人在 6 个月内对债务人提出诉讼且对该诉讼给予持续注意为限。在保证人将对主债务的担保期保持在主债务的同一期间内的情况下，亦适用该规定。"

我国法律对保证期限采取了约定和法定两种方式。如果当事人约定了保证期限且并没有被法律禁止，法律不干涉当事人的约定。如果当事人没有约定保证期限，则法律对保证期限给予直接规定。凡在约定或者在法定的保证期限届满后，债权人向保证人提出履行保证义务请求的，保证人有权抗辩。《担保法》第 25 条规定："一般保证的保证人与债权人未约定保证期间的，保证期间为主债务履行期届满之日起 6 个月。在合同约定的保证期间和前款规定的保证期间，债权人未对债务人提起诉讼或者申请仲裁的，保证人免除保证责任；债权人已提起诉讼或者申请仲裁的，保证期间适用诉讼时效中断的规定。"第 26 条规定："连带责任保证的保证人与债权人未约定保证期间的，债权人有权自主债务履行期届满之日起 6 个月内要求保证人承担保证责任。在合同约定的保证期间和前款规定的保证期间，债权人未要求保证人承担保证责任的，保证人免除保证责任。"

在距今十分遥远的公元前 2 世纪，罗马人基于法"是善良和公正的艺术"[2]的价值判断，在《富里亚法》（Lex Furia）中作出了关于保证期限的规定：不论市民或非市民保证人，其保证责任以债务履行期届满后的两年为限，如债权人在两年内不提出主张，保证人的责任即行消灭。[3] 当我们的视线从《富利亚法》的这项规定扫射到现代私法的有关规定上时，很明显，一根历史的长线将它们紧紧地联系在一起。

（三）保证人的抗辩权之限制

任何权利的范围如果过于膨胀，其性质即会发生恶性变化。从一定角度上讲，范围恶性膨胀之权利的行使，较之不履行义务的行为所给他人权利造成的损害更甚。鉴于此，对保证人抗辩权给予必要限制依然是体现法的"善良与公正"。法律对一般债务人的抗辩权所给予的限制同样适用保证人，同时，不少国

---

[1] 史尚宽：《民法总论》，中国政法大学出版社 2000 年版，第 28 页。
[2] 之所以这样划定时间，是因为笔者赞同对罗马法的形成时间的认定确定为：从《十二铜表法》起算至优士丁尼时代的《新律》出现。
[3] 周枏：《罗马法原论》，商务印书馆 1994 年版。

家的法律同时还专门针对保证人先诉抗辩权的限制进行了规定，其表现为：第一，基于保证人的意思表示所产生的先诉抗辩权效力消失。凡保证人在缔约时明确抛弃先诉抗辩权的，其不得再行使先诉抗辩权。第二，基于法律的直接规定所产生的保证人先诉抗辩权效力被阻却。它具体分为两种情形：①虽然保证人没有抛弃先诉抗辩权的意思表示，但是当债权人对主债务人的权利追诉因设定保证后的主债务人的住所、营业所发生变更而受到重大妨碍时，保证人先诉抗辩权的效力依法律的直接规定被阻却；②虽然保证人享有先诉抗辩权，但是因债务人进入破产程序，或者因任何其他足以使债权人有理由认为强制执行主债务人的财产依然不会实现其债权利益时，保证人先诉抗辩权的效力被阻却。[1]

三、我国担保法中保证人抗辩权的制度完善

我国《担保法》对保证人抗辩权的规定较为详细，但依然存在一定问题，其中在学界最有争议的是当保证与担保物权同时存在时，债权人并没有放弃担保物权的利益，但是却首先要求保证人承担责任，那么，保证人是否有抗辩权，如有抗辩权，该抗辩权的条件和范围是怎样的？学界对这些问题的争议，不仅具有重要的理论价值，而且对实务操作亦是十分重要的。我国《担保法》第28条规定："同一债权既有保证又有物的担保的，保证人对物的担保以外的债权承担保证责任。债权人放弃物的担保的，保证人在债权人放弃权利的范围内免除保证责任。"在这个条款中，我们得到两个信息：一是在大陆法系各国均有的通行规定，即债权人放弃物的担保之效力扩展至保证，在物的担保的范围内保证责任亦消失。[2] 二是在同一债权上有保证与物的担保同时并存时，保证责任仅涉及物的担保之外的债权部分。这项规定表面看来十分清楚，但是仔细分析却存在着漏洞。即在同一个债权上，保证与物的担保存在着同时设定和非同时设定的不同情况，那么，在请求履行债务时，是债权人享有选择权——选择请求物的担保人清偿债务或者由保证人清偿债务，还是保证人享有抗辩权——仅在物的担保不足以清偿的情况下由保证人清偿？对此，学界的见解不同，对该种情形下的保证人抗

---

[1] 参阅《德国民法典》第773条和我国《担保法》第17条。

[2] 参阅《法国民法典》第2038条："债权人同意接受不动产或某种动产抵偿其债权时，保证人即免除责任，即使日后债权人接受的财产被追夺时，亦同。"《德国民法典》第776条："债权人放弃与债权有关的优先权、为债权而存在的抵押权或船舶抵押权、质权或对共同保证人的权利的，保证人在其放弃的权利依第774条将取得偿还的限度内，免除责任。即使放弃的权利是在承担保证后才发生的，仍适用此规定。"《意大利民法典》第1955条："当因债权人的行为使保证人的代偿在债权人的质权、抵押权及先取特权中没有效力时，保证消灭。"

辩权,有肯定说、否定说和顺序说。肯定说认为:依民法理论上物的责任优先观点,无论担保物是否为债务人提供,只要债权人享有担保物权,其效力应当优于人的担保;同时,法律规定债权人放弃物的担保,保证责任随之消灭,证明保证是对物的担保的补充,故在债权人主张担保物权之前,保证人享有先诉抗辩权。否定说认为:债权人先行使担保物权的情况仅发生于物归债务人所有的情形。保证人与提供担保物的第三人在民法上没有地位的差别,他们均有代位权,物的担保与人的担保均具有对债权的补充性,没有先诉、后诉之分。故债权人有选择由提交担保物的第三人或者由保证人清偿的权利,相反,保证人没有先诉抗辩权。[1] 顺序说认为:《担保法》的这项规定没有区别保证设立的时间先后,一律认定保证只能担保物的担保以外的债权,未免有失公允,对物的担保人不利,并提出建议:当事人有约定的按约定,无约定的由设立在先者先清偿债务。[2]

笔者认为对这个问题的分析,首先应当是制度价值的分析,即确定担保的目的是使债权人的利益不会因债务人的不履行债务行为而遭受损失,而确定保证人抗辩权的目的是使保证人的负担范围得以适度确定,超过这个度,保证人有拒绝请求的抗辩权。从这个分析视角出发,我们可以对物的担保与保证并存的情况进行具体考察以判断在该情形下保证人是否有权对债权人没有主张物的担保而首先主张保证利益进行抗辩。

债权担保范围存在两种情况,一是物的担保涉及部分债权,保证则涉及其余部分债权;二是物的担保涉及全部债权,同时保证也涉及全部债权。在第一种情形中,保证人肯定对债权人请求首先保证利益没有抗辩权,因为保证人的确负有保证责任,而债权人请求权行使的时间先后对此没有任何实质性影响。在第二种情形中,需要考虑保证人是否享有抗辩权,因为当物的担保与保证同时完整性地对同一个债权提供担保,在实施担保行为时,则有由谁实施、谁先实施的问题。从物的担保与保证设定的功能而言,显然,物的担保较之保证有着更可靠的保障功能。罗马时代的法学家彭波尼曾经明确指出:"以物担保比以人担保具有更强的保障性。"[3] 因为保证是一种允诺,没有任何的物质利益直接被债权人所控

---

[1] 邹海林、常敏:《债权担保的方式和应用》,法律出版社1998年版。
[2] 王利明、崔建远:《合同法新论·总则》,中国政法大学出版社1996年版。
[3] 参阅 D. 50, 17, 25.

制。[1] 但是，笔者认为，当物的担保与保证同时完整性地为债权提供担保时，它们各自的保障功能是大是小已经不重要，重要的是最大程度上实现债权利益、在最小范围内降低债权利益得不到实现的风险。因此，在该情形下，保证人抗辩权依具体情形而具体分析：①在当事人对物的担保与保证同时并存时如何实施担保行为有约定的存在，依约定处理。如果约定物的担保实施在先，则面对债权人首先实施保证责任的请求，法律应当赋予保证人以抗辩权；如果相反，则保证人没有抗辩权。②在当事人没有约定的情况下，应当依设定物的担保或保证的时间先后来确定保证人抗辩权。当物的担保设定在先时，法律应当赋予保证人打开债权人首先实施保证承担保证责任的抗辩权；当保证设定在先，物的担保设定在后时，保证人没有抗辩权，相反，债权人有选择权，既可要求保证人首先承担保证责任，也可首先要求实现物的担保利益。

概括之，在物的担保与保证同时并存时，当事人对保证人抗辩权有约定的，法律应当支持。在当事人没有约定的情况下，保证人抗辩权发生的条件之一是物的担保与保证同时均完全覆盖整个债权；条件之二是保证的设定在物的担保之后。

结论

在担保制度中，保障债权人利益是其根本目的，但是，任何法律制度必须牢牢建立在是任何社会普通成员的利益均能够"各得其所"的价值判断上，因此，保证担保中如何认识、架构和规范保证人抗辩权制度，同样是十分重要的。对保证人抗辩权制度的理性分析，不仅基于制度的现实性，更是基于渊源于罗马法发展于近现代私法的法学理性和权利观念。

---

〔1〕[古罗马] 查士丁尼：《法学总论——法学阶梯》，张企泰译，商务印书馆 1989 年版。周枏：《罗马法原论》，商务印书馆 1994 年版。

担保人抗辩权之析[*]

在担保法的理论研究中，担保人抗辩权问题是一个不应当被忽视的重要问题之一。因为随着社会经济的发展、国内外工程建设的大规模出现，贸易中存在着的大额预付款，因合同履行、产品质量、金融产品而日益增加的担保需求以及国际代理活动对担保的依赖，都使得担保的重要性凸显出来。在对债权人利益关注的同时，对担保人利益也应当给予必要的关注，这是"法是善良与公正的艺术"之理念在担保法律制度中得以体现的表征之一。

一、担保人抗辩权产生的基础与继受

在我国全国人民代表大会或其常委会通过的立法中，只有《担保法》（1995年6月）、《民用航空法》（1995年10月）明确出现了"抗辩权"的术语表达。值得注意的是，这两个立法在设计"抗辩权"制度时均体现出以担保人权益与限制为思维主线的特点，例如《民用航空法》第167条规定："保险人和担保人除享有与经营人相同的抗辩权，以及对伪造证件进行抗辩的权利外，对依照本章规定提出的赔偿请求只能进行下列抗辩：①损害发生在保险或者担保终止有效后；然而保险或者担保在飞行中期满的，该项保险或者担保在飞行计划中所载下一次降落前继续有效，但是不得超过24小时；②损害发生在保险或者担保所指定的地区范围外，除非飞行超出该范围是由于不可抗力、援助他人所必需，或者驾驶、航行或者领航上的差错造成的。"《合同法》中虽然没有"抗辩权"术语的出现，但是，立法者对合同关系中可能出现的抗辩权情形作出了规定，这与我们所知道的"先诉抗辩权"的表达也并没有在《担保法》中直接出现的情形是

---

[*] 本文原载于中国投资担保有限公司编：《2006中国担保论坛》，经济科学出版社2007年版，第492~505页。

一样的。我们在理论研究领域中耳熟能详的先诉抗辩权、同时履行抗辩权和不安抗辩权[1]均未在立法中被作为法律术语直接表达出来,因为立法规范需要其立法技术,理论上的表达与研究结论,完全可以以任何与立法体系和法律语言表达相适应的方式反映在法律条款上。

(一) 担保人抗辩权的罗马法基础

抗辩权制度的初始状态存在于罗马法之中,并且罗马法所规定的抗辩权内容并非完全是诉讼法上的抗辩,而且包括实体法意义上的抗辩权。从公元前451年至公元后565年,[2]罗马法历经一千余年,因其所处的社会、经济等诸多因素的束缚,相当多的法律制度只是萌芽状态或者相当粗陋,并非很完善,但是我们却又能时时感受到其诸多的理性之光。这其中就包括抗辩权。罗马法中的抗辩权用拉丁文表述为"exceptio"。在罗马法的原始文献中,我们可以找到不少有关抗辩权的规则,例如:

1. 因缔约而产生抗辩权。罗马时代著名法学家乌尔比安强调:通过缔约行为,可以产生请求权,也可以产生抗辩权。例如在合同中甲方确认自己有支付义务,则乙方在甲方不履行支付义务时将产生请求权,同样,如果乙方在合同中承诺,在一定情况下,可以免除甲方的支付义务,则在该条件发生而乙方却要求甲方支付的,则甲方有抗辩权。[3]当然,从现代法上看,这实际上是诉讼上抗辩权,而不是旨在阻却对方请求权效力的抗辩权。

2. 因已决案而产生抗辩权。也就是说,已有判决可以作为抗辩理由,它被称为"既决案之抗辩"(exceptio rei iudicatae)。[4]从现代法的角度而言,这也是诉讼上的抗辩权。

---

[1] 它们分别涉及《担保法》第17条,《合同法》第67、68条。

[2] 之所以这样划定时间,是因为我赞同对罗马法的形成时间的认定确定为:从《十二表法》起算至优士丁尼时代的《新律》出现。

[3] D. 1, 23. 乌尔比安论萨宾第十七编:就像尤利安在其学说《汇纂·第三十编》中所说的,如果奴隶有所承诺,则他就如同为用益权人取得了一项请求权一样;他还可以通过免除或付款的要式口约为用益权人取得一项抗辩权。还是根据他的看法,如果该奴隶订立了一项口头免债合同,则他也为用益权人免除了债务。

[4] D. 1, 33. 在特定情况下,用益权并不引致对部分所有权的法律效力,对此有一致的看法。因而,如果一方面对一地产的一部分用益权提起诉讼,而另一方又在诉讼驳回后要求(所有人)或用益权人返还另外一部分已增加到(地产之上)的财产利益。于是尤利安认为,在所有权的诉讼程序中便产生了既办案的抗辩(exceptio rei iudicatae)。因为一块新的地产如同冲击地一样增加到原有的土地之上,而对此冲击地的用益权是相对于该特定人的。

3. 因提供了担保而产生抗辩权。在罗马法中，对他人之物享有用益权的人必须要提供担保，其目的分别是，为用益权人能够按照诚信之人的判断利用该用益物进行担保；为在用益权终止后将仍存在的用益物返还进行担保。那么，如果甲某给乙某遗赠了一项用益权，但同时又以"如果你有了孩子"为条件遗赠了所有权，则随着用益权与所有权发生混同而消灭，要式口约也随之失效。但是，在该情形下，当物的所有权人要求用益权人返还用益物时，用益权人依然可以因享有一项抗辩权而继续享有用益权，即用益权人能够以自己已经为享有用益权提供了担保为抗辩而继续享有用益权。[1] 从现代法的角度而言，这属于实体法上的抗辩权，用益权人的对抗可以阻却所有权人物的返还请求。同时，我们还注意到，罗马法中还有一个制度设计，即反抗辩的设计：当用益权人没有对其享有用益权提供担保却以用益权已经转让给他为理由进行抗辩时，所有权人可以进行反抗辩并请求返还该物。[2]

通读作为优士丁尼《法学阶梯》蓝本的盖尤斯的《法学阶梯》，我们可以看到许多有关抗辩权的内容[3]，无论是罗马法的有关私法的实体性规定还是在诉讼法的规定中，我们均可以感受到罗马人对抗辩权关注，其中也包括对担保人抗辩权的关注，因为罗马社会中的用益权人多同时也是担保人。

（二）欧陆国家的传承

在欧陆国家[4]的民法典中，如德国、法国、意大利、瑞士、俄罗斯等国民法典，在抵押、质押、保证等担保制度以及担保人的规则中，大量继受了罗马法的制度思维与规则。这样的继受分别以不同模式得到体现。

模式一：物权与契约之债分置模式。在该模式中，担保物权被放置于物权体

---

[1] D. 9, 1, 3. 如果某人给你遗赠了一项用益权，但同时又以"如果你有了孩子"为条件遗赠了所有权，则随着用益权因混同而消灭，要式口约也失效，不过这涉及一项抗辩。D. 9, 1, 4. 如果继承人将所有权转让而后来却丧失了用益权，则要考虑，继承人是否可以依要式口约提出诉讼。可以很肯定地说，从法律来看要式口约并不失效，因为用益物既不可以返还给继承人，也不可以返还该继承人的法定继承人，亦不返还对此物获得了所有权的，即要式口约的约定人。进一步讲，对此物获得所有权的人，必须要通过自己的担保来保护其所有权取得。倘若他没有这样做，同样还可以提起物上之诉。

[2] D. 9, 7. 乌尔比安论告示第七十九编：假如一物因用益权而转让，但担保尚未提供，那么普罗库勒认为继承人时可以要求返还此物，而且，如果对他有抗辩提出［即根据用益权已转让给他］，他还可以进行相应的抗辩。这一看法有其充分的道理，不过物之返还也可以要式口约本身予以要求。

[3] 参阅盖尤斯的《法学阶梯》（中国政法大学出版社2008年版）第344~350页，Gaio. 4, 116a~126.

[4] 欧洲大陆国家在阐述自己的法律共同渊源时，往往称自己属于"罗马法系"。

系中，保证依然按照罗马法的思路被放置在债的关系中。德国民法典、瑞士民法典即采该模式。

模式二：财产取得方式之模式。在该模式中，将保证、质押和抵押等担保方式作为取得财产的保障方式，放置在财产取得方式的体系中加以规定。法国民法典即为此。这样的思路在其效力上依然延续了罗马法的思路，因为在罗马法中，财产的取得多通过诸如买卖、赠与等债的行为来实现，为了保护债权人利益。

模式三：物的担保单独放置之模式。在该模式中，将保证放在债的规则中，但是将物的担保放在物权法和债法之外单独规定，并且强调担保所具有的财产担保属性。意大利民法典、加拿大魁北克民法典即为此。

尽管对担保制度的设计体系不同，但是在欧陆国家的民法典中均包含了担保人抗辩权的规定，例如《德国民法典》第 239、768、770、771、773、1137、1211 条等，《法国民法典》第 2012、2021、2036 条等，《意大利民法典》第 1945、1952 条、2805、2870 条等。所以，欧洲大陆法典化国家之所以自称是罗马法系国家，其主要原因就是对罗马法传统、法律理性、法律制度的继受，其中包括对担保制度、担保人的规定、担保人抗辩权观念与规范的继受。

担保人抗辩权存在的价值判断是既要保障债权人利益的实现，同时也不能忽略对担保人利益的保护，这样才能实现法律是保护最大多数人的，并实现在法律范围内对每个当事人均能够保护其"各得其所"的目的[1]。

(三) 我国民国以来的立法继受与思考

1911 年《大清民律草案》借鉴欧陆法学理论，在制度架构和内容设计上引入欧陆民法的原则与理念，虽然因清朝政府被推翻而未及实施，但是由于它首次突破了中华法系的体系，引进了西方民法典的立法理念、原则与编纂方法，因而是一个具有里程碑意义的立法活动。在该草案中，仿德国民法典体系，将物的担保作为担保物权放置于物权编中将保证放置于契约之债中。同时在第 865 条中规定了担保人的抗辩权。

1928 年，民法典被作为当时立法的重点。总则、债编、物权、亲属、继承在 1929 年至 1931 年之间被分别颁布，各编除了均被三读会议讨论之外，还经过了不同次数的正式会议的讨论。例如债编被正式讨论 58 次，物权编被正式讨论

---

[1] 乌尔比安告诉我们："正义就是给每个人以应有权利的稳定而永恒的意志。""法的准则是：诚实生活、不害他人，各得其所。"（罗马法原始文献 D. 1, 1, 10pr.）

过61次，至于亲属编和继承编则各被120次的正式会议讨论过。

在体系上，该民法典依然将保证放置在债编中，物的担保也依然被放置在物权编中。同样，该法也保留了担保人抗辩权的规定。

此时期我国民法典的立法内容与立法技术尽管模仿成分居多，但是基于西学东渐而传输来的西方立法理念、原则与制度规范被接受下来，尤其是我国立法对"法是善良与公正的艺术"这一法律理念的接受，对我国立法与法学发展极为重要。"法是善良与公正的艺术"的理念，实际上强调的是自然与公正的观念。"善良"就是尊重每一个主体不违背法的禁止性规范的意愿，给每一主体应有的活动可能。"公正"就是给每一个主体实现自己的机会，包括由于一方滥用实现自己利益的机会而给对方带来损害的可能时，也必须要采取一定的方法给对方以必要救济。给担保人以抗辩权，就是法应当体现的公正精神。

二、担保人抗辩权的性质

对于担保人抗辩权，我国立法并没有给出一个独立的定义，《担保法》中有关抗辩权的定义适用于所有债务人，除非法律有不同规定。该定义强调："抗辩权是指债权人行使债权时，债务人根据法定事由，对抗债权人行使请求权的权利。"（《担保法》第20条第2款）我们从这个定义能够清晰地解读到法律的思维是对债务人的利益也应当给予救济。

在与债权人的法律关系中，担保人与主债务人不是一个主体，但是，担保人的义务与主债务人的义务多发生重叠，因此，立法为债务人设计的抗辩权，同样也适用于担保人。所以，如果从理论上对抗辩权下一个定义，应当强调：抗辩权是指有给付义务的人对请求权人的权利行使所享有的拒绝其应为给付的权利。在现代私法中，抗辩权是民商事主体享有的民事权利之一，抗辩权与请求权共同构成民事主体旨在依法保护自己权益的重要权利之一组。

根据《担保法》的规定，担保人抗辩权的行使应当具有如下条件：

1. 债权人处于依约定或法律规定行使债权请求权之时。

2. 抗辩权行使的主体是包括担保人在内的债务人。

3. 抗辩权得以出现的事由已经发生。例如，当无法证明主合同纠纷已经审判或者仲裁，并就债务人财产依法强制执行仍不能实现债权人利益之前，一般保证人对债权人可以拒绝承担保证责任。从保障债权人利益的角度而言，抗辩权的发生事由应当由法律直接规定，不宜由当事人约定，因为抗辩权的效力是阻却请求权效力的发生，这是在不同主体利益的冲突十分尖锐且没有其他选择余地的情况下，法律作出的被认为符合法的公正与善良理念的决定。当然，我们也可以提出一个疑问，即抗辩权的产生除按照法律规定外，债权人与担保人之间是否能够约定产生抗辩权？我认为，在法律没有明确排除或禁止的情况下，担保人希望以约定方式对抗辩权的范围作出一定扩展而债权人也愿意相应缩减自己的请求权范围，可以考虑不予干涉。自然，该约定没有违背法律的强制性或禁止性规范为不可逾越的底线。

担保人的抗辩权具有如下性质：

1. 私权性。担保人抗辩权是社会普通成员所享有的权利，它不具有公权力的品质与强势。至于社会普通成员，则无论是自然人或是团体，均在其中。

2. 阻却请求权效力性。请求权的享有是权利人特有的外在表征，没有请求权就不是真正的权利人。而抗辩权的效力则恰恰是阻却请求权的效力。

3. 对抗性。由于抗辩权旨在阻却请求权的效力，就使得抗辩权人与请求权人之间直接发生对抗。

4. 救济性。抗辩权是法律对原本有义务之人的特别救济，即当法律规定的情形出现时，原本负有义务的担保人却可以不履行自己的义务，因此，抗辩权实质是立法对担保人的救济，其效果是免除或缩小担保人的义务的范围。

担保人抗辩权作为民事权利之一种，其定位于民事权利的体系之，受到民法有关民事权利确认与救济规则的调整。

三、实体上的抗辩权与程序上的抗辩权

如前所述，罗马法中虽然有关于抗辩权的规则存在，但是它并没有区分实体上的抗辩权与程序上的抗辩权。在法律生活中，人们进行抗辩涉及两种状态：

状态之一：关于权利根本不存在或权利已经消灭的抗辩。该抗辩主张的主旨在于否定对方提出请求时有请求权基础的存在，即或是请求权未曾发生过，或是请求权曾经发生过但是现在已经消灭。这属于事实抗辩，多发生在诉讼过程中对事实的说明，不是实体上抗辩。例如，担保人指控债权人与债务人恶意串通骗取担保人提供担保，因而其由于有诈欺行为而根本无权提出支付请求。在这里只要证明债权人有诈欺行为存在的事实即可。

状态之二：排除请求权效力的抗辩。该抗辩的主旨在于在确认对方有合法有效请求权的同时，主张自己有拒绝给付的权利。这是民法上的也即实体法上的抗辩权。例如，承担一般保证责任的保证人，在面对债权人的支付请求而行使先诉抗辩权时，必须要从事实与合乎法律规定的角度论证：虽然债权人对保证人有请

求权，但是法律规定的该请求权行使的条件没有完全具备，也就是债权人无法证明债务人已经"不能履行债务"。《担保法》第 17 条第 2 款规定："一般保证的保证人在主合同纠纷未经审判或者仲裁，并就债务人财产依法强制执行仍不能履行债务前，对债权人可以拒绝承担保证责任。"这意味着，当债权人未用尽先诉救济权并对债务人依法予以强制执行之前，当债权人无法证明债务人不能履行债务是客观不能而非主观不能时，一般保证人有权拒绝承担保证责任。

根据法律的规定，债权人要证明债务人已经"不能履行债务"而且是客观不能，必须要通过法律规定的相应程序给予证实，其立法的制度价值判读是为了防止债务人单方或与债权人同谋恶意逃避债务、将债务负担转嫁给担保人。因此，在实践中，仅凭担保协议中有诸如"如乙方不能偿付，乙方担保人 XX 担保公司承担清偿责任"的表达就直接认定出现了债务人"不能履行债务"事实的，是一种错误认定。

实体上的抗辩权与诉讼上抗辩权有着明显的不同：

第一，制度目的的不同。实体上抗辩权在立法上获得确认，旨在强调对不同主体的利益给予公平保护，即债权人利益要受到保护，但是担保人利益也不应当被忽略。诉讼上抗辩权则旨在强调对主张者是否存在提出主张的权利基础进行事实认定。在对该事实进行认定时也强调公平，但它是强调公平地给各方当事人以一个阐述自己的主张、反驳对方的陈述或指控的机会。

第二，制度功能的不同。实体上抗辩权的行使是针对对方已经存在的合法有效的请求权，根据合同约定或法律规定主张该请求权的效力被阻却。此外，实体上抗辩权不仅只能依合同明确约定或按照民法的明确规定行使且不能肆意拓展范围，还必须接受法律给予的限制，如《担保法》第 17 条第 3 款规定了一般保证先诉抗辩权不得适用的情形，若"债务人住所变更，致使债权人要求其履行债务发生重大困难的"，债权人就可以直接要求保证人履行债务。在该情形发生时，保证人不得拒绝。

诉讼上抗辩权的行使是针对是否存在请求权基础的事实提出主张，而且从实践上看，如果在阐述该事实过程中发生程序上的不公平导致无法提出或无法正常提出主张时，该抗辩权的范围可以被拓展到对程序不公正的抗辩。例如，在诉讼过程中发生了没有给双方当事人以足够的均等机会来陈述案件事实、审判者允许一方当事人在证据上对对方当事人进行"突袭"的情形，如在开庭之前很短时间内甚至在开庭时，在对方不知情的情况下提交新的证据、审判者私下与一方当事人接触进行与案件有关的业务活动而另一方并不知情等。总之，凡出现由于程序不公平导致无法就是否存在请求权基础的事实进行有效抗辩的，则诉讼上抗辩权的范围被当然伸展，这完全符合自然公平的理念。

四、担保人抗辩权的来源

担保人抗辩权在客观上具有不同的产生之源，具体包括：

（一）意定之源与法定之源

法定之源是担保人抗辩权的主要依据。如先诉抗辩权、同时履行抗辩权、不安抗辩权甚至时效抗辩权的来源均是法律的明确规定。

意定之源则是担保人与债权人或债权人同时与担保人、债务人之间的约定。虽然在从《担保法》对抗辩权的定义中无法直接判断出抗辩权的意定之源，而且在其强调根据法定事由发生抗辩权的情况下，更容易忽视对意定之源的关注。但是，如前所述，在法律没有明确禁止且当事人的约定没有与法律规定相抵触的情况下，应当考虑对当事人有关抗辩权的约定。

此外，我们应当注意：债务人放弃抗辩权的意愿不对担保人抗辩权的存在产生影响。《担保法》第20条第1款规定："一般保证和连带责任保证的保证人享有债务人的抗辩权。债务人放弃对债务的抗辩权的，保证人仍有权抗辩。"它体现出法律的一个基本规则：任何权利的放弃均应当是权利主体亲自的、明确的意愿表达。

（二）直接之源与受让之源

抗辩权的直接之源是法律对担保人抗辩权的直接确认。而受让之源则是在债务人不行使自己的抗辩权时，担保人自然可以接替债务人进行抗辩。在这里，"受让"不存在获得债务人许可之意，而是产生"受让"的客观效力。

五、担保人抗辩权的样态与限制

（一）担保人抗辩权的样态

担保人抗辩权存在的样态主要包括：

1. 一般抗辩权。担保人一般抗辩权，是指担保人根据主债务人的法律地位而对抗债权人清偿请求的权利。对担保人的一般抗辩权，立法设有规定，例如《担保法》第20条规定："一般保证和连带责任保证的保证人享有债务人的抗辩权。"此外，担保人享有的债务人的同时履行抗辩权、不安抗辩权等也属于一般抗辩权。

2. 专有抗辩权。担保人专有抗辩权，是指法律为担保人专门设计的抗辩权。

在我国与国外立法中，担保人专有抗辩权是指保证人专有的抗辩权。其制度价值判断在于：虽然保证人与债务人关系密切，但是在法律地位上保证人与债务人是不完全一致的，那么，为了给保证人利益以公平保护，法律特别设定专属于保证人的抗辩权。这些抗辩权的行使可以使得保证人免除某些对其不公平责任的承担。根据我国《担保法》的规定，这些专有抗辩权的内容主要包括：

（1）在保证期间内，主债权人未经保证人书面同意而许可债务人转让债务的，对未经其同意转让的债务进行清偿的请求，保证人有免除保证责任抗辩权。

（2）在保证合同生效后，主债权人未经保证人书面同意而与主债务人协议变更合同的，当主债权人对变更后的合同向保证人提出清偿请求的，保证人有免除保证责任抗辩权。

（3）保证人与债权人合意在最高债权额限度内就一定期间连续发生的债权提供保证，但未约定保证期间的，则在保证人书面通知债权人终止合同后又发生了债权，而债权人对该债权提出清偿请求的，保证人享有不承担保证责任的抗辩权。

（4）当同一债权之上同时并存物的担保与保证时，保证人确认仅对物的担保以外的债权承担保证责任的，如果债权人放弃物的担保转而仅主张保证人的担保责任时，保证人对债权人的请求享有在债权人放弃权利范围内免除保证责任的抗辩权。

（5）同一债务之上有两个以上保证人、对保证份额有合同约定的，债权人作为合同缔约人必然知道该约定，当债权人的清偿请求超出了约定份额债权时，保证人享有拒绝承担自己份额之外保证责任的抗辩权。

（6）保证期间抗辩权属于专有抗辩权。（《担保法》第25条规定："一般保证的保证人与债权人未约定保证期间的，保证期间为主债务履行期届满之日起6个月。在合同约定的保证期间和前款规定的保证期间，债权人未对债务人提起诉讼或者申请仲裁的，保证人免除保证责任。"第26条规定："连带责任保证的保证人与债权人未约定保证期间，债权人有权自主债务履行期届满之日起6个月内要求保证人承担保证责任。在合同约定的保证期间和前款规定的保证期间，债权人未要求保证人承担保证责任的，保证人免除保证责任。"）

（7）保证人的先诉抗辩权属于专有抗辩权。

（二）担保人抗辩权的限制

任何权利均有限制，担保人抗辩权亦不例外。担保人抗辩权的限制主要表现在对先诉抗辩权和不安抗辩权的行使上。

就"先诉抗辩权"的行使而言,《担保法》第17条第2款规定:"一般保证的保证人在主合同纠纷未经审判或者仲裁,并就债务人财产依法强制执行仍不能履行债务前,对债权人可以拒绝承担保证责任。"这是法律赋予一般保证的保证人享有的先诉抗辩权。但是,第17条第3款同时规定了一般保证的保证人不得行使先诉抗辩权的三种情形:"有情形之一者保证人就不得行使抗辩权:①债务人住所变更,致使债权人要求其履行债务发生重大困难的;②人民法院受理债务人破产案件,中止执行程序的;③保证人以书面形式放弃前款规定的权利的。"

在上述情形中,②和③的情形具有易判断的客观表征,例如因法院受理案件而产生明显的程序障碍、因保证人明确的意思表示而产生抗辩权不得行使的结果。但是,对"债务人住所变更,致使债权人要求其履行债务发生重大困难的",其理解与说明均有一定难度,这就要求主张抗辩权受到限制的当事人必须举证充分和到位。对此,最高人民法院以判决形式作出阐明,例如最高人民法院2002年5月20日就中信实业银行诉北京市京工房地产开发总公司保证合同纠纷案作出的判决强调:"上诉人京工公司在本案中承担的是一般保证责任,依法享有先诉抗辩权。只要主合同纠纷未经审判或仲裁,并就债务人财产依法强制执行仍不能履行债务前,一般保证的保证人都可以对债权人拒绝承担保证责任。但是,先诉抗辩权在遇到法律规定的情形时,不得行使。本案中,被保证人金辉公司的住所不明、营业执照被吊销,其中方投资者的营业执照也被注销,外方投资者的情况不明。这种情况下,使被上诉人中信银行向金辉公司请求清偿债务发生很大困难,符合《担保法》第17条第3款第1项规定的情形。因此,京工公司的先诉抗辩权不得行使。"[1] 显然,主张抗辩权不得行使的一方,对"被保证人金辉公司的住所不明、营业执照被吊销,其中方投资者的营业执照也被注销,外方投资者的情况不明。这种情况,使被上诉人中信银行向金辉公司请求清偿债务发生很大困难"的证据准备十分充分,所以使得担保人的抗辩权被完全否定。

就不安抗辩权的行使而言,法律规定的限定条件是抗辩权行使的维度所在,正如最高人民法院2003年6月20日就沛时投资公司诉天津市金属工具公司中外合资合同纠纷上诉案作出的判决所指出的那样:"根据《合同法》第68条、第69条有关不安抗辩的规定,应当先履行债务的当事人行使不安抗辩权首先要有

---

[1] 参阅国家法规数据库2006年版,http://www.chinalaw.net,访问时间:2006年5月2日。

确切证据证明对方存在法定的几种有丧失或者可能丧失履行债务能力的情形,其次要尽及时通知对方的义务。"

六、担保人抗辩权制度的完善

(一) 体系化思维的重要性

现代社会经济发展所带来的机遇与挑战、变化与问题、制度缺陷的凸显与矫正等诸多令一般人们眼花缭乱的社会现象,也给法律人的理智判断与理性思维带来了新挑战。法律人的基本素养之一就是面对复杂的社会现象与问题时,始终保持应有的法律理性。因此,从担保制度和担保人权利义务的角度来观察现代社会活动,我们应当看到:

就担保活动而言,机遇与风险并存。一方面,现代社会经济发展越快,交易越多,对担保的需求越大。但是另一方面,交易越多、需求量越大,其风险系数也随之增加。所以,因需求扩大、交易增多而带来的专业担保行业的发展与担保安全风险增大并驾而驱。应当说,担保活动中的风险如同阳光下的阴影,无法摆脱。因此,在法律允许的维度内进行活动,充分运用法律手段实施自我保护,是现代担保人必须关注的基本问题。担保人自我保护的重要思维之一就是如何正当而有效地行使担保人的抗辩权。

就立法而言,无论是我国还是其他国家,21世纪立法的渐进细化是必然趋势。欧洲国家的法典解构化现象、我国立法所采取的制定法典与日渐繁多的单行法相互配套的现象,均从不同的角度说明了这样的趋势。立法的渐进细化带给我们的一个基本要求就是,我们需要学会对法律认识与理解的体系化思维。也就是说,我们必须立足于整个法律体系和民事权利体系来思考担保人的抗辩权。

(二) 完善我国担保人抗辩权制度的思考:保证人先诉抗辩权的扩展

如果我们仔细观察担保法与《最高人民法院关于适用〈中华人民共和国担保法〉若干问题的解释》,我们可以看到,就保证人先诉抗辩权而言,其范围实际上已经被扩展。例如,《最高人民法院关于适用〈中华人民共和国担保法〉若干问题的解释》第24条规定:"一般保证的保证人在主债权履行期间届满后,向债权人提供了债务人可供执行财产的真实情况的,债权人放弃或者怠于行使权利致使该财产不能被执行,保证人可以请求人民法院在其提供可供执行财产的实际价值范围内免除保证责任。"这实际上已经扩展了保证人的抗辩权范围。因为,根据该司法解释,一般保证责任的保证人实际上具有了两种可以行使抗辩权的事由:①在主合同纠纷未经审判或者仲裁,并不能证明就债务人财产依法强制执行仍不能履行债务之前，保证人可以对债权人的履行请求进行抗辩，拒绝承担保证责任。②一般保证人只要证明：其已经向债权人提供了债务人可供执行财产的真实情况，但是债权人放弃或者怠于行使权利致使该财产不能被执行的，保证人可以就其提供可供执行财产的实际价值范围内进行抗辩，要求免除保证责任。但是，从立法的效力而言，最高法院的解释虽然具有其约束力，但是相对于国家立法机构的立法效力而言尚有法律属性之不同，因此，这个规则应当通过立法机构的行为纳入立法中以使该规则成为立法规则。

此外，就保证人先诉抗辩权的产生，我国现行法律规定仅适用于一般保证。从当事人的意愿与先诉抗辩权的逻辑关系分析，表现为：首先，当事人对保证人责任的合意可以产生一般保证责任；其次，一般保证责任的确定依法当然产生先诉抗辩权。那么，如果当事人对保证人的一般保证责任没有达成合意或合意不明确，则不产生一般保证责任，进而只能产生保证人的连带责任。在连带责任保证中，保证人与债务人属于同一顺序，保证人没有顺序利益，保证人没有先诉抗辩权。根据我国《担保法》对保证人一般责任和连带责任的立法思路，连带保证责任属于通常的保证责任，而一般保证责任则是例外。凡当事人没有约定或约定不明的，均排除一般保证责任，也就排除了保证人的先诉抗辩权。我国《担保法》的这一立法规则，无疑是有利于债权人的债权实现，但是也有一定的消极作用，即这种推定虽然可能保障债权实现的价值目标，不过给保证人为债务人提供担保增加了较为沉重的负担，忽略了降低债务人寻找保证人成本、解决企业融资困难、推动信用经济建设、发展市场经济的价值追求，加重了保证人的责任，因此，我们应当考虑适当放宽或减轻对保证人连带责任的约束，以更好地平衡债权人、债务人、保证人三者间的利益救济。

论银行格式保证条款中的保证人权利救济[*]

一、问题的提出

在现代社会经济生活中,银行信贷活动是最为活跃的经济活动之一。保证则又是最普遍地被运用于银行信贷领域内的活动。从法律的视角观察之,银行信贷行为完全建立在银行格式保证条款基础上。银行格式保证条款是银行格式保证合同的基本条款,尽管银行与不同的主体缔结信贷合同而导致银行格式保证合同的具体内容有所差异,但是,就保证条款而言,几无差异。

银行格式保证条款,是指作为债权人的银行预先拟定的、保证人只能附和的以保证为内容的合同条款。银行在办理信贷业务时,不论保证人是作为自然人的消费者还是企业,均使用由银行提前拟定好的格式保证合同。银行格式保证合同存在的方式表现为:大多数银行制作独立的格式保证合同;少数银行则将保证合同的内容放置于借贷合同内而不再单独制定保证合同。

银行格式保证条款实际上是一个双刃剑,既基于其定型化而节省了交易成本,但同时也增加了对保证人等非银行主体的权利造成侵害的可能与概率,甚至将导致契约自由与契约公平的偏离。理论上讲,经济活动中所谓弱者利益救济是一种伪命题,因为其中的弱者总是处于变化状态,如果把某一方主体固定为弱者并非是一种理性判断。相反,对不同主体如何给予公平救济则是一个永恒话题。

在我国社会实践中,虽然我国《担保法》对保证人权利作出了规定,但银行在社会经济活动中所具有的经济优势,使其有意或者无意地在单方预先拟定格

---

[*] 本文原载于《中国政法大学学报》2012年第4期,系与龙云丽共同撰写。

式合同条款时，存在着限制或排除法律早已明文规定的保证人权利，使得法律对保证人保护的立法初衷落空，"一般交易条款中毫无顾忌的结构总是侵蚀掉保证义务的辅助性和从属性，并将法律所希望的风险极限进一步推向保证人"。[1] 因此，客观上，法律规范保障保证人的作用并非如同立法者想象的那样完满，相反是非常有限的。

银行格式保证条款中存在着种种苛刻内容的现象，有制度因素。现阶段，社会信用状况不佳，银行贷款风险巨大，因贷款企业和个人恶意拖欠贷款所造成的巨额不良资产问题成为银行业发展的最大毒瘤，导致商业银行自身资本金严重不足，进而大大增加了金融风险。银行为了生存与盈利，必须尽可能采取各种手段分散与防范信贷风险。通过保证格式条款的设计，将债务不履行的风险转移给保证人以约束保证人、债务人的道德风险就成为必要之举。此外，确定性是商业主体的重要价值追求，保证人行使广泛的抗辩及抗辩权，将使得保证人能否最终担保债务不履行的结果未然可知，合同规定的种种保证人弃权条款，有助于银行这一商主体所追求的确定性目标的实现。

银行具有显著的缔约优势地位，可以利用格式保证条款将债权不履行的风险几乎完全转嫁给保证人。虽然随着市场经济的发展，银行已不属于传统意义上的自然垄断行业，然而实际上我国银行数量是非常有限的。为了保障金融秩序的安全与稳定，我国《商业银行法》对商业银行设定条件严格限制。截至2010年，我国银行业金融机构共包括政策性银行及国家开发银行3家，大型商业银行5家，股份制商业银行12家，城市商业银行147家，农村商业银行85家，农村合作银行223家，农村信用社2646家，邮政储蓄银行1家，金融资产管理公司4家……这其中大部分机构受到业务范围、经营地域限制，并不能全面地提供贷款业务，银行仍属于不能有效竞争的行业。[2] 笔者通过对实际工作中所搜集的银行格式保证合同进行研究后发现，各家银行的格式保证合同条款如出一辙。

在商业交往中，格式合同被普遍采用。然而，由于商业交往中的诸商业主体彼此都有相当的经济实力、经验和专业能力，因此，商业性格式保证合同条款并

---

[1]《慕尼黑德国民法典评注—派齐勒》，第765条，引自[德]罗尔夫·克尼佩尔：《法律与历史——论〈德国民法典〉的形成与变迁》，朱岩译，法律出版社2003年版，第165页。

[2] "中国银行业监督管理委员会2010年报"，中国银行业监督管理委员会官网，http：//www.cbrc.gov.cn/chinese/home/jsp/docView.jsp? docID=20110329105207FCE245635EFF756F4AAAAA8900.html，访问时间：2011年7月3日。

不成为影响主体行使权利的障碍。导致问题出现的多是银行与消费者之间的格式保证合同条款。在格式保证合同条款中，一方为实力强大的金融机构，一方为保证人或者其他消费者时，格式保证合同条款不容修改，保证人或者其他消费者与银行之间，各自议价能力不平等，不能进行真正的选择也无法实现实质的契约自由与契约公正。"弱者和贫困者，受害者和剥削者需要法律的保护。人们逐渐意识到，如果让他们自己订立合同，他们不可避免地将被富有和强有力的合同对方当事人击败。因此，法律规定了很多方式来干预合同，禁止一些类型的合同，一些类型的合同条款，或坚持其他合同应当授予实质上不被包括在合同的一方或另一方当事人权利"。[1] 如果从保护弱者的角度考虑，格式合同的理论研究与保证人或者其他消费者保护问题可以说是相辅相成的关系，法律不得不对于格式合同产生的问题予以规制。

就银行为分散经营风险所制定的格式保证合同条款而言，一方面我们不能简单地将其认定为"霸王条款"，另一方面我们又要秉承契约正义与自由的价值追求，谨慎对待，正视其对保证人权利造成侵害的可能性，故对于银行格式合同条款下保证人权利予以特别考察就具有了重要的意义。

二、银行格式保证条款的功能与效力

银行格式保证条款与格式条款是特殊与一般的关系。格式合同在现代社会获得广泛的运用。银行业则几乎百分之百地采用格式保证合同条款有其必然性，但这也提高了银行利用保证合同条款侵害保证人合法权益的概率，甚至使之成为违背契约公平与正义的工具，遂产生"霸王条款"问题。诚然对于格式条款进行规制的出发点之一源于保护保证人合同其他消费者合法权益的理念，但我们又不得不承认在具有垄断地位的银行面前，企业等商事主体面临着银行滥用优势地位、损害契约正义的可能，故而银行与企业经营者签订的格式保证合同条款也应当纳入法律对其内容实施控制的范畴。

（一）银行格式保证条款的功能

银行格式保证条款的功能主要表现为如下方面：

第一，降低成本提高效率。银行采用格式保证条款能够大幅度地节省交易成本并提高效率。银行作为我国最主要的融资借贷渠道，其服务对象是数量众多且

---

[1] [英] P. S. 阿狄亚：《合同法导论》，赵旭东、何帅领、邓晓霞译，法律出版社 2002 年版，第 19~20 页。

分散的企业经营者与消费者,其所提供的融资种类具有相对稳定性。保证合同主要涉及的是保证责任的承担而与主债务具体的业务特点关联性不大。保证合同具有同质性与稳定性,银行总是反复地与保证人作出内容相同的权利与义务分配,因此,银行采用格式保证条款,减少了逐一磋商的重复劳动所导致的时间与精力的损耗,减少了相应议价成本、决策成本与缔约成本,可以实现交易的便捷化,从而可以大幅度提高效率。正如德国学者罗伯特·霍恩所指出的:"在今天,没有这些统一的条款,很多工业、贸易和商业部门的运作将变得难以想象。这些统一的条款使大宗交易成为可能,并为计算机的使用提供了便利的条件。那些适用各种不同交易中的特定问题的条款,统一了人们的法律行为。"[1]

第二,银行意思表示的统一与确定化。银行采用格式保证合同条款能够起到规范银行内部就相同事项的意思表示统一化的具体功能。目前我国银行主要实行法人下设分支行制度,该制度从法律的视角看,呈现出分支机构众多且各分支均可独立开展经营活动的特点。银行的法定代表人不可能亲自去谈判签约,大量的订约活动通过其职能部门及职员经办,采用格式条款实际上是将由银行的意思机关所确认的标准化文本作为统一对外谈判的"言语"。

银行采用格式保证合同条款还能够起到使银行内部就相同事项的意思表示确定化的具体功能。意思表示的确定化体现出银行对其职能部门和雇员进行制度化的约束和控制。利用签约工序的规模经济,将相同事项的意思表示加以确定,从而节省管理、监督成本,减少或避免雇员的恣意行为甚至败德行为,并从一定角度增强了企业行为的确定性。[2]

第三,对市场的垄断性控制。一般而言,包括格式保证合同条款在内的任何类型的合同,都面临着合同双方议价能力不平等的情形,因为"议价能力总是不平等的,而且在自由市场,它一定是不平等的。但是在自由竞争的市场中,单纯的能力不平等通常是无关紧要的——主要是当一方有某种强制力(通常产生于垄断地位,也可能产生于信息优势时),议价能力的不平等才变得要紧",[3] 因此,议价能力的不平等并不意味着合同条款的任何结果都会出现不公平,如果存

---

[1] [德]罗伯特·霍恩、海因·克茨、汉斯·G. 莱赛:《德国民商法导论》,楚建译,中国大百科全书出版社1996年版,第94页。

[2] 参见谢晓尧、黄胜英:"格式条款的法经济学分析",载《学术研究》2001年第8期。

[3] [英]P. S. 阿狄亚:《合同法导论》,赵旭东、何帅领、邓晓霞译,法律出版社2002年版,第302~303页。

在着真正的运行良好的竞争市场,从来不会出现基于议价能力不平等的问题,消费者可以通过其他途径获取相关信息。但是当各家银行的格式保证合同条款如出一辙,银行的相对方并无其他选择可能时,实质上就形成了"垄断",保证人只能无选择可能地屈服于垄断者。因此,当格式保证合同条款会影响到保证人利益时,无论是出于法律自身所具有的正义价值感,还是出于对契约自由、契约正义的追求,法律都应当对格式保证合同条款的负效应进行干预。维护契约正义,使经济上之强者,不能假契约自由之名,压倒弱者,是现代法律所应担负的任务。[1]

(二)银行格式保证条款的效力

对银行格式保证条款效力的判断,其核心是对其合法性的判断。我们需要从如下方面对银行格式保证条款的合法性作出判断:

1. 违反强制性规范的银行格式保证条款之判断。

(1)强制性规范的内涵。法律的强制性规范与任意性规范相对应。何为强制性规范?拉伦茨认为,强制性规范是指其适用时不以当事人的意志为转移的规范,换言之,强制性规范是当事人不得以约定予以排除或变更的规范,包括:①规定私法自治以及私法自治行使要件的规范,如行为能力、意思表示生效的要件以及合法的行为类型(限于对行为类型有强制性规范的情形);②保障交易稳定、保护第三人之信赖的规范;③为避免产生严重的不公平后果或为满足社会要求而对私法自治予以限制的规范。与之相对应的是任意性规范,主要是指那些补充当事人之间合同约定的规定,只在当事人没有另作约定的范围内才适用,当事人可以通过约定对其加以排除或变更。强制性规范之所以有"强制"效果,是指它们的适用无须考虑当事人的意思如何。[2] 我国学者一般也认为强制性规范可以从法律是否允许由当事人作出变更或排除的意思表示进行判定。我国台湾地区学者苏永钦教授对强制性规范的理念有精辟论述,他认为:从利益的角度而言,强制性规范一般体现的是公共利益,以实现其公共政策的目的。但并不是所有强制性规范都是为了维护公共利益,也有的是为了维护当事人利益,其功能旨在从另一个角度去支撑私法自治,建立自治的基础结构,为裁判者提供裁判争议

---

[1] 参见王泽鉴:《王泽鉴法学全集·第七卷——民法学说与判例研究⑦》,中国政法大学出版社2003年版,第48页。

[2] 参见[德]卡尔·拉伦茨:《德国民法通论(上册)》,王晓晔等译,法律出版社2003年版,第41页以下。

的依据。[1]而任意性规范一般仅体现为当事人之间的私人利益。

当然，经济学家从效益角度所进行的论证也值得关注，例如，有学者从效益的角度作出分析以证明强制性规范具有促使价值最大化的作用："法律，尤其是私法是为尽可能地增加经济价值或财富而设计的。法律强制的主旨或标准在于为促使将来价值最大化的行为创造动因。契约的一个更为具体、更为复杂的目的在于'促使源于承诺活动中的纯有益信赖的最大化'……在非互惠契约中，法律须更为积极，因为这些因素不能通过当事人对契约条款的调整而达到平衡。"[2]

在笔者看来，强制性规范体现着法律为了社会公共利益或者需要法律特别救济的利益而对当事人的意志作出约束的规范。具体而言有如下三个要点：①强制性规范是对人的自由意思表示的约束。人的意志自由和意思表示自由是法治社会的精髓所在。任何人不得把自己的意志强加给他人，除非法律给予许可。故而，强制性规范是对人的意志自由和意思表示自由给予限制的依据。②强制性规范的出现应当有明确的目标，即或者为了社会公共利益以满足公众的合理需求，或者为了对一些人的利益给予法律的特别救济，例如，为了保护劳动者的利益、老年人的利益、未成年人利益等。基于满足对上述利益的需求而使强制性规范的存在具有了正当性的基础。③强制性规范只能以法律规则的形式体现。对人的意志自由和意思表示自由进行强制性约束不能随意发生，只能以法律规范的形式出现，只有如此才能令对人的意志自由和意思表示自由给予限制的范围明确化。

（2）认识强制性规范的路径——法律规范的解释。凡违反强制性规范的合同条款属于无效条款。问题的关键是如何识别某项法律规范是强制性规范还是任意性规范？这需要把法律规范的解释作为基本路径。法律解释的方法众多，包括文义解释、历史解释、目的解释、体系解释、合宪性解释、比较法解释等。众多解释方法如何确定其使用的位阶关系？笔者赞成王泽鉴先生的观点，各种解释方法间并不具有固定不变的位阶关系。"法律解释是一个以法律意旨为主导的思维过程；每一种解释方法各具功能，但亦受有限制，并非绝对；每一种解释方法的分量，虽有不同，但须相互补足，共同协力，始能获致合理结果，而在个案中妥当调和当事人利益，贯彻正义的理念……文义是法律解释的开始，也是法律解释

---

[1] 参见苏永钦：《私法自治中的国家强制》，中国法制出版社2005年版，第28~33页。
[2] [美]迈克尔·D.贝勒斯：《法律的原则——一个规范的分析》，张文显等译，中国大百科全书出版社1996年版，第174页。

的终点；而立法目的解释，在法律解释方法中实居于决定性的地位"。[1]

对法律规范进行文义解释，一般可以通过规范的模态词及一些特定语句考察是否为强制性规范。当法律规范中有"应当""必须""不得""禁止"等词语时，常为强制性规范；而规范中使用"可以""有权""另有约定除外"等表述常为任意性规范。字面解释仅是初步认定标准，因语词本身多义性、不确定性以及立法者的立法技术和法律语言的使用可能不够规范和娴熟，造成单纯运用文义解释方法存在局限性。因此，还需要结合其他的解释方法，尤其是应当对法律规定进行目的性解释，才能最终认定法律规定的意义。[2] 法律的解释应当偏重合目的性，任意性规范与强制性规范背后体现了私法自治与国家强制的价值判断。保证为契约，在契约领域中，私法自治为基础，当在判断某一法条是强制性规范抑或任意性规范有疑义时，除非有充足依据，可认定立法者基于强化自治机制或衡平考量而有强制的意思，甚至基于社会政策而具有一定"强行性"的规定，原则上应当朝任意规范的方向解释，并不限于法条明定"除契约另有订定"的情形，也就是"有疑义，从任意"。[3]

（3）排除保证人权利的规范是强制性还是任意性的探讨。在银行信贷活动中，银行格式保证合同条款将《担保法》及其司法解释中规定的保证人相关权利加以排除的情况相当普遍，那么这些格式条款是否有效？我们不能简单地一概肯定或者一概否定，而是首先需要判断涉及保证人权利的法律规定究竟是任意性规范还是强制性规范。下面对保证人权利相关法律规范进行分析。

第一，文义解释的分析。当我们利用上文认定法律规范的文义解释标准逐一审视《担保法》及其司法解释中涉及保证人相关权利的条文时，我们可以将其概括为三类：一是明确的任意性规范表述之类。保证人追偿权的表述用语为：保证人承担保证责任后，有权向债务人追偿。保证人预先行使追偿权表述为：人民法院受理债务人破产案件后，债权人未申报债权的，保证人可以参加破产财产分配，预先行使追偿权。债权人与债务人协议变更主合同的，使用的是：应当取得保证人书面同意，未经保证人书面同意的，保证人不再承担保证责任。保证合同另有约定的，按照约定。我国《物权法》颁行后，关于物保与人保并存时的处

---

[1] 王泽鉴：《法律思维与民法实例：请求权基础理论体系》，中国政法大学出版社2001年版，第240~242页。

[2] 参见许翠霞："违反强制性规定的合同效力研究"，中国政法大学2007年博士学位论文。

[3] 苏永钦：《走入新世纪的私法自治》，中国政法大学出版社2002年版，第45~46页。

理态度，《担保法》及其司法解释与《物权法》不一致之处，适用《物权法》的规定。《物权法》规定债务人不履行到期债务或者发生当事人约定的实现担保物权的情形，债权人应当按照约定实现债权。以上表述明显为当事人合意可排除法律规定的任意性条款。二是明确的强制性规范表述之类。保证期间，债权人许可债务人转让债务的使用的是：应当取得保证人书面同意，保证人对未经其同意转让的债务，不再承担保证责任。三是从其表述用语无法判断规范性质之类。保证人抗辩权表述为：一般保证和连带责任保证的保证人享有债务人的抗辩权；保证期间免责表达为：在合同约定的保证期间和前款规定的保证期间，债权人未要求保证人承担保证责任的，保证人免除保证责任；物保与人保并存时，债权人放弃物的担保的，保证人在债权人放弃权利的范围内免除保证责任；怠于行使担保物权，致使担保物的价值减少或者毁损、灭失的……保证人在债权人放弃权利的范围内减轻或者免除保证责任。以上表述并没有明显的区别性文字，它们是强行法律规范抑或任意法律规范的认定则较为复杂。

第二，目的解释的判断。正如王泽鉴教授所言："任何法律均有其立法目的，解释法律应当以贯彻、实践立法趣旨为其基本任务。因此，任何人于解释法律时，须想到的基本问题是：为何设此规定，立法目的何在？立法趣旨之探求，是阐释法律疑义之钥匙。"[1] 何为法律之目的？杨仁寿教授认为，目的解释之"目的"，系指某法之整个目的；非如法意解释之法意，系指某法之立法趣旨或立法本旨。[2]

《担保法》第 1 条开宗明义，明确了担保制度设定目的："为促进资金融通和商品流通，保障债权的实现，发展社会主义市场经济，制定本法。"保证制度设定的目的在于保障债权的安全，也就是要注意保护债权人的利益，那能否据此认为从保障债权人的利益出发，相关保证人权利的法律规范都应当允许另行约定而为任意性规范？笔者认为该种看法有失偏颇，《担保法》设定宗旨并非仅保障债权安全一项，尚有促进资金融通和商品流通的作用，而最为根本的是要"发展社会主义市场经济"。保证制度被认为是解决信息不对称和委托代理激励机制的有效工具，信用担保不仅保障债权的顺利实现，还有助于提升债务人信用与融资

---

[1] 王泽鉴：《法律思维与民法实例：请求权基础理论体系》，中国政法大学出版社 2001 年版，第 234 页。

[2] 参见杨仁寿：《法学方法论》，中国政法大学出版社 1999 年版，第 154 页。

能力。立法者可以通过特定的担保法律制度安排，对中小企业融资、中低收入者住房保障、农业领域等某些难以获得商业贷款但又符合国家产业政策方向的特定产业或领域进行扶持，以实现宏观经济调控的任务。2006年发布的《中华人民共和国国民经济和社会发展第十一个五年规划纲要》明确提出，我国要完善信用担保政策，加大对信用担保机构的扶持，以促进我国经济的发展，可见对于保证人权利的保护，也应当是担保法律制度的应有之义。

保证合同实质上是风险承担合同，法律规定保证人的各项权利，是为了平衡保证合同的无对待给付特性而对于不能互易以互利的保证人加强保护的手段。但从商业角度分析，风险也同时是商品，专业担保机构正是通过经营风险以获利，以收取确定的担保费用经营着不确定性损失的风险。保证合同虽然是保证人单方承担责任的合同，但其承担责任的范围、强度等是保证人与债权人就如何分担风险所作的约定，法律所规定的诸如因法定事由解除保证责任的抗辩等保证人权利，在一定程度上影响着债权人实现债权的成本。当保证合同主体自愿协议分配成本与风险负担，将保证人的权利予以交易，保证人放弃某种权利以获得其他优惠，而债权人也降低了保障债权安全的成本，实现了私法自治，满足了合同的效率原则。保证人的权利本质上并非不得放弃的权利，规范保证人权利的法律规范，从一般意义上讲是任意规范，但基于消费者保护等特殊目的，可作出另外处理。

2. 对排除任意性规范格式条款的判断。

（1）诚实信用原则的适用。违反强制性法律规范的格式保证条款当属无效。而任意性规范，是当事人可以通过约定对其加以排除或者变更的规范。立法者在对任意性规范与强制性规范设定之时，已经在基本原则的指导下进行过价值的衡量与判断，故如果保证合同当事人采取个别协商的方式排除关于保证人权利的法律任意性规范适用，除基于消费者权益等特殊政策目标的考虑，无须对于排除任意性规范的格式条款再作二次衡量。

银行格式保证条款的重要特色体现在其排除法律的任意性规范。任意性规范是具有重要意义的，它代表立法者对于当事人之间公平的安排，专业银行等债权人之所以排除法律的任意规定，显而易见的目的在于追求自己最大利益的实现，在这种情形下有可能导致保证人权利的彻底丧失，有违法律的诚实信用与公平。正如詹森林教授所言："定型化约款内容特色之一，即为排除法律之任意规定，倘谓任意法规均得以定型化约款而有效排除之，几无无效之定型化约款。"[1] 有鉴于此格式保证合同中排除任意性规范的尚需受到民法诚实信用原则的进一步衡量，以维护格式条款中保证人的正当利益。对于银行格式条款中排除任意性规范的效力进行考量时，首先要思考该任意性规范的规范目的，再依个案的具体情形，综合考虑以判断该格式条款是否违背诚信原则而对保证人显失公平。

（2）立法例的考察。以诚实信用原则作为控制格式条款效力的概括规范，被德国、英国、欧盟等国家和我国台湾地区采纳。根据《德国一般交易条件法》（后纳入《德国民法典》中），一般交易条件法中不得排除某些任意法规范的适用，或者只能在某种程度上或在满足了某些条件的情况下，才可排除其适用。可见，它们只有在当事人个别约定时才是"完全任意的"，在适用于格式条款时就并不是任意的了，因此，拉伦茨教授将其称为"半强制性规范"，其在某种程度上缓解了任意性规范和强制性规范之间的对立。[2]《德国民法典》第307条规定的是任意条款在一般交易条件（格式合同）中适用的内容控制。第307条第1款规定："一般交易条件所规定的内容违反诚实信用原则不当损害合同当事人的，此种内容无效。一般交易条件所规定的内容不清晰易懂的，亦可产生对合同当事人的不当损害。"第307条第2款规定："在发生疑问时，应当认定存在不当损害，当一般交易条件的规定内容违反法定的规定内容，并与法定的规定内容本质基础思想不符，限制了从合同本质中所产生的本质权利和义务，以至于威胁到实现合同的目的……内容无效。"

我国台湾地区"消费者保护法"第12条基本上系模仿《德国一般交易条款法》作出类似的规定：定型化契约中之条款违反诚信原则，对消费者显失公平者，无效。定型化契约中之条款有下列情形之一者，推定其显失公平：①违反平等互惠原则者。②条款与其所排除不予适用之任意规定之立法意旨显相矛盾者。③契约之主要权利或义务，因受条款之限制，致契约之目的难以达成者。

1998年《欧洲合同法基本原则》第4：110条亦规定："如果未经个别商议的合同条款造成当事人的合同权利义务显著失衡，有损于一方当事人，有悖于诚实信用和公平交易，考虑合同所要求的履行的性质、合同的其他所有条款以及缔

---

[1] 詹森林：《定型化契约条款效力之规范》，载詹森林：《民事法理与判决研究（四）——消费者保护法专论（2）》，元照出版公司2006年版，第118~119页。

[2] 参见[德]卡尔·拉伦茨：《德国民法通论（上册）》，王晓晔等译，法律出版社2013年版，第43~44页。

结合同时的具体情事,该方当事人可以宣布该条款无效。"1999年《欧盟消费者合同不公平条款》指令(EC Directive on Unfair Contract Terms)第3条第1项规定:"如违反诚信要求,导致当事人在合同项下的权利与义务显著失衡,而有损于消费者,则未经个别协商的合同条款应当被视为不公平条款。"

(3)启发与思考。现代法学家看来,诚实信用这个概念无法被定义,有些德国法学家曾告诫我们,不要指望能够找到一条清晰的规则,美国法学家罗伯特·萨默斯(Robert Summers)认为,"诚实信用"是一个不能够被定义的概念,但是可以排除各种恶意情形。《美国统一商法典》第1-203条规定,"对于本法范围内的任何合同或义务,当事人在其履行或执行中均负有诚信义务",其适用范围包括担保合同。在"商人的情况下",《美国统一商法典》第2-203条(1)(b)规定诚信是指"在交易中事实上的诚实以及遵守公平交易的合理商业标准"。[1]罗伯特·M.伊哥尔(Roberto M. Unger)教授认为诚信标准要求人们应当在每一种具体情况中找到两个相互对立原则的中间地带,即一项原则主张一个人在行使自己的权利时可以无视其他人的利益,而相反的原则是一个人必须正确对待他人的利益,仿佛就是自己的利益。[2]

诚实信用原则是抽象的基本原则,并不能如具体法律规范条文通过三段论的演绎,予以直接判断出何种契约条款有违诚实信用原则,而认定无效。在依据诚实信用原则对具体格式保证条款效力进行个案判断时,必须经过将诚实信用原则具体化的过程而不能孤立地评价该格式条款,应当综合衡量保证人与债权人的利益,经过价值判断的过程,决定具体格式条款是否违背诚实信用原则。沃夫(Wolf)教授提出在综合衡量格式条款提供人及相对人之利益时,应当考量所有可能影响双方利益之因素,如契约之种类、性质、目的、全部内容、约款使用人经营效率之必要性、相对人之合理信赖、因不可抗力或第三人之行为所造成风险之合理分配、保险之可能性、交易成本及交易习惯等。依德国法上见解,格式条款提供人可以如下事由,推翻格式条款为违反诚信原则或显失公平的推定:相对人虽因系争约款而受有不利益,惟相对人同时亦因该不利益而受有相当之补偿;定型化契约之使用人,就使用系争约款,具有特殊重大利益,致相对人之利益,

---

〔1〕[德]莱因哈德·齐默曼、[英]西蒙·惠特克主编:《欧洲合同法中的诚信原则》,丁广宇等译,法律出版社2005年版,第96~101页。

〔2〕参见[美]昂格尔:《现代社会中的法律》,吴玉章、周汉华译,中国政法大学出版社1994年版,第195页。

应对之让步者；系争约款之规定，虽致相对人受有不利益，惟该不利益尚属轻微者；综合一切具体情事，并衡量双方利益状态，尚难认为系争约款系属显失公平者。[1] 我国台湾地区"消费者保护法施行细则"所规定的运用诚实信用原则判断格式条款的效力值得我们借鉴与参考，第13条规定，定型化契约条款是否因违背诚实信用原则而对消费者显失公平，应斟酌契约性质、目的、全部条款内容、交易习惯及其他一切情事判断之。

对于消费者格式保证合同与商业性格式保证合同，法律进行内容控制的强度有所不同。格式条款依据相对人的不同，可以分为消费者格式条款和商业性格式条款两大类，在商业交往中，格式条款也被普遍采用。《德国民法典》中一般交易条款规定对于消费者格式条款与商业性格式条款就进行了区别对待：对于消费者格式条款，《德国民法典》第305条至第310条皆可适用；而《德国民法典》中的第305条第2款及第3款纳入合同组成部分的规定，第308条有评价可能性之禁止条款，以及第309条无评价可能性之禁止条款，对于商业性格式条款不适用。对于消费者格式保证条款的内容控制应当采取更加严格的态度，而对于商业性格式保证合同则应当采较为宽容与谨慎的态度。

排除任意法规定之适用，常会导致当事人间权利与义务分配的不平均，对于消费者而言，可能意味着权利的丧失。以企业经营者的合理利益为基础的定型化契约条款，如果也足够地兼顾消费者的合理利益，应为有效。为消费者法律地位基础之任意法的公平内涵越高，企业经营者要将其排除所需提出之理由，就必须越坚强，对该条款之生效就须课以更严格之标准。[2] 而在商业交往中，商业主体具有相当的经济实力、经验和专业能力，与消费者相比，能更多地实现协商与利益补偿。商业保证人一般是与债权人直接议价的，当保证合同主体双方协议分配成本与风险承担时，商业保证人的权利是可以被交易与协商的，当商业保证人作出放弃种种权利的约定时，他可能因此获得更高的担保费，或者债务人能更顺利地获取贷款，而债权人也降低了保障债权安全的成本，实现了效率。法律不应无视这种纯粹债权人、商业保证人与债务人之间的市场运作及博弈，断然家长式地干预。

---

〔1〕 参见 Wolf in: Wolf/Horn/Lindacher, AGB-Gesetz Kommentar, 3. Aufl. 1994, §9 Rn 58, 64. 转引自詹森林：《民事法理与判决研究》，北京大学出版社2005年版，第260~261页。

〔2〕 参见黄立："契约自由的限制"，载《月旦法学杂志》2005年第10期。

三、银行格式保证条款中的问题及为保证人利益实施的救济性矫正

银行以其专业上、经济上之强势地位,为确保其债权实现,在格式保证合同条款中规定各项相当苛刻的条件,使得法律保护保证人的手段几乎损失殆尽,其合理性与正当性甚值研究。笔者通过对实际工作中所搜集的银行格式保证合同的研究发现,各家银行的格式保证合同很多条款如出一辙,当银行等所有的竞争者都采用同样的格式合同文本,实质上也就形成了"垄断"。笔者以我国大陆地区银行业格式保证合同为研究重点,同时参照我国台湾地区的银行格式保证合同条款文本,[1] 归纳出银行业格式保证合同条款最为常见的争议问题并讨论在这些问题发生时对保证人权利的救济。

(一) 保证人弃权条款

银行格式保证合同条款中最普遍且对保证人权益影响最大的条款为形形色色的保证人放弃权利条款。该问题不仅在我国大陆普遍存在,几乎成为行业惯例,而且在我国台湾地区、国外银行业界也是普遍现象,引起学界及司法界的争论。要求保证人放弃权利的格式合同条款,使得法律保护保证人而赋予各项权利以实现保证人、债权人权利衡平的初衷无法实现。保证人放弃权利的规定有两种情形:一是概括性地放弃保证人全部抗辩权;二是放弃某项或若干项具体的保证人权利。格式保证合同约定保证人弃权的条款是否有效,对于保证人放弃权利的问题研究,具有重要意义。

1. 保证人放弃一切抗辩权的条款。我国大陆地区的银行格式保证合同中一般只涉及保证人具体权利抛弃之条款,并无概括弃权条款。但是我国台湾地区银行格式合同中则兼具两种弃权情形,我国台湾地区金融机关常以定型化约款规定诸如"保证人抛弃民法债编第二十四节所定关于保证人得主张之一切抗辩"等内容。[2]

笔者认为,保证人的概括弃权条款有无效力,依赖于立法及司法对于保证的附随性在多大程度上的强制性的选择。保证人放弃一切抗辩的权利,将导致保证丧失其从属性,成为类似债务承担的独立保证,对于传统民法中的源于情谊提供担保的保证人来说,构成过重之责任,有失公平,可以认定违背诚实信用与公平

---

[1] 如无特别说明,笔者所使用的我国台湾地区格式保证合同条款,均参见陈家暄:"银行定型化保证契约条款与相关判决之研究",台湾政治大学法律研究所 2005 年硕士学位论文。后文不再赘引。

[2] 王泽鉴:《债法原理》(第1册),中国政法大学出版社 2001 年版,第 89~90 页。

原则，故该概括弃权条款应当属无效。

但是，商业格式保证合同中作出此种安排，法律似无禁止的道理。尽管独立保证的适用对于保证人施加了更为危险的义务，对主债权人利益进行倾斜性保护，但却是商主体追求有效率地保障债权安全进行风险分配的自主安排。银行授予企业信用贷款时，不仅要考虑主债务人的资金经营等状况，能否提供有效的保证以便在债务不能清偿时，银行得以便捷收回贷款亦在考虑之列。如果保证人动辄进行各种抗辩，无论该抗辩最后能被支持与否，都将影响银行利益。而事实上，保证是专业担保公司所经营的业务，专业担保公司根据业务需要开发设计不同类型的保证，经营着不确定性损失的风险，概括放弃抗辩的保证（独立保证）只是其提供的一种业务类型，尽管其承担更大的风险，但是担保公司可能因此获得更高的担保费，个中风险应当由作为效益最大化的市场主体自由衡量。诚如陈自强教授所言："如果立法者对人保制度仅承认具有从属性之保证契约，从属性之规定系人保制度之强行法，因而欠缺从属性之担保契约，系属无效，此种行使之推论，不啻使民法之债权契约之法定有名契约类型，具有物权法定主义之下之类型强制之功能，其有违契约自由原则之内容自由，不言而喻。"[1] 综上，应否认消费者保证人与银行所缔结的格式保证合同中保证人概括弃权条款的效力，但在商业性格式保证合同中，法律应承认当事人之各得其所的自由选择。

2. 保证人放弃部分权利的条款。保证人权利内容丰富，银行格式保证合同常常规定以下保证人权利的抛弃条款：

（1）主合同变更时的保证责任不免除条款。《中国银行个人商业用房贷款保证合同》规定，保证期间，借款合同的当事人双方协议变更借款合同内容，除展期或增加本金金额之外，无须事先取得本合同甲方的同意，保证人在变更后的保证范围内承担保证责任。

《中国银行国家助学贷款保证合同》规定，借款合同双方协议变更合同的内容，除展期或增加借款金额外，无须征得保证人同意，保证人仍在变更后的保证范围内承担保证责任。借款合同未经保证人同意而展期的，保证人仍在原保证期间内承担保证责任。借款合同双方未经保证人同意而增加借款金额的，保证人仍在原借款金额内承担保证责任。

我国台湾地区银行格式保证合同中也有类似条款，例如，合同常约定："债

---

[1] 陈自强：《无因债权契约论》，中国政法大学出版社 2002 年版，第 50 页。

权人无须征求保证人同意,得允许主债务人延期清偿。""贵行于主债务人清偿其全部债务前,基于主债务人之申请,认为有允许主债务人延期清偿或分期清偿需要者时,应当即以书面通知保证人,保证人同意于贵行书面通知送达或视为送达时,仍依本契约负保证责任。""贵行就契约书中任何债务之全部或一部同意延期清偿,保证人无条件同意。"我国《担保法》第24条规定:"债权人与债务人协议变更主合同的,应当取得保证人书面同意,未经保证人书面同意的,保证人不再承担保证责任。保证合同另有约定的,按照约定。"《担保法》司法解释对主合同内容变更采取了列举与概括相结合的办法,区分对保证人责任的不同影响与变更是否实际履行的不同情况而作出了区别规定。

笔者认为,对消费者保证人而言,该条款无效,保证人同意主合同变更仍承担保证责任,应以主债务已届清偿期为前提而不能预先放弃;而商业格式保证合同中,应尊重当事人的意思自治,认定为有效。因为保证合同的签订是基于保证人对于主债务范围的确认与同意之上,由于保证债务与主债务之间是主从关系,主合同的修改很可能扩大债务不能清偿的风险,从而影响到保证人的利益。无须保证人同意,主合同双方可任意修改主合同而保证人都要承担责任的约定,无疑使保证人处于不确定的危险之中,保证人承担责任风险有无限扩大的风险,保证人向债务人求偿的希望很有可能落空,事前允许主合同的随意变更条款,剥夺保证人二次衡量其所担保的主债务之清偿不能的风险,对于消费者保证人来讲,有违诚信。巴尔杜斯认为,如果一个人放弃自己的财富,要么是慷慨的行为要么是愚蠢。如果一个粗俗或者无知之人宣布放弃对于价格不公毁约的救济,法官会认为他这样做与其说是基于慷慨不如说是由于愚蠢。[1] 法律对于无偿行为义务人的愚蠢则是不能不予救济的。

(2) 债权人抛弃担保物权时的保证责任不免除条款。我国台湾地区银行格式保证合同有债权人抛弃物保,保证人不免责条款:"倘银行抛弃一部或全部物权,保证人均无条件同意,决不藉口为免除责任之抗辩。""贵行无需再行征得保证人同意,得径自抛弃担保物权之全部或一部,或允许主债务人延期清偿、分期清偿或更换担保物。"

我国《担保法》《最高人民法院关于适用〈中华人民共和国担保法〉若干问

---

[1] 参见[德]莱因哈德·齐默曼、[英]西蒙·惠特克主编:《欧洲合同法中的诚信原则》,丁广宇等译,法律出版社2003年版,第92~93页。

题的解释》《物权法》对物保与人保并存问题予以规制。立法规定的立场不一致与几经变革,导致了学界与实务界的争论不断。《担保法》采取"物的担保责任绝对优先",无论物的担保由债务人还是第三人提供,债权人都应当先执行物的担保,优待保证人;《担保法》司法解释更改了《担保法》的立法态度,采取了"第三人提供的物保与人保平等"规则;2007年施行的《物权法》又修改了《担保法》及《担保法》司法解释关于物保与人保并存的态度,采取"约定优先",无约定"第三人提供的物保与人保平等"原则。根据新法优于旧法的法理,应当适用《物权法》规定,债权人与保证人可以约定债权人放弃物保,保证人仍承担保证责任。我国台湾地区"民法"第751条规定:"债权人抛弃为其债权担保之物权者,保证人就债权人所抛弃权利之限度内,免其责任。"银行格式条款中排除该法条的规定的效力如何,学界及实务都有截然不同的声音。

  笔者认为,判断该条款效力的主要因素涉及债权人"维系"担保物的成本问题。不同的认定"放弃"担保物权行为的标准,将导致债权人"不放弃"义务的成本相差很大。对于该条款是否有效在不同商业环境下其答案应当是不同的,应当依据债权人"维系"担保物负担的程度而作出不同认定,直觉式的全有效或全无效往往过于简单,也脱离了真实的商业环境。笔者就债权人放弃物的担保问题认为,在不同的国家或地区中认定放弃的标准不同,在同一个国家或地区司法实务态度亦不同。如果债权人"不放弃"担保物权,仅仅是不故意地放弃担保物权而不包括如下情形:急于履行担保物权而致使担保物价值减损、未取得担保物权登记、换保等,那么可以说债权人"不放弃"担保物权义务的成本是很低的,因此,由债权人承担担保物损害的责任是切实可行的。在这种情形下,如果债权人以不合理的方式或者在没有任何合法利益的情况下放弃担保物权,自身没有取得利益却损害了保证人的代位权,导致保证人的处境变坏,这显然是违背诚实信用原则的,在发生争议时,法院应当认定该排除债权人维系担保物权义务的条款无效。然而当债权人的诸多行为都被认定是放弃物保时,债权人负担维系担保物权的义务较重、成本较大。鉴于此,债权人维系担保物的义务就可能变成保证合同缔结双方议价的一部分,保证合同双方可以通过对于该项义务的排除分配成本与风险,法院应当考虑交易参与人的实际交易成本,不应该干预保证人的这种弃权而尊重当事人自治。否则,法院施加给债权人的维系义务可能既不公正也无效率,但是基于消费者保证的特殊政策目标考虑,在消费者保证的情形下,消费者保证人的权利不得预先放弃。

(二) 意思表示推定条款

中国建设银行格式的《贸易融资额度合同》规定了推定的意思表示条款："甲方（保证人）确认，乙方（贷款银行）依据'贸易融资额度合同'之约定提供贸易融资，乙方与债务人协议变更主合同条款的，均视为已征得甲方的事先同意，无须通知甲方，甲方保证责任不因此而减免。"

当事人达成合同条款，必须意思表示一致，一般来讲，沉默是不具有表示意义的，不能产生法律效果。在特定情形下，依据法律的明确规定、习惯或当事人的约定可以将当事人的沉默视为意思表示。此种具有法律意义的沉默，德国学者称为"拟制的意思表示""规范化的沉默""推定的意思表示"。[1]但是在一般交易条款中推定的意思表示则有比较严格的限定，2002年德国债法改革后的《德国民法典》将《一般交易条款法》纳入其中，新债法第308条第5款规定格式条款中"推定的意思表示"的规定属于价值判断性禁止条款，不生效力。该条对于推定的意思表示作出了界定：在使用人的合同相对人实施一定行为或不实施一定行为时，使用人的合同相对人的意思表示被看作由其作出或不由其作出的条款。同时，规定了例外情形：①向合同相对人给予适当期间以作出明确表示；②使用人有义务在期间起算时，向合同相对人特别地提示其行为的预定意义。在该条例外情形中，实际是格式条款的使用人如欲使相对人的沉默推定为意思表示，必须向相对人发出提示，同时还得保证有合理的时间使得相对人可以提出异议，符合以上两个条件，可以合理地排除格式条款使用人的不当影响，方可推定意思表示。推定保证人的意思表示，实际上剥夺了主合同变更之时，保证人对于行使是否同意继续承担保证责任进行衡量的权利。任何弃权都应当以清楚明白的方式表示，默示弃权应当属无效。笔者认为，为了保障保证合同是双方的真实意思表示，除法律另有规定或者依据交易惯例可以确定推定同意之外，推定的意思表示必须严格控制其范围。银行格式保证合同的"推定意思表示"条款，涉及保证责任的承担与保证人行使抗辩的权利，更应当谨慎。吸收德国相关经验，银行欲使得保证人不为意思表示即视为同意，贷款行一方面必须给予保证人一段合理期限，规定在这段合理期间内如保证人不作出意思表示则视为同意；在该期间开始起算时，贷款行还要向保证人提示或警示时间开始起算及法律后果。

---

[1] [德]卡尔·拉伦茨：《德国民法通论（上册）》，王晓晔等译，法律出版社2013年版，第489页；[德]迪特尔·梅迪库斯：《德国民法总论》，邵建东译，法律出版社2000年版，第252页。

（三）抵销条款

抵销是债权、债务消灭的一种方式，关于银行能否使用客户存款与银行对客户的债权相抵销，法国、英国、美国等国家均持肯定态度，德国成文法中虽无明文规定，但是"依联邦最高法院裁判（见《新法学周刊》1987年，第2997页），银行不应当被允许对自己顾客的存款债权主张抵销，即使银行自己的对待债权单独是为此项目的而以非为银行惯常的方式所取得的，也不例外"。[1]法律比较严格地禁止银行对客户存款进行抵销，以防止银行滥用抵销权，使银行客户对银行存款丧失信赖，以确保银行存款人的利益。

我国立法及司法实践肯定银行抵销权的行使，各家银行提供的格式保证条款中几乎都有抵销条款的存在。《中国银行国家助学贷款保证合同》第6条第2款第3项规定："无需通知，将保证人在债权人以及中国银行其他机构处任何账户内的资金或对债权人以及中国银行其他机构享有的任何债权与担保债权相抵消。"《中国建设银行保证合同》规定，对于甲方（保证人）在本合同项下的全部应付款项，乙方（债权人）有权从甲方（保证人）在中国建设银行系统开立的账户中划收人民币或其他币种的相应款项，且无须提前通知甲方（保证人）。需要办理结售汇或外汇买卖手续的，甲方（保证人）有义务协助乙方（债权人）办理，汇率风险由甲方（保证人）承担。《中国农业银行保证合同》规定，保证人不按本合同约定履行保证责任的，债权人有权直接从保证人在债权人处开列的任何账户中扣收。

1. 我国抵销制度立法。我国现行法律抵销制度的规定比较零散，见于多部法律、法规和部门规章中。《合同法》第99、100条对抵销权制度进行了一般性规定，《合同法》第99条为法定抵销权："当事人互负到期债务，该债务的标的物种类、品质相同的，任何一方可以将自己的债务与对方的债务抵销，但依照法律规定或者按照合同性质不得抵销的除外。当事人主张抵销的，应当通知对方。通知自到达对方时生效。抵销不得附条件或者附期限。"第100条为约定抵销权："当事人互负债务，标的物种类、品质不相同的，经双方协商一致，也可以抵销。"2006年公布的《企业破产法》第40条对破产抵销权进一步规定，债权人在破产申请受理前对债务人负有债务的，可以向管理人主张抵销。

---

[1] [德]迪特尔·梅迪库斯：《德国债法总论》，杜景林、卢谌译，法律出版社2004年版，第212页。

2. 问题及其分析。商业银行以格式合同抵销条款约定,保证人不按保证合同约定履行保证责任的,债权人有权直接从保证人在债权人处开列的任何账户中扣收,此抵销条款既不区分被动债权(保证人对银行的债权)的种类、期限,而且银行无须通知保证人以直接扣抵方式进行抵销,该抵销条款的公平性与合法性有待商榷。抵销格式条款存在的主要问题如下:

(1)无须通知抵销即生效。依据《合同法》的规定,我国有法定抵销与约定抵销两种抵销方式,抵销为法律行为,需向对方进行意思表示。《合同法》第99条规定的法定抵销,应当通知对方。通知自到达对方时生效。故银行在进行法定抵销时,必须通知保证人,抵销自通知到达保证人方为生效。在约定抵销的情况下,依据我国《合同法》第100条规定,必须是双方当事人协商一致,共同为意思表示,一方提出抵销的要约,对方可接受亦可不接受,当内容达成一致时,抵销成立。如果在约定抵销的情况下,银行不通知保证人则银行无法将意思表示传达给保证人,既无要约,保证人的承诺与双方意思合意更无从谈起。故笔者认为,银行格式保证合同中抵销条款约定的"银行无须通知,即可抵销"违背了法律关于抵销的生效要件,而法律行为的生效要件应当属强制性规定,不得由当事人另行排除,故排除应当属无效。

(2)保证人被抵销债权的范围。我国银行的格式保证合同条款中几乎都规定,"债权人有权直接从保证人在贷款银行系统内开列的任何账户中扣收,进行抵销"。依据银行业务特点,该条款涉及债权人行使权利的范围,具体有两个问题需要关注:

第一,保证人在同一银行内任何分支机构的同性质账户的债权是否均可被抵销?可以进行抵销的前提是双方当事人互负债务,不同主体之间的债权不发生抵销问题,那么同一银行系统内不同分支机构的债权能否作为同一主体的债权?换言之,保证人在贷款银行系统内其他分支机构中账户的债权可否被抵销?无论《商业银行法》还是《合同法》对此均没有明确规定,实践中亦有不同看法。笔者认为该问题的解决在于正确厘定商业银行分支机构的法律地位。

目前我国银行主要实行法人下设分支行制度,分支机构进行经营活动是银行经营的显著特点。我国《商业银行法》第22条规定:"商业银行对其分支机构实行全行统一核算,统一调度资金,分级管理的财务制度。商业银行分支机构不具有法人资格,在总行授权范围内依法开展业务,其民事责任由总行承担。"但分支机构可以成为诉讼法上的主体,《民事诉讼法》第48条规定:"公民、法人和其他组织可以作为民事诉讼的当事人。法人由其法定代表人进行诉讼。其他组织由其主要负责人进行诉讼。"各商业银行在各地设立的分支机构属于民事诉讼法上的其他组织。此外，银行的分支机构在业务经营上具有相对独立性，银行的分支机构可以以自己的名义发放贷款，并且根据1995年《中国人民银行关于对商业银行分支机构民事责任问题的复函》的规定，商业银行分支机构承担民事责任不以其总行授权其经营管理的财产为限，如果其经营管理的财产不足以承担民事责任，超过部分的民事责任由其上级行直至总行承担，非指其分支机构的民事责任直接由总行承担。

笔者认为，尽管商业银行分支机构具有一定的独立性，在诉讼法上具有当事人能力，但从民法角度分析，民法上的主体意味着民事权利、义务与责任的归属。商业银行分支机构属于非法人团体，不具有权利能力，营运资金是由总行拨付的，没有独立的资金，不能独立承担责任，也就不具有民事主体资格。如果符合抵销的其他条件，银行各分支机构对同一保证人在同一银行系统内的不同分支机构开设账户中的存款应当可以主张抵销。

第二，保证人在同一银行内任何性质账户中的债权是否均可被抵销？银行账户不仅有银行结算账户还有定期存款账户、投资账户和额外利息账户等。根据中国人民银行《人民币银行结算账户管理办法》规定，银行结算账户，是指银行为存款人开立的办理资金收付结算的人民币活期存款账户。银行结算账户按存款人分为单位银行结算账户和个人银行结算账户。存款人以单位名称开立的银行结算账户为单位银行结算账户。单位银行结算账户按用途分为基本存款账户、一般存款账户、专用存款账户、临时存款账户。个体工商户凭营业执照以字号或经营者姓名开立的银行结算账户纳入单位银行结算账户管理。存款人凭个人身份证件以自然人名称开立的银行结算账户为个人银行结算账户。

笔者认为，银行抵销权的适用范围应当受到严格限制，并非保证人在贷款银行系统内开列的任何账户都能进行债权抵销。下列保证人债权都不应当作为被动债权被抵销：

首先，法律禁止抵销的债权。我国现行多部法律、司法解释、部门规章和行业规定对于不得抵销的特定情形作出了规定：《企业破产法》第40条规定，有下列情形之一的，不得抵销：①债务人的债务人在破产申请受理后取得他人对债务人的债权的。②债权人已知债务人有不能清偿到期债务或者破产申请的事实，对债务人负担债务的；但是，债权人因为法律规定或者有破产申请一年前所发生的原因而负担债务的除外。③债务人的债务人已知债务人有不能清偿到期债务或者破产申请的事实,对债务人取得债权的;但是,债务人的债务人因为法律规定或者有破产申请一年前所发生的原因而取得债权的除外。《合伙企业法》第41条规定:"合伙人发生与合伙企业无关的债务,相关债权人不得以其债权抵销其对合伙企业的债务;也不得代位行使合伙人在合伙企业中的权利。"《信托法》第18条规定:"受托人管理运用、处分信托财产所产生的债权,不得与其固有财产产生的债务相抵销。受托人管理运用、处分不同委托人的信托财产所产生的债权债务,不得相互抵销。"《证券投资基金法》第6条:"基金财产的债权,不得与基金管理人、基金托管人固有财产的债务相抵销;不同基金财产的债权债务,不得相互抵销。"《保险资产管理公司管理暂行规定》第44条第1款规定:"保险资产管理公司作为受托人管理运用、处分受托资金所产生的债权,不得与保险资产管理公司自有财产所产生的债务相互抵销。"最高人民法院和中国人民银行于2000年9月发布的《最高人民法院、中国人民银行关于依法规范人民法院执行和金融机构协助执行的通知》(法发〔2000〕21号)第3条规定:"对人民法院依法冻结、扣划被执行人在金融机构的存款,金融机构应当立即予以办理,在接到协助执行通知书后,不得再扣划应当协助执行的款项用以收贷还息;……"借款人在贷款银行的存款被法院冻结后,贷款银行不得再以该存款为抵销对象。

其次,已设定质押的存款。依据我国《担保法》和《物权法》的规定,存款单可以质押,如果保证人已将其某项存款向第三人设立质押,则第三人对于质物享有优先受偿的权利,作为普通债权人的银行,不得主张对该存款行使抵销权,否则将侵犯质权人的质权。

再次,旨在保障自然人必要生活需要的债权。尽管我国现行法律对此债权能否被抵销尚无明确规定,但自然人为自己或供养人的基本生存需要,保持必需的生活资料是自然人的生存权利,不仅国外立法例中有明确规定,而且从我国的其他立法中也应当推导出类似的法律精神。《德国民法典》第394条规定只要某项债权系禁止扣押的,就不发生对该项债权的抵销。德国迪特尔·梅迪库斯教授对此深刻地阐述道:"这是因为禁止扣押规定的目的是给执行的债务人保留为进行简朴生活所必要的财物,如果执行的债权人能够取走债务人的这一最低限度的财产,则国家就必须要提供救济,就是说,在这种情况下,国家以间接方式向债权人支付。基于这一基本思想，以最低限度财产为内容的债权也不得因抵销而受侵害。"[1]

我国于 2007 年修正的《民事诉讼法》第 220 条规定，被执行人未按执行通知履行法律文书确定的义务，人民法院有权查封、扣押、冻结、拍卖、变卖被执行人应当履行义务部分的财产。但应当保留被执行人及其所扶养家属的生活必需品。2004 年《最高人民法院关于人民法院民事执行中查封、扣押、冻结财产的规定》第 5 条对人民法院对被执行人不得查封、扣押、冻结的财产进行了具体的规定，参照此规定，保证人及其所扶养家属所必需的生活费用不得被执行。维持公民生计所必需的债权包括劳动者的工资、最低生活补贴、失业救济、社会福利、养老金、退休金、抚养费、扶养费、赡养费、抚恤金等这些债权不应当被抵销。

最后，专用存款账户的债权。现行的《最高人民法院关于银行、信用社扣划预付货款收贷应否退还问题的批复》第 3 条规定："如果银行、信用社和其他金融机构明知借款人无履行合同的能力，而与其同谋或怂恿其通过签订合同收取预付货款还贷的，预付款人可以直接要求银行、信用社和其他金融机构返还已经还贷的预付货款。"第 4 条规定："银行、信用社和其他金融机构对预付款人承诺专款专用而又扣划该款还贷的，预付款人亦可直接要求银行、信用社和其他金融机构返还被其扣划的预付货款。"我国《人民币银行结算账户管理办法》规定了专用存款账户，是指存款人按照法律、行政法规和规章，对其特定用途资金进行专项管理和使用而开立的银行结算账户。对下列资金的管理与使用，存款人可以申请开立专用存款账户：基本建设资金，更新改造资金，财政预算外资金，粮、棉、油收购资金，证券交易结算资金，期货交易保证金，信托基金，金融机构存放同业资金，政策性房地产开发资金，单位银行卡备用金，住房基金，社会保障基金，收入汇缴资金和业务支出资金，党、团、工会设在单位的组织机构经费，其他需要专项管理和使用的资金。

专用存款账户的含义即为对其特定用途资金进行专项管理和使用而开立的银行结算账户，故依据《最高人民法院关于银行、信用社扣划预付货款收贷应否退还问题的批复》，银行对专用存款账户的债权不应当行使抵销权。其他国家的立

---

[1] [德]迪特尔·梅迪库斯：《德国债法总论》，杜景林、卢谌译，法律出版社 2004 年版，第 211 页。

法例也有相似规定,在英美法系国家存在特定目的的存款账户,例如,银行作为财务代理人,证券发行人将钱存入该银行以便向证券持有人支付红利或利息;在辛迪加贷款中,贷款银行向代理行支付资金以供借款人提款;在信用证业务中,开证申请人等将钱存入开证银行或担保银行作为向银行履行义务的担保;客户将款项存入银行,并指示银行为特定目的或向特定债权人支付等。以上银行与客户的关系在英国法上认为是一种信托。以这些方式存入的款项,银行不得进行抵销。〔1〕综上所述,银行格式抵销条款只有在遵守上述规定的情形下方约定有效。

(四)信用卡保证范围条款

信用卡是银行签发的一种信用凭证,持卡人凭它可以在发卡机构指定的场所直接购买商品、接受服务而不用立即支付现金。根据我国有关规定,信用卡按是否向发卡银行交存备用金又分为贷记卡和准贷记卡两类。由于具有方便、快捷、安全等优点,信用卡在世界各地被普遍使用,我国信用卡业务发展迅猛,据中新社上海2008年6月26日的报道,依据《中国城市居民信用卡使用状况及品牌表现研究报告》最新的研究结果显示,中国信用卡市场发展迅速,信用卡用户的市场渗透率已达36.9%。〔2〕信用卡,已经成为人们普遍采用的小额电子资金划拨工具和信贷工具。

发卡银行为了降低风险,通常会要求持卡申请人提供保证,发卡银行都以信用卡格式合同的方式对持卡人、保证人、发卡行、特约商户的权利与义务作出规定。在我国,信用卡格式合同主要由信用卡章程与信用卡领用协议两部分构成。申请人在填写信用卡申领表格时,也由保证人同时签署,并承诺遵守信用卡章程、信用卡领用协议,有些发卡机构与保证人也另行签订信用卡保证合同。信用卡保证条款是典型的格式合同条款。一般消费者向发卡机构申请核发信用卡时,发卡银行就申请人日后使用信用卡消费的额度,依据申请人本身资力而准予核发不同的信用额度。发卡银行一般都在《信用卡领用合约》中规定,发卡银行有权单方面调整信用卡的信用额度,例如,在《中国工商银行牡丹国际信用卡领用合约》中即规定,发卡机构有权根据甲方资信状况的变化调高或调低甲方账户的信用额度。该信用额度的调整并不需要保证人同意,我国大陆的其他银行以及我

---

〔1〕参见谈李荣:《银行与客户法律关系》,中国金融出版社2004年版,第4页。

〔2〕参见《中国城市居民信用卡使用状况及品牌表现研究报告》,载 http://business.sohu.com/20080705/n257965580.shtml,访问时间:2008年6月28日。

国台湾地区的信用卡领用合约也有类似规定。

实务界与学界对于信用卡保证责任范围是以信用额度为上限,还是及于银行所提高之信用额度观点各异。在笔者查询到的法院信用卡保证案例中,尚未见到大陆地区相关判例,但是我国台湾地区对于该问题的判例却颇丰,殊值参考。

笔者认为,信用卡领用合约及信用卡保证合同等都未载明发卡银行如果提高持卡人信用额度,需事先通知保证人并获得其书面同意,而是发卡银行有权单独决定持卡人信用额度的调整。该调整属于对于主债务的调整,依据我国《担保法》及其司法解释的规定,保证期间,债权人与债务人对主合同数量、价款、币种、利率等内容作了变动,未经保证人同意的,如果减轻债务人的债务的,保证人仍应当对变更后的合同承担保证责任;如果加重债务人的债务的,保证人对加重的部分不承担保证责任。因该格式条款增加了主债务且加重了保证人的保证责任,使保证人无法预见其所担保的信用卡主债务之范围,有违公平。故笔者认为,原则上保证人应当以信用额度为保证责任之上限,如果发卡银行欲提高持卡人信用额度,仍应当再事先通知保证人并获得其书面同意,保证责任范围方可覆盖至新提升之额度。否则,信用卡之保证人仍以原信用额度承担保证责任,约定"须保证人同意,即可调整持卡人信用额度,保证人为所提高之信用额度承担保证责任"的银行信用卡保证格式条款无效。

论独立担保合同[*]

序 言

物的担保，无论是抵押、质押还是留置等，由于债权人可以通过对担保物的直接处置来实现自己的利益，故使得债权人有着一种十分明显的安全感，这种安全感的直观感觉来自于担保物的可触摸性和可处分性（可以在市场上流通）。但同时，物的担保亦有两个明显的欠缺：一是担保关系中总有一方当事人必须承担担保物的保管责任[1]和毁损灭失责任；二是由于存在担保物对债权人没有直接可用性的可能，则须通过市场流转将其变为货币，一旦担保物的市场流转比较缓慢，担保物的处置往往成为制约债权人利益及时得到实现的障碍。相反，人的担保则没有上述问题。一旦确认担保人的资格，则其必须以自己的信用和财产来承担担保责任，这就是保证。[2] 因此，其作用是其他担保方式所不可替代的。

在传统担保理论中，无论是物的担保还是人的担保，其最为突出的特征之一就是从属性，该特征强调：①担保关系的存在必须依附于某一主债关系之上。没有主债关系，担保关系便没有存在的可能性；②担保关系的法律效力完全受制于主债关系的法律效力。主债关系有效，担保关系有效，反之，主债关系无效，担保关系的效力亦荡然无存；③在没有特别约定的情况下，被担保的债权发生转移，则附在主债之上的担保亦随之转移。显然，担保关系的这个特征，完全体现

---

[*] 本文原载于中国政法大学民商法教研室编：《民商法纵论：江平教授七十华诞祝贺文集》，中国法制出版社 2000 年版，第 394~413 页。收录于本书时有微调。

[1] 参阅《担保法》第 51 条第 1 款、第 69 条第 1 款。

[2] 表面看来是保证人用自己的信誉作担保，但是实质上保证人依然是以自己的财产进行担保，因为在社会经济生活中，无物质基础的信誉是不可靠的。因此，所谓人的担保，实质上依然具有财产担保基础。参阅 Francesco Galgano, *Diritto Civile e Commerciale*, CEMAD, 1993, p. 427.

了担保设定的目的和担保人的责任风险范围。

我们在肯定传统担保理论的巨大贡献和实务作用的同时，亦应当看到，在现代经济发展的今天，在国内国际贸易日渐繁荣的现在，债权人渴望获得法律的进一步呵护。因此，独立于主债关系之外的担保合同的理论随之产生，这就是"独立担保合同"理论。

一、独立担保合同：学说与司法判决的贡献

独立担保合同，是指由有代偿能力的机构以担保负有债务的第三人的给付为目的，根据受益人的简单请求即向其支付一定款项，同时放弃对受益人与主债务人之间债之关系的存在性、有效性和可强制性的抗辩权的协议。在该合同中，所谓的有代偿能力的机构，通常是指银行、保险公司或者其他担保公司。该合同又被称为"独立担保的合同""见索即付的担保合同""依简单请求即付款的担保合同"。

鉴于在该合同中担保人无需提交一定的物化财产，故独立担保合同被认为是人的担保之一种形式。笔者认为它实质上是一种异化于传统保证形式的担保。其"异化"的表现我们将在后面进行分析。

独立担保合同是在一般担保合同的基础上，根据社会经济发展的需求而产生的非典型合同。在欧洲，这种合同的法律效力被肯认，是通过不同方式进行的。

在英国法中，这种性质的合同被称为"第一要素保证"，[1] 英国法庭通过裁定的方式确认了"第一要索保证"的效力。英国法庭的裁定认为：当保证人与债权人在合同中明确约定，一旦债权人以简单的请求要求保证人给付一定金额时，无需证明债权人与债务人之间的合同是否存在瑕疵，保证人须依索付款。从而英国法庭的裁决肯认了"第一要索保证"具有自主性。[2]

在欧洲大陆法系国家中，无论是《法国民法典》《德国民法典》，还是《意大利民法典》，均以保证为"人的担保"制度的同质同式，在其民法典中并没有确认保证具有独立于主债之外的效力。

但是，这并不意味着在这些国家中，法学理论界的学说和司法实务界的判决对独立担保合同视而不见。相反，在德国法学界，于《德国民法典》出现之前，学者们就已经著述讨论债权担保领域中例外担保的问题，如1886年Stammler著

---

[1] 参阅何美欢：《香港担保法（上册）》，北京大学出版社1995年版，第145页。

[2] 参阅何美欢：《香港担保法（上册）》，北京大学出版社1995年版，第145页。

的 Der Garantievertrag（in Archiv fur civilistische Praxis）。[1] 即使是在《德国民法典》制定之后，亦在讨论这个问题，讨论者在研究《德国民法典》第 768 条时，注意到了保证（德 Burgschaftsvertrag）与承担主债之债务允诺（德 Schuldversprechen）之间的区别，如 1888 年 I Motive zu dem Entwurfe eincs bürgerlichen Gesetzbuches（Ⅱ, Berlin - Leipzig, 1888, p. 662），1898 年 Ehrlich 著的 Das zwingende und nichtzwingende Recht im Burgerlichen Gesetzhuch（Jena, 1898, p. 30）等。正是在学说讨论的基础上，德国司法界接受了独立担保合同的学说，吸收英美法中的"第一要素保证"的理论和国际贸易惯例，通过具体的判决确认了独立担保合同（德 Garantievetrag）的合法性。[2]

在欧洲其他一些国家如法国、比利时、荷兰等，学者们同样注意到从属性担保（意 garanzia accessoria，英 guarantee）与独立性担保（意 garanzia autonoma，英 indemnity）之间的区别。[3]

作为一种机制，无论是在英美法系还是大陆法系，独立担保合同都是一个新的问题。英国法官 Denning 在 1977 年曾经明确强调："独立担保，对我们来说是一种新事物。"[4] 在法国，近二十年来独立担保合同在实践中被广泛地使用。[5] 在意大利学者的法学著作中，有关独立担保合同的理论讨论是近二十年的事情。1978 年意大利民商法学者 G. B. Portale 在其著作中首先对"独立担保合同"（意 contratto autonomo di garanzia）进行了学说性阐述，[6] 其后引起了民商法学界的讨论。意大利的学者们在讨论过程中，形成了一种占主流的见解，即伴随着国际贸易与意大利国内经济的发展，伴随着信贷技术的变革，要求在更大的空间和领域中使用"人的担保"，但是现有的法律规范对债权人的利益给予了较多的限制，因而需要确认"独立于主债关系的担保"（意 fideiussione automatica）——有时是银行保证，有时是保证保险，或者是其他具有类似性质的担保——效力的必

---

[1] Fulvio Masropaolo, *I Contratti Autonomi di Garanzia*, G. GIAPPICH, 1994, p. 116.
[2] Francesco Galgano, *Diritto Civile e Commerciale*, CEMAD, 1993, p. 443.
[3] Fulvio Mastropaolo, *I Contratti Autonomi di Garanzia*, G. GIAPPICH, 1994, p. 116.
[4] 参阅沈达明编著：《法国/德国担保法》，中国法制出版社 2000 年版，第 65 页。
[5] 参阅沈达明编著：《法国/德国担保法》，中国法制出版社 2000 年版，第 6 页。
[6] G. B. Portale, *Fideiussione e Garantievertrag nella prassi bancaria*, in Le operazioni bancarie, II Milano, 1978, p. 1043.

要性[1]。

学者们的学说被意大利司法判决所接受,甚至学者们对独立担保合同所下的定义也被米兰法院1987年4月30日的生效判决所重复。[2] 事实上,"独立担保合同"理论不仅在判决中得到肯认而且在凡涉及这个问题的领域的实践中迅速传播。

意大利最高法院通过判决(1987年10月1日第7341号判决)确定了下列原则:

第一,独立担保合同是一种产生得以解除与被担保主债的任何关系之债,以及在这个基础上担保人根据受益人的简单请求即应当给予满足的独立合同,是有效的非典型合同。该合同中的担保人对被担保人履行的可能,没有抗辩权。在与其他人缔结的包括国际贸易在内的关系中,该合同旨在保护相关利益人获得其利益。

第二,担保合同的独立性并不能产生使债权人获得两次给付的必然结果,也就是说,它不是对担保给付所产生的情况的确认,而是通过被担保主债的正确履行,通过补偿制度来实现公平。但是,被担保人所承担的正确履行主债的义务继续有效。[3]

我们注意到,在德国、意大利、法国等国家,独立担保合同的有效性是在司法界接受了学说理论的基础上通过司法判决获得确认,相反在其民法典的立法中,并没有对此作出直接肯定。

在我国民法理论研究中,已有学者于20世纪40年代对此进行一定的分析,例如梅仲协先生将这种合同称为"准保证契约"(德 Garantievertrag),他在分析这种渊源于德国民法学理论的"准保证契约"时认为"准保证契约"不同于保证契约。[4]

在我国《担保法》第20条中,我们可以感受到法律对保证人抗辩权的保护

---

[1] Portale G. B., 1978; Sesta M. 1985; Angelici C. 1985; Bonelli, 1987; Mastropaolo, 1989; Galgano, 1993; Bianca 1994; Bozzi, 1999; ecc.

[2] Sesta Michele, *Le Garanzie Atipiche*, CEDAM, 1988, p.456.

[3] Sesta Michele, *Le Garanzie Atipiche*, CEDAM, 1988, pp.459~460.

[4] 梅先生认为:"在保证契约,保证人仅保证主债务人之支付能力,而在准保证契约,准保证就特定之事件,应独立负保证责任也……盖于此情形,债权人因有准保证人之为保证,即使主债务人,对于此项支付,不负责任,但其债权,亦必获得清偿。"梅仲协:《民法要义》,中国政法大学出版社1998年版,第502页。

是十分关注的,但独立担保合同的特征之一是保证人抗辩权的不得行使性,显然这与第20条的制定目的有一定的差距。当然,在我国有关担保的立法中,我们既注意遵循渊源于罗马法[1]、法国法、德国法的传统担保理论所强调的担保的从属性,又为确定独立担保合同的有效性预留了一定的余地,例如《担保法》第5条第1款规定:"担保合同是主合同的从合同,主合同无效,担保合同无效。担保合同另有约定的,按照约定。"同时,最高人民法院《关于适用〈中华人民共和国担保法〉若干问题的规定(讨论稿)》中,意欲规定:"当事人约定担保合同的效力独立于主合同,担保人不得以主合同无效对抗债权人""担保合同约定见索即付条款的,担保人不享有《担保法》第17条第2款规定的权利。担保人不能以主合同和从合同所产生的抗辩理由来对抗债权人。但是,有充分证据证明主合同违反法律、债权人的索要滥用权利或欺诈行为的除外。"尽管其尚未生效而仅是草稿,但已表明我国司法界对该问题的关注。不过,如果对保证人的抗辩权加以限制,极为需要立法上的明确规定。

二、独立担保合同与保证合同:相同及异化

独立担保合同,仅存在于人的担保之中。因为作为独立担保合同,其实并不存在担保人直接提交可供支配的担保物的情况,而是担保人的依托于财产之上的信用对被担保人的债务履行提供担保。

作为人的担保方式之一,独立担保合同虽然源于传统的保证合同,但它是保证合同的异化之产物。

(一)独立担保合同与保证合同的关联

说独立担保合同源于传统的保证合同,是因为独立担保合同与保证合同有着千丝万缕的渊源上的联系。这从两者的相同处不难看出:一是合同担保的方式:均以担保人依托于财产实力的信用来保障债权人(受益人)利益的实现;二是合同的缔结主体:均是债权人(受益人)与提供依托于财产的信用担保人之间的协议;三是提供担保之人均有明确提供担保的意愿。需要注意的是,这点正是

---

[1] 保证的最初形式是"人的自我担保"(意 autogaranzie pereonali),它渊源于罗马法。"债务人为确保债务的履行而自己提供担保的情形可以说渊源于罗马人的 constitutum debiti proprii。那个时候该行为不是标准的行为,而是特殊的'支付允诺'行为,在一定的期限内实施。"根据拉贝奥的观点,在那个时候已经有了由 conslilutura 产生的担保的独立性。(罗马法原始文献 D. 13, 5, 3, 2.)现代学者认为,从法律技术的角度讲人的担保就是第三人提供担保。该担保的特性并非来自于用以担保的财产,而是来自于第三人的介入(intervento)。关于这个问题,不仅可以从法学理论中、从功能的思考中进行考察,而且还可以从历史的演进中进行考察。

保证合同和独立担保合同区别于其他担保方式的最为重要的主观要件上的凸现点。因为从事物的表面看来，凡带有给付标的物的合同、以连带责任方式履行债务的合同，均具有担保合同债务得以履行、债权人的债权得以实现的功能，不过，这仅是这些情形在客观结果上具有"担保债务履行"的效果，但是，这一效果并不能意味着这些情形就等同于担保，因为它们缺乏实施担保行为之人的主观意愿，尤其不能等同于"人的担保"，因为在"人的担保"中，格外强调担保人愿意提供担保的主观意愿之明确表示。

(二) 独立担保合同对保证合同的"异化"

说独立担保合同是保证合同的异化之产物，是因为传统保证合同在责任承担上分为一般保证责任和连带保证责任，尤其后者必须有明确的法律规定或者有当事人的明确约定，否则保证人有权对抗债权人的请求权，但这一现象显然不能满足社会经济发展的需要，尤其是国际贸易的需求，它使得债权人的利益面临较大的风险。在这一背景下，独立担保合同以其独有的特征游离于保证合同之外，在欧洲被不少国家以司法判决的形式确认了它的法律效力。

独立担保合同异化于保证合同，主要通过下列特征体现出来：

特征之一：独立担保合同的独立性

1. 独立性的涵义。在这里，"独立性"不同于保证合同的相对独立性，后者例如体现保证人独立人格的抗辩权的独立行使、保证人对主合同变更的独立意思表示以及保证合同的债务变更或消灭的独立性原因等。[1] 在这里，所谓的"独立性"，是指成立后的独立担保合同，其合同本身的效力完全脱离了主债关系，法律规定的主债与保证关系的一般原则——"主债有效，保证合同有效，主债无效，保证合同无效"，对独立担保合同没有约束力。

从这个角度讲，独立担保合同是对保证合同的从属性的否定。意大利米兰法院1985年11月28日的一个裁决明确指出："独立担保合同不能适用于保证的规范，因为它不具有保证关系从属于主债的特征"。[2] 意大利那波里上诉法院甚至在1982年1月22日作出的判决中更加明确和直截了当地指出：如果在一个担保合同中缔结了"见索即付"的担保约款，那么该合同就是独立担保合同，它具有解除与主关系的关联之功能。

---

[1] 参阅费安玲："论保证人抗辩权"，载《政法论坛》2000年第1期。
[2] In Le Società', 1986, p. 385, con nota di R. Rordof.

2. 独立性仅体现于担保人的责任承担与基础关系之间的关联上。独立担保合同涉及两类不同的关系：一是基础关系（或称为主债关系），即发生于受益人和被担保人之间的关系。该关系是产生独立担保合同的基础。不过，在该关系中，主体不宜被称作"债权人"和"债务人"，而是"受益人"和"被担保人"。因为受益人不能肯定是债权人，被担保人亦不能肯定是债务人，如果该基础关系并非真正是法律保护的债的关系，那么"被担保利益实现的债权人""被担保债务履行的债务人"也就无从存在。二是担保人与受益人之间的担保关系。

就上述两种关系而言，担保人与受益人的担保关系虽然产生于基础关系，但是，在担保人的义务承担上，则完全独立于基础关系之外，不受担保关系从属于基础关系的一般规则约束。只要有担保关系，则担保人无论基础关系是否有效，均必须根据受益人的请求履行给付行为，哪怕是受益人仅是提出了一个简单的并且没有证明基础关系有效性的请求。

特征之二：担保人抗辩权的不得行使性

独立担保合同一旦成立生效，就意味着担保人放弃了一般担保关系所存在着的抗辩权的行使，他根据受益人的简单请求即必须支付且是毫无保留地支付确定数额。显然，这完全不同于保证合同。当然，完整的解释应当是：如果通过"见索即付"的约款，担保人与受益人双方明确缔结了一个真正的和确实的独立担保合同；与此同时，独立担保合同的缔结即表明担保人所享有的一般担保关系中的抗辩权已被限制而不得行使，但是该限制应当没有超逾担保的范围。因为依独立担保合同之独立性，其确认的仅是担保人就担保关系受制于基础关系对抗受益人的权利受到限制。在意大利司法判决中，将这一特征称为"无条件担保"。[1]

独立担保合同中的担保人之抗辩权，例如先诉抗辩权、主债务无效抗辩权或者突然发生的履行不能抗辩权等，由于独立担保合同的独立性所使然，导致担保人不能行使自己的抗辩权，而是必须依受益人的"简单请求"（意 a semplice richiesta）"简单通知"（意 a semplice avviso）"无抗辩地"（意 senza eccezioni）支付款项。它同时产生了另一个效果：豁免了受益人请求支付的法定举证这一前提条件。

特征之三：表明担保合同独立性的约款的明示性

划分独立担保合同与保证合同的关键，是合同中是否有双方当事人确认担

---

[1] 意大利米兰法院 1986 年 9 月 22 日的判决，Banca Borsa Tit, Cred, Ⅱ, 1987, p. 331.

合同独立性的明确约款。在实务中，表明担保合同独立性的约款的表达方式有许多，但是其核心内容中必须要有诸如"一经债权人（受益人）提出请求，保证人即应当依约定向请求人履行支付义务"，或者"如果受益人完成某项义务，保证人即担保履行付款义务"等明确保证人负有"见索即付"或者"第一要索保证"的约款。

在这里需要注意的是：

第一，表明担保合同独立性的条款完全是双方当事人约定而成。在英美法系国家和欧洲大陆法系国家有关独立担保合同的规范中，在国际商会制定的《见索即付保函统一规则》中，将担保合同的独立性的确认交给合同当事人解决。[1]

第二，表明担保合同独立性的约款应当是明示，而非默示，人们不应当通过推定双方当事人的意思表示来进行判断。如果有关担保合同独立性的约款不十分明确，则应当视同没有约款。

特征之四：独立担保合同具有非典型合同性

保证合同是一种典型合同。但是，独立担保合同则是一种非典型合同。意大利米兰法院1986年10月9日的一个判决就独立担保合同的非典型性重申了这样一个结论："属于独立担保合同的范围内'担保人的履行'，不能用典型保证的规范来确认。因为担保人放弃了法律所肯认的保证人的优势，他所承担的是类似于不可撤销的信用证的独立责任。"[2]

独立担保合同的性质具有"类似于不可撤销信用证"的见解，不仅是意大利司法界的看法，在英国，法官亦持有同样的见解。[3]

三、独立担保合同的表现形式

独立担保合同在经济活动中运用的越来越多，尤其是在国际贸易中。这种担保合同在供给担保（英Supply bond or guarantee，意garanzia di offerta）、履行担保（英performance bond or guarantee，garanzia di buona esecuzione）、偿还款项担保（英repayment bond or guarantee，意garanzia di rimborso）以及投标保证等担保活动中均可存在。本文仅以对经济活动中两种比较典型的独立担保合同表现形式进行分析：见索即付的银行保证和保证保险。应当说明的是，尽管它们被赋予"保

---

〔1〕 参阅杨玉熹："传统与变革：保证法律制度原理探析"，载第二届"罗马法·中国法与民法法典化国际研讨会"论文集。

〔2〕 Banca Borsa Tit. Cred., Ⅱ, 1987, p.333.

〔3〕 沈达明编著：《法国/德国担保法》，中国法制出版社2000年版，第68页。

证的外表",但是,其实质上已经有别于传统保证。

(一)见索即付的银行保证(first demand guarantee)

银行保证又称银行保函、银行保证书,是指银行应申请人或者委托人的请求,向受益人开出的一种无条件或者有条件的保证文件,保证当受益人按保函规定完成了某种特定义务时,担保人将履行其保函所规定的责任和义务。所谓的"见索即付"(意 la garanzia a prima richiesta),是指提供保证的银行根据受益人提出的请求,要无条件地付款。其实质上是对已有的法律规范中所规定的保证人抗辩权的限制。

有学者认为见索即付银行保证的性质"几乎是见票即付本票"。该说从见索即付银行保证所产生的义务角度进行分析,认为:见索即付银行保证和其他类型的凭要求即付保证,与其说是保证合同,不如说是本票。换言之,只要受益人提出的要求是诚实的,银行必须付款。[1]

笔者认为,尽管"本票说"从银行义务的角度而言有一定道理,但是,如果没有将银行保证置于合同的高度进行考察,就很难进行准确的定位判断。因为从合同法律关系上看,见索即付银行保证实际上是旨在对他人给付行为提供担保的合同法律关系之体现,其基本点有三:①在与主债关系的关联上。见索即付银行保证是渊源于某一个主债关系,同时又在担保人义务履行上独立于主债关系。②在合意上。见索即付银行保证所体现的合意,不是银行与一般谈判对手的合意,而是银行与一个主债关系中的债权人(受益人)之间达成的合意,根据该合意,银行承诺将使主债关系中的受益人利益获得保障。③在目的上。作为合同行为,见索即付银行保证的作出,其目的完全是对主债关系中的债务人给付行为提供担保。

在现代经济社会中,尤其是国际贸易活动中,过去曾经被人们所信赖的商业信用已经"风光不再"。在许多大额交易中,商业信用往往被交易相对方拒绝接受,公司保函已经不再被作为一种有效的保证,为了使得债权人在经济活动中能够获得更大的交易安全感,银行信用便逐渐替代了商业信用,在投标、履约、预付款、买方付款、贷款、租赁、建设工程承包等许多经济活动领域中,既消除了交易双方的不安全感,又保证了双方当事人的利益实现。我们不可避免地面临着

---

[1] 参阅沈达明、郑淑君编著:《英法银行业务法》,中信出版社1992年版,第87页;沈达明编著:《法国/德国担保法》,中国法制出版社2000年版,第68页。

必须将银行保证合同区分为两种不同性质:一般保证合同关系和独立担保合同关系。

如何认定具有独立担保合同性质的银行保证?笔者认为,在我国的担保立法中,我们可以借鉴国际惯例对银行保证是否构成独立性合同给予确认。即在银行保证中包含当事人这样的意思表示,即可以认定该银行保证为独立担保合同:①强调银行的付款义务并不取决于或者并不受制于被担保人与受益人之间的基础交易的存在性或有效性。②作为担保人,银行放弃基本关系的合同所产生的一切拒付权和抗辩权,要求银行履行保证义务的受益人无须提供被担保人未履行义务的证据等。这些权利的放弃没有违背法律的禁止性规范即可。③在意思表达的方式有这样的表述:"独立担保书""见索即付担保书""一索即付""首索即付""无条件地付款"等。[1]

(二)保证保险(意 assicurazione fideiussione, polizza fideiussoria)

保证保险是指根据投保人的请求,由保险企业与投保人之间就保险企业提供保证的事宜所达成的合意。故而又称为保证保险合同。保证保险合同具有非典型担保合同性质。

当然,关于保证保险的性质是保险之一种还是担保合同之一种,学者们多有不同主张。保险业界的学者大多主张保证保险是保险业务之一种,其考察的视角亦完全是保险业务的范围。而在法学界,则多认为保证保险的性质不是保险,而是担保之一种。甚至在法院的司法判例中亦确认了这一观点。例如 1985 年 1 月 26 日意大利最高法院第 385 号判决认为:"至于与保险企业缔结的保证保险,实质上具有担保性质,其目的不是转移被保险人的风险,而是担保主合同的债的履行利益。所以它是担保合同而不是保险合同。"[2] 1986 年 4 月 7 日米兰法院的判决认为:"保证保险不是保险,而是一个担保的非典型合同。"[3]

我国台湾地区亦有学者归纳了保证保险不是保险的观点,[4] 这些观点将保证保险与普通保险相比较,认为保证保险具有其不属于保险的四个基本理由:一是当事人。保证保险具有三方当事人——担保人,即保险人;被担保人,即义务人;权利人,即受益人。权利人(债权人)和义务人(被担保人)均可作为投

---

[1] 此部分参考了《国际担保书统一法(初稿)》的内容。
[2] Banca Borsa Tir. Cred., 1986, Ⅱ, p. 140.
[3] Bancaria, 1987, p. 52, con nota di E. Gabrielli.
[4] 袁宗蔚:《保险学:危险与保险》,三民书局 1984 年版,第 619 页。

保人。而普通保险仅有两方当事人，保险人与投保人。二是义务类型的约束力。保证保险对被担保人所负有的义务之履行，有约束效力。普通保险对被保险人并无任何拘束，且加以适当之保障。三是损失的预想。在保证保险中并无预想的损失，保费乃是利用保证公司的名义的手续费。而普通保险非但有预想的损失，而且据以为保费计算的根据。四是返还义务。保证保险中的被担保人，对担保人（保险公司）给付权利人的补偿有偿还的义务。而普通保险的被保险人，并无任何返还的责任。

在保证保险合同中，保险人根据被担保人（义务人）的要求向权利人提供自己的以财产为基础的信用担保，确保当被担保人的作为或不作为致使权利人遭受损失时由保险人承担赔偿责任。保证保险合同是以保险人出立的保证书来作为体现双方当事人合意的方式。

保证保险合同的主体包括：①担保人——保险公司；②被担保人——进行投保的基础关系中的债务人；③受益人——基础关系中的债权人，也是要求被担保人投保其自身信用风险的权利人。此外，保险公司为了减少自己的风险，往往要求被担保人提供反担保（即由其他人向保险公司保证该被担保人履行其义务的法律行为），这样，在保证保险中可能还涉及反担保人。

保证保险合同是随着商业信用的发展而发展起来的。目前，国际上有相当多的一般保险公司和专业性保险公司纷纷根据投保人的请求而缔结保证保险合同。在我国，为了适应经济发展的需要，目前保险公司开办了一些保证保险业务，主要有国内工程履约险、对外承包工程的投标、履约和供货保证保险、产品质量保证保险、住房贷款保证保险、汽车贷款保险、雇员忠诚保险等。对于这些保证保险方式，通常根据意思自治原则，依照合意中当事人旨在以担保的独立性实现被担保人利益的意思表示，确定该保证保险具有独立担保合同的性质。目前，我们对保证保险的研究多滞留在保险业务的角度，而从担保合同尤其是对它的独立性的研究相当薄弱，尚需一定的时间对其进行深入探讨。

四、独立担保合同之效力

无论是银行保证或者是保证保险，一旦被确认为具有独立担保合同性质，便将产生下列效力：

1. 受益人付款请求权的独立存在。在被担保人没有履行基础关系的义务时，受益人得依与银行或者保险公司之间缔结的独立担保合同（即见索即付的银行保证或者据以独立担保合同）有关约定，行使其付款请求权，而无须提交证明其基础关系合法性或请求权有效性的证据。

2. 受益人应当向银行或者保险公司提交合同约定的付款简单请求单证或者约定的其他文件。无论是简单的请求单证或者是其他约定的文件，均表明受益人享有付款请求权。

3. 银行或者保险公司享有反担保请求权。反担保请求权具有预防性救济权性质，提供独立性担保的银行，为避免在自己承担担保责任后因被担保人不履行义务导致自己的利益损失，有权要求被担保人提供反担保。我国《担保法》第4条第1款明确允许反担保的设立："第三人为债务人向债权人提供担保时，可以要求债务人提供反担保。"

4. 银行或者保险公司享有追索权。尽管在独立担保合同中，见索即付的银行或者保险公司承担了付款义务，但是，银行或者保险公司并非是以主债务人的身份承担义务的，因此，一旦银行或者保险公司履行了付款义务，便享有对主债务人或者被保证人的追索权，即有权向主债务人或者被保险人进行追索。就这点而言，是见索即付银行保证和具有独立担保合同性质的保证保险被定位于担保合同的判断基础之一，其担保合同的性质不是一般性保证合同，而是独立的担保合同。同时，我们必须注意的是，如果基本关系存在瑕疵，就意味着受益人实质上无权从银行或者从保险公司获得款项的支付，只不过由于担保的独立性合同属性使得银行或者保险公司必须见索即付。但是，对于受益人获得的利益必须被追回。就见索即付的银行保证而言，与一般保证合同不同的是，不是由银行，而是由被担保的债务人向受益人实施追索，因为银行已通过反担保的设立维护了自己的权益。

5. 担保人的抗辩权。鉴于独立担保合同存在着不同于保证合同的非典型合同之本质，故担保人在约款中明示自己承担担保人义务的同时，也就意味着他放弃了对抗主债关系的抗辩权。如果发现主债关系是无效的，由被担保的债务人而非担保人提起不当取得的诉讼。而担保人通常通过要求被担保人提供反担保并以此实现自己的利益不受损害。正是由于与一般保证合同相比较而言，独立担保合同中的担保人不得行使其在一般保证合同中享有的抗辩权，因此，学说上将独立担保合同称为"无抗辩权的担保合同"。

但是，任何情况均非绝对。独立担保合同所约束的担保人抗辩权，是指担保人对基础关系的是否存在、其存在是否合法及被担保人对担保人所享有的抗辩权。然而，这并非意味着独立担保合同中的担保人绝对不得行使其抗辩权。根据民法的公平原则和诚实信用原则,在下列三种情况下,担保人依然享有抗辩权:第一种情况是由于受益人所提交的文件不符合约定;第二种情况有证据证明受益人是滥用权利;第三种情况有证据证明受益人有诈欺行为。就第一种情况而言,如果受益人不能提交相关文件证明其付款请求权的存在时,担保人当然有权给予抗辩和拒绝。就第二种情况而言,如果有证据表明"主"债权人有滥用约款行为时,担保人抗辩权的行使应当受到法律保护。因为,在注意给债权人以保护,尤其是在国际商事活动领域中,为免使担保的目的不能实现的同时,必须注意防止"主"债权人的权利滥用。这是法律保护任何一个社会普通成员所必须寻求的利益平衡。我国《民法通则》第4条亦规定:"民事活动应当遵循……公平……诚实信用的原则。"《合同法》第6条也规定:"当事人行使权利、履行义务应当遵循诚实信用原则。"因此"主"债权人不能也不应当滥用担保合同独立性的约款,利用保证人不得行使保证合同抗辩权的机会谋求不当利益,而应当遵循诚实信用原则,正确地行使其权利。对于诈欺的认定要素,可以考虑:在主观目的上,行为人具有故意或过失地损害他人权益的追求。在行为方式上,以有害于他人权益的手段。在客观结果上,造成他人权益的损害。就第三种情况而言,在注意保护债权人权益以免使担保的目的不能实现的同时,也必须注意阻却"主"债权人诈欺行为。如果有明确证据证明债权人显然有恶意诈欺,则保证人可以甚至应当拒绝支付,例如已经履行支付义务的债务人所出具的文件或者有明显的证据表明主债关系被取消时,保证人可以拒绝支付。

在欧盟国家的司法实践中,强调诈欺行为必须具有明显恶意性,例如:在意大利法院的判决中,坚持认为强调"诈欺是明显的"这一点是必要的。[1] 在英国法院的判例中,对诈欺行为具有明显恶意的要求十分严格。如果诈欺的主要内容被担保银行所了解并得到一定的证实,则担保不应当被遵守。[2] 荷兰、比利时有关独立担保合同的判决亦作出类似规定。[3] 德国法院的判决认为,当有"明确的证据"(德 liquides Beweismittel)表明受益人的诈欺行为时,担保银行不予支付。奥地利最高法院认为:在涉及商业利益时,诈欺行为应当是明显的并有明确的证据证实,在该情形下银行不承担担保的责任。法国的判决亦无不同,要

---

[1] 1979年4月23日埃米里亚上诉法院的判决、1980年11月17日米兰上诉法院的判决。Fulvio Mastropaolo, *I Contratti Autonomi di Garanzia*, G. GlAPPICHELLI, 1994, p. 382.

[2] Fulvio Mastropaolo, *I Contratti Autonomi di Garanzia*, G. GlAPPICHELLI, 1994, p. 383.

[3] Fulvio Mastropaolo, *I Contratti Autonomi di Garanzia*, G. GlAPPICHELLI, 1994, p. 384.

求必须证实受益人有着明显的诈欺行为，从而导致担保人得以免除支付责任。[1] 故而，独立担保合同中的担保人，享有对抗"主"债权人欺骗恶意的抗辩权。

对于有证据证明主债关系违反法律，担保人是否可以行使抗辩权？如同欧洲学者们对独立担保合同所下的定义——"放弃对受益人与主债务人之间债之关系的存在性、有效性和可强制性的抗辩权"[2]——那样，在欧洲的司法实践中，并不强调这是独立担保合同中担保人可以行使抗辩权的理由，因为它容易混淆从属性保证合同与独立担保合同之间的不同，导致原本已经被免除举证责任的受益人必须举证以进行反驳。其结果可能将导致独立担保合同名存实亡。同时，通过反担保制度，不当得利者将承担其应有的责任。

结 论

独立担保合同是为社会经济的发展提供深层次保障的一种法律制度，它通过确立独立于一般担保规则之外的特殊规范，使得国内与国际贸易活动中的债权人利益获得更加有效的保护，同时通过该制度的较为完善的制度架构，使得担保人的风险同样被控制在其可承受的范围内。该制度的架构效果能够达到既保护了权利人的权益，又使得义务归落于应当承担者的身上，简言之，"权归应得者，责归义务人"。

独立担保合同产生于20世纪的欧美发达国家，且首先是有相当多的实务运作情况发生，而后通过司法判例给予解决，而非首先在立法条款中给予肯认与调整。尽管对于独立担保合同的理论争鸣依然相当热烈，但是不容置疑的是，独立担保合同在欧美发达国家中出现得相当多，促进了这些国家的国内外贸易的发展，它与传统的担保法律规范共同为社会经济的发展提供了制度上的保障。

从一定意义上讲，独立担保合同与一个社会的经济发展环境是相辅相成的，即当一个社会的经济发展到较为发达的程度时，就迫切需要更为便利的实现债权人权益的方式和途径，而独立担保合同恰恰可以具有适用这一需要的功能，故它通过提高经济活动主体的信用度，进一步推动社会经济的发展，改善经济活动的信用环境，即具有较好的经济信用环境的社会，为独立担保合同的出现和作用的发挥提供了基础，而独立担保合同反过来又为社会经济信用环境的进一步完善提供法律制度上的保障。但是如果一个社会自身的经济信用环境较为恶劣，诚实信

---

[1] Fulvio Mastropaolo, *I Contratti Autonomi di Garanzia*, G. GIAPPICHELLI, 1994, p. 385.

[2] Sesta Michele, *Le Garanzie Atipiche*, CEDAM, 1988, p. 456.

用在一定程度上仅仅表现为纸面上文字而没有完全落实在经济生活的实践中时，独立担保合同是很难发挥其作用的。因为对于担保人而言，这个风险似乎过大了一些，可能超过了担保人的利益安全限度。

就我国现实经济生活而言，我们的经济发展速度是相当可观的，同时我们的立法与司法制度的完善亦是更加令人鼓舞，因此，在我国的实务中，已经出现了独立担保合同，尽管所涉及的范围还是相当有限，同时我们对于独立担保合同的理论研究十分不足，使得它的功能的发挥相当有限，但是笔者认为，为了促进我国经济的发展和构筑一个良好的经济信用的环境，我们需要对这个制度加以理论上的研究和立法上的探讨。具体而言，我们应当根据我国经济发展的未来需要，将《担保法》第5条第1款规定的"担保合同另有约定的，按照约定"的内容进一步细化，对独立担保合同给予明确的肯认，同时对该合同的要件、合同当事人的权利义务以及合同的效力作出明确的规定。

论合同法中的随附义务[*]

我国《合同法》颁布后，其中有这样几个条款引起了人们的关注："当事人在订立合同过程中有下列情形之一，给对方造成损失的，应当承担损害赔偿责任：……有其他违背诚实信用原则的行为"（第42条），"当事人在订立合同过程中知悉的商业秘密，无论合同是否成立，不得泄露或者不正当地使用，泄露或者不正当地使用该商业秘密给对方造成损失的，应当承担损害赔偿责任"（第43条），"当事人应当遵循诚实信用原则，根据合同的性质、目的和交易习惯履行通知、协助、保密等义务"（第60条），"合同的权利义务终止后，当事人应当遵循诚实信用原则，根据交易习惯履行通知、协助、保密等义务"（第92条）。这些条款的共同特点是：①强调条款中所涉及的义务是依诚实信用原则或交易习惯而产生；②这些条款所涉及的义务范围主要是通知、协助、保密等义务。从理论上分析，这些条款所涉及的义务即为民法学理论中的附随义务。

一

附随义务（Nebenpflicht）是大陆法系合同关系发展过程中有关义务的一个相当重要的理论。附随义务理论是德国学者在探讨合同给付义务及其履行时首先提出的。[1] 德国学者认为，在合同中包含着一组旨在保护合同当事人权益的"义务网络"，注意义务、保护义务等是其组成部分，而且这些义务产生于合同解释的过程中，并附随于诸如买卖合同中的交付货物、支付价金等主义务。[2]

---

[*] 本文原载于《当代司法》1999年第3期。

[1] 王泽鉴："债之关系的结构分析"，载王泽鉴：《民法学说与判例研究》（第4册），中国政法大学出版社1998年版，第98页。

[2] [德] 罗伯特·霍恩、海因·克茨、汉斯·G. 莱塞：《德国民商法导论》，楚建译，中国大百科全书出版社1996年版，第115页。

那么，何为附随义务？日本学者从附随义务与合同目的实现的关系考察，认为：附随义务是对于合同目的的达成并非不可或缺的给付义务。[1] 我国台湾地区著名学者史尚宽、王泽鉴从附随义务产生之源的角度考察，认为：附随义务是债务人依诚信原则于契约及法律所规定的内容之外所附有的义务。[2] 笔者认为，上述学者的考察视角是必要的，但是还应当从制度价值的角度去考察附随义务。因此，对附随义务的解释应当是，附随义务是指依合同关系发展情形且根据诚实信用原则所产生的为保障债权人给付利益的实现之义务。它体现了如下特征：①附随义务不是合同约定中必然存在的义务，相反，是在合同约定之外具有或然性的义务；②附随义务的产生直接来自于法律的规定，但是，其产生以诚实信用原则为其基本法律理念和是否产生的判断标准；③附随义务的产生旨在使合同当事人的利益得到最大程度上的实现；④附随义务不仅可以产生于合同关系存续期间，而且可以在缔约过程中和合同关系结束后的阶段存在，例如缔结人在缔约过程中尽力促成合同缔结的协助义务、出卖人在标的物交付时阐明注意事项的告知义务、医生手术时不得在体内遗留微型手术器械之保护义务、合同履行完毕后不向他人泄漏相对方的商业秘密的保密义务等。附随义务的这一特征体现了合同义务的扩张趋势。附随义务理论的实行，使合同的效力从依附于既定的合同之内容，扩及于合同当事人之间事先不确定的权利义务的范围。[3]

在附随义务中，存在两种类型：一是可以独立诉请履行的附随义务，二是不能独立诉请履行的附随义务。不能独立诉请履行的附随义务又可具体分为两种情况：辅助实现债权人给付利益的附随义务和避免侵害债权人人身或财产利益的附随义务。

履行附随义务行为的性质是否为法律行为？附随义务的产生不是依合同当事人在合意中直接表达的内容，而是依法律的有关直接规定而产生。因此，尽管附随义务在当事人的合意中未直接体现出来，如债权让与的通知义务、相对方在买卖行为中的保护义务等，但是法律却通过直接的规定而赋予双方当事人的行为以一定的结果。该情形告诉我们：法律行为的根本观念定位于私法上的自治。因此

---

[1] 林诚二："论附随义务之不履行与契约之解除"，载郑玉波主编：《民法债编论文选辑》，五南图书出版公司1984年版，第863页。

[2] 史尚宽：《债法总论》，中国政法大学出版社2000年版，第329页；王泽鉴：《民法学说与判例研究》（第4册），中国政法大学出版社1998年版，第98页。

[3] 王家福主编：《中国民法学·民法债权》，法律出版社1991年版，第137页。

凡法律行为的主体欲发生私法上的效果，法律即赋予其一定效果。鉴于此，法律行为所生的效果，实质上是行为人通过合意所直接表达的希望发生的效果。但是，这一结果的发生并不意味着履行附随义务行为就是双方法律行为；相反，履行附随义务行为"虽亦由法律予以一定之效果，然与行为人之意思无关。"[1] 所以，履行合同中的附随义务，如履行告知义务、协助义务、保护义务等的行为是准法律行为。尽管法律行为与准法律行为均有法律上的效果，但是，作为准法律行为的附随义务履行行为是依法律的直接规定而产生，往往缺乏履行附随义务行为人的效果意思。故日本学者将产生附随义务的意思表示称为"法律行为之附随的、补充的效果无须当事人之有意思表示也"[2]。

附随义务理论的制度价值是什么？首先，众所周知，法律的终极目的是追求公平、正义。具体到私法，就是在最大程度上实现合同当事人的合法权益。尽管附随义务是否存在均对于合同中的主给付义务的存在没有影响，但是却不能漠视它对合同当事人的权益能否获得完美实现的影响。其次，附随义务的存在将有助于判断在给付义务不履行时的效力。当附随义务没有履行时，并不当然导致合同的解除，而是产生强制履行的请求权及损害赔偿请求权的法律效力。再次，附随义务的存在有助于判断在缔约过程中和合同履行后当事人相关行为的法律效力。最后，附随义务的强调将有助于实现法律保护交易安全之目的。

二

附随义务在合同关系发展的各个阶段均可产生。附随义务在缔约阶段产生，学理上称为先合同义务，对该义务的违反即构成缔约过失责任；附随义务在缔约成立至履行完毕之前的阶段产生，学理上称为合同义务，对该义务的违反即构成不完全给付责任；附随义务在履约后阶段产生，学理上称为后合同义务，对该义务的违反即构成合同终了后的过失责任。由上可知，鉴于附随义务制度的设立是为了维护相对方的利益，保护交易安全，故而合同是否存在并不影响附随义务的存在，即附随义务的存在不以合同的存在为前提条件。下面我们详细地探讨一下合同关系发展的各个阶段中的附随义务：

第一，缔约过程中的附随义务。我国《合同法》第42、43条所载内容即为缔约过失责任的规定。缔约过程中的附随义务主要体现为：以缔结合同为目的依

---

[1] 参阅胡长清：《中国民法总论》，中国政法大学出版社1998年版，第186页。
[2] 参阅胡长清：《中国民法总论》，中国政法大学出版社1998年版，第225页。

诚实信用原则提供协助、告知的义务；在合同没有达成的情况下，对缔约过程中获知的相对方商业秘密或技术秘密负有的保密义务。在缔约过程中，当事人之间逐渐强化的信赖关系是缔约的重要基础。但是如果一方故意或过失地没有履行自己的告知、协助等义务，导致相对方的信赖利益遭受损失，法律应当提供救济。例如缔约一方没有履行自己的如实告知情况的义务，导致他方为一个肯定没有结果的合同之缔结付出了本不应当付出的费用；再如一方未尽通知、协助义务，增加了相对方的缔约成本而造成财产损失。

缔约过程中的附随义务之效力，表现为违反附随义务者依法承担法律责任。对缔约过程中的附随义务的违反，一不考虑合同是否成立，二不强调义务人违反义务时均必须在主观上有故意。也就是说，法律要求有主观故意的，则依法律规定而构成责任；法律没有要求主观故意的，只要有过失即构成责任。该责任就是民法理论上的缔约过失责任。法律上设立缔约过失责任，旨在有利于交易的促成，维护交易的安全。它弥补了合同责任和侵权责任之间存在的法律救济的"空白地带"。因为过去在合同关系没有成立或合同没有生效的情况下，人们无法就自己遭受到的损害追究当事人的合同责任，同时亦难以运用侵权行为责任理论来寻求救济，因为侵权行为的成立条件较为严格。缔约过失责任的建立则能够使处于该"空白地带"的当事人之利益得到保护。

第二，缔约成立至履约完毕阶段的附随义务。我国《合同法》第60条的内容即为缔约成立至履约完毕阶段的附随义务。在合同成立、生效后，双方当事人约定的义务基于有效合同而产生约束力，该义务即为合同义务，通常表现为给付义务，通过一方当事人履行给付义务而满足另一方当事人的履行利益。根据给付义务设定的目的，分为主给付义务、从给付义务和附随义务。[1] 我们首先考察一下这三个义务的涵义，以便为探讨它们彼此之间的关系状态奠定基础。在理论上，主给付义务是指构成某种合同类型所必须具备的固有义务。从给付义务是非合同所必备但有助于实现债权人利益且能够独立成为诉权标的的义务。从给付义务的功能在于使债权人的利益得到最大程度的满足。对从给付义务，当事人依其债权而享有请求权与执行权。附随义务是指依合同关系发展情形且根据诚实信用原则所产生的为保障债权人给付利益的实现之义务。必须指出的是，在区分某项义务究竟是属主给付义务、从给付义务还是附随义务时，难免会有争议。但是，

---

[1] 参阅张俊浩主编：《民法学原理》，中国政法大学出版社1997年版，第584页。

根据个案的具体情况，详细考察该义务与合同目的实现、合同内容的约定、合同义务不履行的法律效果等方面的关系，是可以作出判断的。

笔者认为，主给付义务、从给付义务和附随义务的关系表现为：

1. 附随义务完全不同于主给付义务，其表现为：

（1）从义务的确定性上分析，主给付义务自始确定，并决定着合同关系的类型；附随义务则随着合同关系的发展，因维护合同当事人的利益需要而产生要求相对方为一定作为或不作为的请求权。故附随义务在任何合同关系中均可发生，不受特定合同关系类型的限制。

（2）从履行抗辩权上分析，一方未履行主给付义务，相对方有权拒绝履行自己的附随义务。但是，如果一方既有主给付义务，又有附随义务，在其履行主给付义务而未履行附随义务，且该附随义务与合同目的的实现没有直接关联的情况下，相对方没有同时履行抗辩权。不过，如果这两者之间有着密切联系，则相对方享有同时履行抗辩权。[1]

（3）从解除权上分析，凡一方不履行主给付义务，相对方有权解除合同；而附随义务不履行，债权人原则上不能解除合同，对所受损害可根据不完全给付的规定，请求损害赔偿。区分主给付义务与附随义务的要点是：考察该义务在合同目的实现上，是属于不可或缺的义务，还是随合同关系发展的特定情形下产生的不影响合同目的实现的义务。例如在运输合同中，完成运送行为和支付运费肯定是合同当事人的主给付义务，而承运人应当向旅客及时告知有关不能正常运输的重要事由，[2] 则无疑应是附随义务。

2. 附随义务与从给付义务有着交叉相容的关系。可以独立诉请履行的附随义务就是从给付义务。此外，还存在着不能独立诉请履行的附随义务，它不同于从给付义务。例如在空调机买卖合同中，交付空调机和支付价款是主给付义务，上门安装是从给付义务，告知使用方法是附随义务。在这里，附随义务发挥着辅助债权人利益获得较为完美实现的功能；同时该告知义务的履行，亦可以使购买人免遭因不甚了解使用方法而发生人身或财产利益损害的危险。再如，在社会生活中适用范围极广的买卖合同中，附随义务通常体现为：出卖人的告知义务（将有关买卖标的物上所存在的各种法律关系告知于买受人，包括将涉及有关法律关

---

[1] 参阅王利明、崔建远：《合同法新论·总则》，中国政法大学出版社1996年版，第346页。
[2] 《合同法》第298条。

系如权利状态和权利来源的文书交付于买受人）、买受人的费用偿还义务（买受人对交付前的标的物的风险承担所支付的费用）、买受人对标的物的检查义务、标的物瑕疵通知义务、瑕疵物保管义务。

3. 履约后阶段的附随义务。通常认为，在合同履行完毕后，当事人的权利义务关系即告终止。但是，在合同权利义务关系消灭后，当事人为了维护给付效果抑或为了协助相对方终了善后事务还应作出的作为或不作为，即依诚实信用原则、交易惯例而负有履行通知、协助和保密的义务，这些义务即为履行后阶段的附随义务。该义务存在于义务履行完毕。履约后阶段的义务既可基于法律的特别规定，也可以根据当事人的约定。

结论

《合同法》中的附随义务依诚实信用原则而产生，不以当事人的约定义务为自己存在的前提条件。其功能在于使当事人的权益获得完善的实现以体现法律的公平、正义之终极目的。附随义务之附随并不意味着附属，而是要弥补当事人约定义务乃至法律明确规定义务之不足。因此，附随义务具有法律义务的性质。[1]

---

[1] 参阅梅仲协：《民法要义》，中国政法大学出版社1998年版，第335~339页。张俊浩主编：《民法学原理》，中国政法大学出版社1997年版，第585页。

保险投资监管法律问题的思考*

保险投资是现代保险业存在与发展的关键。与此同时，保险业的稳健发展，一方面要求保险投资的安全性和流动性，另一方面要求保险投资的营利性。显然，这三者的协调是十分重要的。而它们的协调需要法律从制度上加以完善，即法律应当为保险投资监管提供制度上的保障。

我国自1980年恢复国内保险业务以来，保险资金运用，大致经历了三个阶段：第一阶段为1980~1987年，为无投资或忽视投资阶段，保险公司的资金基本上进入了银行，形成银行存款；第二阶段为1987~1995年，为无序投资阶段，由于经济增长过热，同时又无法可循，导致盲目投资，房地产、证券、信托甚至借贷，无所不及，从而形成大量不良资产；第三阶段始于1995年10月，为逐步规范阶段，1995年以来先后颁布了《中华人民共和国保险法》（以下简称《保险法》）、《保险业管理暂行规定》等有关保险法律法规，但由于限制过紧，加之1996年5月1日以来的7次利率调整，使保险业发展带来新的问题，尤其使寿险业的利差损进一步扩大，因而，政府曾多次调整保险投资方式，1998年先后允许同业拆借、购买中央企业AA^+公司债券，但仍无法解决利率下调对保险公司带来的压力，尤其难以解决寿险公司日益扩大的利差损。基于此，1999年10月28日，国务院批准保险基金通过证券投资基金间接进入证券市场，这是完善我国保险投资监管的一项重大举措，也是进一步发展我国保险业的重要步骤。

我国目前面临着加入WTO，这要求我国保险业参照国际准则。同时，已进入21世纪，由于各国的金融改革，金融自由化的浪潮给我国保险业带来了新的

---

* 本文原载于《北京商学院学报》2000年第1期（总第91期），再载于《人大复印资料》2000年第5期。系与王绪瑾共同撰写。

机会与挑战,这也迫使我国的保险监管应与国际大趋势相接轨。本文拟在比较海外保险投资监管法律规定之特点的基础上,对完善我国保险投资监管法律制度提出若干拙见。

一、海外保险投资监管法律规定的一般特点

综观海外许多国家或地区保险法及细则对保险投资的规定,尽管早期工业国或后起工业国和地区的投资方式及演进的阶段不同,但仍然存在以下几点带有共性的特点值得我们思索:

1. 确认和保证保险资金运用方式的多元性。在美国、日本、法国、德国、意大利、瑞士以及我国台湾地区和香港特别行政区的法律规定中,均规定了多种保险投资方式,这些方式具体包括:债券、股票、抵押贷款、不动产投资等。英国则通过司法实务确认保险投资方式的多元性。由于投资方式多样且较灵活,使得不同的保险公司根据自身的特点选择投资方式,将营利性大、流动性强和安全性高的不同投资方式进行有效的投资组合,从而稳定了保险公司的经营,并进一步为保险业的发展提供了广阔空间。

2. 保险投资比例的限定性。不少国家和地区的法律在注重投资方式多样化的同时,也规定了投资比例。如美国纽约州、日本、德国、我国台湾地区等均有这方面的规定。这些法律规定不仅涉及了风险比较大的投资方式所占总投资的比例,而且规定了某一投资方式投资与有关每一筹资主体的比例,这样,前者有效控制了有关投资方式所带来的投资风险;后者有效控制了有关筹资主体带来的投资风险,从而为控制投资风险提供了条件。值得注意的是,保险投资比例随着保险业的发展阶段而调整。

3. 关注寿险投资结构的不同性。保险投资的结构因产寿险不同而不同,产险业投资要求的流动性优于寿险,而寿险的营利性和安全性优于产险业。法律的规定显然要有所体现。比如,美国纽约州的保险法律在规定保险公司投资的形式和数额的同时,对人寿保险公司与财产和责任保险公司的投资结构确定了不同的原则。在纽约州保险法中,适用于寿险公司的投资法以谨慎标准为原则,而适用于财产和责任保险公司的投资法则主要以"鸽笼式"方法为原则。

4. 加强证券投资的管理。在保险投资的发展过程中,证券投资随着经济的发展而上升,总的趋势是投资的证券化,但不同类型的国家或地区有所不同。早期工业国的保险投资已基本证券化,并且,在债券投资中股票和公司债券所占的比重呈上升趋势,股票的比重高于公司债券上升的比例;而后起工业国则还有一个过程。如在美国寿险资产中,贷款所占的比重,1917年为47.6%、1930年为55.1%、1940年为29.4%、1950年为28.9%、1985年为27.4%、1990年为23.6%、1995年为14.4%、1997年为12.2%;不动产从1917年的3%降为1997年的1.8%;有价证券则从1917年的44.2%上升为1997年的73.1%,其中,股票投资的比重从1917年的1.4%上升到1980年的9.9%,在稳定10年后,1991年上升为10.6%,1997年为23.2%;公司债券的比重从1917年的33.2%上升到1980年的37.5%,1990年上升为41.4%,其后直到1997年为4%左右波动。[1]这种保险投资的证券化是同美国资产的金融化相联系的,而这种资产的金融化,同保险业(尤其寿险业)发展到一定阶段所要求的流动性和盈利性是密切联系的。

后起工业国和地区经济发展的共同特点在于:在二战后才开始发展,起点低、发展速度快。国家为了加速经济发展,在强调盈利性、安全性和流动性的同时,也强调社会性,保险投资对推动经济的高速增长,起了重大作用。其中,日本保险投资在促进经济高速增长,使日本的经济跨入经济强国后,其保险投资由贷款为主逐步转向证券投资;而韩国的保险投资结构的现状与日本20世纪80年代初期相似,正处于转化中,我国台湾地区寿险业贷款比重也较高,但不动产的比例较高,这与我国台湾地区不动产稳定增值有关,同时,从动态看,有价证券所占比例呈上升趋势。这说明,后起工业国或地区的保险投资结构演进为由直接投资向证券投资的演进是与其经济发展密切联系的。

日本作为后起工业国,80年代以前其投资比例依次为:贷款、有价证券、不动产、存款;而80年代以后,有价证券和存款的比例呈上升趋势,贷款和不动产投资的比例呈下降趋势。1986年证券投资占第一位,贷款退居第二位,1984~1986年存款上升至第三位,不动产退居第四位。其中,从1975年至1996年间,寿险业的投资中,贷款从67.9%下降到34.6%,有价证券从21.7%上升到50.7%,不动产从7.9%降为5.2%,其他资产从1.4%上升为6%。在此期间,1986年是个重要的转折点,有价证券的比例首次超过贷款的比例。日本保险投资是同该国经济发展的过程相联系的。就其过程的特点看,主要有:首先,注重保险投资的经济效益。20世纪50~60年代,日本侧重发展重工业,重工业经济

---

〔1〕 资料来源:根据1998《Life Insurance Fact Book》整理,American Council of Life Insurance,第109页。

效益较好，于是保险公司投资于机械制造和化工工业；70年代末80年代初，转向以轻工中小企业为主，同期寿险公司短期贷款占61.7%，后来证券投资效益好，又转向证券投资，1975年为21.7%，1984、1986、1996年分别为35.1%、41%、50.7%；贷款投资占总资产的比率由1975年的67.9%，下降为1986、1988、1996年的39.2%、30%、34.6%。其次，关心投资的社会效益和社会影响，包括向新型产业投资、投向社会公用事业、社会开发性投资、为扩大生活消费投资；同时还注意扩大海外投资。

韩国的保险法所规定的保险投资方式有：有价债券投资、不动产投资、贷款或汇票贴现、对金融机构的存款、对信托公司的金钱或有价证券的信托、财政经济部令制定的类似前述第1～5项的方法。并于第15条规定各类投资比例为：对股票的投资不得超过总资产的40%；不动产投资不得超过总资产的15%；保险公司购买同一公司债权及股票或以此为担保的贷款不得超过总资产的5%；对同一人的贷款不得超过总资产的3%，对同一物件为担保的贷款不得超过总资产的5%，对同一企业集团的贷款不得超过总资产的5%；对同一企业集团发行的证券及股票持有量不得超过总资产的5%，外汇、国外不动产及外汇证券的持有量不得超过总资产的10%，中小企业（风险企业除外）发行的股票持有量不得超过总资产的1%。保险公司持有或作为贷款担保的同一公司的股票不得超过该公司总发行股票的10%，但持有国外法人的股票时，可以例外。对增强保险财产运用的健全性和效率性有必要时，金融监督委员会可按保险业务的种类和保险公司的财产规模，在第一款规定的各种财产利用比例的十分之五范围内下调其比例。

韩国寿险业自1950年以来，随着经济形势的变迁，其保险投资中，不动产投资从50%以上降到了1997年的8.5%，其中，为配合政府经济发展计划以及鼓励出口发展重工业，寿险业资金运用转向投放资本市场及放款。目前韩国保险业法及保险资金运用管理规则规定各项资金运用投资对总资产比率为：股票不得超过30%；不动产投资为15%或以下（10%为营业用，5%为投资用）；现金及存款为10%或以下。上述规定韩国政府鼓励保险公司多放款给房屋专项贷款以及中小企业贷款。[1] 韩国保险投资结构的变化为：韩国寿险业投资中，其结构的顺序依次由1981年的贷款、有价证券、不动产、现金及存款转变为1997年的贷款、有价证券、现金及存款、不动产。尽管有价证券的比重从18.5%上升到27.2%，

---

〔1〕 参考：周淑燕"南韩保险事业发展之梗概"一文，载《保险专刊》1996年第47期。

贷款从62.8%下降为48.5%,[1]但仍然以贷款为主。

我国台湾地区保险投资结构的演变过程因产寿险而不同。从1991年至1997年,在财产保险业的投资中,其投资的结构顺序依次为:银行存款、有价证券、抵押贷款、贷款。其中,银行存款57.58%降为54.04%、有价证券从17.36%上升为31.74%、不动产从21.11%降为11.2%、抵押贷款从3.96%降为3%,其中股票从7%上升到19.45%,这说明产险业保险投资仍然以银行存款为主,这同财产保险主要属于短期业务要求投资流动性较强有关。寿险业投资中,投资的顺序依次为:贷款、有价证券、存款、不动产、国外投资和专案运用及公共投资,从1986年至1997年,其投资比重分别变化为:贷款从31.29%上升为35.05%、银行存款从23.77%上升为28.03%、有价证券从17.36%上升为28.03%、不动产从27.19%降为10.61%、国外投资从1989年的0.02%升为2.2%、专案运用及公共投资从1994年开始的1.95%上升为2.67%。其位次的变化为:有价证券由第三位上升为第二位、银行存款由第二位下降为第三位。这说明寿险业保险投资中有价证券的比重上升,但仍然以银行贷款为主。

由此可知,后起工业国和地区的保险投资与其经济发展密切联系,在经济发展初期,保险投资中贷款的比重较高,一方面为国民经济发展提供了资金,带动了经济增长;另一方面,这些投资项目的高回报,带来了保险投资的高盈利。当经济发展到一定阶段,保险投资由贷款或不动产转向有价证券投资为主,日本的情况说明了这一点。韩国的现状与日本发展的过程相似,韩国经济仍然处于日本当年的起飞阶段,贷款比例很高;我国台湾地区寿险投资贷款、房地产比例也较高,这是由于这一阶段这些项目投资盈利性高。但随着经济发展到一定阶段与金融市场的完善,保险投资也将逐步向证券化投资过渡。

5. 细化保险资金运用的规范。不少国家和地区就保险资金运用的问题,注意从法律规范上较为详细地加以规定。如日本不仅在《保险业法》中规定保险资金运用的基本范围,同时在《保险业法施行规则》对其作出具体规定;我国台湾地区在"保险法"有关保险投资规定的基础上,相继制定了"保险业资金之专案运用与公共投资""保险业资金之专案运用与公共投资审核要点""保险业资金办理国外投资限制""保险业资金办理外投资内容及范围"。它构成了由保险法规定保险资金运用的基本轮廓,由特别法作出具体规定的立法模式,这样

---

[1] 资料来源:Korea Life Insurance Data.

便于根据不同时期的情况及时进行调整,既保持法律的持续性,又具有灵活性。

二、完善我国保险投资监管法律制度的几点思考

基于我国目前经济发展所处的起飞阶段,同时处于经济体制转轨过程中,投资工具有限、规范交易的制度及组织有待完善,对投资市场的监控和引导乏力。因而一方面基于我国实际,另一方面借鉴海外保险投资监管法律规定的考察,本文认为欲完善我国保险投资监管法律制度,应当考虑以下几点:

1. 应当确立在安全性的前提下保护保险公司实现尽可能多的盈利的指导思想。也就是说,保险公司的投资应在遵循安全性原则的前提下达到尽可能多的盈利。因为保险公司也是企业,在确保其资金运用安全的条件下,要以盈利为目标,从而保证资产的保值增值。这样不仅有利于保险公司经营规模的扩大,而且有利于其偿付能力的增强。

2. 完善投资环境。一个完善的投资环境,应包括有效的投资工具、公平交易规则以及保证这种制度有效贯彻的组织,即投资工具的多样化、交易规则的规范化、交易方式的灵活化、投资监管的有效化,以保证保险资金运用的安全、有效和畅通。

(1) 完善投资工具。由于保险投资涉及不动产投资及金融市场的投资,因而,投资工具包括不动产投资和金融市场的金融工具,其中,金融市场的投资是保险投资的主体,因而,金融工具的完善至关重要。其投资工具包括:债券、股票、票据、贷款、存款、外汇。其中:票据属于短期金融工具,分为汇票、支票和本票;债券和股票属于中长期金融工具,债券分为政府债券、金融债券和公司证券,政府债券分为公债券、国库券和地方证券;股票,含普通股和优先股。

金融市场的投资工具应该是长期、短期和不定期的结合体,安全性、盈利性和流动性不同层次的匹配,以便不同投资者选择,可利用灵活多样的投资工具,有利于保险投资者的选择,进行投资组合,也有利于提高其变现能力。就总体而言,保险公司应根据金融市场的成熟程度以及自身业务的特点选择投资工具。如在金融市场尚不成熟时,应选择流动性强、安全性高的投资工具。但寿险投资则宜选择安全性和盈利性均较高的投资工具,而不十分要求其流动性。同时,应建立与投资工具相配套的避险工具,如期权交易、期货交易,以防范和分散投资风险。

(2) 完善涉及保险投资的法规。投资法规的完善,在于建立保证投资市场公平、有效交易的法律法规和制度,如不动产交易法、证券交易法、票据法、担

保法等，从而保证市场交易有据可依。

（3）理顺投资监管机构及相关部门的关系。法律的真正价值在于它的实施。为保证有关投资法律法规的有效实施，必须建立相应的组织来保证。这些组织包括保险投资的行政主管部门以及配合行政主管部门实施的司法机构，如投资主管部门、工商行政管理局、法院、仲裁机构，并且保证这些组织的合理分工协作，严格按照法律法规或规章办事，切实保证投资法律法规和规章制度的有效实施，严禁任何组织或个人凌驾于法律规章之上。

3. 确认和保护保险投资主体在保险投资方式上有一定的选择权。由于我国经济发展处于腾飞阶段，金融市场发育不全，基础产业和基础设施的建设资金缺乏，而这些产业投资回报率较高，应允许保险投资主体有权实施抵押贷款或有区域选择的不动产投资；无限度的政府证券投资、有一定限度的金融债券投资和限制较严的股票与公司证券投资。当然，银行存款在目前及未来依然是必要的。从长期来看，待我国经济发展到较发达国家行列、金融市场发育完善，则可转向证券投资为主，那是比较长远的事。

4. 在立法上，放松投资方式的同时，控制投资比例。从法律监管的角度看，在放松投资方式规定的同时，如允许投资于有价证券、不动产、抵押贷款、银行存款等，同时应规定投资比例。[1] 前者是为了提高保险投资的盈利能力，多种投资方式为保险公司提供了可供选择的灵活的投资工具，从而，为保险公司提高投资回报率创造了条件，当然，也为理智的保险公司投资者提高投资组合来控制风险提供了选择机会；后者则为控制投资风险提供了条件。这一比例分为方式比例和主体比例，方式比例规定了风险比较大的投资方式所占总投资的比例，这就有效控制了有关高风险的投资方式所带来的投资风险；主体比例有效控制了有关筹资主体所带来的投资风险，从而为控制投资风险提供了条件。主体比例，也应按投资方式的风险情况分别对待，对于高风险的筹资主体、高风险的投资方式，其比例应低一些，如购买同一公司股票不得超过投资的5%；购买同一公司债券不得超过投资的5%；购买同一公司的不动产不得超过投资的3%；对每一公司的抵押贷款不得超过投资的3%；对于较安全的投资方式但存在一定风险的筹资主体，其比例便可高一些，如存款于每一银行不得超过投资的10%。保险投资必须

---

〔1〕 Wang Xujin, "A Study on Insurance Supervision and Regulation in China", *The Second Annual Conference of Asia - Pacific Risk and Insurance Association*, 19-22 July 1998, in Singapore.

强调盈利，因为能够提高保险公司的偿付能力。但由于某项投资报酬是该项投资所具风险的函数，如对保险资金运用不加以限制，势必趋向风险较大的投资，以期获得较大的报酬，而危及保险企业财务的稳健。因为每一种投资方式的风险大小不同，一般而言，高盈利的投资方式伴随着高风险，低风险的投资方式则伴随着低盈利，显然，全部用于盈利性高的投资方式，必将使保险公司面临着全面的高风险，使被保险人有可能得不到应有的保险保障，也不利于保险公司的生存和发展，因而，为了保证保险投资的盈利性，同时控制高风险，应规定有关高风险投资方式所占的比例。同时，在市场经济条件下，任何工商或金融企业均有破产的可能性，无论采用风险大的亦或风险小的投资方式，保险公司都会面临着筹资主体对保险投资所带来的风险，因而，为了控制每一筹资主体给保险公司所带来的风险，必须规定投资于有关每一筹资主体的比例[1]。

5. 法律应当对寿险和非寿险的保险投资作出区别性规定。由于寿险是长期保险，许多寿险带着储蓄性，更强调安全性，因而，一般可用于安全性和盈利性高、但流动性较低的投资方式，如不动产、贷款；非寿险是短期保险，要求流动性强，不宜过多投资于不动产投资，而应投资于股票、存款。同时，从风险控制看，寿险公司投资的比例在主体比例方面，应严于非寿险，因为寿险期限长、带有储蓄性，控制主体比例，便于保证保险公司的偿付能力，从而保护被保险人的合法权益。

6. 加强对保险公司偿付能力的监管立法。保险公司的偿付能力愈大，表明保险公司可自由运用的资金愈多，则保险投资方式上可选择盈利性大、风险高的方式。通常衡量偿付能力的指标有：净保费与净资产之比；未决赔款准备金与净资产之比。我国可根据实际情况制定标准，由于保险监管的核心在于确保保险公司的偿付能力，所以，对保险投资监管的核心在于提高其偿付能力。[2]

当然，完善投资环境与放松投资限制相互依存。结合我国国情及保险业的特点，二者应同时兼顾，在完善投资环境的同时，适当放松投资管制。而在投资管制方面，实行严松合一，即在充分放松投资方式的同时，严格控制投资比例。这一比例的大小随投资环境的完善而逐步扩大，在投资环境尚未完善的初期，投资比例应该控制在非常小的范围内，其后逐步扩大。同时，在投资比例方面，也应

---

[1] 王绪瑾："论中国大陆的保险监管"，载《保险专刊》1998 年第 54 期。
[2] 费安玲："保险投资，监管法律要跟上"，载《中国保险报》1999 年 11 月 15 日。

因方式比例和主体比例区别对待,在初期,主体比例应当控制得更严些。这样既保证了保险投资的盈利性,也控制了投资风险,从而保证我国保险业持续稳健地发展。

论中国环境污染受害人：立法与司法救济之分析视角[*]

一、一个案例所引发的对环境污染受害人的思考

中国的经济发展速度在人类经济发展史上值得写上一笔，但是，其在经济发展过程中对环境的破坏程度也是很令人担忧的。我们可以观察下列一组数据：

1. 根据我国权威部门公布的数据，我国 GDP 的增长速度平均为 10.97，其中有 16 年的 GDP 增长速度超过 10，1984 年、1985 年，1992 年至 1994 年的 GDP 增长速度超过 13，2004 年到 2007 年的 GDP 增长速度均超过 11.3，但是，自 1981 年到 2010 年的 30 年中，GDP 的增长最快的年份也是污染越来越厉害的年份。[2]

2. 根据中国社会科学院环境与发展研究中心研究报告的数据统计，在 20 世纪 90 年代中期，我国因大气污染、水污染、固体废弃物污染和环境公害事故造成了 1875 亿人民币的损失，而 90 年代中期正是我国经济发展最为快速的时期之一。目前我国的 90% 流经城市的河流受到了严重污染，70% 的江河湖泊和 50% 的城市地下水已经遭受污染。[3]

当社会需要发展经济以提高人们的生活水平的同时，人们生存的自然环境却危机四伏。换言之，经济发展的机遇与环境危机并存。环境保护与经济发展之间

---

[*] 本文原载于 Legislative and Judicial Remedies for Environmental Torts Victims: A Study in the Framework of EU-China Cooperation, Bononia University Press, 2014, pp. 121~131.

[2] 国家统计局网站息，http://data.stats.gov.cn/search.htm?s=GDP%201984%201985%201992%201994，http://data.stats.gov.cn/search.htm?s=GDP%202004%202007，访问时间：2011 年 8 月 14 日。

[3] 郑易生、阎林、钱薏红："90 年代中期中国环境污染经济损失估算"，载《管理世界》1999 年第 2 期。

有着明显的反方向牵制力,需要在两者之间加以平衡。那么,无论是从立法的角度还是从司法的角度强化对受害者的保护,都是我们通过法律手段来实现经济发展与环境保护之间的平衡重要举措。

但是,如何判断环境污染的受害人?下面这个案件引发我们对如何判断环境污染受害人的思考:2005年11月13日中国石油天然气股份有限公司吉林分公司因操作失误导致100吨苯类污染物(属于难溶于水的剧毒、致癌化学品)进入松花江,形成80千米的污染带,造成重大环境污染。12月7日北京大学法学院三位教授、三位研究生并以鲟鳇鱼、松花江和太阳岛为共同原告,以中国石油天然气股份有限公司等为被告提起环境民事诉讼,要求法院判令被告消除对松花江的未来危险并承担恢复原状责任,判令被告赔偿100亿元人民币用于设立治理松花江流域污染和恢复生态平衡的基金,保障鲟鳇鱼的生存权利、松花江和太阳岛的环境清洁的权利以及自然人原告旅游、欣赏美景和美好想象的权利。[1] 法院以松花江重大水污染损害与原告无关为由拒绝受理诉请。

显然,根据该案法官的判断,该案原告不是该案诉涉污染的受害人,故而其原告主体不适格,也就是说,该案所谓的原告并无污染受害请求权的存在。但是,判断环境污染受害人的依据和标准是什么?这个问题看起来简单,如果深入思考的话,却存在着诸多并未完全解决的理论问题,并进而影响到司法实务的判断。因为环境污染受害人的判断涉及环境污染受害人判断的依据、条件等一系列的理论与规则问题。

二、环境污染受害人的立法判断:立法之摇摆状态

(一)有关环境污染立法之概观

目前我国有关环境污染的实体立法,按照法律的功能,可以划分为:

1. 基本法:《宪法》《民法通则》《刑法》《环境保护法》《海洋环境保护法》。其功能在于为环境污染的确认、法律规制提供基本原则和基本规则。

2. 救济法:《物权法》《侵权责任法》《合同法》。其功能在于分别从财产救济、侵权责任救济和违约责任救济方面提供法律依据。

3. 控制法:《水污染防治法》《大气污染防治法》《固体废物污染环境防治法》、《环境噪声污染防治法》《放射性污染防治法》《环境影响评价法》《清洁生产促进法》。其功能在于从防治环境污染的源头、环境污染的事后治理上提供

---

[1] 黄锡生等编著:《环境与资源保护法学典型案例解析》,重庆大学出版社2010年版,第6页。

法律依据。

在这些立法中,对环境的解释是很宽泛的,例如《环境保护法》第2条规定:"本法所称环境,是指影响人类生存和发展的各种天然的和经过人工改造的自然因素的总体,包括大气、水、海洋、土地、矿藏、森林、草原、湿地、野生生物、自然遗迹、人文遗迹、自然保护区、风景名胜区、城市和乡村等。"其第3条亦规定:"本法适用于中华人民共和国领域和中华人民共和国管辖的其他海域。"而《海洋环境保护法》第2条第3款则进一步解释为:"在中华人民共和国管辖海域以外,造成中华人民共和国管辖海域污染的,也适用本法。"

因此,由于立法对环境的界定较为宽泛,故环境污染涉及的环境范围也较为宽泛。据此,在对环境污染受害人的判断与保护的司法实践中,自然亦受到环境界定范围的影响。

(二) 立法对判断环境污染受害人的态度

就环境污染受害人的概念而言,如同对"损害"的界定那样,相关立法并未直接做出说明,而是交给学界进行学理分析。在立法中,当出现"受害人"的表述时,基本上是用于判断何人存在过失,即为了强调要判断"受害人"在主观上有过失时才出现"受害人"的表述。[1]

但是,我们依然可以从相关立法的规定中看出立法者对环境污染受害人的基本判断是比较纠结的:即受害人是否应当是因环境污染而遭受直接损失者。

1989年修订的(现已被删除)《环境保护法》第41条规定:"造成环境污染危害的,有责任排除危害,并对直接受到损害的单位或者个人赔偿损失。"同样的内容也出现在2000年修订的、现已被删除的《大气污染防治法》第62条中:"造成大气污染危害的单位,有责任排除危害,并对直接遭受损失的单位或者个人赔偿损失。"据此,我们似乎可以得出这样一个判断,即环境污染受害人曾仅限于环境污染的直接遭受损失者,否则将不在法律救济的主体范围内。

但是,《水污染防治法》第96条的规定又将上述规定给予打破:"因水污染受到损害的当事人,有权要求排污方排除危害和赔偿损失。"显然,该规定就未强调受害人仅限于直接受害者。

鉴于对受害人的判断将直接涉及对其诉权的判断,因此,在判断受害人时,立法上的判断是很重要的,其应当具有确定性。

---

[1] 例如《侵权责任法》第24、27条,第70~73条;《水污染防治法》第85条。

三、环境污染受害人的司法判断：受害人边际模糊之困境

在我国司法活动中，对污染受害人的判断是根据举证规则来进行的。在坚持"谁主张谁举证"的同时，根据《民法通则》《侵权责任法》《环境保护法》等法律规定，法官依案件事实可以责令被告负有举证责任，在被告无法举证或举证不充分的情况下，即判定原告为受害人并给予法律救济。但是，由于相关立法规定受害人应当是因环境污染而遭受利益直接损害者，以及出于非纯司法目的的考虑，法院在受理环境污染案件时对受害人的判断就容易出现无法律理由说明的拒绝受理或随意扩大受害人范围的情况。下列两个案件就从一定的视角反映出这个问题：

案例1：在笔者前面所引2005年北京大学法学院三位教授、三位研究生等起诉中国石油天然气股份有限公司等造成松花江重大水污染的环境侵权案件中，法院以松花江重大水污染损害与原告无关为由拒绝受理诉请。在该案件中，法院实际上是在拒绝承认原告具有受害人的主体资格。但是，法院对此并未有任何的理由说明。那么，判断受害人的依据应当是什么？

案例2：金某与A公司环境污染侵权纠纷上诉案。[1] 上海A公司于2001年设立，其在生产中有甲醇、丁酮废气直排，虽经检测属于达标，但是因有一定量刺激性气味引发周围居民不满而遭举报，并因此遭到行政罚款、限期整改的行政处罚。金某是该公司附近的居民，从2002年起因感冒、无法入睡、支气管肺炎、胸疼等病症在多家医院就诊及住院治疗。金某感觉其身体出现的种种不适与A公司的废气排放有关，曾经多次找到该公司要求赔偿，该公司与之达成协议赔偿金某2万元，但是该协议并未完全履行，金某便以A公司恶意排污，给其身体、生命和精神上造成极大伤害，经济上造成极大损失为由，诉至法院，要求A公司赔偿诊疗损失25万元。

一审法院审理后认为，因环境污染引起的损害赔偿诉讼，由金某就A公司实施或者可能实施了污染环境损害行为、金某本身遭受了污染损害承担举证，但是金某未对其疾病源于气体污染之间的直接关系进行举证。故金某的诉请因依据不足被法院驳回。但是，二审法院认为金某出现上述身体不适的病症，虽然尚无明确的医疗诊断系被告排放的刺激性气体引起，A公司却也无法否认不是其行为所致，尤其是A公司曾经与金某达成赔偿的协议。故对金某的损失予以酌情考虑，

---

[1] 上海市第一中级人民法院民事判决书（2011）沪一中民一（民）终字第674号。

判令上海 A 公司赔偿金某人民币 2 万元。

在本案中，法官以双方于诉讼活动之前达成的一个合意来判断原告具有受到救济的受害人资格，这颇有肆意扩大受害人范围的嫌疑。

由上可知，环境污染受害人的边际并非一般侵权受害人那样比较清晰，其成因主要在于：

第一，损害空间范围的渐次性。环境污染的影响面较广，无论是水污染、空气污染、土地污染等，客观上存在着因污染所致损害空间由中心区到边缘区的由重到轻的渐次性。那么在该空间内的受害人所受损害的程度也相应地表现为受害程度的渐次性，但是这主要表现为财产损失上，如果是人身损害则较为复杂。那么，如何将受污染的空间与未受污染的空间进行清晰划分，不仅是一个技术性问题，更是一个涉及受害人范围的判断依据的法律问题。

第二，受害人体质的差异性。同为环境污染受害人，当涉及受害人人身时，还存在着因受害人体质不同而受害程度不同的现象。有些处于距环境污染中心区较远地带的人，由于身体属于敏感体质，其身体受害程度反而可能与处于受污染严重地带的人一样或近似。故而，受害人体质的差异性导致受害人范围的边际不易能够清晰判断。

第三，损害持续时间上的模糊性。通常环境污染的过程不会在其发生后瞬间消失，而是持续存在一定时间后逐渐消失。那么，损害何时发生与何时消失，对判断受害人也是至关重要的考量因素。但是，实务中何时发生通常比较容易判断，而环境污染对人们造成损害的终止点却比较难以判断。

故而，对受害人的判断应当将上述三个方面作为主要考虑的对象加以观察。

除此之外，在考虑受害人范围时，下述问题亦应当被纳入理论与实务思考的范围内：由于立法对因水污染导致的损害给予救济时并未明确限于直接损失者，那么，当因水污染导致公众无法正常获取饮用水而不得不额外支付费用购买饮用水时，法院是否应当根据某个公众、某个社会组织甚至检察官的要求，向当地政府发出政府应当无偿向受害公众免费发放定量饮用水的司法令？还是仅考虑所谓的直接受害人？

客观而言，在我国司法实践中，受害人的边际实际上具有其一定的模糊性。从理论上讲，这是给法官以一定的自由裁量权，但是当法官有机会运用该自由裁量权对受害人作出判断时，却又因理论引导不足而出现判断受害人的困难。故而，对判断受害人的规则进行讨论就彰显出其必要性。

四、环境污染受害人之判断

（一）判断受害人的基本原则及其适用于环境污染受害人的制度价值

1. 判断受害人的基本原则——利益受损原则。纵观自古以来的私法规则，对受害人不作出具体说明是其基本立法状态。但是，如果透过对受害人给予私法救济的规则内容，我们可以看到，对受害人的判断是建立在对利益是否发生损害的基础上。也就是说，故而，判断受害人的原则是当某人的财产利益或者人格利益因他人行为而已经遭受损害或将来肯定会受到损害时，该人即为受害人。

具体而言，该原则强调如下要点：第一，受害人应当是享有特定利益的主体。第二，受害人享有的特定利益包括财产利益和人格利益。第三，受害人享有的特定利益可以是既存性利益亦可以是将来肯定出现的未来性利益。第四，受害人的利益因遭到他人行为的侵害而发生减损。第五，受害人利益的减损包括已经发生和肯定将要发生的减损。

如果从人类立法的演进史来观察，该原则在《汉谟拉比法典》中已经出现萌芽，但是该原则应当更多地受到罗马法的影响。我们透过罗马法的原始文献，可以看到有关该原则的至少如下内容已经出现：

（1）强调受害人与利益损失的关系。

罗马法原始片段之一：D. 43，8，2，11. 乌尔比安：《论告示》第 68 卷

失去从公共场所获得任何一种利益的人，被视为遭受了损失（damnum）。[1]

罗马法原始片段之二：D. 9，3，lpr. 乌尔比安《论告示》第 23 卷

就有些人向下泼洒或抛掷某物的问题，裁判官说："[若某人]在公众惯常用于通行或逗留之地的上方向下泼洒或抛掷某物，我将授权一个针对在此居住的人提起双倍赔偿所生之损害的诉讼。若此行为造成一名自由人的死亡，我将授予 50 枚金币的诉权；若只是给受害人造成损害而未导致其死亡，我将授权由审判员来确定一个公平的赔偿金额的诉权。若致损行为出自一名奴隶，且其主人对此

---

［1］ Dig. 43，8，2，11. Ulpianus 68 ad ed. Damnum autem pad videtur, qui commodum amittit, quod ex publico conscqucbatur, qualequalc sit.

并不知晓,我将在判决程式中追加:或进行损害赔偿。"[1]

(2) 利益损害中包括将来的利益损失。

罗马法原始片段之一:D. 43, 8, 2, 8. 乌尔比安:《论告示》第68卷

可能遭受损害的人有权使用扩用令状(interdictum utile)反对在海上建造建筑物的人,但若无人遭受损害,在海滨或海上建筑的人应当得到保护。[2]

罗马法原始片段之二:D. 39, 2, 19, 1. 盖尤斯:《论内事裁判官告示》

关于潜在损害一章如果因为房屋的瑕疵(vitium)或在房上、在城市或乡村的公共的或私人的土地上施工的瑕疵将引起某种损害,裁判官便将设法使担心遭受损害的人获得要式口约。[3]

(3) 利益受损人包括物的所有权人和他物权人。

罗马法原始片段:D. 9. 1. 2pr. 保罗《论告示》第22卷

不仅受损物的所有人可以提起本诉讼,其他对该物[的保全]享有利益的人也可以起诉,例如借用该物的人,或是染坊主人。因为,基于他们对所有权人负有[交付完整物的]义务,他们也被视为遭受了损害。[4]

类似这样的规定在后世的民法典得以继受,例如《瑞士民法典》第706条:"损害赔偿(一)有重点利用价值或设有围障的泉及井,因建筑、铺路等工程,水源受到破坏、污染或被引走,使所有人或用益人的利益受到损害时,受害人可请求赔偿。"

在罗马法中,无损害即无受害人故而无需救济的思想已经十分明确,对此我们可从特雷巴奇奥与拉贝奥的争论得出该结论(特雷巴奇奥提出的如下观点遭到

---

[1] Dig. 9, 3, 1pr. Ulpianus 23 ad ed. Praetor ait de his, qui deiecerint vel effuderint: "unde in eum locum, quo volgo iter fiet vel in quo consistetur, deiectum vel effusum quid erit, quantum ex ea re damnum datum factumve erit, in eum, qui ibi habitaverit, in duplum iudicium dabo. si eo ictu homo liber perisse dicetur, quinquaginta aureorum iudicium dabo. si vivet nocitumque ei esse dicetur, quantum ob eam rem aequum iudici videbitur eum cum quo agetur condemnari, tanti iudicium dabo. si servus insciente domino fecisse dicetur, in iudicio adiciam: aut noxam dedere."

[2] Dig. 43, 8, 2, 8. Ulpianus 68 ad ed. Adversus eum, qui molem in mare proiecit, interdictum utile competit ei, cui forte haec res nocitura sit: si autem nemo damnum sentit, tuendus est is, qui in litore aedificat vel molem in mare iacit.

[3] Dig. 39, 2, 19, 1. Gaius ad ed. pu. de damno inf. Sive aedium vitio sive operis, quod vel in aedibus vel in loco urbano aut rustico, privato publicove fiat, damni aliquid futurum sit, curat praetor, ut timenti damnum caveatur.

[4] Dig. 9, 1, 2pr. Paulus 22 ad ed. Haec actio non solum domino, sed etiam ci cuius interest competit, veluti ei cui res commodata est, item fulloni, quia eo quod tenentur damnum videntur pati.

了拉贝奥的批评——他赞成将制止暴力和欺瞒令状用在仅因为某人带着粪路过他人土地的情形,他违背了土地所有权人的禁止但是没有对其造成任何损害也没有改变土地本身的质量)。[1]

2. 利益受损原则适用于环境污染受害人判断的制度价值。与一般的受害人判断有所不同的是,由于环境污染尤其是公害污染所引发的受害人表现为是一个较为庞大的人群组,故而根据利益受损原则来判断环境污染受害人就更具有其制度意义上的价值。

我们已经看到,在古罗马法学家特雷巴奇奥与拉贝奥的争论中,利益损害与受害人之间有着密切联系,而且成为判断受害人的核心性的要素,否则将产生环境污染受害人判断的随意性。

(二) 环境污染受害人的基本分类

环境污染受害人是一个外延相当宽泛的主体。由于受害人产生的原因、受损害的状态、受法律救济的依据等多有不同,故而将环境污染受害人进行基本的分类将有助于对受害人的判断及对受害人的法律救济。

1. 公害型与非公害型的环境污染受害人。所谓公害与非公害的划分,并非十分科学,[2] 但是对受害人救济所适用的法律规则而言,有其一定的益处。公害是指因自然人或自然人团体的人为活动原因,导致水体、大气、宁静或稳定的自然环境遭到污染等破坏,使得不特定的多数人的身体健康、财产及其他生存环境发生利益损害。

公害的特点表现为:①对人类日常的反复进行的正常活动造成损害;②因环境污染造成的损害具有地域性;③应对损害必须要有国家和社会团体的参与。

公害的类型包括工业活动引发的产业公害、因城市生活排放污染物质、积蓄的污水、光化学烟雾等形成的都市公害、因设施导致环境的破坏而形成的设施公害、因农业生产活动污染了土地、动植物而形成的农业污染、因破坏风景观光之地而形成的观光公害等。

公害型环境污染受害人不仅包括明显的直接受害人,也包括可能存在着的间接受害人,例如在发生海洋污染的情况下,不仅会直接导致渔民无法进行正常的

---

[1] 见 D. 43, 24, 22, 3. 关于该问题参见〔意〕安德烈·迪·波尔托:"罗马法中的环境保护",罗智敏译,载费安玲主编:《学说汇纂(第2卷)》,知识产权出版社2009年版,第67~78页。

[2] 有关这个问题可以参阅日本学者的讨论,见〔日〕原田尚彦:《环境法》,于敏译,法律出版社1999年版,第3页。

渔业捕捞活动，还令污染地区附近的旅游经营活动因游客的减少陷入经营危机，尽管该地区并未直接遭受污染。

非公害是指自然人或自然人团体的人为活动导致的环境污染，使特定自然人或特定范围内的相邻关系人的人身或财产利益遭到损害。例如违背住宅装修合同约定实施的污染室内环境并有害人身健康的装修活动[1]、在经营场所外设置高音喇叭产生的噪音对周围居民产生噪音污染、居住环境遭受因不合规定的施工、电梯运行等噪音。

非公害型环境污染的受害人具有其范围特定性的特点。与公害型污染受案人范围的判断相比较，只有污染行为肯定存在，且受害人利益遭到损害的事实无疑，则非公害型污染的受害人范围的判断要容易得多。

2. 直接型和间接型环境污染受害人。这是以环境污染行为与受害人利益损害之间的关系状态作为分析对象。

直接型环境污染受害人的特点表现为其利益损害与污染行为之间有着确定无疑的直接联系。间接型环境污染受害人则是因表现为虽未直接遭到环境污染的侵害，但因环境污染行为的发生而使其利益发生减损结果的人。例如在杨军武重大环境污染事故案[2]中，被告杨军武独资开办企业将含有挥发酚等有毒有害物质的污水引黄干渠。引黄管理局的工作人员发现后依然开机通过引黄干渠向水库管委会管辖的水库提供了有大量污水的水源，使得库存的41万方水被污染。水库管委会在不知情的情况下又将被污染的水供给供水公司，使该公司的供水系统被严重污染。为避免发生饮水事故，供水公司只得将城区的供水中断三天。

法院判决杨军武承担刑事责任并赔偿供水公司的损失，引黄管理局承担部分赔偿责任。但是，那些因无安全饮用水而不得不到超市大量购买饮用水的城市居民同样也是水污染的受害人，因为他们不得不为自身饮用水的安全而额外付出费用。但是，在救济中，这些居民并未成为被救济的对象。

但是在德国与荷兰发生同样的水污染案件时，城市居民是被作为受害人获得

---

[1] 1998年在我国出现了第一起因室内装修甲醛污染纠纷案，法院判决装修公司限期拆除污染的装饰材料、赔偿受害人的医疗费等损失。

[2] 山西省运城市中级人民法院1998年12月7日的判决。

免费提供安全饮用水的救济。[1] 在环境污染的救济中，如果仅考虑诸如自来水厂、水库权利人等作为污染直接受害人，显然不足以实现法律对受害人救济的最高宗旨。故而应当将间接受害人纳入保护视野，在有证据表明其人身和财产利益同样因环境污染而遭受损失时，应当给予救济。在发生影响人们基本生存的环境污染时，国家、地方政府还应当将这些受害人纳入预先救济的范围内。

3. 他人行为型、自己行为型和混合行为型的环境污染受害人。这是将环境污染行为主体的不同作为分析对象。我们通常所分析的受害人仅限于因他人污染环境的行为而导致利益损害之人。

所谓自己行为型环境污染受害人，是指以受害人自己污染环境的行为所致利益损害之人。在社会生活中，虽然存在环境污染受害人，但是该利益损失系有受害人自己行为导致的情况时常出现。为此，法律专门作出规定，例如《水污染防治法》第85条第3款："水污染损害是由受害人故意造成的，排污方不承担赔偿责任……"

混合行为型环境污染受害人是指受害人利益损害系由加害人与受害人的行为共同导致。为此，《水污染防治法》第85条第3款规定："……水污染损害是由受害人重大过失造成的，可以减轻排污方的赔偿责任。"

4. 作为型和不作为型环境污染受害人。这是将环境污染行为是否为主动状态作为分析对象。

作为型环境污染受害人是因环境污染者的积极主动实施污染行为而遭到利益损害之人。在环境污染案件中，这样的环境污染行为人占了多数比例。不作为型环境污染受害人则是因不告知信息、不采取污染防控行为的受害人。

不作为是对应当作为的义务的违反，其判断依据是法律的相关规定，例如《环境保护法》第31条："因发生事故或者其他突然性事件，造成或者可能造成污染事故的单位，必须立即采取措施处理，及时通报可能受到污染危害的单位和居民，并向当地环境保护行政主管部门和有关部门报告，接受调查处理。可能发生重大污染事故的企业事业单位，应当采取措施，加强防范。"第32条规定：

---

[1] 1986年瑞士桑多斯化学公司的仓库因起火爆炸，导致硫、磷、汞等毒物通过下水道排入莱茵河，产生了巨大的生态环境的破坏，莱茵河两岸数百千米内的生物逐渐死亡、300英里内的井水不能饮用、沿河自来水厂全部关闭至少十数日不得不改用汽车向居民送水。莱茵河沿岸国家的直接经济损失达6000万美元，而旅游业、渔业和其他相关损失不可估计。参见黄锡生等编著：《环境与资源保护法学典型案例解析》，重庆大学出版社2010年版，第286~287页。

"县级以上地方人民政府环境保护行政主管部门,在环境受到严重污染威胁居民生命财产安全时,必须立即向当地人民政府报告,由人民政府采取有效措施,解除或者减轻危害。"但是,相当多的情况是负有告知信息义务的企业、政府应当向公众通报环境污染的信息但是未通报或未及时通报,或者环境污染行为人导致受害人大量出现。

5. 有抗辩事由型和无抗辩事由型的环境污染受害人。这是以环境污染的发生是否依法具有抗辩事由为分析对象。

无抗辩事由的环境污染受害人必须依法受到救济。有抗辩事由的环境污染受害人则由于加害人具有法律上的抗辩事由而无法直接根据《环境保护法》《侵权责任法》等法律通过追究加害人法律责任获得救济。

例如《水污染防治法》第 96 条第 2 款:"由于不可抗力造成水污染损害的,排污方不承担赔偿责任;法律另有规定的除外。"

这些受害人获得救济的路径只能请求社会保障制度或保险制度。然而,这些受害人甚至连仁慈的救济基金都无法享有,因为按照《海洋环境保护法》第 66 条第 1 款的规定:"国家完善并实施船舶油污损害民事赔偿责任制度;按照油污损害赔偿责任由船东和货主共同承担风险的原则,建立船舶油污保险、油污损害赔偿基金制度。"这意味着赔偿基金是有负有赔偿责任的船东货主出资设立,但是其前提是他们依法应当承担损害赔偿责任,当法律规定其不承担赔偿责任时,其行为所涉受害人亦丧失请求基金救济的可能。

(三) 判断环境污染受害人的基本考虑因素

1. 基本判断。是否为环境污染受害人,其基本的判断在于是否存在环境污染行为且该行为导致利益人原本正常的利益状态发生减损。因此,受害人的判断必须建立在其享有相应的合法权益且其利益遭到损害的基础上。对环境污染受害人的判断,不能单纯地以加害人的污染行为为判断依据,更应当考虑是否存在着污染损害结果。

仅存在污染行为就必须承担法律上的不利后果,这种行为主义的思路是公法上的思维,该思维在一些国家的刑事立法中明确体现出来,例如《日本公害罪法》第 2 条、《德国刑法》第 324 条、《奥地利刑法》第 180 条均强调只要有污染环境的危险行为即进行刑事责任的追究。在这点上,我国的立法值得反思,因为我国《刑法》第 338 条强调是行为与严重结果并存,这意味着没有严重损害污染环境的结果就无法追究行为人的刑事责任。

作为私法上的思维,则不仅强调加害人的行为,而且强调加害人行为的利益损害后果。因为有利益受损才会有受害人,私法上的损害赔偿请求权的行使才具有了前提条件。

判断是否存在环境污染,可以直接根据法律规定对事实作出判断,亦可以根据专业人士的检测对事实作出判断。

前者可以借助法律的规定,例如《海洋环境保护法》第94条第(一)项规定:"海洋环境污染损害,是指直接或者间接地把物质或者能量引入海洋环境,产生损害海洋生物资源、危害人体健康、妨害渔业和海上其他合法活动、损害海水使用素质和减损环境质量等有害影响。"《水污染防治法》第102条对"水污染"作出了规定:"水污染,是指水体因某种物质的介入,而导致其化学、物理、生物或者放射性等方面特性的改变,从而影响水的有效利用,危害人体健康或者破坏生态环境,造成水质恶化的现象。"

后者则是根据个案邀请相关专业领域的专家进行鉴定。但是,值得注意的是,当涉及人体对环境承受力即对是否被污染致害做出判断时,其考量应当是以人体健康标准为依据,尤其是在涉及未成年人时,应当以是否有利于未成年人健康为标准。

此外,是否构成环境污染,不应当仅以排放标准为依据而应当以环境质量标准为依据。因为就单独的废水、废气等排放企业而言,可能其均因未超标而符合排放标准,但是当这些排放企业的污染物交互在一起时,依然会构成环境污染从而产生环境污染受害人。因此,有法官在判决中强调,作为环境污染来源的企业在排污上是否达标不能作为拒绝承担环境污染民事责任的抗辩事由,只能作为承担责任大小的抗辩事由,因为只要造成污染损害,就应承担民事责任。[1]

2. 排除性判断。虽然对受害人的判断与其利益损害紧密相连。但是对利益损害的判断不能是绝对的,应当考虑公众对经济发展过程中出现的一些现象需要有一定的忍耐度。因为伴随着社会经济的发展,伴随着人口的增加,伴随着生活

---

[1] 见"武鸣县苞桥林化厂与缪李保大气污染侵权纠纷上诉案"(南宁市中级人民法院(2011)南市民二终字第295号民事判决书)。其基本内容:33户农户承包种植农作物剑麻的承包地位于被告砖厂和化工厂附近约1公里处。2007年间该33户农户承包种植的剑麻均出现全田剑麻枯死症状。而剑麻地附近除砖厂、化工厂外并无其他污染源。化工厂属于达标排放企业,而砖厂不是达标排放企业。法官经审理认为,企业无论排污是否达标,只要造成污染损害,就应承担民事责任。排污达标并不当然免除排污者的民事责任。砖厂对于造成污染原因力较大,应承担主要责任。化工厂对于污染原因力较小,应承担次要责任。

条件的越来越便利等生产或生活条件的改变，人类生存环境中的噪音增加、空气轻度污染情况时常出现等现象已经成为人类生活中的无法挥之即逝的内容。

因此，根据社会契约理论，当一个地域内的民众同意接受一个过去未有的生产企业、商业店铺、公益医院、学校等机构出现时或进行相关事务活动时，只要这些机构或者事务活动是在其合理正常范围内进行且没有违背法律的禁止性规范的，人们应当对其给予必要的忍耐。例如果有人自称是城市建筑噪音污染的受害人，但是该污染是因为抢修、抢险作业和因生产工艺上要求或者特殊需要必须连续作业且有预先对附近公众的公告时，该主体对其利益受损害的主张不应当获得支持。

五、结论

环境污染受害人是一般意义受害人中的一部分，其适用于对一般意义受害人的判断，但是，其亦有自己的一些特点和出现的特定情形。从实体法而非仅从证据规则的角度对环境污染受害人加以讨论，将有助于我们对出现环境污染时的受害人范围的判断，加强立法规则中对环境污染受害人的立法判断，加强司法实务活动中对环境污染受害人的救济。

环境污染受害人的存在以其人身或财产利益遭到损害为基本判断。但是在必要的忍耐度的利益减损不应当作为判断受害人的依据。环境污染受害人根据不同的划分依据而存在不同类型，该类型的划分对环境污染受害人的界定与范围判断应当具有其理论与实践价值。

意大利法学研究在中国[*]

一、中意法学研究交流的历史背景与基础

19世纪末20世纪初的中国,从与西方的经济尤其是军事力量的对比中,发现了自身的弱势,遂产生了变革之念。该变革虽然遭受保守势力的竭力阻挠,但是依然缓慢却执着地进行着。这些变革,不仅涉及经济,而且涉及法律。较之经济上的变革,法律上的变革则是深层次的变革,因为法律上的变革,首先是法学思想上的变革。它标志着中国法律从以约束、以义务为关注核心的封建专制主义的立法模式,开始转向以权利、以人的人格和价值为关注重心的民主宪政的现代立法模式。在该变革的过程中,由于德国、英国以及明治维新后的日本等国家法学家参与中国法律的立法,西方的法学思想融入中国法律之中。

包括意大利在内的西方近现代法学思想被引进中国,主要通过三个途径:一是在西欧、日本等国家留学的学者,将反映西方近现代法学思想的作品通过翻译介绍给中国的法学研究、法学教育人员及立法者和司法者;二是在西欧、日本等国家工作的外交人员,通过他们的关系和便利,将这些国家的法学作品介绍给国内;三是政府组织一定的力量,集中对西方国家的法学作品进行翻译、汇编,以供立法者、司法者和法学研究与教学人员学习和研究。

从1900年至1910年,中国先后将大量的国外法学作品翻译成汉文,其中包括:法学名著类作品,如孟德斯鸠著的《论法的精神》(当时的译名为《万法精理》,张相文译,1903年)、卢梭著的《社会契约论》(当时的译名为《民约论》,杨廷栋译,1902年)、那特硁著的《政治学》(冯自由译,1902年)等20

---

[*] 本文写作于2000年。

余部;法典类作品,如《法国民法典》《德国民法典》《意大利刑法典》《荷兰刑法》《美国刑法》《比利时刑法》《瑞士刑法》等30余部;教材类作品,如《罗马法》《民法学教科书》《刑法学》《行政法》《法学通论》《国际民商法论》《刑事诉讼法新论》等20余部。[1]

在中国选择立法模式上,似乎十分自然地选择了罗马法系的法典化的立法模式,这实际上有着其历史原因。因为在中国古代社会,从秦始皇开始即以成文法的形式立法,以后演进为以法典的形式将法律置于一个较为完整的体系中。显然,这一现象与罗马法系国家的立法方式异曲同工。故19世纪末20世纪初的中国法律之所以选择了罗马法系的立法模式而没有选择英美法系的立法模式,其主要原因就在于此。

中国法学界初识意大利的法律,主要通过两个途径:首先是在中国的意大利传教士们,在他们向中国公众传播宗教文化的同时,也将意大利的法律尤其是有关罗马法的一些内容也引进中国;二是大量法学作品的翻译,使得人们从法学理论的角度开始认识了意大利法律。当然,由于《意大利刑法》被翻译成了汉文,更给中国法学界较为详细研究意大利法律提供了可能。

在20世纪初的中国,研究意大利法学主要从两个方面进行:一是通过研究罗马法来认识意大利近现代法学的法学理论之源和法律制度之源;二是直接研究近现代意大利法律。这个研究思路迄今为止依然被保持着。

二、中国对意大利法学研究的现状及其成果

在20世纪初,在出现了相当数量的由其他文字转译的意大利法学作品之后,由于战争和各种政治因素的影响,加之中国的法学界中几乎没有懂得意大利文之人,故对意大利法学的研究基本上处于停滞不前的状态。

20世纪80年代末,中国政法大学与意大利国家科研委员会法律政治委员会罗马法传播研究组、罗马第二大学通过协商,就在中国开展意大利法学研究尤其是罗马法研究达成了共识。在意大利国家科研委员会、罗马第二大学和中国政法大学的资助之下,在中国法学研究和法学教育界开展意大利法学研究的活动。该研究活动依然从两个方面进行,一是研究罗马法,二是研究意大利的现代法学。

从20世纪90年代开始至现在,由于逐步形成了一个既懂法学、又懂意大利文和基本拉丁文知识的年轻的勤奋工作的研究团体,所以这个研究活动进展得比

---

[1] 参阅田涛、李祝环:"清末翻译外国法学书籍评述",载《中外法学》2000年第3期。

较顺利并取得一定的成果，其主要表现为：

（一）罗马法研究

第一，迄今为止，已有9名年轻的法学研究者均在意大利进行了至少一年以上的罗马法学习和翻译工作，其成果是翻译并出版了汉译罗马法原始文献，如《民法大全选译·正义和法》《民法大全选译·人法》《民法大全选译·家庭》《民法大全选译·遗产继承》《民法大全选译·物与物权》《民法大全选译·法律行为》《民法大全选译·债·契约之债（Ⅰ、Ⅱ）》《民法大全选译·债·私犯之债·阿奎利亚法》《民法大全选译·债·私犯之债和犯罪》《民法大全选译·司法管辖权·审判·诉讼》《民法大全选译·公法》等，同时还翻译了《罗马法教科书》《罗马法史》《盖尤斯·法学阶梯》以及西塞罗的《论义务》和《论共和国·论法律》。

在罗马法原始文献的翻译过程中，始终遵循着由拉丁文—汉文—意大利文最后返回至拉丁文这个严格的校对程序，以使罗马法原始文献翻译中的错误程度降至最低，避免了过去罗马法原始文献翻译大量存在的错译、以讹传讹等问题。

第二，在进行罗马法原始文献翻译的同时，学者们还就有关专题进行了深入的研究，出版《罗马法契约责任》（丁玫著）、《罗马继承法研究》（费安玲著）等研究专著，发表了研究罗马法的学术论文20余篇、翻译发表国外学者研究罗马法的论文30余篇。

第三，中国政法大学罗马法研究中心与意大利国家科研委员会法律政治委员会罗马法传播研究组、罗马第二大学共同合作，于1994年和1999年在北京两次组织了"罗马法·中国法与民法法典化国际研讨会"（第一届和第二届），来自中国各地和世界15个国家的民商法和罗马法学者们集聚一堂，共同探讨罗马法研究与现代民法典的关联性、探讨中国民法典的制定，并出版了研究文集《罗马法·中国法与民法法典化》。

无论是"罗马法·中国法与民法法典化国际研讨会"的召开，还是《罗马法·中国法与民法法典化》论文集的出版，在中国法学研究的历史上均是第一次将罗马法作为专门研究的议题。它们对中国法学研究尤其是私法研究有着巨大的影响。

法律是不同法律文化交融的结晶，是人类文明的共同成果。中国的法制建设不仅要保持自己的传统特色，亦需要吸纳借鉴其他国家的成果和经验。故在中国对罗马法和意大利法进行研究就是一个溯源性和比较性的重要研究活动。

一千余年来，不同法系国家，尤其是大陆法系国家的立法受到了罗马法的极为巨大的影响。后世的法学家们无论是对罗马法进行褒扬性的评价和研究，或是对罗马法进行批判性的研究，均从罗马法中获得了法律的理智和法理的溯源。而著名的《法国民法典》《德国民法典》《瑞士民法典》等更是直接继受了罗马法中诸如所有权、债权、契约、侵权行为之债等法律制度的内容，并直接借鉴了罗马法的立法技巧。

中国在立法方式上，基本采纳了以罗马法为基础的大陆法系的立法思路和模式，因此，无论民商法学基础理论的研究，或是具体法律制度的立法研究，对罗马法的了解和研究是十分重要的，它将十分有利于中国民法学基础理论研究和立法研究，将会为中国民商法立法的完善和民法典的顺利制定提供"理论平台"。

在 1994 年第一届"罗马法·中国法与民法法典化"国际研讨会上，来自中国数十所高校和研究机构的 60 余名中国学者和来自意大利、德国、俄罗斯、巴西、哥伦比亚、墨西哥、日本等国家 15 名研究罗马法的教授学者们，对下列三个方面问题进行深入讨论：

第一，关于罗马法研究的问题。学者们一致认为：尽管当前世界各国的政治、经济情况与二千多年前的罗马时代完全不同了，但是对罗马法的研究并未因此而丧失其重要的研究价值和意义。因为，罗马法体现出的法律理智不仅是其所处的时代所需要的，而且也是当今时代所需要的。这种法律理智确立了得以适用市场经济发展需要的权利平等、尊重当事人的自主选择、关注人格价值、诚实信用等价值观念。罗马法对法的认识、对法的分类以及对法律制度的设计等诸多方面，迄今为止依然被大陆法系和英美法系国家在不同程度上继受着。当然，任何罗马法的研究不能是就研究而研究，应当是结合着本土法律制度和法律文化进行比较性研究，从不同法律文化的碰撞中发现本土法律文化的弱点，吸收他国法律文化的长处。

第二，关于罗马法与中国民法的关系问题。学者们认为：中国古代法律没有形成像罗马法那样的体系较为完整的私法，其主要原因在于：中国自然经济占主导地位；严酷的封建专制制度严重遏制、妨碍了私权产生所需要的必要条件；官府所推行的重农抑商的政策限制了商品经济的发展；缺少法学家阶层。

近现代中国民法的发展，可以说完全是罗马法西学东渐的结果。在受到罗马法系国家民法典影响之下，中国历史上第一部民法典草案《大清民律草案》，完全打破了延续了数千年的中华法系旧传统，开创了中国民法典编纂的新路。这条新路是以尊重个人价值、尊重个人人格、任何社会普通成员的法律地位平等、私权神圣、禁止权利滥用等法律价值判断为基础的。

第三，关于中国民法法典化的问题。学者们通过自己的研究成果，在以尊重个人价值、尊重个人人格、任何社会普通成员的法律地位平等、私权神圣、禁止权利滥用等法律价值判断为基础的前提下，结合其他民法法典化国家的立法经验，对如何制定中国民法典纷纷提出了自己的见解。

在1999年召开的第二届"罗马法·中国法与民法法典化"国际研讨会上，来自中国数十所高校和研究机构的70余名中国民商法学者和罗马法学者与来自意大利、德国、俄罗斯、巴西、秘鲁、哥伦比亚、日本等国家14名研究罗马法的教授学者们，共同就中国制定民法典中有关物权和债权的问题进行了深入的探讨。与1994年的会议相比较，这次的会议主题更具有针对性，更充满了理智的研究和冷静的思考，例如，在物权方面，学者们在对罗马物权法的精神及借鉴意义、意大利民法典对罗马法的继受等基本理论问题进行讨论的基础上，就所有权的制度的起源、所有权保留制度、土地使用权、地上权、物权变动的原因与结果、中国物权的国际化和本土化——作为自由权的物权和作为生存权的物权等中国民法典中物权编所涉及的相关理论问题进行了深入的探讨，并对相关问题如何在民法典中加以体现纷纷阐述各自的见解。在债法方面，中外学者们在探究中国合同法的罗马法基础等基本理论问题之后，主要围绕着契约合意、无名契约、格式契约、债与责任的关系、保证人抗辩权等问题进行了热烈的讨论。可以预见，这些讨论对于中国民法典的制定将具有重要的理论价值并将为其在物权法和债法方面提供一定的"理论平台"。

(二) 意大利现代法学

在预见罗马法的同时，中国学者们的研究视线并非完全局限于罗马法本身，而是扩大到了渊源于罗马法的意大利现代法的研究领域。同样，这些对意大利现代法学的研究也取得了一定的成果：

第一，在私法领域内。在世界上颇具影响的、体现民商合一立法模式的《意大利民法典》，被翻译成了汉文，它不仅弥补了过去中国没有汉文的《意大利民法典》的缺憾，而且更为重要的是该民法典及其有关的研究作品，曾作为重要的参考资料对中国《合同法》的制定提供重要立法参考信息。

在翻译《意大利民法典》之后，学者们又撰写了一些研究意大利现代私法的专题学术论文，涉及意大利的物权制度、担保制度、契约制度、主体制度、意大利民法典体系及其特点等。尽管由于经费、资料等原因使得这些研究起步较迟且有些步履蹒跚，但是却依然在发展着。尤其在目前中国正在进行民法典制定的过程中，这些有关意大利现代私法的研究工作就更加体现出其重要的研究价值。因为不同国家的私法理论的探讨、制度架构的分析、立法经验的交流，将使我们能够更加清晰地意识到民法典制定中可能存在的问题并得以寻找到更好地解决问题的途径与方法。

第二，在刑法领域内。在世界上同样颇具影响的《意大利刑法》被以现代汉文的形式重新加以翻译。应当说，19世纪中叶，学者梁廷枏（1796~1861）所著的《海国四说》，为中国人初步了解意大利的法律情况提供了一些资料。[1] 而1907年官府组织翻译的《意大利刑法》，对后来产生的具有现代法特征的中国刑法，有着重要的影响。除此之外，《意大利军事刑法典》亦被翻译出来，为对意大利现代刑法的研究与学习提供了重要的参考资料。与此同时，学者们还撰写了有关意大利刑法的专著，如《意大利刑法学原理》（陈忠林著）。这些成果对中国刑法的不断修正与完善同样发挥了重要的参考作用。

三、对中国法学界中意大利法学研究展望

应当说，在目前的中国法学界，意大利法学研究的前景是令人充满信心的，因为最为重要的是，目前已经有了一支有着法学专业基础、懂得意大利文的年轻的研究学者，他们中有的已经是法学教授或者是副教授，有的是经过10年严格法学专业培养的法学博士。[2] 这些学者平均年龄不足40岁。在未来的严格意大利法学研究活动中，在能够获得必要的资料和良好的研究条件下，可以肯定，他们将不断地会有关于意大利法学的研究成果问世。这对于意大利法学界和中国法学界而言，应当是一个值得关注的未来。

---

〔1〕 梁廷枏所著的《海国四说》中涉及意、英、法、荷、葡、西等国的政治、经济和法律情况。参阅（清）梁廷枏：《海国四说》，中华书局1997年版。

〔2〕 根据中国的学位制度，法学博士必须经过4年的本科学习、3年的硕士学习和3年的博士生阶段的学习方可获得法学博士学位。

1942年《意大利民法典》之探研

一、引言

德国法学家耶林（R. Von Jhering）在其著作《罗马法的精神》中指出："外国法律制度的接受问题并不是一个'国格'问题，而是一个单纯的适合使用和需要的问题……只有傻子才会因为金鸡纳树皮并不是在他自己的菜园里生长出来的为其理由而拒绝接受。"[1] 在法学研究中，对他国法律制度的接受应当以对该制度的详细了解和深入研究为基础，而该基础之得以构筑，应当源于对该制度介绍、分析及比较。在世界近现代私法发展史上，《意大利民法典》以其民商合一的独特之处而占有一席重要之地。当我们在反复研究民商法典分立的《法国民法典》《德国民法典》《日本民法典》的同时，研究一下民商法典合一的《意大利民法典》，或许能够给我国民法典的制定提供更多的启迪和思路。

二、法典化与1942年《意大利民法典》

法典化是制定法的高层次的体现，法典化所追求的目标是：法典按照一定的框架将各种法律制度构筑成一个体系，具有建立于共同原则基础上的统一的概念，尤其是它所具有的相当丰富的制度内容使之不仅能够调整所有已经出现的情况，也可以调整那些从未出现过的情况。当然，迄今为止，法典化追求的目标与目标的实现之间始终存在着一定距离，制定法典的立法者始终努力在向这一目标接近。但是法典不仅给法律主体进行活动提供了行为准则，更为法官的司法活动提供了法律依据是不争事实。追溯法典化的理念，应当说是来源于罗马法。罗马

---

* 本文原载于梁慧星主编：《民商法论丛（第10卷）》，法律出版社1998年版，第491~515页。

[1] 转引自潘汉典为茨威格特和克茨著的《比较法总论》所写的"中文译者序"，贵州人民出版社1992年版，第4页。

人历经一千余年的努力,形成了由《法学阶梯》《学说汇纂》《法典》和《新律》共同构成的《民法大全》。尽管鉴于罗马法产生的历史条件所限,后人在被其纯精的法学理论、较为完善的法律制度、较为完备的法律体系、相当准确的法律术语而体现出的巨大魅力所倾倒的同时,亦不得不由于其内容庞杂、概念规范化被轻视等原因而徒生烦恼。但是,我们不能否定,罗马人将习惯法发展为成文法、将十分粗糙、十分简单的成文法发展为内容丰富、富有体系化的法律汇纂,反映出他们对法律规范化和法典化的理念追求。正是这种理念的追求,使得罗马法成为"创造像法兰西民法典这样的典型的市民社会的法典"的基础。[1]

在意大利近现代私法史上,存在过两部民法典。

第一部《意大利民法典》诞生于1865年。该民法典由一般法律的公布、解释和施行的规定与主文共同构成,其中主文包括三编:第一编"人"(第1~405条);第二编"财产、所有权及其变更"(第406~709条);第三编"所有权和对物的其他权利的取得与转让的形式"(第710~2147条)。该民法典主要从古罗马的优士丁尼《法学阶梯》和1804年的《法国民法典》中得到多方面的启发,但是,相当多的条款都涉及所有权内容,故在意大利法学界,该民法典有"所有权法典"之称。这一别称实际上反映出1865年《意大利民法典》在其结构和内容上的不足。根据社会经济发展的需要,1882年意大利又颁布了单独的商法典。自19世纪下半叶至20世纪上半叶,1865年的《意大利民法典》与1882年的《意大利商法典》共同构成意大利私法体系的支柱。但是,在此期间,就民法典的最佳立法模式究竟是私法统一还是现行的民商法典分立,在意大利私法学界始终存有争论。

第二部《意大利民法典》即现行的民法典产生于1942年。19世纪后半叶的意大利,其民法与商法被分立为两个法典,并辅以大量的单行法调整两部法典所不能给予恰当解决的新情况,但是,"到了19世纪末叶,1865年的《意大利民法典》所代表的社会和法律价值,已经逐渐地被认为不能真正满足意大利的需要。法典与社会缺少联系的主要原因是,大企业的发展,工业无产阶级的形成,劳工问题剧增以及社会思想的进步,这一切因素都导致迫切需要用代表社会团结

---

〔1〕 参见《马克思恩格斯全集》(第21卷),人民出版社1965年版,第347页。

观念的法律代替个人主义观念的法律".[1] 鉴于此，意大利著名的罗马法学家和民法学家维多里奥·夏洛亚（Vittorio Scialoja）于19世纪末提出了"私法统一"的主张，即将私法的相关内容以新的立法体系编排在一部法典之中。对这一主张，法学理论界在经过反复的争论后，形成了废除商法典、将私法统一在一个法典中的占多数的认识。学者们认为，这不仅是一个学理上的争议，在司法实践中，通过私法的统一，可以在一定程度上更加有效地保护主体的自由权，可以防止因法官的武断而使主体的权利不能得到平等保护的情况发生。[2] 应当说，《意大利民法典》是不同法律文化交汇的受益者。在1942年《意大利民法典》制定时，在欧洲已经有法国模式和德国模式。《意大利民法典》的制定在下列问题上颇有受益：基于契约合意而发生持续性转移的所有权；继承契约的分割永存性；作为所有权人实施占有的人是真正的占有人；等等。[3]

1924年，由一些著名法学家组成了一个旨在私法统一的《民法典》修改委员会，起草民法典的各编草案，并将这些草案发给各大学法学院、各级法院及律师组织征求意见，然后将反馈回来的意见进行筛选和吸收。其中，债的一编是将债法统一委员会1929年起草的《统一债法典》草案修改而成的。该《统一债法典》出现的背景是：20世纪初，相互毗邻的法国与意大利的经济贸易往来日益频繁，两国法律的相互冲突，尤其是债法方面的冲突日趋明显，这不仅严重阻碍了两国经济的交往，同时也严重削弱了这两个拥有悠久私法历史的国家在欧洲的中心地位。意大利法学家维多里奥·夏洛亚（Vittorio Scialoja）在1916年提出了统一法国和意大利债法的倡议，他认为这不仅有利于解决两国的法律冲突及发展两国间的经济关系，而且有利于使两国新的法律成为欧洲新文明的中心，从而能够阻止以拿破仑法为基础的国家走向日耳曼传统。[4] 但是该债法典没有生效，而是经过调整后成为1942年《意大利民法典》的第四编。除此之外，立法者亦将商法典的内容进行修改后使之成为民法典的组成部分。自1938年起，新法典的各编即被陆续地颁布。1942年的《意大利民法典》不仅保留了从《法国民法

---

〔1〕 参见〔美〕艾伦·沃森：《民法法系的演进及形成》，李静冰、姚新华译，中国政法大学出版社1992年版，第180页。

〔2〕 参见 Pietro Rescigno, "I Codice Civile del 1942 oggi: visto dalla scienza giuridica", *Rivista di Diritto Civile*, 1994, p. 1.

〔3〕 参见 Rodolfo Sacco, "I codice civili dell' ultimo cinquantennio", *Rivista di Civile*, 1993, p. 311.

〔4〕 参见〔法〕勒内·罗迪埃尔：《比较法概论》，陈春龙译，法律出版社1987年版，第106页。

典》和优士丁尼的《法学阶梯》得到多方面启发的1865年《意大利民法典》的精华,而且还吸收了相当多的体现在1900年《德国民法典》的法律概念和法律制度。在意大利法学界,1942年的《意大利民法典》被称为"民商统一的法典或统一私法典"。

值得注意的是,尽管1942年的民法典产生于第二次世界大战期间,此时的政治气候与民法典所追求的平等、意思自治的宗旨格格不入,但是,由于意大利已有的经过两千余年风风雨雨的洗礼所形成的私法文化、由于它已有的相当成熟的私法法学理论以及具有相当理论素养的法学家队伍,故而使法典所受到的法西斯主义的影响几乎淡若虚无,法西斯的思想意识并未真正被置入法典中,法学家们成熟的法学理论将其阻隔于法典之外,意大利学者将这一现象称为"法典的'密封性'"。[1] 显然,《意大利民法典》实质上是学说与法典的结合。在制定民法典的过程中,法学理论研究和法学家发挥了重要的作用。这是自古罗马国家即形成的一个良好的、值得后人认真研究的传统。对学者在立法中的作用,当时的理论分析认为:"如果立法者是由勤奋的和有理论修养的学者们组成,则可以使民法典得到逐步的修改,并可以引进、改进和协调新的规则和新的原则,那么,1942年的民法典将会更加充满活力。法典的功能将得到更充分的发挥。"[2]

《意大利民法典》在其制定过程中,主要受到注释法学派和学说汇纂派理论的影响。注释法学派产生的历史相当早。在中世纪,约1050年至1250年期间,伴随着在意大利博洛尼亚大学罗马法研究的恢复,产生了在法律发展史上占有一席重要之地的注释法学派。该学派注重对罗马法原始文献的注释,通过最初仅对难词、难句的注释,到对原始材料中内容相同或者冲突的段落的评述性的注释,发展至最后包含系统的概括、一般原则的推论、解说性的实例以及对现实问题的讨论等全面注释。19世纪的意大利学者们,运用注释法学派的理论和研究方法,通过对罗马法的研究力求寻找到制定民法典的法学理念和适合于意大利的法律制度体系。与此同时,德国学说汇纂派的理论亦对意大利学者们并进而对民法典的制定有着重要影响。维多里奥·夏洛亚在1893年完成了《法律行为论》(Negozi giuridici)一书并使该书对《意大利民法典》的制定起了十分重要的影响就是典

---

[1] 参见 Andrea Torrente Piero Schlesinger, *Manuale di Diritto Private*, 1997, p. 24.

[2] 参见 Pietro Rescigno, "II Codice Civile del 1942 oggi: visto dalla scienza giuridica", *Rivista di Diritto Civile*, 1994, p. 1.

型之例。以德国著名法学家萨维尼为代表的学说汇纂派的学者们，致力于对《学说汇纂》的研究，力图发现优士丁尼《民法大全》中的法律观念在罗马时代的最初涵义，以求为其法律制度提供有分析的法学理论，并使这些法律制度更为系统化。其研究方法是追求构筑一个适应法律概念和逻辑演绎的精密理论结构。人们从萨维尼所著经典之作《论占有》和《现代罗马法制度》中可清晰地看到这一特点。该学派的理论对1900年的《德国民法典》大量吸收罗马法的精华以及格外强调抽象概念的做法起了非常重要的作用。正是由于以不同的法学理论为立法理论基础，《意大利民法典》不仅继受了源于罗马法并被《法国民法典》弘扬的符合商品经济的法律理念和法律制度，而且亦吸收了《德国民法典》追求严密的法律概念与法律体系的逻辑精密的优点。

三、1942年《意大利民法典》的体系及特点

《意大利民法典》在整体体系上，按照7部分考虑：序编、人与家庭、继承、所有权、债、劳动和权利保护。这一体系反映出意大利民族注重体系化、注重实用的特性。这一特性表面看来是主要吸收了《法国民法典》的特点，但是实际上是意大利人对他们自己拥有的两千余年的法律精神的继受。在两部《意大利民法典》制定过程中，不容置疑，《法国民法典》均有着巨大的影响，如果我们进一步探究其原因，会发现：《法国民法典》之所以被意大利十分容易地接受下来的原因之一是《法国民法典》自身的魅力，比如在市民的自由与平等、个人的名誉、个人所有权和契约自治的规定中，清楚地体现着法国人的智慧。[1] 但是更为重要的原因是意大利人将《法国民法典》看作罗马法的现代诠释。对此我们不妨分析一个事实：在1807年和1814年，法国学者德斯奎长（Delsquinon）和德温库特（Delvincourt）分别撰写了旨在比较《法国民法典》与罗马法的关系的著作——《〈优士丁尼皇帝法学阶梯〉的精神及其与〈拿破仑民法典〉原理之比较》（L'esprit des institutes de l'empereuriustiniene compare' avec les principes du code napole' on）和《以附有原文和诠释的优士丁尼法学阶梯为基础的罗马法要义及其与法国法之比较》（Iuris romani elementa secndum ordinem insititionum iustiniani cum notis ad textus explicationem eiusque cumiure gallico collationem）。在这两部著作中，作者指出《法国民法典》中许多的法律制度和规定均可在优士丁

---

[1] 参见 Renato Scognamiglia, "II codice civile e diritto del lavoro", *Rivista di Diritto Civile*, 1994 n.2, p.246.

尼的法学阶梯中寻找到相对应的内容,也就是说,将《法国民法典》与罗马法的原始文献逐一对比,可以发现相当多的《法国民法典》条款均可在罗马法原始文献中找到其依据。所以,在意大利学者们看来,《意大利民法典》与其说是受到法国民法典的巨大影响,不如说是对罗马法的继承。

在分析《意大利民法典》整体体系时,我们注意到这样三个问题:

1. 在《意大利民法典》中没有设立总则。从学术分析的角度,学者们对私法理论的阐述往往通过总则和分则两部分进行,其明显的效果是使学者的理论阐述在逻辑上严谨、在内容上周详。但是,意大利的学者们认为,理论阐述的逻辑与立法的逻辑不同,后者应当更加侧重于相关条款的逻辑联系并给人们在了解这些条款时提供更多的便利。意大利学者们在对《法国民法典》《德国民法典》和《瑞士民法典》各自的结构和效果进行了相当深入的分析后,认为不宜采用总则加分则的立法框架。有意思的是,意大利学者提出的不设立总则的主张与德国学者对德国民法典设立总则的批评是一致的。德国学者在对民法典中设立总则进行检讨时认为:"第一编是《民法典》的《总则》。它是德国民法学家关于法典应尽可能抽象化观点的典型产物。非专属某一特定法律制度(如买卖契约或劳务契约)的所有规则,都应提出来放在法典的前面,从而赋予它们普遍的适用性。这一原则在《民法典》中贯彻得如此彻底,以致给人们带来了很多不便,因为有些实质关系很密切的问题在法典中却相隔甚远。对于现在的人们来说,这种极度的抽象似乎已无必要,因为他们更愿意从具体的制度中归纳概括有关的规则。"[1]《意大利民法典》没有总则,仅就法源、法律在时间和主体的适用范围及法律的解释等问题上作了一个概括性的规定,该部分被称为"序编一般原则"。事实上,与《德国民法典》第一编总则相比较,无论是条款的数量(《德国民法典》在总则部分有 240 个条款;《意大利民法典》序编部分仅有 31 个条款,其中 15 个条款还于 1995 年 5 月被废除),还是条款所涉及的范围(《德国民法典》的总则部分涉及人、物、法律行为、时效、权利的行使与保护及担保的提供等;《意大利民法典》的序编部分所涉范围远远小于《德国民法典》总则所涉范围)均不能使《意大利民法典》的"序编"具有《德国民法典》总则的性质。因此,《意大利民法典》没有总则。然而,这并不意味着《意大利民法典》没有

---

[1] 参见[德]罗伯特·霍恩、[德]海因·克茨、[德]汉斯·G. 莱赛:《德国民商法导论》,楚建译,中国大百科全书出版社 1996 年版,第 70 页。

抽象的一般规则，恰恰相反，在法典全部的 55 个章中，就有 25 个章设有"一般规定"；在法典全部的 170 个节中，就有 15 个节专门用于"一般规定"，另外还有 25 个分节亦被专门用于表述"一般规定"。在《意大利民法典》中，"一般规定"的内容通常包括所涉章、节中的主要概念、基本原则、法律能力、权利义务的内容、权利的享有、行使和转让、法律适用等。这些"一般规定"对其所涉章、节的具体制度规定起着基本规范的作用。

2. 民法与商法的关系。1882 年的《意大利商法典》实现了商事行为规范的统一。1942 年的《意大利民法典》又实现了民事行为与商事行为规范的统一。但是，实现这一统一是在经过反复讨论后确定的。在讨论是否将商法纳入民法典时，首先涉及了商事关系的自治性规则问题。在最初阶段，学者们便面临着是否保留可能被割裂的商事关系规则的问题，因为尽管商事关系有其自主性规则，但是同时又与民事关系的规则有着千丝万缕的联系。对该问题，在 20 世纪 20 年代意大利商法学者们依然力图通过制定单独的商法典来解决，这在 1923 年的商法典（维万德提案）和 1925 年的商法典（扩密西奥内提案）中均有所体现。[1] 但是在后来，民法典与商法典统一的主张占了上风。这一方面取决于学者们对该问题的理性思索，尽管学术界对以废除业已存在 60 年的商法典为代价实现私法统一存有疑惑，但是对于商事行为存在着民事行为所具有的行为规范性有着一致看法，也就是说，无论是民事买卖还是商事买卖，无论是民事租赁还是商事租赁，无论是民事代理还是商事代理，无论民事合伙抑或商事合伙，无论民事委任抑或商事委任，无论民事抵押抑或商事抵押都有着共同的规范性，商事行为不可能摆脱民事行为规范而单独存在。[2] 与此同时，也是出于对按照具有现代色彩的临时性的《劳动宪章》原则设立的民法典劳动编的政治上的担心，[3] 因为学者们不希望这样一部对人们的生活有着巨大影响的、极为重要的法典被用于满足某一政治集团的政治目的。因此，达成了废除商法典并将不同的规范置于民法典或特别法中的共识。立法者们将一些有关主体资格的规定放入了《人与家庭》一编，将有关企业主的一般规范、有关公司的一般规范置于新的《劳动》编中，同时，在 1938 年 3 月 7 日第 141 号法律中规定的有关银行和保险的特别规范、

---

[1] 参见 Giuseppe Ferri, *Manuale di Diritto Commerciale*, UTET 1978, p. 8.

[2] 参见 Giorgio Oppo, "Codice civile e diritto commerciale", *Rivista di Diritto Civile*, 1993, pp. 222~223.

[3] 参见 Giuseppe Ferrit, *Manoale di Diritto Commerciale*, UTET 1978, p. 9.

在 1923 年 4 月 29 日第 966 号法令中规定的有关储蓄保护和有关信用社运作的规定继续保留其效力，而有关私人保险和变更的规定则通过 1959 年 2 月 13 日第 449 号法令进行了统一的规定。[1]

3. 民法与劳动法的关系。1927 年意大利制定了《劳动宪章》。其内容涉及劳动工会、旨在规范劳动关系的集体利益的规则、劳动契约等。在制定民法典的过程中，意大利的立法者将其作为一个制度规定为民法典的一部分。在 1939 年和 1940 年公布的民法典的第一编、第二编以及随后公布的第四编和第五编中，均涉及了劳动关系或者劳动与经济的关系。在意大利法学界，将劳动法置于民法典中，主要基于这样的认识：劳动法律关系在其基本性质上属于私的关系（这与意大利 80% 左右的中小型企业是私人企业不无关系），那么，包括劳动关系在内的私人之间的经济关系应当统一于旨在保护私的利益的规范之中，同时，基于现代劳动关系中当事人地位的实际上的不平等，有必要辅以国家的强制性干预，但是，其干预的最终目的依然是最大限度地保护私主体应有的权利。[2] 因此，在"劳动"一编中，无论是在"职业活动规则"一章中的集体契约中，还是在工业企业、农业企业或商事企业的劳动契约中，抑或基于特殊关系中的辅助性劳动而产生的劳动契约中，均可看到，法律在保护当事人的任意性约定的同时，也规定了相对多的强制性内容。

我们也看到，在"劳动"编中，意大利的立法者将合伙、公司、合作社、企业的商号、标识与商标、智力作品权与工业发明权、竞争等内容均放入了该编中。对于将大量的商事企业的内容放入劳动编中，立法者的考虑是职业劳动活动的规范要体现行业化经济的特点，而行业化经济是组织经济的主要方面，因而应当将诸如工业企业、农业企业和商事企业的组织规则和组织形态的规范置于劳动一编中。[3] 就商号、标识与商标、智力作品权与工业发明权、竞争等内容，它们无疑是具有智力劳动的性质，是劳动法律关系中的重要组成部分，自然要置于劳动编之中。所以，表面看来，《意大利民法典》的"劳动"编在其内容上给人一种较为混杂的感觉，但是仔细分析却使人深刻地感受到其内在的逻辑性和立法者的用心良苦。

---

[1] 参见 Giuseppe Ferri, *Manuale di Diritto Commerciale*, UTET 1978, p. 10.

[2] 参见 Renato Scognamiglia, "Il codice civile e il diritto del lavoro", *Rivista di Diritto Civile*, 1994 N. 2.

[3] 参见 RELAZIONE AL CODICE CIVILE, p. 88.

除了在民法典的整体体系中我们可以看到《意大利民法典》的独到之处外，在具体法律制度上，我们同样也感受到了立法者对体系化的追求。例如：

1. 在第一编《人与家庭》中，详细地规定了法典所称的"人"、住所、自然人的失踪及宣告死亡、血亲和姻亲、婚姻、亲子关系、收养、亲权、监护、领养、禁治产等内容，这些规定不仅具有体系性，而且相当全面。值得注意的是，在《意大利民法典》中，有关婚姻的问题尤其是婚姻效力的问题，受到教会法的很大影响。意大利自1929年2月11日与梵蒂冈缔结《拉特兰条约》后，不仅在宗教的选择上将天主教确定为"唯一的国教"，而且在婚姻效力上接受宗教的限制。在教堂举行婚礼的婚姻，产生世俗婚姻上的给予当然登记的效力，且婚姻的效力自举行婚礼时产生。在离婚的问题上，1942年的《意大利民法典》在法律上阻却了离婚的可能，即使是一方严重违反了法律规定的婚姻义务，法官根据另一方的请求解除婚姻，但是并没有因此给予解除婚姻的双方以再婚权，即解除婚姻的双方当事人不得同第三方缔结婚姻。这是教会法有关离婚的规定在民法典中的体现。但是，对此规定无论是理论界还是司法界均有异议，在经过多年的激烈争论之后，于1970年12月颁布了一个新的有关婚姻的法律，允许婚姻双方当事人在分居5年后解除婚姻关系，并享有再婚的权利。

2. 第三编的题目是"所有权"，立法者们在制定《意大利民法典》时没有采用《德国民法典》和《瑞士民法典》以及在民法学理论上所使用的"物权"概念体系，而是保留了源于罗马法并被《法国民法典》继受的"所有权"概念体系。但是在该编中所涉内容与《德国民法典》和《瑞士民法典》有关物权的规定并没有本质性的差异，所不同的是在体系上、在范围上各有千秋。《意大利民法典》的所有权编在体系上按照财产—所有权—他物权（地上权、永佃权、用益权、使用权和居住权、地役权）—共有—占有的顺序规定，其条理十分清楚，至于担保问题，则分别在《权利保护》和《债编》加以规定（抵押、质押放在了《权利保护》一编，保证放在了《债编》）。这与法国法、德国法和瑞士法均有不同：在《法国民法典》有关所有权一编中，没有规定永佃权、共有、占有和担保的内容；在《德国民法典》物权编中，有抵押权、质权的规定，但是没有永佃权的内容；在《瑞士民法典》的物权法编中，其内容相当丰富，共有、土地所有权、动产所有权、限制物权、担保物权和占有等均可觅见其踪，但是亦没有永佃权的规定。

如果我们稍加注意，便可发现：在《意大利民法典》的所有权编中，专门利用了 20 个条款规定永佃权的内容。纵观大陆法系各国的法律规定，应当肯定地说，有关永佃权的立法并不是大陆法系国家立法的通例。比如，在世界上有着巨大影响的《法国民法典》和《德国民法典》并没有永佃权的规定。那么，《意大利民法典》规定永佃权的思路是什么？翻开世界法律史，我们可清晰地看到，在公元 4 世纪和 5 世纪，罗马帝国的法律对永佃权已经有了相当详细而又系统的规定[1]。当然，准确地讲，这完全得益于希腊人首先对该问题的理性分析（因为永佃权的拉丁文 emphyteusis 来源于希腊语 emphyteu，在希腊城邦中存在着将未耕耘的土地长期或者永久出租的情况）。具有强烈的实用主义精神的罗马人，将其规范为一种法律制度，并在法律中给予系统而又详细的规定。[2] 在罗马法中，永佃权被确定为一种重要的权利。罗马法坚持"一物一权"的理念，以所有权为中心，辅以用益权、使用权、永佃权、地上权等他物权，利用所有权的弹力性和回归性，解决了物质财富的所有人与使用人相分离的问题。相当古老的永佃权制度使该理念具体化：在不改变所有权的前提下，以用益物权保护农地使用人，明确界定权利内容，稳定租佃关系。[3] 从这个角度分析，《意大利民法典》继承了罗马法的所有权中心论，在其结构体系上将所有权放置于中心地位，同时通过有关永佃权以及地上权、用益权、使用权等的系统规定给其以补充。

3. 对"债"的规定，《意大利民法典》《法国民法典》《德国民法典》均有不同。《法国民法典》对债的规定有"大杂烩"之嫌，而《意大利民法典》的《债编》在其内容的安排上则具有相当的逻辑性。该编由债的一般规定、契约总论、各类契约和非契约之债四部分构成，在第一部分"债的一般规定"中，包括债的履行、不履行、债权转移、债务他人履行、债的类型等有关债的基本内容；在第二部分"契约总论"中，包括契约的要件、条件、解释、效力、代理、契约转让、利他契约、虚假行为、无效、撤销、废除、解除和消费契约等契约基本规则；在第三部分"各类契约"中，对 36 种各类有名契约给予相当详细的规定；在第四部分"非契约之债"中，对单方允诺、有价证券、无因管理、非债

---

[1] 参见［意］桑德罗·斯奇巴尼选编：《民法大全选译·物与物权》，范怀俊译，中国政法大学出版社 1993 年版，第 149 页；［意］彼德罗·彭梵得：《罗马法教科书》，黄风译，中国政法大学出版社 1992 年版，第 265 页。

[2] ［意］彼德罗·彭梵得：《罗马法教科书》，黄风译，中国政法大学出版社 1992 年版，第 264 页。

[3] 参见田士永：《永佃制度研究》，中国政法大学 1997 年硕士学位论文。

给付、不当得利和不法行为等给予了原则性的规定。与《德国民法典》比较，《意大利民法典》亦有其独到之处。基于劳务契约较为突出了公法对私法的介入，故而《意大利民法典》将劳务契约置于劳动编而非债编。同时，该法典对除有效契约之外的契约效力状态作了相当细致的区分：无效、撤销、废除和解除。对契约的无效（nullita'），《意大利民法典》规定：凡缺乏法律规定的契约要件、或者原因不法、或者动机不法、或者与强制性规范相抵触以及发生法律规定无效的情形，均导致契约的无效（第1418条）。在法律没有相反规定的情形下，任何有利害关系的人均可提起无效之诉（第1421条）；对于契约的撤销（annullabilita'），《意大利民法典》第1425条至第1446条给予了相当详细的规定，凡因当事人的无能力、意思表示有错误、被胁迫或者被诈欺等原因，将使契约得被撤销。撤销权得由法律规定的有利害关系的一方提出（第1441条）；对于契约的废除（rescissione），《意大利民法典》将契约废除权的行使定位于在危急情况下缔结的契约（第1447条），并根据承担义务一方提出的请求作出判定，且规定请求废除的诉权期间为"自契约成立时起1年"（第1449条），同时许可被请求方"建议修改契约以使之充分恢复公平，从而避免契约的废除"。由此可见，与契约无效和撤销契约的请求权相比较，废除契约的请求权被严格限制；对契约的解除（risoluzione），《意大利民法典》规定了三种解除原因：一方不履行对另一方利益具有重要性的义务、突然发生的不能以及负有给付义务的一方因发生特别的和不可预见的事件而致使该义务变成了过重的负担。这些规定从一定角度反映了《意大利民法典》的制定者们在保护契约当事人的合法利益与尽可能保持契约法律关系的相对稳定性之间寻求最佳平衡点的理想追求。

在《意大利民法典》中，还有一个现象值得我们注意，即该民法典在追求法典结构和内容体系化的同时，对现代社会所需要解决的一些问题亦作出了相应的反映，如第1341条及其后条对《一般交易条件》进行的规定，此外，对在交易过程中出现的越来越多的定式契约和消费契约也给予了相当详细的规定。这或许对我国民法典的立法有一定的启发。

对《意大利民法典》的特点，笔者认为可概括为下列几点：

1. 真正意义上的私法统一。1942年《意大利民法典》的产生反映出20世纪上叶意大利国家的经济和社会背景。在此期间，意大利向工业化发展的进程是相当快的，大量进行经济活动的工业企业、农业企业和商业企业及非从事经济活动的机构的出现，使得民商分立的法典面临着众多的困惑，例如：两部法典的基本

1942年《意大利民法典》之探研

原则到底有何本质性差异？在私主体上是否存在着两种本质上不同的主体？针对这些困惑，在1942年民法典制定过程中，立法者们有两个基本思路：第一，私主体被置于所有的利益范围的中心地位，这些利益范围涉及民事活动和商事活动、所有权和经营管理、物和行为；第二，全部的私生活要反映在同一部法典中，即民法典中。因而民法典是个人法与家庭法、财产法与继承法、企业法同经济组织法的统一。[1] 由此可见，1942年《意大利民法典》是真正意义上的私法统一法典，其并非是立法技术的简单实践，而是历史性的分析和理性思索的结果。意大利的法学家们在纪念1942年《意大利民法典》诞生50周年的文章中对此的评价是："1942年《意大利民法典》的产生，驱散了一代代的学者们的辛劳，因为私法的统一是我们经济发展与我们整个历史的统一。"[2]

从一定意义上讲，与《法国民法典》和《德国民法典》等国家民商法典分立模式不同的《意大利民法典》，在现代社会经济发展的进程中，随着欧洲共同体的一体化的渐进，其私法统一的立法模式将给人们以启发。1989年欧洲议会要求欧盟成员国统一它们的私法，即制定对所有成员国有效的民商法，即制定适用于整个欧洲的民商法典。[3]

2. 忠实来源于罗马法、被《法国民法典》继受并发展后所形成欧洲私法的传统。《意大利民法典》在其规定中，遵循着欧洲私法中注重主体的法律地位、保护所有权及自由缔结契约的传统。意大利的法学家们认为法律的法典化必须要考虑制度的基本原则，要在基本原则的范围内实现法典化。

在私法法典中，明确规定主体的法律地位是至关重要的。《意大利民法典》保持了源于优士丁尼《法学阶梯》并在《法国民法典》和1865年《意大利民法典》中得以体现的将有关人的内容作为第一编的结构。这种结构不仅在一些欧洲国家的民法典如《瑞士民法典》《奥地利民法典》中可觅见其踪，而且它对拉美国家的民法典亦有重要的影响，因为我们同样可在《智利民法典》《阿根廷民法典》等中看到这样的立法结构。1942年《意大利民法典》的第一编规定了有关自然人、法人及不具备法人资格的社团作为民事主体的前提条件、制度保障，并且在其后相当多的具体制度的"一般规定"中亦可见到更为详细的内容。同时，

---

[1] 参见 Natalino Irti："l cinquant' anni del codice civile"，*Rivista di Diritto Civile*，1992，pp. 227~237.

[2] 参见 Natalino Irti："l cinquant' anni del codice civile"，*Rivista di Diritto Civile*，1992，pp. 227~237.

[3] 参阅杨振山、[意]斯奇巴尼主编：《罗马法·中国法与民法法典化》，中国政法大学出版社1995年版。

在第一编中就人身权的部分内容进行了规定,如:名誉权(第10条)、肖像权(第10条)、姓名权(第6~9条,并在第34、602、518条中作出辅助性规定)、秘密权(第273条,并在第604条中作出辅助性规定)。但是,在《意大利民法典》中没有系统地、较为全面地规定人身权的内容,其原因一是对如何系统地规定人身权在理论上争议较大,更主要的原因是自墨索里尼率领他的法西斯党"进军罗马"后,采取了一系列的严重侵犯民众自由权的法西斯统治,在这种氛围中要求民法典系统规定以自由权为基础的体系化的人身权制度,可以讲是一种奢谈。但是因1789年法国人权宣言所确立的自由理念深入人心,同时一些重要的人身权的理论已经相当成熟,此外墨索里尼为树立其形象也需要作一些表面文章,故而,1942年的意大利民法典中依然有一些条款涉及人身权的部分内容。[1]

1942年《意大利民法典》同样继受了源于罗马法的保护所有权的理念,它用了362个条款对直接涉及所有权的内容进行了相当全面的规定,同时在继承编、债编、劳动编和权利保护编中亦对所有权的保护作出了规定。这是罗马法有关财产和财产权的自然法理念和价值的再现。从一定意义上讲,对所有权的保护是使主体的人格得到切实保护的重要的制度保障之一。

在《意大利民法典》中,契约自由的原则和传统被保持着,并且在法典正文中将该原则直接表达出来。这与《法国民法典》和《德国民法典》对该原则的非直接表达的方式完全不同。不过,《意大利民法典》对该原则在语言的表达上没有使用"契约自由—libero contrattuale",而使用了"契约自治—autonomia contrattuale"(第1322条题目)。在意大利语中,"autonomia"的意思是"自治、自主权、自主",从法律意义上讲,即为有限制的自由。自1804年的《法国民法典》至1942年的《意大利民法典》,其间已经过了一百三十余年,人类社会对契约自由已经有了更加全面和深刻的认识。所谓的契约自由不可能是绝对的,它必须要在法律规定的限度之内。法典的制定应当将契约自由与经济规则、市场秩序相互协调。《意大利民法典》第1322条规定:"双方当事人得在法律规定和行业规范的范围内自由地确定契约内容。双方当事人亦得缔结未纳入特别规范规定类型的契约,但是以旨在实现法律保护的利益为限。"与此同时,在第1323、1325、1343、1987、2249条以及其他相应的条款就法律对契约自由的限制进行了

---

[1] 参见Francesco Galgano, *Diritto civile e comrmerciale*, volume primo, CEDAM, p. 147.

规定。

（3）法典语言浅显易懂、生动明确。在法典语言的表述上，《意大利民法典》同样继承了罗马法的传统，让法典不仅成为大学教授们讲授法律的基本立法依据、法官和律师进行私法诉讼活动的实体法依据，而且没有经过法学专门训练的人们对法典亦可较为容易地了解其主要的制度和内容。与此同时，法典的语言并没有丧失法律语言应当准确、周延、精炼的特点。我们不妨看看如下的例子：《意大利民法典》对成年和行为能力的表达是："年满18岁为成年。成年后，取得从事一切活动的行为能力。本法对成年未作其他不同的规定。特别法在有关提供自己劳动的章节中低于此年龄的规定除外。提供自己劳动的未成年人，具有行使劳动契约规定的权利和诉权的能力。"（第2条）；对公法人的表达是："省和市镇以及公共机关是公法人。公法人享有法律和具有公法效力的惯例规定的权利。"（第7条）；对住所与居所的概念表达为："住所是人的事务以及利益的主要所在地。居所是人居住的地方。"（第43条）；"当法律规定以住所或场所为发生法律效力的依据时，法人的住所或场所指法人确定的主要活动场所所在地。在本法第16条中确定的住所或登记的住所与法人业务的实际执行地不一致的情况下，第三人可以将法人业务执行地视为法人的住所。"（第46条）；对基于民族传统而存在已久的婚约效力，法典第79条的表达十分明确："法律不要求必须缔结婚约，也不要求必须执行婚约中有关不履行婚约的规定。"《意大利民法典》对财产的表述是："所有能够成为权利客体的物品都是财产。"（第810条）；对债的发生根据表述为："债产生于契约、违法行为或者法律规定的任何其他产生债的行为或事实。"（第1176条）；对契约概念的解释是："契约是双方或多方当事人关于他们之间财产法律关系的设立、变更或者消灭的合意。"（第1174条）；对不法行为的损害赔偿以下列语言表述："任何故意或者过失给他人造成不法损害的行为，行为实施者要承担损害赔偿的责任。"（第2043条）；对合伙契约和股份公司概念的表达分别是："合伙契约是以分享利润为目的、二人或数人按照约定为共同从事经营活动而提供财产或劳务的契约。"（第2247条）；"股份公司是以其全部资产对公司债务承担责任的公司。股东的出资额体现为股票。"（第2325条）。

虽然在意大利没有发生诸如大文豪司汤达每日咏读语言优美的《法国民法典》的情形，但是，却也实实在在地多次发生意大利的普通公民与笔者就《意大利民法典》的诸多条款内容侃侃而谈的情形，这些普通的人们没有接受过任何专门法律训练。笔者认为这显然与《意大利民法典》语言浅显易懂、生动明确有着必然的联系。当然，客观地讲，法典语言不是造成这种情形的唯一原因，它与普通公民的文化素养和政府执法行为亦密切相关。在意大利，凡政府发布任何行政命令，或者诸如征收公共事务费用，或者在公共场所告诫人们必须做什么或不得做什么时，均说明"根据《意大利民法典》第×条"或"根据第×号国家法令"等实施该行为的法律依据。这不仅起着向公众宣传法律的作用，更为重要的是使政府在民众心目中树立了同样遵守法律的形象。

4. 法典条款的修改增删不打破法典的整体构架，同时对主法辅以单行法。在《意大利民法典》中，有明确标号的条款共2969条，但是，这并不是法典的全部条款。自《意大利民法典》在1942年3月16日通过后，迄今为止在法典主文中已经增加了59个附加条款。这些附加条款主要侧重于消费者权益的保护和公司制度方面。

在公司制度方面，根据公司发展的情况和需要，对公司设立文件、公司自有股、控股公司股票的转让、可转换为股票的债券、董事的权利、公司财务报告的编制、清算人、公司公示行为，公司的合并与分立、公司代表处的设立等问题进行补充规定。

对消费者权益的保护，则是通过增加一节的形式作出规定。该补充是在1996年2月完成的，一方面是为了履行意大利对欧共体所承诺的义务，另一方面亦是弥补《意大利民法典》对消费者权益保护的不足。该附加节的题目是"消费契约"，共有5个条款，主要针对经营者与消费者之间订立的契约内常见的欺压性条款作出规定，包括欺压性条款的认定、无效的认定等。民法典对欺压性条款的解释是："在消费者和经营者之间缔结的、以物的转让或提供服务为标的的契约中，欺压性条款是指尽管是善意的但是该条款确定的消费者享有的权利和承担的义务明显不平等。"在前述所涉契约中，消费者是指以不同于企业主或经营者的目的实施企业主或经营者可能实施的行为的自然人。经营者是在其企业行为或职业行为范围内利用消费契约的自然人或公法人或私法人。根据《意大利民法典》的规定，有20种含有蔑视、限制消费者权利的目的或效力的条款被视为欺压性条款，同时规定对条款欺压性的认定要从契约标的涉及的商品或服务的性质和条款缔结时存在的情况，以及同一契约的其他条款缔结时存在的情况或者其他相关方面进行考虑；在对条款的意思有疑问时，要作出有利于消费者的解释。对欺压性条款的效力，《意大利民法典》规定："被认定是欺压性的条款是无效条款，同时契约的其他条款依然有效。"（第1469条附加3条）。这些补充条款的出现，无疑对经营者与消费者的利益"衡平秤"因经营者和消费者特有的地位而往往不正常地失去平衡的情况，添加了法律强制性保护弱者的公平砝码。

与现代大陆法系国家一样，意大利在通过补充、删除部分条款以保持民法典得以适应现代社会纷繁复杂的需求的同时，亦制定了大量的单行法。在制定单行法时，其规则是：单行法要体现已经包容在法典中的基本原则，同时亦要包括根据时代的发展和情况的变化所产生的新的原则。与《意大利民法典》有关的主要单行法有：1942年5月的《破产、预防性协议、控制性管理和强制性管理清算条例》；1947年12月的《合作规章》；1958年3月的《中介职业条例》；1969年12月的《摩托和船舶交通工具导致的民事责任的强制保险》；1971年6月的《贸易条例》；1974年6月的《动产市场和股票的纳税条例》；1975年5月的《家庭法修改法案》；1976年5月的《农村暂时所有权的特别时效所有权》；1978年7月的《城市不动产出租条例》；1983年5月的《收养和未成年人托养条例》；1992年1月的《合作社团的新规则》；1992年2月的《证券出售的公开报价、签字、取得和兑换条例》；1995年5月修改的《作者权和相关的其他权利的保护条例》（1941年4月公布）；1996年3月再次修改的《工业发明专利条例》（1939年6月生效，1979年6月第一次修改）；1996年3月第三次修改的《工业实用新型专利条例》（1940年8月生效，1979年6月修改，1987年2月再次修改）；1996年3月再次修改的《企业商标专利的法律规定》（1942年6月生效，1992年12月修改）。

5. 法典的功能与法官自由裁量权的协调。法典（codex）最初的功能是将各种法律汇集在一起以便于人们较为全面地了解法律，如罗马帝国时期的狄奥多西法典（Codex Theodosianeo）和优士丁尼法典（Codex Iustini Aneo）即是。在中文版的《民法大全》选译中，我们可以看到，优士丁尼法典（Codex Iustinianeo）是不同时期的皇帝谕令、批复等的汇集。在近现代，法典的功能扩大，表现为法律的系统性、内容的较为全面性、引用的便利性等。

自由裁量权是法官为了实现真正的公平正义可以不拘泥于法律，还能够不断地解释法律使之更合于社会变化的权力。[1]从法律发展史的角度看，自由裁量

---

[1] 参见[美]约翰·亨利·梅利曼：《大陆法系——西欧拉丁美洲法律制度介绍》，顾培东、禄正平译，知识出版社1984年版，第58页。

权自其诞生时起就是普通法系的法官所固有的权力,但是,进入20世纪后,在大陆法系国家也越来越重视这个问题。

在理论上,大陆法系的国家通常要求立法者制定的法律必须完整、清晰、逻辑严密并具有预见性,使得社会生活中发生的一切现象均能够在法典中找到适当的法律规则。因为完美无缺的法典将使法官们无需也不希望他们对法律作出解释,并使法官们能够较为轻松地适用法律。如同弗朗西斯·培根认为的那样,"最好的法,是那些给予法官最小自由裁量权的法"。[1] 但是,这是一种十分理想化的立法原则,在立法运作中,不可避免地会使制定法带有一定的局限性和非周延性。因为"人类的语言和预见,都不可能做到精确无误。人们不可能事先预见某个法律所管辖的领域内可能发生的一切案件。任何一种人类的语言,都不可能将某个法律规定表达得精确到可以完全排除法官在解释和适用它时的自由裁量权"。[2] 美国学者梅利曼对此的分析是:"事实上,完整、清晰、逻辑严密并具有预见性的法典并没有使法官(指大陆法系的法官——译者注)摆脱对必要的法律条文进行解释和适用的负担。同普通法系的法官一样,他们在一个生动、复杂而又充满困难的程序之中忙忙碌碌。他们必须根据案件的事实情况,适用并不很明确的法规,而且这种'明确'在他们看来也是一种抽象的'明确'。法官必须填补立法的疏漏,解决法规之间的冲突,并使法律适应不断变化着的情况"。[3]

《意大利民法典》的立法者们在制定这样重要的统一私法典时,或许已经清楚地意识到将法典的功能与法官自由裁量权进行必要协调的需要,故而,在力求民法典的完整、清晰和逻辑严密的同时,在法典的条款中,从法律适用方面给了法官相当多的行使自由裁量权的空间。例如:在确定合伙人分享盈利、分担亏损的份额时,如果合伙契约没有确定以劳务出资的合伙人应当承担的份额,则由法官按照公平原则进行确定(第2263条)。对一般行纪人和作出"信用保证"的行纪人的佣金数额,通常是根据行纪行为完成的惯例确定,但是在没有惯例的情

---

[1] 转引自[英]彼得·斯坦、约翰·香德:《西方社会的法律价值》,王献平译,中国人民公安大学出版社1990年版,第47页。

[2] 转引自[英]彼得·斯坦、约翰·香德:《西方社会的法律价值》,王献平译,中国人民公安大学出版社1990年版,第47页。

[3] 参见[美]约翰·亨利·梅利曼:《大陆法系——西欧拉丁美洲法律制度介绍》,顾培东、禄正平译,知识出版社1984年版,第48页。

况下，《意大利民法典》赋予法官根据公平原则作出决定的权力（第 1733、1736 条）。在考虑对受害者给予赔偿时，民法典赋予法官根据案情和公正的判断而考虑对受害者可得而未得到的利益进行估价的裁量权。在意大利的民事诉讼中，有诉讼承认制度，当事人在诉讼中表达的承认对其有完全的证据力，但是以不涉及不可处分的权利为限。然而，对在涉及必要的共同被告的案件中，对由共同被告中的若干人表示的承认的效力，《意大利民法典》并没有直接规定该承认的效力状态，而是放手由法官自由作出判定（第 2733 条）。除上述列举外，在有关劳动契约中的工资条款（第 2099 条）、涉及选择权的合意期限（第 1331 条）、撤销因胁迫缔结的契约而涉及其他人利益的（第 1433 条）、家庭企业的利益分配（第 230 条附加条）等条款中，我们均可以找到类似的规定。尽管在《意大利民法典》中对法官的自由裁量权的规定是相当有限的，但是留给我们思索的空间却是广阔的。当然，法官自由裁量权的行使也必须有其存在的坚实基础。法官自身良好的法律素养、法官对自己职业的责任感、使命感和荣誉感均是行使自由裁量权的重要前提。在罗马法中，"执法者"一词最早是以拉丁文"honorakius"表达的，该词的原义是"荣誉的"，它实际上告诉了我们一个理念：执法者的执法、护法行为是以维护法律的最高权威为荣誉、为使命，而非一种单纯的权力。在意大利有关法律的各种全国性考试中，最难的考试有两个，一个是法官资格考试，另一个是公证人资格考试。凡参加法官资格考试的人，必须要在法学院至少经过 4 年以上系统法学学习，因为较长时间的系统学习，不仅仅是学习法学知识的过程，更重要的是法律悟性、法律工作者责任感、使命感的培养过程。它可以使法官们不会简单地认为自己是占据了一个高薪、高社会地位的权力之位，而是在从事着一个将直接体现法律的价值、法律的公正与正义的崇高事业。

四、结论

每个民族都有本民族的法律历史和法律文化。《意大利民法典》的产生及其特点集中体现了意大利国家的经济、文化、历史的特点。《意大利民法典》尊重传统法律理念和文化但是不拘泥于之的做法、注重法典体系的逻辑性和语言浅显易懂、生动明确的风格以及在立法技术方面所进行的努力均值得我们在制定自己的民法典时借鉴。

第二章 知识产权法

论知识产权与民法典的互动
——以立法形式为分析视角*

当谈到民法典时,无疑非法典化的英美国家不在本文讨论的视野中。本文撰写的原因在于,我国在2015年重新启动民法典编纂的前后直至当前,知识产权与民法典的关系始终处于焦点问题之一。实际上,知识产权自其问世始,始终与民法典存在着互动关系。这不仅表现在对知识产权立法形式的讨论上,更体现在民法典对知识产权私权性质的体系判断以及知识产权对民法典内容的充实。那么,当我国进行民法典编纂时,对知识产权是否纳入民法典中以及纳入民法典的法理基础、纳入的路径与方式等,均需要给予认真的思考。笔者认为,纵观知识产权立法与民法典编纂的历史演进,横观不同国家在民法典编纂过程中对知识产权的态度及其立法背景,知识产权与民法典的互动关系是值得我们从理论上加以关注的问题。笔者拟就知识产权与民法典互动的问题从立法形式、立法体系的理念、国际上已有的立法模式、民法典与单行法的"二元"互动结构等方面进行一定的分析,以求教各位同仁。

一、萌生于民法典之外:从罗马法的法典化体系要素看近代知识产权立法形式

众所周知,"知识"一词是当今社会中被使用频率较高的词汇之一。知识是人们通过对客观世界的认识、分析和归纳所产生的经验。经验分为积极经验和消极经验,前者是人们通过对客观世界纷繁复杂的现象进行观察、思考而提炼出的

---

* 本文原载于《陕西师范大学学报(哲学社会科学版)》2017年第2期。

成功性质的感受，后者则是失败性质的感受。故而，我们看到的知识具有如下特质：①知识具有主观性，因为知识作为人类对客观世界的认识、分析与归纳的结果而呈现出明显的主观判断的特质；②知识具有共享性，因为知识是可以被任何人在任何地点和任何时间，以任何可行方式获得并享用的信息；③知识具有非消耗性，因为知识不会由于人类对信息的了解、享用而如同水、食物等可消耗品那样一经使用即消失，故而可被反复使用是知识的又一特质；④知识内容具有可变性，因为伴随着人们对客观世界不断产生的新认识、新思考而形成新的知识信息，由此，知识信息库不断被新内容所充实且永不停息。[1]

将对知识信息进行创新并有成果产生的行为有条件地作为权利对象且纳入民法典中的做法，始于1889年的《西班牙民法典》，可惜该民法典所称知识产权并非现代意义的知识产权。1942年《意大利民法典》则是真正地将现代意义的知识产权纳入民法典的立法体系中。

在法国、德国、意大利、西班牙等欧陆国家的语言中，知识产权分别被表述为"Propriété intellectuelle"（法语）、"Geistiges Eigentum"（德语）、"Proprietà intellettuale"（意大利语）、"Propiedad intelectual"（西班牙语）。这些国家在"知识产权"一词的表达中均采纳了"所有权+知识"或"知识+所有权"的表述方法。它意味着不同语言国家的立法在这样一个重要的问题上基本形成共识：人们可以因对知识的创造或创作或因对知识的创新性运用而获得由自己支配的财产。

在与知识产权形成密切互动的1889年《西班牙民法典》和1942年《意大利民法典》问世之前，知识产权立法形式完全游离于民法典之外。如果我们认真观察近现代民法法典化的演进轨迹，可以发现近现代民法典的出现实质上渊源于罗马法的法典化思维。故而，我们对知识产权与民法典的互动之讨论应当从罗马法的法典化初萌状态及其体系要素入手进行必要的分析，以此来揭示出知识产权立法形式为何在其产生的早期游离于民法典之外。

（一）源于罗马法的法典化初萌状态及其体系要素

罗马法中的"法典"之规范汇编特质。罗马法中"法典"（拉丁文 codex）一词，历经数个世纪的演进，由最初仅指用羊皮纸折叠缝制的"书"而演进为限定用于法学家们将皇帝们的谕令编纂成册的汇编集。当皇帝们的谕令被按照

---

[1] 费安玲等：《知识产权法学》，中国政法大学出版社2007年版，第6页。

编、章并以时间为序汇编为"法典"时，该"法典"即具有了将规范性的皇帝谕令加以系统整合汇编的特质。

罗马社会法典编纂活动的渐进。最初编辑完成的皇帝谕令汇编被称为"艾尔莫塞尼亚诺法典"（Codice Ermogeniano）和"格莱高利亚诺法典"（Codice Gregoriano）。但其内容相当简陋和粗线条。至共和国末年，著名的罗马国家统治者鸠里奥·恺撒（Giulio Cesare）构想了一个将"由人民通过的众多法律中筛选出的、最有用的法律规定编辑成民事法律汇编"的计划。[1] 虽然最终该计划未能实现，但是却因制定了一些民事法律的一般规则尤其是重新整理了民事诉讼规则，使得人们看到了通过法典化形式可以给民众带来的了解和运用法律的便利。

公元2世纪的法学家们以建构一个简洁、清晰的理论体系并在一些领域中尝试按章节编序的方法将元老院决议、皇帝谕令及法学家们形成共识的见解加以整理、汇编。公元3世纪至4世纪的法学家们依照先人编纂的模式，将大量的皇帝谕令、批复等纳入了编章体系内，同时在各编章内部按时间顺序进行编纂。公元5世纪，狄奥多西皇帝设计出"完成一部完整、系统的皇帝谕令和法学家著作的官方汇编的庞大计划"，该计划要将"法典"的汇编规范性文件的特质完全固化，这使得"法典"（codice）一词具有了"完整、系统的法律汇编"的含义。[2] 由皇帝谕令汇编而成的《狄奥多西法典》（Codice teodosiano）就是其典范之。[3]

至公元6世纪，由优士丁尼皇帝下令编纂的3部系统完整的法律汇编——《法典》《学说汇纂》《法学阶梯》（该3部法律汇编亦被总称为"优士丁尼法典"）[4] 将罗马社会的法典化初萌成果更加完整地展示出来。该法典化的编纂呈现出如下特点：①由若干本著作构成；②编排有序；③法（ius）和法律（lex）及共同认可的习惯在同一层面上相结合；④法律规则及其对规则的理论解释以连贯叙述的方式加以组合；⑤确立以人为核心的立法体系；⑥从术语上统一法律，例如契约、要式表示、动产与不动产、地役权、用益权、居住权、侵害、抗辩权

---

〔1〕［意］斯奇巴尼：《桑德罗·斯奇巴尼教授文集》，费安玲等译，中国政法大学出版社2010年版，第55页。

〔2〕［意］斯奇巴尼：《桑德罗·斯奇巴尼教授文集》，费安玲等译，中国政法大学出版社2010年版，第56页。

〔3〕《迪奥多西法典》问世于公元438年。

〔4〕优士丁尼法典是一部涉及法的各个领域的法典，它在形式上未整编为一部法典，是由3部分组成的《优士丁尼·法典》《优士丁尼·学说汇纂》和《优士丁尼·法学阶梯》。它不是按照学科而是按照收集的内容（宪令或学说）和时间顺序进行分类编排的。优士丁尼法典是一部统一的法律大全。

等许多术语;⑦通过将早先出现的诸法典《学说汇纂》和《法学阶梯》统一,创造了"法典化的法"。[1]

优士丁尼时代的立法不仅构成了罗马法的主要内容,也是后世的人们理解"法典"的重要观察对象。19世纪初的《法国民法典》就是在研究罗马法的法典化立法形式的基础上受其启发并加以发展的法典化产物。因此,我们可以说,法典的出现是罗马社会在其法典化初萌进程中,历经数代法学家们的努力,将盖尤斯所揭示的法之诸渊源[2]相互融合,渐进形成了一个法律规范相互衔接的较为体系化的法律立法形式。

优士丁尼法典中的《法学阶梯》编纂体系之影响。罗马帝国时期的优士丁尼《法学阶梯》编纂体系受到盖尤斯《法学阶梯》中人法、物法与诉讼法体系的影响并在此基础上又对其加以发展,构成了自己的编纂体系:正义与法、人法(人、婚姻、家庭、监护和保佐);物法(物、要式表示、所有权与他物权、占有时效、继承、契约之债与私犯之债)和诉讼法。[3] 这一编纂体系尤其是其编纂体系的要素构成了后世民法典体系的发展基础。特别是在诸多近现代民法典的编纂要素中,我们可以清晰地寻觅到作为罗马社会的法典编纂要素的人、婚姻、家庭、监护、物、所有权与他物权、继承、债的规则、契约一般规则和各种契约、侵权行为、时效、占有等,例如《法国民法典》(1804)[4]、《智利民法典》(1856)[5]、《意大利民法典》(1865、1942)、《阿根廷民法典》(1871、2015)、《西班牙民法典》(1889)、《日本民法典》(1896)、《德国民法典》(1900)、《瑞士民法典》(1907)、《巴西民法典》(1917)、《墨西哥民法典》(1932)、《委内瑞拉民法典》(1942)、《希腊民法典》(1946)、《葡萄牙民法典》(1967)、《秘鲁民法典》(1984)、《巴拉圭民法典》(1986)、《荷兰民法典》(1970~1992)、

---

[1] [意]斯奇巴尼:《桑德罗·斯奇巴尼教授文集》,中国政法大学出版社2010年版,第58页。

[2] 根据盖尤斯的理论,"ius"的法源是由法律、平民大会决议、元老院决议、皇帝谕令、告示、法学家解释构成的。

[3] 参见费安玲主编《罗马私法学》(中国政法大学出版社2009年版)对有关该问题的阐述。

[4] 1804年《法国民法典》正是在这一模式的启迪下完成的,该法典分为:总则、人、财产、所有权及对所有权的限制、取得所有权的方式(又分为继承取得、债因取得与合同取得)。《法国民法典》的模式对欧洲民法典、北非民法典和1856年的《智利民法典》产生了深远的影响。

[5] 1856年《智利民法典》分为:总则;人;财产、所有权、占有、使用和收益;死因取得和赠与;债与合同。它成为拉丁美洲民法典效仿的模式。

《魁北克民法典》（1994）、《俄罗斯民法典》（2008）[1]等。

（二）知识产权与近代的立法形式

虽然在罗马社会产生了诸多的作品、农业和手工业领域亦有诸多发明创造，虽然在罗马法中强调自然法意义上的自由权，[2]虽然在罗马法的法典化思维中将物看作法典体系的要素之一，[3]虽然罗马社会著名的法学家盖尤斯提出了"物"应当包括有体物和无体物的精辟见解，甚至在罗马社会早期的《十二表法》中出现了当有人所唱歌词中含有侮辱或致人不名誉的内容时应当判处死刑的规定，[4]但在其法典化初萌的成果中，并未将人们对知识信息的创造性或创作性成果纳入其法典体系要素中。究其原因，这与社会商品经济的发展水平、科学技术的发展水平（尤其是人们对知识信息重要性及商品性的认识程度）均密切相关。归根到底，知识产权的立法及其形式状态是近代科学技术与商品经济发展到一定阶段的产物。[5]

自15世纪至19世纪的近代时期，法典化国家有关知识产权的立法形式突出特点是：著作权规则、专利规则与商标规则分别立法且均游离于民法典之外。

第一，就著作权立法而言，1709年[6]的英国《为鼓励知识创作而授予作者和购买者就其已印刷成册的图书在一定期间内的权利法案》开启了人们对"copyright"的认识尤其是对"copyright"性质的思考，例如，英国人把对版权的确认看作国家对知识创作成果的奖赏与鼓励，而法国人则将著作权看作自然法意义上的与生俱来的权利，故而该法案"成为世界著作权历史上独一无二的大事"。[7]在该法案的启迪下，欧陆法典化国家纷纷出台了著作权立法，如西班牙

---

[1]《俄罗斯民法典》在1995年至2008年期间分为4部分，先后生效，其中第1部分包括第1编"总则"、第2编"所有权和其他物权"、第3编"债法总则"，于1995年1月1日生效；第2部分是第4编"债的种类"，于1996年3月1日生效；第3部分包括第5编"继承法"、第6编"国际私法"，于2002年3月1日生效；第4部分是第7编智力活动成果和个别化手段的权利，于2008年1月1日生效。参见《俄罗斯联邦民法典（全译本）》，黄道秀译，北京大学出版社2007年版。

[2] 罗马法原始文献 D. 1. 5. 4Pr. 原文译文如下："自由就是每个人可以做他喜欢做的事情的自然权利，但是那些由于强力或者法所禁止的事情除外。"见弗罗伦丁《法学阶梯》（第9卷）。

[3] 罗马法原始文献 D. 1. 8. 2pr. 原文译文如下："根据自然法，某些物属于一切人所有，某些物属于一个共同体所有，某些物不属于任何人。"见马尔西安《法学阶梯》（第3卷）。

[4]《十二表法》第8表中第1项。

[5] 吴汉东："民法法典化运动中的知识产权法"，载《中国法学》2016年第4期。

[6] 对英国该法案问世的时间，有另外一种说法，即德国学者提出英国的该法案不是出现于1709年，而是1770年，参见［德］M. 雷炳德：《著作权法》，张恩民译，法律出版社2005年版，第19页。

[7]《英国百科全书》第15版"版权法"条，载国家出版局研究室编《国外出版动态》第17期。

于1762年制定了保护作者的作品复制权的立法,法国于1791年和1793年出台了有关"文学与艺术所有权"的两部法律,俄国于1830年颁布了保护文学作品著作权的立法,德国于1870年出台了《文字作品、美术、音乐作品与戏剧作品著作权法》。[1]

第二,就专利立法方面,在1474年3月19日,威尼斯王国制定了世界上第一部《发明保护法》,虽然因其过于简单且当时的社会经济基础过于落后而影响甚微,但它依然反映出对知识信息创造性成果加以保护的初始状态。欧陆法典化国家多于近代制定了本国有关专利保护的单行立法,如法国于1791年、俄国于1814年、荷兰于1817年、西班牙于1820年、德国于1877年先后颁行了专利法。

第三,在商标立法方面,法国不仅首先做出了立法尝试,而且是从对企业的立法来保护商标,[2] 进而形成了1857年的《关于以使用原则和不审查原则为内容的制造标记和商标的法律》,使商标保护形成了相当完善的法律制度。继法国之后,德国于1874年亦制定了商标法。

近代社会中法典化国家有关知识产权的立法,均游离于民法典之外。其根源除了来自罗马法的法典化体系要素中未包含对知识信息创新成果的立法思维的影响外,对知识信息创新成果如何纳入民法典,在法学理论研究深度和立法技术上均存在不足,例如知识产权的内涵与外延如何界定?面对知识产权边际的开放性质,如何将其与民法典的立法体系相融合?尤其是知识产权作为无体物如何与以有体物为核心的民法典财产权体系相协调?

二、衍生于民法典私权理念之内:知识产权的私权体系定位

尽管知识产权的出现较晚且其产生之初便以游离于民法典之外为其立法形式特点,但是,当有关知识产权的理论和实践面对"权利"时,源于罗马法的民法典之私权理念就直接引导着知识产权的立法制度价值与功能,从而决定着知识产权的立法体系定位。

(一) 源自罗马法的私权理念

公元前4世纪,罗马人创造性地以"ius"一词来表达对"权利"的认识,

---

〔1〕 该法于1870年颁布时的名称为《北德意志同盟关于文字作品、美术、音乐作品与戏剧作品著作权法》,1871年德国统一,该法被宣布为德意志帝国的法律。

〔2〕 法国于1803年制定了《关于工厂、制造场所和作坊的法律》,其中将假冒他人商标行为视为私自伪造文件罪给予制裁。

赋予其丰富的理性内涵。[1] 拉丁文"ius"一词，来源于"iustitia"（正义）。"法"与"权利"用同一个词表达，其魅力在于它的理念内涵。从法学理性上分析，它意味着法律的目的是确定和保护权利。在欧洲大陆国家的法学作品中，将这种同一个词既表达为"法"，又表达为"权利"的现象，在理论上称为"客观上是法，主观上是权利"。当"ius"被理解为"法"时，它体现着"法是善良和公正的艺术"，[2] 它"给每个人以应有权利的稳定而永恒的意志"，[3] 同时它告诉人们"法的准则是：诚实生活，不害他人，让每个人获得其应得的部分"。[4] 当"ius"被理解为"权利"时，法律不仅确认人们享有一系列的按照自己意愿从事活动的行为可能性与行为范围，如按照自己的意愿对有体物实施利用、转让等行为（即享有对有体物的所有权），按照自己的意志与他人缔结契约关系（即享有对他人不履行义务的合同债权），与此同时，针对客观存在的但是可能未被人们意识到的权利，法律亦强调"哪里有权利，哪里就要给予救济"（拉丁文："ubi ius ibi remedium"）。

私权的出现源自罗马人以法律保护的对象为划分标准而形成的公法与私法理论。"公法是有关罗马国家稳定的法，私法是涉及个人利益的法。"[5] 罗马人一方面依然将涉及国家管理机构、公共财产管理、宗教事务和机构等国家利益作为"绝对规范"赋予其无条件遵守的强制性；另一方面，则加强了对个人利益的确认和保护。将凡"造福于私人的、调整私人之间关系的法律"纳入私法范畴。故而，源自罗马法的私权理念是从制度规范上确立私主体对其行为进行选择的可行性、意愿性、合法性和自然法属性。[6] 进一步深究之，该理念的核心就是在法典化思维中以"人"为核心、以权利为主线的体系编纂思路。法典化的体系全部围绕着"人"而展开：人的自然属性和法律属性的确认即人的权利能力和行为能力、人的权利和义务、人与人之间债的关系，人与财产之间的取得、使用、收益及财产救济的关系，等等。根据斯奇巴尼教授的分析，在罗马帝国发展

---

[1] 费安玲等：《知识产权法学》，中国政法大学出版社 2007 年版，第 2 页。
[2] 罗马法原始文献 D. 1, 1, 1pr.
[3] 罗马法原始文献 D. 1, 1, 10pr.
[4] 罗马法原始文献 D. 1, 1, 10.
[5] 罗马法原始文献 D. 1, 1, 1, 2.
[6] 费安玲：《著作权权利体系之研究——以原始性利益人为主线的理论探讨》，华中科技大学出版社 2011 年版，第 16 页。

的过程中，出现过以人为本并且人人平等的时期。在以人为本的理念的指引下，在罗马帝国内的自由人之间不再有任何区别，全体自由人均享有平等的权利。[1]

（二）知识产权的私权性定位

民法典所确认的源自罗马法的私权理念之所以能够贯穿于以著作权、专利权、商标权为主要内容的知识产权之中，与对权利及其主体的理解密切相关。对私主体享有的权利，德国哲学家康德有一个很好的诠释："可以理解权利为全部条件，根据这些条件，任何人的有意识的行为，按照一条普遍的自由法则，确实能够和其他人的有意识的行为相协调。"[2] 在康德的解释中，我们可以看到权利实际上包含3个要素，即主体的意愿、行为和自由。在一定程度上，我们可以说权利所包含的这3个要素同时就是民法典应当确立的立法基准线，即在未违背禁止性或强制性规则的前提下，任何主体均有通过自己或与他人协调而实现自己意愿的自由。如果我们观察知识产权中的著作权、专利权、商标权等主要权利，它们完全体现出康德所描述的权利的"全部条件"：当主体按照自己的意愿，通过自己的自由创作或创造行为产生出成果时，该主体对其成果及所生利益享有控制、使用、获益的权利，其中亦包括权利主体与他人进行合作与交易的自由和获取相应的利益。因此，自从以著作权、专利权、商标权为主要内容的知识产权出现在法学理论和立法活动中，在法典化的国家中，虽然多数国家在自己的民法典中未将知识产权纳入其中，但对知识产权的私权属性并无太多争议。我国《民法通则》将知识产权纳入"民事权利"体系中加以规定的做法同样具有立法的前沿性，它彰示出我国立法对知识产权的最新研究成果的关注与吸收。

在研究知识产权的过程中，我们需要注意一种现象：知识产权作为法定权利中的一部分，其在立法内存续的时间要比所有权、债权等已存续二千余年的权利制度"年轻"了许多，且由于知识产权多与科学技术的出现和变化紧密相关而使其有意无意地被罩上了一层"技术外衣"。因此，在知识产权理论界，有一些学者总在强调知识产权与所谓"传统民法"的不同。殊不知，不仅"现代民法"的制度理念、制度规则绝大多数均是源于久远的"传统民法"，甚至"现代民法"中大量的制度规范亦与"传统民法"无异，而且当我们在讨论知识产权的

---

〔1〕［意］斯奇巴尼：《桑德罗·斯奇巴尼教授文集》，中国政法大学出版社2010年版，第63页。

〔2〕［德］康德：《法的形而上学原理——权利的科学》，沈叔平译，商务印书馆1991年版，第39~40页。

主体（自然人、法人、非法人团体）时，当我们在讨论知识产权所涉客体的无体物属性时，当我们在讨论知识产权的财产利益性时，当我们在讨论知识产权人对其创新知识信息的使用权、许可他人使用权、对价获得权、最终支配权时，当我们讨论以契约形式利用知识信息成果时，当我们讨论知识产权人遭到侵权而应得救济时，知识产权制度真的与所谓的"传统民法"相距那么遥远吗？"传统民法制度"与"现代知识产权制度"的科学划分依据真正存在吗？技术变化带来的挑战是否为真正的法律上的挑战？显然，上述问题的最终答案均是否定性的。也就是说，上述问题实际上都是伪命题。

德国著名学者萨维尼曾经说过："法学家应当具有两种不可或缺之素养，此即历史素养，以确凿把握每一时代与每一法律形式的特性；系统眼光，在与事物整体的紧密联系与合作中，即是说，仅在真实而自然的关系中，省察每一概念和规则。"[1] 法学家具有历史素养旨在强调其应当在观察、分析法律的历史演进中去认识当代立法与法学的使命，而系统视野的素养可使法学家具有系统化思考问题的能力，能够从每一个概念和每一个规则来看它与法律整体的关系和契合。就认识知识产权的私权性及体系定位而言，这两个素养极为重要。

三、纳入民法典中的立法模式：知识产权与民法典的紧密契合

20世纪以后出现的民法典，在处理知识产权立法的方式上，出现了新的立法模式，即把知识产权的内容纳入到民法典中，例如《西班牙民法典》《意大利民法典》《俄罗斯民法典》。实际上，知识产权立法形式如何与民法典相互衔接的问题一直在困扰着法典化国家。近现代民法理论虽然将知识产权纳入私权体系范畴，但在立法上多采用知识产权单独立法的模式，甚至将知识产权的相关规则编纂为独立的法典，例如法国的《知识产权法典》，仅有西班牙、意大利、俄罗斯等若干国家将知识产权的内容纳入民法典中，且各自的方式亦有较大差别。

笔者在研究知识产权与民法典的关系过程中，注意到阿根廷于2015年颁布了《阿根廷民商法典》，这是迄今为止在全球范围内最新的一部民法典。笔者曾经就知识产权与民法典的关系问题，与2015年《阿根廷民商法典》起草委员会成员阿依达·科迈尔玛杰尔·德·卡路奇（Aida Kemelmajer de Carlucci）教授进行了讨论。阿依达·科迈尔玛杰尔·德·卡路奇教授对知识产权内容没有在出现

---

[1] [德] 弗里德里希·卡尔·冯·萨维尼：《论立法与法学的当代使命》，许章润译，中国法制出版社2001年版，第37页。

在 2015 年《阿根廷民商法典》作出了如下解释："在制定《阿根廷民商法典》时，起草委员会经过讨论，认为知识产权虽然是民商法典确认的权利体系的一部分，但是考虑到知识产权与技术发展密切相关，尤其近些年来受到网络发展的影响很大，在立法技术上需要特别考虑，故而没有将知识产权的内容放置在民商法典内，而是作为民商法典的特别法加以规定。不过，2015 年《阿根廷民商法典》将知识产权完全放置在法典之外的安排并非肯定是最佳选择。鉴于知识产权的财产性、知识产权利用的可契约性以及民法对知识产权保护与对其他财产保护的相同性，应当将有关知识产权的共性化的内容放在民商法典作为一般规则加以规定，单行法则通过详细内容将这些一般规则加以具体化。"[1] 她所说的立法方式，在一些国家的立法中已经存在，这也是笔者在本文中要分析的内容之一。

从一定程度上而言，当人们对知识产权与民法典做出紧密契合的尝试时，知识产权与民法典的互动就走向了一个更高的平台，因为处理知识产权与民法典关系的过程不仅是法学理论界和法律实务界对知识产权的私权属性不断认知且走向深化的过程，也是知识产权令民法典内容不断充实的过程。为此，我们不妨对西班牙、意大利、俄罗斯民法典中有关知识产权立法的内容进行一下解剖式的观察与分析。

（一）知识产权即著作权的纳入：西班牙模式[2]

在 1889 年的《西班牙民法典》中出现了"知识产权"被单设一章的立法体例。在《西班牙法典》第 2 编"财产、所有权及其分类"的第 2 章"知识产权"题目下，其第 428 条规定："文学、科技、艺术作品的创作者有自由使用和处置其作品的权利。"其第 429 条规定："知识产权相关法规对权利人、权利实施形式、权利期限等作出规定。特别法没有规定的，适用本法典关于所有权的一般规则。"如果将《西班牙民法典》的立法结构"知识产权"一章在民法典中所处位置及该法典第 428 条和第 429 条的内容结合起来加以观察，《西班牙民法典》中知识产权与民法典的契合模式有如下特点：

第一，民法典中的知识产权仅包括著作权。《西班牙法典》第 428 条是对知识产权的解释性条款，但其中并未出现有关专利权、商标权等内容。由此可知，

---

[1] 阿依达·科迈尔玛杰尔·德·卡路奇（Aida Kemelmajer de Carlucci）教授的表述系她与笔者通过 WhatsApp 进行交谈的内容。

[2] 该部分的研究得到西班牙著名律师季奕鸿先生、留学于法国的李琳博士的热情帮助，特此致谢。

《西班牙民法典》中的知识产权并非现代意义的知识产权,其仅指著作权。

第二,将知识产权作为财产的一部分。在《西班牙民法典》中,第 2 卷为"财产、所有权及其分类"。财产被分为不动产与动产。知识产权与水、矿产并列,作为所有权的特殊物被加以规定,这样的规定构成了第 429 条"知识产权……特别法没有规定的,适用本法典关于所有权的一般规则"的立法基础。

《西班牙民法典》的立法成果无疑是西班牙法学界研究成果的体现,因资料所限,笔者尚无法判断这是否受到当时法国的法学研究及立法的影响,但至少与 19 世纪下半叶法国对"知识产权"的研究与定位相当吻合。"知识产权"(Propriété intellectuelle)在法语中的使用最早可追溯到 19 世纪,但是最初的含义与现代知识产权相距甚远。在 19 世纪的法国,著作权(Droit d'auteur)被冠以"文学所有权"(Propriété littéraire)的表述,"知识产权"一词也主要在这个意义上使用。[1] 19 世纪 40 年代的一些法国学者主张应当将专利权和商标权也纳入"知识产权"中以构建起一个广义的"知识产权"概念,[2] 但直到 1898 年法国学者 J. F. 伊赛林艾斯林(J. F. Iselin)将"工业产权"(Propriété industrielle)的概念引入了法语,法国的"知识产权"才逐渐有了两部分含义,即"文学和艺术所有权"(Propriété littéraire et artistique)和"工业产权"(Propriété industrielle,亦翻译为"工业所有权")。"文学和艺术所有权"包括著作权和邻接权;"工业产权"包括专利、商标、商号、原产地标志、植物新品种、实用新型与外观设计专利。这也是目前法国《知识产权法典》(Code de la propriété intellectuelle)中的体系。

(二)著作权与工业产权一般规则的纳入:意大利模式

意大利现行的民法典生效于 1942 年,其被欧洲法学界誉为欧洲第二代民典。在 1924~1936 年间,《意大利民法典》起草委员会按照人与家庭、继承、物法、债的体系,先后完成了民法典的 4 编内容并听取学者、法官、律师们的意见。但议会于 1939 年对民法典的编纂做出了新决定,认为民法典不仅要有继受

---

[1] 当时已经出现了一些研究"知识产权"的作品,如 Agathon de Potter, *de la Proprlété Intellectuelle et de la Distinction Entre les Choses Vénales et non vé Nales*, Brussels, 1863; J. -T. de Saint - Germain, *la Proprlété Intellectuelle est un Droit*, Paris, E. Dentu, 1858; Frédéric Passy, Victore Modeste & Prosper Paillottet, *de La Proprlété Intellectuelle: études*, Paris, E. Dentu, 1859. 等作品,但依然有相当多的学者冠以"知识产权"名称但实际上仅以著作权为研究内容。

[2] A Short History Of "Intellectual Property" In Relation To Copyright, "A. French" Intellectual Property, p. 1306, 1942。

于罗马法的人、家庭、继承、所有权和他物权、债等内容,而且应当适应社会对民法典的要求,要将其他国家法典化的成果和新的研究成果纳入民法典,因此,民法典应当对与民商事主体职业相关的法律关系以及商法内容给予规定。[1] 因此,就出现了第5编"劳动",其包括职业活动规则、企业劳动、自由职业、特殊关系中的辅助性劳动、公司、合作社和相互保险社、企业(含商标内容)、著作权与工业发明权,竞争规则与联合体等。显然,知识产权的内容被放入该编中。

《意大利民法典》第2563条至第2601条规定了有关知识产权的内容,共计39个条文。有关知识产权的规则涉及了企业商号和标识、商标、文学和艺术作品著作权、发明专利权、实用新型和外观设计专利、制止不正当竞争等。这意味着1942年的《意大利民法典》将1967年《建立世界知识产权组织公约》第2条有关知识产权的主要内容都纳入进来,[2] 尽管仅是一般规则的规定。《意大利民法典》中知识产权与民法典的契合模式有如下特点:

第一,以主体为主脉络的知识产权规则体系。《意大利民法典》以企业、作者、获得专利的主体、可能参与竞争的主体等不同外延的主体为主脉络,架构了商号和商事标识权、商标权、著作权、专利权、反不正当竞争权等知识产权体系内容,体现出以人为本位的设权思维。

第二,"一般规则"的立法技术。《意大利民法典》对知识产权内容规定范围较广,但有关详细规定的内容则交给单行立法去解决,这种"二元化"立法技术从一定角度上引领了20世纪欧洲国家民法典解构的运动。

我们可以通过下列具体分析来考察《意大利民法典》对知识产权内容以一般规则的方式所展示出的广度:①对商号和商事标识的规定,包括商号权的界定、商号的变更、商号的转让、商号的登记以及商事标识适用于商号相关规则的规定。②对商标的规定,包括商标的排他权性质、未注册商标的先行使用、联合商标、摘除商标的禁止、商标的转让以及商标的注册、转让商标的注册及其效力

---

〔1〕参见意大利司法部1942年3月16日的《意大利民法典的说明报告》第182页。(Ministero di Grazia e Giustizia: Codice civile - Testo e Relazione Ministeriale, p. 182, 16 marzo 1942)。

〔2〕《建立世界知识产权组织公约》第2条对知识产权给予了列举式解释:"知识产权包括有关下列各项:文学艺术和科学作品、表演艺术家、录音和广播的演出、在人类一切活动领域内的发明、科学发现、外观设计、商标、服务标记、商号名称和牌号、制止不正当竞争以及在工业、科学、文学或艺术领域内其他一切来自知识活动的权利。"

由特别法规定等内容。③对著作权的规定，包括著作权的客体、著作权的取得、权利内容、设计图作者与翻译者和表演者的权利、著作权主体、作品使用权的转让、收回作品及权利行使与存续期由特别法规定的内容。④对专利权的规定，包括发明、实用新型和外观设计专利的界定、专利权的取得、专利权的排他权性质、专利的客体、在他人专利上派生的专利、权利主体、权利的转让、雇员的发明以及有关授予专利的条件、方式、专利权的行使及存续期由特别法规定的内容。⑤对反不正当竞争权的规定，包括竞争的法律限制、限制竞争的书面约定、垄断情况下的强制缔约义务、不正当竞争行为的判断与制裁、不正当竞争行为人的损害赔偿责任、行业协会的诉权等内容。

综上，《意大利民法典》与知识产权在立法形式上的互动，系通过民法典中规定知识产权的一般规则，而单行法将著作权、工业产权的法律规则进行细化的"二元式"立法方式获得实现。

（三）知识产权完整的纳入：俄罗斯模式

《俄罗斯民法典》与知识产权的契合，是迄今为止最为彻底的将知识产权完全嵌入民法典中的立法模式。在1964年的《苏俄民法典》中，如同《意大利民法典》一样，对知识产权的内容以一般规则的方式作出规定。但是，2006年颁布、2008年生效的《俄罗斯民法典》在废除了6部有关知识产权的单行立法后，将知识产权的全部内容完整地纳入民法典中，构成了第17编"智力活动成果和个别化手段的权利"，其对有关智力活动成果和个别化手段的权利的一般规则、著作权、专利权、育种成果权、集成电路布图设计权、技术秘密权、商号权、商标和服务标志权、商品地理标志权以及统一技术中的智力活动成果权等[1]内容给予了详细的规定，共计346个条文。虽然1996年生效的《越南民法典》也进行了知识产权完全放入民法典的尝试，但是，其在内容的充分程度、规则的详尽程度以及与民法典的其他内容的协调上，均与《俄罗斯民法典》有较大差距。

《俄罗斯民法典》中知识产权与民法典的契合模式有如下特点：

第一，民法典总则与知识产权编在体系上相互呼应。《俄罗斯民法典》总则将知识产权纳入其中，为后续规则奠定基础。而体现知识产权具体内容的"智力

---

[1]《俄罗斯民法典》第1542条对"统一技术"的解释是："指以客观形式表现出来的，以某种结合的方式包含依照本编的工作应当受到保护的发明、实用新型或外观设计、电子计算机程序或其他智力活动成果并可能成为民用或军事领域内一定实践活动的工艺基础的科学技术活动成果（统一技术）。"见《俄罗斯联邦民法典（全译本）》，黄道秀译，北京大学出版社2007年版，第557页。

活动成果和个别化手段的权利"一编，则通过一系列具体化内容将知识产权完全丰满起来。这一立法现象的法理值得我们关注，在莫斯科大学苏哈诺夫教授主编的《俄罗斯民法》一书中，我们看到这样的分析：在不足100年前，民法调整财产关系的手段基本仅限于物权法和债法制度，它们是民法的两个分支，但是，由于当代经济（财产）流转的蓬勃发展和复杂化，民法调整的对象亦相应地发展和复杂化，这首先涉及智力创作成果和商品及商品生产者个别化手段的使用。智力创作成果和商品及商品生产者个别化在市场中具有了完全具体的价值，因而成为商品。有这些客体的非物质化，也就不可能采用通常方式进行转让（例如"出卖"构成发明内容的技术思想，因为"所出卖的"思想毕竟仍然留在发明人的脑子中），它们不能取得类似于普通物的法律待遇。所以，它们的使用需要特殊的法律制度，即通过承认相应非物质客体的创造者或载体享有特殊的权利即专属权来达到的。这些制度确认特殊的、就其法律性质而言是绝对的财产权（民事权利）归作者（创造者、权利人）所有，从而保护他们的利益不受任何侵害。这样一来，因使用智力创作成果和商品及商品生产者个别化而产生的财产关系，不仅成为民法调整的对象，而且正在成为专属权（智力权利、知识产权）这一民法独立分支出现和发展的基础。在这种情况下，这样的财产关系保留了民法调整的财产关系的全部基本特征。[1]

第二，知识产权内容全部纳入民法典《俄罗斯民法典》专为知识产权设计了一编，即第17编"智力活动成果和个别化手段的权利"，同时废止了6部原有的知识产权单行立法，另有与知识产权相关的10个立法令或立法修改令亦同时废止。将知识产权的内容全部纳入民法典，这是俄罗斯立法者按照物权内容全部进入物权编、合同之债与侵权之债以及其他债的内容全部纳入债编的思路来设计知识产权编。应当说，这是一个很理想化的立法方案，俄罗斯立法者将其付诸了实践。但是，社会经济生活的复杂性实际上令民法典的立法难以达到"一典全包"的目的，根据社会经济发展的需要，民法典的相对固化可能难以适应立法要根据社会需要而进行微调等必要修改的需要，而法官审理案件需要法律有一定的体现"个别正义"的修订性规则。因为"个别正义"的需求通过纠正性的立法

---

〔1〕 ［俄］E. A. 苏哈诺夫：《俄罗斯民法》（第1册），黄道秀译，中国政法大学出版社2011年版，第28页。

措施可以渗透到法律体系中，以此来缓和民法典内容的僵化。[1]

第三，独特的知识产权内容体系。《俄罗斯民法典》对《苏俄民法典》有关知识产权的内容给予了较大调整和充实，形成了既不同于《建立世界知识产权组织公约》第2条建议的知识产权内容体系，亦不同于意大利、西班牙等将知识产权纳入民法典的其他国家所确认的知识产权体系。《俄罗斯民法典》所确认的知识产权内容体系由一般规则、著作权、专利权、育种成果权、集成电路布图设计权、技术秘密权、商号权、商标和服务标志权、商品地理标志权以及统一技术中的智力活动成果等构成。按照本国经济发展的状况，结合本国文化、历史和对知识产权的理解而形成自己的知识产权内容体系，这应当是法典化国家在知识产权立法上的未来方向。

四、构建民法典的"二元"立法结构：民法典中的知识产权一般规则与单行法分置并存

知识产权与民法典的互动，不仅需要揭示知识产权的私权属性，需要将知识产权的最新研究成果充实进民法典中，而且需要在立法上设计出一个架构和谐、逻辑严谨的体系。就我国民法典编纂体系中是否应当包括知识产权，我国法学理论界和司法实务界的意见众说纷纭。对我国民法典编纂而言，是否将知识产权纳入民法典是一个"战略问题"，而如何纳入民法典是一个"战术问题"。"战略问题"解决的是立法大方向问题，而"战术问题"解决的则是立法技术的问题。

（一）独立于或纳入民法典中：一个无法回避的问题

就立法的战略思考而言，如何处理知识产权与民法典的关系，[2]"独立说"和"纳入说"针锋相对。"独立说"主张知识产权应当独立于民法典之外。[3]该观点以《法国民法典》《德国民法典》作为范式法典，认为这些国家的专利

---

〔1〕 此处借鉴了意大利私法学家 F. 布斯奈里教授的观点。见［意］布斯奈里："意大利的私法体系之概观"，载［意］罗伯特·隆波里等：《意大利法概要》，薛军译，中国法制出版社2007年版，第183页。

〔2〕 笔者在《论我国民法典编纂活动中的四个关系》（载《法制与社会发展》2015年第5期）中阐述了自己的一些思考。

〔3〕 参见吴汉东："知识产权制度不宜编入我国民法典"，搜狐网，http：//news.sohu.com/21/49/news203444921.shtml，发布时间：2002年9月29日。但后来吴教授的观点发生了扭转，认为知识产权应当纳入民法典中；郑成思教授在中国政法大学民商经济法学院举办的《民法典论坛》上的发言，见王家福、郑成思、费宗祎："物权法、知识产权和中国民法典"，中国法学网，http：//www.iolaw.org.cn/showNews.asp？id=2295，发布时间：2002年11月26日。

法、商标法、著作权法等法律规范都是以单行立法的形式出现而未编入民法典,其主要原因在于:其一,无形财产具有不同于有形财产的性质,故无形财产不能与有形财产置于同一法律体系而只能置于一系列独立的、不同的体系,且无形财产存在于一定期间内。其二,现有的民事立法技术使得立法者很难像构建物权体系那样,将专利权、著作权、商标权等整合成为一个概括和统一的知识产权体系。其三,虽然某些大陆法系国家尝试将知识产权制度纳入其民法典内,但由于知识产权的自身特性和立法技术的诸多困难,民法典实际上难以将知识产权融入其体系之中。如果是从各类知识产权抽象出共同适用规则和若干重要制度规定在民法典中,但同时保留各专门法。这种方式在一定程度上保留了私权立法的纯洁性与形式美,但其实质意义不大,且在适用中多有不便。

"纳入说"则主张知识产权应当被放置于民法典内,至于纳入的方式可以结合我国法律实践来做出科学安排。该观点的主要思维是:其一,知识产权的私权属性决定了其在民事权利体系中的定位。如果以知识产权有其特殊性而拒绝承认它是民法的组成部分的观点是不能成立的。因为民法中的任何一部分内容均有自己的特殊性,但是在有特殊性的同时,又存在着民法性质的共性。其二,20世纪以来法典化的立法技术更加成熟,将知识产权放置于民法典中并不存在反对纳入民法典的学者所说的立法技术上的严重障碍。[1]

实际上,伴随着我国于21世纪初开始的新一轮民法典编纂活动,对知识产权是否纳入民法典的理论讨论亦持续了十数年,不仅越来越多的学者主张知识产权应当纳入民法典,原本持"独立说"的学者也在发生观点的变化。[2] 笔者一直认为,将知识产权纳入我国民法典中,应当是一个不二的选择。究其原因有以下几点:

1. 在法典化的国家中,知识产权与民法典互动的动力之源,就在于知识产权所具有的私权属性,这使得远迟于物权、债权而产生的知识产权能够在民法法典化的环境中与物权、债权等基本法律制度相互呼应,在保持各自特性的同时又相互融合。

2. 尽管目前我国有关知识产权的立法与物权法、合同法、侵权责任法等一

---

〔1〕参见王家福、郑成思、费宗祎:"物权法、知识产权和中国民法典",中国法学网,http://www.iolaw.org.cn/showNews.asp?id=2295,发布时间:2002年11月26日。

〔2〕诸位读者可以阅读一下刘春田教授、吴汉东教授、李琛教授、郭禾教授、韦之教授、张平教授、曲三强教授、王迁教授等学者们有关该问题的文章。

样，都以单行法形式存在，但是与知识产权有关的内容已然与民法的其他制度发生交融，例如民事权利体系中列入了知识产权，担保物权制度将知识产权列为质权客体，继承制度中将知识产权纳入遗产范围，合同制度中著作权、专利权、商标权等许可合同、权利转让合同与其他诸多有名合同珠联璧合。我们可以预见到，在已经明确构成未来民法典组成部分的总则编、物权编、债编、继承编的（虽然各编名称有可能变化但不影响其核心内容）中，知识产权会与民法典中上述各编继续互动，令民法典上述各编的内容进一步充实。但是，如果我们的民法典编纂像一些学者所主张的那样坚持将有关何为知识产权、其内容、行使、限制等一系列有关知识产权的重要立法内容游离于民法典之外，那么这样的立法体系不是令人感到很奇怪吗？

3. 对公众而言，任何立法都是对公众进行法治教育的重要组成部分。包含知识产权在内的民法典会使公众易于理解知识产权的权利性质、与其他民事权利的逻辑关系、民法对知识产权保护的重要功能及其当然使命，以及对侵权者的刑事责任、行政责任的追究乃系必须以知识产权这一私权遭到侵害为前提的体系化判断。更为重要的是，我国大学法学院有关知识产权的法学教育质量会因此而被提升到一个新的高度。

4. 就立法技术而言，如果在法学理论上已经解决了对知识产权权利属性的认识、对知识产权与民法典互动之动力源的判断，则立法技术的问题不应该成为阻却知识产权纳入民法典的障碍。对该问题，笔者将在后面加以详细阐述。

综上所述，自知识产权出现之始，其与欧陆、拉美和亚洲的大陆法系国家后续不断出现的民法典之间的互动逐渐强化，该互动的渐强不仅表现在大量的知识产权的内容被逐渐融于主体制度、人格权制度、物权制度、债权制度、继承制度等民法典的基本制度中，更表现在知识产权渐入民法典的立法形式上。因此，我国民法典的编纂需要在如何科学建构含知识产权在内的民法典编纂体系上下足工夫。

（二）对我国民法典编纂的建议：知识产权存在于民法典和单行法的"二元"立法结构

通过我们在前面对知识产权与民法典紧密契合的不同模式的分析，我们看到知识产权纳入民法典的方式与路径的不同选择。笔者认为，就立法技术而言，一方面，我国目前已颁布的有关知识产权的单行立法及司法解释相当多，其中既包括知识产权的主体、权利内容、权利存续期间等有关权利本身的规则，也包括权利取得的条件、申请、审查、批准、公示等程序规则。如果将这些内容全部放置于民法典中，只能导致民法典规则体系的混乱。另一方面，知识产权单行立法中的许多内容不是知识产权制度所独有的，需要进行梳理并与民法典中其他法律制度相整合，以防止出现立法内容的重复。当知识产权与人格权发生内容重叠时，我们可以将重叠内容放入民法典的人格权部分；有关知识产权主体一般规则的内容无需亦无法作出有别于民法典有关主体规则的独立规则；知识产权许可或转让等合同在一般规则上应当与其他合同一样概莫能外地适用民法典的相关规定而无需单独加以规定；当知识产权人遭到侵权时，其获得救济的规则与路径的一般规则无法摆脱民法典中有关侵权责任的规定，因而亦无需再重复规定。

笔者认为，我们可以考虑对知识产权的立法采取民法典与单行法并置的"二元"立法结构。换言之，我们可以考虑在民法典中设计知识产权一编，对知识产权中著作权、专利权、商标权、技术秘密权、商事标记权、地理标志权等权利类型，以及知识产权产生的行为依据、权利的具体内容、权利的行使及其限制、合理使用与强制使用等一般性规则加以规定，而相关的具体规则（尤其是专利权、商标权产生的程序规则）可以放在单行法中加以规定。我们可以借鉴我国已经颁布的不动产登记单行立法的做法：《物权法》规定不动产及其登记的一般规则，而就不动产登记的具体程序则完整地规定在《不动产登记暂行条例》内。倘若我们采取民法典与单行法的"二元"立法结构的立法技术，既可免除在民法典中有关知识产权条款过多的顾虑，又可使民法典内有关知识产权的立法能够完整地展示出知识产权的体系，同时在知识产权产生的程序上给公众以清晰的指引并监督相关机构程序合法的依据。

当然，就立法体系而言，与民法典并置的知识产权的单行法具有民法典的"特别法"性质。虽然在单行法中会出现有关权利取得的行政审查程序、对权利行使的行政监管、对权利纠纷的行政解决路径等内容，但由于这些"特别法"内容依然属于对作为私权的知识产权的确认和保护制度体系范畴内，依然属于民法权利体系规则的下位阶立法，故而"特别法"本身没有独立于民法之外的可能。按照德国学者梅迪库斯教授的理论，该特别法依然是一种"特别私法"，其与民法之间的划界缺少一种必要的、体系上的理由。[1]

在实施知识产权立法的民法典与单行法"二元"立法结构过程中，我们需

---

[1] [德]迪特尔·梅迪库斯：《德国民法总论》，邵建东译，法律出版社2000年版，第16页。

要关注以下两个问题：

第一，民法典与单行法的协调。知识产权立法的民法典与单行法并置的"二元结构"决定了对知识产权内容的纳入既需要民法典内部的协调，亦需要民法典与单行法的协调。就民法典本身而言，一方面，民法典总则要将知识产权纳入权利客体；另一方面，民法典的物权、债编等各编应当分别将知识产权质权、知识产权合同、知识产权遭到侵权的法律责任等内容纳入相应的规则内。而民法典与单行法的协调，我们在前面已经讨论过，此不再赘述。民法典与单行法对知识产权的协调，不仅能够体现出法律对权利主体的尊重与保护，而且使知识产权人能够获得"私法自治给个人提供一种受法律保护的自由，使个人获得自主决定的可能性"。[1]

第二，知识产权边际的重置。30 年前，我国《民法通则》将发明权、发现权规定在知识产权的权利类型中，但这样的权利本身是否具有知识产权的属性，或者换言之，这样的权利是否可以被专利权、技术秘密权等所吸收，是值得考虑的问题。此外，一些过去没有被关注或关注不足的权利（例如商事标志权、动植物育种成果权等）是否应当纳入我国知识产权的体系，也是需要进一步考虑的问题。总之，我国立法应当将知识产权的边际加以调整，应当吸收知识产权理论研究的最新成果。

综上所述，无论是从知识产权与民法典互动的历史来俯视两者的关系，还是从 20 世纪以来知识产权民法典化的状态来审视两者的关系，我们都可以发现，知识产权与民法典有着血水相融的关系。当我国制定体现 21 世纪社会发展特点的民法典时，我们应当根据民法典的功能、知识产权的私权属性、现代立法的私权体系化以及立法的制度价值判断和体系逻辑，进一步推进知识产权与民法典的理性和科学的互动。

---

[1] [德] 迪特尔·梅迪库斯：《德国民法总论》，邵建东译，法律出版社 2000 年版，第 62 页。

论防止知识产权滥用的制度理念[*]

知识产权作为私权的一部分，适用于民法有关私权行使的基本规则。在法律规则中，权利是制度设计的核心，对权利的确认、限制乃至于公权力的干预均围绕着这个核心而展开。如果对权利进行仔细观察，我们不难发现：就权利功能而言，它是当事人实现法律上利益的工具；就权利内容而言，它是法律容许的行为范围；就权利效力来源而言，是法律赋予的力量。两千多年前产生的罗马法，即已经将涉及私的利益的基本权利称之为"私权"。尽管与罗马法所称"私权"的债权、所有权相比较，知识产权的出现晚了一千多年，但是，知识产权涉及知识信息创造者的人格利益和财产利益，依然具备创造者的基本权利的属性。因此，民法有关私权的相关规则应当适用于知识产权。当然，每一种私权都会有自己的特性，知识产权亦不例外。因此，根据知识产权的私权性和其特性来讨论防止其滥用的制度理念，是本文要讨论的主题基础。

一、知识产权的行使与滥用之辨考

知识产权的行使是权利人在设权目的所许可的范围内按照自己的意志利用和支配知识产权的行为，而知识产权滥用则系指权利人以违背社会与经济目的（该目的是法律对之进行保护的缘由）的方式来利用行使被法律确认的权利。也就是说，权利人以追求不同于法律预设的目的和法律制度所保护的价值来行使权利时，即构成权利滥用。

在判断知识产权行使与知识产权滥用时，应当关注如下问题：

1. 知识产权人超越权利范围行使不同于知识产权滥用。因为超过权利范围

---

[*] 本文原载于《知识产权》2008年第3期。

的行为不是在行使权利，而是无权利之源的行为。无权利之源的行为显然与行使权利无任何关联。权利的行使是权利的一种内在状态，它直接体现着权利设定的宗旨与目的。权利滥用同样是权利行使的内在状态之一，只不过它是一种与权利设定的宗旨与目的不相吻合甚至是完全违背的行使权利的状态。权利滥用意味着权利人的行为逾越了权利设立的目的，其表现出与立法的目的之相违背。该立法目的以社会和伦理对公平与正义的判断为基础，它是权利能够得到制定法的确认与保护的正当性理由。因此，从行为的适法性的角度而言，权利滥用是一种非法行为。

从立法的角度而言，自罗马法始，对权利滥用即从禁止的方面来制定规则，其中最具影响力的规则即是"使任何人不滥用己物乃系公共利益之所在"（expedit enim rei publicae ne quis re sua male utatur）。[1] 在罗马法学家看来，任何人不得恶意地使用自己的有体物和无体物如各种财产权利，这是立法从社会公共利益的需要出发而确立的制度价值所在。在后世立法中，禁止权利滥用逐渐地成为法律制度中的一项基本原则。因此，在法学意义的探讨中，人们更多地从禁止权利滥用的视角来讨论有关权利滥用的问题。在19世纪后期的欧洲国家，伴随着社会本位主义逐渐替代个人本位主义的思潮云涌而起，禁止权利滥用原则越来越成为法律活动中的行为准则。

知识产权滥用是权利滥用在知识产权领域中的体现，但是，由于知识产权的客体是无体的知识信息，其所具有的易被复制性、易被传播性等特点，不仅使知识产权的保护有其特有的难度，而且在其行使上也有自己的特点，因此，在认定知识产权滥用时，不仅要考虑到私权滥用的一般状态，而且要考虑导致知识产权滥用的特殊状态。

在知识产权法里面存在着诸多的权利限制规范，比任何一个规范有体财产的法律都要多，因为这种权利的行使行为难以控制，稍不留意，就可能对公共利益、对他人的利益构成侵害，所以我们有必要对这种行使权利的行为加以限制。归根到底，就是为了防止滥用出现。在有体物的权利如所有权或他物权的行使中，虽然也存在一定的权利限制，如法律规定的相邻关系规则或因合同约定的地役权的出现而产生的对所有权人的约束，但是，远没有知识产权相关立法的权利限制那样多，例如，在著作权法中存在着合理使用和法定许可等，在专利法中存

---

[1] [古罗马] 优士丁尼：《法学阶梯》I. 1, 8, 2.

在着强制许可等，在商标法中存在着使用商标的法定义务等直接来自于立法的相关规定。之所以在知识产权立法中存在着如此多的权利限制，这是因为在知识产权的权利范围内存在着诸多必须体现权利人与社会公众之间利益衡平的公共空间。法律通过对这些公共空间进行规范，体现出对已知的知识产权滥用行为所采取的预防性措施，以及对可能出现的知识产权滥用行为的警惕。

2. 知识产权垄断行使与知识产权滥用的关系。从一般意义上而言，权利滥用与权利垄断之间既有联系也有区别。简而言之，权利滥用是导致权利垄断的途径之一。在背离权利的目的与宗旨而实施行使权利的行为时，垄断只是一种表征现象，而权利滥用才是行为的本质。

就知识产权而言，知识产权滥用与知识产权垄断之间的关系亦具有一般意义上的权利滥用与权利垄断之间的关系特质，但是同时，也有自己的特点。其特点来自于知识产权本身的特性。

笔者认为：知识产权保护与反垄断是一对无法分离的"双胞胎"，因为知识产权保护与反垄断本身就是一个矛盾的命题。众所周知，知识产权的存在恰是法律允许其享有权利之人在一定时间、一定范围、一定领域内获得被保护的垄断状态，知识产权的本质就表现为垄断。那么反垄断要解决什么问题？是要对以知识产权滥用为本质的知识产权垄断状态给予限制。所以，对知识产权的保护与对在知识产权利用中所产生的滥用性垄断行为限制之间的冲突，其核心是寻找权利保护与利益限制的"平衡点"。

知识产权垄断应当被理解为：知识产权人在一定时间内和一定领域内排他地行使知识产权的状态。其本质体现着知识产权的专有性与独占性。但是，在知识产权人行使自己的权利时，其行为却在表现状态上体现为正当性垄断行为和非正当性垄断行为。这两类行为虽然都是知识产权垄断行为，但它们的本质不同，法律效力亦不同。

正当性垄断行为是法律所保护的行使权利的行为，如专利权人有权阻止他人未经自己许可而利用自己的专利技术；著作权人对他人擅自使用自己作品的行为可以提出指控。非正当性垄断行为是法律所禁止的滥用权利行为，如知识产权人滥用自己的市场支配地位以限制他人正常竞争而导致他人利益乃至社会利益遭到损害的行为。非正当性的垄断行为在本质上就是权利的滥用。

因此，就知识产权滥用与知识产权垄断的关系而言，知识产权垄断不等于知识产权滥用，其中只有非正当性的知识产权垄断行为构成知识产权滥用。

3. 知识产权的不当行使与知识产权滥用有本质不同。权利的本质应当是自由的，但是当它与法的正义之根本目的相抵触时，权利的自由又是有限的。这就是"ius"的两面性所在（"ius"系拉丁文，其原意即是"法"，又是"权利"）。

知识产权在本质上应当是任由主体依自己意愿而行使的权利，但是，当知识产权的行使与权利设立的目的相抵触，并因此而造成他人利益损害时，即构成权利滥用。知识产权的不当行使是一个很宽泛的说法，包括实质的不当行使和形式的不当行使。实质的不当行使行为具有权利滥用的性质，例如，知识产权人没有正当理由却在进行知识产权许可或转让等交易时附加不合理的交易条件，利用自己的市场支配地位迫使他人接受这些交易条件等。形式的不当行使权利的行为并不构成权利滥用，例如知识产权人有权选择告知方式，但是由于其懈怠于选择而导致不利于对方的后果出现。因此，权利行使的不当，并非必然构成权利滥用。虽然知识产权滥用与知识产权行使不当之间有联系，但是并非完全一致。即使是判定知识产权人在行使权利时违反其法律义务，亦不同于知识产权滥用。因为义务的存在对权利行使具有间接制约的功能，但是，权利与义务两者之间不能相混。知识产权滥用应当是权利人行使其权利时发生了违背权利宗旨与目的的行为且造成他人利益损害的结果。而知识产权人违反义务则是指义务人违背了法律的禁止性或强制性的要求或者违背了自己的承诺，并不存在义务人的所谓权利被滥用之行为，因为"权利的限制应当存在于权利自身之中"。[1]

二、在法律正义的基础上解决知识产权的利益冲突

（一）利益冲突与法律正义

知识产权作为私权，其或来源于法律的直接确认如著作权，或来源于国家有权机构根据法律程序进行的授权如专利权的授权、商标权的授权。知识产权人根据自己的创造知识的行为而获得其期望的利益，与此同时，社会需要知识尤其是具有创造性的知识以获得发展的动力，以满足社会公共利益的需求，为此，利益冲突就成为社会生活中不可避免的情况。

利益冲突存在的不可回避性必然引发对冲突解决机制的思考与制度建设基础的判断。对于知识产权的行使与知识产权的滥用所引发的利益冲突，其制度理念应当构建在社会正义的基础上。

---

[1] [法] 雅克·盖斯旦、[法] 古勒·古博：《法国民法总论》，陈鹏等译，法律出版社2004年版，第708页。

论防止知识产权滥用的制度理念

对正义的理解自古以来众说纷纭，莫衷一是。希腊古人对正义的理解关注点在其折中性。对此，柏拉图有一个经典的描述："人们说：作不正义的事是利，遭受不正义是害。所以人们在彼此交往中既尝到过干不正义之事的甜头，又尝到过遭受不正义的苦头。那些两种味道都尝到之后的人们觉得最好大家缔结合同，既不要得不正义之惠，也不要吃不正义之亏……他们把守法践约叫合法的、正义的。这就是正义的本质和起源。正义的本质就是最好与最坏的折中。"[1] 但是，没有基本价值判断的正义，如同盲人摸象一般，是一种无基准点的、随意性很大的正义。这样的正义在非商品经济社会中有其存在的可能，但是在商品贸易频繁、市场经济发达或较为发达的社会中却无存在的基础。

古罗马法学家乌尔比安提出的对正义的理解，是被后人普遍接受的一种观点，即"正义就是给每个人以应有权利的稳定而永恒的意志"（Iustitia est constans et perpetua voluntas ius suum cuique tribuendi）。[2] 它强调所谓的正义是可以给人们带来安全与稳定的期望以及实现其期望的可能。正义不是对人们期冀的利益必然获得实现的承诺，而是给人们以利益衡平的制度规则，是给人们以安全与希望的制度规范。"当规范使各种对社会生活利益的冲突要求之间有一个恰当的平衡时，这些制度就是正义的。"[3] 因此，法律的正义来自于法律规范对利益冲突的衡平处理，使每个人在"诚实生活，不害他人"的前提下，获得其应当取得的利益。[4]

自亚里士多德始，分配正义（corrective justice）和矫正正义（distributive justice）就成为正义的主要类别划分。[5] 分配正义的核心在于利用制度规范在社会普通成员之间进行权利、义务与责任的配置。法律对知识产权的权利体系与内容的配置，就是分配正义理念在制度上的体现。矫正正义的核心则在于，当某社会成员侵害了他人的权利时，通过矫正正义而使受害者获得损害救济。矫正正义实现的途径包括立法制度的设计、法院等司法机构和仲裁等准司法机构的执法活

---

[1] [古希腊]柏拉图：《理想国》，郭斌和、张竹明译，商务印书馆1986年版，第40页。
[2] 罗马法原始文献 D. 1, 1, 10pr.
[3] [美]约翰·罗尔斯：《正义论》，何怀宏、何包钢、廖申白译，中国社会科学出版社1988年版，第3页。
[4] 这是乌尔比安对法的准则的解释，其原话是："法的准则是：诚实生活，不害他人，各得其所。"罗马法原始文献 D. 1, 1, 1, 1.
[5] [美]E. 博登海默：《法理学——法律哲学与法学方法》，邓正来译，中国政法大学出版社2004年版，第263页。

动、当事人之间的合同约定等。其中,当事人通过合同约定来使一方对他方所遭受的损害归于赔偿的途径,属于法律所保护的自力救济途径。

就防止知识产权滥用制度而言,由于其制度的核心在于界定何为知识产权滥用以及如何从制度上预防知识产权的滥用,因此,相比较而言,在防止知识产权滥用的制度设计中,矫正正义会更被关注,这取决于对知识产权利益冲突的认识。

考察知识产权利益冲突的范围与来源,可以归纳如下:

1. 因正常行使知识产权而产生的利益冲突。就利益冲突的范围而言,知识产权利益冲突主要涉及两个方面:一是各个社会普通成员之间的利益冲突。每一个社会普通成员在社会活动中有各自的独立行为,这使得不同的社会普通成员之间会产生利益冲突。二是社会普通成员的各自行为与社会公共生活之间可能存在的利益冲突,这些利益冲突与利益分配有着密切联系。由于人们对在实施自己的独立行为时所产生的利益的关注,由于人们对社会生活中利益分配规则的关注,社会正义原则即"如何来确定利益与负担的适当分配"的原则在此时就十分需要了。借用美国学者博登海默的分析结论,这就是:"我们必须得出这样的结论,即每个社会秩序均面临着分配权利、限定权利范围、使其于其他(可能相抵触的)权利相协调的任务。"[1]

2. 因非正常行使知识产权而产生的利益冲突。我们需要注意的是:就利益冲突产生的来源而言,存在着基于正常行使权利过程中产生的利益冲突与基于权利滥用而产生的利益冲突。基于正常的权利产生与权利行使而发生的利益冲突是法律正义必须关注的不断需要寻找衡平点的利益冲突。但是,如果是人为地基于违背法律的目的与宗旨而滥用权利所产生的利益冲突,则属于矫正正义所要解决的问题。以专利技术与标准化的关系为例,毋庸置疑,标准化对现代社会产业发展十分重要。那么,标准化规则何以制定与产生?我们注意到,在标准化规则产生的过程中,实际上是一个不同主体的不同意愿进行碰撞之后达成合意的结果。因此,何人可以有话语权来表达自己的意愿就是产品标准化规则产生的关键。如果有知识产权的主体利用自己的市场优势地位而控制产品标准化规则的制定,或者与某些利益关系人达成利益同盟协议阻止他人对产品标准化规则的话语权的行

---

[1] [美] E. 博登海默:《法理学——法律哲学与法学方法》,邓正来译,中国政法大学出版社 2004 年版,第 324 页。

使，由此导致的利益冲突与知识产权人的权利滥用就开始联系在一起了。因为当知识产权人和与标准化有关的其他主体均享有话语权的时候，标准化规则便具有了判断知识产权滥用之界定点。因此，在产生标准化规则的过程中，给予同标准化有关的享有话语权的不同主体享有表达自己意愿的机会可能是十分重要的。这是立法规则中所要解决的如何将分配正义理念加以体现的问题。但是，对于刻意阻却相关权利人的权利行使之行为，则必须按照矫正正义的理念加以规制。

(二) 利益实现与秩序安全

知识产权利益的实现是一个过程，它体现为预期、行动和获得结果三个不同阶段：

1. 知识产权利益实现的预期阶段。当一个主体希望成为知识产权主体以享有法律保护的知识产权利益时，或者当一个主体希望作为非知识产权人来享有法律保护的诸如合理使用的利益时，他们均在法律保护的范围内对自己利益的实现有着显而易见的预期。尤其是知识产权人，正因为他希望通过获得知识产权并借助对知识产权客体的利用而获得相应的经济利益，才会向有关机构提出获得权利的请求。而社会公众则希望在法律规定的合理使用、强制许可等"安全阀"的基础上，享有对新知识信息的正当利用之利益。

2. 知识产权利益实现的行动阶段。在人们能够根据法律规则对自己的利益预期作出准确判断后，人们就可以按照自己的愿望去实施满足利益实现的具体活动。

3. 知识产权利益实现的结果阶段。即人们通过自己的行为，获得法律保护的知识产权利益成果。

在知识产权利益实现的整个过程中，秩序安全所带来的心理上的安全感、行为安全边界的可判断性以及法律规则的明晰性（当然，根据公平原则，法律需要在适当的时候进行修改以使行为合法边界得以被调整）是极为重要的。因为人们实现自己的正当利益只能建立在确实能够保护人们利益安全的法律规范基础上。正如庞德所说："安全使人的合作要求得到解放，正如缺乏安全就会激发他的扩张性要求一样。合作的冲突反过来又增强安全。"[1] 那么，秩序安全从何而来，

---

[1] [美] 罗斯科·庞德：《通过法律的社会控制》，沈宗灵、董世忠译，商务印书馆1984年版，第88页。

笔者十分赞成庞德提出的答案:"安全依赖于均衡。"[1] 只有利益获得均衡性保护,才能给每一个社会成员的正当利益实现以普遍安全。因此,"法学家的任务是建立和保持保证安全的均衡"。[2]

我们以网络传播行为与不同主体的利益实现为例,根据我国《著作权法》对信息网络传播权的解释,信息网络传播权是指以有线或者无线方式向公众提供作品、表演或者录音录像制品,使公众可以在其个人选定的时间和地点获得作品、表演或者录音录像制品的权利。从法律判断上而言,"传播"实际上包含着不同主体的意志:

(1) 作者对是否传播自己作品的意志,该意志是作品能否得以传播的基础。

(2) 表演者和录音录像制作者对是否传播自己的表演信息或录音录像制品的意志。虽然表演行为与录音录像制作行为不能完全等同于创作行为,但是,其作为知识信息的组成部分的重要性无法忽视。

(3) 网络提供者对作品及表演者与录音录像制品提供传播平台的意志。网络提供者在其活动中对传播内容有一定的控制力,虽然这样的控制多数具有事后控制的性质。因此,他们对信息传播的看法与控制也是不能轻视的。

(4) 利用网络传播他人作品、表演和录音录像制品的公众意志。网络是信息传播的平台与通道,任何在网络上进行活动的非作者之人均可能将他人作品传输给特定或不特定的他人。所以,利用网络进行活动的公众,既可以是网络信息的受众,也可以是网络信息的传播者。这就是网络与传统媒体的本质不同之一。因此,《信息网络传播权保护条例》特别强调:"任何组织或者个人将他人的作品、表演、录音录像制品通过信息网络向公众提供,应当取得权利人许可,并支付报酬。"

那么,在作者、利用作品的表演者与录音录像制作者、因提供信息传播平台而获得利益的网络提供者、利用网络的公众之间,就作品、表演与录音录像制品的使用均存在着利益实现的需要。鉴于这些主体对信息网络传播所享有的利益不同,可以将这些主体划分为两个层次:第一层次的主体是信息创作者和制作者,他们的活动是信息产生之源。第二层次的主体是为信息传播提供平台者和利用网

---

[1] [美] 罗斯科·庞德:《通过法律的社会控制》,沈宗灵、董世忠译,商务印书馆1984年版,第89页。

[2] [美] 罗斯科·庞德:《通过法律的社会控制》,沈宗灵、董世忠译,商务印书馆1984年版,第90页。

络信息的社会公众,他们是信息的主要利用主体。在这两个层次的主体之间,第一层次的主体可以因对自己创作和制作的信息进行利用而将权利伸展到第二层次主体的权利中,但是,第二层次的主体在没有任何作品创作或录音录像制作活动时不得将自己的权利延伸到第一层次主体的权利中。

因此,只要第一层次的主体即作品的创作者、表演者和录音录像制品的制作者可以原始性地享有信息网络传播权,其他主体则可以根据法律规定或根据约定而享有派生性信息网络传播权,也可以享有因法律对信息网络传播权的限制而带来的利益。[1]

社会经济发展的滞后,从一定角度而言是知识信息传播的滞后。人们对知识信息掌握的程度直接影响到社会经济发展的进程。从我国目前知识传播的途径看,最为便捷地给人们带来海量资源的是互联网,越来越多的人是从互联网上获得大量知识信息的。从网络上传播知识信息所带来的影响,是我们所难以估量的。因此,我们在确认作者、表演者、录音录像制作者享有私权性的应当获得法律救济的信息网络传播权的同时,也必须关注他们之间所存在的为满足利益实现而存在的需要,并通过对权利行使的限制以在公众与著作权人之间实现尽可能的利益平衡,从而给权利人以利益实现的可期望性和安全感。

三、在私权基础上关注知识产权的社会功能

(一) 私权保护与权利的社会功能

法治社会的特征之一就是在关注个体权利与利益保护的同时也密切关注社会利益的保护,因为个体权益的保护可以使人们的个性获得张扬,使人们的意思自治获得尊重,从而使人类社会充满活力。对社会利益的保护又可以使社会在个体个性获得张扬的同时,人们有实施社会发展所必需的合作行为。社会合作行为是使人们的利益走向一致的原因之一,更是社会走向和谐发展的主要原因之一。

知识产权制度虽然从其产生之初,主要的关注点是对权利人的利益保护,但是,在知识产权制度逐步发展与完善的过程中,我们已经看到,知识产权制度主要在两个方面发挥着重要作用:一是激励科技创新,二是促进经济发展和繁荣文化与教育。因为知识产权本身的功能表现为两方面:一是私权的确认与保护的功能,该功能通过法律对知识创新之人给予一定时期、一定范围内垄断性私权的制度设计而实现。二是知识产权的社会功能,该功能通过法律对知识产权人给予必

---

[1] 费安玲:"论我国立法对信息网络传播权的限制",载《中国版权》2007年第2期。

要限制并给予公众以利用创新知识的安全区域的制度设计而实现。

欧洲历史的演进过程向我们彰示,欧洲(尤其西南欧)国家是知识产权制度最早的倡导者,也是该制度的最大受益者。作为著作权制度、专利制度发源重地的西南欧洲国家如英国、法国、意大利等,同时也是欧洲近代工业革命、技术革命和文艺革命的源头之地。为什么会是这样?很重要的原因在于:知识产权法律制度不仅为知识创新者和科学创造者提供了强有力的权利保障机制,而且也规定了新作品、科技新技术创造者对社会负有的义务。因此,在这些国家中产生了推动人们思想解放的大量作品,产生了推动经济飞跃发展的有关采矿、冶炼、纺织等工业领域的大量新技术。应当说,在这个过程中,知识产权制度为解放思想、鼓励科技创新从而推进经济发展起到了极为重要的作用。

但是,就私权功能体系而言,在过去的两百多年中,无论是立法者还是执法者,强调对知识产权等私权保护的多,而对知识产权等私权的社会功能讨论的少,这种情形直到20世纪下半叶才开始有了变化。在欧洲国家和美国的立法,所有权等私权的社会功能成为立法者和司法者法律视野中的主要组成部分。所有权、知识产权等私权的社会功能在于强调对人的生存环境、利益均衡实现、人的协调与互助等社会整体利益的考虑与保护,因为"物无论如何不能放在人之上"是来自罗马法的充满人性的古老规则,它也反映出人们对法律正义的深入思考。"如果法律是合乎正义的,它们就从作为其根源的永恒法汲取使人内心感到满意的力量……法律就以下几点可以说被认为是合乎正义的:就它们的目的来说,即当它们以社会福利为目标时;或者就它们的制定者来说,即当所制定的法律并不超出制定者的权力时;或者就其形式来说,即当它们使公民所承担的义务是按照公共幸福的程度实行分配时。这是因为,既然每一个人是社会的一部分,则任何人的本身或其身外之物就都与社会有关;正如任何一个部分就其本身而言都属于整体一样……根据这个原则,那些在分配义务时能注意适当比例的法律是合乎正义的,并能够使人内心感到满意。"[1]

当人们通过法律程序申请获得专利权、商标权等工业产权时,当人们通过法律程序主张自己的著作权时,同时也就意味着他们对社会做出了在法律规则的范围内让渡自己的一定利益的承诺。因此,知识产权人就有义务履行自己的承诺。

---

〔1〕 [意]托马斯·阿奎那:《阿奎那政治著作选》,马清槐译,商务印书馆1982年版,第120~121页。

当知识产权人以滥用权利的方式违背自己对社会的承诺时，法律的正义之剑将展示其应有之功能。因为，"正义的性质在于遵守有效的信约"。[1]

（二）社会发展与知识产权社会功能的强化

应当说，私法肯定以保护私权为己使命。但是，私法的制度价值判断应当站在立法整体的高度而做出。如果对知识产权人的保护可能影响到非知识产权人对创新性知识信息的利用，甚至影响到社会发展的时候，法律制度的矫正性设计就成为迫切需要。"在某些情况下，数个法律规范被按照逻辑进行严格结合性适用时，就会反映出法律制度本身的缺陷，即法律技术有时会走向其追求的终极目的的反面。当这种情形出现且令社会公共利益、社会关系的和谐甚至法律所倡导的正义受到严重威胁的时候，这种制度偏差就应当被矫正。"[2]

包括知识产权在内的私权，其本质表现为法律确认的权利人得以实现自己利益的可能。事实上，权利是通过限制他人自由而得以实现的，而且，在有些时候，某一权利的实现会给他人带来严重的损害。问题的关键是：权利的实现与给他人造成损害之间应当有一个度。西塞罗在其《论义务》中警示过"极端的权利，最大的非正义"（拉丁文：summum ius, summa injuria）。[3] 正义是法律制度所具有的本质目的所在，但是，毫无限制的权利行使会使得法律制度丧失其本质目的。防止这一局面出现的主要手段就是禁止权利滥用理论讨论与制度设计。如果进一步深究，它涉及主观权利、权利的社会功能和社会秩序等概念与理论问题。

自罗马法始，"权利"与"法"系由一个单词"ius"来表达，这一语言表达后来被法语、德语、意大利语、西班牙语、葡萄牙语、俄语、波兰语和其他斯拉夫语等语言所接受。事实上，这一现象不仅仅是一种语言现象，更是欧陆法律文化在语言上的一种映射。"法"与"权利"用同一个词表达，其魅力在于它的理论内涵。公元前 4 世纪，罗马人创造性地以"jus"一词来表达对"权利"的认识，赋予其丰富的理性内涵。拉丁文"jus"一词，来源于"justitia"（正义）。从法学理性上分析，它意味着法律的目的是确定和保护权利。在欧洲大陆国家的法学作品中，将这种同一个词既表达为"法"，又表达为"权利"的现象，在理

---

[1] [英]霍布斯：《利维坦》，黎思复、黎廷弼译，商务印书馆1985年版，第109页。

[2] [法]雅克·盖斯旦、[法]古勒·古博：《法国民法总论》，陈鹏等译，法律出版社2004年版，第700页。

[3] Ciceme, De offciis, 1, 10. 33.

论上将其称之为"客观上是法,主观上是权利"的现象。当"jus"被理解为"法"时,它体现着"法是善良和公正的艺术",[1]它"给每个人以应有权利的稳定而永恒的意志",[2]同时它告诉人们:"法的准则是:诚实生活,不害他人,各得其所。"[3]当"jus"被理解为"权利"时,法律不仅确认人们享有一系列的权利,如所有权、债权等,而且针对客观存在的但是可能未被人们意识到的权利,同时也强调"哪里有权利,哪里就要给予救济"(拉丁文:ubi jus ibi remedium)。

从主观权利与客观法的共存关系中,我们可以看到,权利在存在的同时,必然受到法律的整体目的的制约,即权利的行使应当在不违背诚实信用、不刻意损害他人的情况下来实现权利人自己的利益。

因此,当权利人行使权利时或以损害他人利益为追求,或违背诚实信用时,即因违背法律的本质目的和法律的精神而构成滥用。

在知识产权的制度设计上,诸如著作权的合理使用、专利的强制许可制度等毋庸置疑都是对知识产权人权利的限制,而且从知识产权制度产生之初就是被关注的领域。但是,它们仅是对非知识产权人在利用知识产权成果时得以判断自己行为合法性和知识产权人行使权利超越法律保护范围的界限。对于知识产权人违背权利目的而滥用自己权利的行为,非知识产权人进行有效和有力抗辩的依据与途径则相当地狭窄。其结果是:在鼓励竞争的时代,知识产权却成为一些权利人肆意进行"圈地运动"的工具,导致知识产权人利益与社会利益的人为冲突不断,在诸如专利权与公共健康、网络中的作品传播与公众利用等领域中尤为突出。因此,对知识产权人行使权利的规制,已经不再仅考虑一般性的以合理使用、法定许可、强制许可等制度给予限制,而是在保护知识产权的同时,更从知识产权社会功能的角度出发,进一步向社会公众利益保护进行倾斜,以促进知识信息与产品在社会经济发展中获得更加有效的利用。只有使知识信息与产品获得推广与使用,才能使知识产权人获得更大的经济利益。

因此,从知识产权社会功能的角度,深入研究和思考如何就防止知识产权滥用来进行制度设计,应当成为完善知识产权制度所必须考虑的主要问题之一。

---

[1] 罗马法原始文献 D. 1, 1, 1pr.
[2] 罗马法原始文献 D. 1, 1, 10pr.
[3] 罗马法原始文献 D. 1, 1, 1.

论著作权的权利体系构成的制度理念*

认识权利的性质、理解权利的价值、掌握权利的功能，均需要从体系上去把握，因为"体系的功能，在于运用和平的和可以理解的方式把孕育和养育它的那个社会所确认的正义，实现在人们的共同生活之中"。[1] 无论是一般的私权还是著作权，如果能够从体系上认识、分析和归纳，就可以清晰地理解权利的内容、功能及其价值判断之所在。

一、欧美国家著作权的权利体系构成的制度理念

著作权系私权的一部分，这是为学界通行的主张，也被包括我国在内的许多国家立法例或判例所确认，因而这似乎已是不需再讨论的议题。但是，我们注意到：私权体系中因权利的划分标准不同，权利的类别呈现出多棱状态。即使是以最为学界接受的主要划分标准——私权利益来划分私权，依然呈现出多棱的状态，即私权可以被分为人格权、物权、债权、亲属权、继承权、无体财产权、社员权等，其中，物权、债权、无体财产权定性为财产权。德国民法学者拉伦茨在其陈述的私权的各种类型中，以私权利益为标准同样列举了人格权、具人身性的亲属权、对物支配权（物权）、无形财产权、债权、共同实施权（社员权）、形成权、无主物取得权、期待权、权利上的权利、反对权等，其中物权、无形财产权、债权被认为是典型的财产权。[2] 我国民法的私权体系理论接受了来自欧陆国家和日本的权利体系划分理论，但是在立法例上做了粗线条处理。《民法通则》的"民事权利"一章中确认了以所有权为核心的"物权"、债权、人身权和

---

* 本文原载于《科技与法律》2005年第2期（总第58期）

[1] 参见张俊浩主编：《民法学原理》，中国政法大学出版社1991年版，第32~33页。

[2] 参见［德］拉伦茨：《德国民法通论》，王晓晔等译，法律出版社2002年版，第282~299页。

知识产权，其中"物权"和债权构成独立的财产权体系。虽然，由于立法体系有其自身的立法逻辑规则，我们不宜将立法体系直接作为私权体系，但是，立法体系是法学理论研究的成果之一，它从一个侧面告诉我们，包括著作权在内的知识产权与人身权、财产权均有不同。

当观察我国著作权的权利体系时，我们可以发现，在我国，较之私权大体系内部诸多权利分类，著作权的权利体系内部有着十分简洁、明确的类别划分，即人格权[1]和财产权两大类别。如果我们再放眼看看其他国家的著作权权利体系理论和立法，则又可以发现在世界不同国家的著作权的权利体系的架构中，存在着一个泾渭分明的两种不同的著作权体系模式：

第一种体系模式是"二元化模式"。在该模式中，著作权被清晰地、没有附加任何条件地分设为人格权和财产权"二元支系"状态。在人格权和财产权的支系中又设定了一系列的具体权利内容。在国际上，多数国家采纳了这种模式，如欧洲的法国、德国、意大利、俄罗斯、奥地利、丹麦、匈牙利、保加利亚等，亚洲的中国、日本、印度、菲律宾、巴基斯坦等，美洲的加拿大、智利、秘鲁、阿根廷、巴西等，非洲的埃及、阿尔及利亚等。

第二种体系模式是"一元化模式"。在该模式中，以著作权仅设定了财产权体系为其特点。采纳这种模式的国家在国际上为数不多。在20世纪70年代之前，主要有美国、英国、澳大利亚、新西兰、比利时、新加坡等国家。但是到了20世纪80年代，一些采纳这种模式的国家开始发生某些变化。如英国1988年《著作权、外观设计与专利法》中除了规定财产权外，还规定了主张作者或导演身份的权利（第77条第1款）、反对对作品进行损害性处理的权利（第80条）、反对被冒名的权利（第84条）、禁止他人未经许可公开使用含有隐私内容的照片和影片的权利（第85条）。美国1990年《视觉艺术家权利法》规定了视觉艺术作品的作者享有署名权、禁止在任何其未创作的视觉艺术作品上被作为作者而署名的权利、有权在歪曲篡改该视觉艺术作品或对作品作其他可能有损于其声誉的修改的情况下禁止被作为作者而署名的权利等（第106条之二[a]）。这种变化是比较大的，不过，这种规定被附加了许多条件，例如，在英国，上述人格权被明确规定不适用于软件或报纸、杂志、期刊、百科全书、词典、年鉴等，而美

---

[1] 我国《著作权法》中的正式称谓是"人身权"，而本人则认为有不科学之处。对此本文在后面有专门阐述。

国立法索性在立法的小标题上注明"某些作者的署名权及保护作品完整权",也就是说,有关视觉艺术作品作者人格权的规定,并不适用于普遍情况。因此,尽管这些国家部分地、附加条件地、非体系化地设定了某些人格权,但是,这些人格权尚难以构成与财产权并列的独立"单元"。

上述两种著作权权利体系模式的存在,应当说有其形成的背景和制度价值判断。在西方国家的著作权制度产生与发展的过程中,由于文化、经济和权利保护需要的历史背景不同,使得近现代法律在保护基于创作行为所产生的权利时,采取了这样两种不同的权利体系模式,它们体现着不同的立法理念:这就是"Copyright 主义"和"作者权利主义"。它们之间的不同点突出表现在立法理念的不同,其立法初始的考察核心亦是不同,从而它们的制度价值判断亦存在差异。[1]

(一)"Copyright 主义"

"Copyright 主义"是指以复制权为立法初始的考察核心,以保护作者、印制者和其他主体印制、出版图书的权利为价值判断的一种立法观念。根据相关历史资料的分析,这种立法观念首先出现在英国。

1. 探源。15 世纪,中国人发明的印刷术传入欧洲,德国人古登堡将中国人印刷术加以改进,随后在欧洲大地上到处使用着铅字印刷技术。15 世纪的英国图书市场同样在印刷术的推动下,开始走向繁荣发展之路,但是同时也带来了图书市场上的激烈竞争。尤其是英王查理三世颁布的鼓励印制和进口图书的法令,宛如给英国图书印刷市场的激烈竞争泼上了汽油,使图书市场的竞争异常激烈。

进入 17 世纪以后,英国出版商为了控制和垄断英国的图书市场,采取了一系列阻止自由复制、翻印的手段:[2]

(1)通过游说,说服英国皇家取消图书进口的自由。英国出版商从英国皇家那里获得了禁止外国出版物出口到英国的特许。通过这种措施,为英国出版商

---

[1] 瑞典著名的著作权法学者亨利·奥尔森先生(曾任《世界著作权公约》政府间著作权委员会主席)曾经分析道:"著作权是按照两条主线发展的,一条是以经济为重点的盎格鲁—撒克逊体系。在这个体系,版权一词是名副其实的,也就是说,版权是控制作品复制的权利。至少在最初是这样的。另一个体系起源于法国大革命。在这个体系,著作权是一种人权,也就是说著作权是一个人控制其创作的智力作品的使用的不可剥夺的权利。"参见文化部版权处编:《出版动态》,1985 年第 27 期。

[2] 参见中国出版工作者协会编印:《版权讲座》第二讲,1982 年版,第 2~3 页;《英国百科全书(第 15 版)》,"版权法"条,载国家出版局研究室编:《国外出版动态》第 17 期;郑成思:《知识产权法》,法律出版社 1997 年版,第 312~314 页。

获得在英国的印刷出版垄断权奠定了基础。

（2）说服英国皇家给予英国印刷者、发行者和出版者更多的特许。对一些图书的出版采取官府授予"特许"制度始现于15世纪的威尼斯城。由于寻求官府"特许"的出版商或印刷商愿意为获得"特权"而将作品呈送给官府批准印制发行且愿意付出对价，官府则不仅可以从中获得一笔可观的税收，也为对作品进行政治和宗教上的监督审查提供了机会与途径，所以在16世纪的欧洲，由官府给予垄断性出版许可的做法已经成为一种商业惯例。但是英国的印刷者、发行者和出版者们希望在复制、出版等领域得到更多的特许。

（3）说服英王玛丽一世，[1] 批准成立了"出版商公司（Statriners' Company）"。出版商公司实际上是由伦敦印刷商人组成的行会。1556年英王玛丽一世以法令的形式规定，该公司成员欲出版的一切图书，在出版之前必须呈送官府进行审查，并必须在该公司进行登记注册。非该公司成员无权从事印刷出版活动。凡未经许可进行图书发行的以及未经登记注册的，均将交给星座法院依法惩处。这样，包括复制、翻印、出版等活动的自由被垄断权所阻却。同时，玛丽一世的法令告诉了我们一个事实，即我们可以从这里找到印刷商、发行商和出版商欲获得复制、翻印、出版等权利必须登记注册的制度史端。

由上可知，一方面，是印刷商、发行商和出版商对利益的强烈追求使得他们迫切需要能够控制市场的"特权"；另一方面，官府需要更多的税收和控制监督出版活动。因此，在当时的英国乃至欧洲其他国家，关注印刷商、发行商和出版商的利益而忽视作者权益的现象，有其存在的历史条件。"那个时候，英国采用了各种各样的特许，首先这不是为了作者的利益，而是为了印刷商或者国王的利益，因为他们希望控制这种传播思想的新工具。"[2] 这种仅仅考虑印刷商、发行商和出版商的复制、翻印、出版等利益而忽视作者权益的现象，实质上与人类创造知识的活动性质与本质以及对作品创作初始者人格的关注是相悖的。

17世纪的欧洲，随着文艺复兴、宗教改革和罗马法复兴的"三R"现象[3]

---

[1] 玛丽一世（Mary, 1516~1558），在历史学界被认为是一个有着恶名的君主，因她在1555年恢复异端制裁法并迫害新教徒，被称之为"血腥玛丽"。

[2] 参见[英]彼得·杜索托伊：《版权的定义》，载国家出版局研究室编：《国外出版动态》第16期。该作者系英国出版商协会前主席。

[3] "三R"是指文艺复兴（Renaissance）、宗教改革（Religion Reform）和罗马法复兴（Recovery of Roman Law）的外文表达的简称。

的进一步发展，随着人们对出现宗教迫害现象的反思，随着人们对"知识就是力量"[1]的认识，当时的欧洲对人的价值、人的权利和人的自由有了一个崭新的认识。人文主义思想深入人心。这无疑促使人们重新审视法律有关印刷商、发行商、出版商与作者之间权益衡平与保护的问题。

1709年，英国出现了一个具有历史里程碑意义的法律，历史学上称之为《安娜女王法案》，该法案的全称为《为鼓励知识创作而授予作者和购买者就其已印刷成册的图书在一定期间内的权利的法案》，其中所谓的购买者，是指从作者那里购买知识财产的权利的人，通常是指印刷商、出版商，而非一般意义上的购买者。

严格地讲，该法案并非是一个典范性的立法文件，但是由于该法案的出现导致了当时以及后世的人们对"Copyright"的认识和研究有了一个新的视角，尤其是对"Copyright"的性质在概念上发生了变化，因此，该法案"成为世界著作权历史上独一无二的大事"。[2]

2. "Copyright主义"的原则：以《安娜女王法案》为分析对象。《安娜女王法案》采取了对后世具有重大影响的原则：

（1）作者主体原则。作者主体原则旨在强调以作者为法律保护的第一位主体。这较之过去将出版商、印刷商作为法律保护的首要主体的立法思想，是一个彻底的改变。该法案的序言突出体现了这个原则："鉴于近来时常发生印刷商、书商和其他人不经作者或所有者的同意，随意印制、翻印和出版图书，使图书作者或所有者受到极大的损害，而且常常使他们及其家庭破产；为防止今后发生此类事情，为鼓励学者们编写有用的图书，特制定本法案……"此外，该法案还规定，在一定期限后，由英国出版商公司享有的印制和发行作品的复制本的特权应当归还该作品的作者，作者可以将该作品转让给其他出版商；已经出版的作品自动取得版权，不必履行任何手续，没有登记并不影响版权，但是会妨碍对侵犯版权者采取处罚行动。

根据自然科学和人文科学的发展以及它们对法律发展的要求，18世纪研究"Copyright"理论的学者们已经意识到，从古老的所有权理论角度，确定法律对

---

[1] "知识就是力量"是著名学者弗朗西斯·培根提出的极为有名的论断。
[2] 参见《英国百科全书（第15版）》，"版权法"条，载国家出版局研究室编：《国外出版动态》第17期。

智慧成果创造者应当具有的权利给予保护是一种客观的必然,这不仅对智慧成果的创造者是十分重要的,对继受获得基于智慧成果而产生的财产权并可大量实施营利行为的商人而言更为重要。在《安娜女王法案》之后,人们对于印刷商、出版商和作者权利的认识发生了根本性的转化,将关注的核心从印刷商和出版商的复制之权转向了作者和作者的权利。英国百科全书"版权法"的词条中对此作出了权威性的解释:从词源学上讲,"Copyright"这个词具有双重涵义,它不仅表示"抄录"之权,而且表示对该"抄件"亦即对原作品本身的所有权和控制权。所谓版权,"是指法律承认原作者对其作品的传播可以加以控制或获得利益的权利"。[1]

(2)出版物有限保护原则。出版物有限保护系强调在法律保护上有时间的限制。《安娜女王法案》规定:对已出版作品的版权保护最多为28年。[2]这个原则在1774年英国上议院就唐纳森对贝基特讼案的裁决中得到重申:凡已出版的作品,其版权保护,应当按照《安娜女王法案》的规定办理……凡根据《安娜女王法案》所提供的保护期间已经届满的作品,即失去版权并可由任何人自由使用。[3]

(3)著作权即财产权原则。这是"Copyright主义"的一个标志性原则。它将复制权的内涵与外延拓展至财产权,并使其充斥于著作权的全部内容。"著作权即财产权"原则强调财产权是著作权的惟一性质。英国法中的该立法观念,对美国的著作权立法产生了重大影响,1790年的《美国著作权法》就是以英国立法为模式制定的。此外,这种原则在相当长的时期内也影响着英美法系国家的著作权立法,甚至从立法的名称上也可以窥见一斑,即英美法系国家的相关立法被称之为"law of copyright"(复制权法或版权法),在这些国家中,有一个基本的概念,即"最为根本的是,版权是一种财产权利形式"。[4]

3. 评价。综上所述,我们可以发现,"copyright主义"的立法观念有一个变

---

[1] 参见《英国百科全书(第15版)》,"版权法"条,载国家出版局研究室编:《国外出版动态》第17期。

[2] 参见《英国百科全书(第15版)》,"版权法"条,载国家出版局研究室编:《国外出版动态》第17期。

[3] 参见《英国百科全书(第15版)》,"版权法"条,载国家出版局研究室编:《国外出版动态》第17期。

[4] 参见[美]罗林·布伦南:"视听作品的使用[三]:习惯法传统国家的理论和方法",载国家版权局编:《著作权的管理和行使文论集》,上海译文出版社1995年版,第228页。

化过程：最初强调 copyright 是印刷商、出版商的复制权、抄录权；[1] 在 18 世纪，开始强调 Copyright 是属于作者的印刷权、出版权，即作者享有在法律规定期间内自行印刷出版或者委托他人印刷出版自己作品的独一无二的权利；其后，Copyright 所涉及的作品范围被扩展，作者对其创作的文学、艺术、音乐、科技等作品财产性权利均同样获得法律的保护。但是，就"Copyright 立法主义"所产生的立法例而言，"Copyright 主义"对作者人格利益的关注是不足的。国际录音业联合会顾问、英国版权委员会前主席丹尼斯·戴佛雷塔斯在其作品中强调："版权的概念，在联合王国和美国以及法律制度的起源和原则来自于习惯法的其他国家，版权是一种财产权。联合王国和美国的版权法都明确声明，版权是一种个人财产或动产的形式。"[2] 因此，在联合王国（即英国）和美国等习惯法（即英美法）国家中，版权的核心内涵是财产权，并非如同大陆法系国家那样，首先强调著作权的核心内涵是作者的人格利益。

在采取"Copyright 主义"进行版权立法的国家中，有关作者的人格权被纳入宪法等基本法中进行规定。那么，是否可以认为这些国家将作者人格权提升到宪法权利的高度，是对作者提供了比私法保护程度更高的人格权救济？在"特别法优于普通法"规则通行于法治国家的时代，这一观点似乎不具有说服力。

（二）"作者权利主义"

"作者权利主义"是指以作者权利的确认和保护为立法初始的考察核心，以公平保护作品的作者、出版者和其他使用者的权利为价值判断的一种立法观念。这种立法观念在法律术语上的表达亦有其特点，即直接以"作者权利"来表示相关的立法。这种表示方法在渊源于罗马法的欧洲大陆法系国家的语言中普遍存在，法语表达是"Droit d'auteur"，德语表达是"Urheberrecht"，意大利语表达是"Diritto d'autore"，西班牙语表达是"Derecho del autor"，俄语表达是"авторское Право"，日文表达是"著作权"。我国采纳了日文汉字的表达形式，使用"著作权"作为相关立法的法律术语。

1. 探源。与"copyright 主义"不同的是，"作者权利主义"立法观念的背景

---

[1] 按照英国出版商协会前主席彼得·杜索托伊先生的看法，"把版权，英文里叫 Copyright，看作'抄录之权'是比较合适的。但是，最初按照字典上的解释，却更多的是个技术上的术语，表示处理'抄件'的权利，这里说的'抄件'的意思，是指拿到印刷厂去排字的原稿。"

[2] 参见[英]丹尼斯·戴佛雷塔斯："习惯法法系国家的版权合同"，载国家版权局编：《著作权的管理和行使文论集》，上海译文出版社 1995 年版，第 76 页。

中虽然也存在着以特权方式给予出版商印制出版图书的现象,但是由于受到资产阶级大革命的思想影响和英国《安娜女王法案》的启迪,采取"作者权利主义"的国家在制定相关立法之初始,就将作者权利的保护放置于立法的核心地位。例如,1777年国王路易十六颁布的6项英国印刷出版的法令中,确认了作者有权印刷、出版和发行自己的作品。而法国的立法不仅承传了英国立法中对作者利益保护的思想,而且在1791年的《法国文学艺术产权法》,更是十分明确地将作者置于法律保护的第一主体。此后,《法国著作权法》还在法律保护的权利范围中明确规定了作者人格权利的内容,其著作权立法观念中强调"人格价值观",强调在保护作者财产权的同时,还应当关注对其人格权的保护。显然,法国的立法者将著作权观念构架在了"人权"理念上,将人权思想直接纳入了著作权的相关立法之中。1789年法国的《人权宣言》明确地向世人宣布:"自由交流思想和意见是最珍贵的人格权之一,因此所有公民除了在法律规定的情况下对自由滥用应当负责外,作者可以自由地发表言论、写作和出版。"

2."作者权利主义"的两种模式:

(1)"二元论"。《法国著作权法》基于《天赋人权》的思想,将作者权益放置在法律保护的中心位置,而将出版者的权益放置在较低层次。法国将其著作权法定位于"Droit d'auteur"(作者权利),并提出了著作权是"一体两权"的"二元论"的理论,即著作权系两个相互独立的作者人格权和作者财产权所构成。法国人的主张对欧洲和拉美的大陆法系各国影响巨大,如意大利、俄国、西班牙、智利、阿根廷、墨西哥等均将本国的立法称为"作者权利法",并在立法中同时规定了作者人格权与财产权的具体内容。

(2)"一元论"。《法国著作权法》的思想对《德国著作权法》也有较大的影响。但是,善于思辨的德国人在其法学理论中提出了著作权"一元论"的见解,认为著作权系作者人格权和作者财产权的有机复合体,作者人格权与财产权密不可分,这种立法观点反映了德国学者与立法者对著作权的独特认识。

3. 评价。无论是著作权的"二元论"学说还是"一元论"学说,其本质上均是以承认作者是著作权立法的首要主体以及作者的权利是首要保护对象为共同基础的,它们在立法之初均有以作者权利保护为首位的立法观念。

综上,"作者权利主义"的立法观念有其明显特点:首先,其立法观念在立法之初就以作者权利保护为其立法的出发点和制度价值判断;其次,将作者权利保护的观念建立在人权保护和人文关怀的法学理念的基础上;最后,在著作权法保护的权利内容中,不仅关注作者的财产权利,而且十分关注作者的人格权利,使得著作权法摆脱了几乎是纯为商业活动提供法律保护的色彩。

有学者认为:大陆法的"作者权利"抑或"著作权"一词不能直接翻译为"Copyright",必须要翻译为短语"author's right"因为两个法系使用不同的名词,反映出两个法系的人们对这种权利的不同思考。[1] 也有外国学者认为,从著作权集体管理组织设立的历史角度来理解"droit d'auteur"与"Copyright"的不同也是非常必要的,因为"如果不了解这个历史的大致情况,就不会分清作者权利(droit d'auteur)和版权(copyright)的对立,作者协会与无个性的报酬收集协会的对立"。[2] 应当说,从理论研究的角度而言,这些学者的观点有一定的道理。

我们注意到,在"版权"和"作者权利"抑或"著作权"产生之初,法学理念的差距是相当大的。尽管在思想信息交流便捷的现代社会,人们的观念发生了变化,人们对"版权"和"作者权利"抑或"著作权"的基本涵义、制度价值判断和权利内容等诸方面的认识,已经发生走向一致的趋向,但是,不同理念所培育出的法律制度真正走向一致尚需时间。

(三)背景的进一步观察与思考

"Copyright 主义"和"作者权利主义"的立法理念分别发端于18、19世纪,它们之间有着明显的权利制度设计上的不同,但是,我们也必须注意到它们之间有一个相同之点,就是将人放在第一位。那么,我们需要进一步思考,在近代社会之前,不同的国家均存在着蔑视人及其权利的现象,为什么在近代的欧洲这种情况却发生了根本的改变?什么思想构成了它们的"催产剂"?笔者的观点是:这种情况的出现受到了17、18世纪天赋人权观念和自由经济理论的巨大影响。

自古以来,财产权利就是政治与经济的交点。[3] 但是,与17世纪以前有所不同的是,17世纪以后的学者不仅极为关注财产权的问题,而且将它引入对人的关注这一深层面上。在这个问题上,有许多欧洲学者做出了理论上的重大贡献,其中,洛克的思想贡献是最为引人注目的。

---

〔1〕 沈达明先生在其所著《知识产权法》一书中阐述了这一观点,笔者十分赞同。在笔者参加我国《著作权法》的立法和修改的理论论证活动中,亦曾经多次表达这一见解。

〔2〕 参见 [法] 雅克·蓬贡班:"戏剧作品和音乐戏剧作品的集体管理",载国家版权局编:《著作权的管理和行使文论集》,上海译文出版社1995年版,第228页。

〔3〕 参见赵文洪:《私人财产权利体系的发展:西方市场经济和资本主义的起源问题研究》,中国社会科学出版社1998年6月版,第254页。

著名的英国学者约翰·洛克[1]是私有财产神圣不可侵犯原则的理论奠基人，同时他所系统阐述的天赋人权理论开创了近代欧美哲学与政治学理论和法律制度的新时代。洛克的理论来自于社会实践，是对已经存在的社会实践加以判断、梳理和理性归纳而形成的理论成果，所以更具有说服力。有学者总结道："法国的资本主义进程是从理论到实践，从原则到革命；英国则是从实践到理论，从革命到原则。洛克担当并成功地完成了总结实践，总结革命，形成理论，形成原则的重任。"[2] 洛克提出了一个重要的理论观点：私有财产的正当性来自于劳动。洛克举出了一个简单而内涵深刻的例子："谁把橡树下拾得的橡实或树林的树上摘下的苹果果腹时，谁就确已把它们拨归己用。"因为"他使任何东西脱离自然提供的和那个东西所处的状态，他就已经掺进他的劳动，在这上面掺加他自己所有的某些东西，因而使它成为他的财产"。当人们的"劳动使它们同公共的东西有所区别，劳动在万物之母的自然所已完成的作业上面加上一些东西，这样它们就成为他的私有的权利了"。[3] 因此，特定主体基于自己的劳动活动就产生了对劳动成果的财产权。当然，洛克的劳动说也遭到了批评，被认为其理论无法解释清楚为什么劳动越多的人不是财富最多的人。实际上，劳动产生享有劳动成果财产权的正当性，但是并不能决定劳动者能够获得财产的数量，因为一个人能够有多少财富，劳动仅是主要因素但不是惟一因素，还有不少其他因素决定着某人拥有的财富数额。

洛克令后人极为称道的理论贡献是：他不仅提出了劳动赋予了财产私有权惟一正当性的理论，这是他为价值理论的形成和发展作出的重大贡献，而且在近代思想史上，他是第一个系统阐述自然权利或天赋人权思想的理论巨匠。洛克从人的权利视角来讨论人权与私有财产权的关系。在他看来，任何人天生都是自由、平等和独立的。每个人均"是他自身和财产的绝对主人"，他们都"自然享有一种权力"，"可以保有他的所有权——即他的生命、自由和财产——不受其他人的损害和侵犯"。[4] 当然，个人的力量的单薄使得人们需要进一步寻找更为有效

---

[1] John Locke, 1632~1704。

[2] 参见赵文洪：《私人财产权利体系的发展：西方市场经济和资本主义的起源问题研究》，中国社会科学出版社1998年6月版，第293页。

[3] 被引段落均来源于［英］约翰·洛克：《政府论（下）》，叶启芳、瞿菊农译，商务印书馆1982年版，第19~20页。

[4] ［英］约翰·洛克：《政府论（下）》，叶启芳、瞿菊农译，商务印书馆1982年版，第77页。

的保护制度，这就需要人们要适当地放弃一些自己的利益，按照契约原则组成一个共同体。"任何人放弃其自然自由并受制于公民社会的种种限制的惟一的方法，是同其他人协议联合组成为一个共同体，以谋他们彼此间的舒适、安全和和平的生活，以便安稳地享受他们的财产并且有更大的保障来防止共同体以外任何人的侵犯。"〔1〕这样，法律的制度价值就凸现出来。因为通过立法，人们的"私有财产的神圣性、不可侵犯性便有了双重的权利保障，即自然权利和法律权利"。〔2〕

应当说，1709年的《安娜女王法案》的产生与洛克的思想传播有着极为密切的联系。洛克的思想进一步通过《安娜女王法案》对欧洲其他国家以法律保护作者权益的制度价值判断产生了巨大的影响。法国1791年的《表演权法》、1793的《作者权法》，普鲁士王国1837年的《保护科学和艺术作品的所有权人反对复制或仿制法》，德意志帝国1871年的《文学作品、摘要、说明、乐曲和戏剧作品著作权法》，意大利1882年的《著作权法》和西班牙1880年的《著作权法》均在不同程度上受到洛克思想和英国社会与立法实践的影响。此外，在欧洲，人类印刷术的发明，使得人们不需要到处去寻找作者的手稿就可以十分轻松地获知作者的思想，加上西欧、南欧、中欧等地域的人们有着在不同国家之间进行联姻的传统和地理上的便利，一个人同时掌握多种语言是一种比较普遍的现象，因此，人们不仅有可能传播涉及当前局势或流行意见的种种著作，而且在任何一个地点所讨论的每一个问题，都会引起讲同一种语言的人的普遍关注。〔3〕

二、我国著作权的权利体系制度理念：历史演进与制度选择

我国著作权的权利体系采取的是"作者权利主义"理念及其体系模式。但是，这种理念与模式的选择有着一个渐进过程。这个渐进过程也从一定的角度负载了我国法学和立法对人及其权利的观念发生改变的信息。对这一论点，笔者从"著作权"语词的立法确认过程和我国不同阶段的立法例两个方面做出阐述。

（一）"著作权"语源的历史考察与制度选择

将"著作权"一词放入我国相关立法中，这一选择本身就可以作为我们考

---

〔1〕［英］约翰·洛克：《政府论（下）》，叶启芳、瞿菊农译，商务印书馆1982年版，第59、77页。

〔2〕参见赵文洪：《私人财产权利体系的发展：西方市场经济和资本主义的起源问题研究》，中国社会科学出版社1998年6月版，第293页。

〔3〕参见［法］孔多塞：《人类精神进步史表纲要》，何兆武、何冰译，生活·读书·新知三联书店1998年版，第103页。

察我国著作权权利体系制度理念的切入点,因为"著作权"一词出现在我国立法中,有着一个对它的选择、确认和使用的过程。尽管在这个过程中,当时的人们可能并未有意识地去追求必须形成这样一个权利体系,同时也可能对著作权权利体系的立法理念尚未梳理清楚。但是,我们作为后人需要去研究它,去探讨这一过程蕴涵着前人们对著作权权利理念的认识,以及决定了我们对著作权权利体系模式的选择的基础及其制度背景,以便于我们更加清醒地去认识我们的权利观是否能够适应社会的需要,是否真正架构了一个符合我国经济、文化和社会需要的著作权权利体系。

1."已申上司,不许覆板":我国古代社会非以作者为本位的官府特许性保护。在我国古代,没有"著作权"之词,更没有附载在这一法律术语上的制度理念。著作权的思想是印刷术被人类社会广泛使用的必然衍生的思想。无论是东学西渐还是西学东渐,东、西方的法律文化有着巨大的差异,但是,东、西方学者在著作权与印刷术的关系上的认识,却有着惊人的一致性。不过,印刷术的出现仅是著作权思想得以产生的一个基本条件,并非等于印刷术与著作权思想同时产生。在我国,印刷术与著作权思想的非同步现象尤其明显。

自宋朝人氏毕昇发明了活字印刷术后,人类社会从此走上了知识传播的方便、简易之路。活字印刷术的出现给人类社会带来了两个重要的后果:一是图书作品的传播成本大为降低,印刷、出版和发行活动不仅成为一种行业,而且是相当有利可图的行业;二是文化传播的方便与简易使得印刷出版市场发生了竞争,且竞争伴随着印刷术的不断改进而日趋激烈,因此,在印刷商之间,印刷商与出版商之间,印刷商、出版商与作品创作者之间,利益保护的冲突亦日趋激烈,由此导致人们(包括进行复制活动的官府和一般民众)均期望能够对自己的权利采取可能获得的公力救济。

我国古代关于保护复制权的思想,在活字印刷术发明的宋代已经产生。"书籍翻板,宋以来即有禁例。"[1] 宋代的作品印制者,既有官府,也有私人。由于既有官府印制的书,也有私人印制的书,市场竞争的发生实属人们可以预料到的现象。我国古代的官府已经注意到其控制的行政工具与复制权保护之间的迅捷途径。在11世纪初,官府通过皇帝诏令来维护自己的复制之权,如1071年宋神宗

---

[1] 参见叶德辉:"书林清话·卷二",载周林、李明山主编:《中国版权史研究文献》,中国方正出版社1999年版,第4页。

发布诏令:"诏民间毋得私印造历日;令司天监选官,官自印卖;其所得之息,均给在监官属。"[1]"司天监"是宋代的一个官府机构,其设有"印历所",专门负责"雕印历书"。在宋代,历书的雕印由官方专控。由于历书不仅涉及人们的日常生活,而且更涉及人们的生产活动,所以市场销量极大。许多出版商纷纷将官颁历书翻刻印卖,从中获利颇丰。在这种情况下,宋神宗发布了上述诏令。

私人所刻印的书籍,欲获得保护,通常也需要通过官方的特许。我们在前面已经提到,在南宋光宗绍熙年间(1190~1194),四川眉山王季平所著《东都事略》一书的"牌记"中写道:"眉山程舍人宅刊行,已申上司,不许覆板。"[2]在这段文字中,告诉了我们至少三个信息:权利主体是一位眉山人士;权利内容是复制权;权利性质是已获得官府的特许。

显然,与欧洲国家相同,在中国古代社会,复制权的保护经历了官府特许阶段。同时,尽管有学者认为《东都事略》一书的"牌记"所载"眉山程舍人宅刊行,已申上司,不许覆板"是迄今为止被发现的世界上最早印在书上的保护版权文字,[3]但是多数学者认为该段文字记载的内容尚不具有近现代法律中所包含的著作权的内涵,至多仅涉及复制权或者出版权的内涵。虽然特许制度与著作权制度有着历史上的连续性,然而,近现代著作权制度所包含的个人自由、主体平等、人格独立、权利本位的思想在我国古代社会的"已申上司,不许覆板"的特许权制度中尚无立足之地。

2."著作权"在立法中的确认。在我国清末"版权"与"著作权"开始作为法律术语出现在立法文件中,但是,这两个法律术语的表达不是国人的创造,而是均来自于日文汉字的引进。日本明治维新以后,日本学者福泽谕吉从英文"Copyright"直译出"版权"一词。在日本1875年的《版权条例》,该词被首次作为法律术语用来表示通过官方许可而持有的图书专卖权。1887年又制定了新的《版权条例》,其后又先后制定了《脚本乐谱条例》《摄影版权条例》,1893年又制定了《版权法》。这些《版权条例》和《版权法》突出的特点是将保护的权利定位于图书出版。"版权"一词一直被沿用着,只不过其含义已经转变为著作人持有的专有出版权之意。由于"版权"一词被当时许多的日本学者认为其

---

[1] 参见《宋会要辑稿》职官十八之八四,转引自周宝荣:"中国古代版权保护的源头",载《著作权》1993年第4期。

[2] 参见周林、李明山主编:《中国版权史研究文献》,中国方正出版社1999年版,第2页。

[3] 参见周宝荣:"中国古代版权保护的源头",载《著作权》1993年第4期。

含义过于狭窄，容易引起误解，故该词在日本1899年制定新的立法时被放弃，而改称为《著作权法》。"著作权"一词是日本学者水野炼太郎博士参考其他文字的涵义创造出来的，迄今为止在日本的法律中一直被使用着。[1]

我国在清末时期，1901年最先引进的是"版权"一词的表达，[2] 而后在1902年的另一篇翻译国外法律文献的译文中，引进了"著作权利"一词。[3] 但是"著作权"作为法律术语被引进则是在制定《大清著作权律》期间发生的。在清朝修订法律大臣沈家本的坚持下，清政府民政部邀请了几位日本法学家参与立法，并参照1899年日本的《著作权法》起草我国的《大清著作权律》。起草的法律文本由沈家本等人核定、修正后，交民政部奏请颁布。1910年《大清著作权律》颁布。

由此可知，"著作权"一词不是我国本土自创之语，而是法语"Droit d'auteur"、德语"Urheberrecht"、意大利语"Diritto d'autore"、西班牙语"Derecho del autor"翻译为日文的"著作权"以后，日文汉字的直接引进。

从20世纪初到现在，"版权"与"著作权"就频频出现在人们的社会和法律文件中，从20世纪20年代初到20世纪80年代初的近60年时间里，二者被明确地区别解释[4]和分别利用。"版权"被作为我国法律文件中的法律术语使用，首现于1903年的《中美续议通商行船条约》第11项中。在《中美通商行船续订条约》签署的第二天，中国与日本又签署了《中日通商行船续约》，在该文本中没有使用"版权"一词，而是使用了"印书之权"。据此，可以认为在当时，"版权"一词的主要含义是指"印书之权"。显然，这完全不能体现出对作者利益的确认和保护的宗旨，故1910年的立法放弃了这一用法，实际上也就意味着放弃了以"Copyright主义"为立法模式的选择。选择"著作权"作为相关立法的核心术语并非一个历史的偶然，相反，它是经过反复讨论后的理性选择的结

---

[1] 这部分内容参考了刘波林著的"关于'版权'和'著作权'两个用语的由来和使用情况"一文，该文载《版权参考资料》1985年第30期。

[2] 1901年在《清议报全集》第5集《外论汇译·论中国》中翻译了东洋经济新报的一篇文章，该文论述了著作人的版权问题。

[3] 该文的名称为"创设万国同盟保护文学及美术著作条约及附件"，载于宝轩编：《皇朝蓄艾文编》卷七十三，"学术"五，上海官书局光绪二十八年（1902年）版。

[4] 1934年大东书局的《法律大辞典》、1936年中华书局的《辞海》、1995年的《中华法学大辞典》均将"版权"与"著作权"分别解释。但是1984年的《大百科全书·法学卷》将"版权"与"著作权"作为同一词解释。

果。因为 19 世纪末 20 世纪初的中国是一个被帝国主义的坚船利炮打开大门的国家，各种各样的西洋、东洋的法学理论、学说、流派也随之大量涌入国内。但是，素有文化蕴涵的国人也并非完全人云亦云，而是在不断地做出自己的判断，最终做出选择。从这个角度而言，较之 20 世纪 80 年代以后，立法中将"版权"与"著作权"肆意混为"同一语"的做法，先人们的思考更富有理性。

（二）立法演变与制度选择

在 1910 年《大清著作权律》出台之前，当时有学者撰文，指出有关作品创作及创作者权利保护的理由在世界上分为四大主义：创作者保护说、劳力说、报酬说和人格说。虽然各有其认识的角度，但是它们均有一个核心观念，即创作者"以思想能力新创作一物，法律即保护之。反之若模仿他人之作，则不但不保护，且须处罚。此理由与所有权之根本同。所有权之根本，即在先占"。[1] 因此，该文作者旗帜鲜明地主张要在我国制定著作权法，以便对作者利益给予确认和保护。19 世纪末 20 世纪初的我国，宪政思想大量引入，对外经济活动中与作品有关的贸易内容激增，国人对固有法律缺乏人文理念的批评如潮，有关著作权立法的呼声似巨浪。[2] 1910 年的《大清著作权律》就成为该背景下的顺势结果。

1910 年的《大清著作权律》共有五章（通则、权利期间、呈报义务、权利限制和附则）55 个条款。就权利而言，该法的特点是：

第一，以立法形式首认"著作权"。"著作权"被首次作为正式的法律术语纳入立法中，并成为与作者利益相关的立法规范的主线。但是，此时对著作权的理解依然受到过去对"版权"理解的束缚，因此解释道："凡称著作物而专有重制之利益者，曰著作权。"

第二，以禁止性规范方式确认和保护作者的人格权和财产权。《大清著作权律》与我们现代民商事立法有一个很大的不同。现代民商事立法以确认和保护主体的权利为立法基本内容，义务规范的制定居于辅助地位。但是，《大清著作权律》则是以义务规范为基本内容，除"第一章 通例""第二章 权利期限"外，作为主文的第三章和第四章的题目分别是"呈报义务"和"权利限制"，尤其在

---

[1] 参见陶保霖："论著作权法出版法急宜编订颁行"，载商务印书馆主办：《教育杂志》，1910 年第二卷第 4 期。

[2] 朝廷官员频频呈奏皇帝恩准立法，蔡元培等诸多学者纷纷撰文介评外国著作权立法，一些著作权国际公约也被翻译成中文。此番情景可以在阅读周林、李明山主编的《中国版权研究文献》中深切感知。

占全部条款48%的"第四章 权利限制"中,所设三节的题目分别是"权限""禁例""罚则",禁止性的规范充斥其间。即使对作者人格权也是以禁止性规范进行规定的,例如:"接受他人著作时,不得就原著加以割裂、改窜及变匿姓名或更换名目发行……"(第34条)"不得假托他人姓名发行己之著作"(第36条)"凡既经呈报注册给照之著作,他人不得翻印仿制,及用各种假冒方法,以侵损其著作权"(第33条)。

第三,确认了团体的著作权。在《大清著作权律》中,已经开始将自然人作者的著作和"以官署、学堂、公司、局所、寺院、会所出名发表的著作"的著作权分别加以保护。

第四,确认了注册取得著作权的规则。"著作物经注册给照者,受本法保护。"(第4条)这显然是在吸收英美立法经验基础上的一种设计。

民国初期,有关著作权的纷争已经不仅仅在国人之间发生,美国人、日本人等外国人通过外交途径或者其他官方途径提出著作权主张的问题同样十分引人注目,其真正的原因并非仅是纷争本身,而是因为这些纷争反映出人们对著作权的关注和著作权立法修改的必要。尤其是出版商,对著作权法的修改提出了诸多意见。1922年上海书业商会分别向民国政府国务院和内务部提交了《关于修改著作权法之请愿书》,认为:"按吾国著作权律之颁布,在前清宣统二年,当时秉轴,于人民事业之奖进,国家文化之振兴,未能注意,是以对于著作印行诸事,限制束缚之意为多,利用推行之心殊少。民国四年重加修订,而国家时方多事,于著作权这讨论,亦未能十分注意,致其中不常之规定,尚复存留不少。"该请愿书对1915年的《著作权法》提出了明确的修改意见。在此期间,国内研究著作权的学者和出版界人士还纷纷针对是否加入《伯尔尼公约》提出观点大相径庭的见解。这些讨论对民国时期著作权法修订做出了理论准备,尽管这些理论准备被运用在立法实务上是比较缓慢的,却为后人留下了比较丰富的理论研究信息。

1928年民国政府颁行了《著作权法》,该法共五章(总纲、著作权之所属及限制、著作权之侵害、罚则和附则)、40个条款。与《大清著作权律》有所不同的是:该法增加了肯定性规范。该法以肯定性的规范确认了著作权的转让权和保护著作权的诉权,因此而开始弱化了以义务性、禁止性规范为主要内容的立法思路。遗憾的是,这一改变仅是初步的。从权利体系的角度而言,尚未与《大清著作权律》有着泾渭分明的不同。

我国 1986 年的《民法通则》则完全采纳了"作者权利主义"国家的立法模式，以"人身权"和"财产权"两个支系将著作权的权利体系构筑起来。1991 年《著作权法》则是将这一权利体系的架构充实和完善。其间，苏联有关著作权的制度规范和权利体系模式的选择理念发挥了较大的影响，这种影响虽然主要体现在学术理论上，并且随着苏联的解体而削弱了许多，但是它的确构成了我国在 20 世纪 80 年代至 90 年代的著作权立法的法学理论基础的组成部分。

从 1910 年以前的没有著作权制度规范的状态到 1910 年《大清著作权律》，从 1910 年的《大清著作权律》到 1991 年的《著作权法》，在制度选择和立法的制度理念上有着相当清晰的变化轨迹：

第一，从以出版商、印刷商等非作者权益保护为本位的官府授予特权，向以保护作者权益为本位的制度化规范体系转变。

第二，从关注非作者主体的财产权特权观念，向关注作者的人格权和财产权的制度理念转变。

第三，从以禁止性、义务性规范为主的立法思路，向以肯定作者和其他权利人的权利规范为主的立法思路转变。

第四，从注册登记取得著作权的立法思路，向自动取得著作权以体现作者权利自然性的立法思路转变。

在这些转变中，在我国著作权权利体系构成的过程中，"作者权利主义"的特点、模式和理念则越发明显地凸现出来。

（三）"著作权"的制度内涵及权利理念

无论对"版权"抑或"著作权"的使用有着怎样的不同见解，[1] 有一点是十分清楚的，即在我国著作权立法中，我们接受了"作者权利主义"的立法理念，确认著作权包含着作者人格权和财产权两方面的内容。曾经有学者认为"溯近各种私权所自始，类多滥觞于罗马法，独著作权不然"。[2] 这个观点承认近现代社会法律所确认的私权往往可以追溯到罗马法，但是认为惟独著作权属例外。笔者认为，我们看待问题，不应当仅从事物的表面去认识，而是应当透过事物的表面去分析其内在的本质。这就是说，在表面看来，著作权立法似乎与罗马法没

---

〔1〕 参见吴汉东："'著作权''版权'用语探疑"，载《现代法学》1989 年第 6 期。

〔2〕 参见秦瑞玠编："著作权律释义"，载周林、李明山主编：《中国版权史研究文献》，中国方正出版社 1999 年版，第 99 页。

有任何关系,但是,如果我们仔细分析著作权立法的法学理念时,我们可以透过著作权立法所体现出的对人的价值、人的自由、人的权利的关注,感受到孕育于罗马法中的市民法理念、私权理念和追求公平正义的理念之精神。的确,虽然古希腊、古罗马国家中文学美术作品十分丰富,但是由于印刷术尚未出现,模仿、翻印十分不便,使得作者权益尚无防御侵害的必要,而印刷术的未问世,使得印刷商、出版商阶层的出现尚不具备条件。所以,著作权立法的客观条件亦不具备。当印刷术的发明给图书作品的传播带来便利,使得印刷商、出版商不仅出现,而且成为一个国家在文化思想传播领域中占有举足轻重地位的阶层时,特许权、著作权等体现作品传播者和作品创作者利益的权利之保护,就成为一个国家的立法关注点。

在我国古代,保护作品传播的观念与欧洲国家一样,以官府为出版商提供行政保护措施为特点。官府保护的权利主体不是作者,而是出版商;保护的权利也不是现代意义上的著作权,而只是复制权、出版权。这种只保护出版商利益而忽视作品原创者的不正常现象在我国持续了长达9个世纪的漫长时间,这与欧洲国家显然是不同的。究其之源,显然与中国古代重"刑"、重"律"而忽视"权利"的法律文化有着密切的联系。

20世纪初,当我国采纳了大陆法系国家的立法理念而选择了"著作权法"时,我们实际上是选择了来自于罗马法的私权理念和市民法的理念。

私权理念根植于市民法理念之中,而市民法理念来自于对市民社会的基本认识。所谓的"市民社会",并非我们现在所理解的与政治国家相对立而存在的社会实体,而是由人们的观念所形成的一种"人为的人群"。与之对立的是"自然的人群"。家庭、氏族、胞族、部落和部落联盟都是自然的人群;村庄和城邦是"人为的人群"。"自然人群"与"人为人群"的不同,在于前者以血缘关系为联系的依据;后者以非血缘关系或陌生性为联系的依据。在市民社会中,通过人们之间有意形成的一个社会性契约,人们让渡部分权利给自己信任的人,形成公权力,于是市民社会形成了。人们不再仅以家庭为自己生活的共同体,而是把自己的合作伙伴的范围扩大到了全体社会契约的缔结者。由此发生了社会关系结构的根本改变,如果说,过去人们之间的合作靠亲情维系,现在则要靠一种新的规范维系,人们终于找到了这种规范,它就是法律。西塞罗在《论义务》中描述了这种结果:"……由此制定了法律,形成了习俗,而后公平地分配权利,形成一定的生活规则。"[1] 这样形成的法律，就是市民法。[2]

私权理念的基础是私法自治，而私法自治又是市民法的基本理念，随之而来是对人的关注、对人格的关注所产生的平等理念、意思自治等理念。所谓私法，是指一切有关私益的法律，罗马法中将其称为"涉及私人利益"的法律。在罗马，由于斯多噶哲学的影响，私法自治的理念深入人心，同时也成为法律所追求的最高价值。私法自治的核心是任何人有权以自由的和自主决定的方式规划自己的生活。契约自由、遗嘱自由、财产支配自由等均是私法自治的具体体现。私权理念就是将自由、平等、人格独立作为其权利本位，以立法的形式加以确认、保护。在市民法的演进中，逐渐形成以"推翻那些使人成为受屈辱、被奴役、被遗弃和被蔑视的东西的一切关系"[3]为目的的理念，这一理念要求将人变成真正的人，变成真正是自由和平等的人，而"自由和平等也就很自然地被宣布为人权"。[4] 私权理念萌芽于罗马法，滥觞于法国大革命，并进而对整个世界产生了巨大的影响力。法国大革命的重要成果之一就是《人和市民权利宣言》。人正是通过"市民"才获得了自己的本质，真正成为人。现代民法以平等的人为本位。因为人和人的尊严是整个法律秩序的最高原则。人、权利主体与权利能力三者被统一在一起，这实际以立法的方式客观体现了黑格尔的观点："法的基本命令是：自以为人，并尊重他人为人。"[5]

市民法的理念和私权理念是法国等"作者权利主义"国家著作权立法的理论基础。在著作权中不仅关注作者的财产权利，更是将作者的人格权利置于极为重要的位置上。我国自《大清著作权律》开始，将保护作者的人格权和财产权作为立法目的和制度价值判断，这种立法目的、价值判断和权利体系架构模式的采取说明了我国著作权立法的价值判断。

---

[1] 参见［古罗马］西塞罗:《论义务》，王焕生译，中国政法大学出版社1999年版，第167页。
[2] 这部分内容受到徐国栋教授关于市民法的观点的启发，可参见互联网上《罗马法教研室》网站中登载的徐国栋教授有关市民社会的文章。
[3] 参见［德］马克思:"《黑格尔法哲学批判》导言"，载《马克思恩格斯选集》(第1卷)，人民出版社1966年版，第9页。
[4] 参见［德］马克思:"《黑格尔法哲学批判》导言"，载《马克思恩格斯选集》(第1卷)，人民出版社1966年版，第9页。
[5] 参见［德］黑格尔:《法哲学原理》，范扬、张企泰译，商务印书馆1961年版，第46页。

论著作权的正当性
——历史的透视与权利要素理论的思考*

一、从罗马法中的"ius"到中文的"权利"

（一）"ius"内涵的人文观

"著作权"一词，系构筑在"权利"一词的基础上，是"权利之树"上的一个枝干。近现代中国法律语言中的"权利"是西方法律语言"西学东渐"的结果。这一结论的产生并非针对中文"权利"一词的词形而言，而是基于从法律术语的角度对"权利"一词的实质含义的理解。在理解"权利"一词的法律涵义时，我们必须注意一个重要的背景，即在欧陆国家的法与权利的理论中，"法"与"权利"不是各自独立的，相反，"法"与"权利"被以同一个词语表达。这一现象在法语、德语、意大利语、西班牙语、葡萄牙语、俄语、波兰语和其他斯拉夫语等语言中均存在。追其词源，均可以溯至拉丁文的"ius"。这一现象不仅仅是一种语言现象，更是欧陆法律文化在语言上的一种映射。公元前4世纪，罗马人创造性地以"ius"一词来表达对"权利"的认识，赋予其丰富的理性内涵。拉丁文"ius"一词，来源于"iustitia"（正义）。"法"与"权利"用同一个词表达，其魅力在于它的理论内涵。从法学理性上分析，它意味着法律的目的是确定和保护权利。在欧洲大陆国家的法学作品中，将这种同一个词既表达为"法"，又表达为"权利"的现象，在理论上将其称之为"客观上是法，主观上是权利"的现象。当"ius"被理解为"法"时，它体现着"法是善良和公正

---

* 本文原载于《科技与法律》2004年第4期。

的艺术",〔1〕它"给每个人以应有权利的稳定而永恒的意志",〔2〕同时它告诉人们:"法的准则是:诚实生活,不害他人,各得其所。"〔3〕当"ius"被理解为"权利"时,法律不仅确认人们享有一系列的权利,如所有权、债权等,而且针对客观存在的但是可能未被人们意识到的权利,同时也强调"哪里有权利,哪里就要给予救济"(拉丁文:ubi ius ibi remedium)。

如果我们仔细梳理"ius"产生的历史和文化背景,我们发现创造"ius"术语并将其逐渐发展成为一种"法权"思想的罗马人,是在古希腊权利思想的影响下完成了初步创造权利理论的活动,其权利理论进一步影响了整个欧洲和其他地区的法学理论,因为罗马人将古希腊人对权利的思考发展成为"一种政治的和法律的思想,一种范畴"。〔4〕而且这种范畴是以"ius"为核心的。

准确地说,在古希腊,人们对"权利"的理解与现代对权利的认识有所不同。当时对"权利"的理解并不立足于人作为独立个体能拥有的权利,而是将个人作为城邦一员。从个人与城邦的关系而言,"权利"仅体现为参与城邦政治生活和管理的一种资格或机会,这种资格或机会由城邦分配给个人。人的自由意志和人的独立自主与这种资格或机会无关,它是由人的身份地位规定的。因此,"所谓的'权利'的指向并不是个体所属的利益的实现,而是城邦和谐生活的实现"。〔5〕古希腊的"权利"理论是在城邦民主制的基础上产生的。而古希腊后期的斯多噶学派的崛起,使得古希腊"权利"理论发生了某些变化。尽管斯多噶学派依然认为个人的概念应当从城邦甚至整个人类的角度来看待,但是,即使是在关注个人所具有的共性的同时,也必须要意识到,每一个人都拥有这种权利就意味着自我的人格受到他人的尊重。从城邦出发,个人须作为公民而生活;从自我出发,个人必然作为一个个独立的成员拥有平等的权利。〔6〕如果从现代人的观察视角在古希腊哲学理论中直接寻找"权利"理论,可能结果会令人有些沮丧。但是,古希腊人为后人提供了一种思考权利的方法。也就是说,古希腊人不是将权利问题的思考定位于"我"与他人的关系,而是着重从个人与社会、

---

〔1〕 罗马法原始文献 D, 1, 1, 1pr.
〔2〕 罗马法原始文献 D, 1, 1, 10pr.
〔3〕 罗马法原始文献 D, 1, 1, 10.
〔4〕 [法] 克洛德·德尔马:《欧洲文明》,郑鹿年译,上海人民出版社1988年版,第3页。
〔5〕 程燎原、王人博:《权利及其救济》,山东人民出版社1998年7月版,第73页。
〔6〕 程燎原、王人博:《权利及其救济》,山东人民出版社1998年7月版,第74页。

个人与国家（城邦）等宏观又不失逻辑类型的关系上思考权利问题。

对其他民族优秀文化勇于接受的宽大胸怀和积极地将思想融于社会制度设计与实践务实精神，使得罗马人在人类社会的权利理论演进过程中留下了一道辉煌之迹。对于罗马人善于接受其他民族的文化精华且恰当地为自己所用的做法，法国著名学者孟德斯鸠有一个精辟的评价："我们应当指出，最足以使罗马人成为世界霸主的一种情况，就是……他们只要是看到比自己好的习惯，他们立刻就放弃自己原有的习惯。"[1] 因此，当罗马人学习到他们过去所未曾深入思考过的哲学理念并被它所折服时，他们迅速地将这种理念融入自己的法律规制中。罗马人受到了古希腊人的哲学思想的巨大影响，并且更加关注对个体利益从制度上寻找制定规范的原则。罗马人根据法律所保护的对象，将法划分为公法与私法。"公法是有关罗马国家稳定的法，私法是涉及个人利益的法。"[2] 罗马人一方面依然将涉及国家管理机构、公共财产管理、宗教事务和机构等国家利益作为"绝对规范"赋予其无条件遵守的强制性；另一方面，加强了对个人利益的确认和保护，将凡"造福于私人"[3] 的、调整私人之间关系的法律纳入私法范畴。从制度规范上确立了个人对行为加以选择的可行性、合法性和任意性，它体现着罗马人的基本法律观念。

如前所述，在"ius"的涵义中，包含着一个重要的理念，即"哪里有权利，哪里就要给予救济"。根据这一理念，罗马人设计了一个法律制度，即当人们的利益被认为遭到了侵害而审判者是否应当给予法律救济存有异议时，裁判官可以根据利益人的请求作出是否应当保护以及如何处理的意见。由此可见，罗马人的法律救济制度上遵循着一个重要的观念：救济伴随着权利利益而产生。笔者认为："哪里有权利，哪里就要给予救济"与在我国普遍流传的外国谚语"有救济才有权利"所体现的观念是截然不同的。"有救济才有权利"是"无救济无权利"的另一种表达方式，它强调的是：没有法律救济的保障，权利等于虚设。但是，由于人们对权利认识的局限性，导致有些权利在未被人们清楚地意识到并且未被纳入权利体系之前，权利虽然实际存在着，但是法律救济却没有跟上。如果根据这样的权利规则，这些权利利益就无法实现。此外，它给人们一个误导，似

---

[1] [法]孟德斯鸠：《罗马盛衰原因论》，婉玲译，商务印书馆1997年版，第2页。
[2] 罗马法原始文献 D, 1, 1, 1, 2.
[3] 罗马法原始文献 D, 1, 1, 1, 2.

乎权利的存在必须以有法律救济为前提条件。在我国，这种误导的影响在司法界十分明显，许多民商事案件被裁定"于法无据，驳回诉请"，其依据是法律没有对此作出明确规定，因此无法给予保护，即所谓的"无救济无权利"。相反，"哪里有权利，哪里就要给予救济"则强调的是：救济必须以权利为核心，只要有权利利益存在，救济就必须紧随其后。权利的存在并不以是否存在救济为前提条件，它反映的是"实然权利"应当构筑于"应然权利"基础上的观念。"哪里有权利，哪里就要给予救济"的理念构成了《法国民法典》第4条的基础："法官不得以法律无规定、规定不明确或不完备为借口拒绝审判，否则将被追究拒绝审判之罪。"这种理念也在《瑞士民法典》中闪现着："①凡依本法文字或释义有相应规定的任何法律问题，均适用本法；②无法从本法得出相应规定的，法官应当依据习惯法裁判；如无习惯法时，依据自己如作为立法者应当提出的规则裁判。"总之，包括著作权在内的民商事案件的审理，以"于法无据"为理由拒绝审理的情况不应当存在。因为，客观存在着的权利和利益，需要法律给予救济，更何况从权利类型的角度而言，请求救济本身就是一项权利，其性质属于在著作权等民事实体权利基础上产生的权利，救济权的存在不是原权利存在的前提，而是原权利的"影子"。"影子"必须也只能随时相伴于原权利之侧。

由于在欧陆语言中"ius"是穿透一切法律的基础用语，故对它的准确翻译是十分重要的。有学者认为："今天在某种场合下将'ius'翻译成'权利'，不过是为了表达的需要，必须视具体情况而定。不同的情况下，也可以翻译成义务，或者翻译成应当。"[1] 我认为，对这一结论需要谨慎：首先，对外来语言的翻译，必须根据该语言自有的含义进行翻译，不应当随心所欲，尤其不应当盲信另一种背景不同的语言的所谓解释。"术语"意指在一定领域内其内涵和外延相对固定的常用语。对"ius"的法学涵义的分析，应当从拉丁文的真正涵义、使用"ius"的民族的文化、经济背景去解读。否则，以过于实用主义的态度对待一个法律术语，只能导致特有用语的涵义混乱。其次，我们必须注意到一个术语的表达语境。法学的语境不完全等同于哲学的语境，尤其不应当忽略法律文化在法律语言解意中的背景。

---

〔1〕 俞江：《近代中国民法学中的私权理论》，北京大学出版社2003年版，第135~136页。

（二）从漠视人到关注人的渐进：中文"权利"涵义的历史解读[1]

在我国，"ius"一词被翻译为汉语的意思系指"法""权利""法院"。[2] 目前通行的说法是，据史料记载，中文"权利"一词被认为首现于19世纪下半叶，而且并非直接来自拉丁文的"ius"，其来自对英文"right"的翻译。它是19世纪末美国传教士丁韪良（W. A. P. Marin)[3]及其参与翻译《万国公法》（1864年刊版问世）的我国译学先人们对我国法学的一个贡献。[4]

在我国，"权利"一词现代涵义的产生有一个演进过程。在我国古代社会，如同其他民族一样，我们无法否认古人也有着因生存本能而产生以占有为核心的最早的权利观念，只是我们的古人没有像古罗马人那样以法律语言将"此物是我的"的观念固定于法律制度中，加上以"礼"为"法"的观念逐渐成为人们判断行为的标准，导致"权"与"利"被不同的行为规则所释解。"权"被表达为"权势"之意，"利"则表达的是"货财"之意。[5] 无论是在大众语言或是在官府语言中，"权"往往用来特指"官方权威和权力"，这种现象在古代立法中已经凸显无疑，如晋、北魏的刑法志中的"权制""权道"中的"权"即突出了官府权力之意。"利"字虽然比较频繁地出现于典籍中，但多含贬义。尤其在儒家经典中，"利"被认为是与"义"或"礼"的概念相对立的。孔子的著名之句"君子喻于义，小人喻于利"中，"利"字被用于贬斥"个人利益"之意。而在唐宋以后，"讳言利"已经成为社会所认可的正常观念。[6] 在以"礼"为核心

---

[1] 有关中文"权利"涵义的分析，著述诸多，如周沂林："权利观念史论"，载《中国社会科学院研究生院学报》1985年第4期；郭道晖："论法定权利与权利立法"，载《法制现代化研究》（第1卷），南京大学出版社1995年版，第4页；李连贵："'话说权利'"，载《北大法律评论》（第1卷第1辑），法律出版社1998年版，第115页；程燎原、王人博：《权利及其救济》，山东人民出版社1998年版；陈舜：《权利及其维护》，中国政法大学出版社1999年版；等等，不胜枚举。

[2] 谢大任主编：《拉丁语汉语词典》，商务印书馆1988年版，第312页。

[3] 丁韪良（Martin William Alexander Persons，1827~1916)，他原为美国北长老会教士，1850年来华先在宁波传教。1858年担任美国首任驻清公使的翻译。1862年入同文馆教授英语，兼讲授国际法，1869年出任总教习。1898年京师大学堂成立，他被聘为总教习。1916年去世于北京。他主持翻译的《万国公法》是中国官方组织翻译的第一部外国法学著作。

[4] 但是，据笔者考察，古罗马人创造的"ius"的思想，应当在17~18世纪通过宗教传播而进入了中国。理由是：自16世纪利玛窦等西方传教士进入中国进行传教的80余年中（1581年~1667年），中国有30万民众成为教徒，而作为教徒必须读的《圣经》中就有"ius"一词。但是因未能查找到当时翻译成中文的《圣经》资料，故暂时无法得知当时翻译成的中文是什么，笔者还曾经试图在梵蒂冈图书馆内查寻，可惜未果。

[5] 李连贵："话说'权利'"，载《北大法律评论》1998年第1期。

[6] 梁启超著、范中信选编：《梁启超法学文集》，中国政法大学出版社2000年版，第29页。

的我国古代最高道德体系中，权利在法律制度设计中没有被作为考虑的内容。在个人与国家、个人与社会的关系中，权利与个人利益的保护没有必然的逻辑关系，而且在家庭中，即使是父母的权利，也始终是以"特权"的形式出现的。这种特权恰恰以剥夺不具有父母身份的人的权利为存在的前提。因此，在我国古代社会，"权利"不是来源于人的自由意志，而是基于预先规定的身份。"一切都是由身份规定的，这样一来，人无须去做无谓的努力，只有耐心'等'到取得该种身份的时候，自然也就获得了'权利'。"[1] 支撑这种"权利"意识的思想基础是"只求人身控制和宗法统治的有效。"[2] 这与西学中所理解的"权利"就是"个人的正当利益"之说相距甚远。

笔者强调，我国古籍中的"权利"的涵义完全不同于现代"权利"的概念，不仅仅是从"权利"语意的角度进行分析，更重要的是从法律制度设计及其价值判断的视角作出判断。如果说我国古代社会将作者利益完全视为尘渣，完全加以拒斥，这不是实事求是的态度。因为在中国古代社会，虽然不存在"权利"这一法律术语，但是，社会生活中的人们基于社会生活所需要的本能，产生了"我的""他的"这种判断物的权利归属的观念，并被告知以"有所为，有所不为"的行为规则。尽管这种对权利的低层次的理解是一种非法律制度规范层面上的，而且是一种充满着"礼教""德教之道"的习惯性质，不过，它作为一种低层次的、非法律制度规范性的权利状态，的确是一种客观实在。

非法律制度规范性的"权利"的存在是我国20世纪之前的普遍现象。仅以作者及作品传播者的权利作为考察对象，我们发现，直至20世纪之前，没有对作者利益给予权利制度保护，仅依官府权力对当事人的个别请求给予有限的个案救济，使得作者、出版商、印刷商的利益确认与救济没有制度意义上的保障，这确是不争的事实。12世纪王偁所著《东都事略》中有一记载："眉山程舍人宅刊行，已申上司，不许覆版。"[3] 它被我国诸多知识产权学者所引述，以论证我国古代社会的版权保护早已有之。遗憾的是，这样的个案并不能足以说明我国古代社会对著作权或版权已经形成了制度化的保护机制。实际上，不仅《东都事略》

---

〔1〕 程燎原、王人博：《权利及其救济》，山东人民出版社1998年版，第111页。

〔2〕 江山：《互助与自足——法与经济的历史逻辑通论》，中国政法大学出版社1994年版，第231页。

〔3〕 宋光宗绍熙年间（1190~1194），四川眉山人氏王偁，将北宋九朝之事采编成辑，撰写出一百三十卷的《东都事略》。

有记载,在 13 世纪,也有关于不得肆意翻版他人之作的官府榜文的发布。例如,在 1238 年,《方舆胜览》载两浙转运司榜文和福建转运司牒文,主文抄录如下:

> 两浙转运司录白。据祝太傅宅干人吴吉状:本宅见雕诸郡志,名曰《方舆胜览》及《四六宝苑》两书,并系本宅贡士私自编辑,数载辛勤。今来雕版,所费浩瀚,窃恐书市嗜利之徒,将上件书版翻开,或改换名目,或以《节略舆地纪胜》等书为名,翻开挽夺,致本宅徒劳心力,枉费钱本,委实切害。照得雕书,合经使台申明,乞行约束,庶绝翻版之患。乞给榜下衢、婺洲雕书籍去处张挂晓示,如有此色,容本宅陈告,乞追人毁板,断治施行。奉台判,备榜须至指挥。右令出榜衢、婺洲雕书籍去处张挂晓示,各令知悉。如有似此之人,仰经所属,陈告追究,毁版施行,故榜。嘉熙贰年十二月　日榜。
>
> 衢、婺洲雕书籍去处张挂。转运副使曾　　台押。
>
> 福建路转运司状,乞给榜约束所属,不得翻开上件书版,并同前式,更不再录白。[1]

由上文可知至少有三:①该官府文榜完全是根据当事人的"乞给"而发出;②如有侵权情况发生,要由当事人向官府进行"陈告"方可进行处理;③由官府对侵权人处以"毁版",以保护当事人的"独版"利益。可以说,从这个官府榜文中,依然无法寻找到西学中所理解的"权利"就是"个人的正当利益"的观念,也无法看出这是一个制度性的规范。如果结合我国古代法律规范制定的角度看,尽管有一些权利保护的个案救济,但是由于我国古代社会对包括著作权在内的私权保护因缺乏基本理念上认识,导致制度性规范的严重缺位。

16 世纪始"西学东渐",至 19 世纪末呈现为较强劲之风,一些得到清政府认可的外国传教士在中国进行了大量的西学作品的翻译工作,尤其是他们所进行的法学著作的翻译,为包括"权利理论"的西方法学理论东渐作出了重要贡献。如由丁韪良主持翻译的美国人韦顿所著的《万国公法》、德国人马尔顿所著的

---

[1] 周林、李明山主编:《中国版权史研究文献》,中国方正出版社 1999 年版,第 3 页。

《星轺指掌》[1]，傅兰雅[2]主持翻译的英国人弗利摩罗巴德著的《各国交涉公法论》，以及中国人自己翻译的其他西方宪政作品，如德国人米勒著的《欧洲新政书》、法国的《法兰西律书》、美国人勃拉司著的《平民政治》、法国人孟德斯鸠著的《万法精理》（又译为《论法的精神》）和英国、法兰西、美国等国家的宪法。这些作品的翻译和刊出，对我国了解西方宪政民主制度、接受近现代西方权利观念起到了十分重要的作用。据不完全统计，从1864年《万国公法》被翻译完成起至1908年之间，中国翻译引进了西方法学著作和法典达78部，从日文转译的西方法学著作、西方国家法典和体现着西方宪政思想的作品达60余部。[3] 这些作品的翻译虽然尚不能完全实现利用西方宪政思想、权利理论将二千余年形成的中国封建专制思想和轻视个人正当权利保护制度的观念逼出历史舞台的目的，但是，它能够将国人从藐视通过制度规则来确认和保护权利的混混沌沌的状态中唤醒。

自1864年刊发了频频提及"权利""私权""公权"的《万国公法》后，丁韪良随即又翻译了《万国便览》，并在"凡例"中正式对"权利"一词进行了解释："即如一权字，书内不独指有司所操之权，亦指凡人理所应得之分，有时增一利字，如谓庶人本有之权利云云。"[4] 它强调了无论是"权"还是"权利"，都意指"凡人理所应得之分"。这种对"权利"的理解已经体现了西方法学的权利观念，因为这种认识已经立足于"粤自造物降衷，人之秉性，莫不自具应享之权利，应行之责守……是以各国之制法，义与不义，只以人性为准绳……而无论贵贱，律法不得歧视。"[5] 此后的1902年、1903年中，有我国学者在刊物上发表有关权利的见解，强调法与权利互为表里、同归于一。[6] 由此，这种将"法"定位于与"权利"同一的观念，逐渐替代了将"法"定位于对民众约束的观念。显然，这是西方权利观念东渐我国的结果。同时，当我国学者在自己的作品中不断地阐释着"权利"理论和观念的时候，它表明了在19世纪末20世纪初

---

[1] 该书主要介绍西方国家宪政民主政体的情况。
[2] 傅兰雅（John. Fryer, 1839~1928），他原为英国教士，1861年来华初任北京同文馆英文教习，后前往上海，在那里主持了大量的外国法学著作的翻译。此后上海成为西方文化在中国的传播中心，他是其奠基人。
[3] 资料来源于田涛、李祝环："清末翻译外国法学书籍评述"，载《中外法学》2000年第3期。
[4] 李连贵："话说'权利'"，载《北大法律评论》1998年第1期。
[5] 李连贵："话说'权利'"，载《北大法律评论》1998年第1期。
[6] 李连贵："话说'权利'"，载《北大法律评论》1998年第1期。

的中国,"权利"观念发生了根本性的演变。这种观念的演变导致我国对"权""利"非人文性的传统认识由质疑之到逐渐弃之。

二、著作权与权利要素

在对权利理论进行讨论的过程中,笔者有一个比较深的感触,即凡说到权利及其理论,虽然尽力希望在我国的传统思想中寻觅到权利的理论,但是,却发现自己不得不"空手而归"。因为在我国数千年的历史思想中,真正以人为核心的权利观念是没有的,所以也就导致人们的权利不可能成为法律制度所应当加以规范化确认的对象,权利也就没有了被体系化进行规范的可能。我国从法律制度上对权利进行规范的思想产生于19世纪末20世纪初,而有关权利的理论则是西方思想的"舶来"。进一步说,我国从19世纪末20世纪初所产生的权利理论,是在抛弃我国传统思想且完全引进和接受西学权利理论的基础上出现的。从我国传统的以"淡若虚无"的态度对待权利,到近现代"认真"对待权利的观念的大转变,十分清晰地反射出我国传统的忽视权利的思想与我国近现代由弱渐强的关注权利的思想之间,存在着一个十分明显的甚至是180度的大扭转层。即使是在同一时代,在不同学者的作品中也强烈地表现出这一巨大的断裂性的扭转。以沈家本和梁启超为例,正如有学者所指出的那样:"沈家本思想中始终不移的是纲常名教、春秋大义……若要说到用法来保护人民权利、规范政府活动、限制君主权力等近代资产阶级法律观,在沈家本的著作中是根本找不到的。"[1] 因为在沈家本的著作中,除了偶有个别的关于国外刑法和监狱的人道主义观念和制度的介绍外,基本上均是来自于"自董仲舒到黄宗羲之间所有先儒先哲一样的法律论点:'律者民命之所系''先王之道在德教而不在政刑''有其法尤贵有其人'等。但在梁启超的法学著作中,几乎看不到这类儒家正统法律学说思想的印记,只有民主、自由、人权、法治、宪政、罪刑法定、法律平等等全新的近代法学概念"。[2] 有学者对此作出评价称,梁启超的法学作品"在进行民主主义启蒙"。[3] 因此,笔者在讨论权利理论时,仅在西学东渐的理论中进行分析和

---

[1] 郑秦:"沈家本修律的历史环境及其再评价",载《沈家本法学思想研究》,法律出版社1990年版,第143页。

[2] 范中信:"认识法学家梁启超",载《梁启超法学文集》,中国政法大学出版社2000年版,第5页。

[3] 郑秦:"沈家本修律的历史环境及其再评价",载《沈家本法学思想研究》,法律出版社1990年版,第143页。

思考。

(一) 以人为核心的权利基本要素

多少年来,有关权利的法学理论讨论经久不衰。多少法学大家或普通学者,以最大的努力力图给权利下一个被法学界所共同接受的定义或概念。但是,这些努力只是给百花争艳的学术论坛中增加了大大小小的有新意的或无新意的花朵而已。因为,权利似乎是一个"万花筒",从不同的观察视角、不同利益出发点去考察权利,结论很难一致。古典罗马法学家们曾经有一个警告:"任何定义在民法学上都是十分危险。"[1] 这虽然有些夸大其词,但是它的警告还是值得注意的。康德则更加直截了当地指出:问一位法学家"什么是权利?"就像问一位逻辑学家一个众所周知的问题"什么是真理?"同样使他感到为难。[2] 因为,任何旨在对某个术语做出一个无可挑剔的、十全十美的定义的工作,实际上难以完成。康德从权利是否具有强制救济的观察视角出发,将权利区分为道德权利和法律权利,这是他对法学的一个重大贡献。康德从权利所涉及的相应责任考察分析权利的基本要素,并归纳对权利的基本认识。康德认为:

(1) 权利只涉及一个人对另一个人的外在的和实践的关系,因为通过他们的行为这一事实,他们可能间接地或直接地彼此影响。

(2) 权利仅表示一个人的自由行为与他人行为自由的关系。

(3) 权利仅考虑不同主体的意志行为的关系,而不考虑意志行为的内容。

归纳起来,康德认为,"可以理解权利为全部条件,根据这些条件,任何人的有意识的行为,按照一条普遍的自由法则,确实能够和其他人的有意识的行为相协调"。[3]

在康德的解释中,我们看到,他所解释的权利实际上包含三个基本要素:行为、自由和意志。行为是权利的外在表现,通过不同主体的已为行为和将为行为,在这些主体关系中产生着对行为主体有利或不利的行为效力的影响。自由是权利的内核,尊重行为人的自由就是尊重行为人的行为选择。没有自由内核的权利是不可能存在的。意志则是权利的灵魂,权利的产生、行使、协调、保护均以

---

[1] 罗马法原始文献 D. 50, 17, 202. : in iure civili omnis definition periculosa est.

[2] [德] 康德:《法的形而上学原理——权利的科学》,沈叔平译,商务印书馆1991年版,第39页。

[3] [德] 康德:《法的形而上学原理——权利的科学》,沈叔平译,商务印书馆1991年版,第39~40页。

权利主体的意志为出发点和终结点。

那么,从法学角度观察,权利的基本要素与从"权利的道德概念"考察视角所得结论有所不同。即从法学角度考察权利的基本要素,应当主要包括:利益要素、意志要素和自由要素:

1. 利益要素。利益是权利的实有内核,是权利制度设计需要锁定的目标,是人们主张和行使权利的根本动机。利益包括财产利益和人格利益。财产利益主要以有体物为其载体而体现,但是,近现代社会的法律制度设计中已经不再拒绝对尚未被物质载体固定的利益加以保护,如口述作品所体现的财产利益。人格利益不是直接通过物质载体加以体现,而是人们通过从道德、伦理和哲学等角度对人的人格认识所产生的一种观念利益。无论是财产利益还是人格利益,均表现为"应然状态"和"实然状态"。权利的"应然状态"是人们期望的一种权利存在的理想化状态,是一种颇具柏拉图式的理想色彩的状态。"实然状态"则是权利因各种客观因素的制约而表现出的客观实在。权利的"实然状态"与"应然状态"之间存在明显的差异,因为客观社会现实需要的是权利的"理性"而不是权利的"理想"。因此,权利通过立法而成为被法律所确认的"法定权利"。有关权利的"法定性",本文将在下面进行分析,此处不过多涉及。

鉴于上述分析,权利也就相应地产生了一个分类:应有权利和实有权利。"应有权利"是人们基于一定的社会物质生活条件所产生的权利要求,是人们的利益与需要的自我反映,是人们对利益保护的主观追求。"实有权利"也被称为法定权利,是通过立法手段对"应有权利"的判断、选择和归纳所产生的权利状态,是根据制度设计的价值判断而体系化的"应有权利",是人们可以实实在在按照自己的意愿行使的权利。

"应有权利"与"实有权利"之间不是固定不变的。因为人们对"应有权利"的认识不是固定不变的,对"实有权利"的制度价值判断也不是固定不变的,因此就存在着一种权利制度演变现象:一方面,不断有一些"应有权利"变化为"实有权利",而另一方面又有一些"实有权利"被抛弃。15世纪中国的印刷术传入欧洲,德国人在此基础上进行技术改造,完成了欧洲印刷技术革命,由此,欧洲出版物巨量急增。如果按照作品问世的顺序,其依次是:创作、印制、出版,那么首先应当考虑的是作品创作者的利益,但是,直至18世纪初,作者的权利尚处于"应有权利"阶段。因为当时的人们仅从事物的表面看到了印刷者、出版者的作用,加之书籍市场上最为活跃的也是印刷商和出版商,因此，印刷商、出版商的权利构成了当时的"实有权利"。15世纪的英国以法令的形式规定，给印刷商、出版商各种各样的特许，并将这种特许特权化。非被特许者欲出版的一切图书，在出版之前必须呈送官府进行审查并必须进行登记注册。未经许可而进行的图书印制与发行，均将交给星座法院依法惩处。此种情形至17世纪，在对人的价值、人的权利和人的自由重新认识的基础上，欧洲人对印刷商、发行商、出版商与作者之间的"应有权利"和"实有权利"的判断发生了改变。1709年的《安娜女王法案》开始将权利保护的主体首先定位于作者。此时，作者的财产权利从"应有权利"变成了"实有权利"，而印刷商、出版商原来享有的与作者财产权利相冲突的特权被抛弃掉了。例如，原来根据英王令由英国出版商享有的印制和发行作品复制本的特权，被该法宣布废除。但是即使这样，当时的作者人格权也依然处于"应有权利"的状态下，该情形的改变是在19世纪发生的。

总之，权利的实际内核是利益。由于任何权利均以某种利益为其核心，二者之间具有不可分割的紧密联系。故权利也就因此被学者授以"功利"的高冠。功利的原意就是利益。[1]

2. 意志要素。权利的意志属性十分明显，因为人们对权利的认识、判断和行使是其主观意志所使然。尤其权利的行使与权利的放弃这样效果截然相反的不同性质的行为，并非完全是权利人随意和盲目的举动，相反，它完全是权利人的意志体现，受到权利人有目的的意志的支配。人们的利益正是通过权利人有意志支配的行为方得到主张、实现和维护。人的意志由两方面构成：一方面是表露于外的最容易被他人直接感知的权利人的个体意志，另一方面是对权利人有着客观巨大影响但隐藏于个体意志后面不易被他人直接感知的意志，即体现着一定社会中占主导地位的价值判断的社会整体意志。可以说，无论权利人是积极行使权利还是放弃自己的权利，均体现其意志，而实际上，个体意志不可能完全摆脱一定社会的社会整体价值判断所产生的意志的影响。因此，权利人的个体意志需要与社会整体意志和谐相处。而最关键的是，个体意志与社会整体意志的衡平点如何确定，这恰恰是在法律制度选择中人们不断思考并且不断需要调整的问题。在著作权的制度中，也面临着如何寻找这一衡平点的问题。作者行使权利的意志是其

---

[1] 梁启超："乐利主义泰斗边沁之学说"，载梁启超原著，范忠信选编：《梁启超法学文集》，中国政法大学出版社2000年版，第29页。

个体意志的典型体现,但是,作者行使个人权利的同时必须要关注作品传播者和终端性地使用作品的社会公众的利益及其意志,因此,个体意志不可能是著作权的权利体系法律制度设计的惟一出发点,也就是说,在设计权利体系的同时,必须在权利行使上给予必要的限制,如权利期间与公众合理使用排斥作者诉权等。因为,法律的制度设计应当体现这样一个权利确认和权利行使目的:"自以为人,并尊重他人为人。"[1]

3. 自由要素。这里所说的自由是权利人实现其利益的行为自由,它表现为在一定社会中人们依照自己的意愿实施行为的范围。行为自由包括自由的作为和不作为。马克思正是从这个角度得出了一个值得我们注意的结论:法应当是对权利的确认,因为只有确认权利的法才是"人民自由的圣经"。[2] 我们不排除法律对人们的权利加以规范的效果表现为两方面:一方面是对人们行使权利、实现利益的行为自由的资格、能力和可能性的认可,另一方面是对这种行为自由的状态和限度的界定。但是,我们更应当看到的是,唯有自由方可实现人们主张权利的目的。因此,不是为了限制人们依照自己的意愿实现利益的自由而制定法律规范,相反,是为了寻找利益实现的途径和方式而制定法律规范,否则,权利就形同虚设,因为没有自由为要素的权利是不可能实现的权利。只有在立法上充分确认权利人按照自己的意志实现利益的自由及其途径与手段后,才能实现对妨碍权利实现的行为和因素加以制约。

(二)从著作权看权利本质观

权利观是指将权利的不同要素中的某个要素作为核心要素,并从该要素引申出去对权利进行全面考察分析的一种方法论。讨论权利观就需要涉及一些哲学问题,但是,我们在这里仅是把哲学作为一种分析问题的工具,因为在现代学术讨论中,哲学的概念不再构成一种特殊语言,尤其是不再构成一种同化一切的系统,而是提供对科学知识作重构式利用的手段。[3]

在现代各国尤其是欧美国家的法学理论中,无论是公法还是私法,权利均被认为是法学最核心的内容之一。对于权利观,18世纪启蒙思想家们和法学家们进行过深入的讨论和阐释。其后的19世纪将这一讨论引入深层次的理论探讨中。

---

〔1〕[德]黑格尔:《法哲学原理》,范扬、张企泰译,商务印书馆1982年版,第46页。

〔2〕《马克思恩格斯全集》(第1卷),人民出版社1956年版,第71页。

〔3〕[德]J.哈贝马斯:《在事实与规范之间——关于法律和民主法治国的商谈理论》,童世骏译,三联书店2003年版,第2页。

而20世纪的权利学说虽然多有"分枝性贡献",但是,基本上没有超出18、19世纪学者们提出的观念。

鉴于对著作权影响较大的权利理论多产生在19世纪,因此,因篇幅所限,笔者主要对19世纪的一些具有代表性的权利观进行讨论。在19世纪,学者们对权利的认识因出发点和观察视角的不同而各有差异。不同的学术观点均承认权利与主体意志具有密切的关联性。但是,到底权利的本质是意志还是其他,不同学术见解分歧明显。

1. 自由说。作为在19世纪影响非凡的德国古典哲学的大家,黑格尔以他的卓越思想为人类哲学思想宝库增加了耀眼的光彩,同时,他对法学的关注使得法学也承受了他的思想雨露。在黑格尔对权利的阐述中,有许多给我们以巨大启发的思想,也有不少遭到后人批判的观点,但是,笔者认为,在黑格尔的权利观念中,有一点应当肯定,即在其权利理论的讨论中,自由的观念贯穿其始终。尽管他将个人主义的自由观念发挥至极致,但是这对于我们重视权利理论、重新审视权利与人、社会的关系十分重要。在黑格尔的权利理论中,"自由"这个权利的要素被放置在最为突出的地位上。在黑格尔的作品中,我们可以读到这样的一段经典之语:"法(权利)的基础是精神的东西,它的确定地位和出发点是意志。意志是自由的,所以自由就构成了法(权利)的实体和规定性。"[1] 权利的要素中有意志和自由,意志与自由之间表现为表里的关系,意志必须靠自由给予支撑,而自由通过意志而实现。因此,黑格尔进一步强调:"自由的东西就是意志。有意志而无自由,则仅是一句空话;同时,自由只有作为意志,作为主体,才是现实的。"[2] "自由是意志的根本规定,正如重量是物体的根本规定一样。"[3] 社会中的人之所以主张权利的享有和行使,在于追求自己意志的实现。为达到实现意志的目的,需要主体的意志是一种充满自由理念和保证的意志,因为"任何定在,只要是自由意志的定在,就叫做法(权利)。所以一般说来,法(权利)就是作为理念的自由"。[4] 黑格尔这一观点可以被总结为一句话:权利就是自由的定在。

---

[1] [德]黑格尔:《法哲学原理》,张企泰、范扬译,商务印书馆1979年版,第10页。括号是笔者所加,因为如前所述,在德语中,"recht"既有"法"之意,也有"权利"之意,故法与权利系同一个词。笔者认为在本句的语境中,翻为"权利"似乎更加符合该句所要表达的内涵。

[2] [德]黑格尔:《法哲学原理》,张企泰、范扬译,商务印书馆1979年版,第21页。

[3] [德]黑格尔:《法哲学原理》,张企泰、范扬译,商务印书馆1982年版,第11页。

[4] [德]黑格尔:《法哲学原理》,张企泰、范扬译,商务印书馆1982年版,第36页。

主体对权利的关注，来自于一定的动力，需要自由意志是人的能动力量，它激励着人的实践意识，激励着人追求应属己物的意识。抽掉了人的自由意志，权利就失去了内在力，变成一堆僵硬的死物，对人没有用处。得之于人的自由意志的权利才是活生生的，才对人有价值。自由意志是权利的最初原动力，一个人不可能希求不合他意志的权利，也不可能去争得不合他意志的利益。一个人选择什么样的权利，求得什么样的利益，首先要经过自由意志的选择和决定。一切权利都具有目的性，这种目的性不是由物质关系直接赋予的，而须经过人的自由意志的中介和规定，离开了目的，就无法谈权利。从这一意志上说，权利就是人的自由意志的外在形式，是人实现自己的一种手段。我们可以进一步认为，自由理念是意志存在的观念支撑，自由保证是意志实现的必要条件。在这种内外统一结合的情况下，权利才作为自由意志的定在而存在。当然，自由保证应当是在个体意志与社会整体意志衡平状态下存在的。

从黑格尔的权利理论中，我们强烈感受到了他通过"权利"这一考察之窗深入到对人、意志与自由的关注空间。同时，在人、意志与自由的关系中，他突出关注人的自由、意志的自由，因而，他的权利观所强调的是权利本质在于自由。意志依靠自由、借助于财产而得以实现。在黑格尔阐述人对财产的关系时，更体现着他的权利观。在黑格尔看来，人为其理念而存在，法律就必须给他的自由以外部的领域。而财产权就是自由的外部领域，因而是自由的第一个定在。只要是自由人，就享有对物的所有权，因为人将自己的意志体现在对物的支配中。尊重权利人对财产权的支配，也就是对权利人的尊重，因为法的基本命令是"自以为人，并尊重他人为人"。总之，黑格尔的权利观也强调意志、主体，但是更揭示出自由对这两者的重要性和前提性。因此，从这个角度，笔者将其权利观称之为"自由说"。

2. 意志说。在19世纪有关权利观的理论讨论中，也有学者强调权利的主体是重要的，但是最为核心的是权利主体的意志。这一权利观的主倡者是德国法学巨匠萨维尼（Friedrich Carl von Savigny）。他认为：权利是"那种为单个人所具有的、其意志占支配地位的权能（macht）"。[1] 这种观点突出强调了人的意志"占支配地位"的重要性。应当说，在许多学者对权利的阐述中，强调权利主体

---

[1] Friedrich Carl von Savigny, *Sistema del Diritto Romano Attuale*, Torino Unione Tipografico-Editiice, 1886, p. 36.

意志的观点不在少数,但是有些学者或是将意志作为强调自由的外在表体,如黑格尔;也有更多的学者将意志仅作为权利的一般考察对象进行分析。而萨维尼则是从权利的内在价值上对主体的意志作出判断:权利之所以被认为是合法的,因为它从人的不可侵犯性出发确保个人意志可以有"一个独立支配的领域"。[1] 如果主体的意志未占据着核心的、支配性的地位,则权利也就丧失了其价值。有学者在萨维尼权利理论的基础上进一步提出了"意志承认说",强调权利是法律对人们作为主体而平等享有的自由意志的承认。[2] 这是从法律救济的观察角度分析主体意志与法律的关系。也就是说,法律对人们自由意志的承认,即意味着主体意志的实现有了强制力的保护屏障。因为权利的确认旨在保护个人依自己意志进行活动的空间,当他人未经许可而干预权利人的意志自由甚至侵害权利人的财产和生命时,权利人可以主张法律救济。

在哲学和法学大师们的理论中,我们可以找到权利与意志之关系的诸多阐释。例如在康德理论中,权利被认为是"意志的自由行使",这一观念发展成为"权利为善良意志"的学说。而黑格尔则把权利解释为"自由的定在"。[3] 但是萨维尼的观点则更是以法学家特有的眼光和思维来认识意志在权利要素中具有的支配地位。

3. 利益说。简单地讲,权利观念中的利益说所主张的权利就是利益。这一权利观通常认为是功利主义的核心。所谓"功利主义",通常在中文的表达中是指仅以金钱利益为衡量一切事物的惟一标准的一种处世哲学观。它的原文是"utilitarianism",但是,这种翻译的准确性值得质疑,因为"utilitaria"的直接意思是以选择那种能够产生最好结果的方案为正确的选择。19世纪末期,以耶林为代表的一些学者们在他们的权利理论中提出了不同于以往权利理论的独到见解。他们认为,意志对权利而言固然是重要的,但是,权利的主旨是利益而不是主体的意志。该理论被冠之以"功利主义"的品牌。但是,"功利主义"并非耶林首倡。早在1789年,英国学者边沁[4]就以他的一部不同凡响、备受争议的《道德与立法原理导论》(An Introduction to the Principles of Morals and Legislation)

---

[1] Friedrich Carl von Savigny, *Sistema del Diritto Romano Attuale*, Torino Unione Tipografico-Editiice, 1886, p. 337.

[2] G. F. Puchta Cursus des Institutionen Leipzig 1865, §4.

[3] 程燎原、王人博:《权利及其救济》,山东人民出版社1998年版,第13页。

[4] Jeremy Bentham, 1748~1832.

对"功利主义"作出了全面、系统和详尽的阐述。边沁所认为的功利,"是指任何客体的这么一种性质:'它倾向于给利益有关者带来实惠、好处、利益或幸福(所有这些在此的含义相同)或者倾向于防止利益有关者遭受损害、痛苦、祸患或不幸(这些也含义相同)。'"[1] 边沁相信,人人都追求快乐避免痛苦,人类的一切言行思想都受制于趋乐避苦的自然欲望,凡能增加快乐减少痛苦的便是好的,就是善;反之,便是恶。因此,行为的是非决定于是否具有增加快乐减少痛苦的功用,这就是他的"功利原则"(principle of utility)。由于快乐或痛苦只有个人可以感知,作为社会,则应当追求一个共同的行为标准,即追求"最大多数之最大幸福"。人们要根据行为本身是能够增加还是减少与其利益相关人的幸福这样一种趋向,来决定赞成还是反对这种行为。[2] 在边沁看来,善就是能够造成最大数量的最大的快乐的东西,政府的责任就是给社会带来最多的快乐。同理,任何立法的优劣的判断,也应当以是否实现了"最大多数人的最大幸福"为标准。虽然边沁的"功利主义"学说遭到了全面的质疑,但是,这恰恰也是他的学说的巨大影响所在。因为尽管有许多质疑,但是,批评者也承认,边沁所主张的追求"最大多数人的最大幸福"的观点,实际上从另外的一个角度肯定了个体权利的必要受限性质。

虽然就强调权利的核心是利益而言,耶林与边沁的权利观没有本质的不同。但是,与边沁所提倡的追求利益最大化的权利观念不同,耶林[3]强调的是社会利益,或者是社会利益与个人利益的结合,他主张力求平衡个人原则与功利原则。他认为权利就是法律上保护的利益,因此,权利是作为法律的目的和根本标志。耶林的学说对19世纪末德国统一后的立法有相当大的影响,推动了资本主义法律由个人本位向社会本位的转变。他的"社会利益"学说则直接构成了利益法学的思想渊源。现代学者将其归纳为:"从概念上讲,权利是法律秩序授予个人的一种法律权能,就其目的而言,它是满足人们利益的一种手段。"[4] 耶林的权利理论得到了美国著名的法学家庞德的推崇,他认为:耶林"通过使人们注

---

〔1〕 [英] 边沁:《道德与立法原理导论》,时殷弘译,商务印书馆 2000 年版,第 58 页。
〔2〕 [英] 边沁:《道德与立法原理导论》,时殷弘译,商务印书馆 2000 年版,第 59 页。
〔3〕 Rudolf von Jhering, 1818~1892.
〔4〕 L. Ennecerus Allgemeiner Teil des Buergerlichen Rechts 15. Aufl., Tubingen 1959. 可惜,在我国法学界都在谈耶林的理论,但是除了其《为权利而斗争》一文被译成中文外,其他作品的内容均没有译成中文,人们所阐述的内容均是他人转述的内容,难以符合学术规范的要求。

意权利背后的利益,而改变了整个权利理论"。[1]

4. 合理期望说。庞德将权利定位于一种"合理的期望"。根据他的解释,所谓合理的期望,是指"一个人可以有以经验、以文明社会的假设或以共同体的道德感为基础的各种合理期望",具体而言,包括如下理解:

(1) 在文明社会中,人们被认为是一个理性的、不会故意侵害他人生命或其他利益的人。在这种情形下,我可以期望我生命的存在没有不正常的人为的危险威胁。

(2) 在文明社会中,凡是采取某种行动的人被认为会理性地以应有的注意避免使他人有遭到不合理损害的危险。因此,我之所以能够放心地发表我的作品,是因为我可以合理地期望他人不会未经我的许可而使用我的作品。

(3) 在文明社会中,共同集体的道德感和经济秩序的需要,使得人们能够理性地信守自己的诺言。

人们合理期望中的一个或若干或全部的合理期望可能会获得法律的确认与保护,这样,应然的或道德的权利,就成为一个法律权利。[2]

根据庞德的看法,权利被用于下列六种情形:

第一,权利指的是利益。权利可以被解释为特定的主体认为或感到基于伦理的理由应当加以承认或保障的东西,也可解释为被承认的、被划定界限的和被保障的利益。

第二,权利是指法律上得到承认和被划定界限的利益,加以用来保障它的法律工具。这也可称为广义的法律权利。

第三,权利被用来指一种通过政治组织社会的强力(保障各种被承认的利益的工具的一部分)来强制另一个人或所有其他人去从事某一行为或不从事某一行为的能力。例如,我有占有我的手表的权利,并有在别人从我这里取走它时,恢复我对它的占有的权利。

第四,权利被用来指一种设立、改变或剥夺各种狭义法律权利从而设立或改变各种义务的能力。例如,受当人出售典当人的财产的权力;代理人移转本人财产、订立契约约束本人或使他对一种侵权行为负责的权力。

---

[1] [美]罗斯科·庞德:《通过法律的社会控制——法律的任务》,沈宗灵译,商务印书馆1984年版,第46页。

[2] 程燎原、王人博:《权利及其救济》,山东人民出版社1998年版,第15页。

第五，权利被用来指某些可以说是法律上不过问的情况，也就是某些对自然能力在法律上不加限制的情况。例如，从事合法职业的权利。

第六，权利还被用在纯伦理意义上来指什么是正义的。[1]

三、结　论

就权利而言，它确实是以利益作为其内容的。因为无论是权利人要求权利的享有，还是主张权利的行使，乃至一个社会通过立法途径由法律来确认和保护权利，就是要保护权利人的利益得到实现和不受到非正当的干预。如果我们再深入追问：为什么要使得权利人的利益得到实现和受到保护？显然，这实际上包含着对权利人自由意志的尊重。所以，被法律所确认和保护的权利是满足人们利益的一种手段，这是权利表面特质，而对权利主体意志的尊重，这才是法律应当树立的宗旨。

就著作权而言，为什么法律要在作品上确认权利的存在？其正当性何在？同样是因为：其一，在作品上体现着作者以及被视为作者的人的意志，体现着他们的法律人格。法律的宗旨首先应当定位于对这些原始性利益主体的意志的尊重。其二，对主体意志的尊重不是一种空泛的口号，而是以对这些主体因作品而产生的原始性利益进行确认和保护为具体内容，这就是权利的内容。其三，对著作权正当性的肯定，还有一个关于社会正义的深层面上的思考与追求，即保护产生于作品的著作权，符合社会最大多数人的利益，使得人们在从事创作活动时，有着社会安全感和对被保护的利益的可预期性。法律的这种导向功能有着十分巨大的能量，因为当一个社会制定并实施保护著作权的立法后，对著作权的尊重和保护将逐渐成为该社会中人们的共识，逐渐由被动的、被强制的行为转变为主动的、自觉的行为，并逐渐融入人们的道德理性中。

---

[1] 程燎原、王人博：《权利及其救济》，山东人民出版社1998年版，第16页。

论作者在著作权法中的地位[*]

在著作权法中，其主体有作品的创作者和使用者（含传播者在内）。那么，作品的创作者在著作权法中到底处于怎样的地位？这是一个值得探讨的问题。本文就这个问题提出自己的一点看法。

一、问题的提出

在现代社会，同体力劳动一样，脑力劳动也是一种生产劳动。作为脑力劳动者的作者为人类生产着精神产品，他的劳动应受到社会的尊重，他因劳动而获得的权利应得到法律的有效保护。然而，在我国现实生活中却存在着作者权益被侵害而又得不到保护的现象。例如，有的作者稿酬常被有名无实的"合作者"分享，或以上缴、分成等形式被分割；有些作者的稿子投寄出去后如石沉大海、有去无回；有些作者的作品不得不署上他人名字才得以发表；有的作者的作品被出版单位修改得面目全非却不征求作者意见，仍以作者的名义发表；有些作者的作品在不征求作者或拥有专有权的组织的同意的情况下被擅自改编；抄袭他人作品的行为盛行，但抄袭者却至多受到道义上的公开谴责（甚至连这都没有），不承担任何法律责任……此类情况比比皆是。不仅如此，甚至许多从事创作的人自己也并不清楚享有哪些权利。由此可窥见作者的权益被漠视到何等程度。作者权利不明确且没有保证，造成的危害很大，不仅会挫伤作者的创作积极性，不利于更多更好的精神产品出世，而且不利于良好的创作风气的提倡，使法律在保护作者合法权益方面显得软弱无力。

在我国社会生活中出现上述问题有其历史根源。在我国古代，早期的作品创

---

[*] 本文原载于《政法论坛》1987年第4期。

作形式较多，如口头、文字、图画、雕刻等，但早期的作品传播只有两种方式：一种是口头流传，这是在隋朝以前；另一种是通过雕本，即在竹签等物上进行雕刻来传播。雕本"启自于隋，行于唐世，扩于五代，精于宋人"。[1] 在这个时期，口头传播使作品缺乏相对稳定性，而通过雕刻方式来完成一部文学艺术或技艺作品亦费时费力。生产力水平较低时期的作品创作，其本身还不具备足够的吸引力来要求得到法律或类似于法律的措施加以保护。

北宋后期仁宗庆历年间（公元1041年），毕昇发明了活版印刷术，从而使作品的大规模复制成为轻而易举之事，印刷业亦随之突起。在需求有限的市场上，印刷商的竞争逐渐激烈起来。这种情景较欧洲早了近四个世纪。在欧洲，直到15世纪，德国的约翰·古登堡才试验成功活版印刷术。

在我国，从出现印刷术后，官府便加强了对印刷的控制，对印刷商采取特别许可制，这可从古文记载的史料中看出。宋朝眉山程氏刊本《东都事略》牌记云："眉山程舍人宅刊行，已申上司，不许复版。"如果我们将实施活版印刷术初期阶段的欧洲一些国家拿来相比较，就会发现无论是我国还是欧洲国家，在这一阶段有着惊人的相似之处。在英国、法国、德国等国家，印刷商从最高统治者——女皇或皇帝那里获得印刷某些作品的特权——一种复制特定作品和依特许而防止别人复制他们有权印刷的作品之独占权。"由政府授予专利出版权的做法……到16、17世纪时，便已成为一种普通商业惯例了。"[2] 这段时期，各国统治者采取行政性手段给予印刷商以特权，完全是以保护印刷商、出版商的利益为核心，而对作者的权利却都没有给予重视。

随着印刷技术的进一步改进，作品可以较过去越来越低的成本迅速地大批复制，作者的地位在新技术不断出现的情况下日益显示出它的重要性，因此需要有专门的规定对这些问题加以调整。但由于社会经济基础及上层建筑的变革程度不同，尽管我国与欧洲国家在印刷术出现的初期采用的调整手段的性质和方式是相同的，但在18世纪以后，中国与欧洲及美洲大陆国家在著作权问题上分道扬镳了。

1640年，英国首先爆发了资产阶级革命，进而蔓延到欧洲许多国家。根据资产阶级的法律面前人人平等的原则，不仅出版商、印刷商的权益要受到保护，

---

[1] 参见施文高：《著作权法制原论》，商务印书馆1981年版。
[2] 参阅"关于英国版权保护的一点情况"一文，载《国外出版动态》1980年第7期。

作者权益同样应受到保护。由此便于 1709 年出现了第一部规定有保护作者权益内容的成文法——英国安娜权法草案（以下简称安娜法）。该法的前言郑重声明："鉴于近来时常发生印刷商、书商和其他人不经作者……同意，随意印制、翻印和出版图书，使图书作者受到极大的损害，而且常常使他们及其家庭破产；为防止今后发生此类事情，为鼓励学者们编写有用的图书，特制定本法。"〔1〕该法规定，当时已出版的图书，其作者拥有为期 21 年的印制独占权；对尚未出版的作品，拥有 28 年的印制和处置权。从此，在世界史册上翻开了保护作者权益的第一页。值得注意的是，安娜法虽然承认作者是被保护主体，却主要是从印制作品的角度加以规定的，保护范围十分狭窄。

在 18、19 世纪，欧洲及美洲大陆许多国家受英国安娜法的影响，相继制定了著作权法（版权法）。关于作者应成为著作权法保护的主要受益者的观点已成为许多国家著作权法立法的基础。但是多数国家对作者权利的规定则是在 20 世纪 70 年代才完备起来。

在我国情况却不同。从发明了活版印刷术以后直到清朝末期，对出版者的权益始终给予一定保护，从最早的《东都事略》及各朝代的敕令、各种文书等记载的内容中都可看出这点。但是却未见对作者权益给予保护的规定。这是因为封建统治者利用封建专制手段严格控制作品的传播，从而在很大程度上扼杀了作者的创作积极性。统治者通过授予印刷商出版商以特权，使他们为获得特权而将作品交官府审查，从而使统治者牢牢地控制了作品的传播，甚至大兴文字狱，结果必然造成漠视作者权利。在我国沦为半封建、半殖民地社会以后，上述情况仍然没有根本改变。

中华人民共和国成立以后，我们废除了国民时期的旧法。在《共同纲领》的基础上，对保护作者权利作出原则性规定，并制定出有关作者稿酬的条例。但在以后的一个时期内，对保护作者权益重视不够。从思想方面说，还存在着一些错误认识，主要有两种：

一种观点完全否定著作权法在社会主义国家中的作用，自然也就完全否定对作者权利给予法律保护的必要性。这种观点认为对作者权利的保护是知识商品化的倾向，片面强调作品的社会性。这种认识是基于"左"的思想而产生的。著作权法虽然产生于资本主义社会，但是，社会主义社会同样需要大量的精神产

---

〔1〕 参阅"关于英国版权保护的一点情况"一文，载《国外出版动态》1980 年第 7 期。

品，那么，以作品为客体的著作权法在我国同样需要。同时，不能将作者的智力劳动与一般性劳动简单等同，智力劳动有自己的特点。作品是作者艰苦的智力劳动的产物。为了不断地满足人民群众日益增长的文化生活需要，必须要尊重作者的劳动，通过法律手段给予承认和保护。

另一观点认为在我国出版商等传播者是主要被保护主体，因为版权乃出版权也。这种认识有一点值得肯定，即从法律角度考虑问题。但是，对版权的认识是错误的。版权就是著作权，出版权仅仅是其中的一个权能。出版商等传播者的权利及其法律地位固然重要，但是仅仅强调出版商等传播者的权利，忽视作者权利，就会在相当大的程度上扼杀作者的创作积极性，使著作权法失去稳定的基础。

二、作者是著作权法的第一主体

这一命题按道理讲是不成问题的，因为世界上许多国家都将作者列为著作权法的第一主体。但是，通过我们上述对作者权利一直处于被漠视状况的历史和现实的分析，可以看出，这一问题在我国并没有解决。为什么作者在著作权法中应占有首要位置？我认为可从以下三点进行论证：

1. 作品是作者智力劳动的结晶。自从人类开始以图画、文字等符号记载历史时起，人们一代又一代地从事着这样一种活动：一方面，从前人那里吸取智慧的精华；另一方面，将人们进行生产实践、科学实验所获得的新东西以各种人们感知的形式不断加以表述或记载。这样无限螺旋式循环，随社会发展使现代的人们获得了一个巨大的文化科技宝库，并且这一宝库仍在不断地扩大，永远不会停止。作品是人类科技和文化知识的物质表现。人类社会从远古进入现代，在漫长的历程中，知识显示出其特有的作用。对这一问题，马克思精辟地指出："固定资本的发展表明，一般社会知识，已经在多么大的程度上变成了直接的生产力。"[1] 这是因为，随着经济的发展，科技文化知识逐渐与物质生产工具处于同等重要地位，亦是人们的劳动工具之一，是生产资料的一部分。它与物质工具通过人的作用而变成生产力，所以知识是生产力创造价值的重要条件之一。在现代社会中，科技文化知识作为生产资料的一部分起着越来越大的作用。据统计，20

---

〔1〕［德］马克思、恩格斯：《马克思恩格斯全集》（第46卷·下），中共中央马克思恩格斯列宁斯大林著作编译局译，人民出版社1980年版，第219~220页。

世纪70年代，发达资本主义国家经济增长中，依靠科学技术取得的占50%~70%。[1]

知识本身是看不见、摸不到的，但是它反映着人与大自然（包括人与人）直接相互作用的结果。欲使人们了解、掌握知识。就必须利用文字、图像等符号将其固定于物质载体上。人类所有的智慧结晶——发明、创造的结果都必须以某种物质载体记载、固定下来，方能使之流传千古，为后人所学习和改进，否则这一切都将随人体的消灭而消失。

将知识从摸不到、看不见的状态变成人们可感知状态的过程，就是作者创造性的劳动过程。在这一过程中，作者不仅要参加社会实践、科学实验活动及学习前人和同代人的创造成果，更重要的是，他要将捕捉到的这些内容通过大脑加工使之系统化，进行再创造，并以各种形式将其表现出来。著作权法保护的客体不是人们的思想，而是将这些思想内容表现出来的形式，如口头、书面、图画、摄影、雕塑及视听形式。一部科学作品之所以受到著作权法的保护，并不在于它内容的科学性，而是这些内容所具有的形式，这一形式的完成是作者（科学家）具有独创性的智力劳动的结果。从准备到作品创作出来，是艰苦的智力劳动过程。因此，作品是作者智力劳动的结晶，没有作者就没有作品，没有作品，著作权法也就失去了存在的价值。

2. 著作权的性质取决于作者智力劳动的性质。智力劳动，亦称脑力劳动，它是社会生产劳动的一部分。如果我们仔细地分析一下智力劳动与著作权的关系，便会发现：

第一，智力劳动的特殊性导致著作权中人身权的产生。智力劳动是一种创造性的劳动，具有单一性（即创造性或非重复性）的特点。它不同于体力劳动可以原样不变地重复，在智力劳动中或多或少地带有创造性。智力劳动之所以具有创造性的特点，是因为劳动者的人格融于其中。人格即在一定社会实践中形成的具有一定倾向性的心理特性之总和。作为自然人来讲，个人的性格、智慧、情绪、气质和习惯都是决定个人人格的要素。所以，智力劳动的性质之一是人格性。就创作活动而言，一部作品的完成，除作者对社会实践进行积极探索这一首要前提外，还由三个重要因素促成：先人智慧之成果，同代人智慧火花之启迪，作者自身的钻研和努力，尤其最后一点相当重要。作者将自己的思想和情感融于作品之中，使作品的独创性表现出来，实质上是将作者的人格表现出来了。每个

---

[1] 载《红旗》杂志1987年第7期。

创作者的智慧、思想、情感都不同，故作为心理特性之总和的人格亦各自不同。所以每一部作品都是该作品创作人的人格体现。这种智力劳动的人格性在著作权法中就表现为人身权，它具体分为人格权和身份权两种。在著作权中，人格权具体是指署名权、作品不可侵犯权。因为人的姓名权和荣誉权生来便有。署名权和作品不可侵犯权是姓名权和荣誉权在著作权中的特殊体现。作者可自由地在作品上署真名、笔名或不署名。对作品，除作者外，任何人不得擅自删改。这是因为，他人的任意删改有可能使作者失去应得到的社会评价和荣誉。身份权具体包括作品的发表权、修改权和收回权。因为只有具备特定身份的人——作者，才有资格将作品发表、修改和收回，而这一资格是基于创作行为而产生的。

第二，智力劳动的价值性导致著作权中财产权的产生。价值性不是智力劳动特有的，但智力劳动创造的价值已越来越引起人们的重视。这里所说的价值，不是指社会价值，而是指经交换而实现的经济价值。智力劳动同体力劳动一样，可以创造价值，而且是很高的价值。在社会主义社会中，这是由社会主义生产目的所决定的，要不断满足广大人民日益增长的物质和文化生活需要。正因为如此，中共中央《关于科技体制改革的决定》中明确指出："应当充分认识和评价智力劳动所创造的价值。"

作品作为智力劳动所创造的精神产品，来源于社会生产实践和科研实验，同时又给人们的思想以启迪，传播新的知识，丰富人们的精神生活，从而激发人们的斗志，促进劳动效率的提高。此外，它还可以直接为社会创造价值。目前，有一种行业日益引起各国重视，不少国家称之为"版权业"（著作权业）。这种行业是以各种形式的作品（图书、期刊、报纸、电影、电视、录音、广播、戏剧等）的创作、传播等组合而成的大行业。该行业的产品产生于或受著作权法保护或可受著作权法保护的作品。有些国家在 20 世纪 70 年代和 80 年代对著作权业所创价值及其在国民生产总值中所占地位进行了统计。以瑞典、美国和英国为例：

瑞典 1978 年国民生产总值为 3630 亿瑞典克朗，其中，著作权业为 240 亿，占国民生产总值的 6.6%。这次调查还未将最先进的与著作权有密切联系的录像、通信卫星和计算机列进去。瑞典的调查还将著作权业的产值与国家其他主要部门的产值进行了比较，结果为：著作权业的产值多于农业、林业和渔业的产值总和。

美国 1977 年的国民生产总值为 19 770 亿美元，其中，著作权业的产值为

550亿美元,占国民生产总值的2.8%。就各个部门产值比较而言,1977年美国医疗卫生服务居首位,著作权业居第二位,然后才是农业、电子机械制造业、汽车和设备制造业、食品加工业。

英国1982年国内生产总值为232.53亿英镑,其中,著作权业的产值为59.76亿英镑,占国内生产总值的2.6%。[1]

资本主义国家如此,在社会主义国家中,更应充分重视智力劳动的价值。作者的智力劳动既然能为社会带来增殖,那么就应在不妨碍社会需要的前提下,以法律手段保护作者对其创作的智力劳动产品应享有的权利。作者的智力劳动价值性在著作权法上表现为财产权,主要分为三大类:①利用作品权(如出版权、改编权等);②获酬权;③增殖共享权(因作品的再版而获经济收益分成)。

应指出,尽管世界各国都规定了作者财产权,但是资本主义国家和社会主义国家对作者财产权有不同的态度。资本主义国家虽然也强调作者财产权,但在立法上作出很多限制,如美国,规定一次性转让原则,要求作者将权利一次性转让后,再也不许过问,这在相当大的程度上削弱了作者的财产权。社会主义国家则不然,如苏联,早在十月革命胜利后的1919年10月,便在列宁的亲自指导下颁布了《关于废除购买文学艺术作品整个产权合同的法令》,体现出对作者权利的保护。在实行按劳分配的社会主义国家中,不仅承认并尊重作者的劳动,并充分保证他们因从事智力劳动而获得的经济收益。承认作者财产权是社会主义商品经济的必然反映,因为在这种经济形态中,劳动还是一种生活必需,是劳动者的一种特权,这种特权必须有相应的经济利益加以呼应。

由上述分析可看出,因作者智力劳动具有人格性和价值性,故在法律上形成著作权的两大组成部分——人身权和财产权。所以,著作权具有人身和财产双重属性,这是作者智力劳动的人格性和价值性所决定的。

3. 著作权能的层次性决定了作者的地位。尽管世界各国经济、政治、文化等诸因素各有不同,但是,从宏观角度看,都有一个共同点:著作权能由于实现的途径不同而具有层次性,并且,依权能享有者数量的从少到多而呈放射状。

第一层次是依创作事实便可实现的权能。此时表现出来的是人身权,而财产权则处于潜在的未实现状态。这一层次中的权能,在我国有下列内容:人身权——署名权、作品不可侵犯权、发表权、作品修改和收回权;财产权——处于

---

[1] [美]亨利·奥尔森:"版权的经济影响",载《版权参考资料》1985年第3期。

潜在状态未表现出来。此层次的权能仅有作者享有。

第二层次是通过合同转让而实现的权能。此时财产权表现出来，同时，尽管人身权不可转让，但因它们已处于明显的地位上，故一旦有必要的话，如财产权被侵害等，人身权将清楚地表明它的存在。在我国本层次的财产权能有以下几种：利用作品权（出版权、改编权、再版权、复制权、翻译权、传播权等）、获酬权、增殖共享权、首次权（首映权、首载权、首演权、首播权等）；人身权则与第一层次相同。此层次的权利主体有作者和传播者。传播者的数量通常是作者的几十倍。

第三层次，当作者创作出作品并通过出版等传播途径问世时，公众有赏阅权，而且，在国家允许范围内，公众可无偿地复制、引用和观赏。此层次的权能主体是为数巨大的公众。

不同层次的权能有不同性质。第一层次是原始性权利，第二、三层次则属于派生性权利。不同层次的权能有一渐露过程，主体亦由少变多。所以，著作权能呈放射状。原始性权利仅有作品创作人才享有，著作权基于作品而产生，因此，作者在这个放射状中处于放射源的位置。

综上所述，人类智慧的结晶如发明、创造是推动社会生产力发展的重要因素。而各种发明、创造和社会历史之所以能保存住并流传于世，是将其运用各种符号固定于物质载体上。这是一项艰巨的智力劳动，作者就是这一伟大劳动的实施者。没有他们的劳动，整个世界的情景难以想象。作者智力劳动的性质决定了作者权利的性质，使作者成为原始著作权的享有者。因此，作者在著作权法中占有首要地位。

法人作为著作权原始性利益人的理论思考[*]

在著作权体系中,人是著作权体系的要素之一。在著作权的权利体系中,人又是判断该权利体系架构之正当性的基础。

由于受到罗马法将人(拉丁文为"persona")划分为自然人和团体的理论与制度规范的影响,近现代国家民法关于"人"的基础理论和制度规范中涉及自然人与法人等团体已经成为极为普遍的现象。但是,这种民法上的"人"的理论是否能够适用于著作权主体,则颇有争议。在著作权理论中,如果作者是自然人,则确定其是受法律保护者将没有人提出异议,也不会遭受任何来自理论上的困扰。因为,如果我们按照作者仅为自然人且作者资格因创作作品的事实行为而生的认识,在确认作者时应当是一个再清楚不过的、无任何异议的问题。但是,笔者注意到,在不少国家的立法中却规定了对作者身份加以确认的内容。仔细分析其缘由,就在于:"在作者身份的推定上不仅涉及自然人,而且还涉及法人。"[1] 这恰恰印证了"法律的生命不在于逻辑而在于经验"的基本规则。因此,我们应当从法学理性的角度来对法人作为著作权原始性利益人进行理论分析。笔者在此提出自己的见解,以期抛砖引玉。

一、著作权原始性利益人的界定

原始性利益人,系指最初的、最充分的利益享有者。在以有体物为权利客体的权利领域,如物权领域中,存在着原始性利益人,即通过生产行为、先占行为、添附行为等获得物权的人;在以创新的知识信息为权利客体的权利领域,如

---

[*] 本文原载于费安玲主编:《私法的理念与制度》,中国政法大学出版社2005年版。

[1] [法]克洛德·科隆贝:《世界各国著作权和邻接权的基本原则》,高凌翰译,上海外语教育出版社1995年版,第31~32页。

著作权领域中,同样也存在着原始性利益人,即通过创作作品行为获得著作权的人。在我国著作权立法所确认的著作权主体规则中,以利益的享有为划分标准的观念已经存在,即作者是原始性利益享有者,而作者之外的作品传播者和终端性利用作品的公众,则是从作者那里获得著作权部分利益的主体,因而具有派生性利益人的属性。

本文对著作权的权利体系中的人的讨论,仅限定在原始性利益主体范围内。

二、确认作者资格的不同制度体例

作者资格的判断,首先是对私法上的人的判断,在此前提下,对人格的理解则是进行判断的切入点。

"人格"在哲学、伦理学、医学等不同学术领域中均被作为研究对象,但是,因学科观察角度不同而对"人格"的解释也是五花八门的。在这里我们仅将"人格"作为法律意义上的术语进行探讨。

法律意义上的"人格",可以从两个方面加以理解:

1. 从法律主体角度而言,当"人格"在与"法律"二字连用而构成术语"法律人格"时,指的是人的法律主体资格,即人享有权利和承担义务的资格,它的别称是"权利能力"。[1]

2. 从法律保护的权利角度而言,"人格"不是指人的法律主体资格,而是指人作为自然和社会的主体(如自然人),或者仅是作为社会的主体(如法人),其自身所包含的且受法律保护的各种自然的或者社会的非财产性利益因素。这些非财产性利益因素构成权利产生的基础。例如,自然人作为自然的生命体,在其人格中即包含了自然具备的身体、生命、健康等自然因素;而自然人作为人类社会生活的主体,在其人格中又包含了社会确认的其姓名、肖像、名誉、自由、隐私等社会因素。相应地,自然人享有着物质性人格权和精神性人格权。法人作为人类社会生活中的人的异类现象,不是自然的生命体,仅为社会的有机体。因此,其人格中没有属于它的自然因素,而只含有由社会确认的其整体意志、名称、名誉、团体秘密信息等社会因素,与之相对应的是法人享有着它所特有的非以生理基础为前提的人格权。从这个角度而言,人格是人作为社会生活的主体所自然具备的或者社会确认的各种非财产性利益因素的总称。无论是在社会伦理还是法律理念上,自然人均具有相同的法律人格和相同的人格利益因素,法人也均

---

[1] 梅仲协:《民法要义》,中国政法大学出版社1998年版,第53页。

有其自己的法律人格和人格利益因素，并且在实证法上都受法律的确认和保护。[1]

就自然人和法人的人格理论在私法上已经基本形成共识，但是并未排除理论上存在着的不同主张，尤其是关于法人人格的"拟制说""实在说"各自不同的思路和价值判断，导致基于法人人格所产生的其他理论问题也随之有异。在著作权原始性利益人——作者的讨论中，这种影响就更加突现出来，由此导致在作者资格上存在着不同的理论和立法例。

（一）自然人格论与作者一元化体例

自受到古希腊自然法思想影响的罗马法学家乌尔比安提出"根据自然法，所有的人生来都是自由的"[2] 主张后，以个人主义为核心观念的罗马法[3]在其漫长的自身演进过程中确立了以私主体为核心主体、以私权为权利架构核心的私权理念。在现代私法理论中，私主体系权利所"附丽之主体……即所谓人者是也。此之所谓人，指人格者而言。法律上的人格者不以自然人为限，即社会的组织体之法人亦是"。[4] 但是就自然性来看，自然人有自己的人格属不可置疑的自然属性。因此，凡创作作品的自然人是作者，这是社会生活中存在着的最大量、最普遍的现象。作为自然人，其作者资格的取得有要件二：

1. 有创作作品的事实行为。创作作品的行为是导致作品产生的直接创作行为，因此，任何为直接创作行为的实施所提供的辅助行为，不是创作行为，如为他人创作提供咨询意见、物质条件、组织工作，为查询资料的便利制作资料索引等。如某人为一幅科学示意图的绘制提供看法，他不是作者，但是，如果该某人不仅提供看法，而且亲自动手进行绘画，则他是作者之一。

创作行为是事实行为，不是法律行为。因此，有无民事行为能力对创作行为的存在没有任何影响。5岁稚童因其创作的儿歌而成为作者，精神状态癫狂者因其绘出妙不可言的油画而成为作者，他们均依法享有著作权。

---

[1] 江平主编：《民法学》，中国政法大学出版社2002年版，第135页。

[2] 罗马法原始文献 Dig. 1, 1, 4. Ulpianus 1 inst. …utpote cum iure naturali omnes liberi nascerentur nec esset nota manumissio, cum servitus esset incognita...

[3] 这是与尊重团体主义的日耳曼法相比较，罗马法尊重个人主义被彰显出来。但是，以个人主义为核心的观念也并不排斥非核心的观念，例如，在罗马法中，团体制度也被给予很多关注并初步形成了团体制度理念和制度雏形，因此而被后世学者称之为近现代法人的萌芽。

[4] 胡长清：《中国民法总论》，中国政法大学出版社1997年版，第55页。

2. 有作品的出现。著作权法对创作行为的保护，体现在它对创作行为结果的保护上，即对创作出的作品提供保护。因为只有作品的出现，才可以让他人感知，才可以复制。因此，作者资格是否取得，以作品是否出现为判断标准之一。但是，作品的出现不等同于作品完成。由于创作是一个过程，在创作过程中的每一个时间点上，均会有作品的部分出现，对该部分作品，创作者有权作为作者享有著作权。当然，创作的作品应当是法律所保护范围内的作品，即属于文学、艺术和科学领域内的、具有独创性、可感知性和可复制性的作品。

（二）法律人格论和作者两元化体例

法律人格理论建立在对人格的法律分析基础之上。"法律人格"就是私法上的权利义务所归属的主体，就是权利义务的归属点。简单地讲，人与法律的关联就表现为"法律人格"。[1] 由于法律人格并非指人的整体，而是指脱离了人的整体的人在法律舞台上所扮演的地位或角色，因此该语源是象征性的。[2] 我们必须注意到，以中文表达的法律意义上的"人"，来自于拉丁文"persona"和其他渊源于拉丁文的西语，已经不再仅指有血有肉的生理之人。因为"persona既不是活着的人，也不是与国家关系中的市民"，[3] 它只是作为法律权利义务的归属主体。因此，"法人是在与私法中的自然人完全同等的资格上存在的概念。对某权利的享有者、某契约的当事人、致害他人而应负侵权行为损害赔偿义务者是不问其为自然人还是法人的"。[4]

1. 法律人格理论的罗马法渊源。法律人格理论渊源于罗马时代法学家对"人"与"人格"的分析和具有法律效力的学说解释。正如梅仲协先生在其所著的《民法要义》第二章曰："法律上所谓人，系指人格者而言。人格二字，源于罗马……""民法上认为有人格之人，可分为自然人（德 natuerliche Personen 法 personne naturelle 英 natural persons）及法人（德 juristische Personen 法 personne morale 英 juridical persons）二者。"

在罗马法中，人由两个拉丁文单词表达："homo"和"persona"，前者指自然意义上的人或人类，在这个意义上，没有奴隶或自由人之分；后者则指具有各

---

〔1〕 [日] 星野英一："私法中的人——以民法财产法为中心"，王闯译，载梁慧星主编：《民商法论丛（第8卷）》，法律出版社1997年版，第155页。

〔2〕 梅仲协：《民法要义》，中国政法大学出版社1998年版，第160页。

〔3〕 梅仲协：《民法要义》，中国政法大学出版社1998年版，第160页。

〔4〕 梅仲协：《民法要义》，中国政法大学出版社1998年版，第162页。

种身份的法律意义上的人,其原意是"假面具"(Maschera teatrale),在此意义上,罗马社会中的奴隶不被认为是人,因为奴隶在这个时代的社会生活舞台上没有戴面具的资格。在罗马法中,"persona"表达的特点是:①强调人的法律属性而非自然属性;②强调人是享有权利承担义务的主体,但是,并不以是否有生命为判断标准。因为在社会的大舞台上,有生命的自然人不一定是法律意义上的人,如奴隶;而没有生命的却可以在社会舞台上独立活动,如团体。

罗马法学家们对"persona"的认识,直接产生了一个后世学者所不能视而不见的客观事实,即罗马人对团体的格外关注。在罗马法中,其团体制度相当发达。[1]在罗马时代团体制度相当发达的标志之一就是有关团体的语言表达,当时仅表达"团体"的拉丁文单词就至少有:collegium(意为"宗教团体")、societas(意为"营业团体")、solidalitatio(意为"政治团体")。由此可窥见团体制度较为发达之一斑,因为词汇(尤其是法律词汇)表达的多样化反映着当时的社会生活中已经需要用不同的单词去界定不同的法律现象并解释不同的制度规范,尽管当时的制度规范并非如同近现代这样法典化或判例化。

公元前1世纪的罗马法学家已关注到团体与参加团体的成员之间的不同。如公元前1世纪的罗马法学家阿尔芬注意到:舰船的存在与其船员的变化没有关系,尽管船员们因各种自然的和社会的原因而走马灯似的变换着,但是该舰船不因此消失或变化;军团的存在也不受士兵更换的影响,尽管原有的将士因作战或其他原因已经离开了军团,但是该军团依然存在。[2]

罗马法的原始文献告诉我们:公元2世纪以后,罗马法学家们已经开始注意到了"团体人格"现象,最为明显的是在当时的法学家们的著作中,对团体的构成和从事活动的资格作出了如下的具有法律效力的解释:

(1)数个自然人自愿相约即可设立团体。罗马法接受了古希腊梭伦法的观

---

[1] 在罗马法中并没有现代意义上的法人制度,也无"法人"这一术语。"法人"是中世纪教会学者和法学界的注释法学家们在研究和总结罗马法的基础上,根据罗马法的精神以及作为自然人的对称词提出来的一个法学术语。

[2] 罗马法原始文献 Dig. 5, 1, 76. Alfenus 6 dig. itemque navem, si adeo saepe refecta esset, ut nulla tabula eadem permaneret quae non nova fuisset, nihilo minus eandem navem esse existimari. quod si quis putaret partibus commutatis aliam rem fieri, fore ut ex eius ratione nos ipsi non idem essemus qui abhinc anno fuissemus, propterea quod, ut philosophi dicerent, ex quibus particulis minimis constiteremus, hae cottidie ex nostro corpore decederent aliur- que extrinsecus in earum locum accederent. quapropter cuius rei species eadem consisterei, rem quoque eandem esse existimari.

点，允许自然人自愿在法律不禁止的范围内签约结社。"三人即可形成社团"，"如果贫民、朋友、共同参加宗教活动的人、船员、被安排在同一墓地的人或者为了贸易或为了其他共同处理的事情而长期在一起的同伴之间有着稳定的交往关系，可以照自己的意愿签约，只要公共法律不禁止这样做"。[1]

（2）自然人一旦成为团体的成员，在进行活动时，其活动不是为自己或者说不单纯为了自己，而是直接为了团体的公共事务或者团体的利益。[2]

（3）设立团体，意在建立一个独立的主体。一旦该团体成立，即使"只剩下一个人，该人也可起诉或应诉，这时，所有人的权利都集中在该人身上，并且团体的名义在他身上保持不变"。[3] 这意味着团体活动中发生的诉权均由作为一个整体的团体享有。

（4）团体有自己的名称并在团体活动中"使用自己的名称"。[4]

（5）团体有资格获得他人的财产，也有资格与他人缔结契约。"如果什么东西应当给付团体，它不应当给付团体所属的个人，个人也不应当偿还团体所欠之债。"[5] 包括国家在内的团体，可以"拥有共同财产，自己的共同金库"。[6] 一个城市可以作为一个独立的主体"实行占有与时效取得"[7] "城市可以负消

---

[1] 罗马法原始文献 Dig. 47, 22, 4. Caìus 4 ad 1. xii tab. Sodales sunt, qui eiusdem collegii sunt: quam graeci hetaireian vocant. his autem potestatem facit lex pactionem quam velint sibi ferre, dura ne quid ex publics lege comimpant. sed haec lex videtur ex lege solonis tralata esse, nam illue ita est: ean de dymos y fratores y hierwn orgiwn y nautai y sussitoi y homotafoi y viaswtai y epi leian oixomenoi y eis emporian, hoti an toutwn diavwntai pros allylous, kurion einai, ean my apagoreusy dymosia grammata.

[2] 罗马法原始文献 Dig. 3, 4, 2. Ulpianus 8 ad ed. Si municipes vel aliqua universitas ad agendum det actorem, non erit dicendum quasi a pluribus datum sic haberi: hie enim pro re publica vel universitate intervenit, non pro singulis.

[3] 罗马法原始文献 Dig. 3, 4, 7, 2. Ulpianus 10 ad ed. In decurionibus vel aliis universitatibus nihil refert, utrum omnes idem maneant an pars maneat vel omnes immutati sint. sed si universitas ad unum redit, magis admittitur posse eum convenire et conveniri, cum ius omnium in unum recciderit et stet nomen universitatis.

[4] 罗马法原始文献 Dig. 3, 4, 1, 1. Caius 3 ad ed. provine. Quibus autem permissum est corpus habere collegii societatis sive cuiusque alterius eorum nomine, proprium est ad exemplum rei pu- blicae habere res communes, arcam communem et actorem sive syndicum, per quem tamquam in re publica, quod communiter agi fierique oporteat, agatur fiat.

[5] 罗马法原始文献 Dig. 3, 4, 7, 1. Ulpianus 10 ad ed. Si quid universitati debetur, singulis non debetur: nec quod debet universitas singuli debent.

[6] 罗马法原始文献 Dig. 3, 4, 1, 1. Caius 3 ad ed. Provine... arcam communem et actorem sive syndicum, per quem tamquam in re publica, quod communiter agi fierique oporteat, agatur fiat.

[7] 罗马法原始文献 Dig. 41, 2, 2. Ulpianus 70 ad ed. Sed hoc iure utimur, ut et possidere et usucapere municipes possint idque eis per servum et per liberam personam adquiratur.

费借贷之债，如果它为了自己的利益而借钱"。[1] 同时，对于他人的遗赠，社团可以接受。[2]

在罗马社会，团体是没有生命的一种组织体，但是，法学家们的具有法律效力的解释已经确认了团体从事社会活动的能力和资格。在这个角度上讲，法律意义上的人已经不再局限于自然意义上的人，而是被抽象了的"人"，一个具有了法律人格（persona）的人。虽然"法人"作为一个法学术语产生得较晚，[3] 但是，其显然受到罗马法中有关团体理论的影响。尤其是团体存在与活动的目的独立于团体成员之外的思想，为法人的独立存在理论奠定了必要的理论基础。而社会经济的发展则加速了法人制度的确立并迅速强化了该制度的功能。"……法人之人格，全然本诸法律所赋予。良以社会组织，日益繁复，事业之艰而且巨者，非合群力以举之，鲜能竟其功，为增进社会之活动力起见，不能不承认法人之制度也。"[4]

2. 法律人格理论基础上的作者二元体例。法律人格理论是对"人"的认识的一个巨大冲击，当然这种冲击并非突发性的，而是经历了一千多年的缓慢冲击过程。但是，对于仅有二百多年制度史的著作权法而言，当法人作为自然人的"对应物"出现在作品创作过程中时，这种冲击则是剧烈的。对这种冲击的回应也表现为不同的情形：或是有条件地接受之，例如附加条件地承认法人被视为作者，或是坚决地否决之，例如不认为法人与作者资格之间有任何联系。

在有条件地接受法律人格理论的国家中，就出现了作者的二元化体例。与仅承认自然人与作者资格之间有关联的"一元化体例"不同，作者二元化体例不

---

[1] 罗马法原始文献 Dig. 12, 1, 27. Ulpianus 10 ad ed. Civitas mutui datione obligari potest, si ad utilitatem eius pecuniae versae sunt: alioquin ipsi soli qui contraxerunt, non civitas tenebuntur.

[2] 罗马法原始文献 Dig. 34, 5, 20. Paulus 12 ad plaut. Cum senatus temporibus divi marci permiserit collegiis legare, nulla dubitatio est, quod, si corpori cui licet coire legatum sit, debeatur: cui autem non licet si legetur, non valebit, nisi singulis legetur: hi enim non quasi collegium, sed quasi certi homines admittentur ad legatum.

[3] "法人"的词语是12、13世纪法学家们创造的。不过当时还仅仅用来说明团体的法律地位，说明法人系以团体名义的多数人集合，但是此时依然未明确承认在团体成员之外存在团体的抽象人格。直到后期注释法学派的研究中才提出了法人具有不同于团体成员的独立存在的抽象人格的理论，同时认为法人因自然人而设立但是在其成员交替基础上保持超然的永存，如果没有什么原因使它消失的话。1794年《普鲁士邦普通法典》中将有关法人的理论首先运用于立法中。1896年《德国民法典》将该理论纳入其中，则法人理论才真正开始影响到全世界。

[4] 梅仲协：《民法要义》，中国政法大学出版社1998年版，第53页。

仅确认自然人为作者,而且有条件地将法人视为作者。但是,我们也应当注意到,在不同国家的立法例中,"法人被视为作者"的表达系不同考察视角的产物,并非均与法律人格理论有直接关系,因此需要具体分析,分别对待。

三、"法人被视为作者"的论争

在民法中,法人制度是人类面对社会经济发展而设计的最能够体现人类智慧和思想方式的制度,它不仅是突现法律实证与法律价值关系的重要制度之一,也是法律与社会经济发展最为契合的私法制度之一。作为经济生活和法律活动的主体之一,法人有着自然人所不能及的特有功能和作用,但是,法人的活动也不可能离开作为其成员的自然人的活动。社会经济的发展推动了人们对"人"的认识的改变,并且作为一种制度化的动力,又推动了法人制度的发展。无论是社会经济生活的现实,还是法律对法人制度的确认,均使我们有一种感觉,如果这个社会没有了团体,没有了法人,我们可以独立进行什么活动?在著作权领域中,我们应当怎样处理自然人与法人的关系?法人制度的如此发展,是否已经根本挑战了私法中的人的理论?是否已经违背了法律发展的自我逻辑性?在著作权的权利体系设计上,法人应当处于怎样的权利主体地位上?笔者在这里用些笔墨将这个问题做一分析,意在说明法人作为"人的法律存在状态"与著作权权利体系中原始利益人之间的关系。

(一)"法人被视为作者"的理论观点

法人被视为作者有两种观点:

1. 意志主义。意志主义在考虑法人与作者之间的关系时,将法人的意志作为观察对象,认为法人被视为作者的条件首先应当是作品所体现的意志是法人的整体意志,而非体现某个或若干个自然人的意志。采取意志主义的国家不多,当然,国家数量的多与少并不当然能够作为判断立法理论和实现正当性的依据。《日本著作权法》第15条规定:"按照法人……的提议,从事该法人等的业务的人在履行职责时作成的著作物(程序著作物除外),该人等以自己的名义发表这种著作物时,只要在其作成时的合同、工作规章中无另外规定,则该法人等为著作人。从事法人等的业务的人按照法人等的提议,在履行职务时作成的程序著作物，只要在其作成时的合同、工作规章中无另外规定，则该法人等为著作人。"[1]而在《埃及著作权法》第27条中有这样的内容："集体作品是指参加创作的人按自然人或法人的构思为基础而创作并在其指导下以其名义发表的作品，且该作品无法区分每个作者的成果，只有该自然人或法人是作品的作者并有权独立行使著作权。"在《英国版权法》（第1条〔5〕）中则规定：作者是具有相应资格的人，为自然人时，是英国公民或者是在英国居住的人；为法人时是依照英国法律设立的组织。《意大利著作权法》（第7条）对编辑作品的作者作出的规定是："组织和指导编辑作品创作的人视为作者。"意大利著名学者德·桑克迪斯（De Sanctis）认为，这里包括了可以被视为作者的法人。[2]

在上述国家的规定中，无论是用"提议""指导"，还是用"构思"表达，均旨在指出法人的意志所在。它并非在于强调具体的行为过程，而是强调在"提议"或"构思"过程中所体现出的汇集团体成员意志为一体的法人整体意志。这种情形的发生应当具有一定条件而不宜被滥用。

我国立法也采纳的是意志主义。我国《著作权法》第11条第3款规定了法人被视为作者的三个条件：①由法人主持；②代表法人意志创作；③由法人承担责任。但是，其中最重要的条件是代表了或体现了法人的意志。

关于法人意志与法人被视为作者的问题，笔者将在下面专门进行分析。

2. 出资委托主义。出资委托主义将经济行为引入对法人与作者的关系的分析，认为法人被视为作者的原因在于作品的创作是因为法人出资并委托自然人进行创作，因此，委托人或出资人被视为作者。至于作品所体现出的思想和意志并不被关注。在立法中直接如此规定的国家有土耳其、美国等国家。《土耳其著作权法》（第11条）规定：凡创作作品的人即为作者，享有著作权。同时又规定，如果作品是由政府官员、职员或者工作人员作为其本职工作的一部分而完成的，则委托或者雇佣他们的人或者法人应当被视为作者。《美国版权法》规定：版权首先归于作者。（第201条A）如果是雇佣作品，则雇主或委托制作者视为作者，

---

〔1〕 在邵延丰翻译的《日本著作权法》中，最初译为"……该法人等视为著作人"。谢怀栻教授批评了这个译法，认为日文原文的正确译法应当是"……该法人等为著作人"。谢怀栻："论著作权"，载《版权研究文选》，商务印书馆1995年版，第70页的"注释"。但是笔者认为，《日本著作权法》第15条本意确是"视为作者"。此观点在半田正夫等学者作品也存在，参阅［日］半田正夫、纹谷畅男编：《著作权法50讲》，魏启学译，法律出版社1990年版，第75页。故在本文中依然纳入"法人被视为作者"题目下进行分析。

〔2〕 De Sanctis, *Contratto di edizione*, Milano, 1984, p. 26.

双方另有约定的除外。(第201条C)出资委托主义中的"法人被视为作者"的理由完全是经济利益上的考虑。

上述两种观点虽然是从法律人格的角度来认识法人与作者资格之间的关系,但是也有很大的不同,也就是说,法人被视为作者的关键原因不同。"意志主义"将法人视为作者的关键因素是对法人意志的考察与分析,而"出资委托主义"则是基于对创作行为的资助或者委托,而这种情形显然已经将体现作者意志、思想的行为与法人的委托行为或出资行为区分开,因而"出资委托主义"的理论基础显然不是定位在法人人格与作者资格的关系上。

如果分析出资委托主义产生的背景,我们发现,该理论的出现是要解决作品的创作者与资助作品产生者之间的利益关系。因此,出资委托主义适用的作品是职务作品中法人委托其成员创作的与法人整体意志无关的作品。与此同时,出资者仅是给被雇佣者或其他被职务委托者提供一定的经济条件,如创作经费等。出资者并未介入作品创作活动。

(二) 职务作品与"法人被视为作者"的非全面接触性

鉴于对出资委托主义的分析,笔者认为职务作品不能均属于"法人被视为作者"的作品。

在各国立法中,职务作品[1]是被普遍规定的内容。但是立法范围有两种状态:

1. 狭义范围,即仅限于职务工作范围内。凡为完成职务工作而完成作品是职务作品,集体作品并没有被包在内。欧陆国家多采用之。

2. 广义范围,即把职务工作范围内的作品与集体作品均作为职务作品。以美国法为典型。[2]

在实务中,职务作品也是十分常见的作品类型。但是,在我国实务中有一种

---

[1] 在一些国家称为"雇佣作品"。这只是名称的不同,它们两者之间没有实质差别,均指与法人有着劳动合同或雇佣合同的自然人,为完成法人等组织的工作任务而创作的作品。因此,在本文中仅采"职务作品"用法。

[2] 《美国版权法》第101条规定,"雇佣作品"是指:①雇员在其工作范围内所完成的作品;或②作为集体作品的构成部分,作为电影或其他音像作品的组成部分,作为译文、辅助作品、编辑作品,作为教学课文、试题、试题解答资料或作为地图集来使用的特约或委托作品,如各方以签署的书面文件明示同意视该作品为雇佣作品者。就上述规定而言,"辅助作品"是指作为另一作者的作品的附属物而发表所完成的作品,旨在介绍、判断、说明、解释、修订、评论或协助另一作品的使用;如序言、后记、插图、地图、图表、表格、编辑注释、音曲整理、试题解答资料、附录及索引;"教学课文"是指为发表和在系统教学活动中使用而完成的文字、绘画或图形作品。

认识，即职务作品的作者均是被视为作者的法人。这种认识既无立法依据也无法理依据。

职务作品是指自然人为完成法人等组织的工作任务而创作的作品。构成职务作品的条件是：①自然人创作者必须与其所在的法人等组织之间有劳动合同法律关系。根据劳动合同的约定，直接参与创作的人具有法人等组织雇员的身份，并且从该法人等组织处领取薪金。②创作者实施创作行为的直接目的，是为了完成创作者所在法人等组织的工作任务。根据《著作权法实施条例》第11条的规定，所谓的工作任务，是指自然人在其所在法人或组织中应当履行的职责。从该法律规定中可知，职务与工作任务密切结合在一起，鉴于此，我们也可以将"工作任务"称为"职务工作"。

职务工作可以是直接根据劳动合同产生的任务，如物理实验室的科研人员将实验结果写成科研报告，某建筑研究所的工程师完成的工程设计图等；也可以是根据法人等组织下达的特别指令而产生的工作任务，例如大学的教员接受校方的指令写作某学科教学用书。

应当注意的是：作品进行创作的时间是在工作时间还是在业余时间，对职务作品的定性不产生任何影响。创作思路的出现、思想火花的闪耀并非都是在工作时间发生的。

职务作品具体包括：①个人职务作品。这是法人等组织的雇员在履行职务任务过程中独立创作的作品，其所在的法人等组织没有介入作品的创作。法人等组织与创作者没有关于著作权归属的约定，创作者也没有将法人提供的物质条件作为其进行创作的主要条件，除了以履行职务任务为目的这一点外，个人职务作品与非职务的个人作品一样，强烈地表现出个人创作的性质。例如，一位画家接受其所在法人等组织下达的创作一幅国画的工作指令。该法人等组织除了下达工作指令外，放手由画家按照指令要求的主题自由进行创作，直到创作完毕。法人等组织与画家之间没有关于著作权归属的协议，画家使用的主要是自己的绘画材料。这个作品就是个人职务作品。②个人合作职务作品。这是两个以上的自然人为完成法人等组织的职务工作，在有共同创作合意的前提下进行创作所产生的作品。同样，法人等组织与创作者没有关于著作权归属的约定，创作者也没有以法人提供的物质条件作为其进行创作的主要条件。对这类作品，法人等组织同样介入的不多。因此，合作性职务作品的性质与非职务性的合作作品是十分近似的。例如，中国政法大学给民法教研室下达了写作《民法学原理》教科书的工作指令,但是完全给创作者进行创作的空间,不作其他任何介入。民法教研室的6位教师合作进行教材的写作,自主地讨论和创作,大学没有给任何干预。同时大学与6位教师之间没有关于著作权归属的约定,也没有给6位教师特别的创作条件。当这部教材创作完毕后,虽然是以完成大学下达的工作任务为目的,但是该作品是数位教师自由创作的成果,该作品就是合作性职务作品。③法人性职务作品。法人性职务作品是指法人主持、体现其意志并由其承担相应法律责任所产生的作品。对这类作品,法人的整体意志介入其中,并通过利用自然人的生理能力而实现法人的整体意志,这时作品所体现的意志不是某一个或若干个自然人的意志。例如,某广告公司接受他人委托设计一个十分重要的国际性展览会的大型展台图纸,该广告公司接受委托后,立即在公司内部广泛征询方案,确定创作整体思路和具体设计方案,组织有关人员研究落实设计方案,并指定该公司职员甲具体负责创作设计工作。当然,在设计过程中也提供了专门购置的设备和资金。[1]那么,没有谁会认为该作品是甲个人的创作成果,也不会认为这是若干人的创作成果。

在上述职务作品中,个人职务作品和个人合作职务作品属于法人委托其成员创作的作品,与法人整体意志无关。出资委托主义的理论就是要解决这些作品的作者与出资并委托创作这些作品的法人之间的利益关系。

对于第三种职务作品而言,在社会经济生活中,这种体现法人整体意志的作品并不经常发生。因为这样的作品产生的过程需要高成本。这里所说的高成本,并非仅指经济方面,而是指将法人整体意志加以体现的过程。对来源于团体成员而又超脱其上的整体意志进行汇集、协调的成本是比较高的,同时效率比较低。但是,作为一种社会实在,它确实存在于社会经济生活之中,需要法律的规制。从这个角度而言,立法者必须要在立法中加以关注。

(三)法人实在说与"法人被视为作者"

1. 本文语境中几个术语的界定。对问题的分析应当建立在对问题的共性认识的基础上,在法学问题上则通常体现在对法学术语的共识上。我们需要对几个经常使用的术语做一个界定:

(1)作者。作者通常被解释为创作作品之人。

---

[1] 李承武:"浅析法人作品与职务作品的关系及其在法律适用上的意义",载《知识产权》1997年第2期。

（2）著作权人。著作权人则是指根据创作行为、法律规定或者合同约定成为著作权享有者的人。根据创作行为享有著作权的人被称为原始性著作权人；根据法律规定的则又被分为原始性著作权人（如视为作者之人）和派生性著作权人（著作权的继受人）；根据合同约定的著作权人是派生性著作权人。

2. 法人实在说基础上的法人意志。从前面所述的立法例和形式现实社会生活中存在着的客观事实中，大量的信息告诉我们：首先，法人被排斥在法律保护的主体之外是不明智的；其次，对法人在著作权立法中的地位之思考，只要是适合于法律的制度价值判断，可以根据本国的文化、经济发展之程度，采取多种方式解决。

法人被视为作者是一种制度价值判断的结果。它根植于法人实在说的基本理论。法人实在说产生于德国。法人实在说是在对"唯有赖于君主之特许才得承认团体之形成"的法人拟制说的反思下产生的一种学说理论。与法人拟制说主张的团体被君主以法律形式特许授予法人格而拟制为财产主体不同，法人实在说主张承认法人在社会现象中以独立的统一体而存在。[1] 法人实在说的基本观论包括如下要点：[2]

第一，法人不是被公权力创造出来的，而是因其自身适应社会需要而客观存在的且法律必须确认其法人格的实在体。

第二，从制度上讲，法人制度不是使法律关系单纯化的法技术，而是社会要求必须从法律制度上确认法人的客观存在。

第三，法人是在自然人构成其成员基础上形成的一个有着内在统一性的实在体。该内在统一性表现为：一方面，它与其成员作为自然人的主体性区分开；另一方面，它又在自然人成员的基础上形成自己的独立主体性。

第四，法人有自己独立的团体意志。这种团体意志是由多数成员共同意思结合而成，同时又独立于成员个人意思。即使是以财产的集合为基础成立的财团法人，也是因有为委托人管理财产和"存有往特定目的方向活动"的独立意思而成立并进行活动的。

第五，法人的意思通过自己的机关及其成员的具体行为而实现，但是此时的

---

〔1〕 在法人实在说中，通常认为存在两个观点：法人有机体说和法人组织体说。但是笔者认为法人有机体说是真正体现法人实在说思想的，故将其作为分析对象。

〔2〕 刘德宽："法人之本质与其能力"，载《民法诸问题与新展望》，中国政法大学出版社2002年版，第498~500页。

行为不是体现成员个人意志的行为,而是法人意志的行为。

法人实在说是对现代社会中出现的现象,通过历史的和理性的思考之后产生出来的一种更为符合社会经济发展需要的学说。它不是一种玄学,而是来源于社会实践、为社会服务的一种理论。[1]

在法人实在说的基础上,对法人意志的关注也就成为一种必然。因为法律主体的人格与其意志相联系。在著作权领域中,存在着一个普遍的疑问:法人没有自然性如何进行创作?这个问题就如同19世纪许多人提出的疑问:法人无自然生理能力,如何有资格进行谈判和缔约?对此,意大利学者F. Ferrara 1914年就指出:"团体中的自然人人格构成了团体人格的基础。"[2] 无论是自然人作者还是被视为作者的法人,法律均确认的是这些权利应当"属于"他们。[3]

虽然法人没有生理基础,但是法人有自己的整体思想和意志。这一整体意志来源于构成法人的自然人成员,但是超脱于各自然人成员之上。因为一旦形成法人自己的整体思想和意志,便难以说这是哪个自然人的思想和意志。一旦形成法人的意志和思想,该意志和思想可以约束该法人内的自然人,而自然人则无法约束法人的意志,且不受自然人的变更或死亡的影响。这就是来源于罗马法同时对大陆法系和英美法系影响巨大的"团体永续论"。

就作品的创作而言,的确,法人没有进行创作的生理基础,但是法人有自己的思想和意志。法人将自己的思想和意志借助于自然人成员的生理能力而加以实现,这就如同法人本没有谈判和缔约的生理能力,但是法人借助于自然人成员的生理能力而实现其谈判与缔约的意志,从而实现法人的团体利益。

在著作权法中讨论法人被视为作者资格的问题,是否构成对自然人权利的蔑视?笔者认为:在著作权法中确立法人被视为作者,并没有影响自然人的创作能力的发挥。因为:①著作权法依然将确认自然人的作者资格作为首先要解决的问题;②著作权法规定法人被视为作者,是对社会客观存在的事实的认可,是对法人在社会生活中的重要作用的认可;③确认法人被视为作者,有利于解决单一或若干自然人所不能实现的创作目的。客观地说,在包括创作活动在内的大量的社会经济生活中,仅依靠自然人个人的能力难以实现其追求的目的。在自然科学和

---

[1] 谢怀栻:"论著作权",载《版权研究文选》,商务印书馆1995年版,第62页。
[2] F. Ferrara, *Capacità delle persone giuridiche e sue limitazioni*, RDCO, 1914, I, p. 327.
[3] De Cupis, *I diritti della personalità*, Milano, 1982, p. 613.

社会科学的作品创作中，有相当一些作品是法人意志而非单一自然人意志的体现。如同民法确立法人制度一样，将法人视为作者不仅没有影响自然人的能力发挥，相反，给了自然人发挥其能力与作用的更大的空间。当然，法人被视为作者的情况不是主流，相反，自然人为作者的情形是绝对主流情形。但是，我们必须看到，主流情形需要关注，非主流情形也同样需要考虑和规范。

总之，从现实意义看，法人在作品创作中有着不可回避的重要作用。法人虽然由自然人构成，但是单个人一旦形成团体，便产生了淡化成员人格、升华团体人格直至形成独立于其成员的团体人格的效力，至此，法人也就成为独立的法律主体。而法人作为独立主体利用自然人的生理能力实现其整体意志的创作活动时，就产生了克服单个自然人智识的局限性而实现了单个自然人所不能实现的创作目的，例如地图作品。

在我国社会生活中，体现法人整体意志的作品通常集中在社会科学、自然科学和工程技术领域内，文学、艺术作品除大规模的需要整体协调的之外，多是自然人作者的智力劳动的产物。在国外也有相似情形存在，例如在日本，日本文化厅的《著作权法手册（1986）》中强调法人是著作人，且是原始性的著作人。这本书认为：在这种著作的创作过程中，一般均有多数人参加，而非一个人或者若干人参加，各人对这本书的贡献是不可分割的，整个作品浑然一体。故在这种情形下，与其把该著作物作为多数人的共同作品，不如给法人以著作人的地位更加符合创作的实际情况。而且该书就以其自身为例说明它的观点。1977年，日本东京地方法院在一个判决中，就大藏省管理局的名义发表的非文学艺术类作品，评定该作品的著作人是国家，该作品的著作权由国家原始取得。该判例被东京高级法院和日本最高法院所肯定。

四、我国立法的检讨与建议

如前所述，根据法人实在说理论，笔者认为，我国著作权法确认法人被视为作者有其理论依据和实务价值。但是，"被视为作者"与"作者"不是一个概念，虽然都是原始性利益者，不过"被视为"作者系属于"被看作"作者之意。因此，在权利的确认、行使和救济上也与作者有所不同。但是，我国著作权法对此没有作出相应的回应，导致存在如下几个问题：

（一）权利的行使

被视为作者的法人，其人格利益同样需要保护。在著作权法中，作为非物质性人格利益体现的署名权、修改权、保护作品完整性权以及作品发表权，法人均享有。但是，鉴于法人不同于自然人的特点，权利的行使亦有所不同，应当在法律中给予明确。

1. 在被视为作者的法人存在的情况下：①被视为作者的法人有权通过其意思机关来对著作权是否行使以及如何行使作出决定。②对于发表权和署名权的行使，法人有权通过其意思机关作出是否行使以及如何行使的决定。③对于修改权的行使，法人意思机关可以决定委托其法人成员进行并继续将法人整体意志在修改中加以体现。④对于保持作品完整权，鉴于它的性质更趋于救济权，则立法应当确认法人有权委托其成员为了法人利益而具体行使该权利。

2. 被视为作者的法人不复存在的情况下，对这个问题，人们可能会问：对法人的人格利益，在其消灭后还有保护的必要吗？下面的阐述就是从理论上作出的回答：①与自然人相同，被视为作者的法人的人格利益并不因为法人的消失而不复存在。因为人格利益的保护没有期限性。②在被视为作者的法人消失后，其人格利益依然受到保护的理论依据和价值判断与自然人不同：

（1）自然人死后人格利益依然存在，主要是因为死者的人格利益通过人类特有的血缘关系甚至姻亲关系而在活着的人身上延伸，这也是一种客观实在。死者的人格利益在活者利益上产生延伸，一旦死者人格利益如名誉遭到侵害，活者出于人类本能的抵抗就立即表现出来。

（2）法人不复存在后，其人格利益不会像自然人那样有着自然的延续载体，虽然存在着原成员对法人人格利益遭到侵害提出主张的可能，但是，在法人的原成员均作古的情况下，被视为作者的法人人格利益如何保护？例如，20世纪40年代出版了在当时影响很大的一本书《民事习惯调查报告录》，是当时的南京国民政府司法行政部编的。这个报告录不是政府文件，而是当时的司法行政部草拟了调查大纲并确定了基本思路，由各地相关机构和人员依照一定的体系要求对中国各地的民事习惯进行调查后的大汇总。现在这个法人早已不存在了。如果我们的立法允许对被视为作者的法人人格利益在其消失后不再给予保护，则任何人均可以将这个作品署上自己的名字或者肆意对该作品做出删改，显然，这是法律的使命所不能允许的。对被视为作者的法人人格利益的无期限保护，已经不是为了某个主体的利益，而是为了维护社会正常秩序的需要。

建议：应当在立法中直接规定著作权集体管理机构作为已经消失的被视为作者的法人的人格利益的保护人，其性质为法定保护人。

(二) 名称的可转让性与署名权的不可转让性

与自然人姓名不同的是：在法人中，商事法人的名称如字号、商号具有间接的财产利益因素，使得商事法人因其企业效益好、商誉高而导致其名称具有较高的经济价值，这也就为名称转让奠定了客观基础。但是，法人名称转让仅限定于商事主体，非商事主体的名称不得转让，这是由非商事法人的活动性质所决定。所转让的名称，在实务中主要涉及的是商号或字号，名称中的其他内容（如表示行政隶属的地名、表示行业的名称）并不发生转让问题。那么，法人的商号、字号可以转让，但是著作权中的署名权等人格权是不能转让的。有学者认为，这就导致了著作权法中存在了名称的可转让性与署名权的不可转让性的矛盾。[1]

笔者认为需要从两个方面思考这个问题：

1. 商号或字号等名称与署名产生的基础。商号或字号等名称与署名有关联，前者是法人在社会经济活动中得以同他人区分开的符号，后者是法人的符号在著作权领域中的具体使用。但是，二者之间又有差别：商号或字号是商事法人依登记而获得的特有符号，伴随其设立而生。[2] 署名则是因具备了被视为作者的条件而所产生的行为结果。显然，从权利的角度而言，并非有名称权就有署名权，因为署名权的取得必须具备被视为作者的前提条件。因此，法人商号或字号可以转让，但是不意味着该法人的署名权必然发生转让。受让商号权的法人欲获得署名权，依然需要首先有被视为作者的法人行为存在。因此，获得了商号、字号的转让并不等于署名权也发生转让。

2. 商号或字号等名称的转让与署名权的行使。商号或字号等名称转让的保护，如同对名称的保护一样，首先产生于惯例而非立法。立法只不过是以法律的语言和规范对社会经济生活中已经存在着的事实作出立法确认并赋予强制力保护。但是，如前所述，因为产生的基础不同，导致商号或字号等名称转让并非意味着著作权中的署名权也发生转让。在名称转让与署名权行使的实践中，存在两种情形：

(1) 已经有作品的法人在商号或字号等名称转让后依然存在。转让具有不

---

〔1〕 郑成思：《知识产权论》，法律出版社2003年版，第163页。

〔2〕 作为法人，名称是其特有的用以确定和代表自身，并区别于他人的标记，是它们享有独立人格的基础。名称为法人等团体特有，而姓名则是自然人的"特权"。但是在作为文字符号所产生的标记属性上，名称与姓名是相同的。我国商事惯例中所称"字号"、"商号"，应当属于名称的一部分。因为名称中除字号、商号外，还包括非商事主体法人的名称，如学校、财团、医院以及政府机关法人。

可回复性，因此，根据我国企业名称登记规则，商事法人通过协议与相对方就商号或字号等名称转让达成合意的，经原登记主管机关核准便发生转让效力，出让方不得再使用该转让的商号或字号等名称。那么，如果转让名称的商事法人依然存在，只不过换了其他名称的，则并不影响它对以原名称署名的作品的著作权，但是应当在可能的情况下对变换名称的情况做出说明。而受让名称的法人仅对其受让后实施的被视为作者的行为结果享有著作权。

（2）已经有作品的法人在商号或字号等名称转让后不复存在。如果已经有作品的法人在商号或字号等名称转让后不复存在的，则也并不因此而导致受让法人获得了转让方的署名权。但是，如同我们已经分析的那样，即使是法人的人格利益，出于保障社会正常秩序的考虑，也不应当规定保护期限。那么，对于已不存在的法人的人格利益，在其遭到侵害时同样需要有主体能够提起救济请求。因此，受让人应当承担起维护出让人人格利益的义务，如果从受让人使用的是出让人在作品上署名的同一名称的角度，受让人在维护已经不存在的出让人的人格利益时，实际上也在维护着自己的利益。

目前我国发生的商事法人名称转让比较多的是网站名称的转让，而网站所设计的网页通常构成作品，因此需要法律对此作出回应。

建议：法律应当补充规定，对依然在法律保护期的作品，在已不存在的名称出让人的署名权利益遭到侵害时，名称受让人有权利也有义务进行主张。如果受让人也不存在的，则由著作权集体管理组织承担维护利益的义务。

五、结论

如果以人的法律存在状态为划分标准，著作权体系中的人不可否认地应当包括私法中所确认的自然人、法人。所谓"人的法律存在状态"，是指由法律确定的有法律人格并且不以生理能力为存在基础的人的状态。自然人具有生理能力和法律人格，在符合法律规定的条件下成为著作权主体，这是不争的事实。我们所需要的仅是对这些法律条件的讨论。但是，没有生理能力却在私法活动中十分活跃的法人是否能够成为著作权的原始性利益主体，则争议很多。我认为法人没有生理基础并不构成其成为著作权原始性利益人的障碍，因为同样没有生理基础的法人，利用其成员的生理能力进行合同谈判、缔约、履行等一系列经济活动时，我们并没有因为其没有生理能力而否定这些活动是法人的活动。

虽然我国《著作权法》已经对法人作为原始性利益人的问题作出了规定，但是，这并不意味着理论上争议的消失。我认为这种这种争论的基本问题是对

"私法上的人"的认识问题,也涉及对人格的认识问题。笔者认为,关注"人的法律存在状态"是有利于这个问题的理论分析的一个思路。本文的上述分析就是建立在这一思路的基础上,同时也期冀这是一个有回音的抛砖引玉之举。

论 2001 年修改后的《著作权法》对作者权利保护的强化*

作为保护私权的重要法律之一，《中华人民共和国著作权法》（以下简称《著作权法》）的修改是十分引人注目的。这不仅是因为《著作权法》涉及与创作活动有关的诸多领域，也不仅涉及如何与著作权国际化保护相互协调的许多问题，更为重要的是涉及我国《著作权法》如何将立法 10 年来理论界和司法实务界对作者权利保护的新思维、新观念在法律的修改中加以体现。现在我们可以看到，在强化作者权利保护的问题上，2001 年 10 月修改后的《著作权法》作出了较大的调整。

一、对修改前的《著作权法》中作者权利保护的评价

根据我国民法学理论界的共识，著作权是私权的重要组成部分。因此，在民法体系中，《著作权法》被认为是确定和保护作者私权的基础法律。就权利保护而言，在理论界，对 1991 年生效的《著作权法》的总体评价是：较之在其之前已经生效的专利法、商标法等知识产权法的立法而言，《著作权法》已经是一部权利观念相当突出的法。

应当说，这种评价是有实证基础的，因为我们可以从《著作权法》相关条款中对这一评价加以证实，例如：《著作权法》第 1 条将作者权利的保护提高到

---

* 本文原载于《中国法律》（香港）2003 年第 1 期，收录于本书时，为便于读者理解，在题目中加上了 "2001 年" 的表达。

宪法的角度来认识;[1] 确立了中国公民、法人和其他组织的著作权自动产生和保护原则;[2] 强调了著作权的财产性质和人格性质并存的特征;[3] 确立了作者是著作权第一主体的地位;[4] 明确规定了侵害作者权利的人必须要承担相应的法律责任;等等。

但是，众所周知，1991年的《著作权法》在我国的立法史上属于比较"难产"的法律之一。从1979年开始恢复起草著作权法的工作，到1989年提交全国人大常委会讨论之前，《著作权法》先后起草了二十余稿。1989年12月终于由国务院提请全国人大常委会进行审议，在常委会上先后经过4次审议，才于1990年9月由七届全国人大常委会第十五次会议通过（其通过的具体情况是：102票赞成，3票反对，4票弃权，3人未按表决器）。因此，在理论界，《著作权法》享有"难产的著作权法"之称。

分析其原因，就在于：如何将作者权利与作品使用者之间利益加以衡平，面临着是继续计划经济体制下形成的且为人们已十分习惯的要强化对作者权利限制的思路，还是应当适应社会经济市场的规律，牢固树立以作者权利保护为立法核心的思想？这是导致《著作权法》"难产"的主要原因。尽管几经周折，《著作权法》最终颁行了，且在作者权利保护上迈出了重要的一步，但是事实上，作者权利保护的问题依然是修改前的《著作权法》中所面临的主要问题之一。

二、2001年《著作权法》修改中对强化作者权利保护的争论

在修改《著作权法》的过程中，对于是否需要进一步加强对作者权利的保护存在着激烈的争论。这些争论主要集中在这样几个问题上：

1. 在著作权的国际化保护中，如何真正保护作者权利。在1991年《著作权法》颁行之后，国家版权局又出台了一个《实施国际著作权条约的规定》。这个规定的出台在中国法学界和司法实务界遭到了褒贬不一的评价，其中，该规定中

---

[1] 《著作权法》第1条："为保护文学、艺术和科学作品作者的著作权，以及与著作权有关的权益，鼓励有益于社会主义精神文明、物质文明建设的作品的创作和传播，促进社会主义文化和科学事业的发展与繁荣，根据宪法制定本法。"

[2] 《著作权法》第2条第1款："中国公民、法人或者其他组织的作品，不论是否发表，依照本法享有著作权。"《著作权法实施条例》第6条："著作权自作品创作完成之日起产生。"

[3] 《著作权法》第10条规定了著作权的人格权和财产权内容。第11条第1款："著作权属于作者，本法另有规定的除外。"

[4] 《著作权法》第11条第1款："著作权属于作者，本法另有规定的除外。"这说明作者之外的其他主体均不是著作权的第一主体。

给予中国作者与外国作者的权利保护不一致、甚至中国作者的权利保护弱于外国作者的现象，招致了众多的批评。[1] 由此引发了法学界要求进一步加强对作者权利保护并切实将作者置于《著作权法》的核心主体地位的呼吁，该呼吁得到了司法实务界的赞同。法学界认为，之所以出现外国作者能够享受中国作者所不能享受到的"超国民待遇"法律保护，就是因为我国的著作权立法中尚缺乏一个十分重要的法学理念：对作者权利的保护必须是坚定的而非动摇不定的立法宗旨和出发点。正是由于对作者权利保护尚存在较多问题，故当外国人提出作者权利保护所存在的缺陷并要求进行补救时，政府有关机构通过出台规章性立法对此加以补充性调整时，却忽视了现行立法在保护作者权利方面的缺陷同样发生在中国作者身上。

2. 网络环境下如何保护作者权利。当在网络环境下发生作者权利保护问题时，人们发现，尽管从《著作权法》的基本原则和基本精神中可以推出在网络环境下作者权利同样应当得到保护的结论，但是在法律条款中难觅有关的直接规范，由此引发了法学界和司法实务界对是否需要规定、如何规定作者在网络环境中的权利的大讨论。

3. 作者权利与录音制品播放者利益之间的冲突。1991年的《著作权法》第43条规定："广播电台、电视台非营业性播放已经出版的录音制品，可以不经著作权人、表演者、录音制作者许可，不向其支付报酬。"对这一条的规定，社会各界反映强烈，尤其是作者、表演者和音像制作者表示强烈不满。其争论的焦点是：广播电台、电视台能否以性质难以确认的"非营业性播放"行为来对抗已出版的录音制品的作者和其他著作权人、表演者、录音制作者的许可权、获得报酬权？诸多学者认为：对这条规定的立法价值取向有必要进行重新探讨。但是也有人认为，根据中国广播电视组织目前的状况，不宜对该条款进行修改[2]。

---

[1]《实施国际著作权条约的规定》系以为实施国际著作权条约，保护外国作品著作权人的合法权益而专门制定的。引起人们批评的内容主要是：在《著作权法》没有规定实用艺术作品是著作权客体的情况下，《实施国际著作权条约的规定》却对外国实用艺术作品给予自该作品完成起25年的保护；在《计算机软件保护条例》规定软件登记是对软件争议给予行政解决或司法诉讼的前提时，《实施国际著作权条约的规定》则明确外国计算机程序作为文字作品保护，可以不履行登记手续；当《著作权法》没有承认出租权是著作权的权利内容时，《实施国际著作权条约的规定》却明确承认外国作品的著作权人在授权他人发行其作品的复制品后，可以授权或者禁止出租其作品的复制品。

[2] 全国人大常委会法制工作委员会民法室编：《〈中华人民共和国著作权法〉修改立法资料选》，法律出版社2002年版，第4、26、35页。

当然，发生争议的问题不仅仅是上述问题，只不过这几个问题的争论比较集中罢了。

三、强化作者权利保护的观念在 2001 年《著作权法》中的体现

法学理论是对法学实践进行总结与反思的结果，它对立法的改进起着重要的指导作用。在法学界和司法实务界对 1991 年《著作权法》进行讨论的基础上，进一步加强对作者权利保护的理念被确立，并在 2001 年《著作权法》修改中得到具体实现。这主要体现在：

1. 作者权利体系内容的细化性与开放性相结合。我国《著作权法》所规定的权利体系由于首先以作者为主体，故可以将其称之为作者权利体系。修改前的《著作权法》，对作者权利体系的规定依然是遵循了渊源于 20 世纪 80 年代立法的"宜粗不宜细"的原则，除作者人格权内容较为详细外，作者财产权的内容比较笼统，导致已经习惯于"权利法定"之定式思维的人们，其中包括相当数量的法官，在处理作者权利纠纷时，往往对作者是否具有某种权利因法律规定模糊而发生争议。因此，依照"权利法定"原则，作者权利体系的内容被认为应当尽可能细化，显然，这是进一步保护作者权利的必备前提条件。因此，2001 年修改后的《著作权法》在第 10 条中详细规定了发表权、署名权、修改权、保护作品完整权 4 项人格权，同时改变了过去《著作权法》笼统规定财产权的做法，以列举式的方法详细规定了复制权、发行权、出租权、展览权、表演权、放映权、广播权、信息网络传播权、摄制权、改编权、翻译权、汇编权、获得报酬权、著作财产权的许可使用权和著作财产权的转让权 15 项财产权。与此同时，2001 年修改后的《著作权法》并没有将作者权利体系的内容密封起来，相反，将该体系置于开放状态，将该体系目前尚未规定但"应当由著作权人享有的其他权利"亦包容在内。这样的权利体系设置是比较科学的，因为它不仅符合 20 世纪下半叶以来在不少国家出现的不断扩展作者权利的立法趋势，而且为进一步保护作者权利提供了一个空间广大的立法平台，同时为法官根据法律的基本原则和基本精神的规定行使自由裁量权以保护作者权利亦提供了立法依据。

2. 有效解决中国作者权利保护弱于外国作者权利保护的问题。从法律理智上讲，中国作者权利保护弱于外国作者权利保护的问题不是民族情结问题，而是国内法与国际法规则协调的问题。任何国家的法律首先具有国内法性质，其后方可谈到"国民待遇"问题，因为没有本国公民权利保护的基本规定，就不可能有对外国人的"国民"之待遇。因此，2001 年《著作权法》的修改，将修改前的《著作权法》中所没有但在《实施国际著作权条约的规定》中规定给外国作者以保护的权利明确规定在《著作权法》。例如，《著作权法》在权利客体上增加了建筑作品，在权利内容上增加了出租权；在《计算机软件保护条例》中明确了软件著作权人可以办理软件登记，即软件是否登记，权利人具有选择权，且登记证明文件仅是登记事项的初步证明。

3. 明确网络环境下法律对作者权利的保护。网络环境下作者权利的保护在修改前的《著作权法》中没有得到明确体现。其主要原因：一是网络在当时仅在发达国家刚刚起步；二是所涉及的法律关系尚未被梳理清楚；三是面临的法律问题尚不明朗，因此在制定1991年的《著作权法》时，这个问题似乎尚不紧迫。但是，伴随着中国经济的迅速发展，网络经济以令人难以置信的速度迅捷发展着，相关的法律问题便不断发生，如何解决网络环境下作者权利保护的问题便成为修改中的《著作权法》所必须考虑的主要问题之一。该问题的解决被视为强化作者权利保护的象征性标志。因此，在2001年《著作权法》的权利体系内容中，明确增加了作者的信息网络传播权。所谓的信息网络传播权，是指以有线或者无线方式向公众提供作品，使公众可以在其个人选定的时间和地点获得作品的权利。

4. 明确了作者权利优于录音制品播放者利益得到保护。通常而言，权利的保护没有是否优先的问题，但是当不同的主体所享有的不同性质的权利在法律保护上发生冲突时，必然面临着优先保护哪个主体的权利的选择。在《著作权法》中，作者权利与录音制品播放者利益保护之间的冲突，就属于优先保护的选择问题。修改前的《著作权法》从作为录音制品主要播放者的广播电视组织的公益性和从事非营利性活动的特点出发，将广播电视组织作为优先保护的对象。但是这种计划经济体制下形成的对广播电视组织的认识，在市场经济的环境中被发现难以寻找到客观支撑的依据，在录音制品播放者与作者之间，作者的弱者地位是显而易见的。而法律尤其是现代法律被认为应当以保护弱者为其目的。因此，《著作权法》的修改就面临着一个重要的使命，即应当将录音制品播放者与作者之间被颠倒的定位再颠倒回来。这就是我们现在所看到的2001年《著作权法》第42、43条的规定："广播电台、电视台播放他人未发表的作品，应当取得著作权人许可，并支付报酬。广播电台、电视台播放他人已发表的作品，可以不经著作权人许可，但应当支付报酬。""广播电台、电视台播放已经出版的录音制品，可以不经著作权人许可，但应当支付报酬。当事人另有约定的除外。具体办法由国务院规定。"尽管可以预见,这两个条款的实际执行可能存在一定的阻力,但是坚冰终究已经被打破。

5. 明确著作权集体管理机构受托行使权利的性质。2001年《著作权法》增加了对著作权集体管理机构的规定。著作权集体管理机构被定位于被作者和其他著作权人授权进行保护著作权活动的非营利性组织。在立法上确认著作权集体管理机构的法律地位,完全旨在解决孤单奋战的作者难以自己的单薄之力去对抗侵权者相对强大的实力。应当说,这是深层次保护作者权利的一个有效的制度措施。但是,如果不能协调好集体管理机构与作者权利的关系,可能适得其反。因此,在2001年修改的《著作权法》中,明确著作权集体管理机构是被作者等著作权人授权来行使著作权或者与著作权有关的权利。法律强调著作权集体管理机构只有在被授权后,方可以自己的名义为作者等著作权人和与著作权有关的权利人主张权利,并可以作为当事人进行涉及著作权或者与著作权有关的权利的诉讼、仲裁活动。其目的在于强调著作权集体管理机构的活动不得与作者权利相冲突。

6. 协调义务教育的实施与作者权利保护的关系。义务教育的实施能够与作者权利有关系的,就是教科书的问题。在修改前的《著作权法》中没有规定教科书的问题,表面看来,似乎在这个问题上,对作者权利没有给予限制,但是,由于义务教育需要大量的教科书,而这些教科书中如果没有将大量作者已经发表的作品放入其中,教科书就会在质量上和吸引孩子们的兴趣上难以达到预想目的。当教科书大量使用作者的作品时,由于法律对此就作者权利保护没有准确的定位,反而导致在教科书使用作品方面频频发生作者权利遭到侵害的现象。

鉴于此,2001年修改的《著作权法》明确了教科书使用作者作品的范围与条件。《著作权法》第23条第1款规定:"为实施九年制义务教育和国家教育规划而编写出版教科书,除作者事先声明不许使用的外,可以不经著作权人许可,在教科书中汇编已经发表的作品片段或者短小的文字作品、音乐作品或者单幅的美术作品、摄影作品,但应当按照规定支付报酬,指明作者姓名、作品名称,并且不得侵犯著作权人依照本法享有的其他权利。"这条规定给我们的提示是:①为实施义务教育和国家教育规划而编写的教科书,是一个非常狭窄的范围,教学参考书、非义务教育用教材等均不在其内;②未经作者或其他著作权人许可将其作品使用于教科书上,是被赋予一个前提条件的,即必须是作者或其他著作权人没有不许使用的事先声明,如果有声明,则依然不得使用其作品;③即使被许可使用，使用者依然必须依照法律的规定，要向权利人支付报酬，并指明作者姓名、作品名称，且不得侵犯作者或其他著作权人享有的其他权利。

2001年《著作权法》的这一修改，将作者权利保护由过去貌似受到实为遭受侵害的现象给予阻却，同时又协调了满足义务教育的需要与保护作者权利之间的关系。

7. 强化了对作者诉权的保护和扩大了损害赔偿的范围。在法学理论的角度而言，没有诉权保护的私权，如同私权被虚化。因此，作者权利的保护不仅需要实体意义上的权利确认，而且需要具体的诉权保护措施。鉴于此，2001年修改的《著作权法》强化了对作者诉权的保护，主要表现在：

（1）作者对其权利损害有权以两种方式请求赔偿：一是按照权利人的实际损失给予赔偿；二是在实际损失难以计算的情况下，按照侵权人的违法所得给予赔偿。如果权利人的实际损失或者侵权人的违法所得确实不能确定的，由法院根据侵权行为的情节，判决给予50万元以下的赔偿。

（2）作者有权将为制止侵权行为所支付的合理开支请求纳入赔偿数额中。

（3）作者有权请求法院采取临时措施，即当作者有证据证明他人正在实施或者即将实施侵犯其权利的行为时，如不及时制止将会使其合法权益受到难以弥补的损害的，可以在起诉前向法院申请采取责令停止有关行为和财产保全的措施。

（4）为确保权利诉请得以顺利进行，并为制止侵权行为，在证据可能灭失或者以后难以取得的情况下，作者可以在起诉前向法院申请保全证据。法院负有作为义务，即在接受申请后，法院必须在48小时内作出裁定；裁定采取保全措施的，应当立即开始执行。同时法院可以责令申请人提供担保，申请人不提供担保的，驳回申请。如果申请人在法院采取保全措施后15日内不起诉的，法院则应当解除保全措施。

（5）如果复制品的出版者、制作者不能证明其出版、制作有合法授权的，复制品的发行者或者电影作品或者以类似摄制电影的方法创作的作品、计算机软件、录音录像制品的复制品的出租者不能证明其发行、出租的复制品有合法来源的，法律规定其应当承担法律责任。

（6）法律为保护作者权利设定了四个救济权利的重要途径：一是当事人的自行调解；二是根据当事人的书面仲裁协议或著作权合同中的仲裁条款，向仲裁机构申请仲裁；三是在当事人既没有书面仲裁协议也没有在著作权合同中订立仲裁条款的,直接向法院起诉;四是寻求行政机关的行政执法,但是如果当事人对行政处罚不服的,可以自收到行政处罚决定书之日起3个月内向法院起诉,期满不起诉又不履行的,著作权行政管理部门则可以申请人民法院执行。

建筑所有权与以该建筑为主画面的作品著作权之利益冲突的解决

——关于钟格林诉林日耕侵犯著作权纠纷一案的评析*

[案例指导原则]

一、建筑作品包括以下情形：

1. 建筑物与构筑物共同构成一个整体建筑作品的。

2. 建筑物或构筑物不构成作品的，不影响建筑物或构筑物上能够独立存在的具有独创性和可复制性的局部表现形式成为建筑作品，如屋面、门窗、室内装饰、塔、井池、烟囱、桥、围墙等。

3. 建筑成为整体作品的，不影响该建筑上能够独立存在的具有独创性和可复制性的局部表现形式同时成为建筑作品。

二、以建筑为主画面通过绘画、摄影、雕塑等非接触性方式进行创作活动者，无需获得该建筑所有权人的同意。

一、问题的提出

在社会生活中，人们总是在有意或无意地追求着建筑与居住环境之美，尤其是在社会经济发展得较快、人们生活水平有较大提高的情况下，人们对自己生存环境美化的刻意关注与追求亦日渐强烈，这就为作为居住环境主要构成的建筑能够不断地表现自己的个性提供了客观条件，也为从作品角度多方面利用建筑提供

---

* 本文原载于最高人民法院、最高人民检察院《中国案例指导》编辑委员会编：《中国案例指导》（2007年第1辑·总第3辑），法律出版社2007年版，第467~493页。

了可能,例如以建筑为主要画面来创作绘画、雕塑等美术作品和摄影作品等。

与此同时,不同主体对建筑的不同利用,极易引发不同利益人之间的纷争。如果将法律对建筑所有权保护的规则、对作品著作权保护的规则分开来看,它们均可以找到受到法律救济的依据,但是,当它们要求法律保护的请求同时发生时,则使我们面临着一个问题:如何来解决建筑所有权行使与以该建筑为主画面的作品著作权保护之间的冲突?从我国目前的立法规定中,我们尚不能找到有关解决这个问题的直接规定,但是,在相关立法中却也包含着可以遵循的相应的规则。

司法裁判者的使命是立足于法学悟性基础上,通过充分熟悉与理解法律而有效地运用法律解决复杂的利益纷争。进一步言,司法裁判者的职责不仅是要解释法律(拉丁文:jus dicere)[1],而且应当在奉行"一致性、平等性和可预先性"标准的基础上来解释法律。[2] 立法规范的不充分,突出了司法裁判者负有正确解释法律之使命的重要性。在我国司法审判中,有一个针对建筑所有权与以该建筑为主画面的作品著作权之间利益冲突的纷争作出的判决,该判决所涉及的问题具有一定的代表性,而该判决的内容与理由则涉及对法律相关规则的深层面的理解与思考,故值得关注。本文将围绕着这个判决所涉及的一些理论问题进行阐述与分析。

二、案例:1999年闽知终字第06号判决

(一)法院查明的基本事实

坐落于我国福建永定的客家土楼是世界上极具独特风格的民居建筑。钟格林于1992年以永定土楼之代表作振成楼为主画面,以单独创作和部分接受委托创作方式完成了"中国永定土楼纪念章"图案与文字结合式作品(图案正面由内外两层圆形土楼及中心亭子的振成楼为图案主画面,主画面上方有云朵,下方以花边和"人类文明史上的璀璨明珠"文字等组成,纪念章背面由繁体"中国土楼,世界奇观"和英文"THE EARTHEN BUILDINGS OF YONGDING, CHINA"的字样组成)。同年,该作品被制作成古铜色的浮雕土楼纪念章。此后,钟格林以该作品为基础又先后创作了"中国土楼镀金纪念币"和"中国土楼特种纪念

---

[1] [葡]叶士朋:《欧洲法学史导论》,吕平义等译,中国政法大学出版社1998年版,第167页。
[2] [英]弗里德里希·冯·哈耶克:《法律、立法与自由》,邓正来等译,中国大百科全书出版社2000年版,第312页。

卡"的图案和文字结合式作品。钟格林将该三件作品于1998年进行了著作权登记并获得登记证书。

1995年永定县举办"95中国福建永定客家土楼文化观光节",县旅游局和县宾馆委托他人制作土楼纪念章,除土楼上下方的文字是"95中国福建永定客家土楼"和"文化观光节1995.11.18"之外,其图案与钟格林的作品几乎相同。

1996年初,原来一直在振成楼内纪念品销售点销售钟格林委托上海一厂家制作的古铜色土楼纪念章的林日耕,开始销售从县旅游局购进的仿造纪念章。其后,当从浙江商人王孝瑞处得知从浙江购进土楼纪念章的价格可以更低之时,林日耕表示要从王处进货,而且明确要求对方按照县旅游局委托他人制作的土楼纪念章的图案提供纪念章并将"95中国福建永定客家土楼"和"文化观光节1995.11.18"改成"人类文明史上的璀璨明珠"和"中国·永定·土楼"的字样。王孝瑞按照林日耕的要求向其提供了土楼纪念章1000枚,林向王支付了货款11000元,其中500枚的单价为12元,其余单价为10元。林以单价17元的价格销售了999枚。

1997年,钟格林发现林日耕等人销售抄袭自己作品的土楼纪念章,遂要求赔偿损失,但是因协商未果,诉至龙岩中级人民法院。

(二)一审时当事人的主张及法院判决与理由

原告钟格林诉称:自己设计了土楼纪念章,是法律所保护之著作权人。被告委托他人制作盗版纪念章并公开销售,在被告知其行为系侵权行为后,拒绝停止侵权行为并拒绝承担损失赔偿责任。被告的行为给自己造成了极大的精神损失、经济损失和商业信誉损失,故请求法院判定被告停止侵权,公开赔礼道歉并赔偿各项损失5万元。

被告林日耕辩称:自己从浙江商人处进货并销售这种土楼纪念章长达4年,原告知道却没有制止,至1998年起诉时已经超过2年诉讼时效,其诉请不受法律保护。此外,原告未经包括自己在内的振成楼任何一个楼主同意,私自以他人私有财产振成楼为图案制作纪念章,侵犯了自己的私有财产权。

一审法院判决被告停止对原告享有的土楼纪念章专有图案和文字著作权的侵害;在报纸上刊登道歉声明并赔偿原告经济损失。一审法院认为,原告创作的土楼纪念章上的专有图案及文字,系融合绘画、书法等表现形式,是具有独创性的创作成果,其享有受法律保护的著作权。被告委托他人制作土楼纪念章的意思表示明确,且因为在销售原告制作的土楼纪念章时知道原告对该纪念章的图案和文字享有著作权，却擅自委托他人制作并销售与原告几乎相同的土楼纪念章，应当确认其有侵权的主观故意。被告的行为已经构成侵权，应当承担停止侵权、消除影响、公开赔礼道歉及赔偿损失等民事责任。由于被告的侵权行为自1995年至1998年一直处于持续状态，故虽然原告自1997年发现被告侵权至1998年11月向法院提起诉请，并未超过《民法通则》规定的2年诉讼时效期间。原告请求的赔偿精神损失及商誉损失缺乏事实依据而不予支持。

（三）二审时当事人的主张及法院判决与理由

原、被告均对一审法院的判决不服，提出上诉。原告钟格林提出的主要上诉请求是：①自己的经济损失没有被正确计算；②被告应当向原告赔偿精神损失赔偿费和商誉损失。被告林日耕提出的主要上诉请求是：①自己不存在侵权故意；②自己是振成楼的楼主之一，对土楼图形有专有权。自己销售其所有的土楼图形的物件，不构成侵权。其代理人强调：林日耕是振成楼著作权的合法拥有者，钟格林的纪念章图案是对土楼的临摹。

二审法院判决驳回双方当事人的上诉请求，维持原判。二审法院认为，上诉人钟格林以振成楼为素材创造土楼纪念章图案，是对土楼的合理使用，且其作品以独特的视角表达了作者的思想内涵和审美观，体现了作者的创造性劳动，具有独创性。故钟格林对其创作的土楼纪念章图案享有著作权。林日耕虽然是土楼的所有权人之一，但是不享有土楼的著作权。其代理人提出的林日耕是土楼著作权的合法享有者没有证据佐证而无法获得支持。但是，钟格林没有就其主张的土楼纪念章可获利润的计算提供有效的证据，故无法支持按照其可获利润计算损失赔偿额的主张。钟格林提供的证据足以证明其受到了较为严重的精神损害，且一审法院已经判定林日耕在报纸上刊登道歉声明，已可抚慰其精神损害，可不再予金钱赔偿。钟格林作为自然人不存在商誉损失，对其提出的赔偿商誉损失的请求不予支持。林日耕委托他人仿制土楼纪念章的行为意思明确且委托事项已经完成，故林日耕主张的自己没有委托他人制作土楼纪念章的抗辩理由不能成立。林日耕未经权利人许可，擅自将与钟格林享有著作权的土楼图案几乎相同的图案委托他人制作成纪念章出售，侵犯了钟格林的著作权，应当承担相应的侵权责任。

三、讨论与分析

在这个案件的争议中，一审原告提出了保护自己著作权的主张，而一审被告则提出了否定原告著作权的抗辩，即原告未经被告及其他建筑所有权人的同意，将该建筑作为主画面进行创作是对建筑所有权人利益的侵害，因此，原告不能享有著作权。应当说，在司法实践中，持有这种看法的人并非很少，加上我国立法没有对这个问题作出直接规定，虽然从法律规定的精神与原则分析，解决这个问题的规则思路应当是明确的，但是能够正确理解法律的精神与规则并寻找到规则思路并不一定是一件简单的事情。在本文所分析的案例中，二审法院对这个问题进行了简要的理由说明，其判断与说明是正确的，只是有些过于简单。因此，对这个问题我们有必要从如下几个方面作出进一步的分析与思考：

（一）建筑与作品的关联性

1. 建筑的判断。建筑不等于建筑物，《辞海》对"建筑"的解释是：指建筑物与构筑物的通称，是工程技术和建筑艺术的综合创作。[1] 就建筑的整体而言，建筑应当是工程技术与建筑艺术的融合性产物，但是客观世界中也存在着工程技术成分浓厚而建筑艺术含量极低的建筑。就建筑的构成而言，建筑由建筑物和构筑物所构成。建筑物是指满足人们生产、居住、仓储或者作其他用途需求的房屋，如住宅、厂房、仓库等，砖墙、屋面、玻璃门窗及建筑装饰等均属于建筑物的组成部分。[2] 构筑物是指满足人们生活、生产需要的各种土建配套设施，如塔、井池、烟囱、桥、隧道、围墙、道路、堤坝等。

2. 建筑与作品的密切关联性。建筑与作品有着密切联系。当建筑以自己独有的线条、色彩、材质在空间和实体上表现出其与众不同之处并且符合法律对作品要求的独创性、可复制性时，该建筑就是建筑作品。按照《著作权法实施条例》的解释，"建筑作品，是指以建筑物或者构筑物形式表现的有审美意义的作品"。建筑作品被作为美术作品受到保护，源于1908年的《伯尔尼公约》柏林文本。建筑作品是艺术和技术结合的产物，只有既符合建筑美学理论和美的规律、在空间和实体上构成给人以美的感受的艺术造型，又符合建筑工程技术规范的建筑，才能够成为建筑作品。歌德将建筑作品赞誉为"凝固的音乐"。因此，诸如各种住宅、纪念堂、纪念碑、纪念塔、庭院、公园、桥梁、寺庙、教堂等建筑，如果其空间、实体及其外观具有独创性，包括作为其附属物的草、木、竹、石、池等的选定、配置或其构架具有独创性，均构成受到著作权法保护的建筑作品。

但是，我们必须注意到：首先，建筑作品与绘画、雕塑、舞蹈等纯艺术性作

---

[1] 参见《辞海》，上海辞书出版社2002年版，第798页。

[2] 参见2003年6月1日实施的建设部《房地产业基本术语标准》。

品不同,尽管建筑作品具有艺术性、可欣赏性的特点,但是它更具有科学性、技术性和实用性的特点,从这个角度而言,建筑作品的独创性空间比起纯艺术性作品要狭窄许多。其次,并非所有的建筑均是作品,例如,我们到处可见的没有特点、没有个性、没有美感的建筑,由于没有独创性而不可能成为法律意义上的作品。

建筑与作品在关联性上表现为三个方面:

(1) 建筑作为一个整体成为作品,即建筑物与其配套的构筑物形成了一个具有作品特征的整体,如客家土楼。

(2) 建筑物或构筑物的整体并不具有作品特征,但是建筑物上某些表现形式如屋面、门窗、室内装饰等具有鲜明的个性,或者作为构筑物的塔、井池、烟囱、桥、围墙等外形、色彩等有自己独有特点,那么,这些建筑上的可以明显独立分开的局部也可以成为作品,如雕刻精细且具有独创性的门、窗,独具风格的塔、井、池等。从其他国家的立法看,很少有将这个问题明确规定在法律中的,但是,在司法审判中多有判例出现。例如在德国,虽然在《德国著作权法》中并没有明确规定诸如房间的内部设施、内部装饰等在具有作品特征的情况下可以成为作品而受到保护,但是,德国司法审判中有多个判例对此作出了具有影响力的判决。如根据德国联邦法院 1989 年的一个判例,尽管整个建筑不能成为建筑作品,但是该建筑的门面、房屋周围的栅栏、某个门的入口等因具有艺术作品特征,均作为作品受到保护。[1]

(3) 建筑不仅可以在其整体上成为作品,而且如果该建筑上可以独立分开的局部也具有作品特征的,同样可以成为独立的作品,如苏州园林中的退思园,其整体是一个极为典型的建筑作品(虽已超过法律保护期限,但是并不妨碍其作品属性的判断),同时,该建筑中环池而筑的亭台楼阁、廊舫桥榭、厅堂门轩,亦均是可独立存在的作品。

3. 建筑作品与其他作品的关系。建筑本身可以成为作品,同时,基于该建筑又可以产生其他类型的作品,例如,在建筑进行施工之前有建筑设计图纸、模型作品,在建筑施工完成后可以产生以该建筑为主画面的绘画作品、摄影作品等。这些绘画作品、摄影作品与建筑作品本身没有关系,它们不等于建筑作品。

---

[1] [德] M. 雷炳德:《著作权法》,张恩民译,法律出版社 2005 年版,第 139~144 页。

(二)建筑所有权与以该建筑为主要画面的作品著作权产生的非关联性

当一个具有个性尤其是具有鲜明个性的建筑出现在人们视野内之后,必然会产生大量的持续不断的以该建筑为主要画面或背景的绘画、摄影、雕塑等作品。这些作品不仅满足着人们对人文之美的追求,而且满足着人们对来自不同国家或地区的建筑文化信息的了解与交流的需要,满足着旅游者们希望获得直观性极强的以建筑为主画面或背景的旅游地的信息,总之,满足着人们在社会经济生活中对这些建筑信息的各种需求。

从权利角度而言,在现代社会,任何建筑必然有其所有权及其主体,任何以该建筑为主画面的作品也必然在一定期间内有其著作财产权[1]及其权利主体。建筑所有权与以该建筑为主画面的作品著作权是各自独立存在的两类权利,这两类权利具有其相同和不同之处:

1. 这两类权利均具有私权性质,但是完全分属于不同领域,前者属于物权领域,后者属于知识产权领域。

2. 这两类权利均具有支配性和排他性,但是得以支配的对象完全不同,前者支配的是有体物和法律明确规定的附着于该有体物上的权利,而后者支配的是基于作品所产生的人格利益和财产利益。

最为需要关注的是,虽然大量的作品往往将建筑作为主画面或重要的背景,但是,这些作品的著作权的产生与该作品所主要描述的建筑的所有权没有关联性。因为:

(1)对创作自由权的保护应当优先于对所有权的保护。一旦建筑施工完成,无论该建筑本身是否构成作品,只要该建筑位于公共场所之中或者位于公众可以从公共场所能够看见的地点上,则任何人不仅可以自由地观赏该建筑,而且可以自由地通过临摹、摄影等方式创作以该建筑为主画面或主要背景的作品。实质上,这是公众享有的在公共场所以景观为对象进行自由创作的自由权。在建筑所有权与以该建筑为主画面的作品著作权可能产生利益冲突的情况下,所有权——这一具有财产属性的权利——应当让位于体现着社会公共利益和自由精神的创作自由权。有关建筑所有权与以该建筑为主画面的作品著作权发生利益冲突时应当如何解决的规则,在各国著作权法中并不能找到直接的答案,但是,从立法对建

---

[1] 准确地讲,应当是作者财产权,因为任何著作财产权的最初享有者只能是作者,任何其他主体享有的著作财产权均来自于作者的自愿转让或作者根据法律强制性规范进行的转让。

筑作品著作权与将该建筑作品作为绘画、摄影作品主画面的作品著作权之间利益冲突的解决规则中，我们可以找到相关的立法理念，例如，在《美国版权法》第120条（a）和《德国著作权》第59条的规定中，[1] 强调对位于公共道路、街巷或其他公共场所的建筑作品，他人可以通过绘画、雕刻或摄影等方式进行复制或公开再现该建筑的外形而不构成侵权。因为建筑作品的作者对自己作品的使用权不应当对抗他人在公共场所对建筑作品进行非接触性使用的自由权。这种自由权被法律所设计的"强制许可"所支持。但是，这种自由权并不适用于以建筑方式对建筑作品进行的复制行为和其他以销售该建筑复制品为目的而进行的复制行为。

以建筑为主画面的作品著作权的产生无需获得该建筑所有权人的同意。由于以建筑为主画面或背景进行非接触性创作活动并没有对建筑所有权的行使构成妨碍或侵害，所以，作品著作权的产生不以获得建筑所有权人同意为前提条件。建筑所有权是所有权人对建筑的占有、使用、收益和处分的权利总称。非所有权人未经所有权人许可，不得对该建筑实施物权意义上占有、使用、收益甚至处分行为。但是，非接触性地将该建筑作为作品的主要部分进行创作活动，不会影响所有权人对自己的建筑行使所有权。当然，建筑所有权人自己也可以将该建筑作为创作的对象。与此同时，我们必须注意到，无论是建筑所有权人还是非所有权人，在以该建筑为创作对象时不得侵害该建筑作品著作权人的权利，例如在其他建筑物上擅自复制该建筑物的外形。

（三）合理使用在保护以建筑为主要画面的作品著作权中的制度功能

将建筑作为绘画、摄影、雕塑等作品的主要表现内容而可以不受建筑所有权的制约，这不仅需要确立在财产权与自由权发生冲突时必须坚守的基本理念，而且需要制度设计上的科学性和可行性。合理使用制度在实现制度理念上显然具有不可忽视的作用。我们注意到，利用合理使用制度来解决建筑所有权与以该建筑为主画面的作品著作权之间的利益冲突是一个比较好的思路。如前所述，虽然在各国著作权立法中无法找到解决建筑所有权与以该建筑为主画面的作品著作权之

---

[1]《美国版权法》第120条（a）："允许的美术表现形式——已建成的建筑作品的版权不包括禁止制作、发行或公开展出该作品的图画、油画、照片或其他表现形式，假如体现该作品的建筑物位于公共场所或位于通常从公共场所可以看到的地点。"

《德国著作权法》第59条："（1）位于公共道路、街巷或场所的作品可通过绘画或雕刻、拍照或摄影的方式被复制、发行和公开再现。对于建筑作品此权限只限于其外形。"

间利益冲突的直接而又明确的条款，但是我们可以从各国有关对建筑作品进行合理使用不构成侵权的规则中获得司法解释的思想之源。

我们首先观察一些国家和地区利用合理使用制度来解决建筑作品著作权人与他人在公共场所对建筑作品进行使用时产生的利益冲突的规则：

《德国著作权法》在"对著作权的限制"中规定："位于公共道路、街巷或场所的作品可通过绘画或雕刻、拍照或摄影的方式被复制、发行和公开再现。对于建筑作品此权限只限于其外形。"

《俄罗斯著作权法》第21条对"自由使用永久设置于自由参观公共场地的作品"的规定强调："对永久设置于自由参观公共场地的建筑艺术作品、摄影作品、造型艺术作品，许可不经作者同意和不支付著作权报酬而进行复制、无线电播放或者电缆公开传播，但作品的造型形象是此类复制、无线电播放或电缆公开传播的主要对象，或者作品的造型形象用于商业目的之情形除外。"

《日本著作权法》第46条规定，对永久置于户外场所的美术著作物的原作或建筑著作物，除以下情况外，可通过任何方式使用：①增加雕刻物；②通过建筑手段复制建筑著作物；③根据前条第二款规定为永久置于户外场所而进行的复制；④专门为销售美术著作物的复制品而进行的复制。

我国台湾地区"著作权法"也规定："于街道、公园、建筑物之外壁或其他向公众开放之户外场所长期展示之美术著作或建筑著作，除下列情形外，得以任何方法利用之：①以建筑方式重制建筑物；②以雕塑方式重制雕塑物；③为于本条规定之场所长期展示目的所为之重制；④专门以贩卖美术著作重制物为目的所为之重制。"

从上述立法规范中，我们可以寻找到如下规则：①建筑作品的著作权不得对抗公众对公共场所中的建筑作品非接触性的自由使用权，当然该自由使用权不得违背法律的禁止性规范；②法律以条款方式给公众以对公共场所中的建筑作品进行非接触性的使用之强制许可。

如果以上述规则来考察本文所引案例涉及的建筑所有权与以该建筑为主画面的作品著作权之间的利益冲突，我们可以考虑援用建筑作品著作权与公众对建筑作品的非接触性使用权之间的利益冲突的解决思路。我国《著作权法》第22条已经设计了"对设置或者陈列在室外公共场所的艺术作品进行临摹、绘画、摄影、录像"的行为构成合理使用的制度，那么，我们可以认为：①在"设置或者陈列在室外公共场所的艺术作品"中应当包括建筑，至于该建筑是否构成作品并不重要,因为如果该建筑不构成作品,则任何人当然可以对其进行自由利用而不存在法律给该建筑以著作权保护的问题。②既然法律将对"设置或者陈列在室外公共场所的艺术作品进行临摹、绘画、摄影、录像"等非接触性使用行为界定为合理使用行为,则立法的本旨并没有考虑物的所有权人有对该使用进行禁止的可能与必要。这就是我们对建筑所有权与以该建筑为主画面的作品著作权之间发生冲突时得以寻找解决方案的空间与可能。在这点上,本文所引述判例中二审法院作出判决的思考与分析思路应当值得肯定。

梁启超先生曾说过:"法律之文辞有三要件:一曰明,二曰确,三曰弹力性。"[1] 应当说,这是立法者一直追求的理想境界,但是,说之易,做之难。既然法律规定不可能没有某些漏洞,那么,就需要我们立足于自己的法学悟性,去寻求最接近法的基本精神的条款解释和解决问题的思路。

---

[1] 范忠信选编:《梁启超法学文集》,中国政法大学出版社1999年版,第176页。

论著作权法理念与数字图书馆利益的维护*

数字图书馆是人类在现代社会中的一个新的创举，它将传统的以图书馆形式进行资料储存、查找的活动与计算机及网络结合在一起，构成了向用户群体提供便于查找利用庞大的、经过组织的信息和知识存储的手段的系统。从美国著名科技管理学家布什（V. Bush）于1945年提出他对数字图书馆的设想，到现在数字图书馆已经开始与传统的图书馆相抗衡，也只不过60年。

在我国，凡稍具规模的传统图书馆都投入资金建设自己的数字图书馆，而中国数字图书馆、超星数字图书馆等在我国具有很大影响的数字图书馆，则是投入巨资的产物。数字图书馆的出现和存在，已经开始对社会经济生活产生了巨大的影响。数字图书馆所具有的快捷性、无空间距离性、检索便易性和复制简易性等，均是传统的图书馆所无法比拟的。

数字图书馆的出现对社会经济生活提出了新的挑战。对《著作权法》而言，数字图书馆的出现与存在也使《著作权法》面临着新的挑战，即作者权利的行使与数字图书馆使用作品的利益维护之间产生了较大的矛盾，在我国引发了较多的讼争。但是，这种挑战的出现、这些矛盾的存在是否会导致法律体系、法律制度的重大变化，则需要进行理性思考。我们可以说，虽然在整体上讲，包括《著作权法》在内的法律的修改总表现为滞后于科技发展的步伐，但是，只要科技发展所带来的新情况、新问题在现有法律规则框架内依然可以寻找到法律的可适用性，就不意味着现有法律制度与体系必然会与新科技的发展方向相悖，也不意味着现有的法律必然会阻却科技发展乃至社会的发展。

---

* 本文原载于《中国版权》2005年第1期。

笔者认为，上述结论不是简单的主观臆想的产物，就《著作权法》而言，这是基于对《著作权法》理念的认识与思考。因为《著作权法》的制定取决于著作权制度的设计，而著作权制度的设计必须要建立在制度理念的基础上。没有理念的法律制度的设计不能产生真正的法律制度，相反，它只能给已有法律制度带来混乱甚至是制度的崩溃，从而导致人们对法律的严重不信任乃至引发严重的社会公共危机。

那么，著作权法的理念是什么？笔者认为著作权法的理念有二：

1. 为作者设权的理念。作为民事权利体系中的一个支系，著作权同样有着自己的权利体系。而著作权的权利体系的设权源点就在作者处。任何权利体系不是凭空出现，它必然是为了一个核心而设立，那么，该核心的定位是一个关键。在著作权的权利体系中，这个核心定位于作者。作者是"作品之母"，由于作者实施的创作行为而产生出作品，此后方才产生一系列的权利享有与行使的可能。同样由于作者是"作品之母"，因而对作品的最初始的权利的享有和行使也应当首先属于作者。

人类对这个理念的认识是比较缓慢的。直到 18 世纪，英国在保护权利主体的自由意志的思想指导下，在对出版者、印刷者的权利扩张至有损于作者利益的现象进行反思的情况下，方开始确立将作者权利作为权利体系与制度设立的出发点。1709 年的英国《安娜女王法案》[1] 的序言突出体现了确认和保护作者权利及其行使权利自由的宗旨，其实质是旨在矫正过去对印刷商、出版商和书商过分保护的现象："鉴于近来时常发生印刷商、书商和其他人不经作者或所有者的同意，随意印制、翻印和出版图书，使图书作者或所有者受到极大的损害，而且常常使他们及其家庭破产；为防止今后发生此类事情，为鼓励学者们编写有用的图书，特制定本法案……"英国《安娜女王法案》首开为作者设权的理念先河，但是，将这一理念完全贯穿于立法之中的，则主要发生在欧陆大陆法系国家如法国、德国、意大利等。因为在欧陆国家中，不仅将作者作为著作权的权利体系的设权源点，而且在权利体系的设计上还围绕着作者设计出作者人格权体系和作者财产权体系，构成了独立于单纯的人格权体系和单纯的财产权体系之外的"两权合一"的体系。在作者享有权利的基础上，使用作品者的权利方通过继受方式得

---

〔1〕 该法案的全称是《为鼓励知识创作而授予作者和购买者就其已印刷成册的图书在一定期间内的权利的法案》。

2. 作者权利有限行使的理念。著作权的权利体系以作者为源点，确认作者具有体系化的且呈现非密封状态的权利。同时，根据私法精神所具有的权利神圣的基本原则，作者有权按照自己的意愿自由行使权利而不受他人非法干涉。但是，鉴于作品所具有的教育、欣赏、知识普及等社会功能，在作者权利自由行使与作品使用者的利益维护之间需要衡平。这就构成了作者权利行使的有限性。

作者权利行使的有限性主要表现在三个方面：①财产权法律保护的有限性；②使用者对作品的合理使用；③使用者因法定许可而使用作品。作者权利有限行使的理念与哲学上的思考紧密相联。在康德有关权利科学的阐述中，我们可以看到这样的理论分析，即法律从一开始就同强制实施的授权联系在一起。这种强制旨在阻止对自由的妨碍，防止对个人自由的侵犯。但是，法律的强制规则不是某个人或某些人的意志，而是一个人的意志"根据普遍的自由法则与其他人的意志连接在一起"。[1] 康德对此有一个归纳：强制与自由构成法律的有效性。[2] 因为法律秩序必须确保每个人的权利得到所有其他人的普遍承认；不仅如此，每个人的权利与所有人的权利相互承认，还必须建立在给每个人以同等的自由、使得某个人的自由与每个人的自由共存的基础上。因此，作者权利行使的有限性便赋予了他人合法使用作者作品的较为宽阔和自由的空间。

在对著作权法理念进行分析的基础上，我们来思考数字图书馆的利益维护问题，应当可以有一个明确的思路：

（1）"公益性"已经不能真正构成数字图书馆可以自由使用他人作品的抗辩理由。因为传统的图书馆因其免费对公众开放而具有的公益性是显而易见的（收取门票的图书馆通常不被认为具有公益性）。而数字图书馆以收取使用费、允许作者免费使用数字图书馆的资料但以作者许可数字图书馆免费使用其作品为交换条件等向他人开放，已使数字图书馆丧失了公益性。

（2）作者作为著作权的权利体系的设权源点，其享有的权利必须要受到使用者的尊重和法律的救济。因此，凡违背法律的禁止性规范、违背作者意愿而使用作品的，即构成对作者著作权的侵害。这是任何人不可逾越的法律底线。

（3）对作者权利的维护，不意味着作者可以滥用权利。因此，数字图书馆

---

[1] I. Kant, *Einleitung in die Rechtslehre*, Werke (Weischedel) Bd. IV, 337- 8f.
[2] I. Kant, *Einleitung in die Rechtslehre*, Werke (Weischedel) Bd. IV, 337- 8f.

可以根据民法的"意思自治原则"与作者达成协议来使用其作品，也可以根据法律对作者权利的限制而使用作品，还可以充分利用作者财产权的期间限制而实现自己的利益。

总之，数字图书馆作为著作权的权利体系中派生性权利人，在不突破法律规定的底线的前提下，其享有的来自于作者转让权利所生利益、来自法律直接许可与合理使用所生利益，均当然获得法律的确认与救济。

论编绘性地图作品的法律特征[*]

地图，是指根据一定的法则将地球以及其他天体间的现象进行综合分析以求建立起地球及其他天体与平面间的相互关系，并以专门的符号将其表现于不同载体之上的图形。就人类社会的生产与生活而言，地图发挥着其巨大的社会效应和经济效应；就人类社会的立法和司法而言，地图同样使法律负重而行，它不仅使已有着相当长的著作权立法和司法史的国家仍然面临着许多难题的困扰，更使得像我们这样一个著作权立法与司法史相当短暂的国家面临着一个又一个的大问号：地图作品是否可以完全类比于文字作品？地图作品到底有没有自己的特性？地图作品应定性为艺术作品还是"事实作品"？编绘性地图作品的独创表现在哪里？是否所有的地图都受法律保护还是仅仅部分地图受法律保护？对地图作品著作权的保护如何与正当竞争相协调？等等。当我们面对着日趋量多类繁且源生渠道不断扩展的地图作品时，也就是有关地图作品的讼争渐剧之时。为此，我们有必要探讨一下地图作品的法律问题。本文仅就编绘性地图作品法律特征进行探讨，以期达到抛砖引玉之目的。

地图的一般含义在于强调它是在一定的数学法则的基础上，通过一定的劳动将地球空间现象平面化并能进行复制的成品。编绘性地图是指根据各种制图资料在室内用不同的设备和方法编制印刷而成的成图。它不同于实测地图，后者根据大地测量和航测等，将凹凸起伏、纷繁复杂的地理实况信息表现为平面信息。因而，编绘性地图通常要具有下列共同特性：①系统性。即对地图所反映的事物间的几何空间关系以及所使用的符号、投影方法等都以系统化状态加以体现。②选

---

[*] 本文原载于《著作权》1995 年第 2 期。

择性。编绘性地图依特定目的仅显示一部分地理信息，故其所表现的对象要经过综合与取舍等筛选过程。③平面性。编绘性地图所表现的对象是从平面信息到平面信息，而不像实测地图那样是从实况信息到平面信息。编绘性地图的类型很多，例如：依其内容不同分为普通地图和专题地图；依比例尺的分类不同而分为大、中、小比例尺地图；依用途不同分为航图、教学图、工程技术图等。

地图作品，则是一法律术语，其法律含义是：创造性地将地球上自然的或者人文的信息以特定的符号，并按一定的比例尺客观地表现于载体之上的智力劳动成果。从法律的角度而言，将地图分为实测地图和编绘性地图是一个非常重要的类别划分，因为它决定了地图作品的原创性和派生性。《中华人民共和国著作权法实施条例》（以下简称《实施条例》）第2条规定："著作权法所称作品，指文学、艺术和科学领域内具有独创性并能以某种有形形式复制的智力创作成果。"《实施细则》第4条第12项给地图、示意图等图形作品下的定义是："图形作品，是指为施工、生产绘制的工程设计图、产品设计图，以及反映地理现象、说明事物原理或者结构的地图、示意图等作品"。基于该法定性定义，我们可清晰地看出：地图等图形作品具有不同于一般作品的特殊性，即：它是融科学性和独创性为一体的边缘性的作品。因此，地图作品的法律特征是：

1. 以客观、真实和准确为内容的科学性。所谓科学性，是指地图作品无论以何种形式进行表现，但是它在平面上所勾绘和标注的地理信息的相对位置应当是准确的或者是近似准确的。地图作品不同于其他作品。众所周知，一部地图作品，无论它属于何种分类，通常都要准确地或近似准确地勾绘和标注出下列必备的、标准的要素：①境界线，例如国界、省、直辖市、自治区、县（区）等界线；②水系线，如主要的河流、湖泊、海洋等；③居民地，如首都、直辖市、省和自治区的首府、县等；④交通线，如主要的铁路、公路及道路的附属物（如重要桥梁等）。如果没有了这些必备要素，就不可能编制一部地图，例如，某人要编绘一个以医院为主题的全国地图，如果没有了这些必备的要素，编绘者将何以绘制地图？使用者又将何以辨认出医院的相对位置？如果这些要素勾绘或标注得不准确、不真实，就失去了地图应有的科学性；在失去科学性、准确性、真实性的前提之下进行的地图创作也就失去了它存在的价值。当实测地图的作者们利用测量学、地理学、数学、电子学等科学知识和方法创造性地将实况要素变成平面要素后，地图作品的科学性便约束着任何从平面到平面的编绘性地图，无论是何种专题地图，无论作者以何种表现形式来表示编绘性地图作品必备的、标准的地理要素的线条勾绘或标注，无论作者采用何种投影方式制作平面地图，方位投影也好，圆锥投影也好，墨卡托投影也罢，高斯—克吕格投影也罢，无论作者如何设计经纬网的形状，均不得改变这些必备要素在经纬网上的相对位置，这就如同无论怎样的地图都不得改变"北京：东经116度，北纬39度"的相对位置一样。也就是说，改变了它，就根本谈不上得到法律保护的问题。这就类似一部历史学著作，无论作者以何种方式进行表述，对于历史事件发生的时间、地点以及史料所载的其他事实等只能如实地反映，不能随意地虚构事实。因此，作者在国界线、省界线、主要的水系线、主要的交通线等线条的勾绘、重要的居民地的标注上以及有关反映事实的数字的标注上，不能也不应当随意地改变。日本著作权法以学术为立足点来强调地图等图形作品的科学性。《日本著作权法》第10条第6款以列举方式规定，"地图和具有学术性质的图纸、图表、模型及其他图形著物"是法律保护的作品。为此，无论是在日本学术界或是司法界都相当强调地图作品的学术性质。例如，日本学者加户守行认为，是否属于法律所规定的地图作品要以其是否具有学术要素而非美的要素进行判断。东京地方法院1969年5月31日对一地图作品著作权案的判决也很强调这一点，该判例认为：地图"与其他作品不同，它是用事先规定的特定符号将地球上的全部或部分自然的或人类文化的各种情况按一定的比例尺客观地表现于某一物体的表面"[1]。当然，如果单纯地强调地图作品的学术性而忽略其或多或少存在着的美学性未免有些片面和一叶障目，但是从这一角度也反映出地图作品不同于可以随意想象和发挥的真正的美术作品，毕加索可以在同一平面上通过对人的五官的不规则的、失真的描绘而表达自己的思想和情感，但是地图作品的创作则必须要在准确、客观、真实的范围内进行，无论怎样变也跳出不了准确、客观、真实这一"如来佛的手掌"。

2. 以"三点合一"为内容的独创性。所谓独创性，根据人们已达成的共识，它的内涵在于地图作品是创作者独立创作的结晶，而非他人地图作品的翻制品。一部作品之所以被著作权法保护，其最关键的一点就在于它的独创性。但是我们应当如何认识地图作品的独创性？当实测地图的作者将凹凸不平、纷繁复杂的地理实况信息（即实况要素）通过科学方法创造性地表现于平面载体上，使之成为平面要素时，这一智力劳动成果的创造性是不容忽略的，因为是实测地图的作者首先创造性地将地理实况信息变为平面信息，而且从一定意义上讲，他们使这

---

[1] [日] 半田正夫、纹谷畅男：《著作权法50讲》，魏启学译，法律出版社1993年版，第107页。

些平面信息（如线条、数字等）的勾绘和标注具有了唯一性，尽管编绘性地图作品可以各种方式来表示自己的独创性，但是它对来自原创性作品已勾绘的线条走向、居民地的标注等要素的相对位置不能进行随意想象化的勾绘。或许正因为如此，美国国会技术评价局1986年的一份文件将地图作品定性为"事实作品"，与"艺术作品"相对应（这反映出可任意发挥的作品与不可任意发挥的作品的区别）。不过，与之相反的定性是将地图当作图画作品或者艺术作品，例如迄今有效的英国1956年的一个判例（布兰怀特·波恩诉马德拉斯港口受托人案）就是这样定性的。[1] 但是，大陆法系各国的立法例多将地图列为不同于一般作品的科学类作品或者单列一类，如《德国著作权法》第2条规定："受法律保护的作品包括科学、技术种类的表现形式，如绘图、设计图、地图、草图、表格和立体表现形式。"《日本著作权法》第10条规定："地图或具有学术性的图纸、图表、模型及其他图形著作物。"《俄罗斯民法典》第475条将"地理、地质图及其他类似挂图"单列一类。《法国著作权法》第3条则将地图作品称作"同地理学、地形学、建筑学、科学有关的平面图、草图"。我国《著作权法》亦将地图作品进行单列。由此可见，世界各国对地图的定性不一。那么，我们应当如何分析自实测地图派生而出的编绘性地图作品的独创性呢？

地图等图形作品，由于它具有的准确、真实地反映客观实在的科学性是进行创作的前提条件，这就使得它的独创性范围十分有限；同时由于地图等图形作品在其行业发展过程中，对标记符号等形成了一定的行规或约定俗成的表示方式，故而，人们对这些图形作品在视觉上常有一种或多或少似曾相识的感觉；更因为政府必须进行的一些公法行为，使得地图作品的独创显然不同于其他作品。比如国家有关于公开出版的地图的国界画法的规定。1980年《我国地图编制出版管理办法》第4条第1款规定："地图上有关我国国界线的画法，公开地图应当严格按照地图出版社最新出版的地图绘制；……"根据我国著作权法对地图等图形作品的解释以及地图作品的特性，本文认为，地图等图形作品的独创性由下列三点共同构成：

1. 整体构思的表现形式。无疑，受著作权法保护的不是构思等思想，而是这些构思的表现形式。联合国知识产权组织总干事阿帕德·鲍格胥先生认为："受法律保护的必须是作者自己创作的，必须体现作者劳动的独创性，但其受著

---

[1] 郑成思：《版权法》，中国人民大学出版社1990年版，第43页。

作权法的保护并不需要对作品进行想象力、创造性或质量检查。"[1] 地图等图形作品不同于一般的文字作品，它将线条、颜色、文字、数字等表现形式融为一个整体。作为科学性的作品，它要具有真实性、准确性、客观性；作为图形作品，一部公开出版的好的图形作品，通常又要具有一定的美观性，以使读者得到视觉上的美的感受。因此，根据美学的基本原理和行业制图惯例，任何人都要可以将允许随意移动的地理要素表示形式，如地名位置的表示、铁路线的名称表示等放置在他认为最佳的位置上，并同他选择的适宜的比例尺、经纬网的形状组合在一起，形成一个完整的整体，将这一整套构思通过线条、颜色、文字、数字等在载体上加以表现，其独创性是显而易见的。

2. 要素的综合取舍，如境界线、水系线、交通线、居民地勾绘与标注的取舍。鉴于除实测地图作者外，其他人极少能有实测能力的特点，编绘性作品基本上是利用前人的研究成果和已有的测绘资料而形成的新的作品，但是，如何根据前人已有的研究成果和有关的资料，如何将其表示于地图之上，根据特定目的应选取哪些要素、舍弃哪些要素等，编绘性地图作品的作者有着自己独到的思考，这恰恰是作者的独创性所在之重要的一点。日本学者们认为，绘制的地图能否成为新的作品，标准是其取舍、选择是否有独到的考虑。日本东京地方法院 1969 年 5 月 31 日的一个判决也认为，在前人地图的基础上进行加工和改编的编绘性地图的绘制者将现有材料作为资料，参考这些资料，"应用自己的学识和经验等，根据其用途，按照一定的比例尺，为将各种素材适用于其目的进行取舍和选择，将之编辑，结合于一定物体的表面，即属于具有区别于其他类似作品的独创性"。[2]

3. 要素的表现形式，如颜色、各种要素长短、宽窄等表示方式、标记的表示等。联合国知识产权组织总干事阿帕德·鲍格胥先生对此有过明确的论述："绘制地图和平面图需要技术、劳动和选择能力。地图的绘制者必须尊重地理事实：他不能把 100 公里的距离跟 50 公里的距离画成一个样子。但是在忠实于地理事实的范围内，对于地图用什么样的表现形式最好，如何表现国界线和国内地区界线，如何表示村庄和城镇，如何表示山脉、河流和沼泽，绘制者可以选择各

---

[1] 参见中国出版工作者协会编印：《版权讲座》第一讲，未刊版 1982 年，第 6 页。
[2] [日] 半田正夫、纹谷畅男：《著作权法 50 讲》，魏启学译，法律出版社 1993 年版，第 113 页。

种方法。"[1] 所以，运用各种方法确定相宜的表现形式是作品的独创性之一。但是，这并不意味着要求其全部表现形式都必须具有新颖性或者是前所未有的。作者完全可以使用行业上已确定的带有一定通用性的符号。

上述三者相辅相成，形成一个整体，共同构成了编绘性地图作品的独创性。

综上所述，地图作品的法律特征表面看来似与其他作品相同，但是，其内涵却相当独特，故而对其进行一定的分析对保护地图作品是有意义的。

---

[1] 参见中国出版工作者协会编印：《版权讲座》第一讲，未刊版1982年，第6页。

论我国立法对信息网络传播权的限制*

一、网络信息传播权的存在基础

法律的存在价值在于解决社会生活中已经发生和可能发生的问题。信息网络传播权在我国立法中的出现，从一个角度折射出社会对法律的需要以及法律负有的必须对社会生活中的问题作出回应的义务。

（一）一组数据所带来的法律上的思考

2007年1月23日，中国互联网络信息中心（CNNIC）发布《第19次中国互联网络发展状况统计报告》。[1] 报告显示，截至2006年底，我国网民人数达到了1.37亿，使用宽带上网的网民达到10 400万人，上网计算机数达到5940万台，网站数达到84.3万个。我国域名总量达到4 109 020个，IP地址总数达到9801万个。如果我们观察一下1997年和2000年的情况，可以发现我国在这个领域的发展速度很快。

1997年10月第1次《中国互联网络发展状况统计报告》显示，[2] 截至1997年10月31日，中国有上网用户数约62万人，上网计算机数约29.9万台。2000年7月第6次《中国互联网络发展状况统计报告》[3] 则显示：截至2000年6月30日，我国上网用户数约1690万人。上网计算机数约650万台。

上述数据带给我们的思考是：

第一，网络发展使人们的生活对网络的依赖性日渐明显。目前，不仅信息的

---

* 本文原载于《中国版权》2007年第2期。
〔1〕 参见中国互联网络信息中心网站发布的信息。
〔2〕 参见中国互联网络信息中心网站发布的信息。
〔3〕 参见中国互联网络信息中心网站发布的信息。

传播受到互联网的巨大影响,人们的日常生活依赖于互联网络的趋势日益明显,而且,网络化、数字化的发展给信息的传播带来了极大的直接冲击,必然导致与此有关的法律问题亦日益突出,且有关因网络信息传播而产生的纠纷会有明显增多的趋势。

第二,大量的作品从传统传播方式如出版、表演等进入到网络传播方式中。与传统的信息传播方式包括电台、电视台的传播方式相比较,网络传播具有明显的优势:获得传播平台的容易性;网络的自由共享性和海量信息性(这决定了网络对公众有着其他信息传播媒体不可能具有的强大吸引力);便利性和可保存性;信息的快速更新性;信息检索的便利性。此外,网络的出现极大地改变了过去大量作品无法传播的局面。

第三,人们对著作权的关注程度日渐增长而权利救济的难度日益增大。由于网络的出现,人们对信息传播中所涉及的权利越来越关注。在近年出现的著名导演陈凯歌的电影作品被他人利用网络"恶搞"事件[1]、大量的"博客"作品在上网后被他人肆意地转载却不标注任何出处或来源而导致的人们对网络博客大量出现所带来的权利被侵害的问题之担心,都反映出人们对权利的日渐关注。但是,较之利用传统媒介进行信息传播所产生的权利救济,对利用网络进行作品传播所引发的权利救济的难度增加了许多。

(二) 我国立法中信息网络传播权的定位

在这样的背景下,我国《信息网络传播权保护条例》于2006年5月18日颁布并于同年7月1日生效。但是,对信息网络传播权的确认和保护的规则是在2001年修订的《著作权法》中加以规定的。在笔者看来,著作权法将信息网络传播权定位于作者财产权之一,也就是作者对作品的使用权之一,其价值判断就在于:信息在网络上的传播与通过其他媒介进行传播,并没有本质的不同,仅是传播方式的改变。那么,权利救济难度的增加仅是保护方式与技术方法上的难题。这并非一个难以解决的问题。我们注意到,当今世界,新鲜事物层出不穷,但是,社会生活中总有那么一些规则,并不因为社会的发展与变化而被从根本上撼动。这些规则的固执来自其自身规则的包容博大与基本原理的科学性。这些规

---

[1] 一名年轻人将陈凯歌导演的电影《无极》中的一些画面重新组合,形成了一个16分钟的短片《一个馒头引发的血案》。该短片具有典型的"恶搞"味道。但是,出乎意料的是,许多网民对该片随意利用他人已有的作品的行为大加赞赏。

则在法学与医学中表现得最为明显。

在网络信息时代，虽然人们可以借助互联网这样的载体来表达自己的思想与情感，但是，在网络上进行作品的利用与那些通过纸质载体、胶片载体等利用作品的活动，在行为性质上并无任何差别。历经两千余年发展的法律是博大精深的，尤其是密切关注人们私权的私法，更是将对人们私权的确认与救济时刻放在自己的视野之下。因此，借助于互联网这一新载体所产生的知识信息的网络传播，依然无法逾越法律的视野，信息网络传播依然会在著作权法所制定的规则之内受到法律的关注。

二、信息网络传播与信息网络传播权的限制

（一）网络传播行为与不同主体的利益冲突

根据《著作权法》对信息网络传播权的解释，信息网络传播权是指以有线或者无线方式向公众提供作品、表演或者录音录像制品，使公众可以在其个人选定的时间和地点获得作品、表演或者录音录像制品的权利。从法律含义的判断上而言，"传播"实际上包含着不同主体的意志：

第一，作者对是否传播自己作品的意志。该意志是作品能否得以传播的基础。

第二，表演者和录音录像制作者对是否传播自己的表演信息或录音录像制品的意志。虽然表演行为与录音录像制作行为不能完全等同于创作行为，但是，其作为知识信息的组成部分的重要性无法忽视。

第三，网络提供者对作品及表演者与录音录像制品提供传播平台的意志。网络提供者在其活动中对传播内容有一定的控制力，虽然这样的控制多数具有事后控制的性质。因此，他们对信息传播的看法与控制也是不能轻视的。

第四，利用网络传播他人作品、表演和录音录像制品的公众意志。网络是信息传播的平台与通道，任何在网络上进行活动的非作者之人均可能将他人作品传输给特定或不特定的他人。所以，利用网络进行活动的公众，既可以是网络信息的受众，也可以是网络信息的传播者。这就是网络与传统媒体的本质不同之一。因此，《信息网络传播权保护条例》第2条特别强调："……任何组织或者个人将他人的作品、表演、录音录像制品通过信息网络向公众提供，应当取得权利人许可，并支付报酬。"

那么，在作者、利用作品的表演者与录音录像制作者、因提供信息传播平台而获得利益的网络提供者、利用网络的公众之间，就作品、表演与录音录像制品

的使用而不断地产生着利益冲突。鉴于这些主体对信息网络传播所享有的利益不同,可以将这些主体划分为两个层次:

第一层次的主体是信息创作者和制作者。他们的活动是信息产生之源。

第二层次的主体是为信息传播提供平台者和利用网络信息的社会公众,他们是信息的主要利用主体。

在这两个层次的主体之间,第一层次的主体可以因对自己创作和制作的信息进行利用而将权利伸展到第二层次主体的权利中,但是,第二层次的主体在没有任何作品创作或录音录像制作活动时不得将自己的权利延伸到第一层次主体的权利中。

因此,只要第一层次的主体,即作品的创作者、表演者和录音录像制品的制作者可以原始性地享有信息网络传播权,其他主体则可以根据法律规定[1]或根据约定而享有派生性信息网络传播权,也可以享有因法律对信息网络传播权的限制而带来的利益。

(二)社会发展的需求与信息网络传播权的限制

如前所述,我国的网络发展十分迅捷。但是,它与我国经济发展的状态一样,表现出明显的不平衡,存在着城乡之间、东部与中西部之间的较大差异。根据调查显示[2],城镇网民普及率是农村的6.5倍;由于东中西部地区经济发展水平的差异,中国的互联网发展也存在东中西部差异。整体而言,互联网在东部的发展水平要高于中部和西部。

社会经济发展的滞后,从一定角度而言是知识信息传播的滞后。人们对知识信息掌握的程度直接影响到社会经济发展的进程。从我国目前知识传播的途径看,最为便捷地给人们带来海量资源的是互联网,越来越多的人是从互联网上获得大量知识信息的。在网络上传播知识信息所带来的影响,是我们所难以估量的。因此,我们在确认作者、表演者、录音录像制作者享有私权性的应当获得法律救济的信息网络传播权的同时,也必须考虑对该权利行使的限制,以便在公众与他们之间实现尽可能的利益平衡。

(三)信息网络传播权的法定限制

权利的限制来源于两个方面:约定的限制和法定的限制。

---

[1] 社会公众根据法律并在规定范围内进行信息网络传播的权利之源,可以在《信息网络传播权保护条例》第6~9条中找到。

[2] 参见中国互联网络信息中心网站发布的信息。

约定的限制完全是权利人与他人之间就权利限制所形成的自由意愿,在没有违背法律规范的情况下该意愿应当获得尊重。

而法定的限制则直接来自于法律的规则,它体现出立法的价值判断。根据《信息网络传播权保护条例》(以下简称《条例》),信息网络传播权人受到如下方面的限制:

1. 传播合法性的限制。《条例》第3条第1款规定:"依法禁止提供的作品、表演、录音录像制品,不受本条例保护。"这是根据《著作权法》第4条的规定衍生出来的内容,但是,这里使用的表达是"依法禁止提供的",而《著作权法》规定的则是"依法禁止出版、传播的",显然,《著作权法》的规定更为科学,因为没有什么法律可以规定人们可以提供什么信息或不能提供什么信息,但是法律可以对信息的传播作出限制甚至禁止。

此外,对于依法被禁止传播的作品,其著作权是否存在?根据《著作权法》第4条和《条例》第3条的规定,显然有一个逻辑关系值得注意:作品创作完成——但是被禁止传播,包括提供网络传播——禁止该作品传播的行为的依据是法律规定——由于作品被依法禁止传播,所以不能受到著作权法的保护。

应该如何理解"不受本法保护"?不仅在理论上有较大争议,在《著作权法》立法前后,争议之声亦不绝于耳。

我国于1979年开始恢复起草《著作权法》的工作,到1989年提交全国人大常委会讨论之前,先后起草了二十多稿。1989年12月由国务院提请全国人大常委会审议,经4次常委会审议,才于1990年9月由七届全国人大常委会第十五次会议通过,因此,在1949年以后的我国立法史上,可以将其称之为"难产的著作权法"。其之所以难产,是因为有许多争议的问题,其中《著作权法》第4条规定的内容是最有争议内容之一。实质上,有关《著作权法》第4条的争议反映了人们在私权观上不同理念的冲突。[1]

不能出版、传播的作品在理论上被称为"违禁作品",通常是指因内容违反法律而被禁止传播发行的反动、淫秽作品。[2]

违禁作品不受法律保护是《著作权法》第4条明确规定的,但是,如何理解"不受法律保护"?则观点不一且认识相距甚远。

---

〔1〕费安玲:《著作权法教程》,知识产权出版社2003年版,第63页。
〔2〕韦之:《著作权法原理》,北京大学出版社1998年版,第30页。

观点之一：违禁作品不享有著作权。其主要论据包括：①制定著作权法必须有利于社会主义精神文明建设，对依法禁止传播的反动、淫秽作品，不能给予保护，而且要依法追究法律责任。②民事权利应当具有合法性。被禁止传播的作品因其具有违法性而不能有著作权。③虽然制止违禁作品的传播是出版法及其他法律的任务，但是著作权法应当同这些法律相呼应，避免冲突。[1]

观点之二："不受著作权法保护"的性质不是否定作者自完成作品后自动产生的著作权的存在，而是强调其在出版、传播中因发生违禁现象而丧失法律强制力保护的屏障。主要依据包括：①作为民法的组成部分，著作权法只应当规范民事法律关系，而对违禁作品的管制是行政法中的新闻出版法的任务。②作品内容是否违法，只有在其被公之于众以后才能判定，如果断定违禁作品没有著作权，则使一部分未发表的作品之权利状况不明朗，这与《著作权法》第2条第1款规定的著作权自动产生原则相矛盾。[2] ③判断作品内容是否违法的标准会随着时间的推移而变化，倘若否定违禁作品的著作权，便会增加著作权法在操作上的困难。[3]

在笔者看来，从法律的角度看待问题，必须要尊重法学固有的科学性的判断规则。著作权的私权性质，决定了立法者和执法者必须要遵循民法中的权利神圣原则。对依法不能传播的作品而言，不是其根本没有著作权，而是意味着它在被禁止传播期间将失去法律的保护屏障。

2. 因合理使用而产生的限制。合理使用制度是各国立法共同关注的平衡作者与作品利用者之间利益冲突的"阀门"，它将合法与非法分置两边。当然，作品的发表是合理使用的前提条件之一。如果作品没有通过任何途径发表，则不构成得以合理使用的对象。在我国，包括为国家义务教育目的而在网络上使用他人作品在内，作品已经发表是公众以网络方式使用他人作品的"安全阀"中的

---

[1] 以上观点综合于下列学者所著作品：黄勤南："论保护著作权"，载《法学研究》1983年第2期；肖峋："论我国著作权法保护的作品"，载《中国法学》1990年第3期；吴汉东、王毅："著作权客体论"，载《中南政法学院学报》1990年第4期；赵惜兵："反动、淫秽作品不受我国著作权法保护"，载《法学杂志》1990年第6期；刘国林、戴华："论作品的法律属性"，载《法学评论》1991年第1期；郑成思：《版权法》，中国人民大学出版社1997年版，第55页和第60页；顾昂然：《新中国民事法律概述》，法律出版社2000年版，第154页。

[2] Vgl. Noedemann/Vinck/Hertin, Urheberrecht, RBUE Art. 17 Rdnr. 2, 转引自韦之：《著作权法原理》，北京大学出版社1998年版，第185页。

[3] 韦之：《著作权法原理》，北京大学出版社1998年版，第185页。

"核心部件"。从《条例》的内容上看,对通过信息网络为介绍或评论某一作品而利用他人作品、为报道时事新闻、为学校课堂教学或者科学研究、为执行公务、为盲人提供帮助而利用他人作品等情形的规定,与《著作权法》完全一致,显然,即使是利用网络传播信息,在合理使用上与其他传播方式也没有本质差别。

3. 因法定许可产生的限制。法定许可是法律对权利人许可权的一种限制。但是,与一般法定许可限制所涉及的范围相比较,在信息网络传播领域中的法定许可,有着明显的范围狭窄性,其关注的视野主要集中在实施义务教育和扶助贫困人群方面。因为我国是一个发展中国家,其经济发展极不平衡,贫富差距很大而且还在扩大之中。如果在中小学义务教育和种植养殖、防病治病、防灾减灾等与扶助贫困有关领域充分利用网络传播信息的便利,则对被扶助者、对社会的稳定和谐发展均十分有益。从该限制的深层分析,我们可以看到社会和谐发展的价值判断和对社会共同利益的关注对信息网络传播权人的权利行使的影响。社会公共利益既不是某些个人的利益,也不是某些团体的利益,更不是直接具有商事性质的利益,而是涉及与人们生活质量密切相关的卫生、教育、环境等社会公共事业和公众安全的利益。

著名的美国学者 E. 博登海默在他的极为重要的作品《法理学——法律哲学与法律方法》中指出,任何值得被称作法律制度的制度,均应当关注自由、安全和平等这些基本的制度价值。同时,所有的法律制度又要求这些价值应当服从有关公共利益方面的某些迫切需要的考虑。[1] 这完全是一种可接受的理论见解,因为根据利益均衡观念,任何保护自由、安全和平等的制度价值,不可能在与社会公共利益完全冲突的情况下得到实现,相反,它们之间的和谐相处是各得其所的理想结果。

总之,信息网络传播权被合理使用和法定许可等制度给予限制,是不同利益在公平理念之下获得共同实现的必然需要。当然,法定许可的附条件性质也从另一个侧面反映出法律所追求的公平性,例如,《条例》第9条有关扶助贫困的规定。因此,法律所追求的公平理念总是在寻找对不同主体的权利的确认与保护的衡平点的过程中实现的。

---

〔1〕 [美] E. 博登海默:《法理学——法律哲学与法律方法》,邓正来译,中国政法大学出版社 1999 年版。

论著作权的继承客体[*]

著作权法律制度对调动作者的创作积极性,促进优秀作品的创作与传播,推动国际文化交流,繁荣我国科学文化事业有巨大的作用。因此,确认及设立著作权法律制度,有效地保护作者及作品传播的合法权益十分重要。对著作权的保护有多种途径,其中,确认和保证对著作权的继承就是保护作者合法权益的有效措施之一。

一

著作权是指作者及其权利继受人对作者创作的作品享有各种权利的总称。作者是指直接从事创作的人;权利继受人是指依法律或有关合同规定而享有著作权中若干权利的公民和法人,如作者的继承人及出版社等。一般著作权分为两部分,即人身权利和财产权利,这是由它们自身的权利性质所决定的。著作权中的人身权利有下列几种:

1. 创作自由权。这是作者从事创作的首要前提,作者可以自由地构思、创作,社会要为其创作才能的发挥提供保证,但是,创作自由并不意味着作者可以滥用权利做出不利于社会发展和有损国家主权、泄露国家机密、败坏道德及其他侵害他人合法权益的违法行为。

2. 作品署名权。即作者声明自己是作品的创作者之权利,以及要求使用作品的人要尊重这一权利的权利。作者有权在作品上署真名、笔名,或不署名。

3. 作品的不可侵犯权。即未经作者同意,对作品不得任意改动或删节,更不许做出有损作者尊严和名誉的歪曲或篡改。

[*] 本文原载于《福建论丛》1986年第1期,收录于本书时有微调。

4. 作品的收回权和修改权。当作者因思想或观点上的改变,认为自己的作品已不能反映其学术或艺术观点时,有权要求收回作品;在作者认为因他人擅自修改等原因使作品已不能反映他的思想时,亦有权要求收回作品。对于已发表或者未发表的作品,作者有权修改。然而,如果收回作品的直接原因在作者自身,那么给出版等组织造成的经济损失,要给予一定的补偿。

由于人身权利不具有财产继承客体所要求的第一属性——直接财产性,因此不能成为继承的客体。但是,当作者死后,其作品不可侵犯权和作品署名权并不因作者肉体的消失而失去法律保护。如果受到他人侵害,作者的权利继承人或有关组织有权依法代表作者行使诉讼权。

著作权中的财产权利是指作者或其权利继受人在法律规定范围内,自己利用作品或者授权他人利用作品而获得相应的经济收益的权利。它是由一系列具体权利组成的,大约可分为三类:

1. 作品的复制权。作品的问世与复制权紧紧相连。复制的方法很多,有印刷复制、影印复制、录音、录像复制等。作品的复制权极易受到侵害,在世界新技术发展中,速度快、效能好的先进的复印、复制设备大量出现,如何保证作者的合法权益,便成为亟待加强研究的课题。

2. 作品的传播权。这一权利涉及面很广,因为传播的途径很多,可以公开发行、展示作品,也可以利用电视、磁带、扬声器、人造地球通信卫星等途径播演作品。

3. 作品的演绎权。即将原作品改编成其他形式的作品,或是将一种文字翻译成其他文字。

二

著作权中的继承客体的特点主要体现为:

1. 著作权的继承客体是无形的。在权利继受人以自己的法律行为行使财产权利并获得经济收益之前,该继承客体没有实体状态。当被继承人(指作者)死亡时,除被继承人生前的有形财产外,他依法享有的著作权中的财产权利,尽管人们看不见、摸不着,却客观存在着,死者的继承人在行使作品的复制权,传播权或演绎权后,使财产权利物化,才形成有形财产。这是著作权的继承客体与一般财产继承客体的区别。

2. 行使著作权中的财产权利,其效力对参加继承的全部继承人都有连带性。著作权的前一项具体财产权利在物化之前为无形物态,无法分割。当有数个继承人都参加继承时,其财产权利便为该数个继承人所共有,无论他们中的哪一个人行使财产权利,对全体继承人都产生同样的法律效力,依我国《继承法》第13条的规定,物化了的财产权利,即行使财产权利所带来的经济收益是可以分割的,原则上由继承人均分。相比之下,一般的财产继承则没有这种情况。继承人对自己依法获得的遗产,可以在法律许可限度内任意地行使占有权、使用权和处分权,而行使这些权利的后果与其他继承人无关。

3. 著作权的继承客体在一定情况下为虚状。科技、文学和艺术作品的问世多通过合同实现。例如,科技等书籍是通过出版合同将作品原稿交出版社出版、发行,作者转让出版权并获得一定经济收益。根据原文化部出版管理局规定的出版标准合同的有关内容,出版单位对作品的出版权有10年以上的专有期。那么,如果在出版合同有效期间内作者死亡,该项财产权利并不马上转移到继承人手中。在这种情况下,著作权的继承客体呈空虚状。我国《继承法》第2条规定:"继承从被继承人死亡时开始。"也就是说,从被继承人死亡的时刻起,遗产便可转归继承人所有。但是,如果作者生前签订了出版合同,将出版权转让并获得相应的经济收益,那么,在作者死亡时尚在履行的出版合同并不因此而终止。其理由是:①出版权是作者的财产权利之一,该财产权利的行使反映着作者的意愿。出版合同是一种法律行为,是双方在自愿、平等前提下达成的协议。作者生前对转让出版权持肯定态度,并办理了必要手续,如果正在履行中的出版合同因作者的死亡而终止,则违背了作者生前的意愿。②出版权在签订出版合同以后便在合同有效期内脱离作者本人。因此,在合同履行期间,虽然作者死亡,但并不影响出版单位继续行使出版权,否则会人为地影响作品的稳定传播,不利于学术和艺术作品为社会和人类服务。从作者死亡到出版合同终止这段时间内,权利继承人虽然已继承了著作权的财产权利,但对作者生前让出去的继承客体的所有权呈空虚状,只有待出版合同终止时,方可依法行使出版权。

4. 著作权继承客体的消灭不是主观行为的结果。任何产品都会因消费而消灭,但是,通过各种形式固定于物质客体的人类智力劳动的成果——知识信息,却在"消费"中永生。但是,如果著作权的各项财产权利也因此"永生",就会严重妨碍知识的传播和学术艺术的交流、发展,就失去保护著作权的意义。因此,法律在保护它的同时亦给予限制。这种法律限制表现为两种形式:

(1) 时间限制。各国版权法对著作权的财产权利之保护都规定了期限,称为保护期限。但各国规定的保护期限长短不一,有的定为作者有生之年加其死后的25年,有的则长达80年。《世界著作权公约》规定:参加该公约的国家的著作权保护期不得少于作者去世后的25年最低保护期。我国著作权法规定,著作权的保护期为作者有生之年加其死后的50年。保护期限对著作权的继承客体有很大的影响。在保护期内,继承人有权依法行使财产权利并获得经济利益。保护期限届满,财产权利不再是继承客体。这样,既对作者或他的权利继承人的权益给予一定的保护,又满足了社会对科技、文化、艺术作品的需要,是一种兼顾作者或其权利继承人的利益和社会利益的有效方法。

(2)地域限制。著作权的重要特点之一是严格的地域性,这自然也要反映在著作权的继承客体上,现在许多优秀作品已成为人类共同财富。但是,各国版权法一般只在本国境内有效,同一项财产权利,在本国受保护,在外国就不一定受到保护。当然,为了维护本国作者的合法权益,不少国家就著作权达成双边或多边协议,或国际性协议。但是,在没有著作权协议的两个国家之间,著作权一般不给予保护。著作权继承客体的地域性,同样也导致继承客体的消灭不以人的意志为转移,在对著作权或著作权某项财产权利不予保护的国家,继承人所继承的著作权中的财产权利也就相应地在该国境内不存在。清楚地了解这点,对于处理好有关著作权的涉外继承案有着重大意义。

非物质文化遗产法律保护的基本思考[*]

法律的功能在于运用自己的价值判断来发现和解决社会生活中出现的需要解决的问题。法律通过使权利人获得法律救济、义务人明了自己的行为限度的规则机制而实现法律的正义。

综观我国关于人类文化成果保护的立法，应当说，已经具有了相当体系化的立法。这个立法体系由《宪法》《民法通则》《著作权法》等法律、法规所构成。但是，该法律体系不是封闭的，它需要不断地将社会生活中发现的新问题纳入自己的视野中，并提出有效的解决方案、规则机制和权利救济途径。

因此，对非物质文化遗产的法律保护问题的思考必须建立在我国已有的法律体系和制度背景下进行分析与思考。作为当代人，我们的立法智慧应当超越此前的一切时代。[1]

一、非物质文化遗产的法律理解

根据《保护非物质文化遗产公约》第2条对非物质文化遗产所下定义，非物质文化遗产是指被各群体、团体、有时为个人视为其文化遗产的各种实践、表演、表现形式、知识和技能及其有关的工具、实物、工艺品和文化场所。其具体范围包括：①口头传说和表述，包括非物质文化遗产媒介的语言；②表演艺术；③社会风俗、礼仪、节庆；④有关自然界和宇宙的知识和实践；⑤传统的手工艺技能。

---

[*] 本文原载于《江西社会科学》2006年第5期。本文写作于2006年，就非物质文化遗产立法提出了许多作者的思考。2011年我国《非物质文化遗产法》问世，但作为当时的立法及理论思考，依然有一定的参考价值，依然决定将本文收录于本书。

[1] [德] 弗里德里希·冯·萨维尼：《论立法与法学的当代使命》，许章润译，中国法制出版社2001年版，第35页。

按照这个定义，非物质文化遗产的范围十分宽泛，它包含了有物质依托与无物质依托、有固定表现形式与无固定表现形式的各种具有特定民族文化内涵的非物质文化遗产。从该定义中，我们需要关注的要点是：

第一，非物质文化遗产可以在艺术表演活动、关于自然界和宇宙的知识[1]与实践活动、手工艺活动等各种社会实践活动中产生。

第二，非物质文化遗产必须具有文化遗产的内核。文化是人类社会历史发展中所形成的物质与精神财富之总称。文化具有历史传承性和民族性。遗产则是从文化的形成与传承的角度强调人类社会知识与实践之成果的历史久远性。

实际上，文化不仅具有民族个性，而且具有社会性。一个民族对物质与非物质世界的认识，逐渐形成了该民族内部被共同认可的文化。但是由于文化所具有的知识内涵可以深入其他民族之众的内心，因此，在大家需要文化交流的前提下，文化具有了社会性。就文化与社会的关系而言，文化需要社会提供一定的氛围，社会需要文化使之获得质的提升。

文化将人们对社会的认识保留下来并不断获得补充与发展，同时亦使永逝不住的东西被留住。

准确地讲，《保护非物质文化遗产公约》第2条对非物质文化遗产所下的定义并非一个科学的定义，因为"非物质"的表达易产生将该类文化遗产与物质截然分开的误解。实际上，非物质文化遗产多依托于物质而获得体现，如通过精美的服装道具来展示民族文化与艺术；通过各种旌旗、服装、器皿来展示社会风俗、礼仪与节庆；通过各种物质形式来展示传统的手工艺技能。所以，"非物质"的表达旨在强调其所包含的文化内涵及其信息，但是不意味着可以完全脱离物质表现形式。非物质文化遗产依然需要表演服装、戏剧道具、祭祀器皿、乐器、木、瓷、伞、扇、纸、布、竹等物质作为其依托。

因此，非物质文化遗产应当是指借助或不借助物质媒介所表现的世代传承的特定民族的文化信息利益。对非物质文化遗产的认识，可以从如下法律性质加以理解：

第一，特定民族性。民族是"人们在历史上形成的有共同语言、共同地域、

---

[1] "知识"一词的使用频率极高，其比较概括和抽象的涵义是指人们通过对客观世界的认识、分析和归纳所产生的积极经验和消极经验。根据张东荪先生的分析，知识应当分为两大类："直接的亲见和间接的理会。""直接亲见"通过判断和思维产生知识，而"间接理会"则更需要有概念、判断、思维、辨别等。参见张东荪：《知识与文化》，中国广播电视出版社1995年版，第180页。

共同经济生活以及表现于共同文化上的共同心理素质的稳定的共同体"。[1] 每个民族均有不同于其他民族的特点，这些特点通过该民族成员的思维方式、行为方式而表现出来。当与其他民族的文化相比较时，一个民族文化的特质便凸显无疑。以特有的语言进行口头表述、以不同于其他民族的风格表演自己的艺术成果、以不同于其他民族的方式举行各种礼仪活动和节庆活动、以自己独有的方式表达本民族或本区域的民众对自然界和宇宙的认识、以不同于其他民族的方式展示自己的具有历史传承的手工艺技能，这些均是文化民族性的特定化的具体表现。

第二，活遗产性。这是非物质文化遗产的核心点。文化的遗产性实质上是文化的历史演进性的另外一种表达。如前所述，它是从文化的形成与传承的角度强调人类社会知识与实践之成果的历史久远性。一方面，它强调被保护的文化之特质不在于新，而在于旧，尽管这种"旧"随着社会的发展也融入了一些新的内容，但是它依然以传统文化信息为主核，新的成分十分薄弱，因为它必须向人们传递出一个民族、一个地区历经一定时期的发展而形成的特有文化传统信息。另一方面，非物质文化遗产不是"死而无变"的，在历史发展的进程中，它也随着社会的演变，通过人的行为而融入一些新的内容，但它们应当不是根本性的"破旧立新"。所以，非物质文化遗产应当具有世代传承的可能与必要，因而也就具有了"活遗产性"。故有学者将非物质文化遗产直接称为"活遗产"。[2]

第三，以口传身授方式体现的传承性。非物质文化遗产多无法以文字方式完整表达其内涵与外延加以传授，相反，是以口头形式通过人们的视觉器官和听觉器官在成员内部集体性地传播、演绎与发展。因此，口头性和集体性在非物质文化遗产的传承上突出体现。口头性是指人们以口头形式世代相传和演绎已有的口头传说、表演艺术、社会礼仪、有关自然界和宇宙的知识认识和传统的手工艺技能。而集体性则是强调非物质文化遗产不是一个或若干个自然人或者团体的产物，相反它在不断地被民族内的众多成员传播、演绎的过程中，受到无数的传唱者、讲述者、表演者、礼仪司职者、手工艺者不断的琢磨与加工，同时也融入了许多听众、观众的意见和情趣，从而使文化内涵不断丰满。

---

〔1〕《辞海》，上海辞书出版社 1988 年版，第 1804 页。
〔2〕 邹启山："如何认识非物质文化遗产？"，载人民网：http://www.people.com.cn/GB/wenhua/1088/2520067.html. 发布日期：2004 年 5 月 25 日。

在传承的过程中，如同《保护非物质文化遗产公约》所揭示的那样，"各个群体和团体随着其所处环境、与自然界的相互关系和历史条件的变化不断使这种代代相传的非物质文化遗产得到创新，同时使他们自己具有一种认同感和历史感，从而促进了文化多样性和人类的创造力"。

第四，利益性。非物质文化遗产同样应当具有利益属性。我们在设计非物质文化遗产制度时，旨在强调非物质文化遗产享有者应当享有一定的权利。而权利的实有内核就是利益，是权利制度设计需要锁定的目标，是人们主张和行使权利的根本动机。在非物质文化遗产利益中，包含着财产利益和人格利益。财产利益主要以有体物为其载体而体现，但是，近现代社会的法律制度设计中已经不再拒绝对尚未被物质载体固定的利益加以保护，如人们的表演、技能实践所体现的财产利益。人格利益不是直接通过物质载体加以体现的，而是人们通过从道德、伦理和哲学等角度对人的人格认识所产生的一种观念利益。无论是财产利益还是人格利益，均表现为"应然状态"和"实然状态"。权利的"应然状态"是人们期望的一种权利存在的理想化状态，是一种颇具柏拉图式的理想色彩的状态。"实然状态"则是权利因各种客观因素的制约而表现出的客观实在。权利的"实然状态"与"应然状态"之间存在明显的差异，因为，客观社会现实需要的是权利的"理性"而不是权利的"理想"。因此，我们有必要通过立法将非物质文化遗产所彰显的权利转化为被法律所确认的"法定权利"。由于任何权利均以某种利益为其核心，二者之间具有不可分割的紧密联系。故权利也就因此被学者授以"功利"的高冠。功利的原意就是利益。[1]

二、对非物质文化遗产之权利义务及主体的分析

法律以权利的确认和保护为己任，从而实现法律所追求的公平与正义。但是，明确义务范围则是从反方向对权利的进一步阐明。

非物质文化遗产系我们的社会需要加以保护的对象，但是，由于它所涉及的领域广泛，加之已有的法律对非物质文化遗产的部分内容已经设计了保护制度，因此，有必要从权利义务的角度进行梳理、分析以寻找出保护的基本思路。

第一，凡能够被确认为非物质文化遗产的，任何团体、个人乃至国家均负有保护的义务。在这里，正当利用、不断维护、坚持延承均属于义务范畴。例如，

---

[1] 梁启超："乐利主义泰斗边沁之学说"，载范中信选编：《梁启超法学文集》，中国政法大学出版社2000年版，第29页。

富有民族特点的节庆，唯有政府和立法机构可以首先承担起维护的义务，如以立法的形式将节庆作为法定休假日，当节庆与假日结合在一起的时候，其非物质文化遗产的性质才能够让人们直接感知并产生进一步了解的愿望。再如，传统的手工艺技能，政府、手工艺人协会均有义务维护手工艺技能的传承。

第二，对非物质文化遗产的权利，主要表现在对它的使用和获得相应利益上。这种相应利益可以是具有经济性的利益，也可以是精神性的利益。实质上，唯有不断的正当、合理的使用，才会使非物质文化遗产始终能够作为"活遗产"存在于我们的时代中，与社会的发展相伴而行。使用是权利，而使用的正当与合理之限度则是义务。

有权利必须要有权利主体，作为非物质文化遗产，其权利主体具有相当的复杂性，具体分析，有如下几种主要类型：

1. 社会民众型权利主体。如社会风俗、礼仪、节庆、作为非物质文化遗产媒介的语言，我们无法作出它属于某个人、某团体或国家所享有权利的判断，相反，它属于特定领域之内的全体公众，如同空气、阳光，无论是土著性还是外来性的居民，该领域内的公众均有权利参与到社会风俗、礼仪、节庆的活动中，对其加以使用。对此，我们可能更需要关注其义务的履行。对于这种类型的主体，没有可以单独主张自我权利的可能。

2. 团体型权利主体。在非物质文化遗产保护中，各种行业协会性团体是一种不可忽视的保护力量。除此之外，由血缘关系或婚姻关系所构成的家庭性团体也不应当被忽略。在口头传说和表述、表演艺术、传统的手工艺技能等方面，行业协会性团体可以作为主体，对非物质文化遗产通过著作权、商标权、地理标志权，对民间文学艺术作品保护等法律途径享有相应的权利（尤其是使用权）并对非物质文化遗产进行保护，同时，行业协会应当负有有效保护在口头传说和表述、表演艺术、传统的手工艺技能等方面存在的非物质文化遗产的义务。在立法制度设计上，宜将行业协会性团体保护非物质文化遗产的义务设定为法定义务。

3. 个人型权利主体。在可能产生非物质文化遗产的表演艺术、口头表现形式、传统手工艺技能中，具有生理能力的个人在非物质文化遗产的传承中发挥着不可或缺的重要作用。对于个人整理出来的以文字、图形、模型等多种形式表现的非物质文化遗产，法律可以通过著作权等多种途径给予确认和保护。

此外，对于非物质文化遗产所涉及的相关工具、实物、工艺品和文化场所等，可以适用民法中的所有权、他物权等物权制度、知识产权制度给予保护，但是应当设定为公共利益的限定,如完全免费或固定一定时间向公众免费开放文化场所制度。

三、非物质文化遗产法律救济机制的建构思考

(一) 非物质文化遗产的确认原则

对非物质文化遗产的确认,需要考虑如下原则:

1. 申请确认与主动确认并行原则。鉴于:①我国目前正在进行的非物质文化遗产申报情况,鉴于尚有一些重要的公知、公认的具有非物质文化遗产属性的情形,由于各种原因未被申报;②已经申报的不一定具有非物质文化遗产属性,没有申报的不一定没有非物质文化遗产的属性,因此,对非物质文化遗产应当既鼓励不同主体的主动申报,也应当根据具体情况由确认非物质文化遗产的专门委员会主动确认。

2. 论证与公示原则。由于非物质文化遗产关系到一个民族或一个地域内的公众的利益,因此,何为非物质文化遗产,应当在确认之前由专门委员会组织相关专家进行论证,然后向社会进行公示。论证的目的在于确定其是否具有非物质文化遗产的属性。向社会公示的目的有三:一是弥补专家知识结构不足导致的认知缺陷;二是允许公众提出异议以考虑异议是否成立;三是借公示让社会公众进一步了解特定非物质文化遗产的内容与形式。

(二) 非物质文化遗产的法律救济

非物质文化遗产的法律救济应当从预先性救济和补救性救济两个角度进行设计。

所谓预先性救济,是指法律对非物质文化遗产遭到具体侵害之前所设计的制度。我们可以考虑如下制度的设计:

1. 财政支持法定义务制度。非物质文化遗产的保护没有必要的资金投入是无法实现的。因此,建议考虑在财政预算法律中,无论是中央财政还是地方财政,均应当在财政预算中给非物质文化遗产保护留出预算空间。

2. 挖掘、发现与持续维护之奖励制度。未来的相关法律应当考虑设定这样的制度,即凡有利于非物质文化遗产保护的行为,如挖掘、发现与持续维护非物质文化遗产的行为,应当获得法律明确规定的奖励。该奖励可以包括纯精神性奖励和物质性奖励。同时,对积极出资保护非物质文化遗产的企业,给予税收上的一定的减免;鼓励个人或家庭出资设立非物质文化遗产保护基金或向保护基金提供捐助。

所谓补救性救济，是指针对已经发生的侵害非物质文化遗产的行为人，在立法时设计出责任追究制度。

1. 懈怠维护的警告制与"三责"（民事责任、行政责任、刑事责任）制度。我们的立法对因自己的懈怠行为导致非物质文化遗产遭到严重破坏甚至灭失的团体、个人，应当考虑设立两个具体制度：一是警告制度，由专门委员会对疏于保护非物质文化遗产的行为人发出警告和限期矫正公告；二是对无视警告并进而造成非物质文化遗产遭到严重破坏甚至灭失者，适用民事责任、行政责任乃至刑事责任追究制度。建议在相应的法律规范中对非物质文化遗产作出必要的制度补充。

2. 侵害行为的"三责"制度。对于故意或过失侵害非物质文化遗产甚至直接导致非物质文化遗产消失的行为，也应当考虑民事责任、行政责任乃至刑事责任的追究。但是，我们同时也必须注意的是，由于不可抗力的原因导致非物质文化遗产的灭失，不得滥用责任追究制度。

在建构非物质文化遗产保护法律机制时，我们还应当注意协调如下几个关系：①同已有法律的协调；②同社会惯例的协调；③同我国承诺的国际保护义务的协调。

四、结论

非物质文化遗产在我国的社会生活中始终存在，但是由于社会经济发展的水平在一定时期内较低，更重要的是我们对自己的非物质文化遗产缺乏应有的认识，使得我们蓦然回首，却发现大量的中华民族的非物质文化遗产已经消失在历史的深处。反思是进步的开始，对非物质文化遗产的关注与反思，首先应当是制度上尤其是法律制度上的反思与检讨。

声　明　1. 版权所有，侵权必究。
　　　　2. 如有缺页、倒装问题，由出版社负责退换。

图书在版编目（CIP）数据

私法要论：从罗马私法到现代私法/费安玲著. —北京：中国政法大学出版社，2019.10
ISBN 978-7-5620-9273-5

Ⅰ.①私… Ⅱ.①费… Ⅲ.①罗马法-私法-文集②民法-中国-文集③商法-中国-文集 Ⅳ.①D904.1-53②D923.04-53③D923.994-53

中国版本图书馆CIP数据核字(2019)第250871号

出 版 者	中国政法大学出版社
地　　址	北京市海淀区西土城路25号
邮　　箱	fadapress@163.com
网　　址	http://www.cuplpress.com（网络实名：中国政法大学出版社）
电　　话	010-58908435（第一编辑部）　58908334（邮购部）
承　　印	保定市中画美凯印刷有限公司
开　　本	720mm×960mm　1/16
印　　张	36.5
字　　数	716千字
版　　次	2019年10月第1版
印　　次	2019年10月第1次印刷
定　　价	99.00元